Sybil Gräfin Schönfeldt

Knaurs Großes Babybuch

Sybil Gräfin Schönfeldt

Knaurs Großes Babybuch

Schwangerschaft
und Geburt
Ihr Baby bis zum
2. Lebensjahr

Mein Dank gilt Prof. Dr. Heinrich Langer und Dr. Christine Sprotte,
ohne deren Hilfe dieses Buch nicht zustande gekommen wäre.
Die Autorin

Genehmigte Lizenzausgabe für Verlagsgruppe Weltbild GmbH,
Steinerne Furt, 86167 Augsburg

Umschlaggestaltung: Grafikdesign Mario Lehmann, Augsburg
Umschlagmotiv: PhotoDisc, Hamburg / Seattle
Gesamtherstellung: Offizin Andersen Nexö Leipzig GmbH,
Spenglerallee 26–30, 04442 Zwenkau
Printed in Germany

ISBN 3-8289-1962-6

2004 2003 2002
Die letzte Jahreszahl gibt die aktuelle Lizenzausgabe an.

Wichtiger Hinweis
Der Inhalt dieses Buches ist sorgfältig recherchiert
und erarbeitet worden. Dennoch können weder Autoren
noch Fachredaktion noch Verlag für alle Angaben
im Buch eine Haftung übernehmen.

Inhalt

Kinder – Glück oder Last? 9

1 Ein neues Leben entsteht 16

Die weiblichen Geschlechtsorgane 16
Der monatliche Zyklus 17
Die Befruchtung 18
So weiß man, ob ein Kind unterwegs ist . . 20
Unsichere Anzeichen der Schwangerschaft 21
Sichere Anzeichen der Schwangerschaft . . 21
So rechnet man den Zeitpunkt der Geburt aus 22
So sorgt die werdende Mutter für die Gesundheit 23
So nutzt man die Vorsorgeuntersuchung . . 24
So benutzt man den Mutterpass 24
So informiert man den Arzt 25

2 Die werdende Mutter und ihr Recht 30

3 Das erste Drittel der Schwangerschaft 35

Ernährung 35
Noch ein paar Tipps für die Küchenpraxis . 39
Getränke 40
Alkohol 41
Der Alltag 41
Die Arbeit 42
Geschlechtsverkehr 44
Infektionen 45
Tiere 45
Die Schönheit 45
Die Gesundheit 48
Die Kleidung 49
So entwickelt sich das Kind im ersten Vierteljahr der Schwangerschaft 54

4 Das zweite Drittel der Schwangerschaft 59

Gute Haltung 60
Schwangerschaftsgymnastik 61
Zwillinge und Mehrlinge 71
Beschwerden und Krankheiten 72
Anschaffungen fürs Babyzimmer 73
Abergläubische Vorstellungen 77
So entwickelt sich das Kind im zweiten Vierteljahr der Schwangerschaft 79

5 Das letzte Drittel der Schwangerschaft 83

Die Schwangerschaftsgymnastik 83
Die Brustpflege 83
Körperpflege 84
Schwangerschaftsbeschwerden 84
Familie und Entbindung 87
Die Klinikgeburt 93
Der Haushalt 94
So entwickelt sich das Kind im letzten Drittel der Schwangerschaft 94

6 Der Notfall 98

Die Frühgeburt 98
Die Spätgeburt 100
Der Kaiserschnitt 101

7 Die Entbindung 102

Sollen Väter die Geburt ihres Kindes miterleben? 103
In der Klinik 103
Die Eröffnungsperiode 107
Die Austreibungsperiode 110
Medikamente während der Entbindung . 114
Was geschieht mit dem Kind während der Geburt? 117
Erste Untersuchungen des Neugeborenen 119

8 Das Wochenbett . . . 123
Physiologische Tatsachen 124
Geschlechtsverkehr 125
Senkungen und Geburtsverletzungen . . . 125
Bettruhe. 125
Wochenpflege. 125
Wochenbettgymnastik. 127
Wochenbetttränen 130
Frösteln und Schwitzen 131
Der Stoffwechsel. 131
Die Ernährung 132
Alkohol und Nikotin, Kaffee und
Medikamente 133
Körperpflege 134
Wochenbettbesuche. 134
Die Hauptperson im Wochenbett. 135
Rückkehr der Menstruation. 135

9 Die Stillzeit 136
So lernt das Neugeborene trinken. 142
So wird der Säugling fürs Trinken
vorbereitet. 145
So bereitet sich die Mutter aufs Stillen
vor 146
Stillprobleme 146
Stillregeln 148
Ernährung und Lebensweise 150
Abstillen 150

10 Das Kind in der Wiege 152
Die Sinne des Neugeborenen 154
Babys Wachstum im ersten Vierteljahr . . 158
Wie kann man den Säugling verstehen? . 159
So entwickelt sich das Kind im ersten
Vierteljahr. 161

11 Erziehung beginnt am ersten Tag. 164
Wie soll man strafen?. 171
Die Erziehung zur Sauberkeit 172
Sexualität im Säuglingsalter 174

12 Mutters erstes Jahr 177
Die ersten Kontakte 178
Schule des Gefühls 180
Wenn die Mutter berufstätig ist 182
Wenn die Eltern ausgehen wollen 183

13 Säuglingspflege . . . 188
So wird das Baby gesäubert und
gepflegt 192
Warum werden Babys wund? 193
So wird das Baby gewogen. 194
So wird das Baby gebadet. 194
So wird das Baby gepflegt 199
So wird Babys Wäsche gewaschen 203

14 Babys Ernährung . . 204
Babys Ernährung im 1. Monat 208
Babys Ernährung im 2. bis 4. Monat 210
Babys Ernährung im 5. Monat 212
Babys Ernährung im 6. und 7. Monat . . . 212
Babys Ernährung im 8. und 9. Monat . . . 212
Babys Ernährung im 10. Monat 212
Babys Ernährung im 11. und 12. Monat . 212
Babys Ernährung im zweiten Jahr 213
Neue Ernährungssituation. 216
Babys Ess- und Trinkmengen 217
Babys Esszeiten 218

15 Ein Kapitel Praxis. . 220
So wird für das Baby gekocht 220
So wird das Baby gefüttert 221
So wird für das Baby eingekauft 222

16 Das Baby und die Esserziehung 229
So lernt das Baby essen 237

17 Babys Bett und Schlaf. 242
So wird das Baby an die frische Luft
gewöhnt 243

Soll das Baby abgehärtet werden? 244
Der Kinderwagen 246
Das Bettchen 246
Babys Bettkameraden 247
Einschlafprobleme 247
Einschlafregeln 247

18 So entwickelt sich das Baby 250

Das Baby lernt sitzen und greifen 251
So nimmt das Baby wahr 252
Babys Gedächtnis erwacht 253
Kann ein Baby denken? 254
Ist das Baby intelligent? 255
Kann man die Intelligenz des Kindes fördern? 256
So entwickelt sich das Baby im zweiten Lebenshalbjahr 257
So entwickelt sich das Baby im zweiten Lebensjahr 263
Das Kind und die Welt 267
Mit zwei Jahren 270

19 Babys Gesundheit . 273

Das Baby und sein Kinderarzt 275
Was gehört in die Hausapotheke? 277
So kann die Mutter ihr Baby testen 277
Das Baby wird geimpft 280
Ist das Kind krank? 281
Babys Gymnastik 292

20 Babys Sicherheit .. 293

Vorsorge im Säuglingsalter 294
Vorsorge für Krabbler 294
Regeln für den Notfall 295
Offizielle Informationszentren für Vergiftungsfälle 299

21 Baby und der Kleiderschrank 302

Einkaufsregeln für Babys Garderobe 303
Einkaufsregeln für die Kleinkind-Garderobe 303

22 Babys Tageslauf ... 307

Babys 1. bis 5. Monat 307
Babys 6. bis 12. Monat 308
Babys zweites Lebensjahr 309

23 Das Baby und seine Umwelt 310

Babys Erbteil 310
Die Familie 312
Die Umwelt 317
Babys erstes Fest 318
Babys erste Reise 319

24 Das erste Kind, das zweite Kind 321

Das zweite Kind 322
Das Einzelkind 322

25 Sprache und Buch . 325

Baby und das erste Buch 330

26 Spielzeug und Spiele 333

27 Das nächste Kind .. 348

Register 352

Bildquellennachweis .. 370

zur Abbildung auf der nächsten Seite:
»Denn wir können die Kinder nach unserem Sinne nicht formen ...«
Johann Wolfgang von Goethe

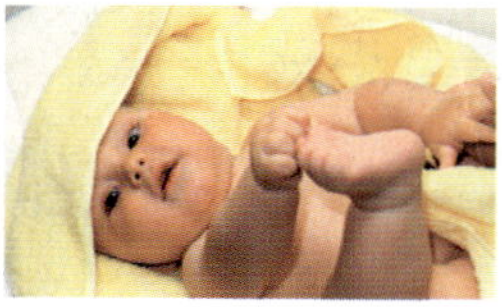
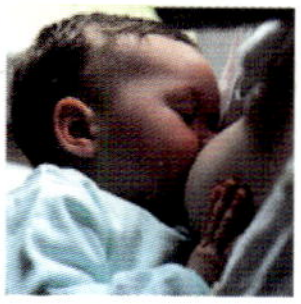

Kinder – Glück oder Last?

Jede Frau sollte wissen, was ein Kind ist und was es braucht, ehe sie selbst ein Kind zur Welt bringt, ja ehe sie es empfängt.

Dieses Wissen kann sie heute nicht mehr wie die Generation vor ihr einfach von ihrer Mutter übernehmen, denn unsere Kenntnisse vom Werden und Wesen des Kindes haben sich im letzten Jahrhundert so ungeheuer bereichert und gewandelt, dass die Erfahrungen und guten Ratschläge unserer Mütter und Großmütter nicht mehr ausreichen.

Mutter werden war früher ein Risiko. Heute können sich die Mütter sehr viel besser schützen und schützen lassen, und ebenso können wir unser Kind schützen. Damit ist aber auch unsere Verantwortung gestiegen, und das Bewusstsein dieser Verantwortung macht uns allen neuen Erkenntnissen gegenüber aufgeschlossen, die uns bei der Pflege und Erziehung unserer Kinder helfen.

»Uns« bedeutet heute nicht nur: uns Müttern. Selbstverständlich spielt der Mann, der Vater, eine wesentlich gegenwärtigere Rolle als früher. Er sollte in der Familie mit Kindern die gleiche Partnerrolle der Mutter spielen – mit allen Freuden und Pflichten.

Dieses Mannes, des künftigen Vaters wegen ist es so wichtig, dass Frauen vor dem Kinderkriegen wissen, was ein Kind für die Ehe bedeutet. Erst dann können sie nämlich beurteilen, ob auch ihr Mann innerlich bereit ist, einen kleinen unbekannten Dritten wirklich und aus ganzem Herzen willkommen zu heißen.

Das Kinderkriegen ist heute keine zufällige Angelegenheit mehr, die künftige Eltern einfach hinnehmen müssten. Die verschiedenen Möglichkeiten der Familienplanung gestatten es den Eltern, sich ihre Kinder zum richtigen Zeitpunkt zu wünschen.

Wann ist der beste Zeitpunkt?

Für viele wird dieser Wunsch nach Familie nur durch das Einkommen bestimmt. Sich Kinder leisten zu können, ist eine erfreuliche Voraussetzung für unbeschwerte und vergnügte Familienjahre, aber die einzige Voraussetzung sollte es niemals sein.

Viele Frauenärzte weisen auf einen zweiten Punkt hin: Die Jahre zwischen 20 und 30 sind für Frauen biologisch gesehen besonders günstig. In diesen Jahren gebären Frauen am leichtesten und mit den geringsten Risiken die gesündesten und widerstandsfähigsten Kinder. In diesen Jahren sind Mütter noch so jung, beweglich und gesund, dass sie mit den Kindern nach Herzenslust spielen und tollen und sie zu ausgeglichenen Menschen erziehen können. In den letzten Jahren hat sich freilich gezeigt, dass man auch mit Frauen, die zwischen 30 und 40 gebären, gute Erfahrungen macht.

Ernährungsfachleute bringen einen dritten Gedanken ins Spiel: Bisher ist nur auf die Ernährung der Mutter während der Schwangerschaft großer Wert gelegt worden. Heute geht man weiter und rät den Frauen, nur dann an eine Empfängnis zu denken, wenn sie in einem erstklassigen Gesundheitszustand – dies bedeutet auch Ernährungszustand – sind. Ist die werdende Mutter überarbeitet und abgehetzt und hat sie sich durch das typische Büroessen vitamin-, eiweiß- und mineralstoffarm ernährt, dann kann es geschehen, dass das werdende Leben in ihr nicht zur Entfaltung kommt.

Aber Geld und Alter und Ernährung sind trotz ihrer Bedeutung nur am Rande wichtig. Ausschlaggebend für den Wunsch nach Kindern ist die Zustimmung des Mannes zur Familie.

Das muss mehr sein als ein leichtfertiges »Ja, ja, wir werden auch das schon schaukeln!« Es darf nicht ein Ja mit Fluchtweg sein: »Soll die Frau ruhig Kinder haben, wenn ihr so viel daran liegt. Ich geh' dann eben kegeln.« Es darf kein Egoisten-Ja sein: »Kinder? Bitte schön. Aber dann musst du dazuverdienen.«

Es muss ein Ja zur Veränderung sein, die dann über die beiden kommt. Ein Ja zu weniger Platz im Badezimmer und zu Schränken voller Kindersachen, ein Ja zu hohen Arztrechnungen und zu durchwachten Nächten, zum Verzicht auf Sommerferien zu zweit und aufs neue Auto, zum Reparieren der Holzeisenbahn, zu Kindergeschrei und zum Windeleimer. Das heißt: ebenso ein Ja zu den unerwartetsten Unannehmlichkeiten wie zu dem unbeschreiblichen Gefühl, ein hilfloses kleines Lebewesen lieben und beschützen zu dürfen.

Etwas Planung muss sein

Selbstverständlich kann und sollte die Frau ihrem Mann das Vaterwerden erleichtern. Das erfordert eine Art von Generalstabsplanung: Was muss in der Wohnung umgeräumt werden? Wie rette ich trotzdem mir und dem Liebsten eine gemütliche Ecke, unsere Ruhe und Rechte? Wie schaffe ich es, dass ich gewappnet bin und nicht aus Ahnungslosigkeit in noch unbekannter Arbeit ertrinke und das Gefühl bekomme, dies alles koste mein eigenes Leben, meine eigene Freiheit?

Dafür gibt es viele Hilfen, die man kaufen, besorgen oder mit Fantasie improvisieren kann. Ein Babysitter ermöglicht es den jungen Eltern, von Zeit zu Zeit unbesorgt abends auszugehen. Mit einiger Disziplin kann man sich alle Arbeiten so einteilen, dass abends auch noch ein gemütliches Stündchen zu zweit bleibt. In Kursen lernt man, Säuglinge zu pflegen und zu füttern. Sorgfältig ausgearbeitete Terminpläne erleichtern Arbeits- und Zeiteinteilung. Die moderne Babynahrung verringert Koch- und Ernährungssorgen. Überlegte Einkäufe von Möbeln und Gerät (nicht Schönheit, sondern Zweckmäßigkeit ist ausschlaggebend) rationalisieren und verkürzen die notwendige Arbeit.

Überlegungen dieser Art sollten die zukünftigen Eltern rechtzeitig anstellen und entsprechend handeln.

Das nötige Feingefühl

Damit diese Liebe dem Kind nützt und es zu schützen vermag, muss der Vater ebenso viel von Kindern wissen wie die Mutter. Er muss darüber hinaus auch soviel von Frauen verstehen, wie die zukünftige Mutter von Männern wissen muss.

Denn die Veränderungen beginnen nicht erst in dem Moment, in dem der Vater Frau und Kind aus der Klinik abholt. Sie beginnen in den ersten Tagen und Wochen der Schwangerschaft. Mögen auch manche Frauen die neun Monate in steigender Schönheit und strahlender Gesundheit hinter sich bringen, so ist doch kaum eine gegen Stimmungsschwankungen gefeit, gegen Angst, gegen alles, was ahnungslose Ehemänner als Schwangerschaftslaunen bezeichnen und gern mit deutlich gespielter Engelsgeduld und den Worten: »Ja, ich weiß schon – dein Zustand!« abtun.

Natürlich hängt die Laune vom Zustand der Frau ab, aber sie empfindet die Reaktion des Partners als ersten Verrat. Von wem wurde denn schließlich der Zustand herbeigeführt? Sollte er nicht wissen, dass die Launen nichts anderes sind als die äußeren Zeichen tiefgründiger hormoneller Umstellungen? Es ist etwas Natürliches, Kinder zu bekommen, aber der Mann sollte wissen, dass auch das Natürliche schmerzhaft und deprimierend und schreckensvoll sein kann.

Manche feinfühligen Männer merken, dass logische Argumente jetzt sinnlos sind. Sie nehmen die berühmten Launen als das, was sie in Wirklichkeit sind: als Aufforderung, sich in den Schutz eines anderen flüchten zu können. Früher sagte man: »In die Arme des Stärkeren.« Heute wissen wir, dass es nicht auf die Stärke ankommt, sondern auf die Geduld und Zärtlichkeit, mit der der Mann seiner Frau Mut zu der Aufgabe macht, der sie sich manchmal nicht gewachsen fühlt: gebären und Kinder erziehen, endgültig die relative Freiheit und Ungebundenheit des Lebens zu zweit aufgeben.

Vorbereitung auf ein neues Leben

Gerade weil diese Ängste und Sorgen in der Zeit der Schwangerschaft so lebendig sind, reagieren Frauen heftig auf falschen Trost. Immer wieder hören und lesen sie Ausdrücke wie »freudige Erwartung«, »Wonnen der Mutterschaft« oder »das Glück, einem Kind das Leben schenken zu dürfen«. Aber für viele Frauen beginnt die Schwangerschaft mit Kopfschmerzen, Schwindel, Übelkeit, Erbrechen. Wo bleibt da die Wonne? Was ist daran freudig? Wenn man bekannte oder verwandte Familien mit kleinen Kindern beobachtet, so sieht man, wie nervös oft Ehemänner auf die ungewohnte Unruhe im Haus reagieren, wie viel Geschrei ein einziges Baby machen kann. Man sieht, dass Kinder immer irgendein Wehwehchen haben, immer irgendwelche Pläne der Eltern auf den Kopf stellen, ja dass sie die Eltern zwingen, ein vollkommen anderes Leben zu führen: Frauen müssen den Beruf aufgeben oder umstellen oder sich damit abfinden, dass »Karriere« und »Selbstverwirklichung« neu interpretiert werden.

Männer müssen sich ebenfalls überlegen, welchen Teil der künftigen Aufgaben sie übernehmen, was in manchen Fällen dazu führt, dass auch ein Mann den Beruf aufgibt oder umstellt und plant, zumindest eine Weile Hausmann zu werden. Das sind Überlegungen und Entscheidungen, die das ganze zukünftige Leben betreffen, und das hat nichts mehr mit der Redensart vom »Glück, Kinder zu haben« zu tun.

Natürlich besteht die Babywelt nicht nur aus Wonne und Lämmerwölkchen. Natürlich macht jede Mutter alles mögliche falsch. Natürlich wird immer wieder etwas schiefgehen. Na und? Gibt es ein Leben ohne Scherben, Krankheiten, Irrtümer, ohne verbrannten Geburtstagskuchen, Laufmaschen und Grippe im Urlaub? Arbeit und Sorge gehören ebenso zum Leben mit Kindern wie die Freude und der Erfolg und der erste Zahn und »Mami, ich hab dich lieb!«

Um Missgeschicke und Fehlschläge nach Möglichkeit zu vermeiden, sollten sich die künftigen Eltern nicht nur seelisch auf ihre Rosen und Dornen vorbereiten, sondern sich ganz und gar um- und auf ein Kind im Haus einstellen. Sie müssen im vorhinein wissen, dass ein Säugling vom ersten Tag seines Lebens an eine beständige und hartnäckige Herrschaft über die Eltern, über die ganze Familie samt Großeltern, Tanten und Kusinen ausüben wird. Das kann zur Tyrannei ausarten, wenn die Eltern die Umstellung übertreiben und sich zum Sklaven ihres Kindes machen. Das kann zu einer Ehekrise führen, wenn die Frau sich so vollkommen auf das Kind einstellt, dass der Mann sich überflüssig vorkommt, zuerst nicht recht weiß, wie er sich verhalten soll, und schließlich rebelliert.

Die Umstellung bedeutet nicht, dass sich von nun an auf Kosten der Eltern alles nur noch um das Baby zu drehen hätte. Auch das Kind muss in seine neue Rolle hineinwachsen, muss sich anpassen. Eltern sollten deshalb nicht die Tür zur Welt zuschlagen, um sich nur noch ihrem Baby zu widmen. Sie dürfen es gar nicht tun, denn sie sollen ja ihr Kind jeden Tag mehr in diese Welt hineinführen. Gewiss wird das Kind intelligenter, sicherer und glücklicher, wenn sich die Eltern seiner Entwicklungsstufe entsprechend intensiv mit ihm beschäftigen. Aber es wird nichts von diesen Vorteilen haben, wenn es in einen Elfenbeinturm gesperrt wird. Kinder brauchen schon früh Kontakte jeglicher Art, und Kinder erwerben rascher das, was man Persönlichkeit nennt, wenn sie merken, dass die Eltern ihr eigenes Leben leben, ein Leben voll Bedeutung und Geheimnis und Reiz, für die Kinder ein Ansporn, zu diesem Leben Zugang zu gewinnen.

Die Existenz des Kindes ist immer in Extremen angelegt, als wolle es von den ersten Atemzügen an die ganze Dimension unseres Daseins ermessen: Es braucht beides, braucht die Distanz zu den Eltern und gleichzeitig das unverbrüchliche Gefühl: »Mutter und Vater sind immer für mich da!« Es braucht zugleich die ganze innige und greifbare Nähe der Mutter.

Mütterliches Schutzverhalten

Auf rein körperlichem Gebiet ist es ebenso. Die moderne Medizin hat bewiesen, dass das Ungeborene alles andere als ein pflanzenhaft in der Mutter und aus dem Körperstoff der Mutter emporkeimendes Wesen ist. Man weiß heute, dass das befruchtete Ei sich alles allein schafft, was es in den nächsten neun Monaten braucht. Manche Ärzte sprechen deshalb vom Ungeborenen als von einem Parasiten, vom Gast im Mutterleib. Doch dieser Gast, dieses biologisch so egoistische und selbstständige Geschöpf, ist gleichzeitig ungemein abhängig. Es kann aus eigener Kraft und Wachstumsvollkommenheit leben – aber nur dann, wenn die Mutter ihm Schutz und Nahrung gewährt. Unabhängigkeit und Abhängigkeit bedingen einander, bilden die Pole, zwischen denen die Entwicklung sich vollzieht.

Wie wichtig das Schutzverhalten der Mutter schon vom Anfang der Schwangerschaft an ist, geht aus folgender Tatsache hervor: Der kindliche Körper entwickelt sich in der Gebärmutter nach ganz bestimmten Regeln. Jedes Organ hat seine Entstehungszeit. Wenn in dieser Zeitspanne irgendetwas geschieht, das die Entstehung hemmt oder verhindert, so ist der Moment für immer verpasst. Der Wachstumsplan arbeitet ohne Rücksicht auf Fehlleistungen weiter. Wenn zum Beispiel ein Auge nicht zur rechten Zeit entsteht, so wird es niemals vollkommen ausgebildet. Zum Glück hat die Natur jedes werdende Lebewesen so angelegt, dass viele mögliche Entwicklungsstörungen automatisch eine Schutzreaktion auslösen. Trotzdem: Die Endgültigkeit dieser Schäden beim Ungeborenen bezeichnet die Verantwortung, die jeder Mann seiner Frau und jede Frau ihrem Kind gegenüber zu tragen hat.

Es ist nicht erstaunlich, wenn Frauen, schon ehe sie planen, Kinder zu bekommen, an sich zweifeln. »Bin ich diesem allem gewachsen?« – »Habe ich mit meinen 20 oder 40 Jahren genug Erfahrung?« – »Kann ich eine gute Mutter sein?« Diese Fragen lassen sich mit einem Satz beantworten: Die einzige wichtige Eigenschaft, die eine Frau braucht, um das zu werden, was man eine gute Mutter nennt, ist Liebe. Liebe, gepaart mit Geduld und Aufmerksamkeit. Liebe, die ebenso fern von der Affenliebe wie von falsch verstandener Strenge ist.

Diese Liebe ist nur höchst selten im vorhinein vorhanden. Einen »Mutterinstinkt« gibt es gar nicht; ihn scheint die menschliche Rasse mit dem Fellkleid verloren zu haben. Deshalb braucht sich keine Frau unweiblich vorzukommen, wenn ihr beim Anblick eines Kindes nicht gleich das Herz überquillt. Deshalb braucht sie keine Schuldgefühle gegenüber dem eigenen Kind zu entwickeln, wenn sie es nicht schon in der ersten Sekunde seines Lebens liebt.

Die Liebe zum Kind wächst wie jede andere echte Liebe ganz allmählich. Sie blüht, je inniger die Gemeinschaft wird und je mehr man gemeinsam erlebt. Bei den meisten Frauen beginnt sie erst, wenn ihr Kind zum ersten Mal in ihren Armen liegt und trinkt.

Die Liebe kräftigt und vertieft sich, wenn der klügere Partner nach dem Wort des Apostels Paulus handelt: »Brüder, ertraget einander!« Denn jedes Kind ist ein Individualist. Jedes Kind hat seinen eigenen Lebensrhythmus, und das heißt beim Säugling: Ess- und Schlafrhythmus. Auch wenn der Mutter der Baby-Rhythmus nicht in den altgewohnten Tageskram passt, muss sie ihn berücksichtigen. Sie muss versuchen, die Regeln der Säuglingspflege mit ihrem Individualisten in Einklang zu bringen, und wenn's kompliziert ist, sollte sie daran denken, dass das Glück und die Zufriedenheit des Kindes wichtiger sind als die gescheiteste Ordnung: Ausnahmen bestätigen wie überall, so auch in der Babywelt, die Regeln. Wenn man zwischen ihnen und den Bedürfnissen des Kindes vernünftig entscheidet, gewinnt man von ganz allein die Sicherheit, die eine Mutter braucht. Jede Mutter kann erkennen, was für ihr Kind gut, gesund und entwicklungsfördernd ist. Sie braucht nur zu wissen, was ihr Kind ist und was es benötigt.

Dieses Wissen will Ihr
KNAURS BABYBUCH
vermitteln.

Drei Fotos wie aus dem Bilderbuch! Drei gesunde, offensichtlich vergnügte Kinder; drei Charaktere, drei Temperamente: Sie werden gesünder aufwachsen als ihre Vorfahren, sie werden vermutlich auch älter werden. Umso wichtiger wird alles, was ihnen die Erwachsenen an Vorsorge und Fürsorge in den künftigen Jahren der Kindheit mitgeben werden.

1

KAPITEL

Ein neues Leben entsteht

Im Körper jeder gesunden geschlechtsreifen Frau läuft Monat für Monat ein normalerweise 28 bis 30 Tage umspannender Zyklus ab, durch den die Natur immer wieder die Voraussetzungen für eine Empfängnis schafft. Nach außen hin manifestiert sich dieser Zyklus als Monatsblutung (Regel oder Menstruation). Er setzt im 12. bis 14. Lebensjahr ein (Menarche) und endet im 50. bis 55. Lebensjahr (Menopause). Er wird während der Schwangerschaft und während der Stillzeit unterbrochen. Doch ehe wir uns mit der Schwangerschaft befassen, wollen wir die weiblichen Geschlechtsorgane und ihre Funktionen zeigen.

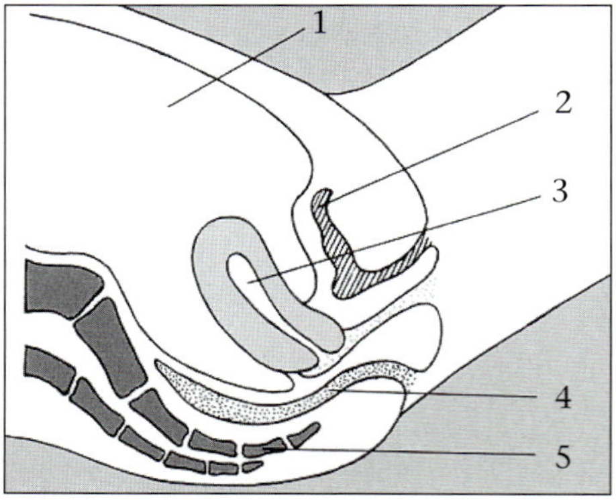

Ein Querschnitt zeigt die Lage der weiblichen Geschlechtsorgane: Zwischen Darm (1) und Blase (2), Mastdarm (4) und Rückgrat (5) liegt der Uterus (3).

Die weiblichen Geschlechtsorgane

Beim Menschen unterscheidet man zwischen inneren und äußeren Geschlechtsorganen: Keimdrüsen und Ausführwegen. Die Scheide (Vagina) stellt Aus- und Eingang der weiblichen Geschlechtsorgane dar. Ihre Öffnung nach außen liegt zwischen Harnröhre und After und ist vor dem ersten Sexualverkehr durch das Jungfernhäutchen teilweise verschlossen.

Die Vagina ist ein Schlauch, der in eine – bei der Geburt sehr dehnbare – Muskelschicht eingebettet ist. Sie führt schräg nach hinten und oben, und an ihrem oberen Ende befindet sich die Gebärmutter (Uterus). Der Uterus, normalerweise nicht größer als ein großes Hühnerei, besteht ganz und gar aus starken Muskeln und hat im Inneren nur einen schmalen Hohlraum. Er ist wie eine Birne geformt, deren spitzes Ende nach unten zeigt. Dieses Ende heißt Gebärmutterhals (Cervix). Der obere runde Teil des Uterus heißt Gebärmutterkörper. Von ihm aus verlaufen nach rechts und links die Eileiter (Tuben), lange, dünne Schläuche, die in ausgefransten trichterartigen Gebilden enden. Die Eileiter sind ebenfalls Hohlmuskeln, die mit einer mit winzigen Flimmerhaaren besetzten Schleimhaut ausgekleidet sind. Jeder Eileiter wölbt sich mit seiner Trichterhand über je einen der beiden Eierstöcke (Ovarien), walnussgroße runde Organe, deren Oberflächen von den Keimbläschen (Follikel) besetzt sind. Jeden Monat reift eines von ihnen heran und gibt eine Eizelle frei. Sie ist ungefähr einen zehntel Millimeter groß – so groß wie ein Stecknadelkopf – und wiegt 0,4 millionstel Gramm.

Der monatliche Zyklus

Die Natur hat großzügig für die Erhaltung des Menschengeschlechtes vorgesorgt. Schon vor der Geburt eines kleinen Mädchens enthalten die beiden Ovarien je 200 000 unreife Eizellen. Aus dieser verschwenderischen Fülle reifen im Leben einer Frau ungefähr 400 bis 500 Eizellen tatsächlich heran. So oft also bietet sich im Körper der Frau die Möglichkeit, einen neuen Menschen entstehen zu lassen.

Dieser monatliche Zyklus ist jedoch nicht auf die eigentlichen Geschlechtsorgane beschränkt; gesteuert werden die Vorgänge durch das Zentralnervensystem: Zwischenhirn und Hirnanhangdrüse. Dieses veranlasst in den Eierstöcken die Bildung eines Hormons, das abwechselnd im rechten und im linken Eierstock ein Ei heranreifen lässt.

Dieses Ei ist nichts als eine einzige Zelle mit Zellkern (Nukleus), Zellflüssigkeit (Protoplasma) und Zellhaut (Membran), aber es unterscheidet sich von allen anderen Zellen unseres Körpers durch eine wichtige Eigenheit: Die Millionen Körperzellen beherbergen im Zellkern 46 Chromosomen. Das sind die Träger unserer Erbanlagen und -eigenschaften. Diese Erbanlagen treten immer paarweise auf. Die Eizelle der Frau und die Samenzelle des Mannes enthalten jedoch nur je 23 Chromosomen. Wenn beide bei der Befruchtung verschmelzen, ist wieder die Normalzahl von 46 Chromosomen hergestellt.

Jedes Ei braucht 14 Tage, um reif zu werden. Es wächst in seinem Keimbläschen, sammelt Nährstoffe im Protoplasma, und je dicker es wird, desto mehr wölbt sich die dünne Haut des Follikels vor, bis sie schließlich platzt (Follikelsprung). Nun setzt sich das Ei in Bewegung.

Das Ei hat sich während seiner Reifung mit allem angereichert, was es für die erste Zeit nach der Befruchtung brauchen würde. Das trichterförmige Ende des Eileiters stülpt sich über den Eierstock, in dem das Ei herangereift ist, nimmt es auf, und das Ei wandert – befördert durch die Flimmerhärchen und durch die Peristaltik der Eileitermuskulatur – in die Gebärmutter. Bis es dort anlangt, vergehen etwa vier bis sechs Tage. Die Gebärmutter hat sich unterdessen auf das Ei vorbereitet, als ob es schon befruchtet und auf der Suche nach einem Nest wäre. Sie sammelt Blut und Nährstoffe im reichen Geäder ihrer Innenschleimhaut an. Diese schwillt dabei an, wird dick und weich.

Wenn das Ei auf seiner Wanderung zur Gebärmutter befruchtet wurde, dann nistet es sich in dem Schleimhautpolster ein und eine Schwangerschaft beginnt.

Wenn keine Befruchtung eingetreten ist, dann baut die Gebärmutter ihren so emsig gehorteten Vorrat ab. Er ist jetzt nutzlos geworden. Die Schleimhaut löst sich ab, und die kleinen Blutgefäße brechen auf. Im Lauf von drei bis fünf Tagen werden etwa 60 bis 120 Gramm Blut ausgeschieden.

Diese Blutung ist das äußerliche Anzeichen für die Menstruation. Danach baut sich der Uterus einen neuen Belag für seine Schleimhaut auf. Der ganze Kreislauf beginnt von vorn. Mit dem einzigen Unterschied, dass jetzt der andere Eierstock ein Ei heranwachsen lässt. Ist ein Eierstock aus irgendwelchen Gründen nicht imstande, Eier zu produzieren, so übernimmt der andere ganz diese Arbeit.

Die Befruchtung

Die Situation, auf die sich die Gebärmutter und das Ei Monat für Monat rüsten, verläuft folgendermaßen: Das Ei ist nach dem Follikelsprung vom Eileiter aufgenommen worden. Von diesem Moment an kann es befruchtet werden. Wenn die Frau jetzt Geschlechtsverkehr hat, werden ungefähr 200 Millionen männliche Samenzellen (Spermatozoen) in die Vagina gebracht. Sie bestehen aus einem winzigen Zellkopf mit 23 Chromosomen und einem peitschenähnlichen Schwanz, mit dem sie sich verhältnismäßig rasch (15 Zentimeter pro Stunde) fortbewegen können. Sie dringen durch die Cervix in die Gebärmutter ein und wandern zum reifen Ei. Dieses ist im Vergleich zu den Spermatozoen riesig: 250 000-mal so groß.

Nur eine einzige Samenzelle ist für die Befruchtung erforderlich. Warum also diese Überfülle? Nun, unzählige Samenfäden gehen in den Falten und Rillen der Cervix verloren, viele sind nicht lebensfähig genug und gehen zugrunde. Andere werden durch das saure Milieu des Scheidensekrets abgetötet, bevor sie sich in das alkalische Milieu der Cervix retten können, ein Teil eilt in den falschen Eileiter. Alle miteinander sind ca. 72 Stunden lebensfähig und imstande, das Ei tatsächlich zu befruchten. Der Samenfaden, der als erster auf das Ei trifft, durchstößt die äußere Membran, wirft den jetzt überflüssig gewordenen Peitschenschwanz ab und dringt in die Zellflüssigkeit ein. Der Zellkopf wächst, bis er ebenso groß wie der Kern der Eizelle ist, nähert sich dem Zellkern und verschmilzt mit ihm.

Während dies geschieht, verdichtet sich die Membran des Eis, alle Poren schließen sich, und alle nachfolgenden Samenzellen treffen auf eine starr gewordene Zellhaut, die den Kern eines neuen Menschen schützend umschließt. Die Befruchtung hat stattgefunden, die Schwangerschaft beginnt.

In diesem Moment ist bereits entschieden, was für eine Haarfarbe das Kind haben wird, wie seine Körperform, seine Gesundheit und sein Temperament, sein Gedächtnis und seine Körpergröße, seine Sprachmelodie und seine Vorliebe für Farben sein werden. Beide, die väterliche und die mütterliche Zelle, brachten wie die Feen im Dornröschen ihre Gaben mit. Im Augenblick der Befruchtung finden sich Chromosomen des Samens und der Eizelle, formen Gruppen, schlingen sich zu Bändern.

Die Regeln dieser Vereinigung sind immer noch unbekannt. Man hat beobachten können, welche Eigenschaften mit großer Wahrscheinlichkeit erblich sind, welche mit ebenso großer Wahrscheinlichkeit nicht so stark sind, dass sie sich gegen andere durchsetzen können. Es gibt Eigenschaften, die nur alle zwei bis drei Generationen zum Durchbruch kommen.

a *Die Spermien schwärmen auf der Suche nach dem reifen Ei durch Gebärmutter und Eileiter. Das Ei ist nach dem Eisprung 24 Stunden befruchtungsfähig, Spermien 48 Stunden.*

b *Das befruchtete Ei (1) hat sich in der Gebärmutterhöhle angesiedelt und beginnt sich etwa alle zwölf Stunden zu teilen, ohne dass zunächst sein Volumen wächst.*

c *So verläuft ein Follikelsprung: Das reife Ei (4) wandert durch den Eileiter (5) vom Eierstock (2) in den Uterus (3). Der Eileiter (1) ähnelt einem Pinselschlauch.*

d *Ungefähr eine Woche braucht das befruchtete Ei in den Sekreten des Eileiters und der Gebärmutter, um an einen Nistplatz in der Gebärmutterhöhle zu schwimmen.*

e *Die Fruchtblase ist entstanden: In ihr schwimmt nun der Embryo (2), fest verankert durch die Nabelschnur (1). In den ersten vier bis fünf Monaten hat er genügend Platz.*

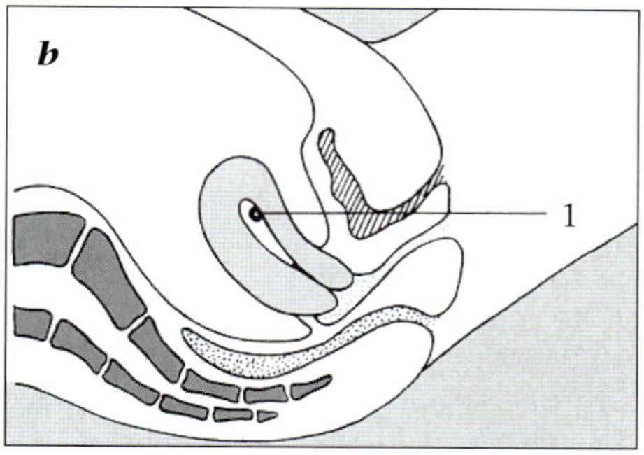

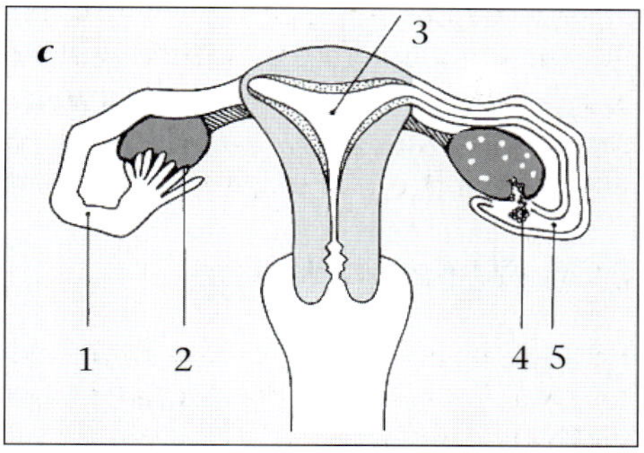

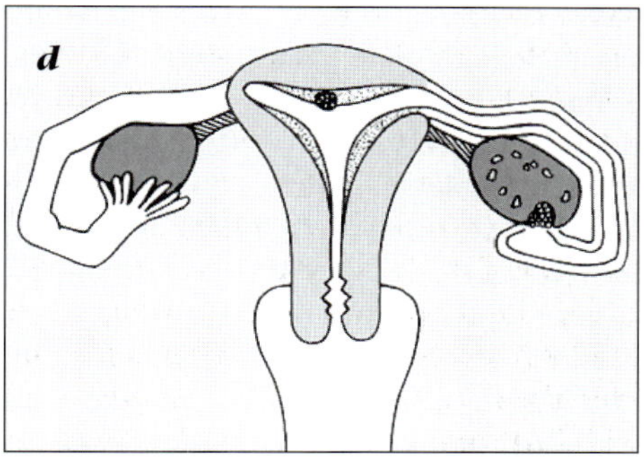

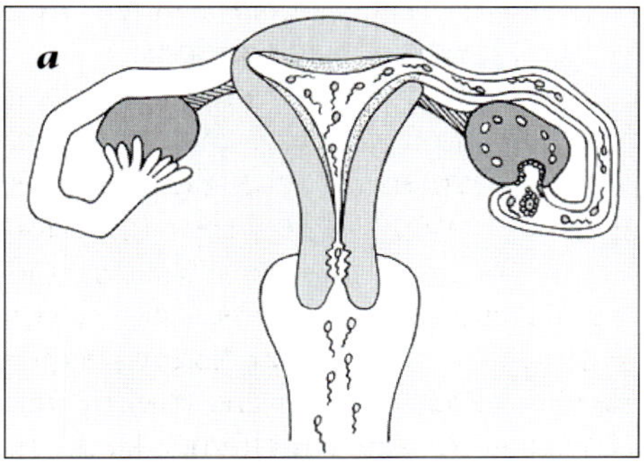

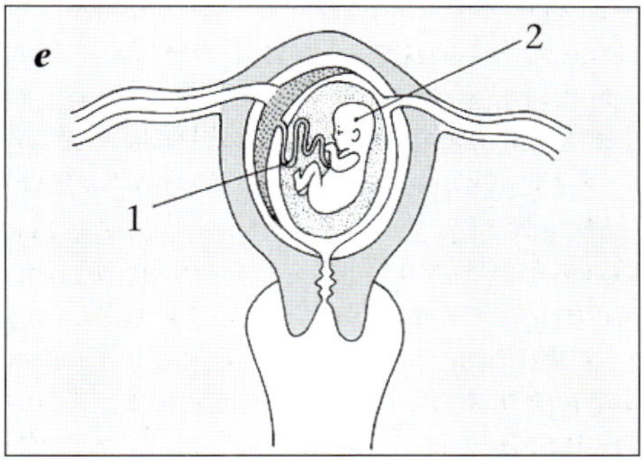

Nur eines ist sicher: Was für ein Geschlecht das Kind haben wird, hängt einzig und allein vom Vater ab. Von den 23 Chromosomen der Ei- und Samenzelle hat je eines eine besondere unpaarige Form und wird aus diesem Grund X- oder Y-Chromosom genannt. Die Eier enthalten stets ein X-Chromosom. Bei der Samenzelle jedoch gibt es zwei Möglichkeiten: Sie kann entweder ein X- oder ein Y-Chromosom enthalten. Paaren sich ein weibliches X- und ein männliches X-Chromosom, so entsteht ein Mädchen. Trifft das weibliche X- mit einem männlichen Y-Chromosom zusammen, so entsteht ein Knabe.

Ehe das befruchtete Ei sich endgültig in der Gebärmutter eingenistet hat, wächst es schon. Die erste Zellteilung findet 40 bis 50 Stunden nach der Befruchtung statt. Danach geht die Zellteilung rascher weiter; die neu entstandenen Zellen formieren sich zu einem runden, noch lockeren Gebilde, das wie eine Brombeere aussieht und deshalb auch den lateinischen Namen für Brombeere erhalten hat: Morula.

Diese Morula wird von den Flimmerhärchen und der Peristaltik der Tubenmuskulatur des Eileiters in den Uterus befördert, wo sie sich auf der aufnahmebereiten Schleimhaut festsetzt. Die Morula ist mittlerweile zum Keimling gewachsen, das heißt: Ihr loser runder Zellverband ist so groß geworden, dass er geordnet werden musste. Zum ersten Mal enthüllt sich der Bauplan des Organismus, es entwickeln sich Unterschiede.

Nach der ersten Woche beginnt der Keimling sich direkt durch die Mutter zu ernähren. Er hat sich mit seiner dickeren Zellwand an der Gebärmutterschleimhaut festgesaugt und nimmt durch diese Zellen Nahrung auf. Die Abbauprodukte seiner Nahrung schwitzt er aus. Sie erlauben ihm wiederum, dass er sich besser einnisten kann: Sie bewirken nämlich, dass die mit dem Ei in Berührung gekommenen mütterlichen Zellen absterben. Der Keimling frisst sich so in die Schleimhaut des Uterus und pflanzt sich dort ein.

Im Lauf der zweiten Woche wachsen mütterliches und embryonales Gewebe zusammen, der Keimling stellt also einen direkten Anschluss an den mütterlichen Stoffwechsel her: Das künftige Kind beginnt mit allem am Leben seiner Mutter teilzunehmen; seine Entwicklung wird erkennbar. Seine Zellen haben sich zu zwei Keimblättern formiert. Zwischen ihnen bildet sich ein mit Flüssigkeit – dem Fruchtwasser – gefüllter Hohlraum, in dem ein drittes Keimblatt entsteht. Aus diesem entfaltet sich im Lauf der Zeit der ganze künftige Organismus des Kindes.

Noch etwas Wichtiges geschieht: Der Organismus der Mutter produziert ein Hormon, das über das Blut den Eierstöcken signalisiert, ihre Arbeit bis auf weiteres einzustellen.

So kann sich der Keimling jetzt in Ruhe weiter entfalten und weiter einwachsen lassen. So hat er aber auch zum ersten Mal der Außenwelt Nachricht von sich gegeben.

So weiß man, ob ein Kind unterwegs ist

Es ist ein sonderbarer Anfang, so verwirrend und trotz aller Regeln so unsicher, unbestimmt, dass viele Frauen gar nicht wissen, wann sie wirklich sagen können: »Ich bekomme ein Kind.«

Bekommt man ein Kind, wenn man sich morgens vor Übelkeit nicht mehr gerade halten kann? Wenn die Regel ausbleibt? Wenn sich die Brust spannt und die Hüften runder und voller werden?

Vor gar nicht so langer Zeit musste man sich auf diese Anzeichen verlassen, musste geduldig abwarten, ob sie schließlich durch das spürbare und sichtbare Wachsen des Kindes im Mutterleib bestätigt wurden.

Heute sind die Frauen in der Lage, sich in den meisten Fällen rascher Gewissheit zu verschaffen, und der medizinische Fortschritt ermöglicht es ihnen zwischen den unsicheren und den sicheren Anzeichen zu unterscheiden.

Unsichere Anzeichen der Schwangerschaft

Ausbleiben der Periode

Dies ist fast das unsicherste Zeichen von allen, denn der weibliche Hormonhaushalt kann verhältnismäßig rasch aus dem Gleichgewicht gebracht werden. Aufregung, Klimawechsel, große Anstrengungen, selbst Hausputz, Blutarmut oder die Folgen einer überstandenen Infektionskrankheit reichen aus, um die Monatsblutung zu verzögern oder ausfallen zu lassen.

Bleibt die Regel, die sonst pünktlich auftrat, einmal aus, sollte zur Klärung der Ursache der Arzt aufgesucht werden.

Übelkeit

Selbst wenn sie sich jeden Morgen mit peinlicher Regelmäßigkeit einstellt: Morgenübelkeit kann ebenso gut durch Magenstörungen oder Gallenreizungen verursacht werden.

Gelüste auf bestimmte Speisen

oder vollkommene Appetitlosigkeit sind ebenfalls ein unsicheres Zeichen. Auch diese Symptome können durch Störungen im Verdauungssystem oder durch Milieu- und Klimawechsel verursacht sein.

Spannen der Brüste

Das beobachten viele Frauen zu Beginn der Periode oder zur Zeit des Eisprunges.

Vergrößerung des Leibesumfanges

Das Ei wächst relativ schnell und um ein Vielfaches (die Gebärmutter vergrößert sich bis zum 4. oder 5. Monat deutlich), äußerlich ist aber noch nichts zu sehen. Wird eine Frau also schon dann dick, wenn sie sich erst in den Anfangswochen der vermuteten Schwangerschaft befindet, kann man eher mit einer krankhaften Veränderung der Unterleibsorgane rechnen. Sofort den Arzt aufsuchen!

Diese Symptome können einzeln oder gemeinsam auftreten. Sie können schon durch den besonders leidenschaftlichen Wunsch einer Frau nach einem Kind hervorgerufen werden, können sogar einen erfahrenen Gynäkologen irreführen. Denn sie können tatsächlich Vorboten einer Schwangerschaft sein.

Deshalb wird jeder Frauenarzt die Hoffnung einer Frau erst dann bestätigen, wenn er auf Unbezweifelbares gestoßen ist.

Sichere Anzeichen der Schwangerschaft

Untersuchungen

Die traditionellen, sicheren Beweise brauchen Zeit, denn sie hängen mit dem Wachstum des Kindes zusammen. Nach frühestens acht Wochen kann der Arzt an der Art der Veränderung der Gebärmutter erkennen, ob sie sich darauf umgestellt hat, ein Kind zu beherbergen. Hat sich die Gebärmutter bei einer vier bis sechs Wochen späteren Untersuchung noch mehr vergrößert, dann ist eine Schwangerschaft sehr wahrscheinlich. Selbstverständlich können auch hier Zweifel auftauchen. Ganz sicher ist der Arzt erst dann, wenn er die Herztöne hören und die Bewegungen des Kindes feststellen kann. Das ist vaginalsonografisch bereits ab der 6. Schwangerschaftswoche möglich!

Der chemische Test

ist der schnellste und der heute gebräuchlichste. Er kann frühestens zwei Tage nach dem Ausbleiben der letzten Regel gemacht werden. Ist der Test das erste Mal negativ ausgefallen, so sollte er nach zwei bis drei Tagen wiederholt werden. Der Schwangerschaftstest kann auch in der Apotheke gekauft und selbst durchgeführt werden. Frauenärzte können, wenn es klinisch wichtig ist, Blut-Serum HCG abnehmen. Eine positive Reaktion ist schon elf Tage nach der Befruchtung zu erwarten.

So rechnet man den Zeitpunkt der Geburt aus

Wenn eine Frau sicher ist, dass sie ein Baby bekommt, möchte sie natürlich gern wissen, wann es geboren wird. In den seltensten Fällen weiß die künftige Mutter genau den Tag der Empfängnis. Die Tatsache, dass die Dauer einer Schwangerschaft in vielen Sachbüchern verschieden lang angegeben wird, zeigt bereits, dass es hier keine starren und festen Regeln gibt.

Manche Schwangerschaften dauern 265 Tage, andere 280. Es gibt Abweichungen nach unten und oben. Deshalb hält man sich an diese alte Faustregel:

Datum des ersten Tages der letzten Menstruation plus sieben Tage minus drei Monate.

Diese Ungenauigkeit des Datums hängt auch vom Menstruationsrhythmus der betreffenden Frau ab.

- Ist ihr Zyklus sehr regelmäßig und umfasst genau 28 Tage, so kann man eher damit rechnen, dass das Baby sich an die Faustregel hält.
- Hat die Mutter einen Fünf-Wochen-Zyklus (Regel alle 32 bis 35 Tage), so braucht das Baby fünf bis sieben Tage länger.
- Ist der Monatszyklus kürzer, so ist auch die Schwangerschaft etwa um die Anzahl der bis zum Normalfall fehlenden Tage kürzer.
- Hat die Mutter einen schwankenden Zyklus gehabt, wurde sie leicht durch Aufregung und Freude aus dem Kalender gebracht, so sollte sie ihr Klinikköfferchen ruhig schon dann griffbereit halten, wenn der Arzt noch sagt: »Nur keine Aufregung, wir haben noch viel Zeit!«

Auf jeden Fall hilft es Frauenärzten sehr, wenn die zukünftige Mutter schon vorher über ihre Menstruationstermine genau Buch geführt hat. Auch für die werdende Mutter und ihr Ungeborenes ist das wichtig, denn an den Tagen, in denen die nächste Menstruation stattgefunden hätte, sollte sie sehr vorsichtig sein und Anstrengungen, Sport und Aufregung meiden. In den ersten drei Monaten ist der Embryo noch nicht sehr fest in seinem Platz verankert. Außerdem hat sich der Hormonhaushalt noch nicht vollständig und verlässlich umgestellt. Der Körper kann sich irren und aus alter Gewohnheit Signale geben, die im Normalfall richtig, jetzt aber falsch wären. Wenn eine Frau das Hormongleichgewicht durch zusätzliche körperliche oder seelische Belastung gefährdet, kann sie das Kind verlieren, siehe auch Seite 52 und 98ff. Beste und zuverlässigste Hilfe bei der Bestimmung des Geburtstermins leistet die Ultraschalluntersuchung (siehe Seiten 29 und 69ff.).

So sorgt die werdende Mutter für die Gesundheit

»Kinderkriegen ist eine ganz normale Sache und keine Krankheit!« Dieser Satz ist vollkommen richtig. Leider wird von vielen Männern und Frauen der falsche Schluss daraus gezogen: »Die Schwangere hat nichts beim Arzt zu suchen.« Dieser Irrtum kostet noch heute vielen Frauen und noch viel mehr Kindern das Leben.

Die Müttersterblichkeit in Deutschland ist glücklicherweise nicht mehr höher als in anderen europäischen Ländern, wie sie es vor 50 Jahren tatsächlich war. 1950 betrug die Müttersterblichkeit in Deutschland ungefähr zwei Prozent, heutzutage wurde sie auf 0,06 Prozent gesenkt. Ein großer Teil dieser tragischen Todesfälle im Kindbett ließen sich vermeiden, wenn sich die werdenden Mütter regelmäßig untersuchen ließen. Deshalb: Der Arzt oder die Frauenäzrtin ist für die künftige Mutter wichtiger als der Vater.

Der *Idealfall:* Die Frau hat bereits einen Haus- und Frauenarzt, bei dem sie sich regelmäßig einmal im Jahr untersuchen lässt. Das ist für die Zeit der Schwangerschaft von Vorteil, denn der Arzt kennt dann schon die werdende Mutter und ihre allgemeine gesundheitliche und häusliche Situation. Er weiß besser als ein fremder Arzt, wo er stärken, warnen oder trösten muss.

Der *Normalfall:* Die Frau geht zum ersten Mal zum Gynäkologen, wenn sie sich schwanger glaubt.

Sie sollte dann den Arzt überlegt aussuchen. Er sollte seine Wohnung oder seine Praxis in ihrer Nähe haben. Dann ist er in Notfällen schnell zur Hand, und im Normalfall kann man ihn zu Fuß aufsuchen, ohne sich in Verkehrsmitteln durchrütteln zu lassen. Sie sollte sich gleich für den richtigen Arzt entscheiden, das heißt, sie sollte zu einem Arzt gehen, zu dem sie Vertrauen hat. Sie sollte außerdem einen Arzt wählen, der positiv zur Schwangerschaftsgymnastik eingestellt ist (siehe auch ab Seite 61ff.).

Der *komplizierte Fall:* Die künftige Mutter ist gerade erst in die jetzige Gegend gezogen oder so gesund, dass sie noch nie einen Gynäkologen gebraucht hat. Erster Ausweg: Man fragt seinen Arzt oder man erkundigt sich bei der Mütterberatung. Zweiter Ausweg: Man sucht sich eine Entbindungsklinik, in der folgende Voraussetzungen gegeben sind:

- Tag und Nacht stehen eine Hebamme und ein Arzt zur Verfügung.
- Das Kind wird unter der Wehentätigkeit mit einem CTG überwacht (siehe Seite 70).
- Der Vater darf bei der Geburt anwesend sein.
- Tag und Nacht ist gewährleistet, dass zum Beispiel bei Sauerstoffnot des Kindes ein Kaiserschnitt gemacht werden kann.

Bei all diesen Fragen kann man sich auch durch das Gesundheitsamt beraten lassen.

So nutzt man die Vorsorgeuntersuchung

Alle Mütter haben während ihrer Schwangerschaft einen gesetzlichen Anspruch auf Vorsorgeuntersuchungen und sollten diese Möglichkeit unter allen Umständen nutzen. Denn diese Hilfe ist nicht nur für die Mutter lebensnotwendig, sondern noch weit mehr für das Kind.

Durch die modernen Untersuchungsmethoden lassen sich nämlich ohne Belastung für Mutter oder Kind Risiken während der Schwangerschaft rechtzeitig erkennen und vermeiden, sodass die Mutter ein gesundes Kind zur Welt bringen kann. Das Programm der Vorsorgeuntersuchungen:

- Erster Besuch: nachdem die Schwangerschaft festgestellt worden ist (Schwangerschaftstest)
- In den folgenden Monaten: alle vier Wochen
- In den beiden letzten Schwangerschaftsmonaten: alle zwei Wochen
- In der ersten Woche nach der Entbindung: die erste Nachuntersuchung
- Sechs bis acht Wochen nach der Entbindung: die zweite Nachuntersuchung

Durch die Untersuchungen – besonders in der zweiten Schwangerschaftshälfte – kann man Frühgeburten verhindern; Frühgeburten sind immer noch zu 60 Prozent die Hauptursache der Säuglingssterblichkeit und vor allem liegt in ihnen die überwiegende Ursache der Schädigungen des kindlichen Gehirns. Schon das sollte Grund genug sein für werdende Eltern, die angebotenen Vorsorgeuntersuchungen unbedingt zu nutzen.

So benutzt man den Mutterpass

Der Mutterpass ist Bestandteil der Mutterschaftsrichtlinien und wird mit Beginn der Schwangerschaft von Gynäkologen ausgestellt und beinhaltet. Er enthält alle Daten die für den Verlauf der Schwangerschaft wichtig sind: Ergebnisse der Voruntersuchung; Verlauf der Schwangerschaft; Entwicklung des Kindes; Verlauf der Geburt, des Wochenbettes und des Stillens; medizinische Daten des Kindes; Impfungen, Vitamine und Medikamente, die Mutter und Kind bekommen haben; außerdem die Ergebnisse aller Untersuchungen im Lauf der Schwangerschaft.

Der Mutterpass wird dadurch zu einem wichtigen Dokument, und die Mutter sollte ihn stets bei sich tragen. In jedem Notfall – vor allem auf Reisen, also fern von der bekannten Klinik und dem Haus- oder Kinderarzt – kann ein Arzt aufgrund der Eintragungen im Mutterpass erkennen, was für ihn und für Mutter und Kind wichtig ist.

Deshalb sollte jede Mutter regelmäßig an den Voruntersuchungen teilnehmen. Der Mutterpass wird ihr nach jeder Vorsorgeuntersuchung wieder mitgegeben. Die Angaben im Mutterpass dienen nicht nur dem Arzt und der Hebamme, sondern auch ihr und der Sicherheit ihres Kindes. Er ist also ein persönliches Dokument. Die Mutter allein entscheidet darüber, wem er zugänglich gemacht werden soll. Andere Personen, auch Arbeitgeber oder Behörden, dürfen nicht die Einsichtnahme verlangen. Im Mutterpass wird auch daran erinnert, dass die Mutter etwa sechs bis acht Wochen nach der Entbindung zur Nachuntersuchung gehen sollte: Mutterpass nicht vergessen. Sie sollte außerdem alle Kinder-Früherkennungsuntersuchungen (U2–U9) beim Kinder- oder Hausarzt nutzen.

So informiert man den Arzt

Der Arzt oder die Ärztin, die die Mutter während ihrer Schwangerschaft betreuen, müssen eine Reihe von Fragen stellen, um ihre und des Kindes körperliche Entwicklung in den kommenden Monaten richtig deuten zu können, und um rechtzeitig Abhilfe zu schaffen, falls sich Störungen zeigen. Die Mutter sollte sich vor dem ersten Gespräch auf diese Fragen vorbereiten, damit sie die nötigen Auskünfte ohne Zeitverlust geben kann.

Der Arzt wird sie nach Krankheiten und Operationen fragen, die sie überstanden hat, und nach Erbkrankheiten in ihrer eigenen und der Familie des künftigen Vaters. Es empfiehlt sich, zu dieser ersten Untersuchung eventuell vorhandene Berichte über schwere Erkrankungen, Operationen oder Blutübertragungen mitzunehmen.

- Bei der ersten Untersuchung wird das Datum der letzten Menstruation notiert und danach der wahrscheinliche Geburtstermin bestimmt. Dann werden früher überstandene Krankheiten, Familienkrankheiten und Ähnliches erfragt und eventuelle Beschwerden notiert. Schließlich wird das Gewicht festgestellt, Urin und Blut werden untersucht, der Blutdruck wird gemessen. Schon bei dieser ersten ärztlichen Kontrolle kann für das werdende Leben und die Frau so vorgesorgt werden, dass beide die Schwangerschaft gut überstehen.

Die Blut- und Urinuntersuchungen geben über mögliche Gefahrenpunkte Aufschluss:

- Viele Erwachsene sind zuckerkrank ohne es zu wissen. Zuckerkranke Frauen neigen jedoch zu Früh- oder Fehlgeburten. Selbstverständlich kann geholfen werden, wenn die Gefahr durch eine Vorsorgeuntersuchung rechtzeitig erkannt worden ist.
- Schwangerschaftsvergiftungen werden durch Urintests und Blutdruckmessungen festgestellt und können im Anfangsstadium erfolgreich bekämpft werden.
- Herz-, Nieren- und Lungenerkrankungen und Blutarmut der Frau, die das ungeborene Kind gefährden und die Geburt erschweren könnten, werden ebenfalls durch rechtzeitige und regelmäßige Untersuchungen unter Kontrolle gebracht.

Deshalb ist es wichtig, dass die werdende Mutter sich schon nach dem ersten Ausbleiben der Periode beim Frauenarzt anmeldet. In dieser frühen Zeit kann der Arzt noch eine eventuelle Lageabweichung der Gebärmutter korrigieren, er kann Entzündungen heilen und kann auf die Konstitution der Mutter abgestimmte Ernährungsrichtlinien geben.

Der Rhesusfaktor

stellt ein besonderes Kapitel dar. Allerdings verursacht er in der heutigen Zeit nur noch sehr selten Komplikationen, weil mit der ante und post partum Rhesusprophylaxe die Sensibilisierungsrate bei Vorliegen einer Rhesuskonstellation auf 0,1 bis 0,2 Prozent gesenkt wird. Bei nur knapp 15 Prozent der Frauen fehlt der Rhesusfaktor im Blut. Sie sind, wie die Ärzte sagen, rhesusnegativ (rh).

Hat der Vater nun rhesuspositives Blut (Rh), so kann er dem Kind mit anderen Körpereigenschaften auch diese Rhesuspositivität vererbt haben: In dem Schoß der werdenden Mutter wächst in diesem Fall ein Mensch heran, der ein anderes Blut besitzt als sie. Das Kind wirkt sich gleichsam als biologischer Feind aus, und der Organismus der Mutter reagiert automatisch, in dem er Antikörper im Blut produziert.

Das erste Kind eines Ehepaares mit einer solchen Konzentration wurde gesund geboren, weil sich die Abwehrstoffe der Mutter gegen das »feindliche« Blut des Kindes erst langsam und meistens erst nach der Geburt des Kindes entwickelten.

Bei einer zweiten Schwangerschaft waren diese Abwehrstoffe jedoch bereits vorhanden und werden jetzt schnell so stark vermehrt, dass es zu schweren Schädigungen des zweiten Kindes kommen konnte.

Dem kann man nur mit Austausch-Transfusionen begegnen. Je mehr Kinder eine Mutter bekommt, desto größer werden die Gefahren.

Man kann sie jedoch vollkommen vermeiden, wenn man bis 48 Stunden nach der Geburt des ersten Kindes (oder auch nach der ersten Fehlgeburt!) mit Rhesusfaktor eine so genannte Anti-D-Prophylaxe durch führt.

Die Zeiten, als Väter sich mit einem Blick auf das hilflose Bündel Mensch begnügten, sind vorbei. Der Vater spielt von Anfang an eine wichtige Rolle.

Dieses Medikament, es wird injiziert, vernichtet die beginnende Antikörperproduktion gegen das Rh-positive Blut des ersten Kindes, sodass auch das zweite Kind genauso wie das erste gesund geboren werden kann.

- Tipp für den ersten Arztbesuch: Notieren Sie sich alle Beschwerden und Fragen. In der berechtigten Aufregung des Augenblicks vergisst man sonst das Wichtigste. Den meisten künftigen Müttern geht es erfreulicherweise während der neun Monate glänzend. Trotzdem: Gerade jetzt und gerade bei der ersten Schwangerschaft belastet manches mehr, was man früher leichthin übersehen hat.

Deshalb finden Sie im übernächsten Kapitel eine Liste der häufigsten Beschwerden der Schwangerschaft.

Wer unter ihnen leidet, braucht sich nicht zu sorgen, weil sie normale Randerscheinungen der ungeheuren körperlichen Umstellung sind, die eine Frau in dieser Zeit durchmacht. Sie sind andererseits kein Grund zum heldenhaften Zähnezusammenbeißen.

Im Gegenteil: Der Arzt muss diese Beschwerden genau genannt bekommen. Er allein soll und kann entscheiden, welches Heilmittel nötig ist: ein aufmunterndes Wort oder ein hilfreiches Medikament.

Die pränatale Diagnostik

Die Möglichkeit, schon vor der Geburt Diagnosen beim ungeborenen Kind zu stellen, ist ein Gebiet der Medizin, auf dem die enge Zusammenarbeit mehrerer Disziplinen erforderlich ist: Frauenarzt, Humangenetiker, Kinderarzt und andere Fachrichtungen. Das gemeinsame Ziel ist es, schwere kindliche Erkrankungen intrauterin – also schon im Uterus – zu erkennen. Das Mittel ist ein so genanntes Screening, das heißt wortwörtlich übersetzt durchsieben. Das Wort bezeichnet also eine besonders penible Suche. So wird duchgeführt ein

- Screening nach Neuralrohrdefekten (offener Rücken). Das bedeutet: Blutabnahme in der 16. Schwangerschaftswoche und eine Sonografie-Kontrolle.
- Screening auf Chromosomenanomalie. Das ist ein dreifacher Test. Dabei wird in der 16. Schwangerschaftswoche Blut entnommen, in der 11. bis 13. Schwangerschaftswoche eine Sonografie zur Messung der Nackenfalte durchgeführt und in der 14. bis 16. Schwangerschaftswoche die Amniozentese.

Für wen kommen diese Untersuchungen infrage? Ein erhöhtes mütterliches Alter ist der hauptsächliche Grund zur pränatalen Chromosomendiagnostik. Außerdem: wenn die Schwangere schon mehrere Fehlgeburten gehabt hat.

In jedem Fall ist die Beratung durch den Frauenarzt sehr wichtig, und zwar nicht nur in medizinischer, sondern vor allem in menschlicher Hinsicht.

Amniozentese

bedeutet: Fruchtwasserpunktion. Sie wird nach Desinfektion des Bauches mit einer dünnen Kanüle durchgeführt. Eine Lokalanästhesie ist nicht mehr notwendig. Die Punktion wird unter Ultraschallkontrolle durchgeführt.

Der Grund: Zu 90 bis 95 Prozent lässt die Chromosomendiagnostik Chromosomenveränderungen erkennen, die zum Down Syndrom führen können. Auch die Lungenreifebestimmung erfolgt auf diese Weise, ebenfalls der Nachweis oder

der Ausschluss von Stoffwechselstörungen, fetalen Infektionen, wie zum Beispiel Toxoplasmose und Entdeckung und Beurteilung der vorgeburtlichen Blutarmut des Kindes, wie schließlich der Rhesusunverträglichkeit.

Sonografie

Das Ultraschallscreening ist nach den Mutterschaftsrichtlinien von 1995 dreimal vorgesehen, 9. bis 12., 19. bis 22. und 29. bis 32. Schwangerschaftswoche. Es dient der Festlegung des Gestationsalters, der frühzeitigen Erkennung von Mehrlingsschwangerschaften, der Kontrolle der körperlichen Entwicklung des Feten und der Erkennung von Entwicklungsstörungen. Bei der ersten Ultraschalluntersuchung geht es um den Nachweis einer vitalen, intrauterinen Schwangerschaft. Die zweite soll die zeitgerechte Entwicklung des Kindes dokumentieren und Entwicklungsanomalien ausschließen. Die dritte dient der Erfassung des fetalen Wachstumsverlaufs, der Lage des Kindes, der Lage der Plazenta, dem Ausschluss von Entwicklungsanomalien.

Alle Untersuchungen wollen dazu beitragen, Störungen der normalen Entwicklung aufzudecken. Hat der Frauenarzt den Verdacht auf eine Entwicklungsstörung des Feten, so wird die eingehende Ultraschalldiagnostik in Perinatalzentren empfohlen, wo besonders ausgebildete Ärzte mit speziellen Geräten diese Kontrollen durchführen.

Zu dieser weiterführenden Diagnostik gehört auch die Dopplersonografie. ›Sie ermöglicht eine Beurteilung der Blutströmung in maternalen und fetalen Gefäßen, die für die Schwangerschaft von entscheidender Bedeutung sind‹, wie man in dem Lehrbuch der Geburtshilfe von Schneider lesen kann.

Gestationsdiabetes

ist eine Stoffwechselstörung, die erstmals in der Schwangerschaft auftritt. Die Häufigkeit des Gestationsdiabetes liegt wohl bei zwei Prozent – genaue Daten hätte man nur, wenn wirklich alle Schwangeren auf diese Stoffwechselstörung untersucht werden würden, was leider nicht der Fall ist. Der Gestationsdiabetes wird durch den oralen Glukosetoleranztest festgestellt.

Die Arbeitsgemeinschaft Diabetes und Schwangerschaft der Deutschen Diabetes Gesellschaft empfiehlt die Durchführung dieses Testes bei jeder Schwangeren. Leider ist diese Empfehlung noch nicht Bestandteil der Mutterschaftsrichtlinien, weil die entstehenden Kosten als zu hoch beurteilt werden. Eine große Zahl der Frauenarztpraxen führt den Test aber bereits durch. Er ist so wichtig, weil eine unzureichende Stoffwechseleinstellung beide gefährdet:

- Die Mutter: Es kann zu einer Schädigung der Gefäße im Auge oder in der Niere kommen.
- Das Kind: Es kann später Übergewicht entwickeln und unter Anpassungsstörungen leiden, und aufgrund des Schädigung der Bauchspeicheldrüse während des fetalen Lebens kann ein Diabetes von Typ II gehäuft auftreten.

Das zeigt, dass eine frühzeitige Entdeckung der Glukoseintoleranz während der Schwangerschaft eine große Bedeutung für die Gesundheit der Mutter und des Kindes hat.

2

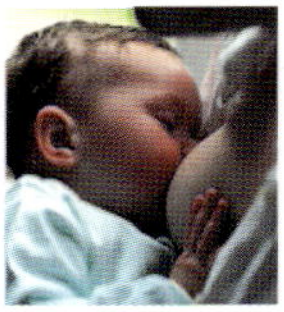

KAPITEL

Die werdende Mutter und ihr Recht

Das Mutterschutzgesetz kann und soll die berufstätige Frau schützen, und es gilt für alle Frauen, die in einem Arbeitsverhältnis stehen, auch für Ausländerinnen. Für Beamtinnen gelten ähnliche Regeln, die im Beamtenrecht festgelegt sind.

Das Gewerbeaufsichtsamt ist für die Kontrolle der Schutzvorrichtungen zuständig, das heißt: An diese Behörde kann sich die werdende Mutter vor und nach der Entbindung mit allen Fragen und Problemen wenden, die sich aus dem Arbeitsverhältnis und der Schwangerschaft ergeben.

Die Anschrift des Gewerbeaufsichtsamtes erfährt sie auf dem Bürgermeisteramt oder beim Arbeitsamt.

Da ein Arbeitgeber die Schutzbestimmungen nur einhalten kann, wenn er auch weiß, dass eine seiner Angestellten oder Arbeiterinnen ein Kind erwartet, soll diese ihm oder dem Personalbüro ihre Schwangerschaft mitteilen, sobald sie selbst erfahren hat, dass sie schwanger ist, und sie sollte ebenfalls den mutmaßlichen Tag der Niederkunft mitteilen.

Eine schriftliche Bestätigung, also das Attest eines Arztes oder einer Hebamme, muss die künftige Mutter vorlegen, falls es der Arbeitgeber verlangt. Die Kosten für dieses Zeugnis trägt der Arbeitgeber.

Bei Bewerbungen während der Schwangerschaft muss die Frau ihre Schwangerschaft in der Regel auch auf Befragen ihres Arbeitgebers hin nicht offenbaren.

Hat die künftige Mutter den Arbeitgeber von der Schwangerschaft benachrichtigt, so ist er jedoch nicht berechtigt, diese Tatsache sofort im ganzen Betrieb herumzuerzählen. Der Arbeitgeber ist gesetzlich verpflichtet, den zuständigen Aufsichtsbehörden (staatliche Arbeitsschutz- oder Gewerbeaufsichtsämter) die Schwangerschaft mitzuteilen. Haben Frauen Fragen, die sich aus der Anwendung dieser Schutzvorrichtungen ergeben, so wenden sie sich an diese Aufsichtsbehörde, die die Einhaltung dieser Mutterschutzvorschriften kontrolliert, oder an den Arbeitgeber.

Hat die werdende Mutter den Arbeitgeber von ihrem Zustand unterrichtet, dann gelten für sie und ihn die Bestimmungen des Mutterschutzgesetzes.

Das Wichtigste: Sie ist vor Kündigung geschützt. Während der Schwangerschaft und bis zum Ablauf von vier Monaten nach der Entbindung kann der Arbeitgeber ihr nicht kündigen.

Wenige Ausnahmen sind nur aus besonderem Grund und mit ausdrücklicher Erlaubnis des Gewerbeaufsichtsamtes möglich.

Will die berufstätige Mutter mit der Arbeit aufhören, so kann sie dagegen während der Schwangerschaft oder während der Schutzfrist ohne Einhaltung einer Frist zum Ende der Schutzfrist kündigen. Der Mutterschutz endet dann zusammen mit dem Arbeitsverhältnis, und der Arbeitgeber muss die Aufsichtsbehörde von der Eigenkündigung der Schwangeren unverzüglich in Kenntnis setzen.

Eine Reihe von Tätigkeiten, die die Gesundheit von Mutter und Kind gefährden würden, sind verboten. Die werdende Mutter darf keine Arbeiten mehr durchführen, bei denen regelmäßig Lasten von mehr als fünf Kilogramm oder manchmal Lasten von mehr als zehn Kilogramm zu heben sind.

Sie darf nicht mehr ausschließlich im Stehen arbeiten, ohne dass sie eine Sitzgelegenheit zum Ausruhen hat. Wenn sie im fünften Schwangerschaftsmonat ist, darf sie solche Arbeiten trotz vorhandener Sitzgelegenheit täglich höchstens vier Stunden ausüben.

Sie darf keine Arbeiten mehr ausüben, bei denen sie sich sehr viel strecken, beugen, hocken oder ständig in gehockter Haltung arbeiten muss. Sie darf ebenfalls keine Arbeiten an Maschinen ausüben, die einen Fußantrieb haben, und sie darf nach dem dritten Monat keine Arbeiten auf Beförderungsmitteln mehr ausüben, und nicht solche, die mit dem Schälen von Holz zu tun haben.

Viele Schwangere fürchten, Bildschirmarbeit sei für sie und ihr Kind gefährlich. Nach neueren Untersuchungen lässt sich jedoch kein Zusammenhang zwischen Gesundheitsstörungen und elektrischen und magnetischen Feldern an modernen Bildschirmgeräten erkennen. Dennoch wird empfohlen mit dem Betriebsarzt sämtliche Faktoren für eine gesundheitsgerechte Arbeitsplatzgestaltung zu besprechen. Durch entsprechende Organisation des Arbeitsablaufs, zum Beispiel wechselnde Tätigkeiten und geeignete Pausenregelungen, können diese Belastungen an den Bildschirmarbeitsplätzen reduziert werden. Wenn es erforderlich sein sollte, kann der Betriebsarzt für die Dauer der Schwangerschaft einen Arbeitsplatzwechsel vorschlagen. Prinzipiell aber gibt es im Bereich der Bildschirmarbeit kein generelles Beschäftigungsverbot.

Beim Umgang mit Druckluft, Röntgenstrahlen und radioaktiven Stoffen schützen besondere Vorschriften die werdende und stillende Mutter. Auch chemische und biologische Schadstoffe können eine Gefährdung bedeuten.

Nacht-, Sonntags- und Mehrarbeit: Werdende und stillende Mütter dürfen nicht nachts arbeiten (zwischen 20 und 6 Uhr), nicht an Sonn- und Feiertagen, und sie dürfen nicht mit Mehrarbeit beschäftigt werden. Höchste Arbeitszeit für Frauen über 18 Jahren: maximal achteinhalb Stunden täglich oder 90 Stunden pro Doppelwoche. Frauen unter 18 Jahren: täglich höchstens acht Stunden oder 80 Stunden in der Doppelwoche.

Die Schwangere darf weder Akkordarbeit noch Fließbandarbeit mit einem vorgeschriebenen Arbeitstempo machen. Schließlich darf sie keine Arbeiten mehr ausüben, bei denen sie den gesundheitsschädlichen Einflüssen von Gasen, Dämpfen, Staub, Hitze oder Kälte und

Nässe ausgesetzt ist oder die mit erhöhter Unfallgefahr verbunden sind. Sie darf nicht Erschütterungen oder Lärm ausgesetzt werden.

Alle diese Arbeiten sind auch dann nicht gestattet, wenn eine Frau willens ist, sie auszuführen.

Wenn die Gesundheit oder sogar das Leben von Mutter oder Kind bei einer weiteren Beschäftigung gefährdet sind, müssen Mütter von der Arbeit freigestellt werden. Ein entsprechendes Attest vom Arzt muss dabei dem Arbeitgeber vorliegen.

Sechs Wochen vor der Geburt dürfen werdende Mütter zu Hause bleiben. Sie müssen nicht. Will eine Frau weiterarbeiten, muss sie das ihrem Arbeitgeber ausdrücklich mitteilen. Sie kann diese Entscheidung jederzeit rückgängig machen. Solange sie weiterarbeitet, erhält sie kein Mutterschaftsgeld, da sie ja noch Lohn oder Gehalt bekommt. Die Schutzfrist – im Normalfall acht Wochen – verlängert sich, wenn die Entbindung später als erwartet eintritt. Hat eine Frau eine Frühgeburt, oder hat sie Zwillinge oder Mehrlinge bekommen, so verlängert sich die Schutzfrist nach der Entbindung auf zwölf Wochen.

Stillpausen

Eine Mutter hat das Recht auf regelmäßige Stillpausen. Das heißt: Wenn sie acht oder zwölf Wochen nach der Entbindung die Arbeit wieder aufnimmt, so muss der Arbeitgeber ihr auf Verlangen die zum Stillen erforderliche Zeit freigeben, mindestens aber zweimal täglich eine halbe Stunde oder einmal täglich eine Stunde. Die Stillzeit darf auch nicht vor- oder nachgearbeitet oder auf die betrieblich festgesetzten Ruhepausen angerechnet werden.

Arbeitet die Mutter mehr als acht Stunden zusammenhängend, so erhöht sich die Stillpause auf zweimal mindestens 45 Minuten oder einmal mindestens 90 Minuten. Als zusammenhängend betrachtet der Gesetzgeber eine Arbeitszeit, soweit sie nicht durch eine Ruhepause von mindestens zwei Stunden unterbrochen wird. Das Stillen darf keinen Verdienstausfall verursachen. Die Aufsichtsbehörde kann die Einrichtung von Stillräumen vorschreiben.

Auch stillende Mütter dürfen mit bestimmten Gefahrstoffen nicht arbeiten, nicht zu Akkord- und Fließbandarbeiten herangezogen und mit bestimmten, körperlich schweren oder belastenden Arbeiten beschäftigt werden.

Mutterschaftsgeld

Während der Schutzfrist erhält eine vorher berufstätige oder arbeitslos gemeldete Mutter Mutterschaftsgeld. Die Krankenkasse zahlt bis zu 13 € pro Tag, den Differenzbetrag zum Nettogehalt zahlt der Arbeitgeber. Für Selbstständige und Familienversicherte gibt es auch Mutterschaftsgeld. Die privaten Krankenversicherungen haben unterschiedliche Regelungen, nach denen man sich rechtzeitig erkundigen sollte. Die künftige Mutter muss sich vorher und rechtzeitig bei ihrem Arbeitgeber, beim Bundesversicherungsamt oder bei ihrer Krankenversicherung erkundigen und die notwendigen Schritte unternehmen. Alle Einzelheiten und Zusatzbestimmungen zur Auszahlung des Mutterschaftsgeldes sind dem »Gesetz zum Schutz der erwerbstätigen Mutter« zu entnehmen.

Arbeitslose Frauen

die nicht Mitglied einer gesetzlichen Krankenkasse sind, haben keinen Anspruch auf Arbeitslosengeld, Arbeitslosenhilfe oder Unterhaltungsgeld oder auf das entsprechende Mutterschaftsgeld. Soweit sie sich nicht selbst helfen können und die erforderliche Hilfe auch nicht von anderen erhalten, haben sie einen Rechtsanspruch auf Sozialhilfe.

Was zahlen Kasse oder Versicherung?

Ob die werdende Mutter berufstätig ist oder nicht, sie wird selbst oder als Ehefrau krankenversichert sein. Jetzt will sie wissen: Was bekomme ich bezahlt und ersetzt? Was muss ich selbst tragen? Man sollte sich rechtzeitig um diese Fragen kümmern. Am besten sucht man seine gesetzliche Krankenkasse oder seine private Krankenversicherung auf und informiert sich, welche Leistungen zu erwarten sind.

Insgesamt betrachtet ist die medizinische Versorgung für Kassen- und Privatpatienten gleich.

Im Allgemeinen übernimmt die gesetzliche Krankenkasse die folgenden Kosten:

- Vorsorgeuntersuchungen, Mutterschutz und Elternzeit
- Ärztliche Betreuung und Hebammenhilfe
- Entbindung in einem Krankenhaus oder Entbindungsheim
- Versorgung mit Arznei-, Verband- und Heilmitteln
- anschließende häusliche Pflege (Nachsorge-Hebamme)
- Haushaltshilfe in besonderen Fällen
- Entbindungsgeld, nach dem man sich erkundigen sollte

Die Satzungen der Kassen, ihre Versicherungsdauer und -art, ihre eventuelle Beschäftigungsdauer und -art ergeben die betreffenden Summen. Privatversicherte und selbstständig versicherte Mütter sollten mit dem Arzt sprechen, wie sich etwaige Probleme am besten lösen lassen.

Mutterschutzfrist

Nach der Entbindung dürfen Mütter acht Wochen lang nicht beschäftigt werden – sogar dann nicht, wenn sie es selbst wünschen. Für diese Zeit besteht ein absolutes Beschäftigungsverbot. Bei Früh- und Mehrlingsgeburten verlängert sich diese Frist auf zwölf Wochen.

Mutterschutz und Elternzeit (früher: Erziehungsurlaub)

Das Ende der Schutzfrist nach der Geburt bedeutet nicht das Ende des Mutterschutzes.

Nach dem Bundeserziehungsgeldgesetz schließt sich die Elternzeit unmittelbar daran an. Man muss die Mitteilung nur rechtzeitig auf den Weg bringen. Falls die Mutter nach dem Ende der Schutzfrist unter Verzicht auf die Möglichkeiten der Elternzeit ihre Arbeit wieder aufnehmen möchte, so kann sie die Elternzeit zu einem späteren Zeitpunkt antreten. Für die ab 2001 geborenen Kinder muss die Elternzeit, wenn sie sich unmittelbar an die Mutterschutzfrist anschließen soll, spätestens sechs Wochen vor ihrem Beginn, in anderen Fällen acht Wochen vorher beim Arbeitgeber angemeldet werden.

Das Mutterschaftsgeld kann auch während der Elternzeit gezahlt werden. Über die Regelungen des Erziehungsgeldes und der Elternzeit, die sich gern bei Regierungswechseln ändern, informiert die Broschüre ›Erziehungsgeld, Elternzeit‹ des Bundesministeriums für Familie, Senioren, Frauen und Jugend.

Alleinerziehende

Eltern-Kinder-Beziehungen sind im Privatrecht geregelt, gehen jedoch ins öffentliche Recht über, wenn Präsenz oder Hilfe des Staates eine Rolle spielen – und das geschieht in den meisten Fällen. Es beginnt schon in der Stunde der Geburt: Wird sie im Standesamt als nichtehelich gemeldet, so muss die so genannte Elterliche Sorge bedacht werden. Grundsätzlich kann eine alleinstehende Mutter die elterlichen Sorgen ebenso gut wie eine geschiedene oder verwitwete Mutter ausüben. Doch muss sie in bestimmten Fällen auf die Hilfe eines Amtspflegers zurückgreifen können, zum Beispiel wenn es um Rechte des Kindes geht, die gegen den Vater durchgesetzt werden sollen, um Unterhaltsansprüche, um Erbschafts- und Pflichtteilfragen.

Der Unterhalt des Vaters für sein Kind

Das nichteheliche Kind ist mit Vater und Mutter verwandt, woraus sich die elterliche Pflicht des Unterhalts ergibt. Während die Mutter in der Regel diese Pflicht durch Pflege und Erziehung ableistet, wird vom Vater finanzieller Unterhalt erwartet. Die Höhe bemisst sich am so genannten schematisierten Regelunterhalt, der von der Bundesregierung festgesetzt wird (so genannte *Düsseldorfer Tabelle* bzw. *Berliner Tabelle* in den meisten neuen Bundesländern). Alleinerziehenden steht außerdem eine Reihe von beratenden und finanziellen Hilfen des Staates zu: Kindergeld, Unterhaltsvorschuss, Wohngeld, Sozialhilfe, dazu Mutterschafts- und Erziehungsgeld, Prozesskosten- und Erziehungshilfe.

3

KAPITEL

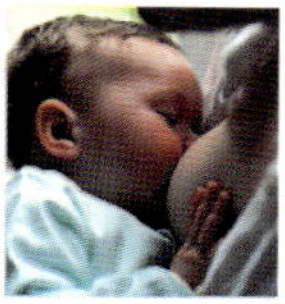

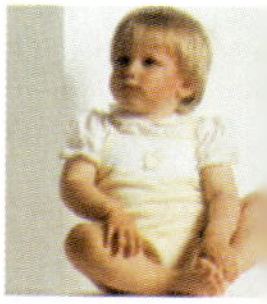

Das erste Drittel der Schwangerschaft

Noch ist von dem werdenden Leben nichts zu spüren, und noch lange ist kein Rock zu eng – und dennoch: wer weiß, wie ein Kind zu wachsen beginnt, der stellt von Beginn der Schwangerschaft an sein Leben um.

In jeder Phase der Schwangerschaft gibt es Probleme, Schwierigkeiten, Unannehmlichkeiten, und in jedem dieser kritischen Momente sind Freundinnen, Kolleginnen, Nachbarinnen und andere mit gutem Rat, mit unfehlbaren Hausmitteln und Verhaltensmaßregeln zur Stelle.

Das ist alles wohlgemeint, und es sollte dankbar als Zeichen der Fürsorge und Freundschaft aufgenommen werden. Dann aber sollte die werdende Mutter ihren Arzt um Rat fragen und einzig und allein das tun, was er rät. Er weiß am besten, welche Hilfen die moderne Medizin zu bieten hat, und er trägt die Verantwortung dafür, dass Mutter und Kind sich in den Monaten der Schwangerschaft möglichst wohl fühlen und sich gut zur Geburt hin entwickeln. Der Arzt wird Ihnen vor allem immer wieder bestätigen, dass auch Schwangere ein ganz normales Leben führen können und sollen. Dabei ist Folgendes zu beachten:

Ernährung

Wie wichtig die richtige Ernährung ist, beweist diese Zahl: noch muss bei uns jede fünfte Schwangere mit Komplikationen rechnen, weil sie beim Essen oder Trinken Fehler gemacht hat.

In keiner anderen Phase ihres Lebens kann eine Frau durch die Art ihrer Ernährung so rasch und so direkt etwas bewirken:

- Das Kind wächst im Lauf der neun Monate unvorstellbar intensiv. Aus einer einzigen Zelle werden zweihundert Millionen Zellen. Dazu braucht das Kind aus dem mütterlichen Organismus vor allem Eiweiß und andere Aufbaustoffe.
- Die Nährstoffübermittlung geht rasch vor sich. Schon eine Stunde, nachdem die Schwangere gegessen hat, hat das Kind seinen Anteil erhalten.

Bei falscher Ernährung kann trotz normaler Gewichtszunahme der werdenden Mutter das Kind sich nicht richtig entwickeln. Untersuchungen haben ergeben, dass eine zwar hinsichtlich der Kalorien ausreichende, aber falsch zusammengesetzte, einseitige Kost es dem Kind unmöglich macht, sich die für den Aufbau notwendigen Nährstoffe aus dem mütterlichen Organismus zu beschaffen.

Auch für die Schwangere selbst ist eine falsche Ernährung bedenklich. So haben dicke Frauen meist eine schwerere Geburt. Das Fett im Leibe macht sie ungelenkig und verengt den Geburtskanal für das Kind.

Ob man sich richtig ernährt, zeigt unter anderem die wöchentliche oder monatliche Gewichtszunahme im Verlauf der Schwangerschaft, deren Durchschnittswerte aus Tabelle auf Seite 37 abzulesen sind.

Nimmt man zu stark zu, werden Kalorien und Fettzufuhr gedrosselt. Nimmt man zu wenig zu, fragt man auf jeden Fall den Arzt um Rat und legt ihm die eigene Gewichtstabelle vor.

Es ist ein beinahe lebensgefährlicher Aberglaube, dass das Baby klein bleibt und eine leichtere Geburt zu erwarten ist, wenn die Schwangere wenig isst. Vielmehr führt das zu einer bedenklichen Schwächung der werdenden Mutter, und das Kind, das bereits unterernährt zur Welt kommt, kann auf Jahre hinaus ein Sorgenkind bleiben.

Zu Beginn der Schwangerschaft erhöht sich der Nahrungsbedarf so wenig, dass man nicht mehr zu essen braucht als vorher. Erst in der zweiten Schwangerschaftshälfte steigt er von 4180 kJ (Kilojoule) pro Tag auf 10 900 bis 11 800 kJ pro Tag an. Ab dem vierten bis fünften Schwangerschaftsmonat braucht man vor allem erheblich mehr Eiweiß, Kalzium, Phosphor, Vitamin A, Vitamin B1 und B2 und Vitamin C.

Aber Achtung vor dem Übermaß! Vitaminpräparate nur nach ärztlicher Anweisung nehmen, denn die Vitamine A und D, vor allem aber C, sind in den Verdacht geraten, Fehlgeburten auszulösen und andere gefährliche Nebenwirkungen zu haben, wenn sie in unkontrolliert großen Mengen eingenommen werden.

Die folgenden Angaben über die Gewichtszunahme im Verlauf der Schwangerschaft und den Kalorienbedarf sind Durchschnittswerte; die tatsächlichen Werte können je nach Alter, Konstitution oder Essgewohnheiten der werdenden Mutter nach oben oder unten abweichen. Ist sie zart und zierlich, kommt sie wahrscheinlich mit 10 bis 15 Prozent weniger Kalorien aus. Auch Frauen, die schon immer um ihre schlanke Linie zu kämpfen hatten, sollten jetzt besonders auf Mäßigkeit achten, ebenso werdende Mütter mit sitzender Lebensart (Büro).

Ob man sich genügend Kalorien zuführt, merkt man am besten, wenn man sein Körpergewicht von Beginn der Schwangerschaft an regelmäßig, am besten wöchentlich, überprüft (siehe nachstehende Tabelle). Wenn Sie untergewichtig sind, fragen Sie den Arzt, welche Gewichtszunahme er empfiehlt. Allgemein gilt, dass eine Frau, die schon vor der Schwangerschaft weniger gewogen hat, als sie durfte, während der Schwangerschaft mehr als andere Frauen zunehmen kann. Die Gewichtszunahme sollte jedoch nicht höher als zehn bis elf Kilogramm über dem Normalgewicht für ihre Größe liegen. Dabei entfallen auf das Kind selbst 3 bis 3,5 Kilogramm, die Gebärmutter wiegt etwa 900 Gramm, die Nachgeburt 650 Gramm, das Fruchtwasser 750 Gramm. Die Brüste werden um etwa 400 Gramm schwerer,1250 Gramm mehr Blut kreist im doppelten Versorgungsnetz, und das im Gewebe eingelagerte Wasser wiegt gegen 2000 Gramm. Der Rest, 1,5 Kilogramm, ist gespeichertes Fett.

Gerade dieses aber sollte man nicht verdoppeln. Denn die Zahl von zehn bis elf Kilogramm Zusatzgewicht bezieht sich nur auf normalgewichtige Schwangere. Derzeit gibt es jedoch 57 Prozent übergewichtige Frauen, die also höchstens zehn Kilogramm (besser: neun Kilogramm) zunehmen dürfen. Das heißt: Die oberste Grenze der monatlichen Gewichtszunahme in der 2. Schwangerschaftshälfte müsste bei knapp einem und nicht bei zwei Kilogramm liegen.

Für Übergewichtige sollte gelten: wöchentlich Gewicht kontrollieren, stets am gleichen Wochentag, vor dem Frühstück und nach dem Wasserlassen, stets in der gleichen Kleidung.

Das Gewicht sofort notieren! Haben Sie zu stark zugenommen, sollten Sie überprüfen, wie Sie gesündigt haben, aber keinen Obsttag einschieben (siehe Seite 39), sondern lieber die vorgeschriebene Mindestmenge auf fünf kleine Mahlzeiten über den ganzen Tag verteilen. Keine Hungerdiät beginnen, und keine Pferdekur übers Wochenende! Das könnte dem Kind mehr schaden als Ihr Übergewicht.

Also: keine Diät auf eigene Faust, sondern sich vom Arzt beraten lassen. Allgemein zu empfehlen ist eine fettarme und eiweißreiche Kost, verboten sind Kuchen, Naschereien, Schokolade und Eis.

Einige Hinweise für die Ernährung während der Schwangerschaft:

Wenn Sie sich wöchentlich wiegen:

Bis zur 16. Schwangerschaftswoche:
keine Gewichtszunahme
16.–18. Schwangerschaftswoche:
wöchentlich + 300 g
19.–22. Schwangerschaftswoche:
wöchentlich + 350 g
23.–24. Schwangerschaftswoche:
wöchentlich + 400 g
25.–26. Schwangerschaftswoche:
wöchentlich + 450 g
27.–38. Schwangerschaftswoche:
wöchentlich + 400–500 g
in der 39. Schwangerschaftswoche:
+250g

Wenn Sie sich nur monatlich wiegen:
im 4.–5. Monat der Schwangerschaft
+ 2 kg
im 6. Monat der Schwangerschaft
+ 1,5 kg
im 7. Monat der Schwangerschaft
+ 1,9 kg
im 8. Monat der Schwangerschaft
+ 1,6–2 kg
im 9. Monat der Schwangerschaft
+ 1,6–2 kg
im 10. Monat derSchwangerschaft
+ 1,25 kg

Diese Zahlen gelten nicht für Übergewichtige.

Weichkäse, Käserinde sowie fertig geschnittene Salate sollten Schwangere wegen des Listerioserisikos meiden. Beim Ungeborenen kann diese Infektionskrankheit schwere Schäden hervorrufen.

Eiweiß ist in dieser Zeit besonders wichtig. Während man normalerweise mit 60 Gramm am Tag auskommt, brauchen werdende Mütter nach dem ersten Drittel der Schwangerschaft 90 bis 100 Gramm täglich. Davon sollten zwei Drittel tierischen Ursprungs sein. Eiweißreiche tierische Nahrungsmittel: Magermilch, alle Milchprodukte, Fleisch, Fisch, Eier. Milch und Milchprodukte enthalten außerdem viel Kalzium, Phosphor, Vitamin A und Vitamin B. Kalzium (Kalk) und Phosphor braucht die werdende Mutter, damit das Kind sich sein Knochengerüst aufbauen und vor allem festigen kann. Wenn sie jeden Tag einen halben Liter Milch trinkt, ist für Babys Bedürfnisse ausreichend gesorgt.

Fett

sollte während der Schwangerschaft möglichst wenig gegessen werden. Heutzutage isst man – vor allem in den Städten – sowieso zuviel Fett. Eine bestimmte Menge Fett liefert aber doppelt so viele Kalorien wie die gleiche Menge Eiweiß oder Kohlenhydrate. Deshalb sollte die Tagesration 40 bis 60 Gramm nicht übersteigen. Achten Sie vor allem auf die unsichtbaren Fette in Wurst, Fleisch, Fettfischen, Kuchen, Käse, Majonäse und in Süßigkeiten.

Kohlenhydrate

(Zucker, Gebäck u. a. Getreideprodukte) decken während der Schwangerschaft hauptsächlich den Energiebedarf. Sie sind leicht verdaulich. Die »gefährlichen« Kohlenhydrate – Süßigkeiten und Kuchen – meiden.

Mineralstoffe

(Kalk, Phosphor und Eisen) braucht die werdende Mutter für Babys Knochen und Zähne, sie nimmt sie hauptsächlich in Milch und Milchprodukten zu sich. Etwas problematisch ist die Eisenzufuhr, da dieses Spurenelement großenteils unausgewertet den Verdauungstrakt passiert. Besonders vom 7. bis 9. Monat kann die Schwangere unter Eisenmangel leiden, was Müdigkeit und Leistungsschwäche zur Folge hat. In solchen Fällen ist eine Rücksprache mit dem Arzt ratsam, der wahrscheinlich zusätzlich Eisenpräparate anrät.

Besonders eisenreiche Nahrungsmittel, die man in diesen Monaten braucht, sind Kalbsbries, Lauch, Schweineherz, Haferflocken, Petersilie, Feldsalat. Statt der früher oft empfohlenen Innereien sollte man aufgrund ihrer Schadstoffbelastung lieber auf Fleisch zurückgreifen. Das Bundesgesundheitsamt rät Schwangeren ausdrücklich davon ab, Leber zu essen, weil sehr hohe Werte von Vitamin A in den Lebern der Schlachttiere gefunden wurden, wohl als Folge von kräftigen Zusätzen im Viehfutter. Vitamin A jedoch kann fruchtschädigend wirken, besonders zwischen der 3. und 9. Schwangerschaftswoche. Vollkommen ungefährlich dagegen und weiter zu empfehlen: Karotin, die Vorstufe des Vitamins A, siehe auch Seite 225.

Vitamine

braucht die werdende Mutter ganz besonders, muss sie doch in der Schwangerschaft mehr Nährstoffe verarbeiten, für deren Abbau mehr Vitamine nötig sind. Außerdem wird ganz allgemein durch Vitamine die Leistungsfähigkeit gesteigert.

Vitamin C bewirkt, dass Schwangere nicht so rasch ermüden und gegen Infektionen besser gefeit sind.

Vitamin D ist für die Verwertung von kalk- und phosphorreicher Nahrung unerlässlich: Nur mit Hilfe von Vitamin D kann der Körper beide Mineralien zur Knochenbildung verwenden. Dieses Vitamin braucht die werdende Mutter besonders nach dem ersten Vierteljahr, weil sich vom dritten Monat ab die weichen Knorpel des Fötus zu Knochen festigen.

Durch ausreichende Vitaminversorgung lässt sich eine Reihe von Schwangerschaftsbeschwerden vermeiden: Verdauungsbeschwerden, Appetitlosigkeit, Rückenschmerzen, Krämpfe und allgemeine Schwächegefühle. Auch vor Fehlgeburten können Vitamine schützen. Eine Reihe von Vitaminen wird außerdem vom Kind gehortet und in den ersten Monaten nach der Geburt, wenn es am anfälligsten ist, allmählich verbraucht.

Noch ein Paar Tipps für die Küchenpraxis

Salz

ist besser als sein Ruf. Zwar sollte die Schwangere ausgesprochene Salzgerichte – Salzhering, Salzmandeln usw. – meiden, ebenso alle scharfen Gewürze (Curry, Paprika usw.) und lieber mit frischen Kräutern würzen. Aber anderseits weiß man heute, dass Kochsalzmangel in der Schwangerschaft zu schweren Nierenschäden und Krampfanfällen führen kann. Das bedeutet, dass man in diesen Monaten ganz normal salzen sollte.

Gemüse und Obst

sind wohlschmeckend und gesund, aber auch hier muss ausgewählt werden. Von blähenden Grobgemüsen wie Kohl und Steckrüben ist unbedingt abzuraten. Hülsenfrüchte dürfen höchstens in passierter Form gegessen werden, und auch dann nur, wenn man sie gut verträgt; gegen Ende der Schwangerschaft sind sie verboten. Zwiebeln sollten ihrer blähenden Wirkung wegen lieber durch Zwiebelsalz ersetzt werden. Mit unreifem Obst, zuviel rohem Obst und unbekannten Obstarten sollte man bis nach der Schwangerschaft warten.

Obst muss man in der Schwangerschaft ohnehin neu zu bewerten lernen. Denn obwohl Obst seines Vitamingehaltes wegen gesund ist, sollten Schwangere daran denken, dass viele Früchte auch sehr kalorienreich sind: je süßer desto mehr.

Fünf Orangen entsprechen zum Beispiel bereits zehn bis zwanzig Prozent des täglichen Kalorienbedarfs. Das gilt auch – in der entsprechenden Menge – für Kirschen, Erdbeeren, Weintrauben, Birnen, Äpfel und alle anderen Zitrusfrüchte.

Fast noch wichtiger ist: Unsere fünf Beispielsorangen enthalten etwa 800 Milliliter Wasser. 2 000 Milliliter ist jedoch bereits das Maximum, mehr Flüssigkeit sollte eine Schwangere außer der Flüssigkeit in gekochten und anderen Speisen nicht zu sich nehmen.

Zusammenfassend heißt das: Viel Obst liefert zu viele Kalorien und erhöht durch seinen Flüssigkeitsreichtum die Gefahr von EPH Gestosen (siehe Seite 72f.), der spezifischen und lebensgefährlichen Erkrankung der zweiten Schwangerschaftshälfte.

Fleisch und Fisch

mager und eiweißreich, enthalten im Gegensatz zu Milch und Milchprodukten keinen Kalk. Deshalb ist für die Schwangere Quark und Käse als Brotbelag besser als fette Wurst, die zudem mehr Kalorien enthält. Vorsicht auch bei rohem und nicht ganz durchgegartem Fleisch: Toxoplasmen, die zu Früh- und Totgeburten führen oder durch die das lebend geborene Kind an einem Wasserkopf, einer Störung des Nervensystems oder der Augen leiden kann, werden überwiegend durch den Verzehr von rohem oder ungenügend gebratenem Fleisch übertragen. Während der Schwangerschaft sind also alle Steaks verboten, die nicht vollkommen durchgebraten sind, ebenfalls Gehacktes, Beefsteak, Tatar, rohes Schweinemett und nicht vollständig durchgebratene Frikadellen.

Im Allgemeinen gilt:

- Sorgen Sie für Abwechslung auf dem Speisezettel. Das wird wichtiger, je weiter Ihre Schwangerschaft fortschreitet. Durch Abwechslung der Obst- und Gemüse-, der Brotsorten und der Milchprodukte versorgen Sie sich und Baby am besten mit allen notwendigen Vitaminen und Mineralstoffen.
- Achten Sie auf die Qualität Ihres Essens. Magenfüller und fette Speisen sind für Sie ebenso ungeeignet wie Aufgewärmtes, Zerkochtes und Nährstoffarmes.
- Ergänzen Sie Büro- oder Kantinenkost durch Obstsäfte, Haferbreit zum Frühstück, Quarkspeisen und frische Salate zum Abendbrot. Essen Sie vom Kantinenessen nur das, was Ihnen bekommt, und ergänzen Sie die Mahlzeiten durch ein Glas Milch, frisches Obst oder eine der vielen Quark- oder Jogurt-Fertigspeisen, die es in jedem Lebensmittelgeschäft oder Milchladen in der Nähe Ihres Arbeitsplatzes gibt.
- Vermeiden Sie eisern alle Schleckereien während der Arbeit und abends beim Fernsehen. Kauen Sie immer gut und gründlich, und wenn es möglich ist, legen Sie sich nach dem Essen ein Viertelstündchen hin oder machen Sie einen Verdauungsspaziergang.
- Heißhunger auf bestimmte Nahrungsmittel oder Speisen ist eine typische Erscheinung der ersten Schwangerschaftsmonate. Fürchten Sie nicht, sich lächerlich zu machen. Der Heißhunger zeigt nur an, dass Ihr Organismus bestimmte Nährstoffe braucht. Essen Sie ruhig um Mitternacht einen Teller Quark mit Heidelbeeren: Solange sich die Gelüste auf eiweiß- und vitaminreiche Speisen beschränken, sind sie in Ordnung. Sie brauchen ja während der Schwangerschaft fast doppelt soviel Eiweiß wie sonst. Wenn Sie jedoch nach Sahnetorte und Majonäsesalat, also nach extrem fetten Speisen, lechzen, sollten Sie diesem Verlangen auf keinen Fall nachgeben.

Getränke

sollten Sie während der Schwangerschaft mit Maß und Ziel zu sich nehmen. Zuviel Flüssigkeit belastet den Kreislauf, aber anderseits hemmt zuwenig Flüssigkeit den Kreislauf der Nährstoffe und lässt die Gewebe erschlaffen. Folgende Regel lässt sich aufstellen:

- Zwei Liter Flüssigkeit (außer Kochflüssigkeit) ist nicht nur gestattet, sondern für Normalgewichtige sogar notwendig. Übergewichtige dürfen höchstens einen Liter zu sich nehmen.

Hat die werdende Mutter sehr viel mehr Durst, sollte sie ihren Arzt fragen. Meist tritt stärkerer Durst in bestimmten Abschnitten der Schwangerschaft auf, in denen mehr Flüssigkeit gebraucht wird. Gegen Mitte und Ende der Schwangerschaft steigt der normale Durst an, weil die Schwangere jetzt mehr als sonst atmet. Dadurch gibt sie mehr Flüssigkeit durch die Lungen ab und muss dafür sorgen, dass sie wieder ergänzt wird. Je mehr das Kind im Mutterleib wächst, desto mehr wirkt es als inneres Öfchen. Die Schwangere schwitzt stärker als gewöhnlich, denn der Körper reguliert die überschüssige Hitze dadurch, dass er die Flüssigkeit auf der Haut verdunsten lässt. Auch dieses Kühlwasser« darf getrost ergänzt werden.

Was soll man trinken? Keine süßen oder nachgesüßten Obstsäfte und andere kalorienreiche Getränke, sondern Mineralwasser, dünnen Tee. Auch Vollmilch in Mengen ist zu reichhaltig.

Auf den täglichen Kaffee oder Tee braucht die werdende Mutter nicht zu verzichten, aber mehr als zwei Tassen täglich sind nicht ratsam.

Isst die Schwangere sehr viel Obst oder Kompott, muss die Tagestrinkration natürlich gekürzt werden, da Obst und Kompott zu 80 bis 90 Prozent aus Wasser bestehen und auch kalorienreich sind.

Der gesteigerte Flüssigkeitskonsum wirkt sich auch auf die Blase aus. Je weiter die Schwangerschaft fortschreitet, desto weniger Platz hat die Blase, kann sich also nicht so prall füllen wie sonst. Also muss sie öfter entleert werden. Theater-, Kino- oder Konzertgängerinnen setzen sich vorsichtshalber nur auf Plätze am Rande der Reihen.

Auf Alkohol sollte man am besten ganz verzichten. Das gilt besonders dann, wenn eine Frau zu Fehlgeburten neigt. Alkohol und Nikotin können schon in kleinen Mengen den Organismus durcheinanderbringen und einen Abgang auslösen.

Alkohol

Jüngste Untersuchungen in London und New York haben erwiesen, wie groß die Gefahr für die Ungeborenen selbst dann ist, wenn Alkohol relativ maßvoll, aber regelmäßig getrunken wird, zum Beispiel zweimal in der Woche. Als Folgeschäden können dann bereits auftreten: Missbildungen, geringes Wachstum des Fötus, ein beträchtlich unter der Norm liegender Kopfumfang, später Störungen in der psychischen und intellektuellen Entwicklung, Ängstlichkeit und Reizbarkeit so wie Ess- und Schlafstörungen. Besonders gravierend: Bei Kindern von Raucherinnen treten mehr Tumoren auf als bei Kindern von Nichtraucherinnen, vor allem Leukämie und Lymphknotenkrebs.

Die Risikomenge liegt nach Ansicht der betreffenden Ärzte bei 50 bis 60 Gramm reinem Alkohol pro Woche, was eineinhalb Liter Bier entspräche.

Schwangere, die über 100 Gramm reinen Alkohol pro Woche getrunken haben, gefährdeten ihr Kind doppelt so stark wie Frauen, die unter 50 Gramm blieben oder gar nicht tranken. Da in der Bundesrepublik jährlich zwischen 3000 und 5000 Kinder mit Missbildungen geboren werden, die auf übermäßigen Alkoholgenuss zurückzuführen sind, wird mit Recht immer wieder auf den Zusammenhang zwischen Alkoholgenuss und der Gesundheit des Ungeborenen hingewiesen, wobei man nicht nur an Wein und Bier denken darf: Nikotin verstärkt noch diese verhängnisvollen Wirkungen des Alkohols.

Der Alltag

der künftigen Mutter steht besonders im ersten Vierteljahr unter dem Motto der Ruhe. Das Kind muss sich ungestört in der Gebärmutter einnisten können. Alles, was die Muskulatur des Uterus und des gesamten Bauchgebietes stark beansprucht, muss vermieden werden. Eine Ruhestunde pro Tag sollte sich die werdende Mutter gönnen. Sie sollte sich dazu nach Möglichkeit ausziehen und hinlegen. In der Nacht sind acht bis zehn Stunden Schlaf unbedingt anzuraten. Dem Organismus von Mutter und Kind bekommen gemächliche Spaziergänge und viel Bewegung in frischer Luft sehr gut, denn die Schwangere braucht etwa ein Viertel mehr Sauerstoff als sonst. Wer im Sommer sein Kind erwartet und einen Balkon oder einen Garten hat, sollte möglichst viel Zeit draußen im Freien verbringen.

Die Arbeit

der Schwangeren kann sehr stark Babys Wachstum und Gedeihen beeinflussen. Deshalb ist die werdende Mutter gesetzlich vor schweren Arbeiten, vor dem Heben und Bewegen von schweren Lasten geschützt. Die Gelenke werden im Lauf der Schwangerschaft durch Hormone weich und dehnbar gemacht. Wenn man jetzt durch schwere Arbeit die Bänder und Muskeln belastet, können starke Schmerzen auftreten, und die Muskulatur kann ihre Fähigkeit zum späteren Zusammenziehen verlieren.

Auch die Bürotätigkeit und die Arbeit hinterm Ladentisch sind nicht unproblematisch: Man bewegt sich zu wenig oder zu einseitig, weil man den ganzen Tag sitzt oder steht. Das kann Krampfadern oder Thrombosen fördern, kann den Kreislauf belasten und Ödeme in den Beinen hervorrufen oder das Gewicht zu stark ansteigen lassen.

Rat für Büromütter

Sorgen Sie für Abwechslung. Es ist Ihnen sogar gesetzlich gestattet, sich stündlich fünf Minuten auszuruhen. Nutzen Sie diese Erlaubnis und bewegen Sie sich, lassen Sie Arme und Kopf kreisen, wie es die Figuren oben zeigen, legen Sie sich hin, notfalls auf den Fußboden.

Gehen Sie in den Frühstücks- und Mittagspausen an die frische Luft, gehen Sie

Arm- und Schulterübungen helfen, die Brust gut in Form zu halten. Beginnen Sie mit folgender Übung:

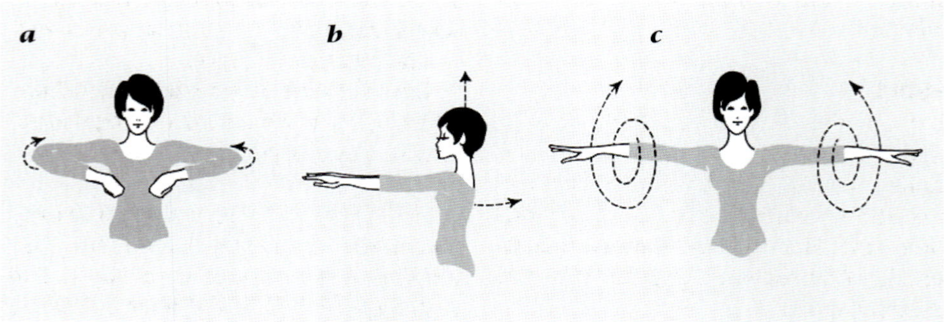

a *Arme anwinkeln, Ellbogen kräftig nach rückwärts stoßen. Achtung: Schultern dabei nicht hochziehen, Arme ganz waagerecht lassen!*

b *Arme waagerecht und seitlich ausstrecken, einmal nach vorne stoßen, einmal nach oben, einmal nach hinten.*

c *Arme wieder seitlich ausstrecken, kleine Kreise drehen, die immer größer und dann wieder klein werden. Alles etwa fünfmal wiederholen.*

zu Fuß nach Hause, oder legen Sie wenigstens einen Teil des Heimwegs zu Fuß zurück. Schleppen Sie dabei keine schweren Einkaufstaschen. Einkaufen kann jetzt Ihr Mann, falls Ihr Kaufmann nicht ins Haus liefert. Gehen Sie manchmal vor oder nach der Bürozeit schwimmen. Aber Achtung: Die Gymnastik am Verkaufstisch und an der Schreibmaschine darf nicht übertrieben werden. Vor dem 6. Monat kann Schwangerschaftsgymnastik auf eigene Faust zu Fehlgeburten führen.

Rat für Hausmütter

Hausarbeit in Maßen ist die beste Schwangerschaftstätigkeit.

Die Bewegungsabläufe wechseln einander ab, sodass immer andere Muskelgruppen bewegt und damit durchblutet werden. Einseitigkeit taucht als Gefahr gar nicht erst auf. Hausmütter ohne große Kinderschar können sich ihre Arbeit selbst einteilen, können ausruhen, wenn sie müde sind, und sollten das auch tun!

Sport

darf in der Schwangerschaft nur in Maßen und in bestimmten Sparten betrieben werden. Streng verboten ist alles, was stößt, rüttelt, reckt, also: Reiten, Weit- und Hochsprung, Tennis, Skilaufen, Rennfahren und jegliche Art von Leistungssport.

Erlaubt und gesund sind – in mit dem Arzt besprochenen Grenzen – Schwimmen, Wandern (aber nicht Klettern!) und Gymnastik. Schwimmen ist besonders gut, es hält die Muskulatur elastisch und kräftig, und es kann bis zum Ende der Schwangerschaft betrieben werden. Ganz allgemein lässt sich sagen: Alles Anstrengende muss vermieden werden.

Reisen

sollten nach Ansicht der meisten Ärzte in den ersten Monaten der Schwangerschaft nach Möglichkeit vom Terminplan gestrichen werden.

Flugreisen sind in den ersten drei Monaten gefährlich. Wer zur Luftkrankheit neigt, kann ebenfalls gefährdet sein.

Flugärzte raten allgemein: Auch wenn Flugreisen während der Schwangerschaft grundsätzlich nicht verboten sind, ist im ersten und im dritten Drittel der Schwangerschaft Vorsicht geboten. Vor allem bei Schmerzen oder Blutungen sollte von der Flugreise abgeraten werden.

Verläuft eine Schwangerschaft ohne Komplikationen, ist eine Flugreise bis zur 36. Schwangerschaftswoche möglich. Da es aber in 92 bis 94 Prozent der Schwangerschaften nach der 37. Schwangerschaftswoche zur Spontangeburt kommt, ist nach der 36. Schwangerschaftswoche das Risiko einer Geburt an Bord zu hoch. Durchlebt eine Mutter eine Schwangerschaft mit Komplikationen, so sollte sie schon nach der 32. Schwangerschaftswoche nicht mehr fliegen.

Erwartet eine Schwangere Mehrlinge, leidet sie unter Neigung zu Frühgeburten etc., so ist ganz von eine Flugreise abzuraten.

In der Spätschwangerschaft kann es zu quälenden Darmgasen kommen. Also empfiehlt es sich, vor dem Flug keine kohlensäurehaltigen Getränke und keine blähenden Speisen zu sich zu nehmen.

Im letzten Drittel der Schwangerschaft können Stöße und leichte Verletzungen zu einer Plazentalösung führen. Vorsicht also beim Hin- und Hergehen im Flugzeug. Und: immer angeschnallt bleiben! Andererseits ist das ständige Sitzen bei längeren Flügen nicht ohne Gefahr. Also: mindestens jede Stunde ein bis zwei Mal aufstehen, mit Hilfe der Stewardess umhergehen. Auf jeden Fall keine beengende Kleidung, dafür aber Stützstrümpfe tragen. Fuß- und Beingymnastik machen, so gut es geht. Und in der vorderen Sitzreihe Platz nehmen.

Ein Rat zur Sicherheit: vor Flugreisen eine Familienversicherung abschließen, weil die normale Reiseversicherung die Behandlung des Frühgeborenen nicht abdeckt.

Dass der Arzt gefragt werden muss, ehe sich die werdende Mutter für unvermeidbare Auslandsreisen impfen lässt, ist selbstverständlich.

Geschlechtsverkehr

Wenn Frauen wissen, dass sie ein Baby bekommen, haben viele vor dem intimen Zusammensein mit ihrem Mann Angst, weil sie fürchten, dass es ihrem Kind schaden wird. Oder sie folgen einer unbestimmten Vorstellung, dass Geschlechtsverkehr während der Schwangerschaft tabu sein müsse. Andererseits wissen sie genau, dass für einen an normalen ehelichen Verkehr gewöhnten Mann neun Monate Enthaltsamkeit kaum erträglich sind. So entstehen in den Frauen Spannungen, die unter Umständen zu einer Ehekrise führen können.

Wieder muss daran erinnert werden, dass eine werdende Mutter sich immer richtig verhält, wenn sie für Maß und Seelenruhe sorgt.

Der Arzt wird ihr bestätigen: Das geschlechtliche Zusammensein ist nicht verboten. Das Ungeborene kann dadurch weder verletzt noch zu sehr aus seiner Ruhe gebracht werden. Allerdings muss das Zusammensein jetzt besonders von Sanftheit und Rücksichtnahme bestimmt sein.

In den ersten drei Monaten oder besser: wenn eine Frau weiß, dass sie schwanger ist, sollte es möglichst stark eingeschränkt werden.

An den Tagen, an denen die Regel stattgefunden hätte, gilt striktes Verbot. An diesen Tagen reagiert der Uterus immer noch verstärkt auf alle Reize und zieht sich leicht krampfartig zusammen. Das kann Blutungen zur Folge haben, und diese Blutungen können einen Abgang auslösen.

In allen Wochen und Monaten der Schwangerschaft sollte sich der Mann nach den Wünschen der Frau richten. Manche werdenden Mütter haben kaum, andere haben besonders heftige Lust zum Geschlechtsverkehr, die meisten vertragen weder Überanstrengung noch zu heftige Bewegungen. Von der Frau sollte auch der Wunsch nach der Stellung ausgehen. Im 6. bis 7. Monat wird ihr Leib stärker, sodass die konventionelle Art der Umarmung lästig bis schmerzhaft wird.

Nur Frauen, die bereits mehrere Fehlgeburten gehabt haben, wird der Arzt vielleicht absolute Enthaltsamkeit raten.

In den letzten sechs bis acht Wochen vor dem vermutlichen Geburtstermin sollte der eheliche Verkehr ganz aufhören. Das hat nichts mit Bakterien zu tun – die könnten auch vorher in den Geburtskanal geraten –, sondern wird in diesen letzten Wochen und Tagen allmählich durch den Körperumfang der Schwangeren unmöglich.

Nach der Geburt sind die Geschlechtsorgane der Frau durch die große Wundfläche im Inneren der Gebärmutter für Infektionen besonders anfällig. Deshalb ist der Geschlechtsverkehr erst sechs Wochen nach der Geburt wieder gestattet, auch wenn die Mutter noch stillt.

Infektionen

Aus der gleichen Vorsicht sollte die werdende Mutter in den ersten und letzten Wochen der Schwangerschaft in puncto Ansteckungsgefahren etwas penibler sein als sonst. Möglichst keine Krankenbesuche bei Bekannten oder Verwandten mit ansteckenden Krankheiten oder bei Kranken, die in Krankenhäusern liegen. Möglichst keine Reinigungsbäder in öffentlichen Badeanstalten oder in einer Wanne, die vor der Benutzung nicht gründlich geschrubbt worden ist.

Trotz all dieser Warnungen braucht die Schwangere nicht allzu viel Angst vor Ansteckungen zu haben. Die Natur hat sie in dieser Zeit besonders gefeit. Bestimmte Krankheiten können ihr weniger anhaben als früher. Ihr Blut ist mit einer besonderen bakterientötenden Fähigkeit ausgerüstet. Leider nimmt der pH-Wert, und damit die Säureschranke der Scheide, die wie eine Keimbarriere wirkt, mit den Lebensjahren ab, sodass zum Beispiel Soorinfektionen bei 40-Jährigen sehr häufig auftreten.

Tiere

Wenn die Katze gesund ist, freut sich die Familie, denn dann gibt es keine Probleme, wenn ein Kind erwartet wird. Das Gleiche gilt für Hunde, Vögel und andere Tiere in Haus und Stall: Nur kranke Tiere können ihre Infektionen übertragen und sollten Schwangeren fern bleiben.

Toxoplasmen werden durch den Kot der Katzen übertragen. Da frei lebende Katzen ihren Kot sorgfältig verscharren, ist die Gefahr der Übertragung auf den Menschen verhältnismäßig gering.

Listerien, die ähnlich gefährlich sein können, werden über die Ausscheidungen kranker Tiere übertragen, was sich durch Fieber, Durchfall, Fressunlust oder Müdigkeit ankündigt.

Die Schönheit

ist ein wichtiges Kapitel, denn es macht jede Frau fröhlicher und sicherer, wenn sie weiß, dass sie in allen Situationen gut aussieht.

Es gibt freilich immer noch die Großmutteransicht, dass sich schwangere Frauen möglichst hinter doppelte Gardinen zurückzuziehen hätten, weil sie unförmig und unattraktiv seien. Kein Vorurteil ist so unbegründet und so herzlos wie dieses, denn den meisten Frauen tut eine Schwangerschaft gut. Viele blühen in dieser Zeit richtig auf. Andererseits braucht eine Frau nie so sehr das Echo ihrer Mitwelt wie während der Schwangerschaft. Das Beste, was man von Beginn der Schwangerschaft an tun kann, ist: sie als Schönheitskur mit Gratis-Hormonbehandlung zu betrachten. Sie beginnt mit der Reinlichkeit. Schon am Anfang der Schwangerschaft merken viele Frauen, dass sie stärker schwitzen als je zuvor. Das hängt mit der Stoffwechselumstellung zusammen. Deshalb muss sich die Schwangere darauf einstellen.

Tägliche Bäder sind erlaubt, wenn man daran gewöhnt ist. Temperatur: nicht mehr als 37 °C. Dauer: nur so lange, wie für die Reinigung notwendig, also drei bis fünf Minuten. Voraussetzung: sorgfältig gesäuberte Badewanne. Ganz Vorsichtige scheuern sie vorher und nachher mit Desinfektionsmitteln, Mittelvorsichtige tun das nur, wenn die Wanne von zahlreichen Familienmitgliedern benützt wird. Notwendig ist es, wenn ein Mitbenutzer eitrige Wunden (vom aufgeschlagenen Knie des Sohnes bis zum Furunkel) hat. Reinigungsmittel: rückfettende Seife, milder Badezusatz sind gestattet.

Dass die Schwangere Handtücher und Waschlappen benutzt, die nur ihr gehören, und dass das Badezimmer angenehm warm ist, sollte selbstverständlich sein. Eine Dusche ist freilich wesentlich besser als eine Badewanne. Denn im Badewasser schwimmen gelöster Schmutz, Seifenreste und andere Stoffe, und diese können ungehindert an und in die Scheide gelangen.

Das Chlor des Leitungswassers beeinträchtigt die schützende Milchsäure der Scheide jedoch negativ; Seife ist alkalisch und zerstört den ohnehin niedrigen Säureschutz noch mehr.

Die Scheidenhaut sieht aus wie die Mundhaut, ist auch ebenso empfindlich und kann durch Seife regelrecht verbrannt werden, was wiederum Pilzinfektionen begünstigt.

Deshalb lautet die überaus anschauliche Faustregel von Frauenärzten: Was ich nicht in den Mund nehmen möchte, gehört auch nicht in die Scheide, besonders nicht während der Schwangerschaft.

Das Baden im Meer oder in Naturwassern – vorausgesetzt: frei von Umweltverschmutzung! – ist dagegen ebenso anzuraten wie – zur täglichen Säuberung – das Duschen.

Schockduschen – eiskalt nach heiß und umgekehrt – ist jetzt gefährlich und genauso verboten wie Dampf und Heißluftbäder.

Besonders gründlich ist die Scheidenöffnung zu reinigen: Aber nur mit einem Extra-Waschlappen oder mit der bloßen Hand. Mit Seife? Siehe oben: Wer käme auf die Idee, sich den Mund mit Seife zu säubern!

Wichtig: Wie später beim weiblichen Baby immer von vorn nach hinten waschen, niemals umgekehrt.

Das warme Wasser regt die Blutzirkulation an. Das geschieht auch, wenn Sie ganz vorsichtig den ganzen Körper, von Händen und Füßen ausgehend zum Herzen hin, mit einer Bürste oder einem Massagehandschuh trocken abbürsten. Die Brust wird dabei – das ist die beste Prophylaxe – kreisförmig massiert. Fragen Sie aber auf jeden Fall zunächst einmal Ihren Arzt, ob er mit solchen Bademassagen einverstanden ist.

Nach dem Bad oder der Dusche wird nach Herzenslust gesalbt und geölt. Ihre Haut ist jetzt trockener denn je und braucht in der ganzen Schwangerschaft viel Fett. Wenn Sie kein Cremebad benutzen, nehmen Sie nach jedem Bad oder jeder Ganzwäsche ein mildes Körperöl (Babyöle sind ausgezeichnet) oder Massageöl und fetten Sie Busen, Bauch und Hüften gründlich ein. Das schützt auch vor Schwangerschaftsstreifen. Es gibt auch ein Spezialmittel gegen Schwangerschaftsstreifen, das die oberflächliche Durchblutung der Haut anregt.

Die Haut

wird besser durchblutet. In der Schwangerschaft fließen, zusätzlich zu den gewöhnlicherweise fünf bis sechs Litern Blut, allmählich bis zu zwei Liter mehr in den Adern, weil der Uterus und die anderen Organe ständig mehr zu leisten haben. Davon profitiert auch die Haut in allen ihren Schichten. Sie wird rosig und durch die vermehrte Flüssigkeit glatt und schön. Doch auch durch die Überflutung des Körpers mit weiblichen Hormonen, den Östrogenen, verändert sich die Haut. Die Folge: Die Talgproduktion sinkt, die Haut wird trocken, an den Knien und Ellenbogen trockener als sonst. Wenn das tägliche Einfetten nichts nützt, badet man die Ellenbogen zweimal in der Woche in einer Schale mit warmem Olivenöl und massiert sie danach ein, bis alles Fett in die Haut gezogen ist. Armen, Beinen und Knien tut eine Massage mit Mandelkleie gut. Danach wird gründlich eingefettet, auch der Rumpf. Denn an die Haut, unser größtes Organ, werden in der Schwangerschaft besonders hohe Anforderungen gestellt, was Temperaturausgleich, Dehnbarkeit etc. anbelangt. Siehe auch: Schwangerschaftsstreifen, Seite 49.

Da das Schwitzen durch die erhöhte Blutzufuhr auch zur Schwangerschaft gehört, kann man nicht seine Ursache beseitigen, sondern muss die Folgen bekämpfen. Man braucht also jetzt mehr denn je ein Deodorant, täglich frische Wäsche und eher ein Eau de toilette als Parfüm. Gewohntes Parfüm oder Toilettenwasser müssen unter Umständen aufgegeben werden, weil die Haut jetzt anders reagiert. Vollbäder, falls vom Arzt nicht davon abgeraten wird, kühlen ebenso wie lauwarme bis kühle Duschen. Doch auch zur Erfrischung sollte man nicht länger als fünf Minuten in der Badewanne bleiben, siehe Seite 45. Und so wie ein Reinigungsbad nicht wärmer als 37 °C sein sollte, um den Kreislauf nicht zusätzlich zu belasten, so ist von einem kalten Bade abzuraten, ganz abgesehen davon, dass man nach der Kälte nur noch heftiger schwitzt. Auch nach dem Erfrischungsbad sollte man ölen und cremen, siehe oben.

Die Hautprobleme erstrecken sich auch auf Gesicht, Hals und Schulterpartie. Manche Frauen verlieren ihre Hautunreinheit während der Schwangerschaft, andere neigen gerade jetzt zu Pusteln und Akne, andere zu Hautflecken, andere verlieren ihre Akne und sind schöner denn je. Pusteln kann man durch Bürstenmassage, Schwefelpuder, Mandelkleie oder medizinische Seife zu vertreiben versuchen. Die Schwangerschaftsflecken im Gesicht dagegen, die etwa vom vierten Monat ab erscheinen können, müssen mit Fassung ertragen und mit einer Teintgrundierung abgedeckt werden. Experimente mit Bleichcremes können unter Umständen der Haut schaden und kosten Geld.

Man sollte zur Vorsicht von Anfang der Schwangerschaft an nur erstklassige Gesichtscreme verwenden und starke, direkte Sonne vermeiden. Weil die UV–Strahlen die Flecken, auch Narben oder Leberflecken, noch verstärken, sollte man auf jeden Fall Sonnencreme mit hohem Lichtschutzfaktor verwenden und darauf vertrauen, dass die Flecken nach der Geburt des Kindes allmählich wieder verblassen und meistens im ersten Vierteljahr nach der Geburt ganz verschwinden.

Kosmetik dient in diesen Monaten hauptsächlich der Pflege. Die Haut wird mehr beansprucht als sonst und ist empfindlicher, braucht also regelmäßige Pflege mit guten Präparaten. Tägliche Morgen- und Abendreinigung und nährende Pflege sind wichtig. Tagsüber brauchen Schwangere meist eine Feuchtigkeitscreme, und bei Bedarf sollten sie ein- bis zweimal in der Woche Hautmasken machen. Die werdende Mutter sollte sich gründlich von der Kosmetikerin beraten lassen.

Die Haare

Die gesteigerte Hormontätigkeit lässt auch die Talgdrüsen der Kopfhaut anders arbeiten. Wer sonst unter fettem Haar leidet, hat jetzt Ruhe. Das Haar wird trockener und voller. Dafür lassen sich die Haare während der Schwangerschaft nicht so gut frisieren. Es ist also sinnlos, komplizierte Experimente mit dem eigenwillig gewordenen Haar anzustellen. Besser: mit der Friseurin beratschlagen, welche kleidsame und gleichzeitig praktische Frisur man sich für die nächsten Monate zulegen kann.

Dauerwellen: Für eine Auffrischung ist die Mitte der Schwangerschaft (4. bis 6./7. Monat sind ziemlich beschwerdefrei) am günstisten.

Die Gesundheit

Die Verdauung

Regelmäßigkeit ist jetzt besonders wichtig. Wenn die Schwangere alle zwei Tage Stuhlgang hat, darf sie nie ohne ausdrücklichen ärztlichen Rat zur Abführpille greifen. Auch der Arzt wird einer gesunden Frau zu Hausmitteln raten: morgens nüchtern ein Glas lauwarmes Wasser oder eingeweichte Kurpflaumen. Oder Leinsamen mit Obst oder Jogurt als Frühstück. Oft helfen regelmäßige Spaziergänge, eine ballaststoffreiche Ernährung mit viel Gemüse, Vollkornbrot und anderen Vollkornprodukten bei gleichzeitigem Verzicht auf Weißbrot und Süßigkeiten, außerdem Präparate wie Neda-Fruchtwürfel und andere pflanzliche Abführhilfen.

Die Zähne

müssen mindestens zweimal während der Schwangerschaft untersucht werden: in den ersten drei Monaten und am Anfang des 6. Monats. Der Speichel ändert sich während der Schwangerschaft in seiner Zusammensetzung, wird säurereicher und greift den Zahnschmelz stärker an. Dadurch wird die Schwangere anfälliger für Karies. Die zahnärztliche Behandlung schadet der Schwangeren nicht. Es ist vielmehr wichtig, dass in dieser Zeit keine unerkannten Eiterherde im Körper wirken. Der Arzt wird vor dem Ende des dritten Schwangerschaftsmonats ohnehin keine größeren Eingriffe vornehmen, und er wird keine Narkose anwenden, bei der der Sauerstoffgehalt im Blut der werdenden Mutter vermindert wird. Wichtigste Regel: Möglichst nach jeder Mahlzeit, mindestens aber zweimal am Tage gründlich die Zähne putzen.

Mit einem halben Liter Milch pro Tag ist im Übrigen eine ausreichende Versorgung mit Kalk gewährleistet. Bei Milch aber immer berücksichtigen: Sie ist kein Getränk, sondern kalorienreiche Nahrung! Das gilt besonders für Übergewichtige.

Krampfadern

treten selten auf, wenn eine Frau ihr erstes Kind erwartet oder wenn zwischen den Geburten der erstrebenswerte Abstand von etwa zwei Jahren liegt. Die Ursache: Die Blutgefäße werden bei Schwangerschaften weiter, damit sie den stärker gewordenen Kreislauf bewältigen. Der Blutrückstrom wird jedoch träger. Also muss man entsprechende Gegenmaßnahmen ergreifen:

Vorbeugen! Nicht lange stehen, möglichst viele Arbeiten im Sitzen verrichten. Nachts im schief gestellten Bett schlafen: Das Fußende sollte acht bis zehn Zentimeter höher sein als das Kopfende.

Wenn eine Frau zu Krampfadern neigt, sollte sie gleich von Anfang der Schwangerschaft an gut sitzende Stützstrümpfe oder -strumpfhosen tragen, besonders an den Tagen, die belastend zu werden versprechen.

Schwangerschaftsstreifen lassen sich ziemlich sicher durch vorbeugende Behandlung vermeiden. Man ölt die Bauchhaut und zieht sie dann in sanften Zupfbewegungen vom Bauch. Dadurch macht man das Untergewebe geschmeidig und elastisch. Tut man das nicht, so kann das komplizierte Unterhautgewebe wie brüchige Seide reißen, besonders, wenn man eine Anlage zu Gewebeschwäche hat. Diese Risse kann man zuerst als rötliche Streifchen, nach der Entbindung als weißes Narbengeflecht erkennen, das freilich allmählich verblasst, aber nie wieder ganz verschwindet. Die beste Vorbeugung gegen Schwangerschaftsstreifen: regelmäßige Massage mit einem Spezialmittel und regelmäßige Gewichtskontrolle, wodurch einer zu starken Gewichtszunahme der Riegel vorgelegt werden kann.

Die Kleidung

BH, Hüfthalter und Umstandsgürtel

Jede Frau weiß, dass es bei Problemfiguren auf das ankommt, was man unter dem Kleid trägt. Das gilt auch für die modisch problematische Zeit der Schwangerschaft. Schon aus Eitelkeit werden sich die meisten Frauen zuerst um ihre Brust kümmern. Sie ist auch das erste, was sich ändert. Schon kurz nach der Empfängnis wird sie größer und damit schwerer, vergrößert sich weiter im Laufe der Schwangerschaft und ist zeitweise sehr druckempfindlich.

Die Brust, da ohne eigene Muskulatur, braucht also eine Stütze. Die Büstenhalter müssen nicht nur gut sitzen, sondern auch noch etwas Platz haben. Sie dürfen nicht beengen, nicht drücken, sollen also nicht auf Drahtbügel gearbeitet sein. Sie müssen breite Bänder haben, damit die Träger nicht einschneiden. Gut sind elastische Träger. Praktisch ist auch ein verstellbarer Rückenverschluss, der es gestattet, dass der Büstenhalter auch in den künftigen Monaten passt und sitzt.

Die Schalen des Büstenhalters sollen schließlich die gesamte Brust umschließen, sodass sie ihr tatsächlich Halt geben können.

Hüfthalter müssen sich in der Schwangerschaft nicht in Umstandsgürtel verwandeln. Eine junge gesunde Frau braucht keine künstliche Stütze. Ihre Bauchdecke ist elastisch und kräftig genug, um ein Baby zu halten. Der Bauch bleibt außerdem straffer, wenn man ihm die Arbeit nicht abnimmt und wenn sich die werdende Mutter durch Schwangerschaftsgymnastik und Verzicht auf Umstandsgürtel eine straffe Bauchdecke erhält, die die Geburt erleichtert. Danach ist man schneller wieder schlank.

Umstandsgürtel entlasten meist die Bauchmuskulatur so sehr, dass sie erschlafft und später der gefürchtete Hängebauch entsteht.

Es reicht ein gut sitzender, voll elastischer Hüfthalter, der weder kneift noch einschnürt und eventuell in der letzten Zeit der Schwangerschaft gegen die nächste Größe ausgewechselt werden muss.

Mütter, die durch mehrere rasch aufeinander folgende Schwangerschaften eine echte Muskelschwäche bekommen haben, machen eine Ausnahme; ebenfalls Frauen mit Neigung zur so genannten Bindegewebsschwäche, mit Brüchen oder behobenen Brüchen und anderen Unterleibsoperationen, sie bekommen vom Arzt einen besonderen Stützgürtel empfohlen. Dabei ist zu beachten: Das

Umstandsmieder sollte sich insgesamt dem wachsenden Umfang anpassen können und so konstruiert sein, dass es vor allem hebt und nicht wie ein Korsett alles wegdrückt.

Der Gürtel muss den ganzen Bauch umschließen und bis zum Schambein hinabreichen. Dort muss er gut und fest aufliegen.

In der Taille muss der Gürtel locker und entweder mit Schnüren oder durch lockere Gummizüge zu erweitern sein. Er muss unten und an den Seiten verstärkt sein, darf aber nirgendwo zusammenpressen oder einschneiden. Er sollte doppelt gekauft werden oder aus leicht trocknendem Material sein, sodass man ihn mindestens einmal in der Woche über Nacht waschen und trocknen lassen kann.

Unterhosen

müssen ebenfalls in neuer Form und Größe gekauft werden. Die Schwangere braucht sie zwei Nummern größer als normal, damit der Bauch auch in der Länge bedeckt ist. In den ersten und letzten Wochen haben die meisten Schwangeren leichten Ausfluss. Man muss die Höschen täglich wechseln und kochen.

Strümpfe

Wer Beinbeschwerden hat oder zu Krampfadem neigt, wird Stützstrumpfhosen tragen. Sie sind leicht und müssen glatt am Bein sitzen.

Schuhe

sollten im Rahmen des Modischen bequem und sicher sein. Wer hohe Absätze gewohnt ist, darf sie weiterhin tragen, sollte jedoch hoch und breit zu verbinden suchen. Die Füße haben gegen Ende der Schwangerschaft ein gehöriges Gewicht zu tragen, und man steht auf breiten Absätzen sicherer.

Wichtig: Während der Schwangerschaft schwellen die Füße leicht an. Wenn Sie extra neue und sichere Schuhe kaufen, so nehmen Sie sie eine halbe Nummer größer. Später können Sie sie mit Einlegesohle tragen.

Die idealen Schuhe für die Schwangerschaft haben einen mittelhohen Absatz und breiten Raum für die Zehen. Ganz flache Schuhe sind schlecht, weil sie eine Haltung mit Hohlkreuz verursachen.

Kleider

sind eine Sache des Geschmacks und des Geldbeutels. Bis zum 5./6. Monat können die meisten werdenden Mütter ihre gewohnte Kleidung tragen, müssen nur im Winter darauf achten, dass der Unterleib ausreichend geschützt ist. Wollene Schlüpfer beugen lästigen Unterleibsstörungen vor. Ein praktischer Grundbestand sind ein bis zwei Röcke und Hosen (mit Bauchklappe zum Mitwachsen) und Blusen, Kittel und Pullis oder ein Trägerrock mit Pullover und leichten Blusen.

Schwangerschaftsbeschwerden

Die Schwangerschaftsbeschwerden der ersten Zeit sind noch gering. Dennoch sollte man in diesen Monaten, wenn nicht überängstlich, so doch sorgfältig auf die Gesundheit achten und zeitig zum Arzt gehen.

Übelkeit und Erbrechen

sind die häufigsten Begleiterscheinungen der ersten Wochen. Wenn der Arzt keine andere Ursache als die Schwangerschaft festgestellt hat, so muss sich die werdende Mutter in Geduld fassen. Die Störung geht vor über, sobald sich das bei Frauen besonders empfindliche Gleichgewicht der Hormone wieder eingespielt hat. Hirnpartien, die vor der Schwangerschaft den monatlichen Zyklus auslösen, wirken auch auf Nerven in der Magengegend ein. Deshalb wird der Magen bei manchen Frauen so lange aus Versehen gereizt, wie Hirnzellen, Hormone und Nervenstränge brauchen, um sich an die neue Situation zu gewöhnen. Diese Übelkeit, die etwa 85 Prozent der Schwangeren befällt, hat jedoch nach jüngsten amerikanischen Untersuchungen vermutlich auch eine stammesgeschichtliche Wurzel, ohne die das Menschengeschlecht vielleicht schon ausgestorben wäre: Mit der Aversion gegen bestimmte Gerüche und Speisen wehrt sich nach dieser Theorie der Organismus gegen toxische, fruchtschädigende Substanzen in der Nahrung.

So schützt das Warnsystem der Mutter das Ungeborene gerade in der Zeit der Organogenese, in der die Organe vom Gehirn bis zu Armen und Beinen angelegt werden. Diese Entwicklungsstufe beginnt mit der 2. und dauert bis zur 14. Schwangerschaftswoche. Danach hat der Fetus einen solchen Nährstoffbedarf, dass er den Hunger der Mutter weder bremsen kann noch muss.

Doch leider reagiert das Ungeborene nur auf die toxischen Substanzen der uralten Menschennahrung. Modernen gefährlichen Medikamenten und Genussmitteln ist es im wahrsten Sinn des Wortes schutzlos ausgeliefert. Vor ihnen können es nur der Verstand und die Vernunft der Mutter behüten. Dies ist der Preis des so bequemen Lebens, das wir heute führen können. Also: bewusst beobachten und verzichten. Im Übrigen lautet der beste Rat: Morgendliche Ruhe, im Bett bleiben, bis die gefährliche Zeit der Übelkeit vorüber ist. Am besten im Bett und nur kleine Portionen frühstücken. Kaffee meiden. Eher fünf kleine Mahlzeiten als drei große. Nach jeder Mahlzeit eine Viertelstunde lang gestreckt ausruhen. Fette Nahrung meiden, kohlenhydratreiches Essen (Zucker, Brot, Getreideprodukte) vorziehen. Bei großem Durst zwischendurch Mineralwasser trinken. Nahrungsmittel vermeiden, die die Übelkeit hervorrufen.

Wird aus der Morgenübelkeit jedoch eine ständige Neigung zum Erbrechen, behält der Magen gar nichts bei sich, so muss der Arzt benachrichtigt werden. Es gibt eine Form des unstillbaren Erbrechens, die durch Harnuntersuchungen nachgewiesen und durch eine Spezialbehandlung behoben werden kann.

Jeder Gewichtsverlust bei gleichzeitigem häufigen Erbrechen, jede Gelbfärbung von Haut und Augäpfeln sind Alarmzeichen. Wird hier nicht eingegriffen, kann sich möglicherweise das Kind im Mutterleib nicht richtig entwickeln.

Verstopfung

und andere Magen- und Darmstörungen bedeuten, dass die Ernährung zu schwer und zu einseitig ist (siehe Seite 35ff.). Jetzt braucht der Körper mehr denn je Vitamine und leichte, fettarme Kost.

Verstopfung tritt meist bei Büromüttern auf. Sie sollten jeden Tag mindestens eine halbe Stunde in möglichst frischer Luft spazierengehen. Diese halbe Stunde soll jedoch nicht der gehetzte Heimweg vom Büro samt Besorgungen sein.

Wenn Abführmüttel nötig scheinen, den Arzt fragen. Auch Durchfälle sollten nicht mit Hausmitteln kuriert werden. Es kann sich dabei um eine Infektion handeln, die mit Durchfall beginnt. Dann muss der Arzt entscheiden, wie er sie am schnellsten beseitigt.

Blasen- und Nierenstörungen können bloß Folgen der Stoffwechselumstellung sein, die die Schwangerschaft mit sich bringt. Da jedoch die Niere während der Schwangerschaft mehr denn je belastet wird, sollte schon die geringste Störung beim Wasserlassen, ein Brennen, ein ständiger Harndrang, Schmerzen in der Nierengegend usw., als Alarmzeichen gewertet werden. Gerade Krankheiten dieser Organe beginnen in aller Harmlosigkeit und ohne Fieber und Schmerzen, können jedoch für Mutter und Kind gefährlich sein. Der Arzt kann durch Harnuntersuchungen feststellen, was los ist.

Ausfluss kann in den ersten Wochen eine sehr lästige Begleiterscheinung sein. Wenn er glasig und weißlich ist, besteht kein Grund zur Sorge. Meist regelt sich diese Flüssigkeitsabsonderung im Verlauf der Schwangerschaft wieder von selbst. Wichtig: Peinliche Sauberkeit, aber keine wie immer gearteten Spülungen oder innere Pflege, ohne dass der Arzt befragt wurde.

Wer vor der Schwangerschaft unterleibs- oder geschlechtskrank war, sollte bei Ausfluss sofort zum Arzt gehen. Eine frühere Geschlechtskrankheit eines Ehepartners sollte übrigens dem Arzt auf jeden Fall mitgeteilt werden. Wenn auch nur der Verdacht besteht, dass sie nicht ganz ausgeheilt ist, ist innerhalb der ersten drei Monate eine Blutuntersuchung vorgeschrieben. Das Kind kann sich erst im 5. Monat der Schwangerschaft anstecken. Die werdende Mutter hat also noch Zeit, sich vorher behandeln zu lassen, sodass ihr Kind mit wesentlich größerer Wahrscheinlichkeit gesund auf die Welt kommt.

Ansteckende Krankheiten jeder Art sind zwar keine Schwangerschaftsbeschwerden, können aber eine Gefahr für Mutter und Kind werden und müssen deshalb ernst genommen werden.

Wenn die Schwangere Fieber bekommt: sofort ins Bett und den Arzt rufen! Fieber kann Wehen auslösen und so zur Fehlgeburt führen. Bestimmte Infektionskrankheiten können entweder das im Mutterleib heranwachsende Kind schädigen oder die Körperkräfte der werdenden Mutter, die während der Schwangerschaft ohnehin strapaziert werden, gefährlich schwächen. Hausmittel reichen jetzt nicht aus. Der Arzt kann eingreifen und helfen. Bei allen anderen Krankheiten haben es die Frauen unserer Generation leichter als ihre Mütter und Großmütter. Die Ärzte können heute generell die Regel befolgen: Wenn eine Schwangere krank wird oder eine Kranke schwanger, so wird die Krankheit beseitigt und nicht die Schwangerschaft. Weder Operationen während der Schwangerschaft noch Krankheiten wie Tuberkulose, früher ein Schrecken werdender Mütter, brauchen die Hoffnung auf ein Kind zu vereiteln.

Medikamente sind am besten ganz wegzulassen oder wenigstens so sehr einzuschränken, wie es geht. Eine wichtige Regel: Nur rezeptpflichtige Medikamente nehmen, die der Arzt verschreibt. Kein einziges rezeptfreies Medikament verwenden, von dem der Arzt nichts weiß. Keine Diät, keine Massage, keine medizinischen Bäder, keine Packung ohne ärztlichen Rat.

Zigaretten Dieses Laster wurde früher allen Raucherinnen schon zu Beginn der Schwangerschaft streng und von einem Tag zum anderen verboten.

Wer selbst raucht oder geraucht hat, weiß, wie schwer sich so ein Verbot einhalten lässt. Man wird nervös und gereizt, es endet in zahlreichen Rückfällen und daraus resultierendem schlechten Gewissen. Das bedeutet ständige innere Spannungen, die seelisch stark belasten.

Deshalb erteilen viele Frauenärzte den Rat, dass man versuchen sollte, das Rauchen ganz aufzugeben, denn nach einer Erhebung der Deutschen Forschungsgemeinschaft ist der Einfluss auf das kindliche Gewicht bereits ab fünf täglich gerauchten Zigaretten messbar.

Untersuchungen haben bewiesen, dass starke Raucherinnen zu Früh- und Fehlgeburten neigen, also sich und das Kind in Lebensgefahr bringen, und dass die Kinder starker Raucherinnen erheblich kleiner und leichter sind als die anderer Frauen.

Deshalb ist jeder Arzt froh, wenn seine Patientin das Rauchen zuerst auf ein Minimum beschränkt, dann aber, nach einer gewissen Übergangszeit, ganz und gar aufgibt, denn Nikotin wirkt auf die Blutgefäße, also auch auf die des Mutterkuchens, und beeinträchtigt die Blutversorgung des Kindes.

Es sei noch einmal auf das erhöhte Krebsrisiko der Kinder von Raucherinnen hingewiesen, siehe auch Seite 41.

Weil diese Folgen schwerwiegend sein und vor allem zu Früh- und Fehlgeburten führen können, ist der beste Ratschlag der Familienplaner, sich nicht erst während einer Schwangerschaft mit diesem Problem zu befassen, sondern bereits mit dem Rauchen aufzuhören, wenn man beginnt mit dem Gedanken zu spielen, ein Kind zu haben. Über das Rauchen und den Alkohol lesen Sie auch auf Seite 41.

Drogen, Rauschgift

Selbstverständlich stellen Rauschgifte aller Art eine Lebensgefahr für das ungeborene Kind dar. Alle Substanzen, die die Mutter zu sich nimmt, gelangen zum Kind und liegen dort meistens in höheren und schädigender Konzentration vor. Die Betreuung dieser Schwangeren erfordert ein besonderes Konzept.

Röntgenuntersuchungen

In den ersten Monaten sieht man es einer Frau noch nicht an, dass sie ein Kind erwartet. Wenn Sie also im Rahmen einer Behandlung oder nach einem Unfall geröntgt werden sollen, so machen Sie den Arzt darauf aufmerksam. Er wird abwägen, was in dem betreffenden Fall wichtiger und was zu tun ist.

Im letzten Drittel der Schwangerschaft sind Röntgen aufnahmen nicht mehr so gefährlich wie zu Beginn.

Nach Unfällen und Stürzen, die sie selbst gut überstanden hat, braucht die Schwangere nicht unbedingt in Panik zu geraten. Das Kind liegt im knöchernen, elastischen Becken gut geschützt, und die Erfahrung hat immer wieder gezeigt, wie viel es heil übersteht. Trotzdem: Mutter und Kind sollten sich nicht unnötig in Gefahr begeben; und nach einem Unfall beruhigt es die Seele, wenn der Arzt bestätigt, dass nichts passiert ist.

Fehlgeburt

Der Abort oder Abgang, wie die Fehlgeburt auch genannt wird, ist eine in den ersten drei Monaten gar nicht so seltene Erscheinung. So wohl gerüstet das Ei auch auf seine Reise geht, so fest es sich nach seiner Befruchtung in die Uteruswand einnistet, so gefährdet ist und bleibt es noch in diesen ersten drei Monaten seines unsichtbaren Lebens. Fehlgeburt heißt der Verlust der Leibesfrucht bis zum 6. Monat der Schwangerschaft. Danach spricht man von Frühgeburt (siehe Seite 98ff.).

Ärzte schätzen, dass 20 Prozent aller Schwangerschaften in den ersten drei Monaten durch eine Fehlgeburt enden, die von vielen Frauen gar nicht als solche erkannt wird! Sie halten sie für eine besonders heftig auftretende Regel.

Ein Abort kann viele unterschiedliche Ursachen haben:

Seelische Ursachen: Schreck oder Aufregung.

Äußere Ursachen: Stoß, Schlag, Sturz, zu schweres Heben (Haushalt), zu steiles Strecken (Gardinen aufstecken), zu heftige Bewegung (Tanzen), zu starkes Rütteln (Auto, Rad, Motorrad).

Organische Ursachen: zu wenig entwickelte oder veränderte Fortpflanzungsorgane, Krankheiten, unzureichend ausgerüstete oder nicht lebensfähige befruchtete Eier. Das – also: nicht lebensfähige Missbildungen – sind die häufigsten Ursachen.

Die werdende Mutter und ihre Umwelt sollten die seelischen und äußeren Ursachen vermeiden helfen:

Die Schwangere sollte sich von Anfang an gut und vernünftig ernähren.

Sie sollte das Rauchen einstellen oder zumindest stark einschränken.

Sie sollte ungewohnt schwere Arbeiten und Anstrengungen vermeiden.

Sie sollte vor allem darauf achten, dass sie regelmäßig ärztlich untersucht wird. Schwangere, die sich gar nicht untersuchen und behandeln lassen, haben den größten Prozentsatz der Abgänge und Frühgeburten.

Außerdem sollte die Schwangere besonders an den Tagen, an denen die Periode aufgetreten wäre, sehr vorsichtig sein und Geschlechtsverkehr vermeiden (siehe Seite 44f.) .

Ein Abgang kündigt sich oft durch Schmerzen tief im Kreuz und/oder durch Krämpfe im Unterleib an. In diesem Fall lautet das oberste Gebot: Ruhe und nochmals Ruhe. Setzen Blutungen ein, muss sofort der Arzt informiert werden. Er wird entscheiden, was zu tun ist. Starke Blutungen bedeuten immer einen Abort, und sie können gefährlich werden, nicht nur für das Kind. Eine Fehlgeburt kann durch strenge Bettruhe verhindert werden. Auf jeden Fall keine Eigenbehandlung versuchen. Wärme verstärkt die Blutung. Und vor allem: weder sich ängstigen noch aufregen!

Abgänge sind besonders bei der ersten Schwangerschaft so häufig, dass Ärzte sie fast als normal bezeichnen. In den meisten Fällen kann etwas unternommen werden, damit es das nächste befruchtete Ei leichter hat, sich im Gewebe des Uterus dauerhaft festzusetzen. Nur: Diese Hilfe kommt nicht vom Laien mit Ratschlägen zu besserer Lebensführung, sondern sie kommt vom Arzt.

So entwickelt sich das Kind im ersten Vierteljahr der Schwangerschaft

Die befruchtete Eizelle ist am Anfang winzig klein. Und doch trägt sie nicht nur Vorräte für die nächsten Stunden und Tage mit sich, in denen sie sich rasch zum Keimling vergrößert, sondern auch den gesamten Bauplan für den künftigen Organismus, der aus ihr erwachsen wird:

die körperlichen und die charakterlichen Eigenschaften des Kindes, das in neun Monaten geboren werden wird, aber auch Baupläne für das, was das entstehende Leben in diesen neun Monaten brauchen wird.

Einerseits ist das Ungeborene viel selbstständiger, als man gemeinhin annimmt. Es bringt von Anfang an alles mit, was es braucht, und baut sich selbst für jede Gefahr seinen Schutzapparat auf. Es wird nicht einmal so unmittelbar vom mütterlichen Organismus ernährt, wie man früher geglaubt hat. Andererseits ist das Ungeborene ungeheuer gefährdet. Schon durch bestimmte Medikamente, die die Schwangere in den ersten Wochen einnimmt, kann das Kind schwer geschädigt werden. Dass auch die Ernährung der werdenden Mutter von größter Bedeutung ist, wurde schon auf Seite 35ff. erläutert, denn wenn auch die befruchtete Eizelle die Baupläne bereits fix und fertig mitbringt, stammen doch die für den Aufbau erforderlichen Nährstoffe natürlich aus dem Organismus der Mutter.

Das Chorion

Der Keimling hat gerade in diesen ersten Tagen und Wochen sehr großen Nährstoffbedarf, um sich seine provisorische Schutzhülle, das Chorion, schaffen zu können. Denn in dieser Anfangszeit hat er noch nicht die Plazenta zur Verfügung, sondern nur besondere Zellen, die als Vorstufe der Plazenta aus dem mehr oder weniger zufällig gewählten Wohnort im Uterus eine erste Schutzhülle für den Keimling bauen. Erst in den kommenden Wochen entwickelt sich daraus die Plazenta, der Mutterkuchen. In der Frühschwangerschaft ist das Ei so tief eingenistet, dass es vom Chorion fast ganz umhüllt ist. Mit der Zeit hebt sich der Keimling mit seiner Fruchtblase ganz heraus. Das Chorion liegt dann an der Seite der Fruchtblase oder oben im Gewölbe des Uterus.

Die Plazenta

In den ersten Wochen der Schwangerschaft besteht also noch eine Einheit zwischen dem mütterlichen und dem kindlichen Stoffwechsel. Der Keimling ist noch nicht durch die Plazentaschranke isoliert, sondern nimmt im ersten Vierteljahr an allem teil, was seiner Mutter geschieht. Und da sich schon nach 14 Tagen die ersten Blutgefäße in dem noch nicht einmal zwei Millimeter großen Wesen andeuten und wenig später zwei dieser Adern miteinander verschmelzen und damit das Herz entstehen lassen, das ungefähr nach einer Woche seine Arbeit aufnimmt und in dem Ungeborenen kräftig zu schlagen beginnt, ist es diesem mütterlichen Einfluss weit und schrankenlos offen. Die Mutter aber macht sich jetzt, in der dritten und vierten Woche nach der Empfängnis, vielleicht zum ersten Mal Gedanken darüber, ob sie schwanger ist oder nicht. Beim künftigen Kind bildet sich unterdessen im Wechselspiel mit Herz und Kreislauf das Gehirn aus, und diese Tatsache macht deutlich, wie wichtig es schon in diesem allerfrühesten Stadium einer Schwangerschaft ist, sich auf das Kind einzustellen. Etwa im 4. Schwangerschaftsmonat übernimmt die Plazenta die Ernährung des Embryos und die Produktion der Hormone, die den weiteren Verlauf der Schwangerschaft regeln.

Über die Bau- und Funktionsregeln dieses Organs weiß man wenig. Man kennt nur seine Leistungen: Es wächst und differenziert sich mit dem werdenden Menschen. Die Plazenta isoliert ihn, um ihn besser schützen zu können. Denn das Ungeborene ist nicht direkt an Kreislauf und Stoffwechsel der Mutter angeschlossen. Die Plazenta stellt die Barriere und die Umschaltstation dar. Sie hat zwei getrennte Kreislaufsysteme.

Das eine gehört zum Kreislauf der Mutter, das andere dient dem Kind. Dennoch besteht zwischen den beiden Systemen eine indirekte Verbindung dadurch, dass die Gefäße durchlässig sind: So können sauerstoffreiches Blut und frische Nährstoffe gegen verbrauchte Stoffe und stickstoffreiches Blut ausgetauscht werden. In den Blutkreislauf der Schwangeren gelangen jedoch nur ganz geringe Mengen vom Blut des in ihrem Schoß heranwachsenden Kindes.

Die ganze Plazenta besteht im Wesentlichen aus Blutgefäßen, wird auch im 9. Monat nicht schwerer als 500 Gramm und breiter als 20 Zentimeter im Durchmesser. Sie ist aber imstande, die kompliziertesten Stoffwechselfunktionen der Organe zu übernehmen, die der Embryo noch nicht entwickelt hat. Sie betätigt sich so lange als Niere und Lunge, Darm, Drüsensystem und Leber, wie es nötig ist. Wenn das Ungeborene eines dieser Organe fertig hat, stellt die Plazenta automatisch die entsprechende Funktion ein.

Im Übrigen dient die Plazenta dem Embryo als Vorratskammer. Wenn der mütterliche Organismus mehr Nährstoffe anbietet, als das Ungeborene braucht, speichert die Plazenta den Rest auf. Dadurch ist eine ziemlich gleichmäßige Versorgung gesichert: Wenn die werdende Mutter aus irgendwelchen Gründen nicht für Nachschub sorgt, kann das Kind in der kritischen Zeitspanne Selbstversorger spielen.

Dieser Kreislauf im Kreislauf, den die Plazenta gewährleistet, schützt das Kind nicht nur vor vielen direkten Gefahren aus dem mütterlichen Organismus, sondern macht ihm überhaupt erst möglich, sich zu entwickeln und am Leben zu bleiben. Notwendige Impf- und Abwehrstoffe übernimmt die Plazenta aus dem Blutkreislauf der Mutter. Deshalb kommt der Säugling mit einem Schutz gegen alle Krankheiten zur Welt, gegen die die Mutter immun ist. Dieser Schutz hält etwa ein Vierteljahr an.

Die Plazenta reagiert schnell: Schon eine Stunde, nachdem die werdende Mutter gegessen hat, erhält das Ungeborene seinen Teil an Nährstoffen. Genauso schnell vermögen jedoch auch Nikotin, Alkohol und bestimmte Viren (Röteln und Masern) die Barriere der Plazenta zu durchbrechen und können den Embryo gefährden.

Der Embryo wächst

Drei Wochen nach der Empfängnis könnte man den Embryo schon mit bloßem Auge erkennen. Er ist 1,6 bis 3 Millimeter lang und einen Millimeter dick. In dieser Winzigkeit sind bereits die Hauptelemente des künftigen Organismus vorgeformt. Das Rückgrat beginnt sich zu bilden, es ist schon Rückenmark vorhanden und ebenso die Ansätze von Nervensystem, Augen, Schilddrüse, Lungen und Leber, Niere und Darm. Zwei Wölbungen am Ende bezeichnen den künftigen Schädel, und am Ende der ersten drei Wochen beginnt der Kreislauf zu funktionieren. Aber noch ahnt die Mutter nichts von ihrer Schwangerschaft.

Vier Wochen: Das Herz und die einmündende Hauptschlagader sind jetzt erkennbar. Das Herz wölbt sich aus dem Körper heraus, ist im Vergleich zum ganzen Körper neunmal so groß wie nach der Geburt. Der Kopf, also das Gehirn bildet sich und wächst bis zur fünften Woche so stark, dass das Gesicht wie an die Brust gepresst wirkt. Dadurch bekommt der Embryo die C-förmige Gestalt. Das Rückgrat ist vollständig entwickelt, und die Ansätze der Arme und Beine wer den sichtbar. Hautvertiefungen am Schädel zeigen an, wo später die Augen sitzen werden, und man kann auch sehen, wo sich Unterkiefer und Zungenansatz formen. Der Embryo ist jetzt drei bis fünf Millimeter lang.

Ärmchen und Beinchen entstehen

Nach *fünf Wochen* formen sich Zehen und Finger, und an der unvorstellbaren Geschwindigkeit, mit der diese Extremitäten entstehen, enthüllt sich das Wunder des ganzen Wachstums: Zu Beginn dieser Woche wölben sich die so genannten Armknospen vor, drei Tage danach bereits vorn schon so verbreitert, dass Handansätze zu erkennen sind. Abermals drei Tage später: Die Handplatte ist entstanden, alles hat sich gestreckt, Hand und Arm sind deutlich zu unterscheiden, und eine Woche später haben sich die so genannten Fingerstrahlen gebildet und die knorpeligen Entwürfe von Elle, Speiche und Oberarmknochen. In vierzehn Tagen entsteht also das komplette Gliederwerk, das der Mensch zum Fassen und Greifen brauchen wird. Im Übrigen: Der Brustkorb beginnt sich zu wölben, Leber, Bauchspeicheldrüse und der Magen entstehen. Die Augen sind deutlich erkennbar, und die Länge des werdenden Lebewesens beträgt etwa acht bis zwölf Millimeter.

Der Nachwuchs bekommt ein Gesicht

Sechs Wochen: Die Ohren des Embryos entwickeln sich, die Gesichtszüge werden klarer, der Kopf ist noch sehr groß, aber Kopf und Rumpf sind schon deutlich voneinander getrennt, und Arme und Beine wachsen wie kleine Flügelansätze aus dem Rumpf heraus. Die Arme knicken an den richtigen Stellen ein, sodass Achseln und Ellenbogengelenke vorgeformt werden, die Beinchen folgen in ihrer Entwicklung dem gleichen Prinzip. Vorerst bleiben sie im Vergleich mit den Armen verhältnismäßig kurz und klein. Sie spielen auch nach der Geburt noch keine so wichtige Rolle, da der Mensch ja ein Nesthocker und kein Nestflüchter ist, also werden sie zwar angelegt, das Wachstum aber hat noch Zeit. Der Kopf kann schon ein wenig gedreht werden, für erste Bewegungen ist vieles bereits vorhanden. In den Beugefalten unterm Kopf formen sich die Ohren vor, und an den Stellen, an denen sich die Augen ausstülpen, schimmert die pigmentierte Netzhaut. Die Wirbelsäule wirkt ziemlich lang und endet in einem Schwänzchen. Insgesamt erkennt man: Hier entsteht ein Mensch. Er ist jetzt 12 bis 20 Millimeter lang.

Acht Wochen: Ungefähr ab diesem Zeitpunkt nennt man den Embryo nicht mehr Embryo (griechisch: Leibesfrucht), sondern er erhält die lateinische Bezeichnung für den gleichen Begriff: Fötus oder Fetus. Das soll seine Weiterentwicklung kennzeichnen. Denn der Embryo/Fötus hat jetzt ein fertig ausgebildetes Gesicht. Arrne, Beine, Zehen und Finger sind in den Ansätzen fertig, und es beginnen sich feste Knochen zu bilden. Herz und Eingeweide senken sich, dadurch entsteht der Hals.

Der Embryo ist jetzt zwei bis drei Zentimeter lang und wiegt zwei bis drei Gramm. Seine Augenhöhlen sind offen, und die Lider bilden sich, damit sie die noch reifenden Augäpfel schützen können. Wenn die Augen fertig sind, schließen sich die Lider und öffnen sich erst im siebten Monat wieder. In diesen ersten Wochen ist das Gehirn am stärksten gewachsen. Es besteht schon aus Stamm-, Klein-, Mittel- und Großhirn samt den Anhangdrüsen. Forschungen in Frankreich haben bewiesen, dass sich schon zwischen siebenter und achter Lebenswoche die ersten Synapsen bilden. Das sind die äußersten Berührungen der Nervenenden, elektrische Kontakte, die Leitungen zum Hirn herstellen. So werden also erste Sinneseindrücke – von Wärme, Kälte, Geschmack und Lage des Körpers – ans Gehirn weitergegeben. Diese Informationen sind Lernmaterial für das Gehirn, und man hatte lange irrtümlich angenommen, dass diese Lernprozesse erst nach der Geburt beginnen, dass das Kind also als unbeschriebenes Blatt geboren wird und erst außerhalb des Mutterleibes seine ersten Erfahrungen macht.

In der neunten Woche wird der Raum um die Lippen herum empfindlich, und der Fötus reagiert auf Berührungen mit jähen Bewegungen des ganzen Körpers, mit Strecken, Drehen und Armezucken.

»Ein kleiner Astronaut«

Zehn Wochen: Der Fötus schwimmt jetzt im Eihautsack schwerelos wie ein Astronaut in der Weltraumkapsel. Die Plazenta wächst heran und übernimmt die Ernährung.

Elf Wochen: Der Körper ist etwa sechs Zentimeter lang. Aufeinander abgestimmt entwickeln sich Nerven, Muskeln und Knochen, sodass der Fötus mit Armen und Beinen erste Bewegungen machen kann. Der Brustkorb hat sich von der Wirbelsäule aus nach vorn gewölbt und schließt sich jetzt.

Zwölf Wochen, drei Monate: Aus den Knorpeln sind endgültig Knochen geworden, und Arme, Beine, Füße, Finger und Ohren sind fertig entwickelt. Die äußeren Geschlechtsmerkmale werden sichtbar, und an den Zehen und Fingern beginnen zarte Nägelchen zu wachsen. Der Fötus ist etwa neun bis elf Zentimeter lang und 13 bis 14 Gramm schwer.

Er hat es jetzt noch sehr bequem, schwimmt schwerelos und unbeengt im Fruchtwasser. Er ist von unbändiger Bewegungslust erfüllt; er dreht sich sehr häufig (bis zu zehnmal in der Minute) um sich selbst; und das zeigt mit an, dass er in eine zweite Phase seiner Entwicklung tritt. Er verfügt bereits über eine erstaunliche Vielfalt von Möglichkeiten der Wahrnehmung und damit der Erfahrung. Er kann hören. Er bekommt allmählich das Gefühl für seine Lage, sein Gleichgewichtsempfinden beginnt also, sich zu beweisen. Er ist imstande, das leicht süßliche Fruchtwasser zu schmecken. Er macht Saug- und Schluckbewegungen. Sein Tastgefühl breitet sich über den ganzen Körper aus. Und das alles nutzt er. Jede Bewegung vermittelt diesem winzigen Ich Informationen aus Leib und Gliedern, aus Muskeln und Gelenken, die ans Gehirn weitergegeben werden und dieses mit jeder Information reicher und feiner ausbilden. Und obgleich sie ein bereits so weit und vollkommen ausgebildetes Wesen in sich trägt, hat die Mutter noch nichts von ihm gespürt oder sagt vielleicht gerade erst jetzt zum ersten Mal: »Es hat sich bewegt!«

4

KAPITEL

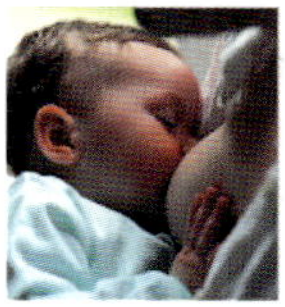

Das zweite Drittel der Schwangerschaft

Im Allgemeinen sind der 4. bis 7.Monat die ruhigste und beschwerdenfreieste Zeit der Schwangerschaft. Nun wird das Kind erstmals im Mutterleib spürbar; in der ersten Schwangerschaft fühlt man erste leichte Bewegungen etwa nach viereinhalb Monaten. Für die meisten Mütter ist das ein unvergessliches Erlebnis. Die Kindsbewegungen sind im Anfang allerdings nur als leises Blubbern zu spüren, das von vielen Schwangeren für Anzeichen von Blähungen gehalten wird. Aber im 6. Monat werden sie unverwechselbarer; ein bestimmter Rhythmus der Bewegungen zeichnet sich ab. Manche Babys turnen am liebsten am Vormittag, andere dann, wenn die werdende Mutter am späten Nachmittag friedlich mit einem Buch oder einer Handarbeit im Sessel sitzt.

In einer zweiten oder dritten Schwangerschaft macht sich das Kind meist schon nach vier Monaten bemerkbar. In jedem Fall sollte man den Zeitpunkt für Rückfragen des Arztes aufschreiben.

Die Gebärmutter, die bisher im Raum des kleinen Beckens lag, wächst jetzt nach oben und erreicht bis zum 6. Monat etwa die Taille. Dadurch werden alle anderen Organe in der Bauchhöhle unerbittlich zur Seite gedrängt und reagieren nicht immer gerade freundlich auf diese Benachteiligung. Die Schwangere wird bei körperlichen Anstrengungen manchmal etwas kurzatmig. Das Herz schlägt gelegentlich unregelmäßig: Der Brustraum wird von unten her eingeengt, das Herz hat also weniger Platz, muss aber gleichzeitig mehr leisten. Die Blutmenge vermehrt sich täglich. Am Ende der Schwangerschaft muss das Herz 40 Prozent mehr Blut als sonst durch den mütterlichen Kreislauf pumpen. Ferner tritt immer häufiger ein Völlegefühl auf, eine ausgesprochene Appetitlosigkeit, denn auch der Magen wird vom wachsenden Kind nach oben geschoben.

Bis zum Ende des zweiten Schwangerschaftsdrittels beträgt die durchschnittliche Gewichtszunahme 3 bis 3,5 Kilogramm. Das Kind wiegt zu diesem Zeitpunkt jedoch erst ein Kilogramm. Die Gewichtsdifferenz geht zu Lasten von Plazenta und Fruchtwasser und der mütterlichen vermehrten Blutmenge. Normalerweise kreisen etwa sechs Liter Blut im Körper eines Erwachsenen. Bei Schwangeren wächst diese Menge auf acht bis zehn Liter an, wobei sich auch die Zusammensetzung des Blutes ändert. Es enthält prozentual mehr Blutplasma, ist also »flüssiger« als sonst.

Die nun größere Flüssigkeitsmenge braucht der mütterliche Organismus vor allem, um für den Embryo den Temperaturausgleich zu leisten, zu dem er selbst noch nicht imstande ist. Über die Haut des Ungeborenen kann noch keine Luft fächeln, seine überschüssige Wärme muss also durch den mütterlichen Kreislauf abgeleitet werden.

Dieser sich ständig vermehrende Flüssigkeitsvorrat macht die meisten Schwangeren vom zweiten Schwangerschaftsdrittel ab so schön. Ihre Haut wird straff und glatt und rosig, alle Rundungen werden sanfter und voller. Die Kehrseite der Schwangerschaftsschönheit ist der Kampf mit den Krampfadern (siehe Seite 48), weil die Beinvenen diesem wesentlich erhöhten Bluttransport am wenigsten gewachsen sind. Etwa im 6. Monat hat die Gebärmutter den verfügbaren Raum nach oben ausgefüllt, und um sich weiter ausdehnen zu können, muss sie die Bauchdecke vorwölben. Ab dieser Zeit wird also die Schwangere um die Mitte herum sichtbar molliger. Gerade jetzt heißt es, gewissenhaft die Ernährungsrichtlinien zu beachten. Viele Esslustige Frauen lassen sich zum Schlemmen hinreißen, in der Hoffnung, sie könnten das während der Schwangerschaft angesammelte Übergewicht nach der Geburt oder zumindest nach der Stillzeit leicht wieder loswerden. Das ist ein gefährlicher Irrtum: Schwangerschaftsspeck hat die unangenehme Eigenschaft, besonders hartnäckig auf Bauch, Hüften, Oberschenkeln und Schultern sitzen zu bleiben. Wer ihn sich einmal zugelegt hat, wirkt schon mit 25 oder 30 Jahren wie eine junge Matrone. Das wirkt sich nicht nur negativ auf das Selbstbewusstsein aus, sondern auch auf die Gesundheit. Deshalb sollte jede Frau standhaft bleiben und sich nicht nur richtig ernähren, sondern auch richtig bewegen.

Gute Haltung

Eine ganze Reihe von Beschwerden in dieser Zeit und bei der Geburt ist durch schlechte Haltung bedingt. Gute Haltung bedeutet, dass die Schwangere ihr Kind im Becken wie in einer Schale trägt und es nicht aus sich »herauskippen« lässt, also kein Hohlkreuz macht und den Bauch nicht nach vorne hängen lässt. Tut sie dies, so überdehnt sich mit fortschreitender Schwangerschaft die Bauchmuskulatur, und sie hat es bei der Geburt schwer, weil sie längst nicht so gut arbeiten und pressen kann wie eine Frau mit einer trainierten elastischen und kräftigen Bauchdecke. Außerdem haben Frauen mit schlechter Haltung nach der Geburt Figurprobleme. Ihre erschlaffte Muskulatur kann den Bauch nicht mehr straffen.

- Gute Haltung verhindert während und nach der Schwangerschaft Rückenschmerzen und erleichtert das Atmen. Während der Wehen bedeutet es eine große Erleichterung, tief und richtig atmen zu können.
- Gute Haltung wird durch die richtigen Schuhe unterstützt (siehe Seite 50).
- Gute Haltung bedeutet: Ein Lot muss eine Senkrechte durch ihren ganzen Körper fällen können.
- Gute Haltung kann bei jeder Tätigkeit geübt werden: Heben Sie Dinge mit gestrecktem Rücken auf und verlagern Sie dabei das Gewicht auf die Knie, sodass die Oberschenkel die Last tragen und der Rücken entlastet ist.

Sitzen Sie bewusst gerade und nehmen Sie dabei die Schultern zurück. Setzen Sie sich nicht ruckartig hin, sondern lassen Sie die Oberschenkelmuskulatur dafür sorgen, dass sich der Rumpf langsam senkt.

Wer sich gut hält, bewegt sich leichter, und regelmäßige Bewegungen gehören auch im zweiten Drittel der Schwangerschaft zu den wichtigsten Vorbereitungen auf die Geburt.

Schwimmen wird von vielen Ärzten für diese Zeit besonders empfohlen, weil die Schwimmbewegungen der Beine das Hüftgelenk lockern und alle Muskeln gleichmäßig trainieren.

Schwangerschafts-gymnastik

Man beginnt damit im 5. oder 6. Monat, frühestens im 4. Monat, wenn der Arzt, der die Entbindung leiten wird, es ausdrücklich empfiehlt. Die Schwangerschaftsgymnastik hilft einer Frau so sehr während der Schwangerschaft und bei der Geburt, dass man, wenn irgend möglich, nicht auf sie verzichten sollte. Das Ziel der Schwangerschaftsgymnasik ist nicht die sooft und falsch zitierte »Geburt ohne Schmerzen«, sondern die Geburt ohne Angst. Diese Methode der Geburt ohne Furcht ist nach der Erfahrung vieler Ärzte in allen Ländern der Welt entwickelt worden. Sie haben festgestellt, dass Geburtsschmerzen auftreten, wenn die Gebärende nichts von den Vorgängen im eigenen Körper weiß und sich verkrampft, weil sie vor dem Unbekannten Angst hat.

Deshalb beginnt die Schwangerschaftsgymnastik damit, dass die werdenden Mütter lernen, was in den verschiedenen Phasen der Geburt geschieht (siehe Kapitel »Die Entbindung«), welche Muskelgruppen dabei besonders beteiligt sind und beansprucht werden und wie sich der Fortgang der Geburt seitens der Gebärenden erleichtern lässt.

Alle Übungen zielen in erster Linie darauf ab, dass die von der modemen Lebensführung meist etwas eingerostete Muskulatur wieder in Schwung gebracht wird, dass die Schwangere die Muskelgruppen beherrschen lernt, die während der Geburt besonders viel zu arbeiten haben: alle Muskelgruppen, die ein tiefes, ruhiges Atmen emmöglichen, alle Muskelgruppen, die Becken, Bauch und Beine umspannen.

Schwangerschaftsgymnastik ist kein Leistungssport, keine Anstrengung, sondern vielmehr ein ideales Training des ganzen Körpers. Sie dient der Entspannung und Lockerung und lehrt richtiges Atmen.

Schwangerschaftsgymnastik kann die Geburt verkürzen und leichter machen und kommt auf diese Weise dem Baby zugute.

Schwangerschaftsgymnastik vermindert die Schmerzen der Geburt ganz beträchtlich.

Schwangerschaftsgymnastik dient der Schönheit ebenso wie der Gesundheit.

Sie macht graziös, fördert die Durchblutung der Haut, verbessert die Haltung, lehrt den eigenen Körper genau kennen und beobachten und vermeidet dadurch Angst, Unsicherheit und eine Reihe von Komplikationen im letzten Schwangerschaftsdrittel, die anderen Frauen viel zu schaffen machen.

Der mütterliche wie auch der kindliche Organismus brauchen während der fortschreitenden Schwangerschaft immer mehr Sauerstoff. Das Kind wächst,

a *Die Entspannung wird während der Schwangerschaft ganz groß geschrieben. So entspannt man sich beim Liegen; der untere Arm kann auch hinter dem Körper ruhen.*

b *Entspannungslage, die gleichzeitig dem Kreislauf wohl tut und dicke Beine verhindert. Statt des Hockers kann man auch eine Rolle (Decke oder Kissen) nehmen.*

c+d *Der Grätschsitz macht die Beckenmuskulatur elastisch. Sitzen Sie so (c) beim Lesen, Nähen und Fernsehen; üben Sie, bis Fußsohle an Fußsohle stößt (d).*

a

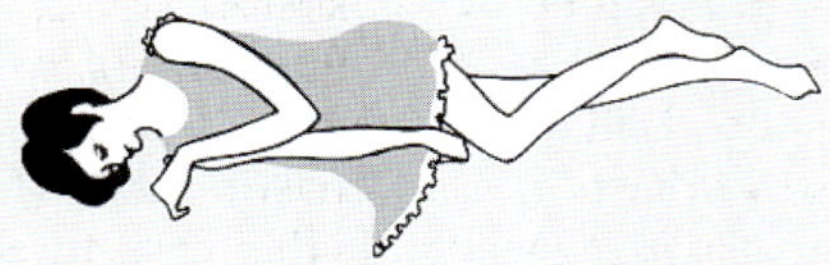

b

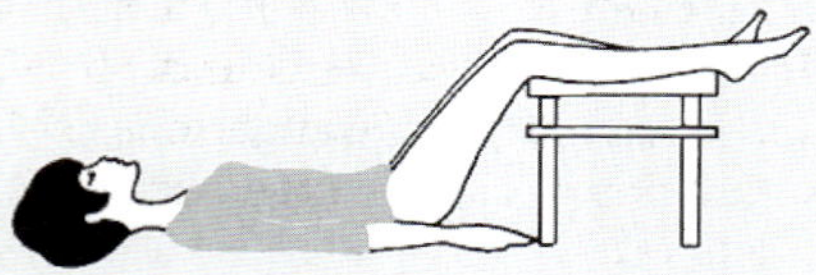

c+d

Schwangerschaftsgymnastik oder Entspannungsübungen beruhen meist auf den gleichen Prinzipien, werden aber nach verschiedenen Schulen, die auch oft vom Zeittrend geprägt sind, angeboten. Das reicht vom autogenen Training, Gymnastik à la Lamaze und Yoga bis zum Aerobic-Stil. Unsere Zeichnungen beruhen auf den Entspannungs- und Gymnastikübungen nach Dick Read, dem wiederum viele andere Schulen gefolgt sind.

Die ersten Übungen der Schwangerschaftsgymnastik entwickeln sich aus unserer ***Grundhaltung:***

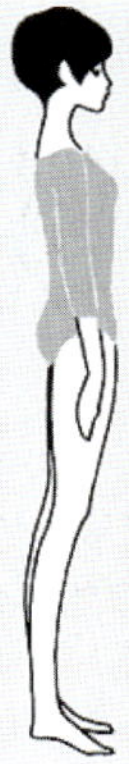

- Kopf geradeaus
- Hals strecken
- Schultern gerade halten
- Kein Hohlkreuz machen
- Bauch straffen
- Po einziehen
- Kniescheiben anziehen
- Füße parallel stellen

e *Becken kippen: Sie machen zuerst ein Hohlkreuz und lassen den Bauch sich herauswölben. Dann spannen Sie die Pomuskulatur, sodass das Becken wieder gerade steht. Gleichzeitig wird auch die Bauchmuskulatur möglichst straff angespannt.*

f *Becken abwechselnd rechts und links nach oben ziehen. Darauf achten, dass der Oberkörper stets aufrecht bleibt.*

das Blutvolumen der Schwangeren nimmt zu, und wenn eine Frau ihre Atemtechnik nicht verändert, leiden sie und das Ungeborene an Sauerstoffnot, die bei der Schwangeren zu rascher Ermüdung und beim Kind zu Entwicklungsstörungen führt.

Unsere Bilder zeigen einige der wichtigsten Übungen. Es ist jedoch unbedingt davon abzuraten, einfach draufloszuturnen und die ganze Schwangerschaftsgymnastik nur aus Büchern und von Bildern zu lernen. Denn Schwangerschaftsgymnastik ist nicht eine x-beliebige Turnerei, sondern ein Programm, das nur sinnvoll ist, wenn es systematisch durchgeführt wird, sodass es bei der Geburt tatsächlich hilft.

g *Ein Bein heben und seitlich vom Körper kreisen lassen. Abwechselnd mit dem rechten und dem linken Bein turnen. Auch hierbei den Oberkörper gerade halten!*

h *Ein Bein vorn so weit heben, wie es geht, dann nach hinten schwingen lassen. Achtung: Beine beim Durchschwingen gerade lassen! Das Standbein nicht einknicken.*

Daher ein wichtiger Rat: Melden Sie sich rechtzeitig bei einem Kurs für Schwangerschaftsgymnastik an. Sie werden von großen Kliniken, Mütterschulen, vom Roten Kreuz und ähnlichen Organisationen veranstaltet. Ihr Arzt oder die Hebamme, die Mütterberatung oder das Gesundheitsamt können Ihnen die Adresse mitteilen.

Suchen Sie sich Kurse aus, deren Teilnehmerzahl möglichst klein ist. Je weniger Frauen gemeinsam turnen, desto besser können sie von der Gymnastiklehrerin beobachtet und korrigiert werden.

Gibt es in Ihrer Nähe nur Mammutkurse (das merken Sie in der ersten Stunde!), sollten Sie sich Ihr und Ihres Kindes Wohlbefinden etwas kosten lassen und sich allein oder mit einer Freundin bei einer Heilgymnastin anmelden, die Schwangerschaftsgymnastik macht. Lassen Sie sich in zwei bis drei Lehrstunden die einzelnen Übungen genau erklären, machen Sie sich Notizen und benutzen Sie unsere Skizzen und entsprechende Schallplatten als Erinnerungsstütze. Wieder holen Sie diese Lehrstunden im letzten Drittel der Schwangerschaft, dann kommen ein paar Übungen dazu, andere fallen fort.

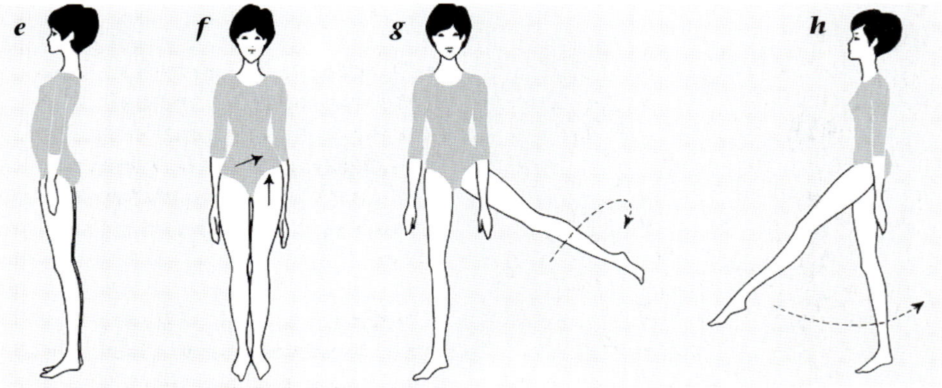

Wichtig für die Geburt sind vor allem die Atemübungen. Bei der Schwangerschaftsgymnastik lernt man,

- wie man richtig tief Luft holt,
- wie man Lungen- und Bauchatmung übt,
- wie man in der Lunge möglichst viel Luft speichert,
- wie man aber auch das Atemtempo von normalerweise 16 bis 18 Atemzügen pro Minute auf etwa 25 steigern kann.

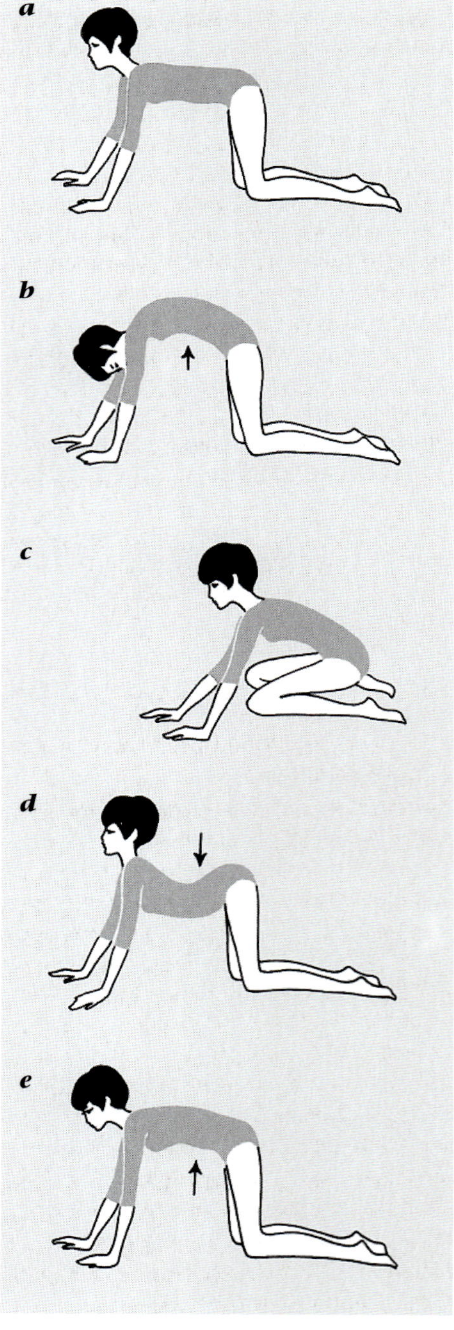

Diese Atemtechnik erlaubt es Ihnen, während den Wehen den schmerzhaften Angstverkrampfungen zu entgehen.

Gewöhnen Sie sich bei den Atemübungen gleich an, mit geschlossenem Mund einzuatmen und mit offenem Mund auszuatmen. Denn bei den Eröffnungswehen soll die Gebärende noch nicht pressen, und mit offenem Mund kann sie es auch gar nicht tun.

Atmen Sie niemals hastig, weil Sie meinen, dadurch bekämen Sie schneller viel Luft in die Lunge. Das Gegenteil ist der Fall. Wer zwar schnell, aber tief einatmet, bringt mehr Luft in die Lungen.

So wird geatmet

Der Rhythmus der Atemübungen wird durch das Ansteigen und Abschwellen der Wehen reguliert. Man atmet mit der Wehe:

1. Wenn die Wehe kommt: Tief und gründlich ausatmen. Danach werden die Lungen durch einen ebenso tiefen Atemzug wieder gefüllt, zuerst der Bauch, dann der Brustkorb.

Legen Sie die Hände flach auf den Bauch und gegen die Rippen: Sie müssen spüren, wie sich der Bauch füllt (ja, das geht sogar noch im 9. Monat!) und wie die auseinander strebenden Rippen Ihnen die Hände weg drücken. Sind Bauch

Das ist die Grund- und Ausgangshaltung bei allen Übungen im Knien:

a *Rücken gerade, Arme und Beine leicht gespreizt, Hände und Unterschenkel parallel gestellt, Hals frei, Kopf gerade. Aus dieser Haltung entwickelt man die folgenden Übungen, die vor allem das Becken kräftigen.*

b *Grundhaltung, dann zum Katzenbuckel den Rücken rund machen und den Kopf niederbeugen.*

c *Nach dem Katzenbuckel Po senken, bis man sitzt. Knie dabei auseinander spreizen.*

d *Zum Beckenkippen nehmen Sie wieder die Grundhaltung ein und entspannen dann Bauch- und Rückenmuskeln, sodass Sie einen Hängebauch haben.*

e *Dann Pomuskulatur straffen, sodass der Rücken wieder gerade wird; gleichzeitig auch Bauchmuskulatur straffen. Diese Übungen kann man im Lauf des Tages je fünfmal nach Belieben wiederholen. Sie erfrischen, denn sie befreien von Rückenschmerzen und Ziehen. Gerade für diese Übungen wäre es gut, wenn Sie vor einem Spiegel turnten, damit Sie Ihre Haltung kontrollieren können.*

f *Grundhaltung im Knien einnehmen, einen Arm und das gegenüberliegende Bein kerzengerade ausstrecken (im Spiegel kontrollieren!), langsam wieder in die Grundstellung bringen und die Übungen mit dem anderen Arm und Bein machen.*

g *Zum Beinkreisen geht man wieder in die Grundstellung, streckt dann ein Bein waagerecht aus und lässt es kreisen, mal rechts, mal links herum. Man kann auch nur den Fuß kreisen lassen. Achtung: Glieder und Rumpf dürfen nicht kippen und wackeln! Beide Beine abwechseln.*

h *Grundstellung, dann Arme winkeln, Oberkörper nach hinten schieben und senken, bis Sie auf den Unterarmen liegen, dann*

i *aus dieser Stellung wieder in die Grundstellung heben. Auch bei dieser Übung nicht kippen und aus dem Gleichgewicht kommen!*

j *Grundhaltung einnehmen und Becken kreisen lassen. Achtung: Kopf, Schultern und Oberkörper kreisen nicht mit! Nach diesen Übungen im Knien entspannen: Kopf und Oberkörper auf die gekreuzten Arme legen und ruhig aus- und einatmen.*

f

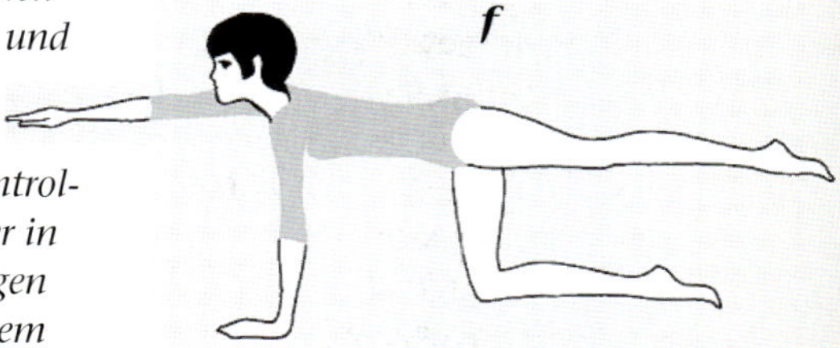

g

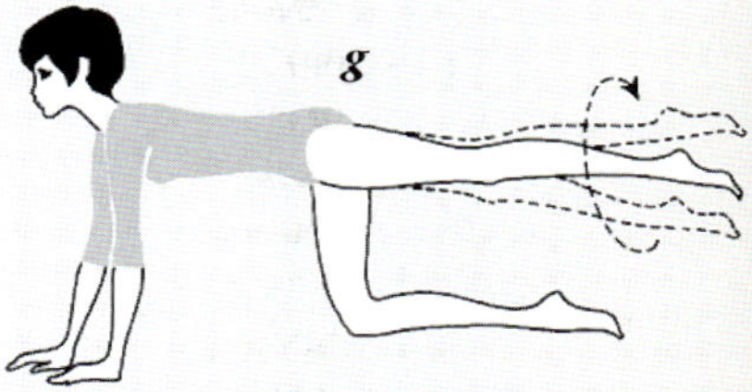

h

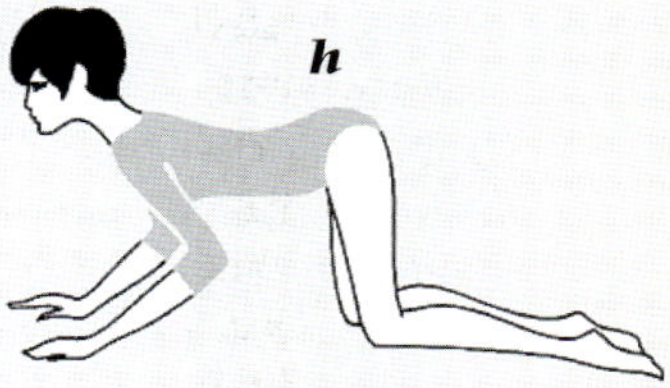

i

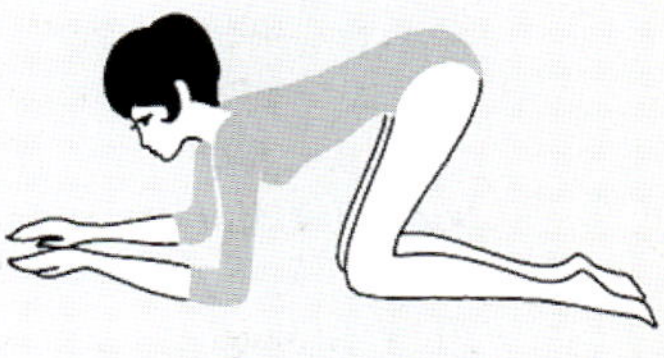

j

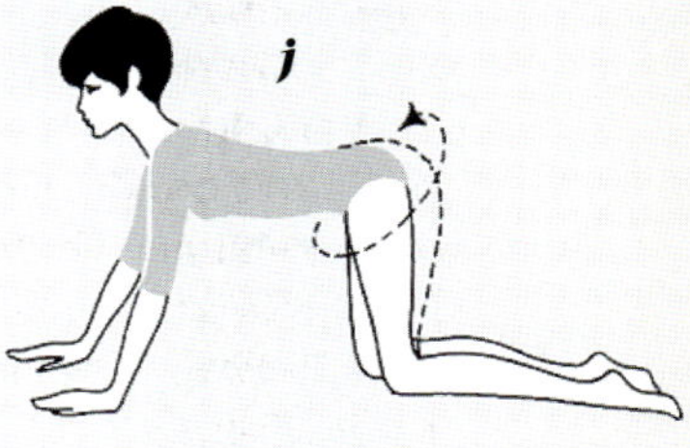

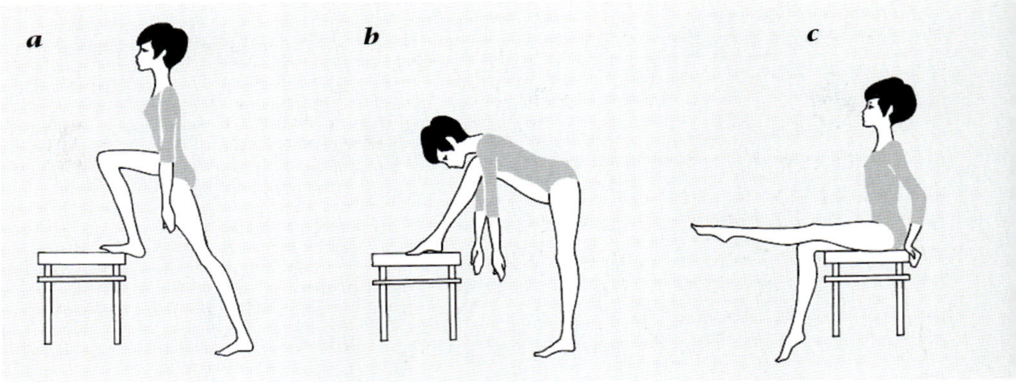

Sieben Übungen zum Dehnen und Kräftigen der Beckenbodenmuskulatur:

a *Nehmen Sie sich einen Hocker und stellen Sie sich eine Hockerbreite entfernt in Grundhaltung davor. Einen Fuß auf den Rand des Hockers stellen. Die Spitze des anderen Fußes leicht nach außen drehen. Langsam das Gewicht vom Standbein auf das Hockerbein verlagern. Rücken durchdrücken und nach vorn federn. Gewicht aufs Standbein zurückverlagern. Die gleiche Übung mit dem anderen Bein wiederholen.*

b *Nach Übung a den Oberkörper vorbeugen, bis er auf dem Oberschenkel des Hockerbeins ruht, und dieses durchdrücken. Ebenfalls wiederholen.*

c *Setzen Sie sich auf den Hocker. Oberkörper gerade halten und ein Bein langsam heben, bis es waagerecht ist. Langsam wieder senken und das andere Bein heben. Die Übung wiederholen und den Fuß des ausgestreckten Beins kreisen lassen.*

d *Gerade hinsetzen und ein Bein auf den Hocker stellen. Rasch*

und Brust mit Luft gefüllt, so halten Sie die Luft etwas an. Danach wird langsam und mit offenem Mund zuerst aus der Brust und dann aus dem Bauch ausgeatmet. Auch hier heißt es Acht geben: Schon um des Ausatmens willen darf das Einatmen nicht übertrieben werden. Wer Rekordatmen übt, muss dann nämlich die Luft wie aus einem Überdruckventil entweichen lassen. Das Ausatmen soll ebenso lange dauern wie das Einatmen. Man kontrolliert die Zeiten mit Hilfe einer Uhr, die einen Sekundenzeiger hat. Atmen Sie so, dass Sie mit dem Ausatmen dann fertig sind, wenn die Wehe Sie erreicht hat.

2. Wenn die Wehe da ist: Wieder langsam und tief mit geschlossenem Mund einatmen. Wenn Sie die Lungen ganz gefüllt haben, die Luft so lange anhalten, wie es geht.

Üben Sie dieses Luftanhalten, und stoppen Sie Ihre Zeit mit der Stoppuhr. Sie werden diese Zeit allmählich verbessern können. Bei regelmäßigem Üben werden Sie zum Schluss mindestens eine halbe Minute, höchstens wahrscheinlich eine knappe Minute lang die Luft anhalten können. Länger als eine halbe bis eine Minute dauert auch Ihre Wehe nicht.

3. Wenn die Wehe abklingt: Atmen Sie mit ihrem Verebben aus und schließen Sie ein paar tiefe Atemzüge an.

d

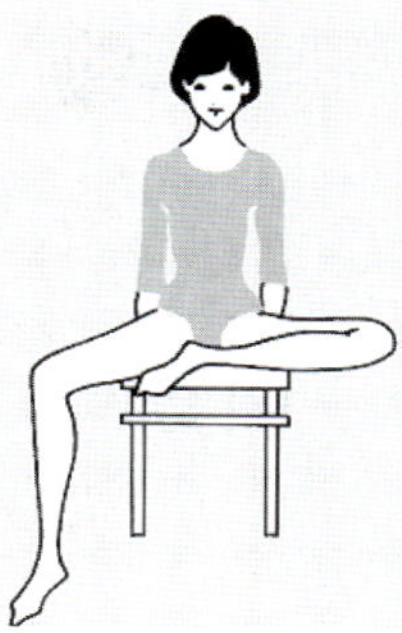

e

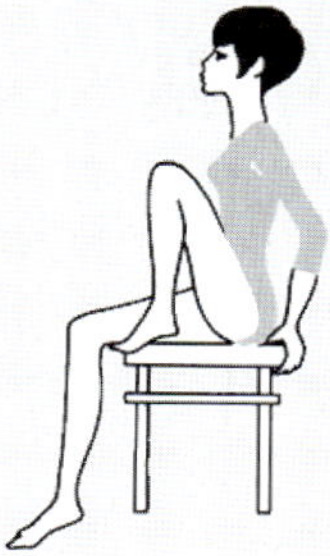

f

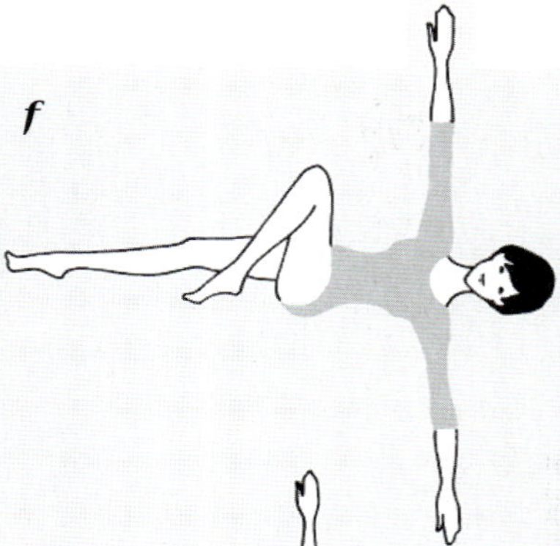

g

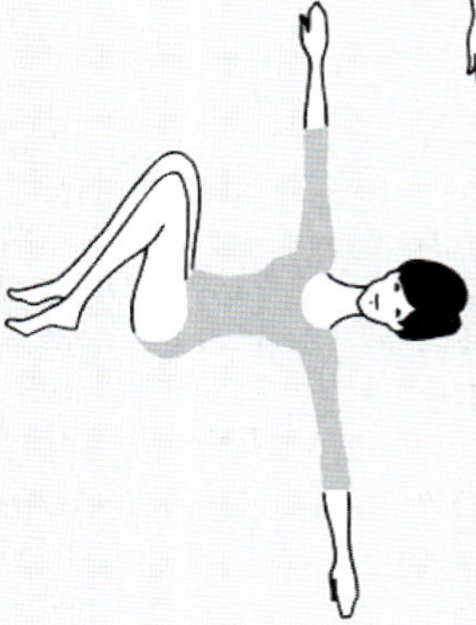

mit dem anderen wechseln, dabei aber den Körper gerade lassen!

e *Das angestellte Bein leicht federnd nach außen kippen lassen. Zwei- bis dreimal wiederholen, dann das andere Bein anstellen und kippen; wieder wechseln.*

f *Hinlegen und die Arme nach beiden Seiten in Schulterhöhe ausstrecken. Ein Knie anziehen und nach rechts und links kippen. Oberkörper nicht mitziehen!*

g *Hinlegen und beide Knie anziehen. Gleichzeitig nach rechts und links kippen lassen: Nur in der Taille drehen! Oberkörper und Kopf bleiben ruhig liegen.*

4. Nach der Wehe: Bequem hinlegen, ein- und ausatmen und entspannen.

Diese Atemübungen kann man besonders gut nach Befehl machen. Wenn Sie mit einer Gymnastikerin üben, übernimmt diese die Regie ansonsten helfen Schallplatten.

So fleißig Sie sich auch durch diese gymnastischen Übungen auf die Geburt vorbereiten sollen, müssen doch folgende Regeln beachtet werden:

- Übertreiben Sie das Turnen niemals. Es soll nicht ermüden, sondern erfrischen.
- Sie brauchen für die Schwangerschaftsgymnastik ein gut gelüftetes warmes Zimmer, möglichst einen hohen Spiegel, in dem Sie sich kontrollieren können, eine saubere Unterlage (man kann ein Bettlaken oder ein großes Badetuch benutzen) und einen Hocker. Man turnt in BH und Höschen, im Badeanzug oder ähnlich leicht bekleidet. Vor dem Turnen sollten Sie die Blase entleeren. Beim Turnen soll Sie weder Telefon noch Haustürglocke stören. Nach dem Turnen braucht man sich nicht auszuruhen.
- Wichtig ist dies: regelmäßig turnen, am Anfang fünf bis zehn Minuten, jede Übung zwei- bis dreimal, später 15 bis 20 Minuten täglich. Wer ein paar

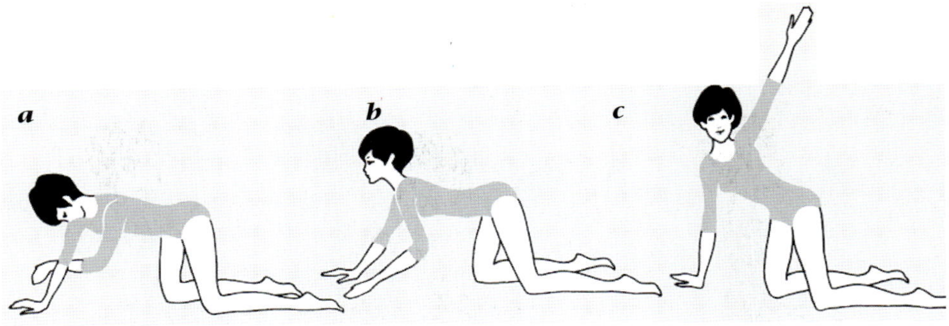

Beckenübungen im Sitzen und Knien:

a *Kriechen Sie durch die Wohnung. Nehmen Sie zuerst die Grundhaltung im Knien ein und beugen Sie sich dann auf allen vieren vorwärts. Linke Hand und rechtes Knie, rechte Hand und linkes Knie. Achtung: Halten Sie dabei den Rücken gerade! Kein Hohlkreuz!*

b *Nehmen Sie wieder die Grundstellung auf allen vieren ein und heben Sie den linken Arm, während Sie tief Luft holen.*

c *Arm mit Schwung unter dem rechten Arm hindurch auspendeln lassen, dabei ausatmen. Übung mit dem anderen Arm wiederholen.*

d
Setzen Sie sich aufrecht im Schneidersitz hin und nehmen Sie die Grundstellung im Sitzen ein: Hals gerade, Schultern runter, Rücken gerade. Üben Sie jetzt das

Tage bummelt, holt nichts ein, wenn er dann zum »Ausgleich« eine ganze Stunde lang arbeitet.

- Berufstätige Mütter können während der Arbeitszeit, auf dem Weg ins Büro und in allen Warteminuten eine ganze Reihe von Übungen machen, die bereits einen Teil ihres täglichen Grundpensums ergeben.

Warten Sie fünf Minuten auf die Bahn? Kein Mensch merkt es, wenn Sie Beckenkippen üben.

Unterhalten Sie sich im Büro einen Moment mit einer Kollegin? Dann üben Sie das wechselseitige Beckenhochziehen (siehe Seite 62).

Fühlen Sie sich an der Schreibmaschine oder am PC verkrampft? Mit Beckenkippen im Sitzen oder mit einer Minute Schulterrollen oder Armkreisen sind Sie wieder entspannt.

Auch zu Hause können Sie sich so bewegen, dass Sie den ganzen Tag »turnen«; Gewöhnen Sie sich an, im Schneidersitz auf dem Fußboden oder auf der Couch Zeitung zu lesen, zu sticken oder fernzusehen.

Entdecken Sie beim abendlichen Spaziergang Großvaters Geradehaltemethode wieder: Damals steckte man den Kindern einen Spazierstock hinter dem Rücken durch beide Ellenbogen. Gehen Sie so spazieren. Das nimmt die Schultern zurück, macht die Halspartie frei und weitet den Brustkorb.

Oder legen Sie Zeitung oder Buch auf den Fußboden und lesen Sie in Katerstellung (siehe Seite 65). Wenn Sie allein sind: Kriechen Sie auf allen vieren mit kerzengerade gehaltenem Oberkörper (also ohne Hängebauch) durchs Zimmer, statt es normal auf zwei Beinen zu durchqueren.

Sie werden von selbst merken, dass viele Übungen dieser nur für die Schwan-

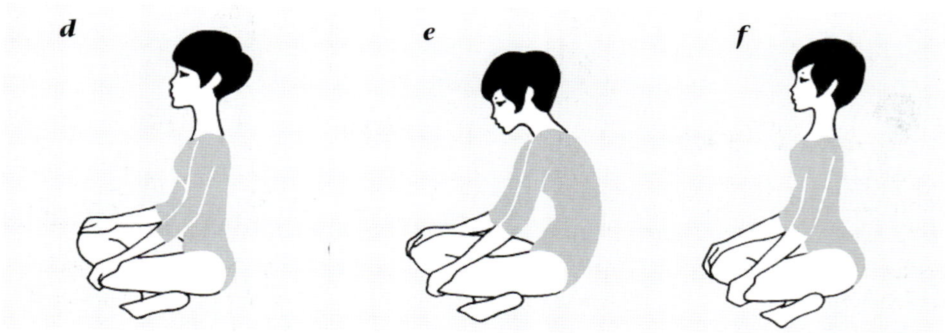

Beckenkippen und -aufrichten im Sitzen:

e *Legen Sie die Hände lose auf die Knie, spannen Sie die Rücken-, Po- und Bauchmuskeln, sodass sich das Becken leicht nach hinten wölbt.*

f *Entspannen Sie alle Muskeln und lassen Sie Bauch, Becken und Rücken zum Hohlkreuz nach vorn kippen. Ein paarmal wiederholen. Diese Übung kann man auf der Stuhlkante im Büro machen! Sogar im Liegen kann man das Beckenkippen üben. Dazwischen: Entspannung im Kauern. Mit etwas gegrätschten Beinen aufstellen und in die Hocke federn lassen. Kopf und Arme nach vorn und ruhig atmen.*

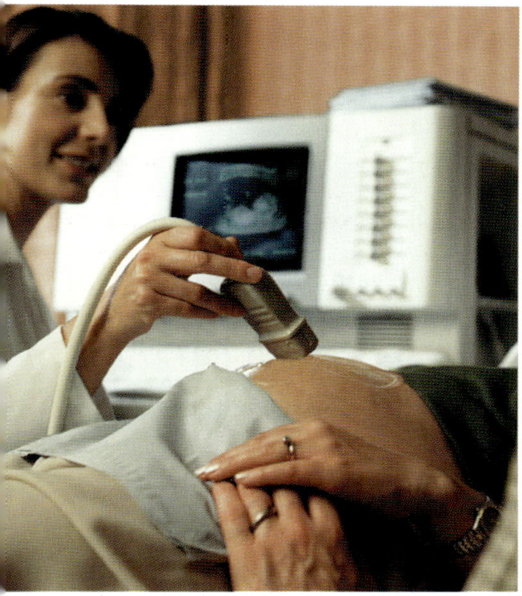

Mit dem Ultraschallgerät wird der Bauch der Schwangeren abgetastet. Auf dem Monitor die Umrisse des Kindes.

gerschaft entworfenen Gymnastik ein Teil all Ihrer Bewegungsabläufe werden und Ihnen auch nach der Schwangerschaft durch eine zur Gewohnheit gewordene disziplinierte Haltung zu Schlankheit und Schönheit verhelfen.

Die erste Ultraschalluntersuchung

wird zwischen der 14. und 16. Schwangerschaftswoche vorgenommen, weil man zu diesem Zeitpunkt anhand der Messwerte den Entbindungstermin sehr genau festlegen kann. Bis zu diesem Zeitpunkt wachsen alle Kinder gleich. Erst danach gibt es individuelle Unterschiede, also große und kleine Kinder, sodass man keine zuverlässigen allgemeinen Aussagen mehr machen kann. Die Ultraschalluntersuchung beruht auf folgendem Prinzip: Ein Gerät strahlt Schallwellen in einer Frequenz aus, die für das menschliche Ohr nicht vernehmbar ist.

Diese Wellen werden nun von den verschieden dichten Gewebeschichten wie Haut, Muskeln, Gebärmutterwand, Fruchtwasser und vom Körper des Kindes verschieden stark zurückgeworfen. Die Echos dieser Schallwellen werden in elektromagnetische Signale umgesetzt und erscheinen als Bild auf einem Monitor. Auf diese Art und Weise können der Arzt und die Schwangere die Größe, die Lage und die Entwicklung des Kindes sehen und verfolgen. Der Arzt kann mittels der Durchmesser von Kopf und Brustkorb das Gewicht des Kindes errechnen, er kann prüfen, ob es so groß ist, wie es in seinem Alter sein müsste, oder ob es durch eine Plazentainsuffizienz zu klein ist, und er kann sehen, ob Zwillinge oder Mehrlinge erwartet werden.

Die Bestimmung des Geschlechtes ist nicht immer zuverlässig. Dafür kann der Geburtstermin sehr viel zuverlässiger als durch das Zurückrechnen vorausgesagt werden, weil der Arzt nach zwei oder mehr Ultraschalluntersuchungen durch Vergleiche aus dem Entwicklungszustand des Kindes sichere Schlüsse ziehen kann (siehe auch »Sonographie«, Seite 29).

Amerikanische Wissenschaftler haben außerdem fest gestellt, dass diese Art der Untersuchung mit dazu beiträgt, die emotionale Beziehung zwischen Mutter und Kind schon in diesen frühen Wochen entstehen zu lassen. Das Bild auf dem Monitor zeigt der Mutter deutlicher als alle Worte, was für ein lebendiges und schon so menschliches Wesen sie in sich trägt. Wer diese Bilder gesehen hat, wird zum Beispiel auch bereitwilliger die Verantwortung für das Kind auf sich nehmen und ihm zuliebe auf etwas verzichten, etwa auf Zigaretten, Medikamente und Alkohol.

Das Wichtigste aber: Man kann während der Schwangerschaft ohne Gefahr für Mutter und Kind mehrere Ultraschalluntersuchungen durchführen. Jede Untersuchung dauert ungefähr zehn Minuten und ist vollkommen schmerzlos.

Die Herztöne des Kindes konnte der Frauenarzt noch vor einer Generation nur mit dem Hörrohr zu registrieren versuchen. Unterdessen steht ihm die Cardiotokographie, abgekürzt CTG, zur Verfügung, mit deren Hilfe er während der Schwangerschaft die Herztöne des Kindes genau verfolgen und wie beim EKG auf einen Papierstreifen aufzeichnen kann. Dabei werden auch so schwache Gebärmutterzusammenziehungen wahrgenommen, wie sie die Schwangere selbst noch gar nicht empfinden kann. Diese Untersuchungsmethode erlaubt also dem Arzt, genau zu überprüfen, ob alles in Ordnung ist. Er kann kleinste Unregelmäßigkeiten, die von der Norm ab weichen, rechtzeitig wahrnehmen und – falls es nötig sein sollte – so behandeln, wie es angebracht ist.

Über Ultraschalldiagnostik und CTG verfügen alle Frauenkliniken. Beide Untersuchungsarten ergänzen einander und erlauben es im Verein mit Hormonbestimmungen, die Risiken während der Schwangerschaft schon im frühesten Stadium zu überwachen Noch einmal sei darauf hingewiesen, wie wichtig es ist – nicht nur für die Mutter, sondern vor allem für die Gesundheit des Kindes –, die zehn Vorsorgeuntersuchungen während der Schwangerschaft auch tatsächlich ausführen zu lassen.

Weitere Untersuchungsmöglichkeiten, die dem Arzt helfen können, seinerseits Vorsorge zu treffen:

Die Hormonanalyse
des mütterlichen Blutes gibt ihm darüber Auskunft, ob die Schwangerschaft normal verläuft oder ob mit einer Fehlgeburt zu rechnen ist.

Die Amniozentese
oder Fruchtwasseruntersuchung dient der Früherkennung von Rhesusunverträglichkeit (siehe Seite 25ff.), Erbkrankheiten und Lungenreife. Letzteres kann dann wichtig sein, wenn eine Frühgeburt zu erwarten und nicht mehr aufzuhalten ist. Die Amniozentese wird in der Klinik vorgenommen, ist durch örtliche Betäubung schmerzfrei und dauert im Normalfall nur ein paar Stunden. Sie dient nicht der allgemeinen Registrierung und Vermeidung von möglichen Schädigungen, denn diese werden meist erst kurz vor und während der Geburt verursacht und sind durch den Einsatz anderer Mittel zu vermeiden.

Zwillinge und Mehrlinge

Ob Sie nun ein oder mehrere Kinder erwarten kann der Arzt schon ab dem 3. Monat durch die erste Ultraschalluntersuchung feststellen, die ohnehin zwischen der 14. und 16. Schwangerschaftswoche herum vorgenommen werden sollte. Die Anlage zu Zwillingen und Mehrlingen ist zumeist erblich bedingt. Außerdem bekommen Mütter, die bereits Kinder haben, eher Zwillinge als Frauen, die ihr erstes Kind erwarten.

Wenn es also schon Zwillinge in Ihrer Familie gibt und wenn Sie das Gefühl haben, mehr als ein Kind zu beherbergen, sollten Sie gleich den Arzt fragen, was er von Ihrer Vermutung hält.

Eineiige Zwillinge
entwickeln sich aus einem einzigen befruchteten Ei, das sich gleich nach der Befruchtung in zwei Morulen teilt. Da sich beide Kinder in die gleiche Kombination mütterlicher und väterlicher Erbträger teilen, sehen sie sich »wie Zwillinge« ähnlich, haben selbstverständlich das gleiche Geschlecht und die gleiche Seelenlage.

Zweieiige Zwillinge
überwiegen jedoch (30 Prozent zu 70 Prozent). In ihrem Fall sind zwei verschiedene Eizellen von zwei verschiedenen Samenfäden befruchtet worden. Es entstehen also zwei verschiedene Kinder. Jedes hat von Mutter und von Vater verschiedene Eigenschaften bekommen. Zweieiige Zwillinge können verschiedengeschlechtlich sein, also Junge und Mädchen. Drillinge und andere Mehrlinge entstehen nach dem gleichen Prinzip. Eineiige Drillinge entstammen einem einzigen Ei.

Die Schwangerschaft verläuft auch in diesen Fällen meist normal. Manche Frauen spüren nichts, was sie auf die Idee brächte, dass Mehrlinge in ihrem Schoß heranwachsen. Andere Frauen werden früh schon ziemlich stark und bemerken besonders häufige und lebhafte Kindsbewegungen an verschiedenen Stellen des Leibes. Auf jeden Fall sind regelmäßige ärztliche Untersuchungen erforderlich, wenn Zwillinge erwartet werden. Der Körper neigt dazu, dieses unprogrammmäßige Gedränge möglichst rasch zu beenden. Ein großer Teil der Mehrlinge kommt zu früh auf die Welt, weil Gewebe und Muskulatur es einfach nicht schaffen, die Kinder noch länger zu halten. Ärzte raten bei Zwillingen oder Mehrlingen, unbedingt in der Klinik zu entbinden.

Beschwerden und Krankheiten

Es kann zu Blutungen kommen. Dann gilt wie vorher die strenge Regel: hinlegen, Arzt anrufen und nichts unternehmen.

Krampfadern und Hämorrhoiden treten nicht selten im 3. und 4. Monat der Schwangerschaft auf. Die Ursache: Durch das Becken der Frau nach oben ziehende Venen werden abgeklemmt. Sofort tritt ein Rückstau auf, und die Venen in den Beinen und im After dehnen sich aus. Man hat festgestellt, dass nicht nur die Konstitution der Schwangeren (Bindegewebsschwäche) diese oft schmerzhaften Stauungen verursacht, sondern auch starke Belastungen. Berufstätige Schwangere oder Schwangere mit einem großen Haushalt sollten also jetzt besonders auf sich achten. Einige Regeln:

- Gutsitzende Schuhe tragen. Überbequeme Schuhe sind ebenso falsch wie enge Modeschuhe.
- Nichts tragen, was beengt oder drückt (BH, Strumpfhalter, Gummizug in Höschen oder Strumpfhosen).
- Nicht lange stehen.
- Nachts mit erhöhten Füßen schlafen.
- Warme Fußbäder und Streichmassage oder Trockenfrottieren von unten nach oben an jedem Abend.
- Stützstrümpfe oder elastische Binden tragen.

Die EPH-Gestose

auch Schwangerschaftsvergiftung genannt, ist eine Erkrankung, die in der zweiten Schwangerschaftshälfte auftritt und Mutter und Kind gefährdet, weil sie zum Beispiel Frühgeburten auslöst und die Geburt komplizieren kann. Der Name dieser Erkrankung ist aus den Anfangsbuchstaben der drei auffälligsten Symptome zusammengesetzt: E für Edema (Ödem), P für Proteinurie (Eiweißausscheidung), H für Hypertonie (Hochdruck), welche einzeln oder im Verein während der Schwangerschaft, während oder nach der Geburt zu lebensgefährlichen Anfällen führen können.

Es hat sich herausgestellt, dass ein Zusammenhang zwischen Übergewicht und EPH-Gestosen besteht; Frauenärzte raten deshalb auch hier zur Vorsorge, vor allem, wenn die Schwangere übergewichtig ist. Die Vorsorge besteht erstens darin, das Gewicht regelmäßig zu prüfen und raschen und starken Gewichtsanstieg zu vermeiden, was zweitens durch eine angemessene Ernährung erreicht werden kann. Auf Seite 39 lesen Sie, dass während der Schwangerschaft das so gesunde Obst mit anderen Maßstäben gemessen werden muss. Besonders die übergewichtigen Schwangeren müssen Folgendes bedenken: Je mehr Fettzellen vorhanden sind, desto mehr Flüssigkeit kann im Gewebe gespeichert werden. Je weiter die Schwangerschaft jedoch fortschreitet, desto mehr wird der Kreislauf ohnehin durch die gesteigerte Arbeit belastet, und desto leichter kann der Wasserhaushalt aus dem Gleichgewicht geraten. Übergewicht wird nun durch eine zu hohe Kalorienzufuhr verursacht; es kann aber auch durch eine zu hohe Flüssigkeitszufuhr bewirkt werden. Zwei Liter pro Tag, das ist die Ration während der Schwangerschaft. Wer vergisst, dass Obst zu 80 bis 90 Prozent aus Wasser besteht, und überreichlich Obst isst, der überschreitet diese Tagesration meist erheblich. Dazu kommt, dass bestimmte Früchte basenbildend und infolgedessen besonders wasserbindend wirken. Das gilt für alle Zitrusfrüchte, also Orangen, Apfelsinen, Grapefruits, Mandarinen etc., Weintrauben, Kirschen, Pflaumen und Zwetschgen und alle Beerensorten.

Beste Vorbeugung also: Eine eiweißreiche und ausgewogene Ernährung, die alle wichtigen Vitamine der Früchte enthält, dazu Kalium und Eisen. Befolgt man diese Regeln, so bleibt das Gewicht bis zur 16. Woche unverändert, und die Schwangere nimmt auch danach pro Monat nicht mehr als ein bis eineinhalb Kilogramm zu. Damit aber ist die Gefahr der Gestose erheblich reduziert.

Frühgeburten

sind in einem hohen Maße nicht nur die Hauptursache für kindliche Sterblichkeit, sondern vor allem der zerebralen Schädigungen, also der minimalen bis stärkeren Hirnschäden. Deshalb ist es besonders in der zweiten Schwangerschaftshälfte wichtig, regelmäßig alle vier Wochen zur Vorsorgeuntersuchung zu gehen. Die vaginale Untersuchung zeigt, ob der so genannte Verschlussapparat in Ordnung ist. Die Ultraschallkontrolle zeigt unter anderem auch, ob der Mutterkuchen so funktioniert, wie er es soll, und das Kind mit Nahrung und Sauerstoff versorgt. Tut er das nicht, und wächst das Kind nicht mehr, so muss beiden geholfen werden: Durch Medikamente, durch das Liegen der Mutter, was schon allein die Durchblutung der Plazenta fördert, durch ständige CTG-Kontrolle der kindlichen Herztätigkeit, die auch verrät, ob das empfindlichste Organ des Kindes, sein Gehirn, genügend Sauerstoff bekommt.

Rachitis und Karies-Prophylaxe

Früher haben Mütter allein während der Schwangerschaft Vorsorge gegen Rachitis getroffen. Unterdessen gibt es Vitamintabletten und Multivitaminpräparate mit Fluorid, die dem Kind zwei Jahre täglich gegeben werden und Knochen und Zähne von Säuglingen und Kleinkindern widerstandsfähig machen.

Medikamente

Es gilt weiter der Rat zu einer weitgehenden Abstinenz. Kein Medikament nehmen, das Ihr eigener Arzt Ihnen nicht verschrieben oder gestattet hat. Der Arzt kann sich übrigens informieren, ob ein bestimmtes Medikament Missbildungen verursacht oder im Verdacht dafür steht. Eine Zentralstelle in Ulm sammelt die entsprechenden Daten.

Anschaffungen fürs Babyzimmer

Die ruhige Zeit dieses zweiten Schwangerschaftsdrittels werden die meisten Frauen dazu benutzen, um alles für ihr Baby vorzubereiten. Noch machen Einkäufe keine Beschwerden, noch kann die werdende Mutter bequem an der Nähmaschine sitzen und Babys Möbel so lange hin und her rücken, bis alles am gewünschten Platz steht.

Was braucht das Kind in den ersten Wochen und Monaten nach der Geburt? Seine Bedürfnisse sind im Grunde noch reichlich bescheiden. Es wird essen, es wird schlafen, und dazwischen wird es gesäubert. Es braucht also sein Körbchen, seinen Wickeltisch, und die Mutter braucht einen bequemen Stuhl oder einen Sessel. Dazu kommt allerlei für die Reinlichkeit und zum Schluss die Garderobe. Am zweckmäßigsten ist es, zuerst eine Wickelkommode zu kaufen. Dann hat man gleich einen geeigneten Platz für Windeln und Kleidung.

Die Wickelkommode
hat seit Jahrzehnten ihre bestimmte Form: oben eine große Platte, unten Fächer und Laden für Kleidung und Pflegegerät. Wer kein Geld für ein Möbel ausgeben will, das nur eine begrenzte Zeit lang benötigt wird, hat die Wahl zwischen eigener Improvisation und Wickelkommoden, die in den Maßen nach Anbaumöbelprogrammen genormt sind und sich später mühelos in gewöhnliche Schränke verwandeln lassen. Wichtig ist in jedem Fall:

- Die Wickelfläche muss so groß sein, dass sie nicht nur dem Baby alleine Platz bietet.
- Das Möbel muss sehr standfest sein, damit es nicht bei einer Erschütterung durch die Mutter, den Vater oder durch das Kind umkippt.
- Der Wickelaufsatz muss so hoch sein, dass man bequem daran arbeiten kann. Ist er zu tief, muss sich die Mutter zu sehr bücken und bekommt laufend Rückenschmerzen.

Auf den Wickeltisch legt man eine Auflage, meist eine mit Plastikfolie bezogene Schaumgummiplatte. Wer Plastik nicht mag, näht sich einen kochbaren und auswechselbaren Bezug aus Frotteestoff. Neben den Wickeltisch hängt man ein Faltbord mit allen notwendigen Pflegemitteln für das Baby. Manche Wickelkommoden haben seitliche Ausziehbretter. Diese sind praktisch, aber sobald das Baby sitzen und greifen kann, sind alle Gegenstände auf dem Brett in seinem Griffbereich. Regale jedoch kann man so hängen, dass sie nur von der Mutter erreicht werden können.

Das Kosmetikregal
muss mit folgenden Sachen gefüllt sein: Silberpuder für den Nabel, Babyöl, Paste, Creme, Watte, gebleichter Zellstoff oder weiches Toilettenpapier, zwei Schälchen für Abfall und für Wasser, Haarbürste und Nagelschere.

Die Beleuchtung
der Babyecke soll so angebracht sein, dass das Baby nicht in Mutters Schatten gewickelt und gepflegt werden muss, andererseits aber auch nicht vom Licht geblendet wird. Eine Wandleuchte mit verstellbarem Abblendschirm oder mit Milchglaskugel ist besser und sicherer als eine Hängelampe. Sie wird so angebracht, dass das Baby nicht dagegen schlagen kann.

Babyheizstrahler
sind nach Angaben des Herstellers an der Wand anzubringen.

Windeleimer
sind im Zeitalter der Wegwerfwindeln eigentlich überflüssig. Wenn die normalen Stoffwindeln benutzt werden, braucht man mindestens einen Eimer mit Deckel (Treteimer): Ein zweiter Eimer für Stuhlwindeln erübrigt sich, wenn man Windeleinlagen benutzt. Es gibt Windeleinlagen aus Vliesstoff, die immer in einer Richtung reißfest sind.

Babys Badeecke
Für Babys Badefreuen ist Folgendes vorzubereiten: drei bis vier Badetücher, am besten mit praktischer Kapuze; ein Hocker oder eine Bank, auf die sich Eltern setzen und auf der sie etwas ablegen können; eine Plastikwanne auf Beinen oder eine Plastikwanne, die man auf ein Gestell über die große Wanne setzen kann. Welches Wannensystem Sie auch wählen: Es muss absolut standfest sein. Das Baby soll in seinem Badewasser nach

Herzenslust planschen können. Falt- und Klappwannen sind unzureichend, gefährlich und unbequem. Die Wanne wird lieber etwas zu groß als zu klein gewählt. Das Baby wächst rasch, und danach planschen kleine Kinder gern im lauen Wasser auf dem Balkon oder im Garten; das Badethermometer ist für die ganze Säuglingszeit wichtig; sechs bis zwölf Waschlappen; Badezusatz; Seife und eine weiche Brüste braucht man erst, wenn das Baby kein Säugling mehr ist, in der Sandkiste spielt und sich schmutzig macht.

Babys Garderobe

braucht keine Textilwindeln mehr zu umfassen. Trotzdem: Die im Sommerwind flatternden Windeln sind eine Sache des Gefühls und des Protests gegen Umweltbelastung mit Papiermüll. Außerdem braucht man Textilwindeln für viele andere Zwecke: als leicht zu wechselnde Unterlage fürs Kopfende des Bettchens, als Spuckwindel, als immer steriles Allzwecktuch während der Kleinkinderzeit.

So beginnt Babys Erstausstattung: zum Wickeln 18 bis 24 Textilwindeln, dazu sechs Moltontücher, zwei Schafwoll- oder Frotteehöschen und eine Packung Wickelfolie; oder zwölf waschbare Windelhöschen, dazu Wegwerfwindeln zum Einlegen; und zwei Höschen, die die Feuchtigkeit auffangen, aber atmungsaktiv sind; oder eine Packung Höschenwindeln, kleinste Größe; zum Anziehen vier bis sechs Strampelanzüge oder Wickelbodys, die Hemdchen und Höschen ersetzen, sechs Jäckchen zum Drüberziehen; zwei Mützchen aus Baumwolle; vier Baumwollpullis und -höschen, für Sommer kurzärmlig, dazu Baumwollsöckchen und ein Sonnenhütchen. Ein Wolljäckchen und -mützchen zum Ausfahren, dazu ein Paar gestrickte Wollschühchen; zwei Schlafanzüge, ein Schlaf- oder Pucksäckchen.

Sparsam einkaufen! Erstens bekommt man besonders beim ersten Kind viel geschenkt, und zweitens wächst das Baby rasch aus seiner ersten Größe heraus.

Babys Körbchen

Natürlich könnte man das Neugeborene gleich in ein richtiges Bettchen legen, aber ein Körbchen auf Rädern mit Baldachin und Rüschen sieht so hübsch aus, dass man nicht darauf verzichten mag. Wenn das Körbchen noch dazu Wiegenkufen hat, ist seine Anschaffung zu loben: Man hat nämlich die beruhigende Wirkung des Wiegens wieder entdeckt.

Meist ist das Körbchen fertig ausgerüstet. Das Verdeck oder der Himmel – notwendiger Lichtschutz – sind bezogen, die geflochtene Weidenwand hat außen einen Behang und innen ein Futter aus einem Baumwollstoff, alles zum Waschen, Ausknöpfen und Auswechseln.

Außen darf das Körbchen so rüschchenreich sein, wie es will. Innen ist die einfachste Ausstattung für das Baby am gesündesten. Dazu gehört: eine feste glatte Matratze, drei bis sechs kleine Betttücher, drei bis sechs Bezüge, eine kleine Wolldecke oder eine federleichte Babysteppdecke, ein leichtes kleines Zudeckkissen für den Winter mit drei bis sechs Bezügen, ein kleines Kopfkissen mit vier bis sechs Bezügen braucht man nicht für den Kopf, sondern als Schutz gegen Kälte und Zug, und stellt es hinter Babys Kopf an das Körbchenfutter. Das Baby selbst braucht kein Kopflkissen, weil sein Kopf ziemlich dick und sein Hals eigentlich noch gar nicht vorhanden ist. Schädel und Schultern haben etwa den gleichen Umfang. Schiebt man dem Kind ein Kissen unter den Kopf, so knickt man es ab.

Ergebnis: unruhiger Schlaf, mehr Geschrei.

Die Mutter braucht für die Arbeit im Badezimmer einen Kittel oder eine Kittelschürze. Es ist wichtig, dass dieser Kittel kochfest und damit steril ist und die Kleidung ganz bedeckt.

Der Kinderwagen

Das Angebot ist verwirrend groß, und die Verkaufsargumente der Hersteller lassen oft vergessen, dass es sich noch nicht um das erste Statussymbol handelt. Dabei sind die sachlichen Ansprüche einfach. Ob man also einen Kinderwagen von Freunden erbt, preiswert von Nachbarn oder über die Tageszeitung kauft, folgende Punkte sollte man beachten:

- Der Kinderwagen muss sicher sein: die Seitenwände mindestens 22 Zentimeter hoch. Für Babys, die in den Winter hineingeboren werden, nimmt man gern ein noch tieferes Oberteil, damit man eine warme dicke Matratze hineinlegen kann.
- Die Unterseite (also der Wagenboden) soll mindestens 50 Zentimeter über dem Erdboden sein. So fahren Sie Ihr Baby über der Abgashöhe der Autos und nicht mitten hindurch.
- Alle verwendeten Farben sollten speichelsicher sein.
- Das Verdeck muss man leicht auf- und zuklappen können.
- Der Wagen muss mit Vorrichtungen ausgestattet sein, an denen man Haltegurte für lebhafte Babys anbringen kann.
- Er muss an beiden Seiten Bremsen haben; der ganze Wagen muss kippsicher sein und die Sicherheitsnormen DIN 66 068 und EN 1888 erfüllen.

Praktisch ist es, wenn man das Oberteil abnehmen und als Tragetasche verwenden kann (nicht im Auto!).

Wer eine spezielle Kinder-Sicherheitsschale fürs Auto sucht, sollte auf das »Sicherheit geprüft«-Zeichen des TÜV-Produktservice achten. Auf jeden Fall gilt: Im Auto wird Baby bis zu einem Jahr liegend transportiert. Im Übrigen wird der Kinderwagen genauso ausgestattet wie das Körbchen: feste Matratze, Bettlaken, Wolldecke im Überzug.

Nur im Winter muss das Baby zusätzlich mit einem Plumeau geschützt werden. Im Sommer schadet es dem Kind, wenn es unter Prunkausgehgarnituren zur Unbeweglichkeit verdammt ist und schwitzen muss.

Das Baby braucht auch im Kinderwagen kein Kopflkissen.

Schutzfenster vor dem Verdeck sind nur bei plötzlichem Platzregen erlaubt. In allen anderen Fällen beeinträchtigen sie die Sauerstoffzufuhr, können sogar zu Erstickungen führen.

Alles in allem soll sich Babys Grundausstattung an der untersten Grenze des Notwendigen halten. Das Kind wächst rasch, und sein erstes Hemdchen ist ihm bald zu klein. Dafür sollte, was gekauft wird, gut in der Qualität sein. Jedes neue Stück wird vor dem ersten Gebrauch einmal gekocht oder (Wolle) gewaschen. Rüschen, Schleifen, Spitzen und Stickereien mögen zwar schön aussehen, sind aber an der Kleidung des Neugeborenen oder Kleinkinds nicht nur überflüssig, sondern sogar gefährlich.

Mit allen anderen Extras sollte man ruhig bis nach der Geburt warten. Erfahrungsgemäß bekommt ein Erstgeborenes einen ganzen Vorrat an hübschen, wichtigen und überflüssigen Dingen geschenkt. Falls dann noch etwas fehlen sollte, braucht es nur ergänzt zu werden.

Wenn man weiß, dass Kollegen, Freunde oder Verwandte Schenkabsichten haben, kann man für sie eine Wunschliste aufstellen. Da die Liste der wirklich notwendigen Dinge fürs Neugeborene ziemlich klein und Luxus wirklich überflüssig ist, kann man gleich Anziehsachen oder Gerät für das etwas ältere Baby mitnotieren.

Abergläubische Vorstellungen

Wenn die Tatsache, dass eine Frau ein Baby bekommt, nicht mehr zu übersehen ist, setzen Rat und Tat von allen Seiten ein, und echte Zuneigung und Hilfsbereitschaft halten sich die Waage mit schierer Torheit.

Die oft sehr eindrucksvollen Weisheiten des Volksaberglaubens sind ein historisches Überbleibsel aus der Zeit vollständiger Ahnungslosigkeit über die Embryonalentwicklung.

Bis in die Neuzeit hinein wußte man nichts über diese Entwicklung. Kein Wunder, dass die Mütter und Hebammen jede winzige Einzelheit, die ihnen die Erfahrung der normalen Geburten, aber vor allem der Fehl- und Missgeburten lieferte, zu verwenden versuchten. Dabei haben Fantasie, magisches Denken und Todesfurcht allerlei abenteuerliche Vorstellungen geschaffen.

Versehen kann sich eine Mutter nicht. Der Anblick eines Verbrechers, eines Verkrüppelten usw. hat nichts mit der zukünftigen Gestalt eines Kindes zu tun.

Feuermale entstehen nicht durch den erschreckenden Anblick von Bränden oder Explosionen.

Wolfsrachen und *Hasenscharten* haben nichts mit dem Anblick eines wilden Tieres oder mit einem Schreck zu tun, den Raubtiere ausgelöst haben.

Jungen bewegen sich weder stärker, noch lassen sie den Leib der Mutter höher anschwellen als Mädchen.

Unglück kann es nicht bringen, wenn man die Wiege schon vor der Geburt herrichtet.

Locken und *reine Haut* bekommt kein Mädchen dadurch, dass die werdende Mutter emsig Wein und Bier trinkt.

Stark wird kein Junge wenn der Vater bei der Zeugung an Eisen denkt.

Leicht wird keine Geburt, weil die Mutter sich ein Kruzifix auf den Leib legt.

Das letzte Beispiel zeigt jedoch, wie sich die Grenzen verwischen. Natürlich zieht das Gold eines Kreuzchens kein Unheil ab. Aber der Glaube an das Kreuz kann einer Frau die Kraft und die Tapferkeit geben, die sie in den Stunden der Entbindung braucht.

Äußern Sie sich deshalb nicht geringschätzig über solche abergläubischen Vorstellungen, besonders nicht, wenn sie Ihnen aus dem Munde älterer Frauen überliefert werden. Sie wissen, dass sie jahrhundertelang den Schwangeren in ihrer Einsamkeit und Angst der Unwissenheit so geholfen haben, wie uns heute Wissen und Schwangerschaftsgymnastik helfen. Sie sind ein Rest von der Hilfsbereitschaft und dem nachbarlichen Beistand unserer Ahnfrauen.

Der Verlust dieser Solidarität scheint der Preis für unsere Aufklärung zu sein.

Zudem steckt in fast allen dieser »weisen« Sprüche ein wahrer Kern. Kein Feuer und kein böser Mann stören Babys Entwicklung, aber der Schreck bringt Mutters Organismus aus dem Gleichgewicht. Hormone werden in den Blutkreislauf eingeschossen, und der Schock trifft abgeschwächt auch das Kind.

Also besteht durchaus ein enger Zusammenhang zwischen Ruhe, Glück und

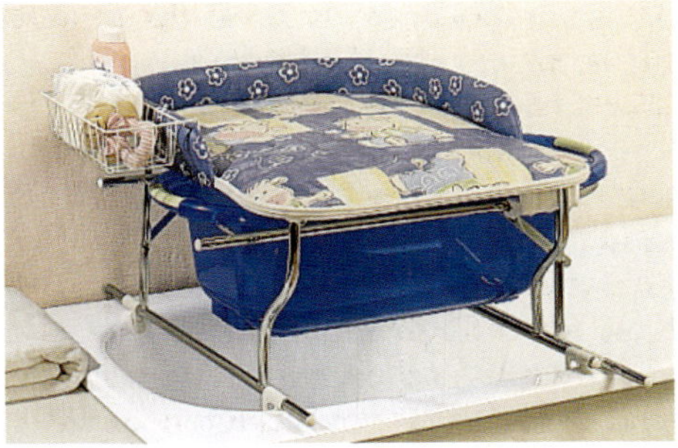

Zwei Beispiele für Säuglingswanne und Wickeltisch. Beide Modelle können auf dem Badewannenrand fest und sicher verankert werden. Dies ist ausreichend für die ersten Wochen, praktisch und Platz sparend zugleich und auch im kleinsten Badezimmer unterzubringen.

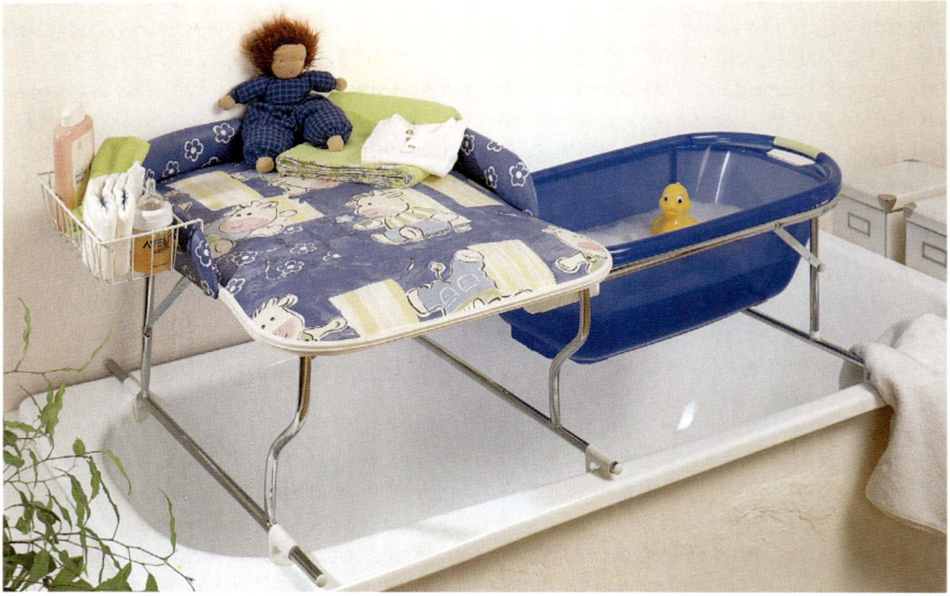

Heiterkeit der Schwangeren und einem gesunden Kind. Schock, Angst und andere negative Gefühle können das Neugeborene irritieren und belasten. Seelische Spannungen zenmürben die Gesundheit der Schwangeren. Eine Frau in harmonischer Umwelt kann auch die körperlichen Strapazen der Schwangerschaft leichter und fröhlicher ertragen. Unglückliche, nervöse Frauen sind empfindlicher, ernähren sich planloser, greifen eher zur Zigarette und schaffen so ein für das Kind unzuträgliches Milieu.

Es gibt außerdem einen Satz, den die moderne Wissenschaft mit ihren atemberaubenden Möglichkeiten, Ungeborene zu beobachten und im Mutterleib – oder nach Fehlgeburten – zu filmen, als Wahrheit bewiesen hat. Die Frauen aus der Generation meiner Großmutter sagten noch: »Wenn du ein Kind erwartest, musst du schöne Bilder betrachten, glückliche Menschen um dich scharen und gute Musik hören.« Über solche Sätze lachten die aufgeklärten Töchter und Enkelinnen. Inzwischen weiß man, dass das Ungeborene seine Umwelt, also die Mutter, vor allem durch die Ohren wahrnimmt. Es hört den ruhigen oder den keuchen den Atem, es lauscht dem Herzschlag und dem Gerumpel in den Gedärmen, und es reagiert positiv auf alles Regelmäßige, Gleichmäßige, das ihm vermutlich eine Art Frieden und vielleicht ein Gefühl der Beständigkeit vermittelt.

Was geht in einem Menschen vor, der ein schönes Bild betrachtet? Er beginnt, sich etwas vorzustellen, gibt sich angenehmen Träumen hin, lässt schöne Erinnerungen aufwachen. Dabei schlägt das Herz so friedlich, wie es dem Kind zuträglich ist. Ebenso angenehm sind Menschenstimmen, wenn sie sich nicht streiten und schrill und heftig werden und die Mutter so aufregen, dass ihr Inneres ins Jagen kommt. Es tut dem Kind also im wahrsten Sinne des Wortes gut, wenn sich die Mutter mit freundlichen und glücklichen Menschen umgibt. Ein so weiser und musikalischer Mann wie der Meistergeiger Yehudi Menuhin rät Müttern, ihren Kindern so vorzusingen, wie es früher im Abendland üblich war und heute noch in Gesellschaften gepflegt wird, die wir als primitiv bezeichnen. Diese Mütter wußten und wissen instinktiv, wie beruhigend und heilsam ihr leises Lied auf das Kind wirkt. Kein Plattenspieler und kein Radio können das Kind so direkt erreichen wie die summende, singende Mutterstimme, die im Resonanzraum des Körpers widerhallt.

Britische Forscher haben nun schließlich festgestellt, dass Föten bei Rockmusik wütend und empört strampeln, Mozart dagegen offensichtlich mögen, weil sie bei seiner Musik sanft schaukeln. Schaukelbewegungen lieben übrigens alle Ungeborenen, seien es die eines Schaukelstuhls oder die Bewegungen der Mutter beim täglichen Spaziergang. Diese regelmäßigen mütterlichen Bewegungen stimulieren das Kind ständig, helfen ihm, seine Wahrnehmungen zu üben und damit das Gehirn zu differenzieren.

So entwickelt sich das Kind im zweiten Vierteljahr der Schwangerschaft

Während die werdende Mutter Schwangerschaftsgymnastik betreibt und Gardinen fürs Babyzimmer aussucht, wächst der Embryo so rasch wie nie wieder im späteren Verlauf seiner Entwicklung. Ob die Schwangere etwas davon merkt, hängt vom Kind und von ihrem Körperzustand ab. Magere Frauen spüren ihr Kind logischerweise meist eher als mollige Mamis. Manche fühlen schon in der 12. Woche ein leichtes Flattern.

Im 3. bis 5. Monat sind die Bewegungen des Kindes noch unwillkürlich und nichts als Muskelreflexe. Doch schon diese ersten Zuckungen sind eine Vorbereitung auf die »Stunde X«: Der Fötus übt die Muskeln, die er während der Austreibungsperiode dehnen und strecken muss. Anfangs kann das Neugeborene zwar mit den Armen und Beinen zappeln, aber weder den Kopf hoch noch den Rücken aufrecht halten. Seine Rückenmuskulatur ist deshalb so schwach, weil der Fötus sie in seiner zusammengekrümmten Lage nie hat anspannen können.

Die werdende Mutter wird im Verlauf dieses zweiten Vierteljahres merken, dass das Ungeborene ebenso wie sie seinen Rhythmus hat. Es hat viel zu tun, muss höchst komplizierte Konstruktionsschemata verwirklichen und kann dabei keine Rücksicht auf die Mutter nehmen. Seine Aufbauarbeit strengt es mehr an als die Mutter ihr Tagewerk, und wenn das Kind müde ist, will es seinen wohlverdienten Schlaf haben. Wird es durch äußere Einflüsse in seiner Ruhe gestört, so gibt es Ärger. Muss die werdende Mutter im Hause herumwirtschaften, einkaufen oder kochen, wenn das Kind schlafen will, so wehrt es sich gegen diese Unruhe so, wie es Untermieter in Witzzeichnungen zu tun pflegen: Es stößt gegen die Wand, freilich nur mit dem Fuß oder der Faust und nicht mit einem Besenstiel.

Diese Reaktion kann man sich zunutze machen, um dem Mann zu zeigen, wie kräftig sein Kind schon ist: Die Schwangere presst die flachen Hände rechts und links einen Moment lang kräftig gegen den Bauch und wartet. Meist antwortet das Ungeborene innerhalb von Sekunden. Es holt aus, und ein winziger Fuß stößt gegen die Bauchdecke. In der Regel rumort es dann noch ein paar Minuten lang herum, bis es sich wieder beruhigt und merkt, dass ihm sein enger Platz nicht noch enger gemacht wird.

Das Ungeborene hat es gern, wenn es beim gemächlichen Spaziergang schön friedlich hin und her geschaukelt wird. Viele Psychiater sind der Ansicht, dass den meisten Babys unserer Zeit dieses Schaukeln nach der Geburt fehlt. Sie empfehlen deshalb allen Eltern, die gute alte Wiege wieder zu Ehren kommen zu lassen, die ganz zu Unrecht in der letzten Zeit in Vergessenheit geraten ist.

Das Ungeborene will möglichst bequem schlafen. Es protestiert meist heftig, wenn sich die werdende Mutter auf den Rücken legt, und je weiter die Schwangerschaft fortschreitet, desto stärker wird der Protest, denn wenn es nicht mehr schwerelos wie ein Astronaut im Fruchtwasser schwimmt, spürt es die Wirbelsäule. Es stößt und drückt sich an den Knochenkanten, und wenn die Schwangere nachts auf ihrer Rückenlage beharrt, rumort der Fötus lange herum, bis er eine einigermaßen erträgliche Lage gefunden hat.

Schlaf ist aber für das Ungeborene ebenso wichtig wie für die werdende Mutter. Deshalb ist es besser, wenn sie sich vom 5. oder 6. Monat ab daran gewöhnt, im Bett oder beim Nachmittagsschlaf gleich die Entspannungslage einzunehmen (Seite 62). Dann liegt das Kind nämlich neben ihrer Wirbelsäule, und beide können behaglich und sofort einschlafen.

Vier Monate

Das ist eine entscheidende Zeitspanne im Leben des Fötus: Das Chorion verwächst mit der Schleimhaut der Gebärmutter zur Plazenta und wird nun durch diese mit Nahrungsstoffen und mit Sauerstoff versorgt. Der Kreislauf des Kindes wird ein selbständiges System. Das Herz, dessen kräftiger Schlag der Arzt mit einem kleinen Ultraschallgerät gut hören kann, pumpt täglich dreißig Liter Blut durch den noch nicht einmal spannelangen Körper. Das Kind entwickelt die Fähigkeit, mit bestimmten belastenden körperlichen Situationen, in die es durch die Mutter gebracht wird, selbst fertig zu werden. Es kann zum Beispiel ausgleichen, wenn die Mutter raucht oder sich überanstrengt. Es ist dagegen vollkommen hilflos, wenn es von der Plazenta nicht genug Sauerstoff bekommt, wenn die Mutter bestimmte Krankheiten durchmacht, oder wenn Schadstoffe (Umweltgifte oder Medikamente) seine Entwicklung bedrohen. Wenn der Fötus vier Monate alt ist, kann man genau sehen, ob es ein Junge oder ein Mädchen ist. Die Geschlechtsorgane sind deutlich erkennbar. Augenbrauen und Wimpern wachsen; der Fötus ist etwa 13 bis 15 Zentimeter lang. Der Uterus hat sich entsprechend ausgedehnt und füllt jetzt bald den ganzen Beckenraum aus. Der Fötus ist reiz- und schmerzempfindlich, er kann recht gut hören, sein Gleichgewichtsgefühl funktioniert, auch seine Geschmacksnerven, und Ultraschallbilder haben gezeigt, dass der Fötus von der 14. Woche ab Fruchtwasser trinkt. Er übt auf diese Weise das Schlucken und Saugen. Da er beides aber noch lernen muss, kommt es oft zur ersten Panne: Baby hat im Mutterleib einen Schluckauf. Manche Mütter spüren das als sonderbares rhyth-

Fünf Monate: Noch schimmern die Adern durch die dünne Haut. Die Augenlider sind geschlossen und verklebt, damit sich die Augen ungestört entwickeln können.

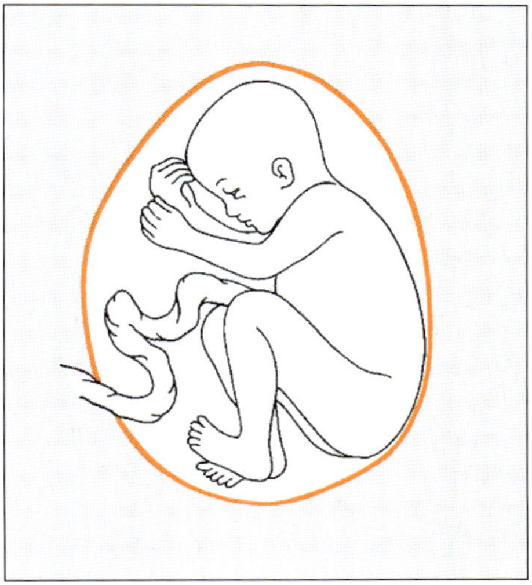

Sechs Monate: Das Kind muss sich allmählich zusammenkrümmen, sein freier Raum wird immer knapper. Trotzdem werden seine Bewegungen immer lebhafter.

misches Stoßen. Sie können sich schon darauf vorbereiten, dass ihr Kind auch nach der Geburt zum Schluckauf neigen wird. Es besteht allerdings kein Anlass zur Sorge, dass sich der Fötus durch das Trinken von Fruchtwasser selbst trockenlegt. Das Fruchtwasser wird immer wieder ergänzt. Die erste Nahrung wird noch nicht verdaut, sondern durch die Nabelschnur wieder abgebaut.

Fünf Monate

Die Haare sprießen auf dem Köpfchen und die Fingernägel an den Fingern. Der Fötus wird zum Daumenlutscher, wobei sich schon jetzt die Links- oder Rechtshändigkeit zeigt. 95 Prozent nuckeln am rechten Daumen. Auch das ist eine Vorübung für die Zeit nach der Geburt: für das Saugen an Mutters Brustwarze. Dem Kiefer schadet dieses Saugen nichts; er wird dadurch nicht verformt.

Der Fötus wiegt jetzt etwa 500 Gramm und ist etwa 30 Zentimeter lang. Das Neugeborene nimmt nun allmählich die typische Embryonalhaltung ein: Knie an den Bauch gezogen und Hände über der Brust gefaltet.

Sechs Monate

Jetzt hat das Kind den Kopf voller Haare, und seine Augen können sich öffnen und schließen. Seine künftige Gestalt ist entwickelt, und seine inneren Organe sind vollständig ausgebildet. Sie sind jedoch noch nicht alle funktionsfähig. Manche von ihnen reifen erst im 1. und 2. Jahr nach der Geburt richtig aus. Der Fötus wiegt um diese Zeit knapp ein Kilogramm und ist 35 Zentimeter lang.

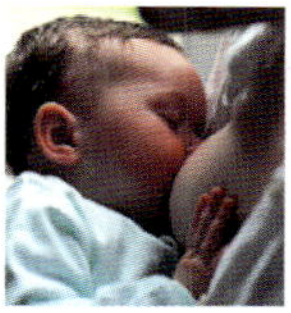

5

KAPITEL

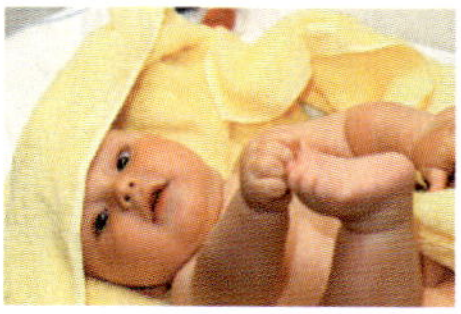

Das letzte Drittel der Schwangerschaft

Gegen Ende des 7. Monats ist das Ungeborene 30 bis 35 Zentimeter lang und wiegt etwa 1000 bis 1200 Gramm. Wenn es jetzt auf die Welt käme, könnte es schon überleben.

Gegen Ende des 9. Monats hat das Kind sein Sieben-Monats-Gewicht verdoppelt und ist um die Hälfte länger als im 7. Monat. Für die werdende Mutter sind die letzten drei Monate im wahrsten Sinne des Wortes eine Last. Diese Zeit bringt eine Reihe von Beschwerden mit sich, die eine vollkommen normale Folge dieses Wachstums sind und sie nicht zu beunruhigen brauchen. Sie wird jetzt besonders gern Schwangerschaftsgymnastik betreiben, weil die Übungen manche dieser Beschwerden vermindern.

Die Schwangerschaftsgymnastik

konzentriert sich in den letzten Wochen auf die Atem- und Entspannungsübungen, auf Übungen der Becken und -bodenmuskulatur (siehe Abbildungen Seite 62ff.) und auf Paarübungen. Hormone haben bewirkt, dass das Gewebe der Frau elastischer, ihre Bänder so dehnbar wie sonst nie geworden sind.

Die Brustpflege

wird jetzt besonders notwendig. Die Milchdrüsen sind durch die Plazentahormone auf das Stillen vorbereitet worden. Sie vergrößern sich, die Brüste werden voller und schwerer, und wahrscheinlich brauchen Sie in den letzten Wochen abermals einen größeren BH.

In den letzten Wochen vor der Geburt kann Vormilch austreten, eine weißlich-gelbliche wässrige Flüssigkeit. Sollte die Absonderung stärker sein, müssten Sie die sterilen Mulleinlagen in den BH einlegen, die man beim Stillen verwendet, oder gebügelte alte Baumwolltaschentücher. Auf jeden Fall muss die Flüssigkeit gut abgetupft werden und soll nicht auf den Brustwarzen eintrocknen, sonst wird die Haut dünn und empfindlich und reißt beim Stillen ein. Das kann der Anfang einer der gefürchteten Brustentzündungen sein. Deshalb ist es auch nicht ratsam, die Brüste mit Alkohol abzureiben. Auch er macht die Haut trocken, spröde und verletzlich.

Wer darauf bedacht ist, die Brust straff und fest zu erhalten, sollte sie täglich erst warm waschen und dann mit einem kalten Waschlappen abklatschen und frottieren.

Haben Sie Hohlwarzen, die nicht vorstehen, sondern in einer kleinen Einbuchtung wie eingesaugt liegen, so bitten Sie Ihren Arzt um Rat. Manchmal hilft tägliches vorsichtiges Zupfen. Oft stülpt sich die Warze erst beim Stillen von selbst heraus.

Körperpflege

Die werdende Mutter schwitzt im letzten Schwangerschaftsdrittel mehr und leichter. Lesen Sie auf Seite 45, was bei der Körperpflege und beim Baden zu beachten ist. Eine Erscheinung, die viele Schwangere stört, ist eine gewisse Neigung zu verstärkten Ausscheidungen im Raum der äußeren Geschlechtsorgane. Sie werden durch den erhöhten Blutandrang in den Organen und Gefäßen des Unterleibs hervorgerufen. Man kann sie nicht verhindem oder bekämpfen. Sie verschwinden nach der Geburt von selbst. Auf jeden Fall keine Scheidenspülungen vornehmen!

14 Tage vor der Geburt

sollte eine Scheidensanierung durchgeführt werden, um sich von den Hefepilzen zu befreien, die sich bei etwa 40 Prozent der Frauen am Ende der Schwangerschaft in der Scheide eingenistet haben. Gefördert wird dieses Pilzwachstum durch zu enge Strumpfhosen, die eine luftundurchlässige feuchte Kammer bilden, ein wahres Treibhaus. Oder durch die so genannte Jeans-Dermatitis, die durch das Scheuem der zu harten Stoffe hervorgerufen wird. Das macht die Haut wund, verringert ihren pH-Wert (Säureschutz) und bietet den Pilzen ebenfalls einen idealen Nährboden. Es kann auch durch falsche Hygiene hervorgerufen wer den: durch Intimsprays, die in die Scheide gesprüht werden oder durch Waschen mit zu viel Seife, die zu tief in die Scheide gerät und den Säuremantel zerstört. Wenn man sich mittels Zäpfchen von diesen Untermietern befreit, verhindert man, dass das Kind während der Geburt diesen Pilzgürtel passieren muss und trifft so die beste Fürsorge gegen den Mund- oder Hautsoor der Säuglinge.

Schwangerschaftsbeschwerden

Kurzatmigkeit

ist die häufigste Randerscheinung der letzten Schwangerschaftsmonate. Sie hat verschiedene Ursachen. Bis zum 8. Monat dehnt sich der Uterus nach allen Seiten, auch nach oben, und verdrängt alle Organe in der Bauchhöhle. Das Herz wird also noch mehr als im zweiten Drittel der Schwangerschaft beengt. Es muss aber andererseits schneller schlagen, weil es 40 Prozent mehr Blut zu transportieren hat. Kein Wunder, dass jede zusätzliche Belastung wie Treppensteigen, Bücken oder gar Laufen gehörig anstrengt. Medikamente haben natürlich keinen Sinn. Nur allgemeine Vorsicht und Schonung helfen.

Ein paar Ratschläge für die werdende Mutter: Sie vermeidet es, Treppen rasch hinaufzueilen, bewegt sich insgesamt langsamer, hastet keiner davonfahrenden Straßenbahn mehr nach, sondern wartet gemächlich auf die nächste (und macht dabei unsichtbar Übungen; siehe Seite 62).

Wenn sie den 6. Stock zu erklimmen hat oder ähnliche Anstrengungen nicht vermeiden kann, so legt sie kleine Pausen ein. Sie trägt nichts Schweres mehr, bückt sich nicht, sondern geht in die Hocke und macht manchmal zwischen der Hausarbeit eine kleine Gymnastikpause: flach auf den Rücken legen, einatmen und dabei die Arme ausstrecken und über den Kopf heben. Mit so geweitetem Brustkorb einen Moment die Luft anhalten, dann ausatmen und die Arme langsam wieder neben den Körper legen; drei- bis fünfmal wiederholen.

Im 9. Monat wird das Kind für die Geburt zurechtgelegt. Der kindliche Kopf tritt ins so genannte kleine Becken, oben in der Bauchhöhle bekommt die Schwangere etwa zwei Fingerbreit mehr Luft und kann wieder besser atmen.

Gesellen sich zu einer normalen Kurzatmigkeit noc#h Herzklopfen, Schwindel, starke Schwellungen an Knöcheln, Gesicht und Handgelenken und ein schier unstillbarer Durst, so sollte unbedingt sofort der Arzt aufgesucht werden.

Harndrang

tritt ab dem 7. bis 8. Monat verstärkt auf. Das Kind wird größer, und wenn es sich im letzten Monat tiefer lagert, drückt sein kleiner Schädel mehr denn je auf die Blase. Dabei haben Leber und Niere ebenso wie das Herz doppelte Arbeit zu leisten, um den vermehrten Stoffwechsel zu bewältigen. Die werdende Mutter muss also wesentlich häufiger Wasser lassen als sonst. Bei manchen Frauen wird der Harndrang so stark, dass sie den Urin nicht halten können. Auch hier hilft nur Geduld. Man kann zumindest versuchen, abends nichts mehr zu trinken, damit man in der Nacht nicht ständig aufzustehen braucht.

- Keine Spaziergänge oder Einkäufe ohne WC-Groschen.
- Kein Spaziergang in Gegenden ohne Klo oder zumindest Notgebüsche.
- Kein Kino- oder Theaterbesuch ohne Platz am Ende einer Reihe.

Sofort zum Arzt, wenn zum Harndrang Schmerzen oder Brennen beim Wasserlassen kommen, wenn Füße und Hände anschwellen, wenn Fieber und Schüttelfrost auftreten, wenn man Schmerzen in der Nierengegend hat oder feststellt, dass sich die Urinmenge stark vermindert.

Stuhlgang

Stuhlgang soll regelmäßig bleiben. Vermeiden Sie strikt alle Nachhilfen außer der Hilfe einer vernünftigen Ernährung und Morgenmüslis mit Leinsamen und Weizenkleie. Sollten Beschwerden auftreten, wird der Arzt gefragt. Bauchschmerzen jeglicher Art können Alarmzeichen sein.

Schlaflosigkeit

Dieses Übel quält viele werdende Mütter. Sie ist eine Folge des starken Leibesumfangs, wird durch alle möglichen Unannehmlichkeiten, wie Wadenkrämpfe, Kreuzschmerzen und Beinschmerzen, noch verschlimmert, und schließlich ist es dem ungeborenen Nachwuchs vollkommen gleichgültig, ob seine Mutter schlafen will oder nicht. Sein Rhythmus ist noch nicht auf unseren Tag-und-Nacht-Turnus mit Tätigkeits- und Ruhewechsel eingestellt. Schlafmittel wären in dieser Situation das Schlimmste, was Sie sich und Ihrem Kind antun können. Nehmen Sie die Sache lieber mit philosophischer Ruhe und befolgen Sie die folgenden Ratschläge:

- Essen Sie abends keine schweren, fetten Speisen, und essen Sie überhaupt nie direkt vor dem Schlafengehen.
- Machen Sie vor dem Einschlafen ein paar Entspannungsübungen oder einen gemütlichen Spaziergang in möglichst frischer Luft.
- Trinken Sie abends weder Tee, Kaffee noch Alkohol.
- Nehmen Sie ein lauwarmes Fichtennadel- oder Kräuterbad.
- Legen Sie sich gleich in der Entspannungshaltung ins Bett und schieben Sie sich ein kleines Kissen unter das angewinkelte Knie. Je größer das Kind und Ihr Bauch werden, desto mehr knickt sonst das Knie ab.

Beinbeschwerden

treten in den meisten Fällen auf. Stauungen, dicke Knöchel und Beine, Wadenkrämpfe, Hervortreten der Adern, alles das ist normal. Vorbeugungsmaßnahmen gegen Krampfadern sind auf Seite 48 beschrieben worden.

In den letzten Wochen sollte jede Schwangere die Beine nachts hochlegen. Das entlastet den Kreislauf und macht oft auch das Einschlafen leichter.

Vor dem Einschlafen kann man Beinmassage machen: Beine mit Massageöl einreiben und von der Fußspitze zum Schenkel hin mit dem Handballen streichen und kneten.

Sind die Knöchel abends geschwollen, dann sollte man nach Rücksprache mit dem Arzt weniger Flüssigkeit zu sich nehmen.

Bei Wadenkrämpfen tritt man auf dem betreffenden Fuß fest auf oder stemmt den Fuß gegen das Fußende des Bettes oder die Wand. Da Wadenkrämpfe meist eine Folge eingeklemmter Nervenenden im Beckenraum sind, sollte man sich danach anders hinlegen oder ein paar Entspannungsübungen machen.

Venenentzündungen, also gerötete und schmerzhafte Partien der Beine, sollten nicht erst selbst behandelt, sondern sofort dem Arzt gemeldet werden.

Im Übrigen: Langes Stehen, Einkaufstouren in der Mittagshitze usw. sollten vermieden werden. Beine immer wieder zwischendurch hochlegen!

Depressionen

Auch Müdigkeit und Niedergeschlagenheit sind vor der Geburt häufig. Die Psychologen erklären sie meist als unbewusste Furcht vor dem Kind, vor der Geburt, vor dem Unbekannten, vor dem Verlust von Jugend und Freiheit, ja, vor dem Verlust der Liebe des Mannes.

Dazu kommt die ganze Mühsal der Schwangerschaft: Nichts passt mehr, dies und das tut weh, ist verboten, macht plötzlich keinen Spass mehr. Vielleicht reagiert der junge Ehemann nicht immer richtig. Kurzum: Statt der sprichwörtlichen Mutterliebe keimt in der werden den Mutter Ablehnung und der Wunsch, alles wieder rückgängig zu machen.

Wer sich von solchen vollkommen normalen Gedanken bedrücken und in Schuldkomplexe treiben lässt, wer meint, so etwas dürfe man als liebevolle Mutter nicht einmal denken, der wird im Unterbewusstsein von all diesen Wünschen gepeinigt. Denn sie lassen sich nicht vertreiben und verdrängen. Sie kehren als Alpträume wieder: Man träumt, das Ungeborene sei in Gefahr, sterbe, sei verkrüppelt. Diese Angstträume sind Ausgeburten des schlechten Gewissens, und dieses ganz und gar unnötige schlechte Gewissen beschattet auch als dumpfe Spannung und Trübsal die wachen Stunden der Tage. Dagegen helfen keine warmen Bäder, erst recht hilft kein verschämtes Vertuschen.

Jede Frau muss sich klar darüber sein, dass dieser seelische Zwiespalt zur Schwangerschaft gehört. Er ist die Begleiterscheinung der grundlegendsten Umstellung im Leben einer Frau und im Eheleben.

Familie und Entbindung

Auch jeder Ehemann sollte über diese Konflikte Bescheid wissen. Er macht ähnliche Phasen durch, ist aber ungleich freier und unbelasteter als die Frau. Bei ihr wird jedes rein seelische Problem noch durch die Hormonumstellung verschärft und ist mit körperlichen Beeinträchtigungen verbunden. Sie braucht deshalb den beruhigenden Trost und die Liebe des Lebensgefährten in dieser Zeit notwendiger denn je.

Das spielt – so merkwürdig es klingen mag – auch bei der Wahl des Geburtsortes eine Rolle. Auch in dieser Situation stimmt nämlich die alte Weisheit: Angst entsteht durch Unsicherheit und Unkenntnis. Wer sich seiner selbst sicher sein kann, der ist imstande, von sich selbst abzusehen und die Wahl so zu treffen, dass es für das Kind richtig ist. Dazu gehört auch, dass man sich vom Geburtshelfer alles erklären lässt, was man nicht verstanden hat oder was einem merkwürdig vor kommt, sei das nun eines der modernen technischen Geräte, sei es eine Untersuchung oder ein Medikament. Die Mutter hat alles Recht der Welt, sich informieren und aufklären zu lassen, es ist schließlich ihr Kind, um das sich nun alles drehen wird. In diesen letzten Wochen vor dem errechneten Geburtstermin erhebt sich auch die Frage:

Haus- oder Klinikgeburt?

Die Hausgeburt ist in den letzten Jahrzehnten stark zurückgegangen und lässt sich heute auch nicht mehr mit gutem Gewissen empfehlen. Das liegt vor allem daran, dass die Geburtskliniken seit den 70er-Jahren, seit dem gemeinsamen Einsatz von Wehenschreiber und Ultraschallgerät imstande sind, das Kind während der Geburt so zu überwachen, also die kindlichen Herztöne während des gesamten Geburtsverlaufes zu verfolgen (siehe Seite 105ff.), dass Hebamme und Arzt zerebral ungeschädigten, gehirngesunden Kindern auf die Welt helfen können.

»Bis etwa 1970«, schreibt Heinrich Langer, Leiter der Braunschweiger Hebammenschule, »wurden die kindlichen Herztöne unter der Wehentätigkeit der Geburt mit dem hölzernen Stethoskop nur in der Wehenpause abgehört, weil man während der Wehe gar nichts hören konnte. Nachdem der Cardiotokograph erfunden wurde, mit dem man gleichzeitig mit der Wehentätigkeit auch die kindlichen Herztöne kontinuierlich, also auch während der Wehe, messen und aufschreiben kann, wurde schnell bekannt, dass die Wehenpause relativ unwichtig ist. Entscheidend ist, in welches Sauerstoffdefizit das Kind gerät, wenn die Wehe über das Kind herfällt und den kindlichen Kopf zusammenpresst.

Die Abbildungen auf der folgenden Doppelseite dokumentieren das Fortschreiten der neunmonatigen Schwangerschaft, bis hin zum Absenken des Bauches, kurz vor der Geburt.

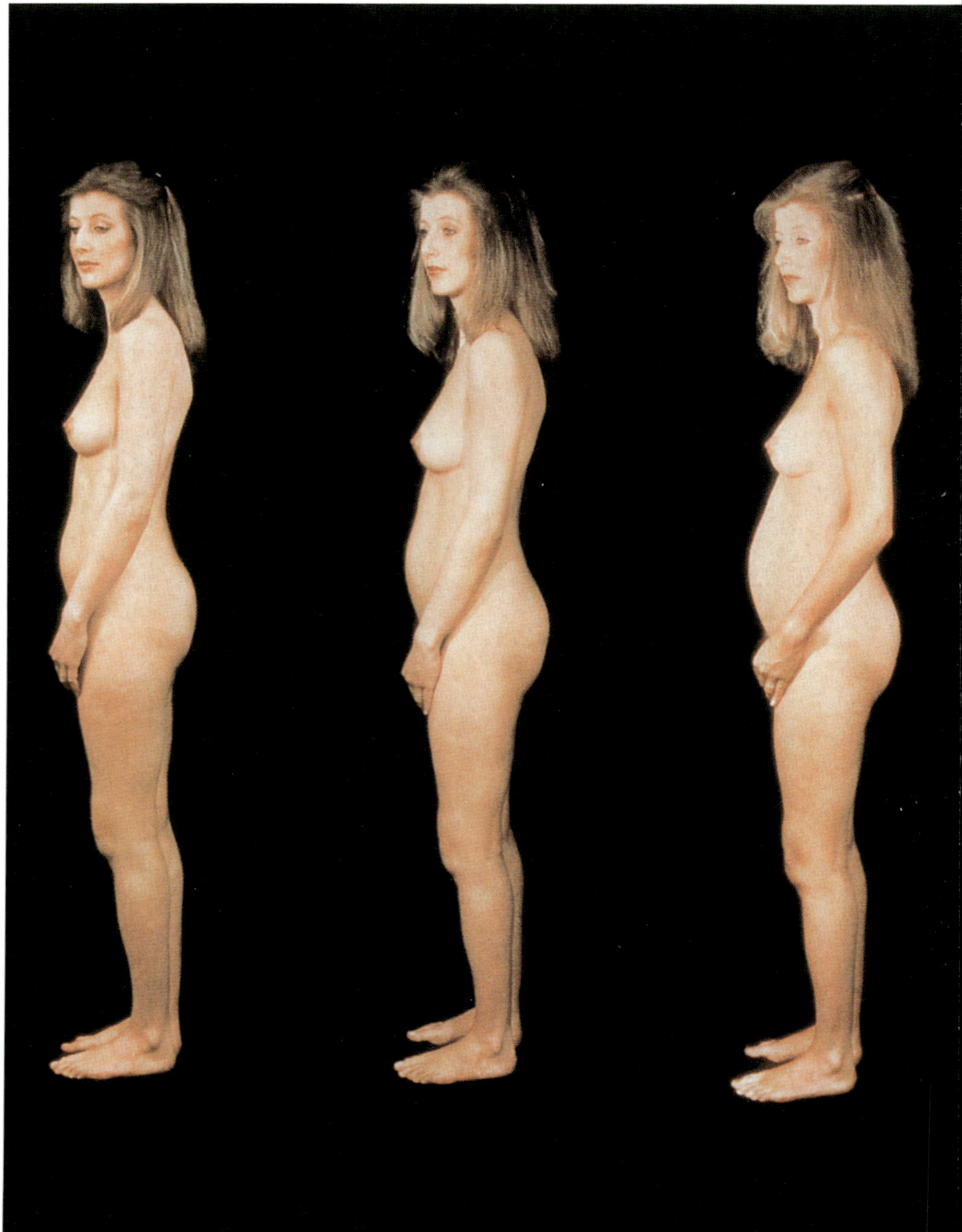

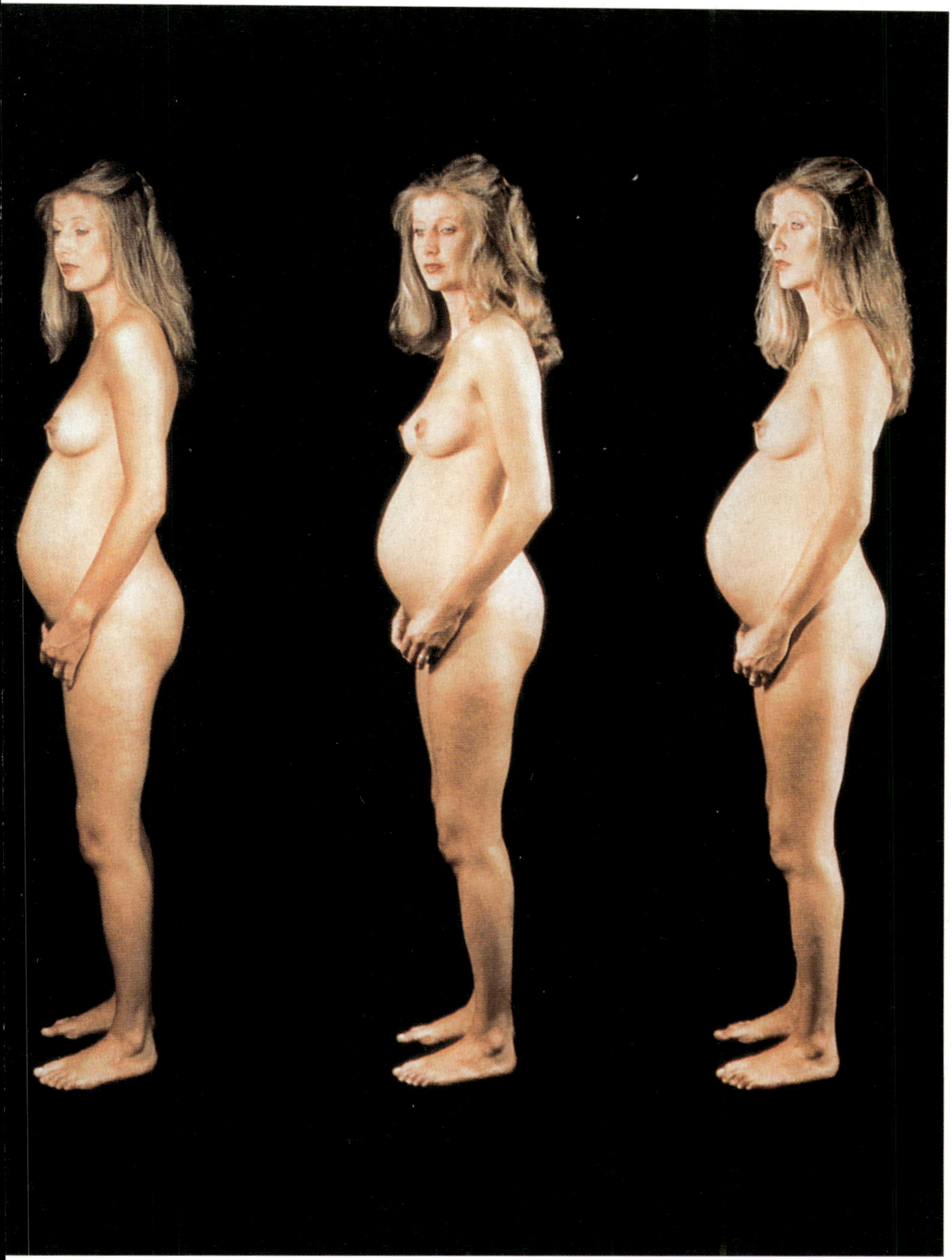

Während jeder Wehe gerät das Kind durch die Kompression des Kopfes in eine vorübergehende Sauerstoffnot. Ein Mensch außerhalb der Gebärmutter kompensiert eine solche Sauerstoffnot zum Beispiel beim Laufen durch eine beschleunigte Atmung und eine beschleunigte Herzaktion. Das Kind in der Gebärmutter kann noch nicht atmen. Es hat nur sein kleines Herz zur Kompensation. Dieses Herz hängt an zwei Zügeln, die es nervlich steuern. Der Sympathikus, der befiehlt, die Herzaktion zu beschleunigen, und der Parasympathikus, der befiehlt, die Aktion zu verlangsamen.

In der Aorta, der großen Schlagader, die direkt an das Herz angeschlossen ist, befinden sich winzige Fühler, die ständig den Sauerstoffgehalt des Blutes messen. Sinkt er ab, so geben diese Fühler ihre Information weiter an Sympathikus und Parasympathikus. Die erste Antwort müßte vom Sympathikus erfolgen, also Beschleunigung der Herzfrequenz. Da der Nerv Sympathikus aber sehr viel mehr sauerstoffabhängige Zellen hat als der Parasympathikus, erlahmt dies Kommando schnell, und der Parasympathikus übemimmt das Kommando: Verlangsamung der Herzaktion! Wenn Sie, der erwachsene Mensch, einmal längere Zeit die Luft anhalten und dabei Ihren Puls abfühlen, so werden Sie erschrocken bemerken, wie sich unter dem Sauerstoffmangel der Herzschlag erheblich verlangsamt. Das ist das gleiche Phänomen. Und so er klärt sich der Ablauf einer Wehe auf das kindliche Herz. Unter einer Wehe sinkt die Herzfrequenz ab. Mit Nachlassen der Wehe und wieder zunehmender Sauerstoffzufuhr steigt sie wieder an.

Wenn jetzt aus irgendeinem Grunde diese Kompensation nicht mehr klappt, dann entwickelt sich folgendes Bild: Mit Nachlassen der Wehe dauert es viel zu lange, bis das Herz seine notwendige Frequenz wieder erreicht hat. Wiederholt sich das, dann herrscht Alarm! Das kindliche Gehirn ist in Gefahr.

In diesen und übrigens auch anderen kritischen Situationen beginnt für das Kind während der Hausgeburt der Wettlauf mit der Zeit, und es geht tatsächlich um Minuten. Denn unser Gehirn ist von all unseren Organen am schlechtesten durchblutet, und wenn Gehirnzellen abgestorben sind, so werden sie nicht durch neue ersetzt.« Es genügen jedoch kurze drei Minuten, um bei Herz oder Atemstillstand das Gehirn so zu schädigen, dass dieser Schaden nicht mehr gutgemacht werden kann.

Das Gehirn des Kindes, das geboren werden will, erträgt sechs Minuten Sauerstoffmangel. Danach ist es tot. Vor 1970 erlitten fünf Prozent der Neugeborenen einen vermeidbaren Schaden dieser Art während der Schwangerschaft und unter der Geburt. Das waren 30 000 Kinder pro Jahr. Dieser so genannte *minimal brain damage,* wie er in der internationalen Sprache der Medizin heißt, zu deutsch: diskreter Hirnschaden, macht sich in den ersten Lebenstagen und -monaten für die Eltern noch gar nicht bemerkbar. Er zeigt sich oft erst nach Jahren und bereitet nicht nur den Eltern Sorgen und Kummer, oft auch Selbstvorwürfe, die nie auflhören, sondern er beeinträchtigt das ganze Leben des betroffenen Menschen. Es ist vollkommen richtig, dass die Schwangerschaft keine Krankheit ist. Ebenso richtig ist jedoch, dass die Geburt – wie das ganze Leben – ein Risiko in sich bergen kann. Noch liegt es ganz in der Hand der Mutter und des Vaters, dieses Risiko für das Kind so klein wie möglich zu halten, damit es nicht nur auf die Welt kommt, sondern sein Leben mit allen Kräften beginnen und führen kann. Es wartet ohnehin so viel Belastendes auf unsere Kinder, dass wir alles dazu beitragen sollten, um sie wenigstens im bestmöglichen körperlichen und geistigen Zustand auf ihren Lebensweg zu schicken.

Hausgeburt

Die Hausgeburt sollte also möglichst vermieden werden. Auch eine problemlose Schwangerschaft ist keine Garantie für eine problemlose Geburt. Die Risiken – das liegt in der Natur – können trotz bester Vorsorge ganz plötzlich auftauchen. Bei 17 von 100 Schwangerschaften ohne Risiko kommt es zur Zeit bei uns während der Geburt zu unvorhergesehenen Komplikationen.

Bei so genannten risikoarmen Geburten werden im Schnitt über 20 Prozent der Kinder sofort nach der Geburt ins Krankenhaus gebracht, in rund 40 Prozent der Fälle folgen dort Sekundäreinweisungen. Für die anderen Geburtsarten wie Unterwassergeburt, sanfte Geburt etc. gilt das Gleiche wie für die Hausgeburt. Nur wenn eine Methode angeboten wird, die die gleiche Sicherheit für das Kind und seine künftige Gesundheit gewährleistet, wie es die großen Entbindungskliniken mit ihren aufeinander eingespielten und erfahrenen Teams tun können, sollte man diese in Erwägung ziehen. Der Hamburger Geburtshelfer Harald Bräutigam hat darauf hingewiesen, dass auch natürliche Vorgänge nicht immer ungefährlich sind und alle nur mögliche Vorsorge zu treffen ist, damit die erste Lebensphase weniger gefährlich wird ... Dazu bedarf es der technischen Ausstattung der Entbindungsräume und des hoch qualifizierten Kreißsaalpersonals. Dabei besteht eine Beziehung zwischen perinataler Sterblichkeit, Müttersterblichkeit und Größe der zur Entbindung aufgesuchten geburtshilflichen Abteilung. Das heißt: Der Wunsch nach der vertrauten Umgebung während einer Hausgeburt, der Wunsch nach der Familie, die der Gebärenden Zuspruch und emotionelle Sicherheit verleiht, ist als Wunsch der Mutter für sich selbst erkannt worden. Heute zeigt sich, dass Mütter sich der Verantwortung bewusst sind, die sie für ihr Kind und damit für die Familie tragen. Durchgesetzt hat sich deshalb der Wunsch nach der sicheren Geburt. Das heißt: Sicherheit für das Kind ist das oberste Prinzip bei der Wahl der Geburtsmethode und des Geburtsortes.

Es ist den Müttern also wichtiger, ein Kind auf die Welt zu bringen, das später nicht in einem Heim für Behinderte untergebracht werden muss, als im Kreißsaal mit rosa Vorhängen und Musik zu entbinden oder gar in den eigenen vier vertrauten Wänden.

Die ambulante Geburt

hat sich aus diesen beiden Wünschen – nach Sicher heit und nach der vertrauten Familienumgebung für Mutter und Kind – ergeben, und manche Frauenkliniken haben sich darauf eingerichtet. Ambulant bedeutet: Die Schwangere kommt, meist in Begleitung ihrer Hebamme, mit Beginn der Wehentätigkeit in die Klinik, entbindet dort sicher und überwacht und verlässt die Klinik zwei Stunden nach der Geburt wieder. Voraussetzung für die ambulante Geburt: Die niedergelassene Hebamme muss Mutter und Kind zehn Tage lang zu Hause täglich besuchen und betreuen.

Nach einer Berliner Untersuchung stillen Mütter nach ambulanter Geburt wesentlich länger als in Vergleichsgruppen, Komplikationen im Wochenbett treten etwa gleich häufig auf, dafür fühlten sich die Frauen nach der ambulanten Geburt im Wochenbett häufiger körperlich überlastet. Das ist ein Punkt, den man sicherlich genau bedenken und berücksichtigen sollte.

Das Problem in der Klinik: Während der ambulanten Geburt sind folgende Bezugspersonen anwesend: die Hebamme der Mutter, der Kreißsaalarzt und eventuell auch der Vater. Während der Geburt in der Klinik hat jedoch der Kreißsaalarzt – schon aus rechtlichen Gründen – die Verantwortung und muss damit die Leitung der Geburt übernehmen. Deshalb ist es gut, das Problem der zwei Kompetenzen vorher zu besprechen und zu klären.

Das Problem für das Kind: Jedes zehnte Neugeborene macht nach drei bis vier Tagen eine physiologische Gelbsucht durch. Das ist keine Krankheit, sondern resultiert daraus, dass die noch unreife Leber des Kindes noch nicht mit den nun anfallenden Hämoglobinen zurechtkommt, sie also noch nicht vollständig verarbeiten kann. Der Rest wird einfach über die Haut ausgeschieden. Steigt nun dieser Bilirubinspiegel im Blut des Kindes über einen bestimmten Grenzwert, so können im Gehim Schädigungen entstehen. Um das zu vermeiden, wird die so genannte Phototherapie durchgeführt, das heißt: Das Kind wird 24 bis 48 Stunden unter die Photolampe gelegt. Wichtig für den Erfolg dieser Therapie ist es, dass das Kind dabei von der Mutter weiter gestillt wird. Ist sie in der Klinik, so entsteht gar kein Problem. Hat sie ambulant entbunden, muss sie fünfmal am Tag zum Stillen in die Klinik kommen, was eine Belastung für sie darstellen kann. Zu bedenken ist auch Folgendes: Die Vorsorgeuntersuchungen, die der Kinderarzt in den ersten zehn Tagen durchführt, müssen ambulant gemacht werden. Die Wöchnerin muss also mit dem jungen Säugling ins manchmal vollbesetzte Wartezimmer. Auch in diesem Fall sollte die Mutter ohne Rücksicht auf sich und ihre Gefühle abwägen: Was ist besser für mein Kind?

Die familienfreundliche Geburtshilfe

hat an vielen Kliniken der Isolierung der Schwangeren ein Ende gesetzt. Der künftige Vater kann seine Frau oder Lebensgefährtin in den Kreißsaal begleiten, und neun von zehn Männem machen von dieser Möglich keit Gebrauch.

Diese Entscheidung sollte vor allem von der Natur des Vaters abhängen, denn es nützt keinem, erst recht nicht der Gebärenden, wenn er entweder umkippt oder gegen seine eigentliche Überzeugung meint, nur eine Art Pflicht erfüllen zu müssen.

Eine Geburt ist kein Leistungswettbewerb, für den es Noten gibt, sondern eine Schwerarbeit, verbunden mit Wartezeit, die geduldig absolviert werden muss. Die Entscheidung sollte insgesamt vom Wunsch der Mutter abhängen, denn sie ist in diesen Stunden der Geburt einer der beiden Mittelpunkte.

Ist diese Entscheidung gefallen, so muss sich der Vater nur noch darauf einstellen, dass der Arzt im Kreißsaal die Geburt leitet und damit die Verantwortung trägt. Auch wenn ein Vater nicht mit in den Kreißsaal will, ist seine Anwesenheit in der Klinik nicht nur emotionell sinnvoll. Wenn die Schwangere sich während der Wehen bewegt und zum Beispiel mit ihm spazierengeht, so beschleunigt das die Vorgänge und verkürzt – ebenso wie das Sitzen – die Wehenphase um etwa eine Stunde.

Während der Geburt wird der künftige Vater von Arzt und Hebamme meist als eine Bereicherung des geburtshilflichen Teams betrachtet.

Die Klinikgeburt

Der Koffer für die Klinik sollte ab Anfang des 7. Monats griffbereit im Schlafzimmer stehen. Bei Wochenendausflügen oder unaufschiebbaren Reisen wird er auf alle Fälle mitgenommen. Und das könnte er enthalten. Überlegen Sie mit der Hebamme, was Sie wirklich brauchen werden. Lieber zu knapp packen. Familie oder Freunde können nachliefern.

Für die Mutter

- Vier bis sechs Nachthemden, die man vorne öffnen kann, kochbar
- Vier bis sechs Stillbüstenhalter, eine Nummer größer als normal, weil man Einlagen darin unterbringen muss
- Acht bis zwölf Schlüpfer, kochbar
- Drei bis vier Pakete Monatsbinden (etwa fünf pro Tag) und Gürtel oder Höschen; Tampons können im Wochenbett nicht benutzt werden.
- Alle notwendigen Toilettensachen: ein leichtes Eau de Toilette, milde Seife, Handspiegel, reichlich Waschlappen, ein eigenes Handtuch, Papiertaschentücher, Watte, eine milde Fettcreme für die Hände und die Ellenbogen, Deodorants, die gebräuchlichen Kosmetika und Frisiersachen, eventuell Frottiertücher (Klinik fragen) und Zellstofftücher, Lektüre, Schreibzeug, Adressenbuch und Briefmarken: Es kommen Blumen und Briefe, die beantwortet werden müssen, und viele Väter schleppen die zu versendenden Geburtsanzeigen an Mutters Bett: »Du hast ja jetzt mehr Zeit als ich, die Adressen zu schreiben!«
- Morgenrock oder Bademantel
- Hausschuhe und Kniestrümpfe
- Bettjäckchen oder großen Wollschal, denn eine Wöchnerin friert ebenso leicht, wie sie schwitzt
- Kleidung und Unterwäsche für die Heimfahrt. Aber bitte: kein Kleid, das Ihnen schon vor der Schwangerschaft überall etwas zu knapp saß. Direkt nach der Entbindung ist das Gewebe noch recht flüssigkeitsreich, außerdem trägt man ja mit Einlagen ausgestopfte BHs. Da ist es deprimierend, wenn man merkt, dass einem bestimmte Kleider oder Röcke noch zu eng sind. Besser ein schickes und bequemes Pulloverkleid, nicht sackartig, aber auch nicht hauteng.
- Dazu all das, was man gern bei sich haben möchte: ein gutes Buch, Puzzles oder andere Geduldspiele, Radio, ein Tagebuch (für Babys erste Taten)
- Nicht zu vergessen sind Personalpapiere: Pass oder Personalausweis und Heiratsurkunde. Nicht verheiratete Mütter müssen statt einer Heiratsurkunde ihren Geburtsschein mitnehmen.
- Etwas Bargeld, Mütterpass, dazu, wenn vorhanden, Krankenkassenpapiere oder Versicherungscard.
- Bei Privatversicherten genug Geld für die ersten sechs bis zehn Tage nach der Entbindung
- Mütterpass, Krankenkassenpapiere
- Adresse und Telefonnummer vom Arbeitsplatz des Kindsvaters oder eines anderen Familienangehörigen.

Für das Baby

- Ein Hemdchen, ein Jäckchen, zwei Windeln oder Papier oder Flockenwindeln und -höschen oder Höschenwindeln, kleinste Größe, ein Strampelhöschen, kleinste Größe, eine Nabelbinde, ein Frotteehöschen, ein Wolljäckchen und ein Wollmütze, ein warmes leichtes Wolltuch.

Fragen Sie vorher, wie es Ihre Klinik hält. Manche kleiden das Neugeborene in klinikeigene Wäsche; dann reicht das, was ich bisher aufgezählt habe. Tragen die Babys gleich eigene Kleider, sollten Sie fragen, wie viele Hemdchen und Höschen verlangt werden, und alle Stücke mit dem Namen (Ihrem Nachnamen) auf Wäscheband zeichnen. Viele Kliniken raten den Müttern, ein Kopfkissen oder eine Babytragetasche mitzubringen, in denen das Baby heimtransportiert wird.

Der Haushalt

Wenn man schon am Vorbereiten ist, sollte man gleich an den einsamen Vater in der leeren Wohnung denken. Für sein leibliches Wohl muss gesorgt sein, wenn Sie entschwinden. Wenn er sich nicht einmal ein Spiegelei selbst zubereiten kann, arbeiten Sie am besten einen richtigen Wochenplan aus, damit Freunde, Geschwister, Schwiegermutter, Kollegen ihn abwechselnd zum Essen einladen. Betätigt er sich als Selbstversorger, so wird der Kühlschrank mit allem Notwendigen gefüllt. Der Lebensmittelhändler liefert vielleicht auf Vorbestellung den wichtigsten Nachschub. Ein Vorrat an Fertiggerichten und Konserven, der zu rasch bereiteten Mahlzeiten verhilft, ist für den Fall der Selbstversorgung angebracht.

Ferner muss schon vor der Entbindung alles, was Sie sich leihen wollen, bestellt werden: Babywaage, Flaschenwärmer usw.

Wie vor einer Reise müssen Vögel und andere Haustiere, Blumen, Wäsche und Ähnliches verteilt, gefüttert, begossen, umbestellt und versorgt werden. Ein Haus oder Wohnungsschlüssel wird an Nachbarn oder dem Hausmeister gegeben, damit eintreffende Pakete und Blumen in Empfang genommen werden können.

Manche dieser Punkte lassen sich erst im letzten Moment erledigen. Schreiben Sie sich alles, was getan werden muss, jetzt auf einen großen Zettel. Er wird im Lauf der nächsten Wochen und Monate noch wachsen. Hängen Sie diesen Zettel deutlich sichtbar an die Küchentür oder einen Küchenschrank, haken Sie ab, was erledigt ist, und umranden Sie rot, was Ihr Mann nach Ihrer Fahrt in die Entbindungsklinik noch zu erledigen hat.

Wer in einem der großen Allgemeinen Krankenhäuser entbindet, wird sich in den letzten Wochen dort vorstellen und untersuchen lassen müssen. Rechtzeitig erkundigen, wann die Schwangerenberatungen sind, und mit Mütterpass oder Sprechstundenblatt für Schwangere (nach vorheriger Anmeldung) dort hingehen. Notizblock mitnehmen, damit alles notiert werden kann, was man mitbringen muss. Nicht überall gibt es vorgedruckte Merkzettel.

So entwickelt sich das Kind im letzten Drittel der Schwangerschaft

Das Kind hat jetzt den Zustand der Reife erreicht, der ihm bei einer eventuellen

Frühgeburt eine gute Überlebenschance gibt. Für die Schwangere bedeutet das, dass der Klinikkoffer gepackt und griffbereit sein muss.

Für den Fötus wird der Platz im Mutterleib allmählich eng. Er kann nicht mehr wie früher Kreisel spielen und sich innerhalb von zwei Minuten zehnmal um die eigene Achse drehen. Der Uterus formt sich in den letzten Monaten um, wird ein länglicher Sack von der Form einer Birne, die auf dem Stielende steht. Oben hat der Fötus also am meisten Platz für Gymnastik, doch im letzten Monat wird ihm diese Gelegenheit wieder genommen. Der Uterus schließt sich enger um das Kind und schiebt es nach unten.

Trotzdem turnen auch dann noch manche Ungeborenen: Eifrige Fleißübungen für die Welt draußen, für die man seine Gliedmaßen rechtzeitig einüben muss, um bestehen zu können.

Durch eine Vielzahl von Untersuchungen mit modernen Hilfsmitteln weiß man heute einiges über das Empfinden und die Eindrücke des Ungeborenen. So steht fest, dass im Mutterleib keineswegs stumme Finsternis herrscht. Vielmehr geht es recht laut darin zu: Mutters Herz pocht dumpf und regelmäßig, in ihren Därmen gluckert und rumpelt es ununterbrochen.

Ist die werdende Mutter nicht sonderlich gepolstert, so dringt auch von außen ziemlich viel Lärm zum Fötus herein. Er vernimmt die Straßenbahn, kreischende Autobremsen, klapperndes Geschirr, grelles Geschrei, laute Musik usw., und wenn es ihm zu bunt und zu schrill wird, stößt er zornig gegen die Wand seines Gehauses.

Die meisten vorgeburtlichen Erfahrungen werden durchs Gehör gemacht. Dieses bleibt auch nach der Geburt Babys wachester Sinn. In den ersten Wochen erkennt das Neugeborene am ehesten durch das Gehör, wer seine Mutter ist, wo sie sich befindet und was sie tut und will. Prinzipiell ist die ärgerliche Reaktion des Fötus auf Lärm ein Protest. Er will schlafen, am liebsten 16 bis 20 Stunden am Tag. Lässt die werdende Mutter nun ein Tablett mit Porzellan auf den Steinfußboden oder eine Metallstange auf den Balkonboden fallen, so erschrickt das Ungeborene heftig, und es ist aus mit dem Schläfchen.

Sicher ist auch, dass Ungeborene Schmerz fühlen und ihn auch fürchten und keine Temperaturschwankungen mögen.

Muss das Ungeborene eine Spritze bekommen oder wird sein Blut ausgetauscht, so kann man auf dem Monitor des Ultraschallgeräts beobachten, wie sich der Fötus krümmt, um der Nadel auszuweichen, und wie er, wenn es ihn doch erwischt hat, strampelt und sein Mäulchen wie zum Geschrei aufreißt. Bei anderen Eingriffen im Mutterleib haben die Ärzte festgestellt, dass kalte Flüssigkeiten, die bei bestimmten Therapien in den Uterus gespritzt werden müssen, das Ungeborene zu ähnlichen Ausweichmanövern reizen.

Sieben Monate

Die Entwicklung des Fötus ist fast abgeschlossen. Manche Babys sehen bei der Geburt nicht anders aus als in diesem Stadium: schrumpelige Runzelgreise mit wie von Motten zerfressenen Härchen auf dem Kopf. Als Frühgeburt könnte das Kind überleben. Seine Augenlider öffnen und schließen sich, die Nervenzentren stehen miteinander in Verbindung, die Bewegungen werden also gezielter und zusammenhängender. Der Fötus kann schon fest zupacken, ist am ganzen Körper mit zartem Flaum bedeckt, 1 000 bis 1 500 Gramm schwer und etwa 35 bis 40 Zentimeter lang.

Weil es so eng geworden ist im Mutterleib, gibt es zum ersten Mal so etwas wie einen Hautkontakt: Das Kind spürt jede Bewegung der Mutter auf ganz neue Art und Weise: als Reibung. Die Mutter kann ihr Kind jedoch nicht nur so, also zufällig, sondern ganz bewusst streicheln, und wenn sie ihm etwas vorsingt, so macht sie ihr Kind nicht nur auf eine unverwechselbare Art und Weise mit ihrer Stimme vertraut, sie prägt ihm auch erste Melodien ein. Es gibt zahlreiche Geschichten, die bestätigen, dass Kinder im Mutterleib Musik lernen und behalten und im späteren Leben wiedererkennen. Am beeindruckendsten ist die von dem Musiker, der feststellte, dass er ein bestimmtes Stück auswendig konnte, ohne es jemals gehört oder dessen Noten gelesen zu haben. Es war das Stück, das seine Mutter während ihrer Schwangerschaft auf dem Cello geübt hatte.

Acht Monate

Bei einer Frühgeburt ist die Überlebenschance des Kindes auf 90 Prozent gestiegen. Jetzt verschwindet der Flaum, statt dessen bilden sich Fettpölsterchen unter der Haut. Sie machen das Kind nicht nur niedlicher, sondern sind auch eine Vorbereitung auf das rauhe Leben: Das Fett hält das Neugeborene warm.

Das Ungeborene hat es jetzt nicht mehr so bequem. Nicht selten wird ihm auch die Luft knapp, denn die Plazenta kann manchmal nicht mehr genug Sauerstoff liefern. Das Ungeborene ist in diesem Stadium der Entwicklung 43 bis 48 Zentimeter lang und 2 400 bis 2 500 Gramm schwer.

Neun Monate

Das Kind hat eine glatte, sanfte Haut, etwa ein Millimeter lange Härchen, lange Zehen- und Fingernägel, mit denen es sich schon kratzen kann. Seine Augen sind voll ausgebildet, und es kann jetzt Hell und Dunkel unterscheiden. Sonst geschieht nicht mehr viel. Der Fötus sammelt Kräfte und wird auf die Geburt vorbereitet. Der Uterus formt sich abermals um und schiebt das Kind fünf Zentimeter tiefer ins Becken. Für die werdende Mutter ist das eine Erleichterung, denn sie kann freier atmen. Aber für das Ungeborene bedeutet das: Kopfstand in engstem Raum. Es ist so eingeklemmt, dass es sich kaum noch rühren kann, schwimmt aber immer noch in seiner Fruchtwasserblase. Stoß und Druck treffen es auch jetzt noch nicht, weil sich die Flüssigkeit in der durch mehrere elastische Muskelwände und -häute umgebenen Fruchtwasserblase nicht zusammendrücken lässt.

Ist eine Steißlage zu erkennen, so hilft meist die so genannte indische Brücke, die man sich selbst herstellen kann. Man baut sich aus festen Kissen ein kniehohes Podest und legt sich mit dem Gesäß für etwa zehn bis fünfzehn Minuten darauf. Diese Haltung der Mutter bringt das Kind dazu, sich bequemer, also richtig hinzulegen. Dreht sich das Baby nicht von selbst herum, so kann es der Geburtshelfer – von außen – in den meisten Fällen zurechtschieben.

Die Amnioskopie

oder Fruchtwasserspiegelung sagt dem Arzt, ob die Geburt in Bälde zu erwarten ist oder nicht. Da der er rechnete Geburtstermin nicht immer auch der tatsächliche ist, sondern eine Differenz von plus/minus zehn Tagen bestehen kann, wird in der Klinik neben der routinemäßigen allgemeinen Untersuchung zu diesem Termin auch die Amnioskopie durchgeführt.

Dazu führt der Geburtshelfer ein dünnes Rohr durch den Muttermund und kann so mittels einer Lichtquelle das Fruchtwasser sichtbar machen. Seine Farbe, der Zustand des Muttermundes und die Herztöne des Kindes geben an, ob die Mutter in der Klinik bleiben oder beruhigt wieder nach Hause gehen und zu einem neu vereinbarten Termin wiederkommen kann. Noch ein paar Tage lang kann das Ungeborene schwerelos in gleichmäßig angenehmer Wärme schweben. Es ist jetzt 3 000 bis 3 500 Gramm schwer und 45 bis 50 Zentimeter lang.

6

KAPITEL

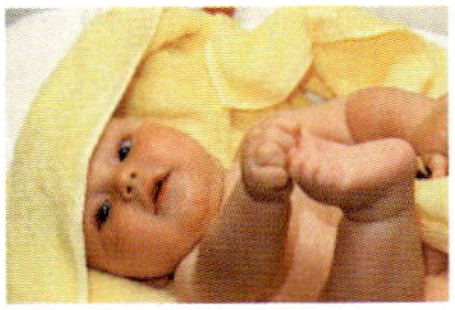

Der Notfall

Ehe die normale Entbindung dargestellt wird (siehe Kapitel »Die Entbindung«), sollen drei »Ausnahmen« besprochen werden, die allerdings keineswegs selten sind: Frühgeburt, Spätgeburt und Kaiserschnitt. Beim heutigen Stand der Medizin sind in allen drei Fällen die Überlebenschancen für Mutter und Kind ausgezeichnet. Wichtig ist nur, dass man weiß, was es mit diesen »Notfällen« auf sich hat und wie man sich in einer solchen Lage richtig verhält.

Unbedingt ratsam ist es, sich in den letzten Schwangerschaftsmonaten alle 14 Tage ärztlich untersuchen zu lassen und dem Arzt alles mitzuteilen, was man für außergewöhnlich hält. Durch rechtzeitige Maßnahmen kann manche Frühgeburt verhindert werden.

Die Frühgeburt

Falls sich das Baby früher als erwartet, aber ganz normal mit Wehen meldet, muss die werdende Mutter nicht nur im Dunkeln wissen, wo ihr Köfferchen steht (und sich darauf verlassen können, dass der Haushalt nicht zusammenbricht), sondern sie und der Vater in spe müssen auch schnell handeln:

Haben Sie Telefon, hängt an der Schnur ein Zettel mit folgenden Telefonnummern: Taxiruf (gleich sagen, um was es sich handelt, dann geht es rascher), Telefonnummer von Vaters Arbeitsplatz, Arzt.

Haben Sie kein Telefon, so notieren Sie diese Rufnummern trotzdem, und Ihr Mann vergewissert sich rechtzeitig, wo die nächste öffentliche Telefonzelle ist oder bei welchem immer erreichbaren Nachbarn er auch um drei Uhr früh telefonieren kann.

Griffbereit beim Telefonnummem-Zettel: Kleingeld für Telefon und Taxe. Fährt der künftige Vater seine Frau selbst in die Klinik, so sollte er den besten oder kürzesten Weg nicht nur vom Stadtplan her kennen, sondern einmal vorher zur Probe die Strecke abfahren und die Zeit notieren. Auch leidenschaftliche Autofahrerinnen sollten sich in diesem einen Fall nicht selbst ans Steuer setzen.

Wenn das Kind 14 Tage vor dem berechneten Geburtstermin zur Welt kommt, ist das weder aufregend noch ungewöhnlich. Schwangerschaften (siehe Seite 24) sind nicht genau zu datieren und dauern vor allem nicht immer gleich lang. Wenn vor einem oder einem halben Jahrhundert ein Kind ein bis zwei Monate vor der Zeit zur Welt kam, war es ein Wunder, wenn es überlebte; mit einer Überlebenschance rechnete man nur, wenn das Kind mehr als 2 000 bis 2 500 Gramm wog. Aber seit es in den Kliniken Brutkästen gibt, seit man mehr über die Entwicklungsstadien des Embryos und seine Ernährung weiß, bleiben neun von zehn der zu früh geborenen Kinder mit 2000 Gramm Gewicht am Leben und entwickeln sich in wenigen Wochen zu ganz normalen Babys.

Sogar Babys, die unter 1 000 Gramm wiegen, haben eine hohe Überlebenschance. Sie hängt weniger von der medizinischen Fürsorge ab als davon, wie reif die Organe des Frühgeborenen schon sind und ob sie ihre Funktionen bereits ausüben können, oft sogar davon, dass die Kinder nicht in den Brutkasten kamen. So hilfreich dieses technische Gerät auch ist, vielleicht besonders für »ältere« Frühgeborene, die nur kurz darin verweilen müssen, so kritisch muss man es für diese ganz jungen und kleinen Menschenkinder bewerten. Manche von ihnen erlitten gerade in dem Gehäuse, das ihr Leben retten sollte, unbeabsichtigte und oft auch unberechenbare körperliche Schäden.

In Wien haben es Frauenärztinnen deshalb im letzten Jahrzehnt gewagt, diese Kinder gar nicht erst in den Brutkasten, sondern unter bestimmten Bedingungen wieder ganz nah an den Platz zu bringen, wo sie bis zur Geburt ruhen und reifen: auf den Bauch der Mutter, warm verpackt und vom mütterlichen Herzschlag begleitet. Die Erfolge dieser sanften Methode sind beachtlich. Übrigens entwickeln sich zu früh geborene Babys meist genauso zu gesunden Kindern wie alle anderen.

Darum kommen Babys zu früh auf die Welt

Die am leichtesten zu vermeidende Ursache: Die werdende Mutter hat sich nicht rechtzeitig und oft genug während der Schwangerschaft ärztlich untersuchen lassen. Von den Frauen, die sich nicht um ihre und des Babys Gesundheit kümmern und sich während der Schwangerschaft nicht ein einziges Mal untersuchen lassen, haben fast 20 Prozent Frühgeburten; bei den Frauen, die sich regelmäßig untersuchen lassen, nur fünf Prozent. Organische Fehler (Schwäche des Verschlussapparates) und bestimmte Erkrankungen können Frühgeburten begünstigen, ebenso schwere Arbeit, eiweißarme Ernährung und starkes Rauchen. Beim ersten Kind kommt es häufiger zu Frühgeburten.

Bei zu kurz aufeinander folgenden Schwangerschaften kommt es ebenfalls häufiger zu Frühgeburten. Zwischen den Schwangerschaften sollten möglichst ein bis zwei Jahre liegen. Außerdem kommen Zwillinge und Mehrlinge meist früher zur Welt, weil ihnen der Platz im Mutterleib nicht mehr reicht.

So kündigt sich eine Frühgeburt an

Die Frühgeburt kann wie eine normale Geburt mit Wehen beginnen, die in regelmäßigen Abständen auftreten (siehe Seite 102). Sofort in die Klinik fahren! Die Entbindung ist meist rasch und leicht, weil das Kind noch klein und die Knochen noch weicher sind als beim ausgereiften Kind.

Die Frühgeburt kann aber auch mit einer Blutung beginnen. Das ist im letzten Drittel der Schwangerschaft stets das höchste Alarmsignal. Sofort in die Klinik fahren.

Ob Wehen oder Blutung: Wenn das Kind rascher kommt als der Arzt, muss es vor allem warm gehalten werden. Beste Methode: das Baby in saubere Tücher hüllen und in ein Kissen betten. Mit Wärmflaschen so umgeben, dass es gewärmt, aber nicht verbrannt wird. Sind keine vorhanden, das Neugeborene in die Nähe der Heizung stellen.

Der Arzt vom Notarztwagen der Kinderklinik packt das Kind dann sofort in den tragbaren Inkubator und bringt es in die Klinik.

Frühgeborene Babys sehen meist besonders schrumpelig und greisenhaft aus, weil sie die Zeit, in der sich die Fettpolster unter der Haut bilden, noch nicht durchgemacht haben. Man kann die Schädelform und jede Ader erkennen. Doch entwickeln sich Frühgeborene relativ schnell und haben in Rekordzeit alles nachgeholt.

Die Spätgeburt

Eine Spätgeburt ist zeitlich genauso schwer zu bestimmen wie eine Frühgeburt. Etwa zehn von hundert Babys kommen zehn bis vierzehn Tage später auf die Welt als errechnet. Diese zwei Wochen sind mehr oder weniger der Toleranzbereich zwischen Normalschwangerschaft, Rechenfehler und individueller Reifezeit des Kindes.

Lässt ein Kind mehr als 14 Tage auf sich warten, bezeichnen es die Ärzte als »übertragen« und leiten meist eine künstliche Geburt ein. Denn auch die Plazenta unterliegt Alterserscheinungen. Ist ihre Zeit um, lässt ihre Fähigkeit, das Ungeborene mit Sauerstoff und Nahrung zu versorgen, deutlich nach. Das Kind könnte also im Mutterleib ersticken oder verhungern.

Erwartet eine Frau ihr erstes Kind, wird der Arzt sie besonders sorgfältig untersuchen, denn bei ihr kann eine zu lange Schwangerschaft gefährlicher für das Kind sein als bei Müttern, die schon zwei bis drei Kinder gehabt haben.

Ob ein Kind tatsächlich »übertragen« ist, lässt sich nicht genau ausrechnen. Denn selbst wenn die Schwangere das letzte Menstruationsdatum weiß, kann es beim Ausrechnen des Geburtstermins Schwankungen in den Grenzen der entscheidenden 14 Tage geben. Wieder muss gesagt werden: Ein Arzt, der die werdende Mutter im Verlauf der Schwangerschaft regelmäßig hat untersuchen und beobachten können, kann wesentlich leichter feststellen, wie die Sache steht. Es gibt bestimmte Anhaltspunkte, die für den Arzt Alarmzeichen sind, so etwa Veränderungen des Gewichts der Schwangeren, ihres Leibesumfangs und andere Daten, die besser beurteilt werden können, wenn der Arzt Vergleichsmöglichkeiten mit früheren Maßen und Zahlen hat. Außerdem lässt die Beschaffenheit des Fruchtwassers darauf schließen, wie die Plazenta arbeitet. Der Herzschlag des Kindes verrät, ob es unter Sauerstoffmangel leidet oder nicht.

Wird die Gefahr für das Ungeborene zu groß, dann leitet der Arzt in der Klinik die Geburt ein. Der Schwangeren werden Wehenhormone zugeführt. Bewirken sie zunächst nichts, so wartet man zwei Tage und wiederholt dann die Wehenkur. Verändert sich während der Kur die Herztätigkeit des Kindes oder die Beschaffenheit des Fruchtwassers oder springt in dieser Zeit die Fruchtblase, ohne dass Wehen eintreten, wird der Arzt das Kind entweder durch einen Kaiserschnitt, mit der Zange oder durch eine Vakuumextraktion holen.

Weder die künstliche Einleitung der Geburt noch der operative Eingriff schadet dem Kind. Die Geburt dauert nach einer Einleitung meist weniger lange als im Normalfall.

Der Kaiserschnitt

rettet viele Frauen vor schwierigen Geburten, und vielen Babys rettet er das Leben. Der häufigste Grund für den Kaiserschnitt: Das Becken ist so eng, dass der Kopf des Kindes nicht durchkommt. Eine ähnliche Lage ergibt sich auch, wenn sich die Plazenta nicht normal, das heißt seitlich oder oben im Uterus, angesiedelt hat, sondern in der Nähe des Gebärmutterausganges sitzt oder gar diesen teilweise oder ganz verlegt.

Bei manchen Geburten sind die Wehen trotz Wehenmittel so schwach, dass das Kind nicht ausgetrieben wird. Dann besteht die Gefahr, dass das Baby erstickt, weil sich die Nabelschnur verklemmt oder die Plazenta ihre Versorgung bereits eingestellt hat. Das Alarmzeichen: Die Herzschläge des Kindes werden langsamer und unregelmäßig. Weniger als 80 Schläge in der Minute bedeuten: Zeit für den Kaiserschnitt.

In anderen Fällen muss die Geburt aus medizinischen Gründen (Rhesusfaktor) vor ihrem eigentlichen Termin stattfinden. Auch bestimmte Krankheiten der Mutter bedingen eine operative Geburt (Zuckerkrankheit, manche Herz- und Nierenerkrankungen).

Manchmal macht eine ungewöhnliche Lage des Kindes, die der Geburtshelfer nicht mit der Hand richten kann, den Kaiserschnitt nötig.

Diese Operation, heute so ungefährlich oder gefährlich wie die Geburt selbst, hinterlässt eine Narbe, die etwa 15 Zentimeter lang ist und so knapp über dem Schambein liegt, dass sie in den Schamhaaren und in der natürlichen Hautfalte verborgen und später nicht einmal im Bikini zu sehen ist.

Diese Gegend des Bauches ist jedoch nicht nur der weiblichen Eitelkeit wegen gewählt worden, sondern in erster Linie aus einem medizinischen Grund, denn dort müssen am wenigsten Muskeln und Gefäße durchtrennt werden, kann an dieser Stelle die Operation am schnellsten durchgeführt werden, dort heilt die Wunde am leichtesten und auch am raschesten und Infektionen treten hier am seltensten auf.

Nach einer Kaiserschnittgeburt kommt das nächste Kind bei der Hälfte aller Mütter normal zur Welt. Eine Frau muss aber bei einer dem Kaiserschnitt folgenden Schwangerschaft rechtzeitig zum Arzt gehen und sich untersuchen lassen.

Über die empfehlenswerte Anzahl der Kaiserschnitte sind sich die Ärzte noch immer nicht ganz einig. Es gibt Mütter mit bis zu 14 Kaiserschnittgeburten, doch meist raten Ärzte den Frauen, die wegen ihres engen Beckens nur durch Schnitt entbunden werden können, nicht mehr als drei oder vier Kinder als Familienzuwachs einzuplanen.

Das Kaiserschnittbaby ist meist das Entzücken von Eltern und Säuglingsschwestern: glatt und rosig entsteigt es seinem Gehäuse, ahnungslos, welch mühsamer Weg zum Licht ihm erspart geblieben ist.

7

KAPITEL

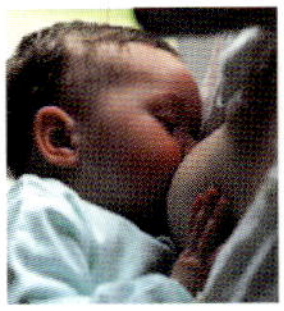

Die Entbindung

Wann ist es endlich soweit? Woran merkt eine Frau, dass es Zeit für die Fahrt in die Klinik oder für den Ruf nach der Hebamme wird?

Den Befehl für die Trennung von mütterlichem und kindlichem Organismus erteilt ein Hormon. In der Hirnanhangdrüse, der Hypophyse, wird das Wehenhormon produziert, jedoch so lange in seiner Wirkung gebremst, wie der mütterliche Organismus das Kind noch nicht für reif und lebensfähig genug hält. Dann erst setzt der Bremseffekt aus, die Plazenta beginnt ihre Arbeit einzustellen, die Wehen setzen ein. Die Schwangere spürt ein schwaches Ziehen im Kreuz, das alle Stunde, dann häufiger, schließlich alle 20 bis 30 Minuten wiederkehrt und von Schmerzen begleitet wird, die denen während der Periode ähneln.

Die werdende Mutter kennt das Gefühl vielleicht schon aus den Tagen im 8. oder 9. Monat, in denen das Kind kopfunter in die Geburtslage gebracht wor den ist. Oft verklingen diese Vorwehen wieder, und man hat noch einmal zwei bis drei Tage Ruhe.

Doch dann beginnt der Schmerz abermals zu warnen. Es wird ernst, wenn diese Schmerzen regelmäßig alle 20 bis 30 Minuten auftreten und nicht nach zwei oder drei Stunden wieder verklingen. Man kann spüren, ob es sich um eine echte Wehe handelt, wenn man die Handflächen auf den Bauch legt. Die Gebärmutter wird hart und fest, wenn sich alle ihre Muskeln zur Wehe zusammenziehen.

Viele Geburtshelfer raten, sich jetzt auch seelisch zu entspannen. War die werdende Mutter gerade bei einer leichten Hausarbeit (schwere sind ohnehin verboten!), so kann sie in Ruhe diese zu Ende machen. Kleine Hausarbeiten sind die beste Begleitung für die in Abständen von einer bis einer halben Stunde auftretenden ersten Wehen. Sie lenken ab, lassen die Zeit rascher vergehen.

Kommt eine Wehe, auf die Uhr schauen, hinlegen oder hinsetzen, tief durchatmen, entspannen, genauso wie Sie es in der Schwangerschaftsgymnastik gelemt haben. Die tiefe Bauchatmung bewirkt, dass die jetzt schwer arbeitenden Muskelgruppen gut mit Sauerstoff versorgt werden. Möglichst nichts mehr essen, damit der Organismus nicht noch durch Verdauungsarbeit belastet wird.

Das nächste Zeichen dafür, dass die Sache ernst wird: Es löst sich der Schleimpfropf, der bisher den Muttermund verschlossen hat, und geht als rötlich gefärbter Ausfluss ab.

Eine Wehe dauert in diesem Anfangsstadium etwa 30 Sekunden. Werden die Abstände zwischen den Wehen kürzer, misst man die Pausen mit Hilfe einer Uhr. Wenn die Wehen beim ersten Kind regelmäßig alle sieben bis zehn Minuten, beim 2. oder 3. Kind alle zehn bis zwölf Minuten auftreten, ist es Zeit.

Platzt die Fruchtblase während dieser Wehen oder auch ohne dass schon Wehen eingesetzt haben, so fließt das Fruchtwasser in einem starken Schwall als helle, leicht süßlich riechende Flüssigkeit durch die Scheide ab. Das Ungeborene liegt jetzt trocken und ist durch nichts mehr geschützt. Es ist vor allem viel fester eingeklemmt. Sofort hinlegen und den Arzt alammieren! Wenn Taxe oder Krankenwagen kommen, lässt sich die Mutter möglichst liegend zur Entbindung fahren.

Wenn – mit oder ohne Wehen – Blutungen zur Zeit des Geburtstermins auftreten, ist es ebenfalls erforderlich, Arzt und Klinik zu alarmieren. Meist werden die Blutungen dadurch verursacht, dass sich die Plazenta vorzeitig gelöst hat. Treten also im Normalfall alle zehn Minuten Wehen auf, ist es zwar Zeit für die Klinik, aber es können noch viele Stunden vergehen, bis das Kind auf die Welt kommt.

Die Geburt kann bei einer Frau, die ihr erstes Kind bekommt, sechs bis zwölf Stunden dauern. Sie kann aber auch – wenn es sich um eine der äußerst seltenen überstürzten Geburten handelt – in einer Stunde beendet sein. Welche Zeitspanne zwischen den ersten Wehen und der Entbindung zu erwarten ist, wissen erfahrene Ärzte, wenn sie das Alter, den Gesundheitszustand und den Schwangerschaftsverlauf der betreffenden Frau kennen. Meist werden sie beruhigend sagen, dass diese Zeitspanne – besonders beim ersten Kind – weit größer ist, als vor allem die meisten künftigen Väter glauben. Bei diesen ist es allerdings oft nicht nur Sorge um die Frau, sondern auch ein Gutteil innere Abwehr.

Die Wehen werden ihnen unheimlich, sie wollen die Verantwortung sobald wie möglich mit einem Arzt teilen und drängen ihre Frau, sobald wie möglich in die Klinik zu fahren.

Sollen Väter die Geburt ihres Kindes miterleben ?

Darüber haben Sie schon auf Seite 87–89 gelesen. Es sei noch einmal darauf hingewiesen: Wenn die Frau und ihr Arzt damit einverstanden sind, spricht nichts gegen diesen Wunsch. Beide Eltern sollten jedoch von vornherein wissen, dass eine Geburt keine Sensationsangelegenheit ist und erst recht nichts an romantischen Gefühlen zu bieten hat, dass die Gebärende während der letzten Phasen der Geburt als Folge der nervlichen Belastung und der Hormonüberschüttung sehr oft stark gereizt und überempfindlich ist. Jedes falsche Wort, jede falsche Geste des Mannes können sie tief treffen und aufwühlen. Das gilt besonders für junge Mütter, die den Ehrgeiz haben, eine Geburt »glänzend zu schaffen«.

In der Klinik

Wenn der Mann bei der Geburt dabei sein will, muss auch er sich mit Geduld wappnen. Denn ob er bei seiner Frau bleibt oder nicht, zuerst ergreift die übliche Klinikroutine unerbittlich von ihr Besitz.

Sie kommt, wie sie meint, gerade noch rechtzeitig in der Entbindungsstation an. Doch dort endet alle Hast. Zuerst muss angemeldet werden, der Papierkrieg beginnt. Schon aus diesem Grund ist es sehr ratsam, bereits vor der Entbindung ein erstes Mal in der Klinik vorzusprechen und die notwendigen Unterlagen ein zureichen: Nachweis der letzten ärztlichen Untersuchung, Blutgruppenausweis, Angabe der Krankenkasse oder Kassennachweis der AOK, Einwilligung in eventuelle Operationen und Ähnliches mehr. In manchen Kliniken kann man die Aufnahmeformalitäten auch erst nach der Geburt erledigen.

Man fühlt sich in jedem Fall doppelt hin und her geschubst, wenn einem Gänge und Räume der Entbindungsstation noch nicht von einem früheren Besuch her bekannt sind, und auf jeden Fall muss die werdende Mutter warten. Damit sie dieses Warten besser erträgt, muss sie darauf gefasst sein. Sie selbst ist sich jetzt wichtiger als je im Leben, aber in der Klinik ist sie nur eine Frau von vielen. Das deprimiert und verbittert, wenn man es nicht weiß. Statt sich aufzuregen, ist es besser, seinen Lieblingsroman aufzuschlagen oder ein wenig herumzulaufen.

Was dann kommt, ist das Klinik-Entbindungsschema, das überall ein bisschen anders, aber überall präzise abrollt: mit dem Köfferchen ins Zimmer, auspacken, klinikeigenen kurzen Kittel anziehen, Blutdruck und Leibesumfang messen, wiegen. Irgendwann kommt die Hebamme und untersucht, wie das Kind liegt, prüft die Kopflage, ertastet die Ärmchen und Beine, überprüft Babys Herzschlag (120 bis 140 Schläge pro Minute), stellt fest, wie stark die Wehen sind. In den meisten Kliniken wird zunächst ein Einlauf gemacht, damit der Darm gründlich gereinigt und entleert ist; manchmal kommt dazu noch ein laues Bad. Urin und Blut werden nur untersucht, wenn dies nicht schon vorher in der Schwangerenberatung geschehen ist, und manchmal werden die Schamhaare gekürzt.

Dann füllt die Hebamme das Krankenblatt aus: Das wievielte Kind? Ist die Fruchtblase schon gesprungen? Krankheiten? Auch hier geht's schneller, wenn die Hebamme bereits bei einer früheren Untersuchung in der Klinik das Krankenblatt vom Hausarzt bekommen und alles eingetragen hat.

Manchmal ist die Hebamme mit den Wehen noch nicht zufrieden und führt die Schwangere zurück in ihr Zimmer. Dann heißt es warten, bis die Wehen kräftiger werden. Bei jeder Wehe wird nach den Regeln der Schwangerschaftsgymnastik geatmet (Seite 63).

In den letzten Viertel- oder ganzen Stunden ist es gut, sich noch einmal an Folgendes zu erinnern:

- Jede Geburt samt Wehenvorspiel verläuft individuell verschieden, schnell oder langsam und sanft oder heftig. Niemand kann den Verlauf einer Geburt voraussagen. Hat man sich auf nichts eingedrillt und festgelegt, so kann man auch durch nichts aus dem Konzept gebracht werden.
- Wie lange Wehen dauern, ist unbestimmt. Sie müssen auch nicht unbedingt schmerzhaft sein. Viele Mütter empfinden sie nicht stärker als die ziehenden Schmerzen während der Menstruation. Anderen erscheinen sie dagegen als die unerträglichste Qual.

Wehen haben eine Doppelfunktion: Schon im Verlauf des 9. Monats haben sich die oberen Muskeln des Uterus besonders gekräftigt. Diese oberen Muskeln müssen jetzt stärker als die Beckenbodenmuskeln werden, die bisher am kräftigsten sein mussten, weil sie das Baby getragen haben.

Jetzt ist die Sache umgekehrt: Die Beckenbodenmuskeln müssen dehnbar und dünn werden, damit das Kind hindurch kann. Diese obere Uterus-muskulatur wird durch die Wehen angewärmt, sodass sie für die Schwerarbeit der Geburt gut durch blutet und leistungsfähig ist. Das ist die erste Funktion. Zweitens strecken die Wehen das Kind, rücken es in die Position, aus der es am besten aus dem Mutterleib herausgedreht werden kann. Das Kind ist ebenso wie die Mutter in dieser Phase nur noch Objekt. Mit dem Willen ist jetzt nichts mehr zu machen.

Während der Wehen verändern sich die Muskeln und Bänder des so genannten Geburtsweges abermals, um für die Geburt bereit zu sein.

Bei uns Menschen ist der ganze Vorgang der Entbindung so kompliziert, weil wir auf zwei Beinen durch die Welt laufen. Vierfüßler haben es leichter. Sie tragen ihr Junges in einer Art von Hängematte und brauchen keine Angst zu haben, dass es während der Schwangerschaft herauspurzelt. Deshalb muss der Ausgang auch nicht annähemd so sinnreich und muskelreich verbarrikadiert sein wie bei uns. Schon unser Knochengerüst ist unserer Zweibeinigkeit wegen etwas kompliziert angelegt. Muss es jetzt auch noch Tragefunktionen ausüben, so braucht es die Hilfe von Muskeln und Bändern. Ein ganzes System von beiden trägt das Kind, wächst und festigt sich mit seinem wachsenden Gewicht zu einem regelrechten Nest.

Im Moment der Geburt ist dieses System, das das Baby neun Monate lang trug, jählings überflüssig, ja so gar im Wege.

Es ist außerdem der Grund, warum zumindest für das Kind keine Geburt sanft sein kann. Die rund sechs Stunden der Wehentätigkeit bedeuten: Alle drei Minuten werden der gesamte Körper, die Nabelschnur und der Kopf 60 Sekunden lang dem Wehendruck der Gebärmutter ausgesetzt, der bis zu 200 Millimeter Quecksilbersäule betragen kann – das ist ein Grenzwert. Wird dieser Druck auf den Kopf noch stärker oder dauert er lange an, so führt das zu akuten Einschränkungen der Hirndurchblutung.

Gegen diese Gefahren war man früher machtlos. Heute gelingt es mit den technischen Hilfsmitteln, die das Hörrohr abgelöst haben, diese erste Lebensphase des Kindes wesentlich ungefährlicher zu gestalten.

Die überwachte Geburt

Überwacht werden Mutter und Kind nach wie vor von Arzt und Hebamme, aber beide bedienen sich dabei des Ultraschallgerätes, des Cardiotokographen (CTG), der den kindlichen Herzschlag auch während der Wehen aufzeichnet, des Gerätes zur Bestimmung des Sauerstoffgehaltes im kindlichen Blut und anderer Geräte, die eventuell gebraucht werden. Das bedeutet, die Mutter wird so vorbereitet, dass der Arzt und die Hebamme kontrollieren und ablesen können, was mit dem Kind geschieht und innerhalb von Minutenbruchteilen reagieren können.

Sollte die Fruchtblase der Mutter trotz guter Wehentätigkeit noch intakt sein, so wird sie gesprengt. Das ist der etwas dramatische Fachausdruck dafür, dass die

Blase, schmerzlos für die Mutter und gefahrlos für das Kind, geöffnet wird, sodass das Fruchtwasser langsam abfließt. Dann wird eine dünne Elektrode an der Haut des kindlichen Kopfes befestigt, über die der Arzt während der ganzen Geburt das kindliche EKG ableiten kann. Der Cardiotokograph kann dem Arzt außerdem sagen, was während der Wehe mit dem Kind geschieht, gibt also eventuell das Alarmsignal, und zu ihm gehört als Notbremse die so genannte liegende Infusion, der Zugang durch die Armvene der werdenden Mutter.

Diese Punktion der Armvene wird wenn nötig durchgeführt, damit der Arzt nicht im Notfall wichtige Minuten verliert. Damit die Kanüle in der Zeit, in der sie noch nicht gebraucht wird, nicht verstopft, lässt man einfach eine Kochsalz- oder Traubenzuckerlösung durchlaufen. Das bedeutet keineswegs, dass die künftige Mutter dadurch ans Bett und an diese Apparate gebunden wäre. Es besteht heute die Möglichkeit, dass sie während der Wehen herumläuft – was ja auch besser ist als Liegen – und trotzdem drahtlos per CTG überwacht wird. Ob eine Klinik solche Fortschritte anbieten kann oder nicht, liegt in der Regel an den Räumlichkeiten. Die meisten Krankenhäuser sind noch nach anderen Grundsätzen gebaut, es gibt also einfach nicht genug Platz. Doch auch Kliniken ohne Wandelhallen versuchen zu improvisieren, um den Frauen auch diese Geburtserleichterung zu ermöglichen.

Wehenhemmende und wehenfördernde Mittel

werden durch das »Sicherheitsventil«, die Nadel in der Armvene, über äußerst präzise Messpumpen bei zusätzlich hoher Verdünnung der Medikamente gegeben. Wenn also das Kind unter einer Wehe in akute Sauerstoffnotgerät, zeigt das der Cardiotokograph, das Alarmsystem, sofort an. Die neutrale Lösung wird dann gegen ein wehenhemmendes Mittel ausgetauscht, sodass der Druck auf den kindlichen Körper nachlässt und sich nicht wiederholt und der Arzt sehen kann, was los ist. Das ist die einzige und die bisher beste Methode, einen meist inreparablen Hirnschaden des Kindes zu vermeiden.

Wehenstimulierende (fördernde) Mittel werden ebenfalls zur Hilfe des Kindes eingesetzt, jedoch meist zu einem anderen Zeitpunkt der Geburt. Durch sie werden die bestehenden Wehen kräftiger und – was häufiger vorkommt – gleichmäßiger. Auch das dient der Gehirngesundheit des Kindes. Wenn die Wehen, besonders während der Austreibungsperiode, gleichmäßig verlaufen, kann die Mutter das Kind in möglichst kurzer Zeit herausdrücken. So vermeidet man die so genannten unkoordinierten Wehen, die die Mutter als Dauerwehe spürt. Sie machen ihr das Gebären schmerzhaft, sie können zum Zerreißen einer Gebärmutter führen, und sie haben vor allem negative Auswirkungen auf das Kind, weil der lange, starke Druck das Kind wieder in Sauerstoffnot bringt.

Die Einleitung der Geburt

kann mit den gleichen Hilfsmitteln durchgeführt und kontrolliert werden. Sie ist nötig, wenn die Geburt in Gang gesetzt werden muss, ohne dass Wehen vorhanden sind, oder: ohne dass die Mutter die minimal schwachen Wehen spürt, die jedoch den Mutterrnund schon geburtsreif gemacht haben. Da der Arzt anhand seiner Untersuchungsbefunde (Größe und Lage des Kindes, Reife des Muttermundes, Herzfrequenz des

Kindes, Farbe und Menge des Fruchtwassers) sehr präzise Rückschlüsse auf die Situation des Kindes ziehen kann, wird er mit der Mutter besprechen, was nun zu machen ist. Manchmal wird er zum Abwarten raten, manchmal zur Einleitung der Geburt, denn: Der Mutterkuchen hat nur eine begrenzte Lebenszeit. Gegen Ende der Schwangerschaft können bei ihm Alterserscheinungen auftreten. Er ist dann nicht mehr fähig, das Kind ausreichend mit Sauerstoff zu versorgen. Man nennt das Plazentainsuffizienz, sie kann ohne Vorwarnung auftreten. Der Prozentsatz liegt zwar nicht sehr hoch – etwa drei- bis fünfmal bei hundert Geburten –, aber in einer solchen Lage wird ein verantwortungsbewusster Geburtshelfer zur Einleitung raten.

In den meisten Kliniken unseres Landes werden Geburten nur aus diesen oder anderen medizinischen Gründen eingeleitet. Selbst wenn eine Mutter die Einleitung aus persönlichen Gründen wünscht, weil zum Beispiel zu der betreffenden Zeit der Mann anwesend sein kann, auch um Nachtfahrten zu vermeiden und so weiter, wird die Einleitung nur durchgeführt, wenn das Kind ohnehin innerhalb von rund sechs Stunden kommt.

Blutuntersuchung des Kindes

Die so genannten Blutgaswerte des Kindes im Mutterleib sind wichtig, wenn der kindliche Herzschlag während der Geburt unregelmäßig wird. Dann entnimmt man mit einem speziellen Instrument der kindlichen Kopfhaut ein paar Tropfen Blut, die sofort im Kreißsaal auf ihren Sauerstoffgehalt geprüft werden. Das tut dem Kind nicht weh, ist vollkommen ungefährlich und dauert alles in allem ein paar Minuten. Falls es nötig sein sollte, bekommt das Kind sofort entsprechende Medikamente.

Die gleiche Untersuchung des kindlichen Blutes wird stets nach der Geburt vorgenommen. Dabei entnimmt man das Blut aus der Nabelvene.

Geburt im Liegen oder Sitzen?

Ältere Darstellungen und Beschreibungen bestätigen, dass die Frauen früher im Sitzen entbunden haben. Das Liegen ist eine Folge des Hörrohrs, denn der Arzt konnte die Herztöne des Kindes nur auszählen, wenn die Frau dabei lag. Heute bieten manche Kliniken wie der den Gebärstuhl an, doch 90 Prozent der Frauen lehnen ihn ab.

Geburt im Wasser?

Als eine Spielart der sanften Geburt wurde diese Methode bekannt. Die Deutsche Gesellschaft für perinatale Medizin warnt jedoch vor Unterwassergeburten und nennt sie »lebensgefährlich«. Der Mensch sei ein Landsäuger und darauf eingerichtet, auf dem trockenen Land zu gebären. Bei der Geburt unter Wasser könne das Baby Wasser einatmen, was zu einer tödlichen Lungenentzündung führen könnte.

Die Eröffnungsperiode

ist die erste Phase der Geburt: Der Weg für das Kind wird »eröffnet«. Früher glaubte man, dass sich dabei der gesamte Uterus samt Kind nach unten schiebt. Heute weiß man es besser: Er bleibt, wo er ist.

Dafür weitet sich die Cervix, der Muttermund, indem sie sich allmählich dehnt und sich schließlich wie eine Blende beim Fotoapparat ganz weit öffnet. Während dieser Bewegungen zieht sich

der Uterus rhythmisch zusammen, sodass er durch seinen Druck die Arbeit des Öffnens unterstützt. Bei jedem Schub des Kinderkopfes öffnet sich die Cervix etwas mehr. Weil der Uterus und der Muskelring der Cervix ziemlich stark sind, dauert die Prozedur lange.
Genau genommen besteht diese erste Phase der Geburt bereits aus zwei Teilen: Erstens weitet und öffnet sich die Cervix so sehr, dass ihre wenige Millimeter große Öffnung zehn bis zwölf Zentimeter weit wird.

Zweitens gleitet der Kopf des Kindes in diesen eröffneten »Geburtskanal«.

Beide Etappen der Eröffnungsperiode werden von der Hebamme genau beobachtet. Sie kann ertasten, wie groß die Öffnung ist. Wenn es Zeit wird, holt sie die Gebärende in den Raum, der in den meisten Kliniken immer noch den mittelalterlich klingenden Namen Kreißsaal trägt Dort wartet ein Bett, das höher als ein normales Bett ist (Ärzte und Schwestern können stehend besser arbeiten als gebückt) und auch härter.

Auf diesem Bett muss die Gebärende unter Umständen nochmals Geduld beweisen. Sie hat jedoch das erleichternde Gefühl: Wenn ich schon hier bin, kann

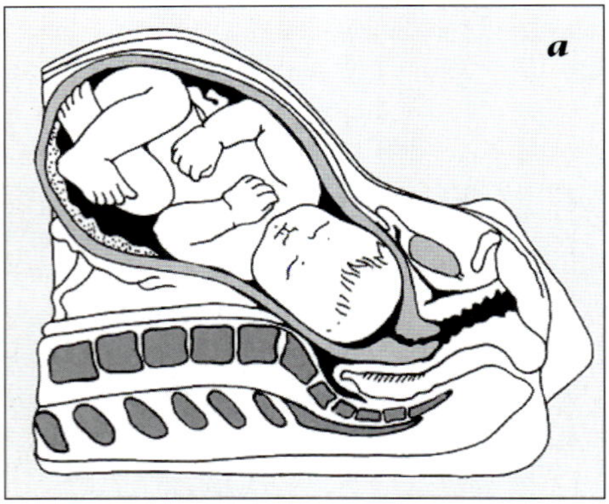

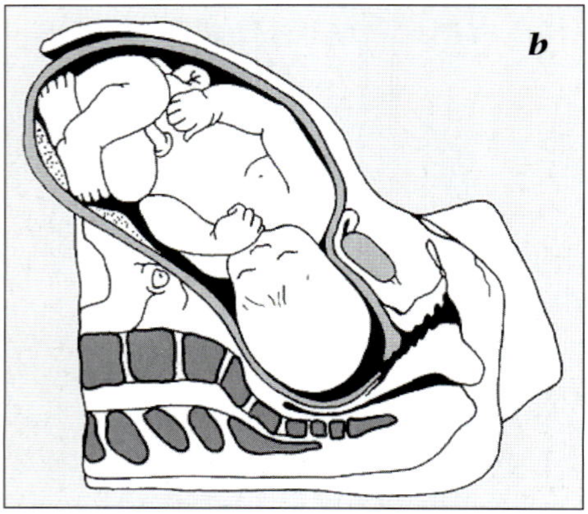

a Die Geburt beginnt: Noch ist die Cervix geschlossen, aber der Kopf des Kindes ist bereits gebeugt und beginnt zu drücken. Die ersten Wehen setzen ein.

b Die Eröffnung beginnt: Das Köpfchen des Kindes ist stärker angezogen und tiefer getreten. Der innere Muttermund ist geweitet, der äußere noch geschlossen.

c Der Wehenschreiber zeigt deutlich, wie sich die Herztöne des Kindes mit den Wehen der Mutter verändern.

es nicht mehr lange dauern. Die Hebamme oder der Arzt schauen regelmäßig nach ihr, ermuntern und warnen zwischendurch davor, zu pressen. Jetzt ist es besonders gut und tröstlich, den künftigen Vater bei sich zu haben. Er kann beim Atmen helfen, er kann sich einfach mit der Mutter unterhalten, damit ihr das Warten leichter wird.

Die Schwangere soll nun so unbeirrt atmen und entspannen, wie sie es gelernt hat. Wenn sie jetzt schon presst, stößt sie ihr armes Kind gegen einen noch geschlossenen, sehr festen Muskelring. Das tut dem Kind weh und ihr selbst auch.

Pressen gehört ins letzte Stadium der Entbindung und sollte nur auf Anweisung des Arztes oder Hebamme geschehen. Noch steckt das Ungeborene in seinem Hautbeutel, der Fruchtblase, falls sie nicht zu Beginn der Wehen gesprengt wurde. Sie hält den Schub von etwa 20 Kilogramm eine Weile aus. Wenn sich die Cervix so weit gedehnt hat und so hoch emporgezogen worden ist, dass das Kind durch die zehn bis zwölf Zentimeter breite Öffnung rutschen kann, gibt die Fruchtblase dem Druck nach und platzt. Damit ist die Eröffnungsphase abgeschlossen.

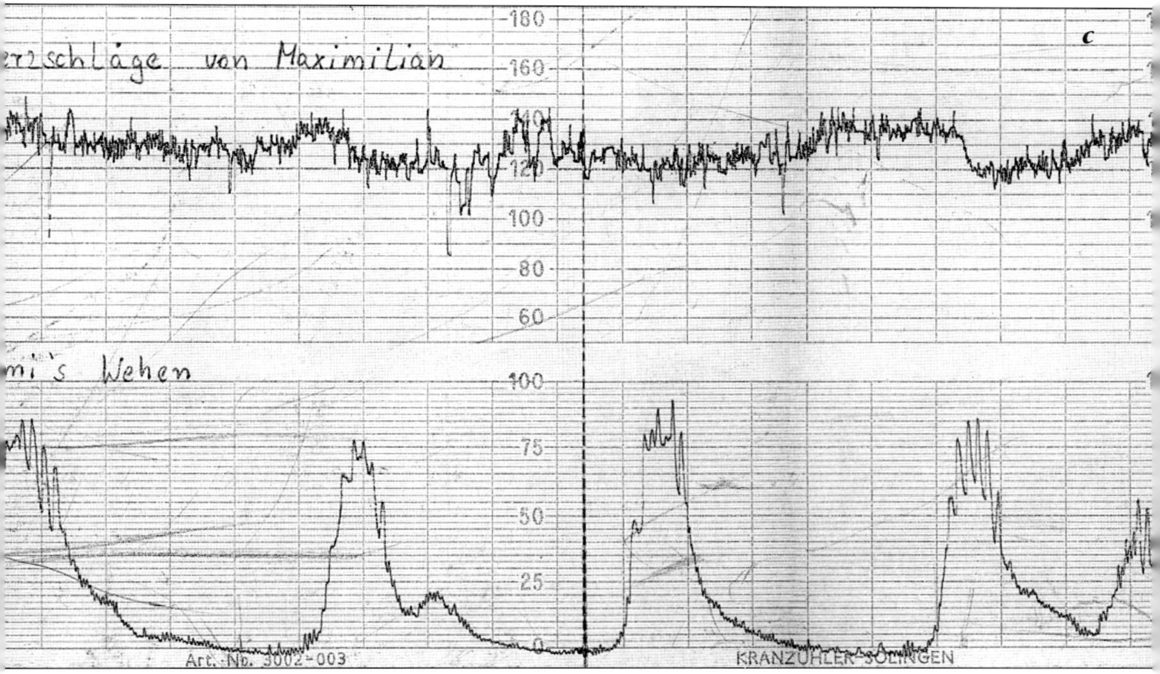

Die Austreibungsperiode

ist die zweite Phase der Geburt. Wie die Bezeichnung besagt, wird in diesem Abschnitt das Kind aus dem Mutterleib ausgetrieben, wird buchstäblich »an die Luft gesetzt«.

Es hat nun überhaupt keinen Platz mehr. Vorher gab es trotz aller Enge doch immerhin noch ein wenig Bewegungsfreiheit, und das Kind konnte sich in den engen Grenzen seine Lage aussuchen. Jetzt kann es sich nicht mehr rühren, wird langsam, aber unwiderstehlich gegen harte Knochen gepresst und muss den Ausgang aus dem Becken in die Scheide finden. Die Gebärende merkt, dass der zweite große Abschnitt der Geburt beginnt, weil sie jetzt einen unwiderstehlichen Drang verspürt, mitzupressen: Die Plazenta gibt noch einmal ein Hormon ab, damit sich alle Bänder so weit dehnen lassen, wie es nur geht. Die Cervix ist ganz geöffnet, das Kind dreht sich in den gewundenen Geburtskanal, sein Schädel wird in die Scheide geschoben und ruht jetzt auf den Weichteilen und den Muskeln des Beckenbodens.

Die Gebärende bekommt von der Hebamme den strengen Befehl: »Nicht pressen! Noch nicht pressen! Ganz flach atmen!« Das flache Atmen lernt man bei der Schwangerschaftsgymnastik als Hecheln: Bauchatmung ganz ausschalten, mit halb offenem Mund leicht, flach und rasch nur in den Brustraum atmen.

Welche Lage die Gebärende dabei einnehmen soll, bestimmen Hebamme oder Arzt. Das Kind bohrt sich unterdessen weiter dem Ausgang zu. Es legt seinen Weg ruckartig zurück, wodurch es die Weichteile seines Geburtsweges noch mehr dehnt, und dreht seinen Kopf mit dem Druck der Wehen viermal, um sich wie eine Schraube um alle Widerstände herum- und herauszuwinden. Dabei verformt sich sein Schädel, seine noch weichen Knochenplatten verschieben sich um ein paar Millimeter, damit der Kopf die Enge zwischen Wirbelsäule und Schambein passieren kann. Der Kopf »schneidet ein«, das heißt: Er wird in der Schamspalte sichtbar.

Dann schraubt sich das Kind durch die Muskelringe des Beckenbodens und passiert mit dem Hinterkopf nach oben, der Nase nach unten den Scheidenausgang: der Kopf, der eine längliche Form angenommen hat, »schneidet durch«.

Mit der vierten Drehung schieben sich die Schultern des Babys aus dem Scheidenausgang. Der Arzt oder die Hebamme hält schon das Köpfchen und hilft dem Baby bei der »Entwicklung der Schultern«. Das Kind ist geboren, atmet und schreit.

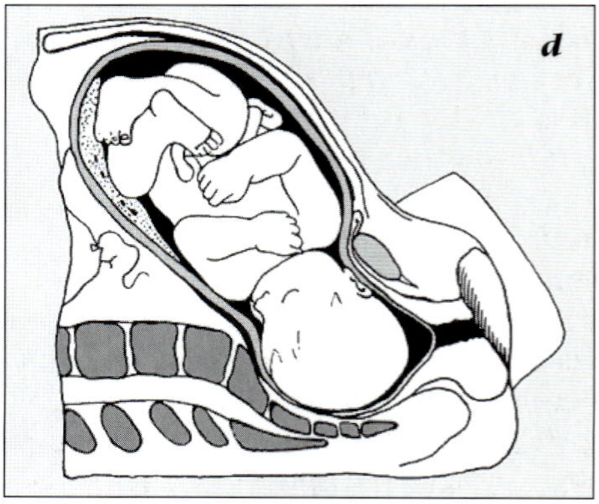

d *Die Austreibung beginnt: Die Cervix ist geöffnet; durch die Wehen gedrängt, tritt der Kopf tiefer. Die Scheide weitet sich, die Fruchtblase ist noch heil.*

Und so unterstützt die Gebärende diese letzten Mühen des Kindes: Am Anfang der Austreibungsperiode, wenn sich das Kind erst in die Scheide windet, wird es nur durch die rhythmischen Zusammenziehungen der Gebärmutter vorwärtsgetrieben. Diese Muskeltätigkeit lässt sich nicht willentlich beeinflussen. Wenn jedoch der Schädel des Kindes in die Scheide tritt, kann die Gebärende mitpressen.

Pressatmen wird bei der Schwangerschaftsgymnastik ebenfalls gelehrt: Tief Luft holen, die ganze eingeatmete Luftmenge anhalten und mit aller Kraft und weiter angehaltenem Atem nach unten drücken. Wichtig:

- Nicht die Schultern hochziehen und den Hals verkrampfen, sonst staut sich die Luft oben im Brustkorb.
- In den Wehenpausen gut entspannen und regelmäßig und tief atmen. Dadurch wird das Kind bis zuletzt noch mit Sauerstoff versorgt.
- Der Kopf wird immer mit einer Presswehe geboren. Die Gebärende spürt dabei meist einen zunehmenden Druck auf den After.

Jetzt muss sie aufpassen: Mit dieser Wehe wird der Kopf des Kindes bis zum Kinn herausgetrieben. Das soll möglichst langsam geschehen. Deshalb darf die Gebärende jetzt auf keinen Fall mitpressen. Manchmal schneidet der Kopf so schnell durch, dass sich das Gewebe nicht rasch genug mitdehnen kann. Dann muss durch Atemtechnik so gut gestoppt werden, wie es geht. Die Hebamme übernimmt wieder das Kommando. Sie befiehlt: Hecheln!« (wer hechelt, kann nicht pressen). Dadurch wird verhindert, dass der Kopf des Kindes den Damm zerreißt. In manchen Fällen gelingt es der Hebamme, den Damm, den Muskelwall zwischen Scheide und After, mit den Fingern zu straffen und zu halten, in anderen Fällen durchtrennt der Arzt mit einem kurzen Schnitt die äußere straff gespannte Haut, damit keine ernsthafte Verletzung entsteht. Diesen Schnitt des Arztes merkt man nicht.

Wenn nun der Kopf des Kindes geboren ist, rutscht der Körper mit der letzten Presswehe fast von allein heraus. Die Gebärende darf noch mal mithelfen.

Dann liegt Ihr Kind vor Ihnen; Sie sehen, ob es ein Mädchen oder ein Junge ist, erkennen die Haarfarbe und eine erste Familienähnlichkeit.

Manche Mütter empfinden in den letzten Sekunden der Entbindung ein Glücksgefühl, das alles bisher Erlebte übersteigt. Andere Mütter sind vom jählings flach gewordenen Bauch so entzückt, dass sie an nichts anderes zu denken vermögen. Manche würden am liebsten sofort eine Tasse Kaffee oder ein Glas Sekt trinken, und wieder andere fühlen sich nur ganz abgekämpft.

Ob eine Mutter von Dankbarkeit über ein gesundes Kind oder von der wohligsten Müdigkeit ihres Lebens erfüllt ist: Noch ist nicht alles vorbei, und der Arzt arbeitet unbeirrt weiter. Er durchtrennt die Nabelschnur, die auch nach der Geburt noch das Kind durch die Scheide mit der Plazenta im Mutterleib verbindet. Das ist eine vollkommen unblutige Angelegenheit. Der Arzt klemmt die Nabelschnur zwei bis fünf Zentimeter vom Nabel des Kindes und vom Scheidenausgang der Mutter ab und durchtrennt sie. Auch das können Sie nicht spüren, weil die Nabelschnur und die Plazenta keine Nerven besitzen. Danach wird das Neugeborene in ein vorgewärmtes Tuch eingewickelt oder erst einmal nackt auf den

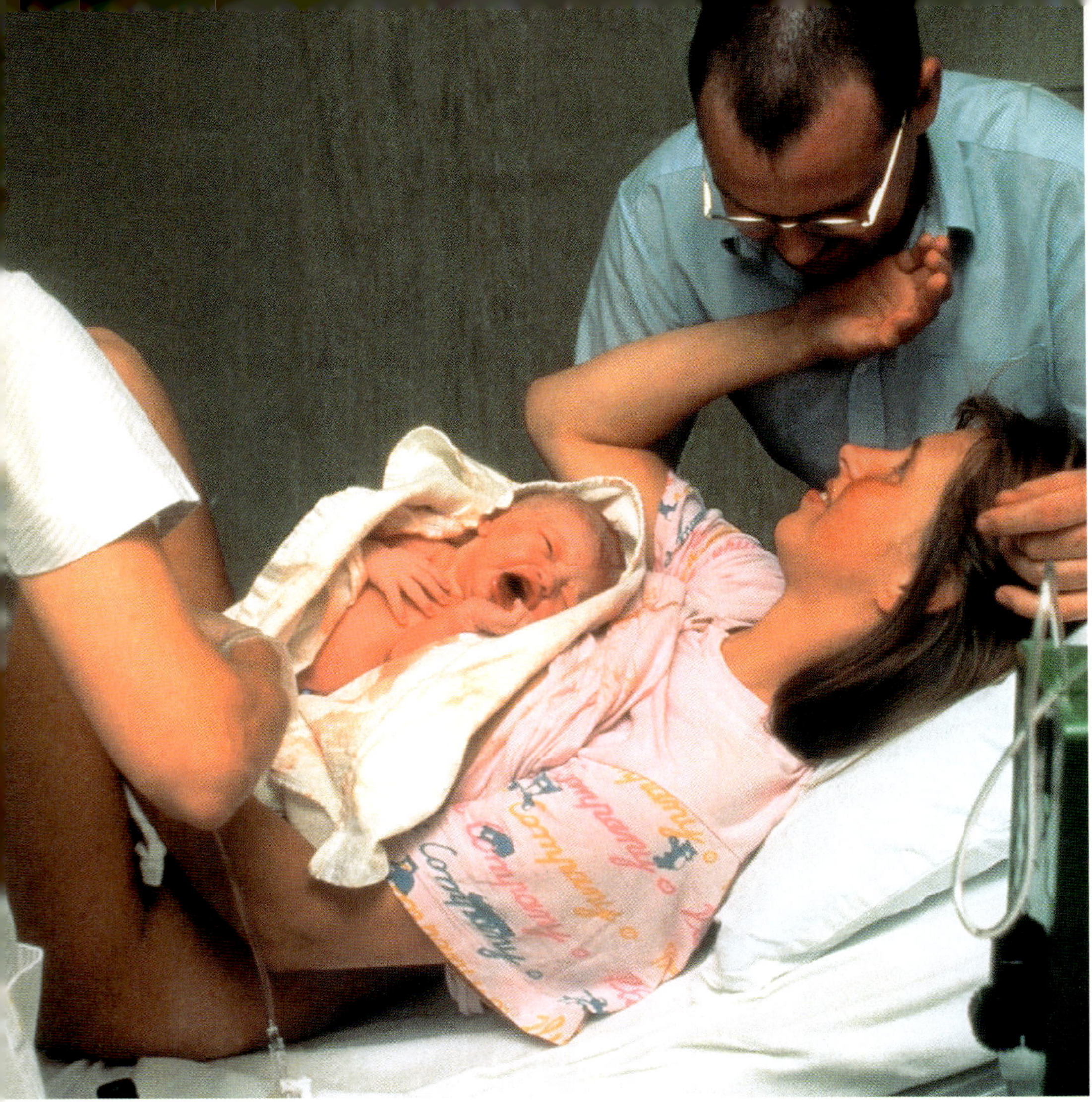

Unmittelbar nach der Geburt sieht die Mutter ihr Kind.

Bauch der Mutter gelegt. Die Hebamme wird sich um das Kind kümmern, wenn die Geburt ganz vorbei ist.

Die Pressperiode
sollte heute nicht länger als 30 Minuten dauern.

Ist das Kind trotz kräftigen Mitpressens der Mutter noch nicht geboren, so wird der Arzt das Kind lieber mit Hilfe einer speziellen Geburtszange oder durch eine Vakuumextraktion entwickeln, als es länger dem hohen Gebärmutterdruck samt allen damit verbundenen Gefahren auszusetzen. Dabei muss man wissen, dass diese Hilfe nicht mehr mit der gefürchteten Zangengeburt von früher zu vergleichen ist.

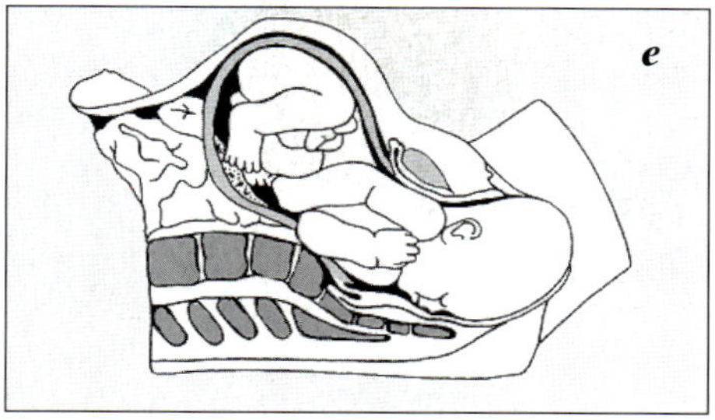

e Die Presswehen setzten ein: Die Blase ist geplatzt, das Köpfchen tritt aus und wir sichtbar, der Uterus wird schon kleiner. Jetzt muss die Gebärende mitpressen.

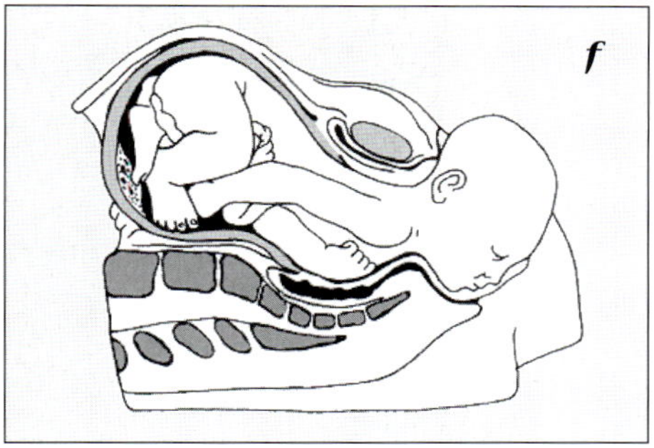

f Die Austreibung ist vorbei: Das Köpfchen wir länglich verformt, damit es die enge Scheide passieren kann. Für die Gebärende bedeutet dies die höchste Kraftanstrengung.

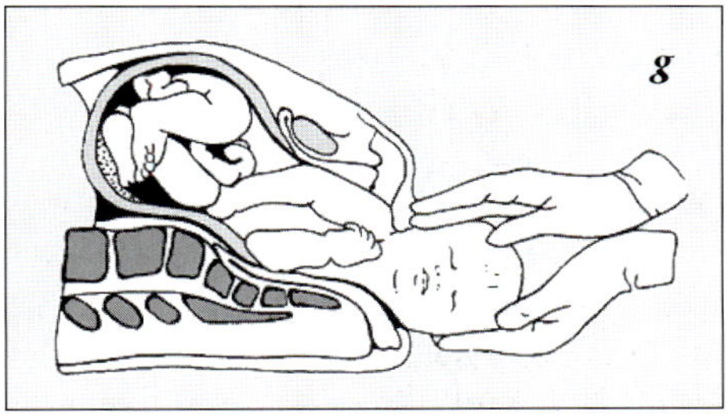

g Das Kind macht den ersten Atemzug: Sein Köpfchen ist geboren, der Geburtshelfer hilft ihm endgültig ans Licht der Welt. Manche Babys schreien jetzt schon.

Die Nachgeburt

Wenn bei der Geburt des Kopfes eine Spritze gegeben worden ist, erfolgt nach drei bis fünf Minuten diese dritte und letzte Etappe der Geburt. Mit einer letzten leichten Wehe löst sich die Plazenta und wird von der Hebamme an der Nabelschnur herausgezogen. Sie ist etwa 500 Gramm schwer und so groß wie ein Teller. Jetzt hat sie keinerlei Funktionen mehr auszuüben. Der Uterus schrumpft schon zusammen, während er das Kind ausstößt, und meist wird die Plazenta bald nach dem Neugeborenen herausgeschoben. Sollte sie im Uterus haften bleiben und nicht durch die fast schmerzlose Nachwehe herausgepresst werden, holt sie der Arzt.

An der Stelle, an der die Plazenta gesessen hat, ist jetzt eine Wunde entstanden, die natürlich blutet. Die Gebärmutter sorgt jedoch sofort dafür, dass diese Wundfläche verringert wird. Sie zieht sich mit großer Geschwindigkeit zusammen, sodass sich die Blutgefäße allmählich schließen. Danach beginnt sie, ihre Schleimhäute gleich wieder mit einem frischen Belag zu versehen. Das alles geschieht nach dem ganz gewohnten und bekannten Menstruationsschema, und nach sechs bis sieben Tagen haben auch die Entbindungsblutungen aufgehört.

Zuerst sind sie stark und kräftig, dann versiegen sie allmählich. Die Plazenta löst sich meistens schon mitten im Geburtsvorgang; die Mutter blutet also bereits, wenn das Kind auf die Welt kommt. Deshalb sieht es manchmal wie ein Kämpfer nach der Schlacht aus: verschmiert von Mutters Blut.

Unterdessen ist die Mutter von der Hebamme gewaschen worden, hat eine Vorlage vor die Scheide gelegt und frische Wäsche angezogen bekommen.

Jetzt wird das Kind versorgt, auf Wunsch der Mutter auf den Bauch gelegt und dann gestillt.

Medikamente während der Entbindung

Ob die Wehen schmerzhaft sind oder nicht, ist eine Sache der Konstitution, des Alters und der Vorbereitung.

- Die erste Entbindung ist meistens schmerzhafter und dauert länger als alle folgenden.
- Und vor allem: Über die Vorgänge während der Geburt aufgeklärte und im Sinn der Schwangerschaftsgymnastik entspannte Mütter empfinden wesentlich geringere Geburtsschmerzen. Denn: Der Körper der Frau ist im Prinzip so gebaut, dass die Entbindung schmerzarm sein kann. Der Uterus und der größte Teil des Geburtskanals sind nur von wenigen schmerzleitenden Nerven durchzogen. Deshalb können sich diese Muskelpartien extrem dehnen, ohne dass die werdende Mutter während der Schwangerschaft unter sehr starken Schmerzen leidet.

Die Wehen sind deshalb auch nicht eigentlich schmerzhaft, sondern eine Mischung aus Druck, Spannung und Unfreiheit. Das kann zum scharfen Schmerz werden, wenn Angst dazukommt. Seelische Empfindungen teilen sich über das Nervensystem den Muskelgruppen mit, lassen sie verkrampfen und damit schlecht durchblutet werden.

Natürlich darf man nicht glauben, durch Gymnastik alle Schmerzen vermeiden zu können. Doch in vielen Fällen sind sie durch entsprechende Vorbereitung erträglich.

Je länger die Wehen schon gedauert haben, je mehr sich der Geburtskanal dabei öffnet, desto dumpfer und lästiger wird meist das Schmerzgefühl.

Die einsetzenden Presswehen sind fast eine Erleichterung: Die Art des Schmerzes wechselt. Doch gerade die Presswehen können für eine Frau, die bei der Eröffnung kaum etwas gespürt hat, von starkem Schmerz begleitet sein. Der Moment, in dem der kindliche Schädel ein- und durchschneidet, tut meist weh.

Ob sich die Gebärende nun dazu entschieden hat, das Kind bei vollem Bewusstsein zur Welt zu bringen, oder ob sie sich lieber durch Medikamente helfen lässt: Jeder Geburtshelfer wird ihren Wunsch respektieren, er wird ihn aber nur dann erfüllen, wenn er es unter medizinischen Gesichtspunkten verantworten kann.

Es ist gut, wenn man vorher mit dem Arzt über dieses Thema gesprochen hat. Die medikamentöse Geburtshilfe lässt Mütter oft leichter und unverletzter gebären, die Schmerz- und Narkosemittel beeinflussen aber den Säugling.

- Wenn die Geburt zum Beispiel lange dauert, soll sich die Gebärende von der ständigen Schwerarbeit zwischendurch richtig ausruhen können, damit sie frische Luft schöpft. Sind die Schmerzen aber zu quälend, gelingt es ihr nur schwer, sich so zu entkrampfen und zu entspannen, wie es wünschenswert wäre.

Der Arzt wird freilich auf Maßhalten bestehen. Er kann die Gebärende aber auch darauf aufmerksam machen, dass es keine Feigheit ist, wenn sie es sich nach der ersten Austreibungswehe anders überlegt und doch nach Narkose verlangt. Keiner kann vorher ermessen, was ihm bevorsteht und wie er imstande ist, es zu ertragen.

Außerdem empfindet jeder Schmerz anders, und jede Mutter verarbeitet die Wehen individuell.

Das Baby schraubt sich auf die Welt. Die Illustrationen h bis k zeigen, wie es sich durch den Geburtskanal dreht. Sie sehen das Kind jetzt von oben, von der Gebärenden nur das knöcherne Becken.

h *Zu Beginn der Geburt liegt das Baby zusammengekrümmt auf der Seite; sein Schädel hat den Beckenausgang gefunden.*

i *Im Lauf der Austreibung dreht das Baby Kopf und Körper um 45 Grad herum.*

j *Der Kopf schneidet ein, das Baby kann zum ersten Mal die Glieder strecken.*

k *Das Baby liegt jetzt auf dem Bauch, nur noch ein oder zwei Presswehen, dann ist es ganz und gar geboren.*

h

i

j

k

Die Möglichkeiten der Schmerzlinderung

Bei der so genannten natürlichen Geburt wird der Schmerz vor allem durch die Atem- und Entspannungstechnik verarbeitet, die man in der Schwangerschaftsgymnastik gelernt hat. Gerät die Mutter dabei aus dem Rhythmus, so helfen Kreißsaalarzt und Hebamme – oder auch der Vater –, indem sie gemeinsam mit der Mutter atmen und wieder den richtigen Einsatz geben.

- Die medikamentös unterstützte Geburt: Dabei wird der Geburtsverlauf durch krampflösende und schmerzlindernde Medikamente unterstützt, durch die die Schmerzempfindung herabgesetzt wird.
- Die lumbale Reflextherapie wird auch als Akupunktur bezeichnet, weil bei dieser akupunkturähnlichen Schmerzausschaltung an vier Akupunktur-Punkten im Rücken der Mutter eine kleine Flüssigkeitsmenge unter die Haut gespritzt wird, die die Geburtsdauer wesentlich verkürzt. Das Verfahren ist für Mutter und Kind vollkommen ungefährlich, fast schmerzlos und schaltet die oft unangenehmen Rückenschmerzen aus. Weil der Geburtsablauf kürzer wird, braucht die Mutter auch deutlich weniger Schmerzmittel, und das kommt nun wiederum dem Kind zugute.
- Als Pudendus-Blockade bezeichnet man die Betäubung eines Nervenstrangs, der Geschlechtsteile, Darm und After durchzieht. Eine gezielte Injektion macht die Beckenbodenmuskulatur für etwa 45 Minuten schlaff, sodass die Schmerzen der Austreibungsphase nicht empfunden werden. Außerdem reicht der Pudendus-Block für einen schmerzfreien Scheiden-Damm-Schnitt und dessen Versorgung aus. Wird bei der natürlichen Geburt und bei der medikamentös unterstützten Geburt angewendet.
- Die Periduralanästhesie verursacht eine völlige Ausschaltung der Geburtsschmerzen und wird – falls verlangt – dann gegeben, wenn die Wehen kräftiger werden. Sie führt zu einer Empfindungslosigkeit im Unterbauch und Becken, in Rücken und Beinen. Das Kind wird davon nicht so beeinflusst wie von einer Vollnarkose. Die Periduralanästhesie wird durch eine Injektion zwischen zwei Lendenwirbelbögen hervorgerufen, tut kaum weh und ist so dosiert, dass die Muskelkraft der Bauchmuskulatur und der Beine wieder vorhanden ist, wenn gepresst werden muss. Diese Schmerzausschaltung wirkt so lange und gut, dass keine Extranarkose notwendig ist, falls der Arzt eine operative Entbindung machen muss.

Für die Mutter kann die Geburt erleichtert werden, für das Kind jedoch nicht. Manche Ärzte meinen, dass die Schmerzen der Gebärenden nichts sind im Vergleich zu dem, was das Kind bei der Geburt durchzumachen hat. Andere glauben, dass das, was ein Mensch-Säugling oder Erwachsener – körperlich und seelisch empfindet, von seinem Organismus, besonders von seinem Nervensystem abhängt. Diese zweite Ansicht ist zweifelsohne richtig, doch ist es den leidenschaftlichen Verfechtern der ersten Meinung zu verdanken, dass die Pflege des Säuglings ganz neu durchdacht worden ist und dass man viel mechanisch von Generation zu Generation Übernommenes als sinnlos oder gar qualvoll fürs Kind erkannt hat.

Was geschieht mit dem Kind während der Geburt?

Für das Ungeborene ändert sich die Situation in dem Moment, in dem die Fruchtblase springt und das schützende Wasser abfließt. Noch wird es durch die Nabelschnur aus der Plazenta mit Sauerstoff und Nahrung versorgt, aber die Plazenta schaltet allmählich um, und die Versorgung wird schwieriger.

Während der Geburt kann es zu Sauerstoffmangel kommen. Der Arzt merkt es zum Beispiel am langsamer werdenden Herzschlag des Kindes. Dennoch ist dieses nicht ganz und gar passiv. Vielmehr hilft es kräftig mit, bohrt seinen Schädel energisch durch den Geburtskanal und stößt sich mit den Füßchen in der Gebärmutter ab.

Des Kindes größte Leistung während der Geburt ist jedoch die Umstellung auf die Sauerstoffselbstversorgung. Es hat bisher noch keinen einzigen Atemzug tun müssen. Einige Millionen winzige Lungenbläschen sind noch nie benutzt worden und daher eng zusammengefaltet. In dem Moment, in dem die Luft das Kind umgibt, wird die Nabelschnur funktionslos, und akuter Sauerstoffmangel zwingt das Neugeborene zu seinem berühmten ersten Atemzug, durch den erstmals die Lungen mit Luft gefüllt werden.

Vorher soll jedoch der Schleim abgesaugt werden, damit er nicht beim Atemholen zum ersten Schrei in die Lunge gerät. Es ist gut, wenn das Kind einen Schrei ausstößt, denn der erste Atemzug soll kräftig sein, damit sich möglichst viele Lungenbläschen öffnen. Bis alle Bläschen geöffnet sind, vergehen allerdings noch Tage und Wochen. Stößt das Neugeborene den ersten Schrei nicht von selbst aus, so wird abermals abgesaugt und notfalls beatmet.

Die Hand der Hebamme greift dabei immer auf Fett, denn das Neugeborene, das vor der Geburt Monate im Wasser zugebracht hat, ist über und über mit einer Art Talgschicht bedeckt, die seine Haut wie bei den Kanalschwimmern vor dem Aufweichen schützt. Außerdem kann es in dieser Fetthülle besser durch den Geburtskanal gleiten und erträgt den Übergang vom Wasser zur Luft wesentlich leichter.

Nach der Entbindung muss das Neugeborene allenthalben geputzt werden: Ein Rest Fruchtwasser tröpfelt ihm noch aus der Nase, die Ohren sind von Schleim verklebt. Weinen kann das Neugeborene allerdings noch nicht. Seine Tränendrüsen beginnen ihre Arbeit erst ein paar Wochen später.

Dafür muss der Kreislauf sofort auf selbstständiges Funktionieren »umgeschaltet« werden. Bis zur Geburt kam frisches Blut durch die Nabelschnur, und das ungeborene Baby transportierte das gebrauchte auf dem gleichen Weg fort. Die Umwandlung der Nahrung in Nährstoffe und den Abbau der Schlacken besorgte hauptsächlich der mütterliche Organismus.

Jetzt nimmt dem Kind keiner mehr etwas ab. Es muss selbst das frische vom verbrauchten Blut trennen, muss seine Nahrung selbst verarbeiten, muss den unbrauchbaren Rest selbst ausscheiden. Das erste Feste, was das Neugeborene von sich gibt, ist meist eine dunkle grünliche Paste. Der Volksmund nennt es »Kindspech«. Es sind Schlackenstoffe, die sich schon im Mutterleib in Babys Dickdarm gesammelt haben.

Hexenmilch ist eine andere Bezeichnung, bei der man sofort an Mittelalter und weise Weiblein denken muss. So entsteht sie: Kurz vor der Geburt schüttet die Plazenta noch einmal einen Schwall von Hormonen aus, die den Körper der Schwangeren auf die Geburt vorbereiten und die Milchproduktion in Gang setzen. Dieses Hormon wirkt sich natürlich auch noch auf das Kind im Uterus aus und zeigt in den ersten Lebenstagen seine Folgen: Die Geschlechtsteile des Neugeborenen schwellen an und röten sich, und manchmal sind die winzigen Brüste – gleichgültig, ob es ein Junge oder ein Mädchen ist – so voll von Milch, dass sie herausquillt. Das ist die Hexenmilch. Man tupft sie vor sichtig ab, drückt aber nicht an den Warzen und macht keine Umschläge. Sonst kann es zu einer Brustdrüsenentzündung kommen, die sehr schmerzhaft und langwierig sein kann. Diese Hormonwirkung vergeht in den nächsten Tagen von allein. Manchmal entdeckt die Mutter in der Windel der neugeborenen Tochter einen Tropfen Blut.

Auch das ist eine Folgeerscheinung der Plazentahormone, die das Neugeborene sozusagen das erste Mal menstruieren lassen.

Dass das neugeborene Baby trotz Hexenmilch und noch leicht verformtem Schädelchen, trotz Falten und Magerkeit, trotz möglicher roter Nase und leichten Schrammen schön ist, braucht gar nicht erst gesagt zu werden. Auch wenn eine Mutter sich vorgenommen hat, ganz sachlich zu urteilen und sich nicht nur deshalb um ihr Urteilsvermögen bringen zu lassen, weil dieses Baby ihr eigenes ist, so wird sie es auf jeden Fall schön oder bezaubernd finden.

Das ist der uralte Trick der Natur: Jede Mutter wird ihr Kind immer etwas schöner finden, als es tatsächlich ist. Sie wird es immer etwas mehr lieben, als sie es unerträglich findet, und so wird sie es hegen und schützen, bis es sich selbständig macht.

Viele Kinderärzte möchten den Müttern am liebsten schon in der ersten Sekunde nach Babys Geburt einen Zettel in die Hand drücken, auf dem nichts steht als diese Worte: »Liebet eure Kinder! Lasst euch von nichts und niemandem davon abbringen, das Neugeborene zärtlich in den Arm zu nehmen. Liebe, Zärtlichkeit, Geborgenheit, Sicherheit – das sollen die Gaben sein, die Babys Leben bestimmen.«

Tipps für frisch gebackene Väter

Diese Sätze gelten erst recht für die Väter mit dem Zusatz »Liebet eure Frauen!« Frauen erleben ja die Geburt unmittelbar, sie spüren, welche Strapazen das Kind hinter sich zu bringen hat, und ihre Liebe ist mit Stolz und Mitleid gemischt, wie gut sich ihr Kind bei dieser ganzen Mühsal gehalten hat. Mutter und Kind: Sie sind bereits Partner, haben das vielleicht größte Erlebnis des Menschenlebens miteinander geteilt.

Väter jedoch sind in den meisten Fällen besonders beim ersten Kind so ahnungslos und können sich so wenig vorstellen, wie ein Neugeborenes aussieht, dass sein erster Anblick oft wie ein Schock wirkt.

Auch der Vater sollte wissen, was das Baby bei der Geburt mitmacht. Er sollte möglichst schon vorher einmal ein neugeborenes Kind gesehen haben. Dann ist er nicht so enttäuscht, wie schrumpelig, blau und rot und winzig sein eigenes Kind ist. Und die Mutter sollte ihm vorher gesagt haben, dass alle Babys, die von

Kindernahrungsmittelpaketen und auf Anzeigen so glatt und rosig lächeln, mindestens schon drei bis sechs Monate alt sind. Das alles gilt auch für Väter, die bei der Geburt ihres Kindes dabei sein möchten. Denn bei ihrer ersten Reaktion ist die Mutter Zeugin und Zuschauerin.

Erste Untersuchungen des Neugeborenen

Wenn das Kind geboren ist, wird es vom Arzt und der Hebamme vor jeglicher Verwechslung geschützt. Manche Kliniken kleben dem Neugeborenen ein Heftpflaster mit dem Familiennamen und seiner Geschlechtsbezeichnung auf den Unterarm und die Brust. Andere schnallen ihm ein Plastikarmband mit dem Familiennamen ums Handgelenk. Oder das Baby wird mit einer Metallplakette mit Nummer bezeichnet, und die gleiche Nummer kommt auf Mutters Krankenblatt. Andere Kliniken streifen dem Neugeborenen rosa oder hellblaue Buchstabenperlenkettchen über den Arm. In manchen Kliniken nimmt man auch noch Babys Fußabdruck ab.

Meist wird das Neugeborene zuerst bezeichnet und dann gereinigt. Säubern bedeutet für das Baby: Die Spuren der Geburt beseitigen, damit das Kind ungehindert atmen kann. Alle Gesichtsöffnungen, vor allem Mund und Nase, und die Luftröhre sind noch von Schleim und Fruchtwasser verstopft. Meist beginnt das Kind schon nach Luft zu schnappen, wenn es noch gar nicht vollständig den Geburtskanal verlassen hat. In den meisten Kliniken saugt der Arzt alles vorsichtig mit einer Pipette aus, damit sich das Neugeborene bei seinen ersten Atemzügen nicht gleich verschluckt. Dann putzt und badet die Hebamme das Kind und versorgt den Nabel, indem sie eine sterile Kompresse über die kleine Wunde legt. Danach prüft der Arzt das Baby auf Herz und Nieren: Herzschlag, Durchblutung, Reflexe und Hautfarbe sagen dem Arzt, ob das Baby »reif« ist.

Für diese Kontrolluntersuchung nach dem so genannten Apgar-Schema bekommt das Neugeborene Punkte. Eine zu niedere Punktzahl bedeutet Lebensgefahr. Bei einer Klinikgeburt stehen dem Arzt vom Sauerstoff bis zur Blutkonserve alle medizinisch-technischen Hilfsmittel zur Verfügung, um das Leben des Kindes zu retten.

Vorgeschrieben ist die Augenbehandlung mit Silbernitrattropfen. Das brennt, doch danach hat das Neugeborene bald Ruhe. Es wird noch untersucht,

- ob die Fontanellen die richtige Größe und Spannung haben,
- ob Babys Gaumen geschlossen ist oder es Hasenscharte oder Wolfsrachen hat,
- ob die Geschlechtsorgane in Ordnung sind (bei etwa zehn Prozent der Jungen sitzt ein Hoden noch im Leistenkanal, wandert entweder im Lauf der nächsten Jahre von selbst hinunter oder muss rechtzeitig vor Eintritt der Reife operativ an die richtige Stelle gebracht werden), ob Füße und Hüftgelenk in Ordnung und gerade sind (Hüftgelenksfehler, Klumpfüßchen und Kletterfuß können nämlich am leichtesten und raschesten geheilt werden, wenn man gleich mit der Behandlung beginnt).

Dann wird der Bauch abgetastet, in die Öhrchen geschaut, die Hebamme misst den Schädel und die Körperlänge, stellt das Gewicht fest, und nun hat das Neugeborene endlich, endlich seine wohlverdiente Ruhe. Es wird gewindelt, bekommt ein Hemdchen und ein Jäckchen angezogen und wird warm ins Bettchen verpackt. Wärme ist jetzt das wichtigste. Die Hebamme notiert alle Daten auf einem Karteiblatt und behält die Mutter neben ihrem Kind zwei Stunden zur Überwachung im Kreißsaal, damit sie bei der kleinsten Unregelmäßigkeit gleich den Arzt holen kann.

In dieser Zeit sollte die Mutter ihr Kind zum ersten Mal anlegen (Seite 142), denn in diesen dreißig Minuten nach der Entbindung ist der Saugreflex der Neugeborenen besonders stark. Außerdem steigert dieses frühe Anlegen die Stillfähigkeit der Mutter ganz erheblich. Die zweite kinderärztliche Untersuchung findet zwischen dem fünften und siebten Lebenstag, also meist noch in der Klinik, statt und wird genau wie die erste im Kinderbuch festgehalten. In dieser Zeit wird auch der Guthrie-Test durchgeführt, samt weiteren Spezialuntersuchungen zur Früherkennung verschiedener Krankheiten. Auf Wunsch wird das Kind gegen Tuberkulose geimpft.

Rettung für Frühgeborene: Der so genannte Brutkasten, in dem das Kind bei der genau richtigen Temperatur liegt.

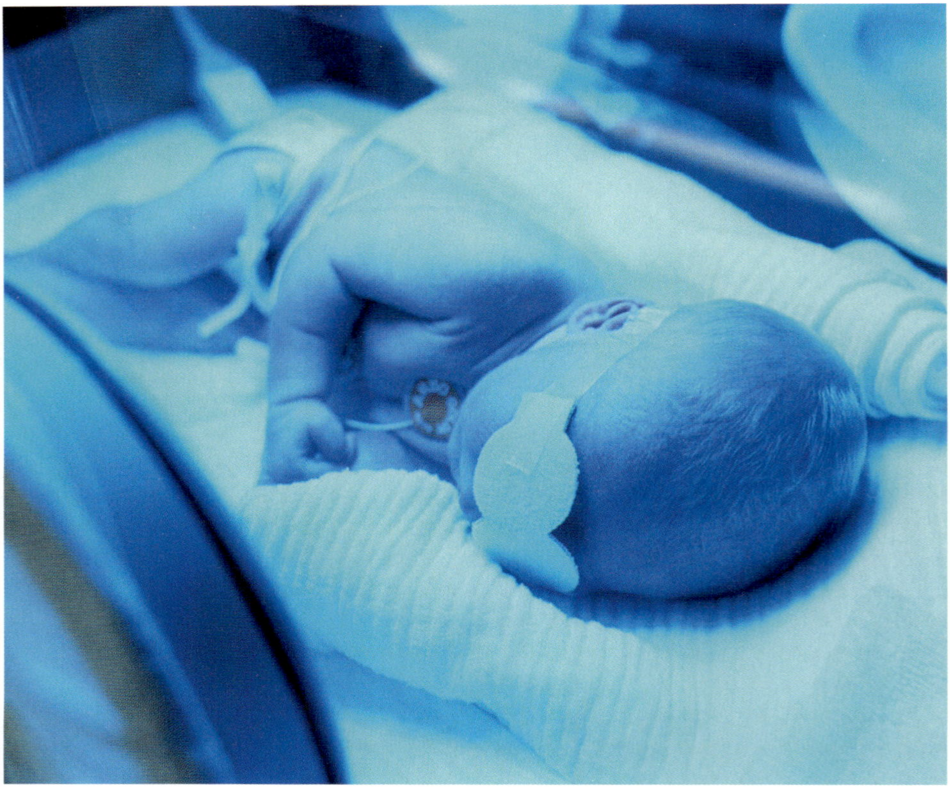

Über die Gelbfärbung der Haut einiger Kinder haben Sie auf Seite 92 gelesen. Sollte diese physiologische Gelbsucht auftreten, so braucht das Kind meist nicht in die Kinderklinik verlegt zu werden, sondern kommt in der Entbindungsstation unter die Photolampe.

Übrigens: Hat der Arzt bei der ersten Generaluntersuchung beim Neugeborenen einen schwerwiegenden Körperfehler entdeckt, so ist er verpflichtet, den Eltern davon Nachricht zu geben.

Nach zwei bis drei Stunden wird das Kind von der Kinderschwester in die Neugeborenenstation geholt. Sie untersucht meist noch einmal den Nabel, und dann darf es weiterschlafen. Im Laufe des ersten Lebenstages wacht es meist nur auf, um nach Nahrung zu verlangen. Es ist genauso müde wie die Mutter. Die Geburt war anstrengend, sie hat den Zwanzigstundenschlaf des Kindes unterbrochen. Das muss nachgeholt werden. Manche Babys schlafen nicht nur einen, sondern zwei Tage wunderbar fest und lassen sich auch durch das Geschrei ihrer älteren Zimmergenossen nicht stören.

Rooming in

Das englische Wort *room* heißt Raum oder Zimmer. Es bedeutet aber mehr. *In my room* zum Beispiel: An meiner Stelle. Der Raum ist also nicht nur das Zimmer, er ist das Gehäuse einer Person, und so zeigt sich an diesem Wort nicht nur, dass es samt der Idee, die es bezeichnet, aus dem Angloamerikanischen stammt, es zeigt, dass es bei dieser Idee nicht nur um Räumlichkeiten geht, sondern um ein anderes, ganz altes und inniges Gefühl der Mütterlichkeit.

Keine Trennung, sondern Einheit – Einheit, die wie so vieles andere, um die Jahrhundertwende zugunsten der Hygiene aufgegeben wurde. Forscher und Ärzte hatten die Bakterien entdeckt und wollten nicht nur die Mütter vor dem damals so häufigen Tod im Kindbett retten, sondern auch die Säuglinge. Sie holten sie in die blitzsaubere Sterilität der Säuglingszimmer und ließen sie von blitzsauberen, in moderner Säuglingspflege unterrichteten Schwestem keimfrei und genau berechnet pflegen, warten und nähren.

Seit damals ist die Mütter- und die Säuglingssterblichkeit aus vielen Gründen erheblich zurückgegangen, Mutter und Kind sind medizinisch so wohl versorgt, dass man es sich wieder leisten kann, die alte Einheit herzustellen. Das bedeutet praktisch: Das Kind verbringt nicht den ganzen Tag im Säuglingszimmer allein in seinem Bettchen und wird der Mutter nur zum Stillen gebracht, sondern es teilt den Raum mit ihr, damit sich der Mutter-Kind-Kontakt so früh wie möglich herstellen kann.

Die Entbindungskliniken haben sich auf diesen Wunsch eingestellt. In den ersten 24 Stunden nach der Geburt bleibt das Kind im Säuglingszimmer, weil es dort noch betreut und überwacht wird. Denn in diesen ersten Lebensstunden können noch Unregelmäßigkeiten beim Atmen auftreten, das Kind kann sich verschlucken oder erbrechen und muss dann sofort versorgt werden. Außerdem tut es der Mutter gut, sich von den Anstrengungen der Geburt erholen und ausschlafen zu können.

Das Rooming in beginnt nach dieser Ruhepause. Meist holen sich die Mütter morgens um neun Uhr aus dem Säuglingszimmer ihr Kind, das ihnen – frisch gewaschen und gekämmt – in die Arme gelegt wird. Gegen 20 oder 21 Uhr bringen sie es wieder zurück. Tagsüber versorgen die Mütter ihr Kind allein, wobei ihnen die Kinderschwester zur Seite steht und alles Notwendige erklärt. Mutter und Kind teilen ihr Zimmer meist mit zwei oder drei anderen Mutter-und-Kind-Paaren, sodass auch der erste Erfahrungsaustausch einsetzen kann. Alle Mütter miteinander sollten darauf achten, dass die Kinder genug Ruhe bekommen. Die Zahl der Besucher sollte also möglichst klein gehalten werden – auch des Infektionsrisikos wegen.

Wer sein Kind Tag und Nacht bei sich haben möchte, muss sich unter Umständen ein Einzelzimmer nehmen. Etwa 60 Prozent der Mütter machen vom *Rooming in* Angebot Gebrauch, wobei es sich vorwiegend um Mütter handelt, die ihr erstes Kind bekommen haben. Mütter mit einem oder mehreren Kindern, die restlichen 40 Prozent, nehmen dagegen die Gelegenheit wahr, sich eine Woche tatsächlich ausruhen zu können. Sie wissen, dass ihnen nach dieser Woche das *Rooming in* noch lange genug bevorsteht. Deshalb kann man sein Kind in jeder Entbindungsklinik auch nach wie vor tagsüber von den Kinderschwestern betreuen und sich zum Füttern bringen lassen.

8

KAPITEL

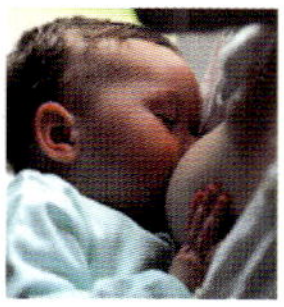

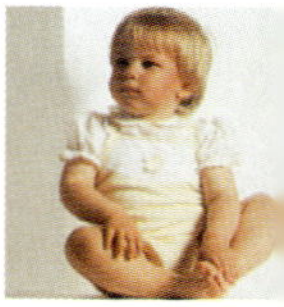

Das Wochenbett

Wenn die frisch gebackene Mutter aus dem tiefen Erfrischungsschlaf nach der Entbindung aufwacht, ist sie eine Wöchnerin und bleibt es sechs bis acht Wochen lang. Früher dauerte es tatsächlich sechs Wochen, ehe eine Mutter nach der Geburt wieder aufstand. Das war eine medizinische und soziale Notwendigkeit, denn die Frauen hatten eine Schwangerschaft nach der anderen, kaum medikamentöse Hilfe, dafür viele Tot- und Fehlgeburten. Zum Ausgleich schonte man sie nach der Entbindung, solange es ging, damit sie auch die nächste Schwangerschaft gut und lebendig überstehen konnten.

Heute lässt man die Mütter wesentlich früher das Bett verlassen, damit Kreislauf und Muskelfunktionen sich schneller und besser regulieren und Darm und Blase sich eher wieder ans normale Leben gewöhnen können. Sie soll möglichst bald, am besten einige Stunden nach der Entbindung, aufstehen. Das reguliert den Kreislauf und beugt Gefahren wie Embolie oder Thrombose am besten vor. Das darf aber nicht falsch verstanden werden. Das Wochenbett – das heißt, die Zeit besonderer Schonung – dauert trotz allem sechs Wochen. Der Körper hat in den letzten neun Monaten eine enorme Leistung vollbracht, hat sie durch die Arbeit der Geburt gekrönt. Jetzt muss er sich wieder um stellen, und das kostet ebenso viele Kräfte.

Erfahrene Frauenärzte sagen:

- Der Organismus einer Frau braucht neun Monate, um ein Kind hervorzubringen, und abermals neun Monate, um seinen Normalzustand zurückzugewinnen.

In der Regel bleibt die Wöchnerin mindestens sechs Tage in der Klinik. Dadurch soll gewährleistet werden, dass sie sechs Tage Bettruhe genießt und nichts tut. Das muss nicht nur die Frau wissen, sondern vor allem der Ehemann. Die junge Mutter muss seelisch und körperlich im nächsten Dreivierteljahr mit Rücksicht und Hilfe rechnen können, sonst hat sie es unzumutbar schwer. Auch wenn sie dank der Gymnastik schon wieder schlank und blühend schön von der Klinik nach Hause fährt, ist sie doch noch anfällig, ist vor allem durch die ungeheure abermalige Hormonumstellung seelisch so labil, dass jede ungeschickte Bemerkung oder Geste des Mannes Tränenströme oder beleidigte Verbissen heit auslösen kann. Für Humor und Selbstkritik hat sie einfach noch nicht genug Kräfte. Fasst der Ehemann diese Gereiztheit und Sensibilität falsch auf, so entstehen die ärgsten (und überflüssigsten) Ehekräche, und wenn beide Pech haben, ist es bis zu der Zeit, in der sich die Mutter tatsächlich wieder wie »früher« fühlt, zu einer inneren Entfremdung gekommen.

Physiologische Tatsachen

Rückbildung der Gebärmutter

In den sechs bis acht Wochen des Wochenbetts bilden sich alle Organe zurück, die am Wachsen und Werden des Kindes direkt beteiligt waren, und die übrigen Organe nehmen allmählich ihre normalen Plätze wieder ein. Derweil vollenden die Brustdrüsen ihren Aufbau und werden voll funktionsfähig.

Die größte Veränderung macht selbstverständlich die Gebärmutter durch. Nach der Geburt steht der Uterus noch in Nabelhöhe und wiegt etwa 1000 Gramm, doch nach vier bis sechs Wochen hat er wieder sein Normalgewicht von 100 Gramm erreicht.

Viele Frauen erleben diese Rückbildung als so genannte Nachwehen. Sie treten in den ersten Tagen nach der Entbindung auf, sind die Kontraktionen, mit denen sich der Uterus wieder zusammenzieht, und rufen manchmal heftige Schmerzen hervor. Je mehr Kinder eine Frau schon hat, desto spürbarer werden die Nachwehen, besonders beim Stillen.

Diese Kontraktionen werden durch ein Hormon ausgelöst, das während des Stillens erzeugt wird. Man kann das während des Stillens spüren: Wenn das Neugeborene in der ersten Woche trinkt, merkt die Mutter manchmal, wie sich der Uterus in kleinen Rucken zusammenzieht. Während dieses Schrumpfungsprozesses sondert der Uterus auch Blutreste und Wundsekret ab. Dies äußert sich als

Wochenfluss

Noch ist der Gebärmutterhals (Cervix) weit geöffnet, damit der Wochenfluss ungehindert den Uterus verlassen kann. Diese Ausscheidung verändert sich im Lauf von zwei bis sechs Wochen. Zuerst ist der Fluss noch rötlich, weil er sich mit dem Blut der Uteruswunde mischt. In dem Maße, in dem diese Wunde heilt, wird er bräunlich, gelblich und schließlich weißlich.

Äußerste Sauberkeit ist höchstes Gebot, denn der Wochenfluss ist sehr reich an Bakterien. Diese können vor allem der Brust gefährlich werden und eine Brustentzündung hervorrufen.

- Die Binden oder Vorlagen müssen deshalb oft gewechselt werden.
- Vor jedem Stillen werden die Hände gründlich mit Seife gewaschen. Ganz Vorsichtige stellen eine Schüssel mit Desinfektionsmittel bereit (Brustpflege siehe nächstes Kapitel)
- Nachthemden werden zum Stillen vorn aufgeknöpft und nicht einfach hochgestreift. Der untere Rand könnte vom Wochenfluss befleckt sein und Bakterien übertragen.
- Man benützt zwei Waschlappen, je einen für den Ober- und den Unterkörper, und ebenso zwei verschiedene Handtücher. Kein anderes Familienmitglied darf diese Sachen benützen.
- Die Wöchnerin wäscht sich prinzipiell nur von oben nach unten, nimmt noch kein Vollbad, sondern duscht

sich lieber. Ob sie Sitzbäder (Kamille) nehmen soll, die den Heilungsprozess beschleunigen, entscheidet der Arzt. Scheidenspülungen sind verboten.

Stoppt der Wochenfluss plötzlich und treten Leibschmerzen mit oder ohne Fieber auf, wird sofort der Arzt alarmiert. Es kann immer einmal zu einer Stauung kommen. Wenn man sich nicht vorsieht, ruft sie Wochenbettfieber hervor. Zur Vorbeugung sollte sich die Wöchnerin von Zeit zu Zeit bequem auf den Bauch legen. Dann bleibt der Wochenfluss am besten in Gang. Verändert sich der Wochenfluss im Geruch oder in der Farbe, ist das ebenfalls ein Grund, den Arzt um Rat zu fragen

Geschlechtsverkehr

ist selbstverständlich in diesen ersten vier bis sechs Wochen verboten. Die Wöchnerin muss sich sorgfältig vor Infektionen schützen, da ihre Abwehrkräfte ziemlich geschwächt sind. Bestand schon vor der Entbindung die Gefahr, dass sie beim Geschlechtsverkehr infiziert wird, so ist jetzt die Gefahr des Kindbettfiebers größer denn je.

Senkungen und Geburtsverletzungen

Gebärmutter und Geburtsweg bilden sich zurück, aber ganz ohne Spuren ist die Geburt kaum geblieben. Am häufigsten sind kleine Risse in der Cervix, in der Scheide und an ihrer Öffnung; oft ist ein Dammschnitt gemacht worden. Der Arzt näht, was zu nähen ist. Kleine Risse verheilen im Lauf des Wochenbetts von selbst.

Manchmal regenerieren sich die Muskeln des Beckenbodens nur langsam, behalten eine Schwäche zurück. Oder die Bänder, an denen der Uterus befestigt ist, sind unfähig, sich wieder vollkommen zusammenzuziehen. Diese Senkungen können sich aber auch erst entwickeln und zeigen, wenn die Wöchnerin daheim ist. Sie werden geradezu herausgefordert,

- wenn sie gleich nach der Entbindung oder nach den acht bis zehn Tagen Bettruhe zu schwer arbeitet oder hebt oder trägt. Faustregel: Nichts Schwereres heben, als was dem Gewicht des Kindes entspricht,
- wenn sich die Wöchnerin insgesamt nicht schont. Tanzparties und große Wäsche haben Zeit. Wer um jeden Preis allzu schnell wieder normal leben will, riskiert Unterleibsschäden.

Alles in allem muss wieder daran gedacht werden: Was sich in neun Monaten entwickelt hat, das braucht abermals seine Zeit, um sich zurückzuentwickeln.

Bettruhe

verordnen Ärzte deshalb auch noch für die erste Zeit daheim. Das heißt nicht, dass die Wöchnerin ununterbrochen im Bett liegen soll. Das heißt nur, dass sie Hausarbeit Hausarbeit sein lassen und sich zwischen Babys Trinkpausen oft hinlegen soll. Sie braucht fast ebensoviel Ruhe und Schlaf wie das Neugeborene.

Wochenpflege

war früher für eine junge Mutter selbstverständlich. In der so genannten Großfamilie der Vergangenheit wurde die Wöchnerin mit großer Liebe umhegt.

a Das ist die Grundhaltung für die ersten Übungen im Bett: Flach und gerade liegen, ohne Kissen unter dem Kopf und ohne dass die Füße das Fußende des Bettes berühren.

b Die Gymnastik beginnt sanft und einfach: Arme zugleich heben und senken, heben und senken.

c Die nächste Übung bringt die Bauchmuskulatur wieder in Schwung. Der Oberkörper wird mit ausgestreckten Armen langsam gehoben. Nicht mit den Füßen mogeln und nicht verzweifeln, wenn es am Anfang nicht so recht klappt.

d Oberkörper leicht anheben und Arme rechts und links neben den Körper legen. Kann zuerst mit Schwung geschehen. Wenn die Bauchmuskulatur wieder kräftiger wird, diese Übung ganz langsam ausführen.

e Beine anwinkeln und wieder flach ausstrecken.

f Knie wieder anziehen, Po anheben und dann das Becken langsam kreisen lassen, zuerst rechts, dann links herum.

Eine Generation versorgte mit allen eigenen Erfahrungen und Weisheiten der Hausmedizin die nächste. Die Säuglingssterblichkeit war groß, die Müttersterblichkeit auch, aber die überlebenden Kinder und Mütter wuchsen in der Geborgenheit der Familie in ihre Rollen hinein. Keine Mutter trug allein an ihrer Arbeit und ihrer Verantwortung.

In unserer Generation werden die meisten Kinder (über 90 Prozent) in der Klinik geboren. Dafür kehren die meisten jungen Mütter allein und ahnungslos in ihre Wohnung und ihre Ehe zurück, die beide durch das winzige Stück Leben im Babykörbchen mehr auf den Kopf gestellt werden, als frisch gebackene Mütter es sich meist vorstellen.

Die Hilfe der älteren Generation ist fragwürdig geworden: Babypflege und -ernährung sind in den letzten 20 Jahren erst richtig aus dem Dornröschenschlaf der Ammenstube herausgetreten. Das bedeutet: Die jungen Mütter von heute können und müssen über Erfahrungen und Kenntnisse verfügen, die Großmutter und Großmutters altem Hausarzt noch vollkommen unbekannt waren. Wenn die Großmutter also in der Wochenbettzeit helfen will, muss sie selbst bereit sein, umzulernen: Volkshochschulen bieten entsprechende Kurse an.

Deshalb ist es gut, wenn nicht nur die Mutter Kurse in Säuglingspflege absolviert hat, sondern wenn auch der junge Vater kochen und die Milch oder den Babybrei zubereiten, das Baby windeln, baden und pflegen und die Waschmaschine bedienen kann.

Darüber hinaus sollten sich die jungen Eltern seelisch darauf eingestellt haben, dass die ersten Wochen mit dem Säugling anstrengender sind als man denkt, dass die modernen Hilfsgeräte im Haushalt zwar angenehm sind, aber diese Tatsache eher verschleiern als lösen. Wieder muss sich die Mutter sagen: Perfektion ist kein Lebensziel. Sie sollte also keine einsame, verbissene Kämpferin werden und ihr Kind so lässig und fabelhaft mit links

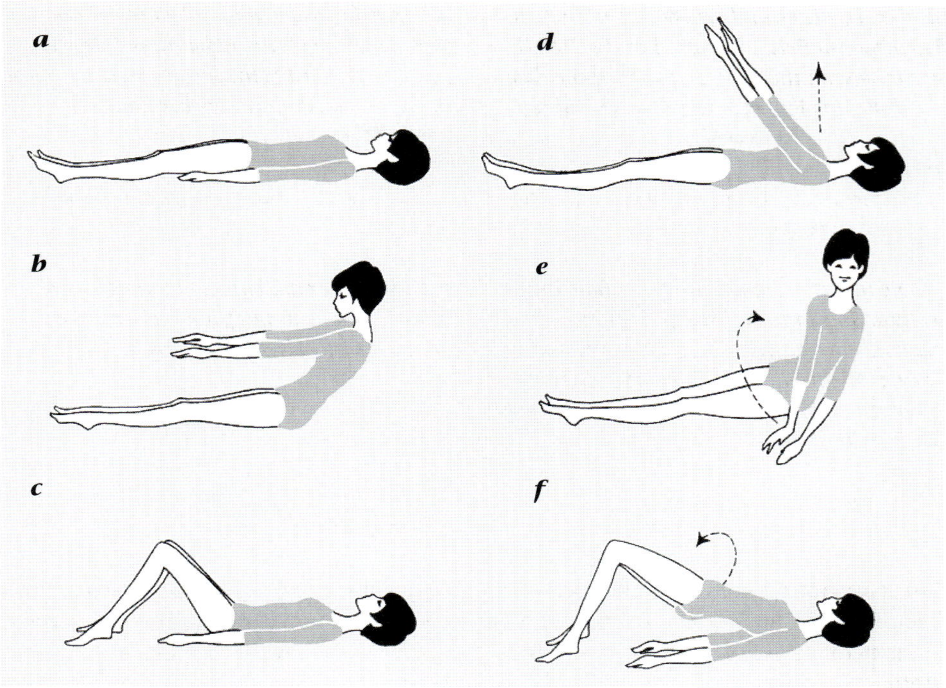

und nebenbei erledigen wollen. Das klappt ohnehin nie. Sie sollte sich lieber darauf einstellen, dass sie Hilfe braucht. Die Wochenpflegerin von einst ist leider aus der Mode gekommen. Ideal wäre es also, wenn sich eine Freundin, eine Schwester, eine Nachbarin mit Kindererfahrung, aber ohne viel Aufstand und Aufwand einfände und in den ersten 8 oder 14 Tagen zur Hand ginge. Wenn so etwas möglich wäre, sollte das schon in den letzten Wochen der Schwangerschaft fest verabredet werden.

Wochenbettgymnastik

ist die einzige während des Wochenbetts erlaubte regelmäßige Tätigkeit. Sie hilft der Mutter, den ganzen Körper wieder fit zu machen und eine Reihe von oben erwähnten Geburtsfolgen zu vermeiden. Die Gymnastik bezweckt:

- die Bauchmuskulatur wieder zu kräftigen und die Beckenbodenmuskeln wieder in Form zu bringen,
- für eine gute Haltung bei wieder veränderter Körperform zu sorgen,
- Kreislaufschäden durch geeignete Atmung und Beinübungen zu vermeiden.

In den meisten Fällen erscheint bald nach der Entbindung die Gymnastikdame Ihrer Klinik in Ihrem Zimmer und macht mit Ihnen und den anderen Müt-

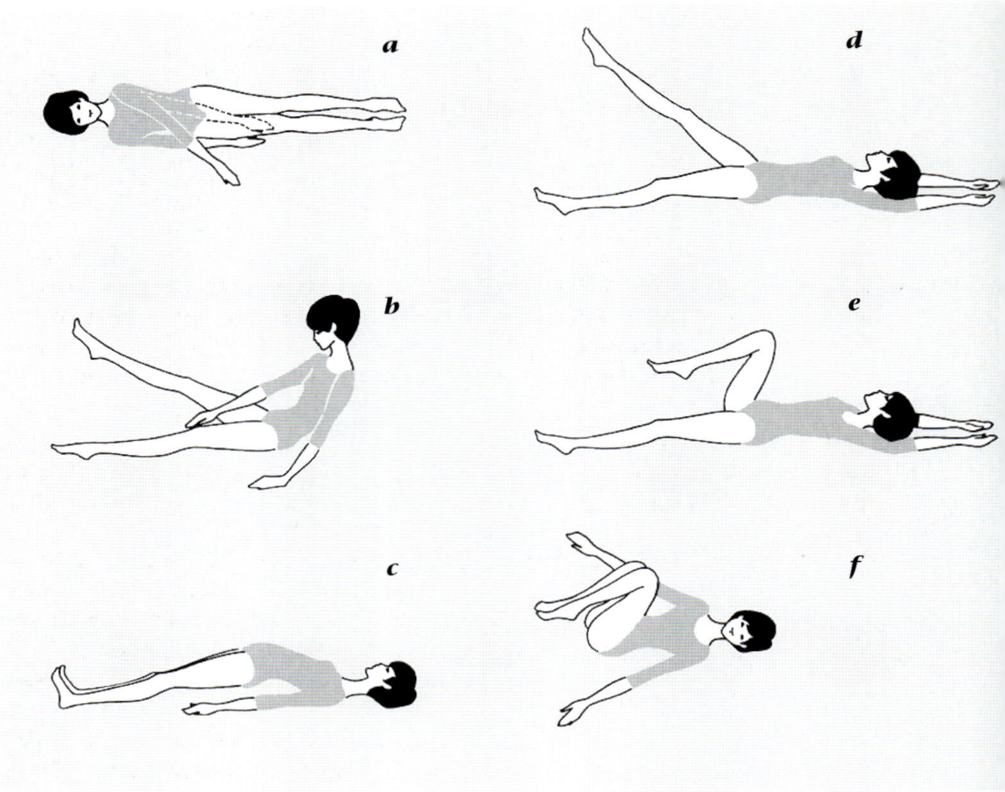

a *Gerade hinlegen, Oberkörper heben und den linken Arm so weit über den Oberkörper legen, wie es geht; dann anderen Arm nehmen.*

b *Wie a, aber jetzt so weit aufrichten, dass Sie mit der Hand das gegenüberliegende Knie erreichen. Dabei das gegenüberliegende Bein gestreckt hochheben. Achtung: Körper dabei gut unter Kontrolle halten!*

c *Gerade hinlegen, Kreuz mit angezogener Pomuskulatur anheben. Wieder senken, entspannen, die ganze Übung wiederholen.*

d *Arme über den Kopf heben, linkes Bein heben und ganz langsam senken; dann das rechte Bein. Schließlich beide Beine abwechselnd heben und senken. Achtung: ganz langsam, nicht zwischendurch entspannen. Gut atmen.*

e *Arme wie d, ein Bein anwinkeln und den Unterschenkel gerade ausstrecken. Bein wieder flach hinlegen und das andere Bein nehmen.*

f *Hinlegen und Beine hochstellen. Mit Schwung mal nach rechts, mal nach links kippen lassen. Achtung: Nur ab Taille drehen, Oberkörper soll fest und ruhig liegen bleiben.*

g *Wie f, aber die Arme mitbewegen. Wenn die Knie nach links kippen, werden beide Arme nach rechts geschwungen und umgekehrt. Rücken bleibt flach und fest liegen!*

h *Gerade hinlegen und Oberkörper zuerst mit ausgestreckten Armen, später mit vor dem Oberkörper gekreuzten Armen aufrichten. Arme hinter dem Nacken verschränken und Oberkörper mit Schwung nach rechts und nach links drehen. Ein paarmal wiederholen.*

i *Flach hinlegen, die Knie anwinkeln und etwas grätschen. Mit beiden Händen innen gegen die Schenkel drücken und gleichzeitig versuchen, die Knie zu schließen. Geht besonders gut, wenn Ihnen die Turnlehrerin beim Gegendruck hilft.*

j *Hinlegen, Knie anwinkeln, ein Knie zum Kinn ziehen und dann strecken; abwechseln.*

k *Knie anwinkeln, Po heben, dann abwechselnd ein Bein strecken.*

l *Beine anwinkeln, dann mit Schwung beide Beine nach beiden Seiten wegkippen lassen. Alle diese Übungen mehrmals wiederholen, aber die Gymnastik nicht zum ›Leistungssport‹ machen! Wie bei der Schwangerschaftsgymnastik hilft ein großer Spiegel, um sich während der Übungen zu kontrollieren.*

tern Gymnastik. Zuerst werden Sie sich noch ein paar Übungen schenken dürfen, aber nach ein bis zwei Tagen müssen Sie richtig mitturnen.

Notieren Sie sich die Übungen, die Sie in der Klinik gemacht haben, und lassen Sie sich noch ein paar Tipps und Hinweise für die Zeit daheim geben.

Unsere Zeichnungen dienen Ihnen außerdem als Erinnerungsstütze und wollen anspornen, auch ohne tägliche Aufforderung von einer netten jungen Dame regelmäßig weiterzuturnen. Über die Gymnastik hinaus sollte die Wöchnerin berücksichtigen, dass auch die Rückbildung der Bauchmuskulatur und des Beckenbodenapparates, die durch Schwangerschaft und Geburt überbeansprucht waren, ihre Zeit braucht, nämlich sechs bis acht Wochen. In dieser Periode sollte sie alle zu frühen und zu schweren Belastungen meiden, damit es nicht später zu den unerfreulichen Folgen kommt: Gebärmuttersenkung oder -vorfall und Ausweitung der Bauchdecke.

Zu ehrgeizige und zu lang andauernde Gymnastik kann zum Beispiel mehr schaden als nutzen. Es wird geraten, in dieser ersten Woche nach der Entlassung aus der Klinik einmal täglich 15 Minuten zu turnen, und diese Zeit in den beiden folgenden Wochen allmählich auf 25 Minuten zu steigern. Außerdem bei allen Arbeiten und Bewegungen im Haushalt stets so stehen, dass der Bauch tief eingezogen und das Gesäß fest angespannt wird. Wenn etwas »Leichtes« gehoben wird, sich nicht vorbeugen und es aufheben, sondern in die Hocke gehen und mit dem Gegenstand aufstehen. Wenn man den Säugling trägt: sich nicht breitbeinig mit vorgeschobenem Bauch und zurückgelehntem Oberkörper hinstellen, sondern siehe oben – mit angespannter Beckenbodenmuskulatur und geschlossenen Beinen. Das Gleiche gilt auch für das unbelastete Stehen.

Insgesamt sollte die Muskulatur sich aus eigener Kraft regenerieren können und auch – durch Turnen – gefördert werden. Wer gleich in Korsett oder Miederhöschen steigt, nimmt der Muskulatur jegliche Arbeit ab und wirkt ihrer Entschlaffung entgegen.

Wochenbetttränen

gehören ebenfalls zu den Begleiterscheinungen dieser Zeit, vor denen man vorher nie gewarnt wird. Am ersten Tag nach der Entbindung schwebt die junge Mutter noch auf Wolken, genießt die Euphorie der Erleichterung und denkt kaum an etwas anderes. Das ändert sich schlagartig am zweiten, dritten oder vierten Tag. Plötzlich sitzt die Mutter tränenüberströmt im Bett. Manche mag versuchen, den ziemlich grundlosen oder aber durch Winzigkeiten ausgelösten Tränenstrom durch Selbstbeherrschung zu bändigen. Das hilft nicht viel, denn dann geht die Sache eine halbe Stunde später wegen einer ebensolchen Nichtigkeit ebenso leidenschaftlich wieder von neuem los.

Wer eine freundliche Ober- oder Stationsschwester hat, bekommt einen Fingerhut voll Cognac und eine liebevolle Umarmung. Die Schwester weiß, dass das ebenso rasch vergeht, wie es kommt, und nachsichtig versucht sie die Weinende davon zu überzeugen, dass morgen alles besser ist.

Morgen ist tatsächlich alles wieder gut. Depressionen, die durch Hormonumstellungen ausgelöst werden, vergehen, sobald das innersekretorische Gleichgewicht wiederhergestellt ist. Wieder ist es wichtig, an den frisch gebackenen Vater zu denken, der diese scheinbar sinnlose Weinerei nicht verstehen würde, wenn er nicht ihre Ursachen kennt. Besser, er überspringt einen Besuchstag, als dass er falsch reagiert.

Frösteln und Schwitzen

Manche Mütter werden schon vom ersten Schüttelfrost befallen, wenn ihr Kind gerade geboren worden ist. Die jähen Fröstelanfälle sind fürs Wochenbett ebenso typisch wie die Schweißausbrüche, zumindest in den ersten Tagen. Sie sind eine Folge der Umstellung, an der der Körper jetzt arbeitet. Wochen- und monatelang hat er für zwei heizen und Temperatur ausgleichen müssen, und dann ist plötzlich nur noch einer da – darauf muss sich der Organismus erst wie der einspielen.

Die Wöchnerin braucht also ein leichtes Wolltuch oder ein Bettjäckchen immer griffbereit in der Nähe. Sie sollte ruhig etwas übervorsichtig sein und während dieser Zeit jegliche Unterkühlung vermeiden. Sonst kann es zu Erkältungen kommen.

Diese Vorsicht gilt fürs Frieren ebenso wie fürs Schwitzen. Wenn die Haut feucht ist, erhöht sich die Gefahr der Abkühlung. Die Wöchnerin sollte ruhig den Wollschal um die Schultern behalten, wenn sie vom Frösteln ins Schwitzen kommt. Bei Hitzeanfällen kühlen feuchte Erfrischungstücher am angenehmsten; freilich muss die Brustpartie von jeglichen kosmetischen Kühlversuchen ausgenommen werden.

Im Übrigen: Oft die Unterwäsche und das Nachthemd wechseln. Wer sehr heftig schwitzt, wäscht sich mehrmals am Tag lauwarm ab. Außerdem wird das Zimmer oft gelüftet. Dabei muss sich die Wöchnerin gut zudecken. Wenn das Neugeborene gebracht wird, muss das Zimmer wieder gemütlich warm sein.

Körpertemperatur

Viele Ärzte lassen die Wöchnerinnen sich in den ersten 14 Tagen morgens und abends messen. Das ist eine Kontrolle, deren Ergebnis meistens sehr beruhigend wirkt.

- Es ist normal, dass die Körpertemperatur am Tag nach der Entbindung um ein paar Zehntelgrad steigt.
- Es ist normal, wenn sie durch Einschießen der Milch oder beim Abstillen um ein paar Striche steigt.

Sollte aus irgendwelchen anderen Gründen Fieber auftreten, wird sofort der Arzt benachrichtigt.

Also: Auch daheim eine Fiebertabelle anlegen.

Der Stoffwechsel

muss sich jetzt erst wieder einspielen. In der ersten Zeit hat fast jede Mutter Verdauungsbeschwerden. Der Stuhlgang kommt nicht von allein in Gang, und Ein läufe sind jetzt streng verboten, es sei denn, der Arzt hat sie ausdrücklich verordnet.

Die Wöchnerin bekommt also noch in der Klinik Abführmittel, kann aber darauf vertrauen, dass eine einmalige Nachhilfe die Verdauung so reguliert, dass sie von einer zweiten Gabe dieser Mittel verschont bleibt.

Manche Mütter fühlen sich dadurch beunruhigt, dass ihnen nach der Entbindung der Schließmuskel des Afters nicht mehr zu gehorchen scheint. Das ist allerdings meist ein Irrtum. Der Muskelring arbeitet so gut wie eh und je. Die Wöchnerin hat nur ein wenig das Gefühl für diese Muskelgruppen verloren; sie bekommt es rascher wieder, wenn sie fleißig Wochenbettgymnastik treibt.

Auch mit dem Wasserlassen kann es hapern. Die Blase ist im wahrsten Sinn des Wortes irritiert: Sie füllt sich und gibt nicht den Befehl zum Entleeren. Die Wöchnerin muss also registrieren, wie oft sie täglich Wasser lässt, darf sich nicht über die großen Mengen wundern und muss unbedingt den Arzt oder die Schwester benachrichtigen, wenn sie sich einen Tag lang gar nicht hat erleichtern können.

Ebenfalls zum Stoffwechselumschwung gehört der scheinbar heftige Haarausfall nach der Entbindung oder nach dem Abstillen. Was in Wirklichkeit aber nur ein Nachholen dessen ist, was während der Schwangerschaft verzögert wurde der normale Wachstums Zyklus der Haare.

Sie sind in den vergangenen neun Monaten üppiger nachgewachsen als sonst und weniger stark ausgefallen. Nun aber bewegt sich alles wieder in gewohnte Bahnen, und die vielen, längst überfälligen Haare werden auf einmal abgestoßen. Doch so wie alle Körperfunktionen innerhalb eines halben oder drei viertel Jahres nach der Geburt wieder in ihren üblichen Fluss finden, normalisiert sich während dieser Zeit auch die Funktion der Haare. Vielleicht sollte man sich unter dessen eine kurze, auf Fülle gestylte Frisur schneiden lassen?

Die Ernährung

In der Klinik wird der Wöchnerin das Überlegen abgenommen. Um zehn oder elf Uhr bekommt sie als Eiweißzusatz ein Schälchen Quark oder ein Glas Milch oder Buttermilch, im Übrigen wird sie mit milder, reizloser und leichter Kost ernährt.

Wie vor der Geburt der Fötus, so wird auch das Neugeborene und das Kleinkind – zumindest im Regelfall – weiterhin direkt von der Mutter ernährt; nur erhält es jetzt weiße Milch statt rotem Blut. Die Mutter muss also vor allem in den Wochen des Stillens so essen, dass ihre Milch fürs Kind bekömmlich ist und ihre Nahrung die Milchproduktion fördert.

Wöchnerinnen sollen möglichst kein rohes Obst, vor allem keine Zitrusfrüchte essen. Die Säure der Apfelsinen oder Zitronen ist für das Neugeborene noch viel zu stark und verursacht Verdauungsstörungen. Das aber kann für ein Neugeborenes Lebensgefahr bedeuten, schwächt es auf jeden Fall in seiner empfindlichsten Zeit. Kompott jedoch ist erlaubt.

Im Übrigen kann man sich an die Regeln der Schwangerenkost halten. Stillende Mütter brauchen bis zu 3000 Kalorien täglich. Zu bevorzugen sind gekochtes und rohes Gemüse, mageres Fleisch, Fisch, Geflügel, Eier, gekochtes (erst später auch rohes) Obst, Quark und andere Milchprodukte. Ergänzt wird diese Nahnung durch Kalk- und Vitaminpräparate, die der Arzt verschreibt. Insgesamt handelt es sich also um eine eiweiß- und vitaminreiche Kost.

Verboten ist Fettes, Gewürztes, Saures, Geräuchertes, Blähendes, schwer Verdauliches, ebenso Schokolade, Buttercremetorten und ähnlich Gewichtiges.

Empfohlen werden fünf kleine Mahlzeiten täglich statt drei große Hauptmahlzeiten. Das erleichtert dem Organismus die Arbeit und macht die Milchproduktion regelmäßiger.

Die beiden Zwischenmahlzeiten können aus Kleinigkeiten bestehen: ein Milchmixgetränk mit Butterbrot oder Quarkcreme mit Kompott oder Kräutertee mit Knäckebrot und Käse.

Abgeraten wird von allen Nahrungsmitteln, die den Geschmack der Milch verändern. Hat die Mutter Sellerie, Spargel, Lauch oder Blumenkohl gegessen, so schmeckt ihre Milch nach diesen Nahrungsmitteln. Unter Umständen kann der Säugling die Milch verweigern und zum problematischen Esser werden.

Schlankheit

Wenn die Mutter in den Spiegel schaut, sagt sie er schrocken: »Himmel, bin ich dick!«

Der so genannte »Stillspeck« braucht sie jedoch nicht zu beunruhigen und vor allem nicht zu Hungerkuren veranlassen. Er besteht nämlich vor allem aus Wasser. Während der Schwangerschaft nimmt die Frau etwa zehn bis elf Kilogramm zu. Fast die Hälfte dieser Menge entfällt auf die Flüssigkeitsvermehrung in Kreislauf und Gewebe. Nach der Entbindung braucht der mütterliche Organismus diese Flüssigkeitsreserven nicht mehr zur Ernährung des Kindes. Er baut das Wasser allmählich von ganz allein ab.

Hungerkuren während der Stillzeit würden also am Problem vorbeigehen: Das berührt den Wasserabbau kaum, beeinträchtigt aber Mutters und vor allem Babys Gesundheit.

- Wichtig: Pro 100 Gramm Stillleistung braucht die Mutter zusätzlich fünf Gramm Eiweiß. Trinkt das Baby also seine 800 Gramm pro Tag, muss die Mutter zusätzlich 40 Gramm tierisches Eiweiß verzehren. Dieser Bedarf wird gedeckt durch eineinhalb Liter Milch oder 250 Gramm Quark oder 200 Gramm Fleisch vom Schlachter Ihres Vertrauens.

Getränke

Die Wöchnerin hat normalerweise mehr Durst als gewöhnlich, denn sie verliert im Wochenbett mehr Flüssigkeit als sonst. Sie stillt, sie schwitzt, sie gibt im Wochenfluss Wasser ab. Das alles muss ersetzt werden. Erlaubte Getränke sind mit Traubenzucker gesüßter Tee, jeglicher Milchmix ohne Obst und Milchgetränke wie Buttermilch oder Kakao sowie Mineralwasser. Je nach Konstitution der Wöchnerin sind täglich eineinhalb bis zwei Liter erlaubt. Ein leicht gesalzenes Getränk kann den Durst übrigens besser stillen als ein Glas süßer Saft.

Alkohol und Nikotin, Kaffee und Medikamente

sind während des Wochenbetts und der ganzen Stillperiode weiterhin mit Vorsicht und in Maßen zu genießen. So wie sie während der Schwangerschaft den Fötus durch die Plazenta erreichten, so gehen diese Reizmittel in die Muttermilch über und schädigen das Kind.

Viele Ärzte verbieten die Zigaretten nicht total, erlauben aber höchstens vier pro Tag. Besser ist es auf jeden Fall, wenn man mit dem Rauchen erst nach dem Abstillen wieder beginnt.

Bier und Wein sind in Maßen erlaubt: maximal ein Viertelliter pro Tag. Schnaps und andere starke alkoholische Getränke sind dagegen ganz verboten.

Auf Kaffee braucht die Wöchnerin nicht zu verzichten, doch sollte sie ihn etwas schwächer brauen, damit er nicht ihre kostbare Nachtruhe kürzt.

Medikamente, auch Schlaftabletten, gehen aus dem Blut der Wöchnerin in ihre Milch über. Deshalb gelten die gleichen strengen Regeln wie während der Schwangerschaft: Prinzipiell nimmt man keinerlei Medikamente ohne ärztliche Verordnung.

Körperpflege

Bei mehreren Gelegenheiten ist schon darauf hingewiesen worden, wie wichtig Sauberkeit ist. Dennoch: Mit einem Vollbad muss die Wöchnerin warten, bis der Wochenfluss versiegt ist, sonst geraten gefährliche Bakterien an die Brust.

Die Hygiene erstreckt sich in dieser Zeit auch aufs Bett und auf die Wäsche. In der Klinik sorgen die Schwestern für frische Bettwäsche, frische Unterlagen und frische Nachthemden. Die Mutter sollte ihr eigenes Bett daheim ähnlich einrichten:

Das Bett wird normal bezogen. Dann kommt quer darüber ein zusammengefaltetes Laken. Wenn der Wochenfluss noch sehr stark ist, kann man zur Vorsicht außerdem ein Gummituch darunterziehen. Wer Gummitücher nicht mag, kann Plastiktücher oder Wegwerfeinlagen nehmen. Auf jeden Fall muss die Matratze geschützt und der Querbezug im Bett bequem zu wechseln sein, sodass es rasch erstzt werden kann, wenn er Flecken abbekommen hat. Spätestens nach zwei Tagen sollte man den Bezug wechseln.

Wochenbettbesuche

Es gibt immer wieder Geschichten von jungen Müttern, die mit dem Neugeborenen auf dem Arm stolz ins Heim einziehen und ein paar Stunden später in Tränen aufgelöst zwischen Bergen von Schmutzwindeln, durcheinander schnatternder Familie, Stapeln von Kaffeetassen und Überresten von Sahnetorte hindurch wanken und den Gatten zur Flucht in die friedliche Kneipe bringen.

Das ist als Karikatur gemeint, aber oft genug entspricht es der Wirklichkeit. Jetzt tut eine energische frisch gebackene Großmutter oder eine Freundin gut, die schon die Besuche in der Klinik regelt und vor allem dafür sorgt, dass Vater, Mutter und Kind den ersten Tag zu Hause ganz allein für sich haben. Stillen strengt an, das Neugeborene ist ohnehin durch die erste Reise seines Lebens etwas unruhig, und der zum Vater avancierte Ehemann braucht auch Zeit für die Eingewöhnung. Das geht nur, wenn die Mutter sich auf die neuen Aufgaben konzentrieren und trotzdem dabei entspannen kann. Sie ist noch so unsicher und empfindlich gegen Kritik. Sie kann selbst die liebevolle Ironie nicht so gut wie früher vertragen, sie wird durch jeden Einwand unsicher, und jede Neckerei trifft sie ins Herz.

Das alles überträgt sich auf Babys Seelenlage. Wenn es am ersten Tag daheim wie im Taubenschlag zugeht, ist es kein Wunder, wenn das Kind tagsüber spuckt und nachts vor Nervosität schreit.

Frühestens am dritten bis vierten Tag dürfen die Verwandten und Freunde erscheinen, aber nicht alle auf einmal und keiner unangemeldet.

Ein Tipp für die Mutter: Kein Besuch wird ohne weise, gute oder alberne Ratschläge wieder von dannen gehen. Lassen Sie sich nicht verwirren, lassen Sie sich aber auch nicht auf Diskussionen ein. Sie fangen ja erst an, Erfahrungen zu sammeln; infolgedessen wird man Ihnen niemals zugestehen, dass Sie als frisch gebackene Mutter mit Ihren Ansichten recht haben könnten.

Auch die liebsten Besuche sind momentan unerwünscht, wenn sie Mutter und Kind gefährden können. Wer krank ist, wer auch nur einen Schnupfen hat, wer mit kranken Menschen zusammenkommt, sollte zunächst nur schriftlich gratulieren, umgekehrt soll eine frisch gebackene Mutter keine Krankenbesuche machen, es sei denn, es handelt sich bei dieser Krankheit nur um ein gebrochenes Bein.

Die Hauptperson im Wochenbett

ist das Kind. Bis jetzt war es das unbekannte Wesen, jetzt hat es ein Gesicht und lässt überraschend bald Charakter und Persönlichkeit erkennen. Mutterliebe erwacht nach Meinung der meisten Psychologen in diesen ersten Tagen des Wochenbetts. Mutterliebe ist keine angeborene Eigenschaft, sondern erwächst aus den Beziehungen zwischen Mutter und Kind.

Wie die Mutter dazu beitragen kann, dass diese Beziehung von Anfang an glücklich wird, dass sie das Wachsen des Kindes fördert, ihm später die Selbstständigkeit und das Hineinwachsen in die Gemeinschaft leicht macht, lesen Sie in den Kapiteln 10 und 11.

Rückkehr der Menstruation

Die erste Periode tritt sechs bis acht Wochen nach der Entbindung auf, wenn die Mutter abgestillt hat oder sechs bis acht Wochen nach dem Abstillen. Es kann insgesamt etwas länger dauern, bis sich die erste Blutung wieder einstellt, doch dann sollte auf jeden Fall der Frauenarzt gefragt werden.

Ein Hinweis für Familienplaner: Auch wenn die Monatsblutungen noch nicht wieder begonnen haben, kann der Zyklus von Eisprung und Eiwanderung schon während der Stillzeit einsetzen. Das bedeutet, dass eine Frau schon in der blutungsfreien Zeit nach der Entbindung ein nächstes Kind empfangen kann. Hat eine Mutter schon abgestillt, ohne dass die Regelblutung einsetzt, sollte sie, allein schon um jede weitere Verunsicherung zu vermeiden, ihren Arzt fragen, ob er meint, etwas unternehmen zu müssen.

9

KAPITEL

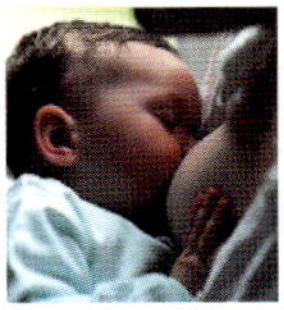

Die Stillzeit

Gleich nach der Entbindung richtet sich die Wirksamkeit der Hormone auf ein neues Objekt. Sie regen die Brustdrüsen dazu an, ihre volle Tätigkeit zu entfalten. Die weibliche Brust besteht aus dem Gewebe dieser Milch- oder Brustdrüsen, das zwischen zarte, weiche Fettschichten eingebettet ist. Die Milch wird in den Drüsen erzeugt und durch zahlreiche Milchgänge zur Brustwarze geleitet. Wenn das Baby saugt (oder wenn die Brust künstlich entleert wird), leeren sich die Milchgänge, und neue Milch kann produziert werden und nachschießen. Je gründlicher die Brust geleert wird, desto mehr Milch wird anschließend gebildet. Ist das Kind noch zu klein oder hat eine Mutter besonders viel Milch, sodass das Kind bei einer Mahlzeit nicht eine Brust leer trinken kann, muss der Rest sorgfältig abgepumpt oder ausgedrückt werden, da sonst der Milchfluss behindert wird. Denn wenn am Anfang auch die Milch auf Hormonbefehl gebildet wird, hängt doch die weitere Milchbildung weit gehend vom Gesetz von Angebot und Nach frage ab. Je mehr Drüsengewebe die Brüste einer Frau enthalten, desto mehr Milch wird gebildet. Doch darf man sich nicht auf den Augenschein verlassen. Hat eine Frau einen vollen Busen, so ist noch lange nicht gesagt, dass sie viel Milch erzeugen kann. Die große Brust kann hauptsächlich aus Fettgewebe bestehen. Dafür kann eine kleine Brust so reich an Milchdrüsen sein, dass der Säugling sie bei keiner Mahlzeit ganz zu leeren vermag. Bei der Geburt und unmittelbar danach geben die Brustdrüsen wieder dieselbe gelblich klare, etwas klebrige Flüssigkeit wie am Ende der Schwangerschaft ab. Diese so genannte Vormilch ist besonders eiweiß- und vitaminreich und deshalb die beste Erstnahrung für das Neugeborene. Sie wirkt leicht abführend, sodass das Kind rasch alles los wird, was sich in der Zeit vor der Geburt in seinem Darm angesammelt hat. Frauen, die schon Kinder haben, merken oft gar nicht, dass die Milch einschießt, wie man den Beginn der Milchbildung nennt. Jüngere Mütter und Mütter erster Kinder spüren jedoch, dass die Brüste nach der Geburt größer und fester werden und oft schmerz- oder zumindest druckempfindlich sind. Junge Mütter müssen manchmal auch länger – bis zu fünf Tagen – auf den Milcheinschuss warten. In diesen Stunden fühlt sich eine Frau nicht besonders wohl. Sie ist unruhig, bekommt manchmal leichtes Fieber und ist meist froh, wenn ihr das Kind endlich an die Brust gelegt wird. Das Neugeborene erhält zuerst Vormilch. Sie ist so kalorien- und nährstoffreich, dass sie auch in den geringen Mengen, in denen sie erzeugt wird, für die ersten Mahlzeiten ausreicht. Nach etwa zwei bis vier Tagen ändert sich die Beschaffenheit der Milch. Sie wird weißlich, kann zwar in ihrer Zusammensetzung je nach der Ernährung der Mutter leicht schwanken, ändert ihr Aussehen jedoch nicht mehr.

Das Baby regt den Milchfluss immer wieder durch Tapsen mit seiner kleinen Hand auf Mutters Brust an.

Der Stillstreit gehört zu den offenbar ununterbrochenen Debatten unseres Jahrhunderts und wird in jeder Generation von neuem, jedoch immer mit anderen Argumenten ausgefochten. In den 20er-Jahren regten sich die Großmütter darüber auf, dass sich die flotten jungen Mütter nicht die Figur verderben wollten, wie man damals sagte, sondern kurze Röcke anzogen, Auto fahren lernten und ihren Babys kurzerhand das Fläschchen mit der gerade entwickelten, keimfreien und praktischen Flaschennahrung gaben. In der Nazizeit propagierten die Reichsfrauen-Damen natürlich, dass »eine deutsche Mutter stillt«! In den Bombennächten und den ersten Hungerjahren nach dem Krieg waren die Frauen froh, wenn sie überhaupt Milch für ihre Kinder hatten. In den Jahren des Wirtschaftswunders, als in den westlichen Industrienationen die Zahl der gestillten Kinder wieder erheblich zurückging, verursachten Ärzte und Schwiegermütter vielen jungen Frauen ein schlechtes Gewissen, indem sie das Stillen wie eine unterlassene Pflicht einklagten und gerade dadurch etwas Selbstverständliches zum Problem machten, zum Verdrängungsproblem.

Heute ist Stillen wieder in Mode. Die Frauenkliniken empfehlen drei bis vier Monate voll zu stillen, aber nicht länger als sechs Monate. Es gibt in allen großen Städten Arbeitsgemeinschaften freier Stillgruppen, Mütter also, die sich zum Stillen zusammenfinden, Erfahrungen austauschen und Stillprobleme gemeinsam lösen. Unbestritten ist, dass Muttermilch die beste Ernährung für das Baby ist, vor allem wenn

- Komplikationen in Babys Gesundheitszustand auftreten (Stillen stärkt das Immunsystem) und
- es ein frühgeborenes oder wenig widerstandsfähiges Kind ist.

Unbestritten ist auch, dass das Stillen die beste Einführung in das Leben darstellt, die man seinem Kind bieten kann. Denn es geht beim Stillen nicht nur um Milch und Nährstoffe und Antikörper, sondern um das Verhältnis zwischen Mutter und Kind. Das Stillen stellt eine innige Bindung zum Neugeborenen her, die das Kind ebenso braucht wie Licht, Luft, Sauberkeit und Nahrung. Stillen ist also mehr als das Nähren, es ist gleichzeitig Vermittlung von Wärme, Zärtlichkeit und Schutz. Ein Kind, das behaglich und friedlich an Mutters Busen nuckelt, ist tatsächlich »gestillt«. Freilich ist es keine sehr gute Praktik, junge Frauen gerade durch das Stillen zur Mutterliebe erziehen zu wollen. Für eine liebevolle und gutwillige Mutter kann es äußerst belastend sein, wenn sie gerade in diesem Punkt versagt, der von manchen Autoritäten als die höchste Leistung der Mutter gepriesen wird! Schuldgefühle können entstehen, und dieses schlechte Gewissen kann in eine Ablehnung des Kindes umschlagen. Damit wäre genau das Gegenteil von dem erreicht, was man sich heute, vor allem für das Kind, wünschen muss. Aber darüber lesen Sie mehr im Kapitel über die Stilltechnik.

Muttermilch und Schadstoffe

Wir leben in einer Zeit und in einem Land hoch entwickelter Industrialisierung. Durch die ständigen Belastungen und Veränderungen, die die Menschen seit Generationen provoziert haben, ist unsere Umwelt stärker mit Rückständen in Luft und Erde erfüllt als je zuvor. Das ist der Preis für unsere Bequemlichkeiten, zum Beispiel dafür, dass ein Baby in Papier- oder Flockenwindeln gepackt wird, die einmal benutzt und dann fort geworfen werden.

Diese Stoffe nun, Pestizide, Biozide, DDT, Dioxin oder chlorierte Wasserstoffe aus der Kunststoff- und Herbizidproduktion, können heute nicht nur nachgewiesen, sondern in einer solchen Minimenge festgestellt werden, wie man sie sich kaum mehr vorstellen kann. Gerade diese letzte Tatsache führt immer wieder zu Missverständnissen. Bei der Meldung »Gift in der Muttermilch« muss man sich jedesmal fragen: »In welcher Menge?« Denn da jeder von uns – siehe oben – ein Produkt seiner Umwelt ist, in der er lebt, enthalten unsere Nieren, unser Gehirn, unser Fettgewebe logischerweise immer sämtliche »Gifte« dieser Umwelt. Untersuchungen einer Braunschweiger Frauenklinik haben gezeigt, dass es in bezug auf den Schadstoffehalt der Muttermilch keinerlei Unterschiede zwischen den verschiedenen Umweltbedingungen gibt. Es hat also keine Auswirkungen, ob eine stillende Frau berufstätig ist oder nicht, ob sie Kosmetika verwendet oder nicht, ob sie sich normal ernährt oder mit Reform- oder vegetarischer Kost, eines oder mehrere Kinder geboren hat, schon früher gestillt hat oder nicht, selbst gestillt wurde oder nicht. Sogar der Umgang mit Schadstoffen, zum Beispiel bei Friseusen, Kosmetikerinnen oder Chemielaborantinnen, hat keinen höheren Schadstoffgehalt in der Muttermilch zur Folge.

Wie kommen nun diese Schadstoffe überhaupt in die Muttermilch und in welcher Menge können sie gefährlich werden? Der Weg ist einfach: Sie geraten über die Nahrungskette in unseren Kreislauf, und zwar direkt und indirekt. Also über das Gemüse, das wir essen, und über das Grünfutter oder das Getreide, das die Tiere gefressen haben, die wir wiederum als Fleisch, Eier, Milch oder Käse verzehren. Auf diese Art und Weise können Pflanzenschutzmittel und Umweltchemikalien der verschiedensten Art in den menschlichen Organismus gelangen, der sie entweder in ihre chemischen Bestandteile zerlegt und weiter verarbeitet oder ausscheidet oder in seinem Fettgewebe und in bestimmten Organen speichert. Infolgedessen enthalten die Muttermilch und das menschliche Depotfett Rückstände an chlorierten Kohlenwasserstoffen und verschiedenen anderen Chemikalien, die auch in Gehirn, Niere, Leber und Plazenta nachweisbar sind. Diese Biozide, die über die Nahrungskette in den menschlichen Organismus gelangen und sich dort anreichem und die natürlicherweise bei einem jungen Menschen noch geringer sind als bei alten, gelten als Anzeichen für die Umweltbelastung des Menschen.

Diese Umweltbelastung wird besonders kritisch, wenn man an die nächste Generation denkt. Denn Rückstände, die in der Muttermilch festgestellt werden, gehen beim Stillen auf den Säugling über und reichem sich dann im Fettgewebe des Kleinkindes an. Manche werden, wie bei der Mutter, sofort ausgeschieden oder in ihre Bestandteile zerlegt und weiter verwertet, oder aber langsam abgebaut. Und das ist der Grund, warum bei uns die Anwendung bestimmter Stoffe stark einge schränkt oder verboten wurde. Denn wenn ihr Abbau sehr langsam erfolgt, bedeutet dies zumindest eine mögliche Gefahr für das spätere Leben. Das ist weiter der Grund, warum in den letzten Jahrzehnten immer wieder Chemische Untersuchungsämter oder Sozialministerien den Schadstoffgehalt der Muttermilch überprüfen lassen. Dabei wird immer wieder festgestellt und bestätigt: Der Schadstoffgehalt ist ganz allgemein im Vergleich mit der Situation der siebziger Jahre durch diese Verbote zurückgegangen. Der Gehalt an neuen Umweltgiften wird heute ebenso rasch über prüft und ebenso ernst genommen wie in den früheren Fällen.

Dabei ist noch zu berücksichtigen, dass die so genannten Grenzwerte der Schadstoffe so niedrig gehalten sind, dass sie meist nur Hundertstel der Mengen betragen, die beim Tier noch nicht einmal giftig wirken. Beim Tier: Denn man kann diese Proben ja nicht beim Menschen anstellen. Diese Grenzwerte werden in ppm gemessen, das heißt: *parts per million,* umgesetzt in ein Bild: Ein *part per million* ist eine Maus im Verhältnis zu drei Elefanten.

So stellte die Deutsche Forschungsgesellschaft fest: »Es liegen von klinisch ärztlicher Seite keine Befunde vor, die es rechtfertigen würden, vom Stillen abzuraten.« Sie sagt das auch aus folgendem Grund: Die festgelegten Toleranzgrenzen – selbst wenn sie in Muttermilch überschritten würden – gehen immer von der Voraussetzung einer lebenslangen Zufuhr eines bestimmten Lebensmittels aus. Die Stillzeit dauert jedoch nur mehrere Wochen bis einige Monate, daher kann ohnehin nicht von einer Gefährdung der Kinder gesprochen werden. Und die Deutsche Gesellschaft für Ernährung stellt dazu fest: »Die Vorzüge einer Ernährung durch Frauenmilch, hinsichtlich der optimalen Zusammensetzung der Nährstoffe, der Infektabwehr und Weitergabe immunologisch wirksamer Substanzen sind so bedeutsam, dass die festgestellten Rück stände keinesfalls den Aufruf: ›Nicht mehr stillen!‹ rechtfertigen.«

Im Übrigen sind die Schadstoffe, die das Kind direkt von der Mutter übernehmen kann, wesentlich umfangreicher und auch gefährlicher, nämlich Nikotin und Alkohol. Am verhängnisvollsten wirken in diesem Zusammenhang die Inhaltsstoffe des Tabaks, denn sie werden rasch und in hoher Dosis mit der Milch übertragen und vom Säugling noch zusätzlich beim Inhalieren des Rauches aufgenommen.

Die Nikotinreste in der Zimmerluft sind besonders schädlich, denn sie können dazu führen, dass der Säugling nicht ordentlich trinkt und isst. Die Leber des Säuglings ist noch unreif und wird es noch bis in die Schulzeit hinein bleiben, sie kann Giftstoffe wie Nikotin nur langsam abbauen. Das beeinträchtigt das kindliche Wohlbefinden und kann bis zum Erbrechen führen. Das verursacht nun wiederum einen bedingten Reiz: Bekommt das Baby neue Speisen angeboten, während die Luft mit Zigarettenrauch erfüllt ist. So fallen Widerwillen gegen diesen Giftstoff und unbekannter Geruch zusammen und lassen das Kind eine neue Speise instinktiv ablehnen. Ein schwieriger Esser wird erzogen.

Da also feststeht, dass die Zusammensetzung der Nähr und Schutzstoffe der Frauenmilch nicht künstlich nachgemacht werden kann, trotz aller Fortschritte der Lebensmittelchemie und -technik, und da die Muttermilch zudem Eiweißstoffe enthält, die die Verarbeitung der anderen Nährstoffe wesentlich fördert, sollte jede Mutter ihr Kind stillen und alles dazu beitragen, was in ihren Kräften steht, um die Milch für ihr Kind so schadstoffarm wie möglich zu halten.

Während der Stillzeit Alkohol, Medikamente, Drogen und Nikotin meiden. Keine Speisen essen, von denen wir wissen, dass sich in ihnen Schwermetalle oder andere schädlichen Substanzen sammeln, zum Beispiel Innereien oder Waldpilze. Insgesamt nicht länger als sechs Monate stillen, denn bereits nach drei Monaten ist das eigene Abwehrsystem des Neugeborenen schon entwickelt, nach sechs Monaten bringt es für Kind und Mutter keinen wesentlichen Vorteil mehr.

Während der Stillzeit keine Schlankheitskuren beginnen, also nicht bewusst abnehmen, denn dann kommt es zu einer vermehrten Einschmelzung der Fettdepots und damit natürlich zu einer vermehrten Ausscheidung der Pestizide in der Brustmilch.

Schließlich: Lassen Sie sich nicht durch Zeitungsartikel und falsche Informationen verunsichern und vom Stillen abbringen. Denn das Beste, was eine Mutter ihrem Kind zu bieten hat, ist und bleibt die Muttermilch.

Die Mutter und das Stillproblem

Wenn eine Frau über ausreichend Milch für ihr Kind verfügt, ist alles in Ordnung, und das ganze Problem besteht nur darin, dass die Nährstoffe der Muttermilch rechtzeitig durch Vitamine und Mineralstoffe ergänzt werden, das heißt durch Obst- und Gemüsesäfte.

Reicht die Muttermilch jedoch nur zwei bis vier Wochen, sind die Ratschläge zu befolgen, wie die Milchproduktion angeregt und weiter in Gang gehalten werden kann. Klappt es auch dann nicht, so sollte sich die Mutter von niemandem das Herz schwer und Vorwürfe machen lassen. Sie sollte ihr Kind unvermindert ihre Liebe spüren lassen und sollte, wenn sie noch in der Klinik ist, darauf bestehen, dass sie ihrem Kind selbst das Fläschchen geben darf.

Vorteile des Stillens

Jede Mutter sollte die Stillzeit so weit zu verlängern suchen, wie es geht, denn ganz unbestritten wirkt sich das Stillen auch auf Mutters Gesundheit günstig aus: Der Uterus bildet sich rascher zurück. Der gesamte Hormonhaushalt spielt sich schneller und leichter wieder ein. Das bedeutet auch, dass die Depressionen, die Gereiztheit und die Empfindlichkeit rascher vergessen sind.

Die Brust ist im Laufe der Schwangerschaft aufs Stillen vorbereitet worden. Diesen Prozess soll man reifen und langsam ausklingen lassen. Das vermeidet die Entzündungen und Schmerzen, die bei sehr frühem Abstillen oft auftreten.

Das langsame Abbauen der Milchproduktion hält auch den Busen in besserer Form. Viele Frauen genießen es, durch die Milch eine runde und feste Brust bekommen zu haben. Stillt man zu schnell ab, kann das Gewebe, das ja von keinem Muskel gestützt ist, über Gebühr erschlaffen. Viele Frauen fürchten, das Stillen schade der Brust. Das stimmt nicht: Nicht das Stillen, sondern plötzliches Abstillen kann die Form des Busens verändern. Durch Stillen vergrößert sich übrigens die Brust nur vorübergehend. Nach Abklingen der Stillzeit wird sie wieder normal.

Außerdem ist die Eigenproduktion für die Mutter bequem. Ihre Milch ist immer richtig temperiert, sie braucht nicht gekocht und vorbereitet zu werden, sie ist keimfrei, richtig in Konsistenz und Nährwert und kann nicht schlecht werden. Unbestreitbar sind die Vorteile für den Säugling: Brustkinder erreichen ihr Geburtsgewicht meist rascher und stetiger.

Die Muttermilch enthält zwar weniger Eiweiß als Kuhmilch, aber ein Viertel mehr Zucker und dreimal soviel Eisen.

Ihre Vitamine können voll ausgenutzt werden, da die Milch roh getrunken wird und nichts verloren geht. Die Muttermilch ist in den ersten Wochen für das Kind besonders verträglich. Sie ist durch ihre Enzyme dem noch unreifen Verdauungssystem so angepasst, dass es dem Säugling keine Mühe macht, sie zu verarbeiten. Diese Enzyme wirken auch auf die andere Nahrung. Wenn eine Frau also nur wenig eigene Milch hat, sollte sie dennoch wenigstens teilweise stillen, damit ihr Kind die Flaschenmilch und die andere Beikost besser verdauen und verwerten kann.

Brustkinder müssen weniger Flüssigkeit ausscheiden, werden also nicht so nass. Damit hängt wahrscheinlich etwas anderes zusammen: Brustkinder neigen weniger zum Wundwerden und haben oft eine besonders rosige und glatte Haut.

Muttermilch schützt das Kind zudem vor künftigem Übergewicht, denn das Übergewicht des Erwachsenen ist neben anderen Ursachen durch die Ernährung im Säuglingsalter bedingt. Es ist zwar umstritten, ob tatsächlich in der frühen Kindheit die Anzahl der Fettzellen durch Überernährung festgelegt wird, sicher ist aber – und durch eine kanadische Langzeitstudie bewiesen –, dass Jugendliche, die als Babys lange, drei bis sechs Monate, gestillt wurden, im Gegensatz zu anderen nicht zur Fettsucht neigten.

Ob nun Muttermilch die körperliche Entwicklung bestimmt oder ob ein gestillter Säugling nicht überfüttert wird, weil er friedlich ist, spielt dabei keine so große Rolle. Wichtig ist: Ein gestilltes Kind lernt von Anfang an ein normales Essverhalten und ist auch schon aus diesem Grund vor späterem Fehlverhalten und damit meist auch vor Übergewicht geschützt.

Durch das Stillen wird das Kind auf jeden Fall besser mit Eisen versorgt, und da dieser wichtige Mineralstoff sonst zu den Wirkstoffen gehört, an denen es uns auch bei bester Ernährung mangelt, bringt diese Tatsache einen weiteren Vorteil für das Kind.

- Fazit für die Mutter: Alle diese Vorteile des Stillens beziehen sich auf die ersten gemeinsamen Wochen von Mutter und Kind. Das ist wichtig, denn fast alle Mütter können ihre Kinder mindestens zwei bis vier Wochen lang nähren. Völlig falsch ist aber die Einstellung: »Wenn ich doch nur drei Wochen lang stillen kann, warum soll ich dann überhaupt erst anfangen?« Jede Frau sollte damit anfangen und so emsig wie möglich stillen. Zeit hat sie in jedem Fall, denn sie hat sechs Wochen nach der Entbindung Berufsruhe. Jeder Tag ist ein Gewinn für beide, und jeder Tag macht die Mutter im Umgang mit ihrem Kind und seinen Essensproblemen sicherer.

So lernt das Neugeborene trinken

Das Kind wird der Mutter gleich nach der Geburt in die Arme gelegt. Manche Kinder haben in diesen ersten Lebensminuten gleich einen ausgeprägten Saugreflex und sollten dann auch angelegt werden. Die Vormilch ist gut für das Kind, und das Saugen ist gut für die Milch: Der Saugreiz löst den Milchreflex aus. Es kann aber auch sein, dass das Kind nach der Geburt erschöpft und müde ist und nichts als schlafen möchte. Dann sollte die Mutter nicht enttäuscht sein, dass ausgerechnet ihr Kind nicht gleich nuckelt. In diesem Augenblick ist es das wichtigste, dass das Kind ihre Wärme und ihren Geruch spürt, ihre Zärtlichkeit, ihren vertrauten Herzschlag.

Die Hebamme wird bei der Entscheidung mithelfen, ob das erste Quarren des Neugeborenen als Wunsch nach Schlaf oder Milch zu verstehen ist. Auch diese Entscheidung ist also im Grunde niemals prinzipiell zu treffen, sondern sie sollte sich nach der Konstitution des Kindes richten.

Damit die Stillzeit gut beginnen und verlaufen kann, müssen sich ohnehin Milchbildung und Milchabgabe einspielen. Wenn das Kind saugt, so beginnt ein Hormon zu wirken, das die Milch aus den Milchdrüsen in die Milchgänge drückt. Die Mutter merkt das an einem Ziehen in beiden Brüsten. Manchmal ist der Druck so stark, dass die Milch aus den Brustwarzen spritzt. Diese Harmonie muss sich nun in den ersten Tagen einspielen, denn all diese Reflexe sind noch äußerst fragil und geraten bei der geringsten äußeren oder seelischen Störung außer Takt.

Das heißt: Ruhe für Mutter und Kind. Keine Aufregungen, keine Hetze, weder Ängste noch Ärger – himmlischer Friede! Dann kann das Kind mit der gleichen Ruhe die Brust der Mutter – zuerst nur eine – zu leeren versuchen. Das ist wichtig, denn Angebot und Nachfrage regeln auch diese Milchproduktion. Bleibt die Hälfte in den Milchgängen, so zieht das System der Mutter folgenden Schluss: Die Hälfte reicht für dieses Kind! Und stellt sich auf geringere Produktion ein. Es ist also besser, am Anfang mit sich und dem Kind Geduld zu haben, dann spielen sich Milchmenge und Appetit des Kindes von selbst ein.

Wie das Kind am besten angelegt wird, zeigt die Schwester oder Hebamme: Man kann sich im Bett aufsetzen, das Baby in den Arm betten und ihm die Brust reichen. Man kann sich aber auch flach hinlegen, das Kind neben sich legen und ihm die untere Brust reichen. In jedem Fall muss man darauf gefasst sein, dass das Neugeborene nicht gleich kapiert, was es tun soll. Noch kann es nicht richtig sehen, nicht riechen, noch hat es kein durch Erfahrung erworbenes Wissen. Reiner Instinkt treibt es dazu an allem zu saugen, was es an Lippe oder Backe berührt, was ihm in den Mund gerät. Meist nuckelt es zuallererst am Zeigefinger des Geburtshelfers, der ihm nach der Geburt den Gaumen untersucht. Der Saugreflex ist aber gegeben. Deshalb nimmt man die Brust kurz vorm Warzenhof zwischen Daumen und Zeigefinger oder Zeigefinger und Mittelfinger und schiebt dem Säugling die Brustwarze ins Mäulchen. Auf diesen Reiz reagiert er mit Saugen. Schreit er allerdings gerade, so hat man beim ersten Versuch noch kein Glück, da das Neugeborene immer nur eine Sache auf einmal tun kann: Schreien oder Saugen. Da hilft nur Geduld. Man muss die Warze immer wieder anbieten.

Wichtig: Beim Saugen an der Brust muss der Säugling ganz anders arbeiten, als wenn er aus einem Fläschchen trinkt. Er umschließt mit dem Mund die Warze und fast den ganzen Warzenhof. Auf seinen Lippen wachsen kleine runde Saugpolster, die einen luftdichten Verschluss ermöglichen. Zuerst wird gesaugt: Die Warze wird tief in den Mund hineingezogen. Dann wird gekaut: Die kleinen Kiefer pressen den Warzenhof zusammen und die Milch aus den vorderen Milchgängen heraus. Der Säugling macht beim Trinken keine Atempausen. Die Mutter muss also darauf achten, dass er sich nicht mit dem Näschen in den Busen bohrt und keine Luft mehr bekommt. Sie drückt dann mit dem Daumen nur etwas die Brust zurück.

Wie oft soll das Neugeborene trinken?

Jedes Kind hat sein eigenes Trinkbedürfnis, daran sollte jede Mutter denken. Am besten ist es, wenn man den Winzling ohne große Erwartungen und Ansprüche an die Brust legt und ruhig und ausgeglichen zu schaut, wie er trinkt. Mutter und Kind brauchen keinen Stillwettbewerb zu gewinnen und auch keinem Stundenplan zu folgen. Je häufiger und intensiver das Kind trinken kann, desto reichlicher fließt die Milch, die ohnehin am zweiten oder dritten Tag nach der Entbindung »einschießt«, was bedeutet: Jetzt setzt die eigentliche Milchbildung ein.

Säuglinge, die mit Muttermilch aufwachsen, haben häufiger Hunger als Flaschenkinder. Deshalb legt man Brustkinder so oft an, wie sie Hunger haben – also schreien. Bei Flaschenkindem spielt sich nach kurzer Zeit das Füttern mit vierstündigen Abständen ein, doch sollte man immer mit individuellen Schwankungen rechnen.

Ein Säugling hat in den ersten sechs bis acht Lebens wochen noch kein Gefühl für unsere Zeiteinteilung in Tag und Nacht. Er hat in der Nacht wie am Tage in relativ kurzen Zeitabständen Hunger, und wenn sich die Mutter kräftig genug fühlt, sollte sie ihn auch nachts stillen, wenn er danach verlangt, also schreit. In vielen Entbindungskliniken kann man sich dann von der Nachtschwester über das Funkgerät wecken lassen und das Kind im Säuglingszimmer stillen Müttern mit ausreichend Milch wird das nur lieb sein, denn nach einer langen Stillpause von acht Nachtstunden können

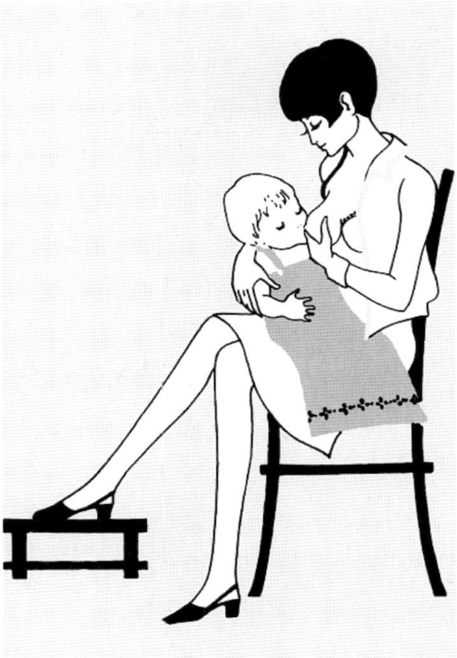

So sitzt die Mutter beim Stillen bequem: Ihr Stuhl soll eine gute Lehne, aber keine Armlehnen haben. Das Bein, auf dem das Baby ruht, wird durch eine Fußbank gestützt.

die Brüste so voll und prall werden, dass sie drücken und dass es dem Kind schwerfällt, die Brustwarze zu fassen.

Wie lange soll das Neugeborene trinken?

Das Kind sollte zu jeder Mahlzeit an beiden Seiten angelegt werden und etwa 15 Minuten an der einen und fünf Minuten an der anderen Seite trinken. In den ersten Lebenstagen muss eventuell mit Tee oder künstlicher Nahrung zugefüttert werden, wobei die Kinderschwester mit

Rat und Tat zur Verfügung steht. Prinzipiell ist Zufüttern nicht nötig und kann das Einspielen von Angebot und Nachfrage nur erschweren.

In der sechsten und in der zwölften Lebenswoche steigt der Appetit vieler Kinder auffällig an. Dann sollte die Mutter ihr hungriges Kind häufiger anlegen, damit sich das System auf den gesteigerten Bedarf einstellt.

Wie oft soll man das Neugeborene wiegen?

Die Babywaage spielt keine so große Rolle mehr wie noch vor einer Generation, sollte aber auch nicht voll kommen beiseite geschoben werden. Es gibt zarte Kinder, deren Trinkbedarf so gering erscheint, dass immer folgende Gefahr besteht: Stillt man das Kind nur nach diesem Bedarf, so sinkt er durch eine auch nur minimale tägliche Unterversorgung rasch bis zu einer lebensgefährlichen Schwäche des Babys ab. Dann ist das Kind überhaupt nicht mehr imstande, so viel zu verlangen und zu trinken, wie es bräuchte. Diese Situation kann für einen Säugling lebensgefährlich sein.

Deshalb wird das Kind in den ersten Tagen in der Entbindungsklinik mehrmals gewogen. Wenn die Mutter mit ihm zu Hause ist, so wird empfohlen, das Kind ein mal in der Woche zu wiegen, auf jeden Fall nur einmal pro Tag. Denn Brustkinder trinken zu den verschiedenen Mahlzeiten im Laufe des Tages oft sehr unter schiedliche Mengen. Also gibt erst die Tages- oder die Wochenbilanz die wahren Werte an, und die Mutter braucht sich auch nicht über die schwankenden Mahlzeitenwerte aufzuregen.

Beim Stillen, das wird immer wieder betont, braucht man Geduld. Aber wenn man das winzige warme Stück Leben im Arm hält und ihm zuschaut, wie es beim Trinken die Nase kraust, wie es sich abmüht, wie sich dabei die Fäustchen öffnen und schließen, wie die Augen zuerst unverwandt in Richtung der leise Zärtlichkeiten murmelnden Stimme Mutters starren, wie sie dann vor Müdigkeit zur Seite rollen, dann ist Geduld wahrlich keine Leistung.

Wichtiger ist, dass die Umwelt Geduld mit der Mutter hat. Selbst wenn man das Kind nur die obligaten 20 Minuten stillt: Was spricht dagegen, dass eine Mutter ihr Kind nach seinem Bäuerchen noch eine Weile im Arm behält und ihm beim Schlafen zusieht?

Ärzte betonen, wie wichtig es ist, dass das Kind in der allerersten Zeit seines Lebens Hautkontakt mit der Mutter hat. Gerade jetzt, wo seine Sinne die Welt noch kaum erfassen können, prägt sich ihm die liebevolle Wärme der Mutter besonders tief und glücklich ein.

Dieses Erlebnis der Nähe ist ebenso entscheidend wie das des Stillens selbst. Diese Nähe kann das Kind auch dann noch genießen, wenn die Mutter ihm nicht mehr die Brust, sondern die Flasche gibt.

So wird der Säugling fürs Trinken vorbereitet

In der Klinik kommt das Neugeborene immer frisch gewindelt zur Mutter. Einmal am Tag ist es samt seinen Kleidem gewogen und das Gewicht notiert worden. Nach dem letzten Trinken wird es abermals gewogen. So weiß man, wie viel es im Lauf des Tages getrunken hat. Sind die Windeln wieder voll, wird es nach der Mahlzeit abermals frisch gewickelt.

Die Stilleinlage dient nicht nur der Sicherheit, sondern auch der Gesundheit. Sie sollte weich sein, damit die Brustwarzen vor Entzündung geschützt werden.

So bereitet sich die Mutter aufs Stillen vor

Sie hat schon während der Schwangerschaft damit begonnen, indem sie die Brust gepflegt und die Warzen regelmäßig durch Zupfen und Drehen »abgehärtet« hat. Während der Stillzeit trägt sie einen bequemen auskochbaren Stillbüstenhalter, der vom aufgeknöpft werden kann. Als Einlage nimmt man eine zusammengefaltete steril gebügelte Windel, die täglich mindestens einmal gewechselt wird, oder man kauft sich sterile Stilleinlagen zum Wegwerfen.

Der Still-BH soll auch nachts getragen werden. Das fördert nach Ansicht vieler Ärzte die Milchproduktion und hält die Brust in Form, die durch ihr vergrößertes Gewicht sonst leicht durchhängt. Die Mutter wäscht sich vor jedem Stillen die Hände, am Anfang noch in Desinfektionswasser, und die Brust wird vor jedem Stillen mit kaltem Wasser abgewaschen. Bei trockener Haut fettet man sie leicht mit Vaseline ein. Warzenhof und Warze werden mit einer vom Arzt zu bestimmenden Fettcreme behandelt, wenn sie Risse oder feine Schrunden zeigen. Das kann weh tun und der Anfang einer Brustentzündung werden.

Stillprobleme

Hohlwarzen oder Flachwarzen

machen dem Säugling das Trinken schwer oder unmöglich. Der Arzt muss nach genauer Untersuchung raten, was zu machen ist. Hohlwarzen kann man oft durch eine Milchpumpe herausziehen. Oder man setzt ein Trinkhütchen auf die Warze. Sollte alles nichts nützen, pumpt man die Milch vollständig ab und verabreicht sie in der Flasche oder mit dem Löffel.

Brustentzündungen

entstehen, wenn Eiter erregende Keime in die Milchgänge gelangt sind. Deshalb muss die Mutter weiterhin Sauberkeit und Vorsicht groß schreiben. Alle Vorschriften gelten, die Sie im Kapitel über das Wochenbett gelesen haben. Hat sich eine Brust dennoch entzündet, darf das Kind ruhig am Anfang noch angelegt werden. Meist bedeutet es eine Erleichterung, wenn die Brust geleert wird. Im Übrigen ist sofort der Arzt hinzuzuziehen.

Zerbissene Warzen
sind die Folge von falschem Anlegen. Das Kind hat vermutlich nur die Warze in den Mund gesteckt bekommen, kann nichts aussaugen und nuckelt und kaut deshalb unbefriedigt an der Warze herum. Das muss sofort geändert werden, denn für die Mutter ist es äußerst schmerzhaft. Außerdem besteht Entzündungsgefahr.

Stillschmerzen
Manche Frauen haben beim Stillen Rückenschmerzen oder die betreffende Brust tut ihnen weh, ohne dass sie verletzt oder entzündet wäre. Beides kann kaum verhindert oder beseitigt werden, vergeht aber bald.

Milchstauungen
die ebenfalls schmerzhaft sein können, treten dann auf, wenn eine oder beide Brüste nicht gründlich geleert worden sind. Auch sie können in der gefürchteten Entzündung enden. Deshalb wird der Arzt sofort benachrichtigt, wenn die Brust hart und heiß oder knotig, gerötet und druckempfindlich wird.

Milchpumpen
sorgen für die vollständige Entleerung der Brust. Meist reicht eine gläserne Handpumpe, die man auf die Brustspitze setzt, sich ansaugen lässt und dann einen Gummiball presst, sodass Unterdruck entsteht und die Milch aus den Milchgängen herausschießt. Elektrische Milchpumpen sind noch gründlicher, aber bei sensiblen Frauen nicht unbedingt zu empfehlen. Man kann übrigens die Elektropumpen in der Drogerie ausleihen. Mit einiger Übung kann die Mutter den Überschuss auch selbst und mit der Hand abpumpen (siehe Seite 148ff.).

Individuelle Säuglinge
Schon in der Klinik wird jede Frau merken, dass ihr Kind ganz bestimmte Eigentümlichkeiten hat, die sich beim Trinken bemerkbar machen.

Trinkfaule Säuglinge, die nach ein paar Schlückchen selig wieder entschlummern, sind ein besonders in den ersten beiden Wochen häufiger Babytyp. Sie sind einfach noch müde, und das Saugen ist ihnen zu anstrengend. Ist das Neugeborene ein bummeliger Trinker, sonst aber gesund und von normalem Gewicht und nicht mehr acht Tage alt, kann man es mit dieser Methode versuchen: Man lässt das Kind die üblichen 20 Minuten lang trinken und macht dann Schluss. Meist ist das Baby beim nächsten Anlegen hellwach und eifrig bestrebt, sich das Seine zu ergattern.

Geduld verlangen die trinkfaulen zarten Säuglinge. Zu Hause kann man sich etwas mehr Zeit für sie lassen und gibt die Mahlzeiten in zwei Etappen, zwischen denen ein Viertelstündchen Schlaf in Mutters Arm liegt. Man sollte aber vor allem versuchen, die Zahl der Mahlzeiten zu erhöhen: jeweils weniger, das aber häufiger am Tag anbieten. In dem Maße, in dem das Baby größer und kräftiger wird, kann man dann allmählich zum Normalrhythmus zurückkehren.

Brustscheue Kinder haben meist noch nicht begriffen, wie das Saugen funktioniert. Sie spielen nur mit der Warze, lassen sie rasch wieder aus dem Mund gleiten, oder sie beharren darauf, immer nur aus einer Brust zu trinken. In diesem Fall muss man dem Kind die Warze immer wieder in den Mund schieben, sich anders und für das Baby vielleicht bequemer hinsetzen, jede Störung (Besuch, Lärm) ausschalten. Oft werden Säuglinge brustscheu, wenn die Mutter nervös ist, wenn sie zu besorgt ist, ob sie auch alles richtig macht, wenn sie sich und dem Kind keine Zeit lässt. Wenn die Mutter schnell enttäuscht ist, weil ihr Kind nicht gleich von der ersten Mahlzeit an wie ein Reklamebaby saugt, oder wenn sie über Babys ungeschickten Saugversuchen die Geduld verliert, kann ihre Haltung das Kind kopf- und brustscheu machen.

Unruhige Kinder und *Schreikinder* dürfen nicht durch allzu häufige kleine Milchgaben zum Schweigen gebracht werden. Überernährte Säuglinge schreien erst recht, weil sie nämlich dauernd Bauchschmerzen haben. Bei Kindern, die trotz ausreichender Ernährung nicht zur Ruhe kommen, liegt eine andere Störung vor. Dann muss man die Liste der Schreigründe (siehe Seite 159) durchgehen und Abhilfe schaffen.

Schwächliche Kinder haben die Milch, die sie nur mit viel Mühe zu saugen vermögen, besonders nötig. Deshalb muss die Mutter ganz besonders liebevoll dafür sorgen, dass diese Kinder genug zu trinken bekommen. Hier sind in jedem Fall mehr Mahlzeiten als üblich gerechtfertigt. Manche Kinderärzte schlagen zehn bis zwölf Mahlzeiten am Tag vor. Auch in der Klinik wird ein solches Baby sechs bis acht Mahlzeiten erhalten. Die Mutter sollte die Zusatzmahlzeiten selbst geben, auch wenn es sich nur um Fläschchen handelt. Beim Acht-Stunden-Dienst der Schwestern wird das Kind sonst immer wieder von einer anderen Person gepflegt. Das verwirrt das ohnehin zur Nervosität neigende schwächliche Kind erst recht. Denn wenn es die Schwestern auch noch nicht mit Auge und Erinnerungsvermögen erkennen oder gar zu unterscheiden vermag, so erkennt es doch genau die verschiedenen Eigentümlichkeiten ihrer Handgriffe, erkennt ihr Tempo und ihr Temperament und ist oft unfähig, sich auf so viele Nahrungsvermittler einzustellen.

Lebhafte Kinder kaspern schon in den Windeln gerne und denken sich allen möglichen Übermut aus. Für die Mutter schmerzhaft ist es, wenn das Kind mit seinen kleinen scharfen Kiefern an ihrer Warze knabbert und kaut. Das kann zu Verletzungen und Entzündungen führen. Wieder hilft der Nasentrick am besten: Man hält dem Kasper kurz die Nase zu, dann muss er den Mund öffnen, um atmen zu können. Wenn man das mehrmals tut, begreift der Säugling allmählich, was er darf und was er nicht darf.

Stillregeln

sind der Rahmen, in dem sich Mutter und Kind ihre eigene Ordnung aufbauen müssen. Wie überall, werden auch hier die Regeln durch Ausnahmen bestätigt. So wie sie sind, gelten sie für ein normales trinkfreudiges Kind und für eine gesunde Mutter, deren Milch reichlich strömt.

Bei jeder Mahlzeit wird das Kind an eine Brust oder beide angelegt. Trinkt es sie nicht leer, so wird sie danach von der Mutter in eine Schale geleert. Sie umfasst dabei mit Daumen und flachen vier Fingern die betreffende Brust und streicht langsam, aber fest von außen nach innen, wobei sie die Hand leicht drehen soll. Sie »schraubt« die Milch heraus. Jede Frau wird bald merken, wo ihre Hauptmilchadern verlaufen und wird die Streichbewegungen danach richten.

Diese überschüssige Milch wird kühlgestellt und kann mit dem Löffel gefüttert werden. Jede Mahlzeit soll ungefähr 20 Minuten dauern. Allerdings ist diese

Regel etwas umstritten, manche Ärzte sträuben sich dagegen, dass man das Kind zu schematisch versorgt.

Dennoch ist es eine Erfahrungstatsache, dass die meisten gesunden Neugeborenen in 20 Minuten mit ihrer Mahlzeit fertig sind, später schon sogar nach zehn Minuten. Lässt man das Kind zu lange an der Brust, gewöhnt es sich das Nuckeln an, zerbeißt Mutters Brustwarze und verkürzt seine Schlafzeit. Außerdem nimmt es nicht wesentlich mehr Milch zu sich, wenn es länger trinkt. Den größten Teil seiner Mahlzeit hat es schon in den ersten fünf Minuten geschluckt.

In den ersten Tagen sind »ideale« Trinkmengen noch kaum von Bedeutung. Wichtiger ist, dass das Neugeborene das Trinken richtig lernt. Es verliert ohnehin zu nächst an Gewicht, hat erst nach zwei, drei Wochen sein Geburtsgewicht wieder erreicht und beginnt dann erst langsam zuzunehmen (siehe Seite 158). Wichtig ist die wöchentliche Gewichtskontrolle daheim. Das gleichmäßige Wachstum bestätigt der Mutter beson ders augenscheinlich, dass sie es mit ihrem Kind richtig macht.

Droht bei Flaschenkindern die Gefahr der Überernährung, so wird Babys Appetit ein wenig gebremst. Nimmt es nicht normal zu, wird ärztlicher Rat eingeholt. Meist ist in diesem Fall die Milchbildung unzureichend, und man muss Beikost verabreichen. Nach dem Trinken muss das Kind sein Bäuerchen machen. Darüber lesen Sie ausführlich auf Seite 233.

Hat die Mutter ihr Kind aufmerksam beobachtet, so kann sie seinem Bedarf entsprechend einen regelmäßigen Mahlzeitenrhythmus ausarbeiten. Wenn der Säugling jetzt trotzdem zwischen den Mahl zeiten schreit, hat er andere Gründe als Hunger (siehe Seite 159).

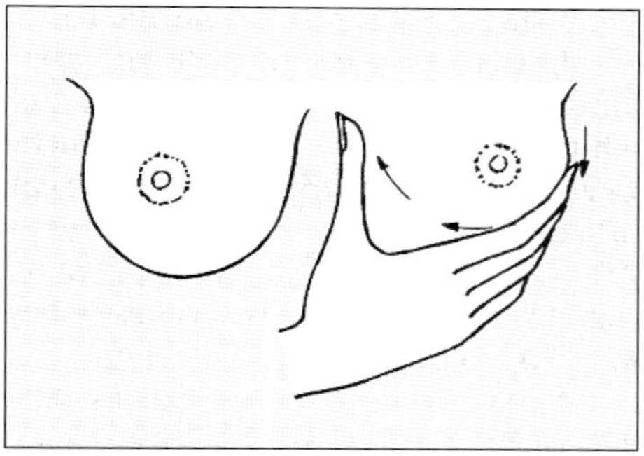

So drückt man Milchreste aus.

Ausnahmen von den Stillregeln

Alle Säuglinge sind bereits Individualisten. Jede Mutter wird es immer wieder beobachten: *Alle* Kinder bekommen dann und dann den ersten Zahn. *Ihr* Baby ist jedoch schon mit einem Zähnchen im Mund geboren worden. *Alle* Kinder laufen, ehe sie reden können. *Ihr* Kind hat bereits den ersten Satz gesagt, als es noch im Ställchen saß. *Alle* Kinder trinken eine Brust leer und sind satt. *Ihr* Kind hat hinterher noch Hunger. Noch einmal sei gesagt: In der Entwicklung von Kleinstkindern sind Ausnahmen die Regel. Folgende Ausnahmen kommen am häufigsten vor:

Manche Mütter stellen fest, dass ihr Milchstrom nach fünf oder sechs Tagen zu versiegen scheint. In diesem Fall muss man das Kind besonders gründlich trinken lassen und auch den letzten Rest Milch ausdrücken oder auspumpen, damit der Fluss wieder kräftig in Gang gesetzt wird. Ist Mutters Milch allgemein etwas knapp bemessen, sollte öfter angelegt werden, damit die Milchdrüsen angeregt werden. Ist der Säugling zart und ein wenig schwächlich, so sollte man nachts eine zusätzliche Mahlzeit einschieben. Hat er die letzte Mahlzeit um 22 Uhr bekommen, so liegt sein Nachtimbiss am besten gegen zwei Uhr. Diese zusätzliche Mahlzeit erübrigt sich wieder, wenn das Kind älter und damit auch kräftiger wird. Aber auch dieser Rhythmus spielt sich meist von selbst ein.

Stillhindernisse und -verbote

Es gibt ein paar Krankheiten der Mutter, bei denen sie ihr Kind nicht stillen darf. Es würde mit der Milch die Krankheit einsaugen. Schwere Nierenkrankheiten gehören dazu, alle ansteckenden Krankheiten wie zum Beispiel Tbc, Scharlach und Diphtherie. In allen diesen Fällen wird ohnehin ein Arzt zugezogen. Er wird darauf hinweisen, dass auf Flaschennahrung überzugehen ist. Wer sich jedoch nur schwach fühlt, sehr schlank oder zart ist, darf, ja soll stillen. Wer noch nicht in der Schwangerschaft aufgeblüht ist, wird es durch die beim Stillen in den Blutkreislauf gelangenden Hormone tun.

Ernährung und Lebensweise

entspricht in allem dem, was bereits im Kapitel über das Wochenbett erwähnt worden ist. Wichtig ist außer dem: Seelenruhe ist jetzt oberste Pflicht. Jede Aufregung, Unruhe, Angst und Ärger wirken sich auf die Milchbildung aus. Ein Schock kann sie versiegen lassen. Die Mutter soll Anstrengungen meiden, ihre Hausarbeit richtig organisieren oder notfalls liegenlassen, soll sich nicht abhetzen, sondern von ihrem Ehepartner verwöhnen lassen. Und: täglich ein bis eineinhalb Liter Flüssigkeit trinken.

Abstillen

ist für die meisten Frauen kein Problem. Die Milchbildung geht nach einer gewissen Zeit allmählich zurück, die fehlende Nahrungsmenge wird durch Beikost ersetzt, die dem Bedarf und Alter des Kindes angemessen ist, und da die Brust immer weniger als Milchquelle benutzt wird, versiegt die Milchproduktion. Wenn die Muttermilch nicht mehr ausreicht, mischt man allerdings nicht jede Mahlzeit aus Muttermilch und Flaschenmilch, sondern lässt zuerst eine Brustmahlzeit ganz ausfallen und ersetzt sie durch Beikost. So geht es am besten:

Am 1. Umstellungstag entfällt die Mittagsbrustmahlzeit.

Am 3. Umstellungstag entfällt außerdem die 18-Uhr- oder die 22-Uhr-Brustmahlzeit. Hat die Mutter noch relativ viel Milch, so gibt sie dem Kind zuerst um 18 Uhr ein Fläschchen und reicht ihm um 22 Uhr die Brust.

Lässt sie gleich die 22-Uhr-Brustmahlzeit aus, so wird die Spanne zwischen 18 Uhr und der ersten Morgenbrustmahlzeit zu lang.

Am 5. Umstellungstag bekommt das Kind nur noch zum Frühstück und zum Abendessen die Brust. Ist die Milchbildung schon stark zurückgegangen, darf der Säugling abends beide Brüste leer trinken. Über Nacht sammelt sich meist wieder genug Milch an. Die Morgenmahlzeiten sind immer am reichlichsten.

Am 6. Umstellungstag bekommt der Säugling nur noch eine Brustmahlzeit. Das ist meist die Morgenmahlzeit, weil die Brüste dann am besten gefüllt sind.

Am 7. bis 10. Tag sollte die Umstellung vollendet sein. Diese Umstellung kann sich freilich auch auf einen Monat erstrecken. Die Grenze sollte sich aus der

Milchmenge ergeben: Bei unter 100 Gramm pro Tag sollte die Mutter umstellen. Über den Übergang zur allgemeinen Säuglingsernährung lesen Sie alles in Kapitel 14.

Plötzliches Abstillen

Es gibt eine Reihe von Gründen, die ein rasches Abstillen erforderlich machen. Das geschieht mit Hilfe von Medikamenten, die 14 Tage lang zweimal täglich ein genommen werden. Zum letzten Mal kann die Gefahr einer Brustentzündung auftreten. Deshalb muss die Brust sorgfältig sauber gehalten werden. Nicht plötzlich abgestillt wird vor Ortsveränderung, Reisen, wenn der Säugling krank ist, wenn das Wetter sehr heiß ist. In allen diesen Fällen wäre die Ernährungsumstellung für das Kind zu plötzlich und zu radikal und damit zu gefährlich.

Muttermilchersatz?

Muttermilch ist prinzipiell nicht zu ersetzen. Doch was soll der Säugling trinken, wenn die Mutter nicht stillen kann oder aus Angst vor Schadstoffgehalt in der Muttermilch nicht stillen will? Alles Wissenswerte dazu lesen Sie im Kapitel 14 über »Babys Ernährung«. Hier vorab ein Wort zu den so genannten alternativen Ernährungsformen für Kinder und Säuglinge. Alle Gesundheitsberater sind sich darin einig, dass es für Kinder nur gut ist, wenn die Eltern sich gegen die hoch kalorische Ernährung entscheiden. Mütter und Väter haben zwar mehr Mühe, wenn sie selbst wieder zum Küchenmesser greifen, anstatt vorbereitete Fertig oder Halbfertigprodukte zu übemehmen, doch über den wichtigen gesundheitlichen Aspekt hinaus schmecken Gerichte aus möglichst unbehandelten Früchten, Gemüsen und Getreideprodukten meist so gar besser.

Warnen muss man davor, mit dieser Ernährungsform zu früh zu beginnen. Wenn schon keine Muttermilch, dann so genannte adaptierte Säuglingsnahrung auf Kuhmilch- oder bei Kuhmilchunverträglichkeit auf Sojabasis, die in ihrer Zusammensetzung dem Säuglingsorganismus angepasst ist. Möglich ist auch hygienisch einwandfrei hergestellte Babymilch. Keinesfalls sollte man so genannte alternative Getränke mischen, wie zum Beispiel vegetarische Mandelmilch: Ihre Zusammensetzung entspricht dem Bedarf des Säuglings keineswegs. Es kann zu Mangelerscheinungen kommen.

Das Gleiche gilt für Frischkornmilch aus Rohmilch und Getreide. Neben den hygienischen Risiken, die unbehandelte Milch birgt, kann die Stärke aus dem Getreide zu Durchfall und Schleimhautstörungen des Säuglings führen. Recht selten entsteht auch bei der Frischkornernährung eine Getreide-Eiweiß-Unverträglichkeit (Zöliakie) mit schweren Mangelerscheinungen.

Von jetzt an liegt das Geschick des Kindes lange Jahre hindurch ganz in der Hand der Erwachsenen. Das teilt uns die Pflicht zu, bei allen Entscheidungen nicht an uns zu denken, sondern an die Gesundheit und damit an das Glück des Kindes.

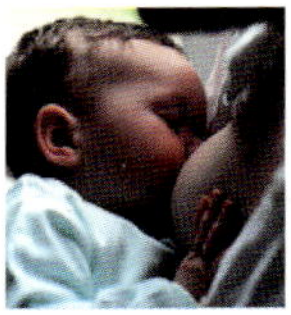

10

KAPITEL

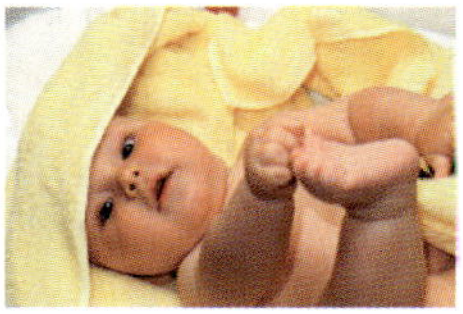

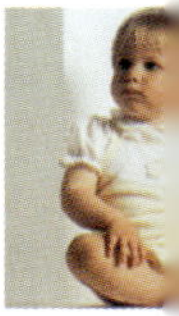

Das Kind in der Wiege

Es liegt inmitten der liebevoll geschmückten Pracht seines Bettchens, klein, viel winziger, als es sich die meisten Väter vorgestellt haben. Es schläft, es schreit, es ballt die Fäustchen und kneift die Augen zusammen, ein kleiner Fremder ohne Sprache, abweisend und nur an den eigenen Gefühlen interessiert.

Was tut man mit diesem Wesen? Hat es überhaupt etwas davon, wenn man sich bemüht, mit ihm die Verständigung aufzunehmen? Diese Frage können wir heute mit größerer Bestimmtheit beantworten, denn allmählich haben die Menschen genau erforscht, was Neugeborene und Säuglinge können und empfinden.

In den ersten Stunden und Tagen seines Lebens richtet sich das Neugeborene darauf ein, ein richtiger Erdbewohner zu sein, der Luft atmet und ein Gewicht besitzt. Manche Psychologen meinen, dass dieses Gefühl, nicht mehr schwerelos zu sein, sondern mit dem Rücken auf einer Unterlage zu liegen und das eigene Körpergewicht zu spüren, ein einschneidenderes Erlebnis für das Kind ist als die Geburt selbst.

Die meisten Vorgänge spielen sich jedoch im Körper und Kreislauf des Neugeborenen ab. Sein Blut verändert sich. Im Uterus hat es wesentlich mehr rote Blutkörperchen gebraucht. Sie sind jetzt, da das Kind in sauerstoffhaltiger Luft lebt, überflüssig und werden über die Leber abgebaut. Manche Leber schafft diesen jähen Arbeitsanfall nicht so rasch und glatt: Das Kind bekommt gelbliche Augäpfel und eine gelblich verfärbte Haut: Es macht eine leichte Gelbsucht durch, was vielleicht seine Trinklust beeinflusst.

Nach der Geburt sind die Schädelnähte noch offen, die Schädelteile, die sich bei der Geburt in- und übereinander geschoben haben, liegen noch locker nebeneinander. Die meisten Kinder werden mit einem deformierten länglichen Schädel geboren. In den ersten Lebensstunden fügt sich alles in seine richtige Form. Zwei Stellen bleiben vorerst offen und können ertastet und mit den Augen wahrgenommen werden: Wenn das Neugeborene sehr stark schreit, schwellen die Fontanellen an. Das ist jedoch kein Grund zur Besorgnis. Das Gehirn ist gut geschützt, und bis das Kind läuft und tobt, ist alles dicht geschlossen. Die kleine Fontanelle, die hinter der großen liegt, schließt sich im Laufe eines halben Jahres. Die große vordere Fontanelle ist nach etwa neun Monaten geschlossen.

Der Kopf selbst ist verhältnismäßig groß und schwer. Er macht ein Viertel der Gesamtlänge aus (zum Vergleich: beim Erwachsenen ein Achtel). Deshalb kann der Säugling Arme und Beinchen ziemlich bald bewegen, den Kopf je doch erst heben, wenn seine Rückenmuskulatur kräftiger geworden ist.

Relativ groß sind auch die inneren Organe: Leber, Nieren und Herz. Manche Neugeborene haben eine rote bis bräunliche Gesichtsfarbe. Sie haben als »Reiseproviant« zuviel Blut gehamstert, das jetzt allmählich abgebaut wird.

Andere Kinder tragen so genannte Geburtsmale, kleine Geschwulste am Kopf, Verfärbungen an den Gliedern. Sie haben nichts mit dem Verhalten der Mutter während der Schwangerschaft zu tun und verschwinden nach ein paar Tagen. Tun sie es nicht, kann sie der Arzt durch kleine Eingriffe beseitigen.

Unter schmerzhaftem Rumoren übt sich der Darm ein, und die ersten Schlucke Milch, die wie ein Schock auf das bisher keimfreie Verdauungsorgan wirken müssen, siedeln die erste Darmflora an. Nach ein paar Tagen ist der Stuhl des Neugeborenen gelb. Wenn er leicht grünlich gefärbt ist, bedeutet das, dass Galle und Leber noch nicht so recht funktionieren. Erst im Verlauf von etwa zwei Monaten bildet sich ein ziemlich konstanter Verdauungsrhythmus heraus. Die meisten Säuglinge entleeren sich entweder einmal am Tag oder zweimal täglich oder einmal in zwei Tagen, bei Brustkindern ist von fünfmal am Tag bis zu einmal in fünf Tagen alles möglich. Doch allmählich können sich die Eltern danach richten und entsprechend mit Windeleinlagen fürs große Geschäft arbeiten. Meistens merkt sie, wenn es so weit ist. Das Baby drückt, bis es rot im Gesicht wird, und ächzt manchmal fürchterlich. Das Kind sollte danach gleich frisch gewickelt werden, denn es liegt nicht gern schmutzig, und außerdem entzündet es sich den Po.

Die Blase muss nach der Geburt erst lernen, wie sie zu funktionieren hat. Sie ist noch unfähig, den Urin zu konzentrieren. Das Neugeborene und das Kleinkind braucht deshalb im Verhältnis mehr Flüssigkeit als Erwachsene oder größere Kinder, und es gibt seine Flüssigkeit in reichlichem Maße und noch vollkommen unkontrolliert ab. Es kann sein Wasser noch nicht halten und entleert die Blase, sobald sie voll ist.

Die Lunge schließlich entfaltet alle ihre Bläschen erst im Lauf der ersten Lebenswochen. Jeder Atemzug, jeder Schrei macht neue Partien der Lunge aktiv. Aus diesem Grunde muss man aufpassen, dass sich das Kind nicht erkältet und nicht verschluckt. Noch ist alles zart und empfindlich, und eine Lungenentzündung kann Lebensgefahr bedeuten.

Das Baby ist freilich nicht zu zart, um angefasst zu werden. Babys sind zäher, als sie wirken, und weniger zer brechlich als größere Kinder, denn noch sind ihre Knochen elastisch und weich, ihre Bänder sind locker, sie sind beweglich wie kleine Tierchen. Mit dem Tierreich ist das Neugeborene durch die Reflexe verbunden, die den Tierjungen das Leben zu retten vermögen: Der Klammerreflex kann meist schon durch ein jähes Geräusch oder durch das Gefühl von Mutters Haaren auf der Haut ausgelöst werden. Das Baby greift dann mit Händen und Füßen nach der Mutter. In frühen Menschheitstagen haben die Mütter ihre Kinder bei Gefahr vermutlich ebenso mit sich geschleppt, wie man es bei Pavianen im Zoo beobachten kann.

Der Saugreflex lässt das Neugeborene an allem saugen, was es an Mund, Lippe oder Wange berührt.

Der Laufreflex ist der sonderbarste und unerklärteste Reflex von allen. Das Neugeborene kann laufen. Das heißt: Wenn man es am Oberkörper festhält und auf festen Boden und vor Hindernisse stellt, läuft und klettert der Zwerg, noch kaum zum Sehen fähig und ohne Gleichgewichtsgefühl, wie ein Hürdenläufer darauf los.

Alle diese Reflexe sind Überreste aus grauer Vorzeit, sie vergehen im ersten Vierteljahr, und ihr Sinn liegt heute eigentlich nur noch darin, dass sie dem Arzt zeigen, ob sich das Kind gesund entwickelt. Im Übrigen wendet das Baby in diesen ersten Wochen seines Lebens das an, was es schon im Mutterleib gelernt hat: Es kann (am Daumen) saugen. Es weiß infolgedessen auch, wie sich seine Hände zum Gesicht und zum Mund verhalten, und kann das Gesicht mit den Händchen finden.

Es weiß, was Schmerz ist, wenn es auch noch nicht imstande ist, zu orten, wo er sitzt. Es fühlt jeden Schmerz mit dem ganzen Körper und schlägt sich selbst mit den Händen, wenn es am Po gepiekt wird. Nur in der Mundregion weiß es schon von Anfang an genau Bescheid. Es weiß vor allem, was Behaglichkeit in bezug auf seine eigene Person ist, und meldet präzise jeden Wunsch. Es kann umgekehrt sein Missbehagen deutlich machen, wenn es freilich auch noch nicht ausdrücken kann, was stört. Es schreit und strampelt, und die Mutter muss herausfinden, was los ist. Tränen vergießt nur jedes zehnte Baby schon in seinen ersten Tagen. Die andern neun lernen es erst mit ein bis zwei Monaten. Es führt die Bewegungen gleichzeitig mit Armen und Beinen aus, wenn es auf dem Rücken liegt. Wenn es auf dem Bauch liegt, so dreht es den Kopf zur Seite und ballt die Hände zu Fäusten. Bleibt das Baby auf dem Rücken stets ausgestreckt liegen, sollte der Arzt befragt werden.

Mit Behagen reagiert das Neugeborene auf alles, was ihm schon vor der Geburt Behagen bereitet hat. Es empfindet mit dem ganzen Körper die Wärme der Mutter, ihren gleichmäßigen Herzschlag, das sanfte Schaukeln ihrer Bewegungen, aber es kann diese Empfindung natürlich nicht zum Ausdruck bringen, wie wir es von größeren Kindem und Erwachsenen gewohnt sind. Es spürt, wenn die Mutter glücklich ist, wenn sie Zeit für es hat, mit ihm spielt, es lieb hat. Es spürt, wenn sich Eltern zanken, wenn der Vater gereizt oder die Mutter gehetzt ist. Es reagiert auf all diese Reize mit dem ganzen Körper und der ganzen empfindlichen Seele: Es gedeiht, oder es bekommt Ernährungsstörungen, Krämpfe, nimmt nicht zu, wird krank. Das müssen die Eltern wissen und berücksichtigen. Sie müssen lieben und herzen und pflegen und das ganze gesunde Kind als Antwort verstehen. Wer von einem Neugeborenen Reaktionen wie von einem Abc-Schützen erwartet und so lange durch Zureden wachhält, es zwickt und kitzelt, bis es »lächelt«, der verlangt Unmögliches.

Die Sinne des Neugeborenen

Früher meinte man, ein Säugling, der erst eine Woche alt sei, könne weder sehen, noch hören, noch riechen. Wenn er lächelte, so sei das ein unwillkürlicher Vorgang. Das Kind übte vermutlich nur seine Gesichtsmuskulatur.

Als Wissenschaftler jedoch die Reaktionen von Neugeborenen systematisch zu untersuchen begannen, entdeckten sie zum Beispiel rasch, dass zwei Wochen alte Säuglinge die Mutter genau von einer fremden Frau unterscheiden konnten. Wenn sie aber mit den betreffenden Müttern darüber sprachen, erhielten sie in etwa zur Antwort: »Jaja, das hab ich auch schon gemerkt, aber das kann ja gar nicht sein.« Das heißt: Wir haben lange Zeit überlieferten Merksätzen, unter Umständen auch Vorurteilen mehr als unseren eigenen fünf Sinnen und unserem Gefühl getraut.

Erst in unseren Tagen ist auf dem Gebiet der Kinderpsychologie so vieles entdeckt und erforscht worden wie nie zuvor. Das hängt auch damit zusammen, dass sich Verhaltensforscher und Mediziner an eine Lebensphase herangewagt haben, die früher tabu war: die ersten Tage und Wochen, ja die ersten Stunden im Leben eines Kindes. In dem Buch von Doktor Benjamin Spock, »Säuglings- und Kinderpflege« der Nachkriegsbibel aller jungen Mütter, steht noch zu lesen: »Die meisten Kinder schlafen während der ersten Monate ihres Lebens von Mahlzeit zu Mahlzeit«, und Generationen lang sind die Mütter auf Zehenspitzen um das Babykörbchen herumgeschlichen und haben nicht gewagt, diesen geheiligten Knospenschlaf zu stören. Allerdings fuhr Spock fort: »Es gibt indessen Babys, die von Geburt an relativ lebendig und wach sind, ohne dass ihnen etwas fehlt.« Er tat die Sache mit einem Achselzucken ab: »Es ist eben ihre Natur.«

Spocks jungen Kollegen in aller Welt hat das nun keine Ruhe gelassen, ein so unerklärliches Phänomen so einfach hinzunehmen. Stimmte es vielleicht überhaupt nicht, dass Neugeborene bis zur sechsten Lebenswoche nichts wahrnehmen können und auch so gut wie taub sind? So kam es, dass die neuere Forschung Spocks Satz genau entgegengesetzt zu seiner Meinung bestätigt hat: Denn tatsächlich verhält es sich so, dass Lebendigkeit und Wachheit die Natur der Neugeborenen ist. Der Dauerschlaf im ersten so genannten dummen Vierteljahr ist ein Missverständnis. Manche Forscher behaupten, selbst in den ersten Wochen schliefe der Säugling nur 15 und nicht 20 bis 22 Stunden und meinen, man solle sich nicht durch die geschlossenen Augen des Babys täuschen lassen. Da viele Babys mit geschlossenen Augen trinken, sei es gut möglich, dass sie auch sonst wach seien und nur einfach mit geschlossenen Augen da lägen.

Wir wissen heute auf jeden Fall, dass Säuglinge bereits in der Stunde der Geburt Kontakt zu ihrer Umwelt aufnehmen. Sie reagieren am ersten Lebenstag mit ihren Körperbewegungen auf Worte und Sprachfetzen der Menschen, die sie umgeben. Sie bewegen sich synchron zu diesen Tönen. Wir wissen, dass Säuglinge schon in der zweiten Lebenswoche Dinge und Personen wahrnehmen können, Interesse an ihnen zeigen und gezielt nach ihnen greifen.

Dabei zeigen die Neugeborenen erstaunlich individuelle Ausprägungen und ganz bestimmte Vorlieben und Abneigungen in bezug auf starkes oder sanftes Licht, menschliche Gesichter oder nur Augen, hohe helle oder dunkle Töne und andere Geräusche.

Vor allem: Sie reagieren auf ein fremdes Gesicht und eine fremde Stimme deutlich anders als auf Gesicht und Stimme der Mutter, wobei auch der mütterliche Geruch bei diesem Akt des Wiedererkennens eine Rolle zu spielen scheint.

Auch das scheinbar ziellose und unwillkürliche Lächeln des Neugeborenen erhält schon in der ersten Lebenswoche genau erkennbare Ziele. Es wird durch die menschliche Stimme, besonders durch hohe Töne hervorgelockt. In der zweiten Woche spielt sich das Lächeln noch präziser ein und taucht nur als Reaktion auf eine echte Menschenstimme und nicht mehr auch auf Tonbandstimmen auf, und in der vierten Woche lächelt das Baby ganz bewusst, wenn es in die Augen der Mutter blickt.

Die Psychologen, die eine Reihe von Untersuchungsergebnissen zusammengetragen, verglichen und gegengeprüft haben, waren immer wieder von der Seelenruhe verblüfft, mit der Mütter ihre Entdeckungen aufgenommen haben. »Ja«, bekamen sie zu hören, als sie einer Muttergruppe die sensationelle Tatsache verkündeten, dass ihre Vier-Wochen-Babys bereits dreidimensionale Gegenstände wahrnehmen konnten »wenn ich ihm das Fläschchen gebe, dann greift er ja auch immer danach«. Oder: »Natürlich kann mein Baby noch gar nicht sehen, aber es folgt jeder meiner Kopfbewegungen mit den Augen.«

Die wahrhaft verblüffende Entdeckung ist jedoch dies: Trotz ihrer intellektuellen Einwände und ihres Unglaubens reagieren Mütter genau so, wie es für das Kind richtig und lebensnotwendig ist, nämlich so kontaktbereit, wie es diesen Kontaktbedürfnissen der Kinder entspricht. Sie lächeln ihrem Baby zu, obgleich sie glauben, es könne nicht sehen; sie murmeln zärtliche sinnlose Worte beim Stillen, obgleich sie meinen, es könne nicht hören; sie wiegen und streicheln es, ob wohl sie der Ansicht sind, es sei noch vollkommen in sich versunken. Und: Es ist nicht die Mutter, die mit diesen Kontakten beginnt. Es ist das Kind, das der Mutter beim Saugen, beim Waschen und Windeln mit seinem ganzen Körper die Stichworte gibt. Es ist das Kind, das sie zu wortlosen, aber für das Kind ungeheuer inhaltsreichen Gesprächen herausfordert. Filmaufnahmen haben enthüllt, dass das Baby als erstes die Lippen schürzt oder spitzt, kleine Laute ausstößt, eine Handbewegung macht, und dass die Mutter darauf mit einer ähnlichen Geste, einem ähnlichen Laut antwortet. Später schaut das Baby ein Spielzeug an, die Mutter folgt seinem Blick und beginnt dann, sich mit ihm über das Spielzeug zu unterhalten. Das bedeutet: Schon das ganz junge Baby gibt selbst das Tempo für sein Lernen an, für die Anregungen, die es braucht, um seine Sinne zu schärfen, für sein Anregungsbedürfnis, für seine Lust auf Abwechslung und Unterhaltung. Die Mutter muss nur bereit sein, seine Signale zu verstehen, auch seinen Wunsch nach Ruhe und die Partnerrolle zu übemehmen. Das eben ist von größter Wichtigkeit. Wie die Psychologen sagen, besitzt der Mensch eine natürliche Begabung zur Gemeinschaft und er braucht gerade in den ersten Lebenswochen ausreichend Gelegenheit zu intensiven Kontakten, damit er sich ein Bild von seiner Art machen kann, dem er nachleben wird.

Das gilt sogar schon im Hinblick auf die Entwicklung der Sprache. Es ist bereits in diesen ersten Lebenswochen wichtig, dass man mit dem Kind spricht, auch wenn es noch gar nichts verstehen kann. Es bildet sich beim Zuhören im Laufe der Zeit nicht nur seinen ersten passiven Wortschatz und hat es dann beim aktiven Sprechenlernen leichter, es spürt vor allem durch das Wortgetön, dass es nicht allein ist, dass sich jemand mit ihm beschäftigt, das macht das Kind glücklich.

Das neueste durch diese wissenschaftlichen Untersuchungen bestätigte Programm ist für den Säugling das einfachste und älteste, das wir kennen: Liebe, Zärtlichkeit, Zuneigung. Das ist das Pensum der ersten Lebenswochen.

Das Gehör

Schon im Mutterleib hat das Baby auf Lärm, laute Musik, Maschinengekreisch und Ähnliches reagiert. Lärm löst den Klammerreflex aus, Lärm irritiert das Baby besonders heftig, und wenn seine Gehörgänge nach der Geburt auch noch so verklebt von Fruchtwasser sind, unterscheidet es die Umwelt doch zum großen Teil durchs Ohr. Es erkennt die Mutter an der Stimme, es erkennt später den Vater am Schritt und die Geschwister an ihrem spezifischen Lärm. Beim Gehör wird jedoch deutlich, dass das Neugeborene unter seinen ersten Wahmehmungen mit gesundem Instinkt auswählt.

Geschmack und Geruch

sind auch schon ausgebildet: Das Neugeborene verfügt über 8 000 bis 12 000 Geschmackszellen – der Greis um über ein Viertel dieser Menge! Neugeborene essen alles, was man ihnen gibt, und beginnen erst mit sechs bis zehn Monaten, bestimmte Gerichte oder Nahrungsmittel abzulehnen.

Der Tastsinn

lässt das Baby Schmerz, Wärme und Kälte empfinden und wird im Lauf des ersten Lebensjahres am meisten verfeinert und ausgebildet. Mit dem Tastsinn, mit Lippen und Mund, erobert sich das Kind den ersten klaren Zugang zu seiner Umwelt.

Die Augen

Wenn das Baby geboren wird, kann es sehen. Das bedeutet, dass die Netzhaut Bilder aufnimmt. Doch zum Vorgang des Sehens gehört auch, dass man versteht, was man wahrgenommen hat. Das Kind muss also Erfahrung sammeln. Dann erst kann es seine Eindrücke ordnen. Selbst Mutters Gesicht kann das Baby noch nicht scharf erkennen. Der Vorgang des Sehens ist komplizierter, als die meisten Menschen ahnen. Das Neugeborene kann die Augen am Anfang noch gar nicht richtig bewegen. Zwölf kleine Muskeln lenken die beiden Augäpfel; das Kind muss erst lernen, sie zu beherrschen. Deshalb starrt es zuerst unverwandt und aus druckslos immer in dieselbe Richtung. Wenn das Baby müde wird, verliert es die Kontrolle über die Augenmuskeln: Es schielt.

Insgesamt braucht es etwa zwei Wochen, um etwas fixieren, Bewegungen verfolgen und beide Augen gleichzeitig in andere Richtungen wandern lassen zu können. Am frühesten kann es Lichtunterschiede wahrnehmen, und es greift nach einem Metallarmband, nach einem hellen Gegenstand, ehe es dessen Form erkennen kann.

Das Gehirn ist bei der Geburt des Kindes größtes Organ, es verdoppelt sein Gewicht im Laufe des ersten Lebensjahres und hat es bis zum vierten Geburtstag verdreifacht. Früher meinte man, die Kinder kämen sozusagen als unbeschriebenes Blatt zur Welt, mit dem Gehirn im Kopf, das nun, durch Gene gesteuert, seine Differenzierung und Reifung erführe. Unterdessen wissen wir, dass ganz im Gegenteil das Gehirn schon im Mutterleib durch die ersten Anregungen der Sinne geprägt wird. Jede Wahrnehmung, jede Bewegung wurde von den zentralen Nervenzellen des Gehirns registriert und beantwortet, sodass das Neugeborene bereits über Erfahrungen verfügt. Die Geburt ist für ein Kind also nur ein Übergang, doch der Umzug in die lufterfüllte Außenwelt ist anstrengend. So braucht das Baby besonders im ersten und zweiten Monat Ruhe, und meist ist seine ganze Umwelt instinktiv darauf eingestellt, ihm diese Ruhe zu verschaffen. Das Neugeborene bringt den größten Teil seines Lebens im Schlaf zu und ist durch eine unsichtbare Reizmauer vor vielem geschützt. Es nimmt manches noch gar nicht wahr; die Störung muss schon recht beträchtlich sein, ehe es mit Unlust oder Verzweiflung reagiert.

Die Eltern sorgen durch ihre Pflege dafür, dass Babys Seelenlage immer wieder entspannt wird. Sie füttert es und stillt seine Hungerunruhe. Sie wickelt es und stillt sein durch Kälte und Nässe verursachtes Unbehagen. Sie wiegt es, spielt mit ihm und stillt sein Verlangen nach Gesten und Worten und Begriffen. Neue Reize und Empfindungen stürmen auf das Baby ein, und es versucht, aus der ungestalten Masse Wahrnehmungen zu erfassen, Erfahrungen aufzubauen. Während das Kind seine irdische Wahrnehmungsfähigkeit entwickelt, bleiben schon Erinnerungsbruchstücke haften: Wie stark diese ersten bleibenden Eindrücke von Mutters Verhalten abhängen, erklären die nächsten Kapitel.

Babys Wachstum im ersten Vierteljahr

Das Geburtsgewicht beträgt bei Jungen unserer westlichen Welt im Durchschnitt ein knappes viertel Kilo mehr als bei Mädchen. Insgesamt schwankt das Geburtsgewicht ungefähr zwischen 2500 und 4500 Gramm. Die schweren Babys werden zwar bestaunt, sind aber weder bei den Ärzten noch bei den Ernährungsfachleuten sehr beliebt. Sie lassen oft die Entbindung schwieriger werden, und sie verleiten die Eltern dazu, das Kind zu überfüttern, damit es auch weiterhin stark und groß bleibt. Normalerweise gleicht sich die Differenz im Lauf des ersten Jahres aus. Die Neunpfünder sollten dann so groß und schwer wie Durchschnittskinder sein.

Nach der Geburt geht das Gewicht manchmal erheblich zurück. Das liegt daran, dass das Neugeborene bereits Harn und Kindspech ausscheidet, während es noch nichts oder kaum etwas zu sich nimmt. Die Abnahme beträgt zwischen fünf bis zehn Prozent des Geburtsgewichtes und hat am 2. bis 5. Lebenstag den tiefsten Punkt erreicht. Danach steigt das Gewicht wieder an. Völlig falsch ist der Ehrgeiz, das Baby in Rekordzeit über sein Geburtsgewicht zu päppeln. Der langsame, gleichmäßige Gewichtsanstieg ist gesünder, führt nicht zur Überernährung. Wichtig ist nicht, dass das Gewicht rasch steigt; wichtig ist vielmehr, dass das Neugeborene gut trinken lernt. Nach zwei bis spätestens drei Wochen sollte es sein Geburtsgewicht zurückgewonnen haben.

Gewichtsschwankungen beunruhigen viele junge Eltern. Sie müssen wissen, dass Babys Körper wasserreicher ist, sein Kreislauf und sein Stoffwechsel jedoch noch nicht so eingespielt sind wie bei älteren Kindem. Schwankungen des Gewichts können eine Folge da von sein. Flaschenkinder nehmen oft zuerst langsamer zu. Weichen sie zu sehr von den Sollzahlen ab, wird der Arzt oder die Mütterberatung gefragt.

Die Körperlänge: Auch hier liegen die Knaben um eine wortwörtliche Nasenlänge vorn: Jungen sind bei der Geburt durchschnittlich 50 bis 52 Zentimeter lang, Mädchen sind bei der Geburt durch schnittlich 48 bis 50 Zentimeter lang. Nach einem halben Jahr sind sie durchschnittlich 66 Zentimeter, nach einem ganzen Jahr 75 Zentimeter lang.

Ausnahmen von der Regel sind so zahlreich, dass man die Durchschnittszahlen nur als Überschlagswert benutzen kann. Lediglich die Bekleidungsindustrie richtet sich nach diesen »Idealzahlen«, aber darunter leiden Eltern erst, wenn das Baby aus der Erstlingskleidung herausgewachsen ist.

Jetzt geht es noch nicht um Kleidergrößen, sondern um die Seelenruhe der Eltern. Sie kann beträchtlich gestört werden, wenn Nachbarinnen, Freundinnen und Schwestern mit Vergleichszahlen anrücken. Deshalb sei klipp und klar gesagt: Ist ein Kind gesund, so spielen Schwankungen in Länge und Gewicht überhaupt keine Rolle. Schließlich ist ein Kind kein Fließband produkt, sondern ein Individuum. Das sollte sich jeder Elternteil vor Augen halten, wenn sie die folgenden Entwicklungsschemata liest. Sie sind nichts weiter als die Quersumme von tausendfachem Babyverhalten, wo bei sich auch dieses Verhalten von Generation zu Generation dadurch ändern kann, dass wir den Kindern andere Lebensbedingungen bieten.

Wie kann man den Säugling verstehen?

Der Säugling ist dem Kaninchen und dem Löwen verwandt: Nesthocker wie sie, von den Eltern ebenso liebevoll gehegt und gepflegt, bis sie allein auf den Beinen stehen und sich allein ernähren können. Die Nestzeit des Menschenkindes dauert ungefähr ein Jahr. In dieser Zeit braucht das Baby Milch und Wärme, Schutz und Bewegung und die wachsende Vertrautheit und Bekanntschaft mit der Umwelt. Psychologen sagen: Der Säugling lebt noch in der Mundwelt, befriedigt seine Wünsche vornehmlich durch Saugen und Lutschen, erforscht Neues mit Mund und Lippen, gibt seinem Unmut durch den Mund Ausdruck, äußert sich durch Schreien. Kein Baby schreit aus Spaß. Wenn ein Baby schreit, so hat das, der Dringlichkeit nach, folgende Ursachen, die beseitigt werden sollten:

1. Baby hat Hunger

Wie man Babys Ess- und Trinkbedarf am besten stillt, lesen Sie in den Kapiteln 15 und 16.

2. Baby friert oder schwitzt

Der Organismus des Säuglings vermag die Körpertemperatur noch nicht so gut zu regeln wie der Organismus des größeren Kindes. Die Neugeborenen schwitzen also sehr oft und frieren ebenso jählings wenn es mit dem Wärmeausgleich nicht recht klappt. Sie können noch keine Gänsehaut bekommen, sie müssen mit Armen und Beinen wedeln, oder sie müssen schreien, um sich warm zu machen, denn beim Schreien wird doppelt soviel Wärme frei wie beim Schlafen.

Hat ein Säugling also kalte Füßchen und Händchen, so schreit er meistens, um es sich warm zu machen. Noch häufiger schreit er, weil es ihm zu heiß ist. Ein Säugling hat im Verhältnis fünfmal soviel Schweißdrüsen wie ein Erwachsener, und wenn er sich richtig satt getrunken hat, kann er sich durch Schwitzen ganz gut von allein temperieren. Funktioniert das nicht, tritt dieser Fall ein:

3. Baby glüht

Das kann gefährlich werden: Deshalb soll man das Kind nie in Nylonhemdchen oder andere Wäschestücke aus den an sich sehr praktischen Chemiefasern hüllen, nie zu fest zudecken (kein Federbett!), nie in heiße zentralgeheizte Räume stellen. In geheizten Räumen möglichst für Luftbefeuchtung sorgen.

4. Baby auf der Erbse

Beim Strampeln können sich Jacken verschieben, Windeln zu Falten kräuseln, Bänder zu stramm ziehen. Das stört erheblich, und in der Regel stellt der Säugling sofort sein Schreien ein, wenn die Mutter alles wieder schön glatt gezogen hat.

5. Baby ist nass

Nasse Windeln lösen bei vielen Babys sofort den Wunsch nach etwas Warmem und Trockenem aus. Das Kind wird also friedlich, sowie es eine neue Windelpackung erhält. Besonders nachts ist es ratsam, die Windel vorher anzuwärmen.

6. Bauchschmerzen

Sie treten in den ersten Tagen und Wochen recht häufig auf, weil sich der Verdauungstrakt des Neugeborenen erst einspielen muss. Das Kind verrät meistens durch seine Haltung, was los ist. Bei Bauchschmerzen liegt es gekrümmt oder mit zum Bauch hochgezogenen Knien. Sehr oft hilft gleichmäßiges Reiben des Bäuchleins, etwas Fencheltee oder ein Wärmefläschchen im Bett (Wärmeflasche stets gut einwickeln und nie kochend heißes Wasser einfüllen!).

7. Baby meldet Erfolg

Manche Babys begleiten ihr großes Geschäft mit Geschrei. Sie sind auch sofort wieder fröhlich, wenn sie eine frische Windelpackung bekommen haben.

8. Baby verlangt nach Liebe

Babys wollen wenigstens einmal am Tag für einige Zeit im Arm gehalten und liebkost werden. Danach legen sie sich wieder friedlich im Körbchen zurecht und schlafen weiter.

9. Baby langweilt sich

Langeweile kann schon ein Herr oder eine Dame von zwei Monaten haben. Sie wollen Leben und Bewegung. Stellt man das Körbchen in die Küche oder in den Garten, wo sich »etwas tut«, ist alles wieder in Ordnung. Allerdings darf man diese Ablenkung nicht über treiben und dadurch auf keinen Fall die Schlafzeit des Säuglings kürzen.

10. Baby verlangt nach Spielzeug

Vielleicht hat das Baby schon ein Frotteetier, oder es spielt gern mit einer weichen zusammengeknoteten Windel. Jetzt ist es aufgewacht, und die Mutter hat das Ding gerade in die Waschmaschine gesteckt. Gut, wenn es ein zweites Lieblingswesen gleicher Form und Farbe gibt, das als Tröster sofort einspringen kann. Wichtig ist auch der gleiche Geruch. Also: zwei Tuchtiere einführen, die umschichtig gewaschen werden.

11. Baby übt die Lunge

Kinderärzte nennen das: Babys Spaziergang. Durch Schreien füllt der Säugling seine Lunge mit Luft, macht sich die Stimmbänder dabei geschmeidig und faltet ein paar weitere Lungenbläschen auf. Aber das wird nie ein Dauergeschrei, sondern ähnelt eher einem Juchzer.

12. Baby ist krank

Das ist der letzte Grund, und dann schreit das Kind nicht lauthals, sondern wimmert so kläglich oder schreit so entsetzt, dass man gleich den Unterschied heraushört. Trotzdem: Erst Fieber messen, ehe man den Arzt fragt und ihm andere Symptome mitteilt. Zwölf Gründe – ein Baby. Das mag manche Frau zuerst verwirren. Soll sie jedesmal zwölf Tests machen, ehe sie weiß, was los ist? Sie wird in der ersten Woche unsicher sein. In der zweiten Woche hört sie gleich, wann es warum in welcher Tonart zu schreien pflegt.

So entwickelt sich das Kind im ersten Vierteljahr

Im ersten Monat

In dieser Zeit kann das Baby nichts so gut wie schlafen, aber es weiß noch nicht, wie man einschläft, und auch das Aufwachen wirkt oft wie ein Schock. Das bleibt noch längere Zeit so. Dreijährige sind nach dem Nachmittagsschlaf häufig verstimmt und weinen. Ihr Organismus ist immer noch nicht auf schnelles Umschalten vom Schlafen auf Wachen eingestellt.

Auch das Neugeborene braucht bereits viel Körperkontakt. Aber sein Gleichgewichtssinn hatte bisher keine Rolle gespielt: Wechseln jetzt Auf und Ab, Hin und Her zu jählings, gerät es völlig aus der Ordnung.

Es schläft 20 bis 21 Stunden, und von den vier wachen Stunden werden 14 Minuten gezappelt, 120 Minuten getrunken, 64 Minuten werden der Körperpflege gewidmet, und der Rest von 42 Minuten wird mit Geschrei und abermals mit Gehampel ausgefüllt. Auch das sind Durchschnittszahlen.

Das Neugeborene lebt durch Mund und Ohr, mag Ruhe, sein Bad, Wärme und Rot, hat noch hellblaue, leicht verschleierte Augen, eine sehr empfindliche Haut und ermüdet schnell (auch beim Trinken).

Gegen Ende des ersten Monats lässt es schon deutlich Unterschiede in seinen Unlustäußerungen erkennen und mag es ausgesprochen gern, wenn etwas mit ihm geschieht. Viele Kinder sträuben sich dagegen, Hemdchen und Jäckchen über den Kopf angezogen zu bekommen. Durch Gurgeln wird Behagen geäußert. Herzschlag, Atmung und Körpertemperatur werden gleichmäßig.

Im zweiten Monat

Babys Gesichtsfeld ist noch begrenzt, aber innerhalb dieser Grenzen kann es Dinge und Menschen mit den Augen erfassen und verfolgen, und das erste, was sein Lächeln auslöst, ist das menschliche Gesicht. Es lächelt die Mutter an, wenn sie es voll anschaut, sodass es in ihre beiden Augen blicken kann. Sieht es sie dagegen im Profil, so bleibt es ernst.

Die meisten Säuglinge fühlen sich in Strampelhöschen bequem, denn sie bewegen sich ausgesprochen gern. Sie lernen allmählich ihre Muskeln beherrschen, heben den Kopf, wenn sie auf dem Bauch liegen, stützen sich dabei fest auf die Unterarme und können so den Kopf schon ziemlich lange hochhalten. Der Säugling betrachtet die eigenen Hände, strampelt vor Wonne, weil ihm Licht gefällt, weil er bestimmte Geräusche gern mag, weil er sich über alles Neue freut, das er mit den wacher werdenden Sinnen aufnehmen kann.

Eltern spüren, wie gierig ihr Kind »lernt«, und sie sollten ihm die Freiheit lassen, seine Glieder zu bewegen und mit der Welt vertrauter zu werden. Ein wichtiger Grundsatz: *Gebrauch der Organe fördert, Nichtgebrauch hemmt.*

Der Säugling ist offen für alle Eindrücke, lässt sich leicht von Unangenehmem ablenken, darf aber ruhig zwei bis drei Stunden plappern und wach sein. Er hält die Mutter und Mutters Milch spendenden Busen für einen Teil seiner selbst, weiß auch noch nicht, dass der ferne große Zeh oder die nahe Hand ihm gehören.

Um dieses Anteilnehmen an der Außenwelt zu fördern, sollte man das Kind von seiner Umwelt nicht mehr abschließen: Man rückt sein Körbchen im Kinderzimmer immer wieder an eine andere Stelle, damit der Säugling Abwechslung durch einen neuen Blick winkel bekommt.

Mobiles und Luftballons am Körbchenrand in kräftigen Farben (Rot und Gelb) sorgen für Unterhaltung. Man stellt das Körbchen in die Küche oder ins Wohnzimmer, wo es Neues zu betrachten gibt.

Der Säugling mag Geräusche: Spieluhren, Gläser- und Porzellangeklapper, Mutters Gesang, all das macht ihm Vergnügen und regt an.

Zur Frage: Wie viel Beschäftigung und liebevolle Anregung braucht ein Kind? haben Reihentests mit Säuglingen im Alter zwischen 6 und 36 Tagen Folgendes ergeben: Mit einer Gruppe von Kindern beschäftigten sich die Schwestern des Heims, in dem die Tests stattfanden täglich zwanzig Minuten außer der üblichen Pflegeroutine. Diese Kinder reagierten am Ende der Kontrollzeit mit den Augen wesentlich aufmerksamer als die nach der üblichen Heimroutine behandelten Babys und entdeckten ihre Hände eine Woche später als diese. Das hängt damit zusammen, dass normale Heimkinder nichts als eben ihre eigenen Hände als Anregung und Spielzeug besitzen.

Eine dritte Gruppe wurde in eine so genannte sensorisch angereicherte Umgebung gebracht, das heißt: Zu der 20-Minuten-Beschäftigung kamen bunte Bettwäsche, dreimal am Tag 15 Minuten Bauchlage mit einem freien Ausblick auf die Umgebung, ein Stabile aus Bällen, Kugelketten und Glitzerkram direkt über den Bettchen. Ergebnis: eine noch spätere Entdeckung der Hände und – zur Überraschung der Forscher – geringere Aufmerksamkeit als die Babys aus Gruppe eins und Gruppe zwei. Dazu: häufige Weinerlichkeit.

Das Überangebot von Reizen und Anregungen war für die Kinder einfach zu viel. Es überforderte sie, machte sie zerfahren, unruhig und unglücklich und damit unfähig zum Lernen.

Die Babys der mittleren Gruppe – ohne farbige Bettücher, ohne Stabile, aber mit einfachem Spielzeug, ohne Bauchlage und freien Ausblick, aber mit dem 20-Minuten-Spiel pro Tag – erreichten eher als die normalen Heimkinder und eher als die übertrieben angeregten Kinder zwei wichtige Entwicklungsstufen: Sie griffen zehn beziehungsweise elf Tage vorher nach ihrem Spielzeug und konnten es zehn Tage früher als die dritte Gruppe und sechzig Tage früher als die erste Gruppe richtig ergreifen.

Übersetzt in den Babyalltag bedeutet das: In den ersten zwei Monaten braucht das Kind von der Mutter zwar mehr als saubere Windeln und warme Milch, aber allzu viel Anregung kann es noch nicht verarbeiten. Es sollte deshalb immer nur eine Sache angeboten bekommen: Zwanzig Minuten Spiel oder Besuch der Großmutter. Freien Ausblick ins Zimmer oder sein einfaches Spielzeug. Erst wenn das Kind drei Monate lang gelebt und gelernt hat, kann es mehr verkraften.

Eine gewisse Unruhe im Haus stört das Baby nicht. Man braucht nicht auf Zehenspitzen zu gehen. Für das Kind ist es interessant und auch sehr wichtig, alle möglichen Geräusche auseinanderhalten zu lernen. Die Grenze all dieser Unterhaltungen: Babys Schlafbedürfnis. Noch soll es 18 Stunden lang oder auch weniger schlafen, soll besonders die Nacht fest durchschlafen können. Deshalb: keine Unternehmungen vor der 18-Uhr-Mahlzeit, die den Säugling so anregen, dass er danach nicht einzuschlafen vermag.

Im dritten Monat

schläft das Baby nicht mehr gleich nach der Mahlzeit ein. Es bleibt hellwach, hat auch zwischendurch ganz deutlich spürbare wache Abschnitte (es hatte schon in der ersten Woche nach der Geburt wache, aufmerksame Minuten) und vergnügt sich mit vokalreichen Selbstgesprächen. Es sagt manchmal bereits »mamma« oder so etwas Ähnliches, was Mütter nicht zum Irrglauben verleiten darf, ihr Kind spräche sie schon mit dem Zärtlichkeitsausdruck für »Mutter« an. Umgekehrt ist es: In allen Sprachen heißt Mutter so ähnlich wie Mama, weil das die erste Kombination von Vokalen und Konsonanten ist, die ein Kind von selbst zustande bringt.

Im Kapitel 25 lesen Sie alles über die neuesten Forschungsergebnisse auf diesem Gebiet. Das Baby lernt viel: Es hält den Kopf im Liegen hoch und kann ihn nach beiden Seiten drehen. Erst Wochen später kann es richtig greifen und dann Blick und Griff kombinieren, aber es arbeitet mit den Augen bereits vor, lässt sie ganz bewusst wandern, registriert, schafft Erinnerungsmaterial, sammelt, was es zu sammeln gibt. Es begreift, dass diese zappelnden Hände vor seiner Nase ihm selbst gehören, es kann endlich wieder wie im Uterus den Daumen in den Mund führen und daran saugen.

Es strampelt mit großem Vergnügen, und manchmal gelingt es ihm schon, sich auf den Bauch zu rollen. Ganz gelenkige Kinder entzücken ihre Eltern damit, dass sie den großen Zeh ins Mäulchen stecken und friedlich daran nuckeln. Das Gehör schärft sich, der Säugling erkennt die Elternteile schon am Geräusch und reagiert mit einem zuwendenden Blick und einer Kopfdrehung. Er macht dann klar, wie gern er mit dem betreffenden spielt, zeigt insgesamt Zärtlichkeitsbedürfnis, Kontaktwünsche und Charakter. Auf jeden Fall beweist das Baby innerhalb dieser ereignisreichen ersten drei Monate, wie ahnungslos Menschen sind, die diese Zeit als »dummes Vierteljahr« bezeichnen.

11

KAPITEL

Erziehung beginnt am ersten Tag

Die Erziehung eines Kindes ist eine ebenso große und schöne wie schwere und verantwortungsvolle Aufgabe und Verpflichtung. Allerdings werden oft auch erfahrene Eltern angesichts dieser Aufgabe von Zweifeln befallen. Gewiss, jeder wünscht sich die beste Erziehung für sein Kind. Aber was ist gut für ein Kind, für dieses bestimmte Kind? Von der Antike an glaubte man, dass viele Eigenschaften angeboren seien, und unsere Umgangssprache kennt noch heute Begriffe wie den »geborenen Lügner« oder den »geborenen Charmeur«. Das blieb so trotz der auf der Nächstenliebe aufbauenden christlichen Erziehungsgrundsätze, trotz des Glaubens, durch eisernen Drill jeden Menschen zu einem bestimmten Typ hinbiegen zu können, und trotz der Erkenntnis, dass Milieu und Erfahrung den Menschen formen. Dem Angeborenen vertrauten die Eltern und später die Lehrer am meisten.

Eine Tatsache jedoch brachte den Glauben an Zucht, Gottes Gnade und Milieu immer wieder ins Wanken: Das waren die unterschiedlichen Ergebnisse einer gleichartigen Erziehung. So fand man unter den Kindern aus dem gleichen geordneten Haushalt, die von einer gerechten Mutter nach den gleichen Prinzipien erzogen worden waren, beispielsweise einen Träumer und Schlendrian, einen gewissenhaften Arbeitsfanatiker und einen begabten Faulpelz. Sieht man sich unter den Großen unseres Volkes um, so stammen viele wie zum Beispiel Johann Sebastian Bach aus Familien, die nichts für dieses Genie getan haben. Verfolgt man dann das Leben der Kinder dieser Genies, so muss man zugeben, dass sie meistens Versager waren, etwa Goethes Sohn August. Wie also soll man seine Kinder erziehen? Medizin, Psychologie und Verhaltensforschung haben in unserem Jahrhundert viele Erkenntnisse gewonnen, die den Eltern ihre Aufgabe erleichtern können.

Nicht alle diese Erkenntnisse sind neu. Schon im alten Rom werden Großmütter weise mit dem Kopf gewackelt und gesagt haben: »Kinder sind halt verschieden!« Aber trotz solcher uralter Einsichten hat man bis in unsere Zeit hinein auf diese Unterschiede kaum Rücksicht genommen, hat vielmehr versucht, sie durch die Erziehung auszugleichen, hat das Prinzip über das Kind gestellt und das Kind so lange zurechtgestutzt, bis es in den allgemeinen Rahmen passte.

So hat eine der ältesten Annahmen von der angeborenen Intelligenz einen heftigen Streit ausgelöst. Denn der Glaube an die Gleichheit der Rechte und Chancen, an die prägende Allmacht der so oder so gearteten gesellschaftlichen Verhältnisse und damit an soziale und durch Systemveränderung sofort zu korrigierende Ungerechtigkeiten, wurde durch Jensen erschüttert. Nach dem neuesten Stand unseres Wissens meint er sagen zu können, dass sich das ererbte Potenzial ungefähr doppelt so stark auswirkt wie das, was man summarisch als Umwelteinfluss bezeichnet.

Erste Unterschiede

Diese Feststellung fordert natürlich neue Überlegungen darüber heraus, wie man trotz dieser Unterschiede jedem Kind so gerecht wird, dass es sich im Rahmen seiner Möglichkeiten so gut und frei wie nur möglich entwickeln kann. Sicher hilft es dem Erzieher weiter, wenn er diese Tatsache, dass jeder Mensch seine Grenzen hat, nicht zu verdrängen sucht, sondern sich gerade bemüht, das Individuum in seiner Eigenart so genau wie möglich kennenzulernen. Dabei begreift er auch, wo bei diesem einen bestimmten Kind Förderung anzusetzen hat. Die ersten Unterschiede treten schon bei Säuglingen auf:

- Sie haben einen unterschiedlichen Aktivitätsdurchschnitt. Es gibt also Strampler und Bewegungsfaule.
- Sie unterscheiden sich in der Regelmäßigkeit oder Unregelmäßigkeit ihrer biologischen Funktionen. Manche Babys entwickeln sich also genau nach Wachstumstabellen, andere sind schneller oder langsamer.
- Sie unterscheiden sich in der Reaktion auf neue Situationen. So ergreift das eine Baby spontan jedes neue Spielzeug und steckt es begierig in den Mund, während ein anderes sich zögernd und misstrauisch verhält.
- Sie unterscheiden sich in ihrer Anpassungsfähigkeit an veränderte Situationen. So schluckt das eine Baby die Milch, ohne mit der Wimper zu zucken, ebenso brav aus dem Fläschchen wie aus der Brust. Das andere dagegen braucht für die Umstellung Zeit.
- Sie unterscheiden sich in ihrer Reaktion auf Licht, Geräusch und Berührung. Das sind Unterschiede im Reaktionsvermögen der Sinne, die bis ins Erwachsenenleben hinein bleiben.
- Sie unterscheiden sich in der allgemeinen Stimmungslage, verhalten sich entweder negativ oder positiv. Manche Babys können also sehr wohl »das geborene Sonnenscheinchen« sein, aber das ist eine Temperamentsache.
- Sie unterscheiden sich in der Intensität ihrer Reaktionen. Da sind die wilden Babys, die leidenschaftlichen Umarmer oder die Zerstörer. Da sind anderseits die Stillen, die es nicht so zeigen können, deren Intensität dafür auf anderem Gebiet liegen kann.
- Sie unterscheiden sich in der Ablenkbarkeit. Daran wird jede Mutter spätestens bei den Schularbeiten denken müssen: ein Kind, das sich schon von Schritten auf dem Flur ablenken lässt, muss anders Schularbeiten machen als ein Kind, das bereits als Baby in der Wiege vollkommen versunken mit seinem Gummitier spielte.
- Sie unterscheiden sich in ihrer Beharrlichkeit und dem Grad ihrer Aufmerksamkeit. Da sind die Gründlichen, die sich von nichts trennen, ehe sie es nicht erforscht, gelernt und begriffen haben, und da sind die Kinder, die al-

lem Neuen, sei es ein neues Gesicht oder später ein neues Bilderbuch, nur flüchtige Aufmerksamkeit widmen.

Das Verhalten des Kleinkindes in diesen Hinsichten ist durch sein Temperament bedingt. Zum Temperament kommen noch viele andere Erbfaktoren, die sich schon im Verhalten des Ungeborenen im Mutterleib auswirkten. Sie bestimmten nicht nur körperliche Merkmale, sondern auch manuelle Geschicklichkeit, Sensibilität oder Intelligenz.

Dennoch können die ererbten, also angeborenen Anlagen und Eigenschaften in gewissem Umfang verändert oder besser: ergänzt werden. Seit Sigmund Freud weiß man, welche entscheidende Rolle das Verhalten und die Gefühle der Eltern schon in frühester Kindheit spielen und welche weit tragende Wirkung ihre Liebe, Fürsorge und Mege haben. Gerade die scheinbar fest gelegten Elementarfunktionen werden durch die Umwelt des Kindes stark beeinflusst, können sogar schließlich beinahe in ihr Gegenteil verkehrt werden.

Man kann zwar kein Kind, das durch Erbfaktoren zierlich, sommersprossig, zurückhaltend und ein guter Violinspieler ist, zu einem großen, weißhäutigen, lärmenden Schnellläufer machen. Aber man kann durch die Art der Erziehung die Intelligenz des Kindes fördern oder verkümmern lassen. Man kann seine Antriebskräfte sich entfalten lassen oder sie drosseln. Man kann seine natürliche Sensibilität wecken oder sie ersticken.

Man kann also aus einem von Natur aus aufgeweckten, lebhaften, warmherzigen Kind ein stumpfes, dumpfes und kontaktarmes Wesen machen. Der Deutsche Kinderschutzbund kennt Zehntausende von Fällen, in denen Eltern ein Kind haben verkümmern lassen, weil sie es nicht zu erziehen verstanden.

Dies sind Ausnahmen, aber auch den liebevollsten Eltern ist oft nicht klar, mit welchen selbstverständlichen Kleinigkeiten sie schon im ersten Monat, im ersten Jahr ihres Kindes für seine Zukunft sorgen können. Denn jetzt handelt es sich noch nicht um Erziehungsprogramme mit Leistungsidealen und Lehrziel. Im Gegenteil: Die streng geordneten Programme der Säuglingspflege mit ihrem genau eingeteilten Tag, mit Fütterungsstunde und hygienischen Geboten haben viel von dem überdeckt, was die Babys früherer Generationen – bei aller mangelnden Hygiene – haben genießen können.

Umwelteinflüsse

Die Umwelteinflüsse, die auf das Kind von allem Anfang sehr stark einwirken, sind höchst einfacher Natur: Es ist der Hautkontakt, der dem Kind Sicherheit gibt. Es ist der Blick, durch den das Kind erste Signale von seiner Mutter empfängt. Es ist die Gefühlsäußerung der Mutter, die dem Baby einen wichtigen Zugang zu dieser Welt erschließt. Es ist die sprachliche Verbindung, die dem Kind bestätigt, dass es jemand ist, auch wenn es noch kein einziges Wort der Mutter versteht. Es ist die Einstellung der Eltern zur Sexualität, die sich dem Kind schon durch die Art und Weise mitteilt, mit der sie mit seinem Körperchen umgehen.

Erziehung bedingt also bereits in den ersten Monaten und Jahren soviel Konzentration und Ernst wie später auch. Die Eltern dürfen jedoch nichts übertreiben. Das Baby bestimmt das Tempo der Zuwendung und das Maß der verspielten Zärtlichkeit. Stärker als später sind allen äußeren Forderungen Grenzen gesetzt durch die innere Entwicklung.

Zwei Linien
laufen nebeneinander:

Linie 1: Die biologische Reifung von Hirn- und Nervenfunktionen, erkennbar zum Beispiel an der zunehmenden Kontrolle über die Muskulatur und dem aufeinander abgestimmten Zusammenwirken der funktionsfähigen Organe und Glieder, verläuft im Wechselspiel mit äußeren Einflüssen. Diese Entwicklung ist vom Bauplan des Organismus und von den individuellen Anlagen bestimmt. Hier gilt das eiserne Gesetz der Reihenfolge: Kein Kind kann eine Entwicklungsstufe überspringen. Ehe es nicht kriechen kann, ist es nicht imstande, sich hinzusetzen. Ehe es nicht sitzen kann, ist es nicht imstande, auf zwei Beinen zu stehen. Ehe es nicht die Handmuskeln beherrscht, ist es nicht imstande, etwas loszulassen.

Man kann die Entwicklung in bestimmten Grenzen fördern oder hemmen. Ein Baby, das stramm in Wolljacken und Einschlagtücher eingewickelt ist, ein dickes Plumeau ins Bettchen gestopft bekommt und den lieben langen Tag nur eine weiße Zimmerdecke anstarren kann, erreicht die ersten Stufen der Körperbeherrschung wesentlich später als ein Baby, das in kurzen Strampelhöschen in aller Freiheit Arme und Beine üben kann.

Linie 2: Das angeborene Temperament und die ererbten Anlagen bilden den Rahmen für Babys künftige Persönlichkeit. Zwischen diesen Gegebenheiten entwickelt und entfaltet sich das Kind so gut oder so schlecht, wie es seine Umwelt gestattet. Die Psychologen sprechen von Schlüsselreizen, die ihm diese Umwelt liefert. Durch sie wird es in den Stand gesetzt, sich manche Entwicklungsmöglichkeiten überhaupt erst zu erschließen. Die Umwelteinflüsse sind freilich nicht ausschließlich von den Eltern zu lenken. Die Umwelt besteht ja nicht nur aus Mutter, Vater und einer kindgemäßen Wohnung, sondern auch aus Nachbarn, Geschwistern, dem Wetter, dem Klima, der Landschaft, der ganzen Dingwelt mit ihren Gestalten und Farben, im weitesten Sinne aus der ganzen Kultur, in die ein Kind hineingeboren wird. Und gerade diese Kultur macht manchmal indirekt den dicksten Strich durch alle guten Ansätze der Erziehung.

Wer ein Kind bekommt, kehrt oft in die Erziehungswelt der eigenen Kindheit zurück. »Das hat mir gut getan und muss auch gut für mein Kind sein!«, heißt es dann. Wie verhängnisvoll diese Ansicht sein kann, zeigt allein schon die Tatsache, dass Eltern, die ihre Kinder prügeln, immer aus Familien stammen, in denen ebenfalls geprügelt wurde.

Im Allgemein muss man sagen: Alter bürgt bei Erziehungsprinzipien nicht schon für Qualität. Gute Eltern sind vielmehr solche, die die Verletzungen ihrer eigenen Kindheit verwunden haben, im wahrsten Sinn des Wortes erwachsen geworden sind und nicht ihre Kinder dazu benutzen müssen, die seelischen Defizite auszugleichen.

An was also sollen sich die Eltern halten, wenn die Tradition versagt? Die Grundsätze einer modernen Erziehung lauten:

- Über allen anderen Forderungen steht die Achtung vor der Persönlichkeit des Kindes und das Wissen, dass ein Kind, besonders ein Kleinkind, kein unfertiger Erwachsener ist. Ein Kind ist ein Wesen mit eigenen Gesetzen und eigenen biologischen und psychologischen Situationen, mit eigenen Rechten, aber ohne Moral.

Diese uns anvertrauten kleinen Unbekannten müssen wir zunächst entdecken. Erst dann kann man sich überlegen: Wie helfe ich dem Fremdling, erwachsen zu werden? Vor allem gilt: keine Dressur. Kinder machen nur allzu gerne alles rasch und leicht nach. Aber das ist weder ein Zeichen von Intelligenz noch ein Schritt auf dem Weg zur Selbstständigkeit. Gehorsam – darüber sollte man sich auch von Anfang an klar sein, ist in diesen frühesten Wochen und Jahren nichts als die Sehnsucht des Kindes, der Mutter alles recht zu machen, damit es geliebt wird. Das Kind kommt mit der Notwendigkeit und der instinktiven Bereitschaft auf die Welt, seine erste soziale Gemeinschaft aufzubauen, mit der Mutter also alles mit- und so zu machen, wie sie es für gut und richtig hält. Das wirklich zu tun, ist für die Eltern keine geringe Verantwortung.

Tauchen Schwierigkeiten auf, so hat nicht das Kind, sondern haben die Eltern ihr Verhalten zu verändern. Zunächst sind die Ursachen zu ergründen, danach sind die Folgerungen zu ziehen: Was stört? Wie kann ich helfen? Schreit das Baby im Bettchen? Die Sonne scheint ihm auf die Nase. Also das Bettchen umdrehen. Schreit das Baby im Bad? Gestern war das Wasser zu kalt. Also – Babys Hand ins Wasser tauchen, da mit es merkt: Diesmal ist alles in Ordnung.

- Ein Kind wird eher durch Förderung als durch Strenge erzogen. Das merkt man besonders, wenn Kinder zwischen zwei und zehn Jahre alt sind. »Ungezogene« Kinder leben zwischen »Lass das!«, »Tu das nicht!« oder »Spiel schön!«, »Stör mich nicht!«, »Mach nicht so einen Krach!« Sie bekommen Befehle statt Daseinsinhalte. Kein zweijähriges Kind ist unleidlich, kein achtjähriger Junge unerträglich, wenn sie etwas ihrem Alter Entsprechendes zu tun haben oder von den Eltern zugespielt bekommen.
- Jedes Kind, auch jedes Baby, reagiert schon auf Lob. Lob wird nicht nur mit dem Ohr vernommen, es wirkt im Gehirn wie ein Verstärker und spornt das Kind zur Wiederholung an. Lob und auch Tadel müssen jedoch sofort erfolgen. Babys haben noch keinen Zeitbegriff, und was nicht nach einander geschieht, hat für sie keinen inneren Zusammenhang.
- Kinder sind Wesen ohne Moral, wie Freud es formuliert hat. Sie sind mit Leben, mit Überleben beschäftigt, sind noch keine sozialen Wesen und können niemandem schaden und niemanden verletzen. Eltern sollten deshalb die Wörter »böse« und »schlimm« in den ersten beiden Jahren niemals benutzen. Das Kind ist nicht »schlimm«, wenn es eine Sekunde nach dem Wickeln sein großes Geschäft in die saubere Windelpackung macht. Es folgt nur einem Drang, der seinen Stoffwechsel in Schwung und es selbst am Leben hält. Moralische Werturteile haben in den ersten Lebensjahren eines Kindes noch nichts zu suchen. Eher ist die Mutter oder der Vater »böse«, die ihr Baby, das aus Unbehagen schreit, als böse bezeichnet oder gar straft.
- Eltern müssen sich am Anfang viel Zeit für ihre Kinder nehmen, viel für sie denken und planen. Dann haben sie später Schulkinder, die in der Geborgenheit des Gehorsams leben und sich nicht langweilen und deshalb nicht das sind, was die Großen unartig nennen. Denn die nervenverzehrenden Unarten sind in Wirklichkeit

nichts anderes als eine einzige Herausforderung an die Eltern: Beachtet uns! Lebt mit uns! Habt uns lieb! Kinderärzte sagen: Eltern müssen von Anfang an nicht für die Kinder, sondern mit den Kindern leben.

- Eltern müssen unmissverständlich sein. Die Signale des Erziehers, wie es in der Sprache der Psychologie heißt, müssen eindeutig und gleichmäßig sein. Eltern, die heute gelassen und morgen ungeduldig sind, die heute etwas erlauben und morgen das Gleiche verbieten, verwirren ein Kind und machen es aus Unsicherheit trotzig und scheu.
- Eltern sollen keinen Patentrezepten verfallen. Für jeden Fall zutreffende Erziehungsregeln gibt es nicht, denn die am Anfang des Kapitels erwähnten Unterschiede im Temperament der Kinder müssen stets berücksichtigt werden.

Erziehung ist ein Wechselspiel

Die Kinder verändern sich im Laufe ihres Wachstums immer wieder. Ob sie die Krisenpunkte ihrer Entwicklung gut überstehen oder nicht, hängt zum großen Teil davon ab, ob die Eltern sie verständnisvoll erziehen.

Dabei mischen sich die Einflüsse. Die Reife eines Kindes wird nicht allein durch sein Erbe und sein Temperament bestimmt, sie ist auch nicht bloß eine Reaktion auf das Verhalten der Eltern: Beides durchwirkt einander.

Erziehung ist aber auch ein Wechselspiel zwischen Eltern und Kind. Sie gibt Signale, aber auch das Kind sendet Botschaften. Man muss sie nur verstehen. Deshalb:

- Eltern sollen nicht in Erziehungsextreme verfallen. Wenn man den Kindern völlige Freiheit lässt und schon dem Säugling alles erlaubt, bleibt das gutwilligste Kind babyhaft, gewinnt nicht die Fähigkeit, irgend etwas durchzuführen oder auch nur irgendwelchen Anordnungen zu folgen. Beim temperamentvollen Kind kann dieses Leben ohne Grenze wilden Trotz und Wutanfälle, Aufsässigkeit und Zerstörungswut hervonufen. Dies ist nichts anderes als die leidenschaftliche Forderung: »Gebt mir Maßstäbe«, die das Kind noch nicht in Worte fassen kann, weil es seine Situation ja nicht zu reflektieren vermag. Deshalb muss es sein ganzes Verhalten zum Signal seines Wunsches machen und wird oft nur als »schlimmes Kind« missverstanden.
- Eltern dürfen Kinder nicht nach ihren eigenen Wunschvorstellungen erziehen. Hat eine Frau sich ein niedliches kleines Mädchen gewünscht und bekommt sie stattdessen einen strammen lebhaften Buben in den Arm gelegt, soll sie ihre Wünsche in eine Kiste packen und sich auf einen Wildfang umstellen.
- Eltern dürfen Kinder nicht überfordern. Das heißt, sie dürfen von ihnen nichts verlangen, das sie entweder noch gar nicht geben können oder das wider ihre Natur wäre. Verbietet man einem gesunden Jungen das lärmende Umhertollen, weil Vater Ruhe haben will oder weil die Nachbarn zetern, so wird der Bub mit acht oder zehn übellaunig oder tückisch sein. Man muss ihm gestatten, seinen natürlichen Tatendrang auszutoben. Also darf man ihn nicht einsperren, sondern man muss mit ihm etwas unternehmen. Wenn er ein Baby und ein Krabbler ist: hinaus in den Park. Wenn er laufen

kann: losmarschieren, zu bestimmten Zeiten mit dem Roller fahren oder turnen lassen. Hat er so seinen Auslauf, dann begreift er von Anfang an, dass es Zeiten für Krach und Zeiten für Ruhe gibt.

Ganz offensichtlich ist ein Dreijähriger überfordert, wenn man von ihm verlangt, dass er schon Fahrrad fährt. Überforderung ist allerdings nicht so leicht zu er kennen, wenn es um Alltägliches geht. Wer einen Säugling mit acht Wochen auf den Topf setzt, überfordert ihn körperlich. Wer ein Baby aus Ehrgeiz zum Laufen bringen will, ehe es richtig krabbeln kann, verdirbt seine Beine und seinen Rücken. Eine Überforderung bedeutet es auch, wenn man ein Baby ständig fragt: »Willst du jetzt dein Süppchen essen?« – »Wollen wir jetzt spazieren gehen, mein Lamm?« Ein ein- oder zweijähriges Kind darf noch nicht vor eine solche Wahl gestellt werden. Es weiß nicht, was es wollen soll, es weiß nur dunkel, dass dies zu wissen eigentlich Mutters Aufgabe ist, und lockt sie sofort mit einem schlichten »Nein« in die Sackgasse.

- Eltern sollen ihren Kindern nichts abnehmen. Das Baby reift, indem es seine Fähigkeiten übt. Es braucht für diese Übung aber auch Irrtum und Fehlleistung. Es muss lernen, wie sich das eine aus dem anderen ergibt.

Hat ein Kind das Sitzen gelernt und zieht es sich jetzt an den Gitterstäbchen hoch, so erleben die Eltern oft, dass es in lautes Geheule ausbricht. Sein Geschrei heißt: »Hilfe! Ich weiß nicht, wie ich wieder runterkomme!« Eilt man, von Mitleid erfüllt, herbei, pflückt das Schätzchen ab, nimmt es auf den Arm, herzt es und setzt es wieder ins Ställchen, so hat sie es babyhafter behandelt, als es ist. Es ist nämlich im Begriff, das Hinstellen und Niedersetzen zu lernen. Man braucht ihm also nur zu zeigen, wie man die Faust öffnet und die Finger an den Stäben entlang wieder nach unten führt.

Das ist ein Beispiel für Hunderte. Die Eltern müssen wollen und dürfen helfen, aber sie müssen es sinnvoll tun. Aus all diesem geht hervor, dass es die Eltern sind, die das Kind zu dem machen, was es später sein wird. Das ist durchaus positiv gemeint. Eltern brauchen keine Idealfiguren zu werden, nur weil sie ein Kind bekommen haben. Es gibt keinen Vater und keine Mutter, die in allen Situationen und in jeder Entwicklungskrise des Kindes alles richtig machen könnten.

Das Kind braucht sogar diese Fehlleistungen, auch die jähen Temperamentsausbrüche der Eltern. Sie zeigen ihm, dass man im Leben immer mit anderen Lebenskreisen zusammenstößt, dass es andere Ansprüche, andere Meinungen und nicht immer nur Sonnenschein gibt.

Eltern sollen sich darüber im Klaren sein, dass das Kind nicht nur in der Reaktion aufs elterliche Verhalten reift. Eltern müssen also keine Schuldgefühle entwickeln, sich gegenseitig keine Vorwürfe machen, wenn einmal etwas schief- oder nicht nach Wunsch geht.

Eltern dürfen auch nicht meinen, dass es Erziehung ohne Probleme, Irrtümer, Krisen oder vor allem ohne Strafe gibt. Es mag Kinder und Eltern geben, deren Zusammenleben ohne Strafe funktioniert. Im normalen Kinderleben kommt jedoch meistens der Tag, an dem gutes Vorbild, Geduld und vemünftige Begründung von Verboten nicht mehr vertuschen können: Das Kind ist wirklich unartig. Es will einmal seine ganze Macht ausprobieren, oder es will wissen, ob ein paar Verbote immer noch Gültigkeit haben. Oder es ist mit sich selbst so uneins, dass es den eigenen Ärger braucht, um nicht zu platzen.

Wie soll man strafen ?

Sofort, damit das Kind den Zusammenhang von Ursache und Wirkung erkennt, aber nie mit der fürchterlichen Strenge eines Richters. Nie soll der Erwachsene am Kind seine Wut auslassen. Nie soll er strafen, weil er nicht weiter weiß. Nie soll er durch die Strafe seine Überlegenheit und Macht dokumentieren.

Wir wissen heute, dass ein Kind mit seinem Trotz nicht gegen die Ordnung rebelliert, sondern dass es sie gerade sucht. Es fordert oft mit dem Trotz lässige Erwachsene dazu heraus, ihm diese Ordnung zu geben und sie ihm klarzumachen. Deshalb sind in hemmungsloser Freiheit erzogene Kinder am unartigsten, wildesten und bockigsten. Sie fordem verzweifelt nach Schranken und Regeln in dieser entsetzlich unübersichtlichen und vieldeutigen Welt. Also: Strafe ja, aber nur im Zusammenhang mit der richtigen Haltung der Eltern (Seite 172). Gut, wenn man es schafft, ohne einen Klaps auszukommen. Backpfeifen dagegen sind verboten. Sie wirken immer wie eine kleine Gehirnerschütterung und können das Gehör des Kindes schädigen.

In vielen Familien wird das Kind für einen Moment aus dem Zimmer geschickt und darf erst wieder mit den anderen spielen, wenn es sich abreagiert hat. Es muss dann aber mit Liebe wieder empfangen werden. Nie ein Kind zur Strafe in dunkle Räume oder in den Keller sperren!

Drohen Mutter oder Vater zur Strafe, dem Kind etwas zu versagen oder ein Spielzeug mit Beschlag zu belegen, so müssen sie diese Drohung auch ausführen können. Sätze wie: »Dann bekommst du nichts zum Geburtstag!« sind sinnlos. Wenn der Geburtstag nicht schon morgen ist, hat diese Drohung für das Kind gar keine Bedeutung, weil ihm eine so lange Zeitstrecke unvorstellbar ist, und zweitens wird man dieses Ver sprechen kaum erfüllen können. Im Kind wächst also die Überzeugung: »Die Alten reden bloß so daher, meinen es nicht ernst.«

Jede Strafe und die dazugehörige Untat sofort danach vergessen. Wenn eine Mutter ihr Kind immer wieder an »den Tag, an dem du Mami geschlagen hast« erinnert, macht sie es verstockt. »Warum soll ich denn wieder artig sein? Die Unart wird einem ja doch nie vergessen!« Kleine Kinder wissen außerdem gar nicht mehr, um was es geht, weil sie alles zehn Minuten später vergessen haben. Auf jeden Fall soll die Strafe das Kind nicht bedrücken und nicht erschrecken. »Ich hab dich nicht mehr lieb« wäre eine Strafe, die das Vertrauen des Kindes tötet.

Man darf auch nicht allen Kindem die Strafen mit der gleichen Elle zumessen. Jedes Kind nimmt Strafe anders auf. Deshalb kann manche Mutter ihr Kind mit einem Blick lenken, eine andere muss ihr dickfelliges Kind etwas energischer anpacken.

Eltern, die ihre Kinder verwöhnen, müssen sie eher strafen, weil ihnen die Folge der Verwöhnung als Unart begegnet. Besonders bei ersten und Einzelkindem ist diese Gefahr groß. Es wäre müßig, Eltern, die es nicht absichtlich tun, das Verwöhnen zu verbieten. Man muss ihnen jedoch ans Herz legen, damit aufzuhören, sowie sie sich selbst dabei ertappt haben.

Eltern sollen ihre Kinder niemals drängen und zwingen, dies zu tun und jenes zu können, weil es »alle Kinder« können. Das macht ein Kind ängstlicher denn je, weil es weiß, dass es die Forderung nicht erfüllen kann, und ahnt, dass ihm dadurch, wenn auch unbewusst, ein Teil Liebe, ein Stückchen Schutz entzogen werden wird. Die beste Erziehung ist jene, die das Kind als Individuum gelten lässt, ihm aber hilft, in die Gemeinschaft hineinzufinden.

Dazu müssen die Eltern Geduld und Aufmerksamkeit aufwenden, um die individuelle Gestalt ihres Kindes zu erkennen und zu respektieren. Nur dann ist eine wirklich sinnvoll gezielte Erziehung möglich. Ein Sonderkapitel der Erziehung muss noch erwähnt werden:

Die Erziehung zur Sauberkeit

Sie ist oft ein Beispiel dafür, wie elterlich ehrgeizige Wunschvorstellungen und die allgemeine Meinung Babys Fähigkeiten überfordern. Eltern müssen sich prinzipiell darüber klar sein, dass es beim beginnenden Training für das Töpfchen nicht allein um saubere Hosen und Ordnung geht. Eltern haben oft ein schlechtes Gewissen, wenn ihr Kind noch nicht sauber ist. Sie wenden gerade für diesen Punkt der Erziehung eine Energie und Unerbittlichkeit auf, die dem Anlass gar nicht entspricht. Das ist ein Zeichen für die Überbewertung, die unsere Kultur diesem Vorgang beimisst. Heute muss der Mensch präzise funktionieren, wenn er das Leben bewältigen und Erfolg haben will. Unbewusst hat sich diese Betonung von Pünktlichkeit und Keine-Ausnahme-Machen schon in die Kindheit verschoben. Eltern erwarten von ihren Babys die pflichteifrige Präzision eines Erwachsenen.

Abgesehen davon, dass das Baby damit körperlich überfordert ist, hat der ganze Vorgang für das Kind mehr Bedeutung als nur Sauberkeit. Es lernt in der Phase, in der Eltern meist mit dem Training beginnen, das Geben und das Behalten Auch sein großes Geschäft ist etwas zum Hergeben.

Wenn das Kind begreift, was es auf dem Töpfchen soll, wird es meist freudig damit einverstanden sein, Mami das zu schenken, was sie verlangt, hat sie doch Liebe und Freundlichkeit als Belohnung versprochen.

Nur: Das Baby kann diese Gabe noch gar nicht bieten. Es hat sich selbst überschätzt. Erfolg: Die Mutter oder der Vater runzelt die Stirn, wird böse, und das Baby fühlt sich geprellt. Strafe statt verheißener Liebe? Summieren sich diese Missverständnisse, so tritt ein Umschwung ein. Das Baby sagt mit dem ganzen Körper nein. Es verweigert den Eltern etwas. Es entdeckt, wie rasch man Eltern mit dieser Weigerung auf die Palme bringen kann, wie rasch Rache funktioniert. Schließlich hat ein Elternteil sein Versprechen gebrochen. Jetzt straft das Baby.

Diese Wechselwirkung kann zum Teufelskreis werden. Wenn die Mutter, die eigentlich klüger als das Kind sein sollte, den Kreis nicht unterbricht, wenn sie das Baby gar zum Außenseiter macht und ihm ihre Liebe entzieht, so macht sie es dem Kind unmöglich, die so genannte anale Phase zu überwinden. Das Kind wird später ein Trotzkopf, ein verklemmter Mensch, eine geizige Seele.

Dies sind die biologischen Tatsachen, die Eltern kennen sollten, ehe sie ihr Baby aufs Töpfchen setzt: Kein Baby kann mit acht oder zwölf Monaten trocken und sauber sein. Erst zwischen dem dritten und vierten Lebensjahr beherrscht das Kind die Körperfunktionen, die dafür erforderlich sind. Der Säugling entleert Darm und Blase unwillkürlich, und die Nervenbahnen, die die Schließmuskeln von Damm und Blase kontrollieren, entwickeln sich besonders spät.

Frühestens gegen Ende des zweiten Lebensjahres ist das Kind imstande, diese Muskeln so zu beherrschen, dass es sie eine Weile geschlossen halten kann, wenn das Signal »Entleeren!« verommen wird. Ab wann bei einem Kind die bewusste Kontrolle ein setzt, lässt sich nicht genau sagen, denn jedes Kind hat sein eigenes Entwicklungstempo. Außerdem können Umwelteinflüsse den Zeitpunkt begünstigen oder hinauszögern (Krankheit, Trennung von der Mutter usw.). Diese drei Voraussetzungen müssen erfüllt werden, ehe ein Kind auf den Topf gesetzt werden soll:

- Es muss allein und frei sitzen können, es soll möglichst schon allein laufen können.
- Es darf nicht mehr jede Stunde die Windeln nässen.
- Es muss bereits sprechen können, damit es sagen kann, wenn »es« soweit ist.

Manche Psychologen halten das Alter von 18 Monaten für die beste Zeit, mit dem Topftraining zu beginnen. Versuche mit Kindem haben gezeigt, dass sie am besten zur Sauberkeit finden, wenn man sie überhaupt nicht trainiert. Lässt man sie ohne jegliche Aufforderung und ohne Zwang aufwachsen, so werden sie am Ende des zweiten Lebensjahres innerhalb von zwei bis drei Wochen sauber und in der Wende zum vierten Jahr trocken. Wann und wie man auch beginnt – stets ist zu beherzigen: Einen durchsichtigen und mit breitem Rand versehenen Topf kaufen, sodass das Ergebnis kontrolliert werden kann, ohne dass das Baby immer wieder hochgehoben werden muss.

Mit einem Trick beginnen: Sicher wissen Eltern ungefähr, wann Babys großes Geschäft zu erwarten ist. Kündigt es sich an, geht's auf den Topf, und dann wird kräftig gelobt. Babys ekeln sich vor nichts. Wenn sie mit dem eigenen Kot spielen, ist das nicht unnormal und kein Grund zur Strafe oder Abscheu.

Babys großes Geschäft ist ein Geschenk an die Eltern, denn der Säugling hält auch den Kot noch für einen Teil seines Körpers. Deshalb sollen Eltern das große Geschäft nicht mit abwertenden Ausdrücken benennen. Fällt einem Baby der Abschied schwer, weint es dem im Klo verschwindenden Teil seines Ichs nach, muss man die Mutter eine Geschichte erzählen, die der Wahrheit entspricht: dass nichts verlorengeht, dass auch aus diesem Abfall Blumen wachsen oder etwas Ähnliches. Lassen Sie das Kind selbst die Spülung ziehen, so wird aus dem Schmerz ein Spiel.

Klappt es tagelang nicht, so setzt man die ganze Geschichte erst einmal wieder ab und versucht es einen Monat später. Das Baby nie länger als fünf bis zehn Minuten sitzen lassen, sonst ermüdet es und belastet seinen Rücken über Gebühr.

Nie strafen, wenn es nicht klappt oder das Geschäft fünf Minuten später in die Hose geht. Bei Buben geduldiger sein als bei Mädchen. Kleine Jungen sind manchmal bei Schulbeginn noch feucht. Vor dem vierten Lebensjahr ist ohnehin kein Kind hundertprozentig sauber oder trocken.

Rückfälle vor dieser Zeit sind also zu erwarten. Sie können durch aufregende Erlebnisse, Kostumstellungen oder Krankheit, Eifersucht auf ein neues Geschwisterchen oder auf den Vater oder durch den Wunsch, die dem Haus oft ferne oder berufstätige Mutter herbeizuholen und auf sich aufmerksam zu machen, ausgelöst werden. Oder sie können sich auch ohne jeden Grund ereignen. Auch das ist kein Anlass zu Strafe. Wer trotzdem straft, riskiert, dass sich die ganze Angelegenheit über Jahre hinzieht, weil sich das Kind aus Angst verkrampft und nun gar nicht imstande ist, seine diesbezügliche Muskulatur zu beherrschen. Er riskiert auch, dass das Kind Stuhl und Harn verhält und krank wird; dass es sich schämt oder aus Angst zum ersten Mal in Schwindeleien rettet.

Meldet sich das Baby, so müssen Sie im Anfang oft mit blindem Alarm rechnen. Erstens weiß das Kind noch nicht genau, wann es soweit ist, und zweitens meldet es oft ein nicht vorhandenes Geschäft, weil Mami dann immer so schön saust. Dann: lachen und nicht schelten.

Beeilen muss sich die Mutter freilich immer, denn bei diesem komplizierten Vorgang kann sich das Kind wirklich erst im letzten Augenblick melden. In dieser Zeit also keine Hosen und Röcke anziehen, die man erst mühsam aufknöpfen und aufhaken muss.

Zuerst kann das Kind sein großes Geschäft pünktlich erledigen, danach – oft wesentlich später – klappt es mit dem Bächlein. Während der Nacht bleiben Kinder erst zwischen drei und vier Jahren zuverlässig trocken. Es klappt erst dann, wenn die kindliche Blase groß genug ist, um über Nacht alles verarbeitete Wasser zu fas sen. Meist nützt es nicht viel, wenn man das Kind spät abends oder in der Nacht noch einmal aufs Töpfchen setzt. Weint es beim nächtlichen Topfen und kann danach nur schlecht wieder einschlafen, so greift man noch mal ein bis zwei Monate zur Nachtwindel. Für beide Vorgänge sind Begriffe zu wählen, die das Kind sagen und behalten kann. Man muss darauf gefasst sein, dass sie trotzdem am Anfang verwechselt werden.

Kinder verspielen sich oft, das heißt, wenn sie ins Spiel vertieft sind, achten sie auf nichts sonst. Der Grund: Das Kind kann nicht wie ein Erwachsener zwei Sachen auf einmal erledigen: zuhören und essen, zuhören und spielen, spielen und ans Töpfchen denken.

Sexualität im Säuglingsalter

Vermutlich wird jedes Elternteil eines Jungen beobachten können, dass er schon als Säugling Erektionen hat. Eltern von Mädchen oder Jungen werden merken, dass die vier oder fünf Monate alten Babys nach ihren Geschlechtsteilen greifen und ganz selbstverständlich mit ihnen spielen oder an ihnen reiben.

Das ist weder bedenklich noch unnormal. Dieses Spiel mit den eigenen Genitalien wird als frühkindliche Sexualität bezeichnet, hat in der Tat nichts mit der erwachsenen komplexen Vorstellung von Sexualität zu tun, sehr viel aber mit Gefühl, und zwar mit solchen Gefühlen, die vom Sexualorgan ausgelöst werden und die dem Baby schon so angenehm sind wie dem Erwachsenen.

Bei männlichen Babys reicht eine Berührung beim Waschen oder Wickeln, um als Reflex die Erektion hervorzurufen. Spielt ein vier bis sechs Monate altes Kind mit seinem Glied oder untersucht es seine Scheide, so tut es das mit der gleichen Neugier, mit der es in diesem Entwicklungsabschnitt seinen ganzen Körper erkundet.

Nase, großer Zeh, Geschlechtsorgan, kleiner Finger – das alles ist gleichrangig, und wenn die Mutter jetzt nicht ahnungslos ein falsches Signal gibt (böses Gesicht – böser Körperteil), so bleibt dem Kind dieser Teil seines Körpers so wichtig oder unwichtig wie jeder andere.

Kratzt es sich später noch häufiger, reibt es sich an den Stangen des Bettchens oder Ställchens, so kann das auch folgende Ursachen haben:

Das Baby trägt zu eng gespannte Höschen oder zu harte Windeln (schlecht gespülte Textilwindeln). Die Haut wird gereizt, es juckt, und das Baby muss sich kratzen.

Wenn das Baby seinen Bewegungsdrang nicht abreagieren kann oder wenn die Eltern ihm nicht genügend Zeit schenken oder nur selten mit ihm zärtlich sind, so trösten sich Kinder mit Schaukelbewegungen, den Ersatzbefriedigungen, die man sonst nur an unter Mangel an Liebe und mütterlicher Wärme leidenden Heimkindern beobachtet.

Das Schönste nach dem Baden: Strampeln! Dabei beginnt das Baby, seinen ganzen Körper zu erkunden.

Es wäre in diesem Fall ein Fehler, dem Kind das Gefühl zu geben, es täte damit Unrecht. Vielmehr sollten die Eltern dafür sorgen, dass die Spannungen verschwinden, die ihr Kind zu diesem Verhalten veranlassen.

Es gibt eine ganz andere Theorie, nach der verachlässigte Kinder erst spät entdecken, dass man sich selbst befriedigen kann, während sich zärtlich erzogene und geliebte Kinder schon im ersten Lebensjahr selbst streicheln.

Sicher ist auf jeden Fall, dass Geschlechtserziehung im ersten Lebensjahr des Kindes beginnt, und dass sich Eltern darüber klar sein müssen, welche Haltung sie einnehmen wollen oder können und welche Konsequenzen diese Entscheidung hat.

Progressiv eingestellte Eltern können sich darauf verlassen, dass sie mit ihrer freieren Erziehung der Lustbetonung nicht mehr auf so große Ablehnung oder Unverständnis stoßen werden wie noch vor ein paar Jahren. Nicht so progressive Eltern merken dagegen sicher, um wie viel freier sie und wir alle im Vergleich zu Eltern und Großeltern dennoch geworden sind. In bezug auf die Sexualerziehung bedeutet das: eine größere Gelassenheit und dadurch schon mehr Freiheit für die Kinder.

12

KAPITEL

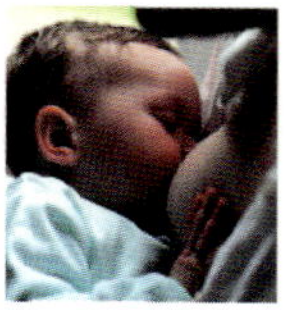

Mutters erstes Jahr

Ohne die Mutter oder einen anderen Menschen würde ein Kind sein erstes Lebensjahr kaum überstehen. Es braucht die Mutter, damit es nicht verhungert und erfriert. Ausreichende Nahrung und pünktliche Pflege sind deshalb die beiden großen Säulen der gesamten Säuglingspflege. Trotzdem nützen beide nichts, wenn die dritte fehlt: Zärtlichkeit, Wärme, spürbare Liebe.

Durch das Schicksal der Heimkinder wurde unsere Zeit wieder in erschütternder Weise auf diese dritte Macht im Kinderzimmer aufmerksam gemacht. Heimkinder, denen es scheinbar an nichts fehlt, die Sauberkeit, Milch und Gesundheitspflege haben und dennoch wie vernachlässigte Kinder wirken: unzufrieden, dauernd schlechter Laune, in ihren Körperbewe gungen gehemmt, passiv, von Angst und Unsicherheit erfüllt, kontaktarm, intellektuell unterentwickelt, später gleichgültig, feindselig, neidisch, eifersüchtig. Sie haben alles, aber sie haben keine Mutter, haben kein lebendiges Wesen, das sie in die Wärme ihrer Liebe hüllt und ihre Unruhe, ihre Proteste stillt.

Was im ersten Lebensjahr geschieht, bestimmt das künftige Leben eines jeden Kindes. Jeder Mangel in dieser Zeit wird noch die unbewussten Reaktionen des Erwachsenen beeinflussen.

Kein Erwachsener erinnert sich an die allerersten Kindheitstage, denn niemand kann sich seiner selbst erinnern, bevor er nicht die Fähigkeit besitzt, die eigene Person und die eigenen Handlungen reflektierend wahrzunehmen.

Die erste Phase des Lebens bleibt also im Dämmer der Vorerinnerung, und man hat lange angenommen, dass sie deshalb unwichtig sei.

Das spielte auch noch keine so bedeutende Rolle, als die Familien groß und reich an weiblichen Personen waren, die sich der Kinder annahmen und ihnen eine trotz aller Unzulänglichkeiten ideale Kinderzeit garantierten.

Heute besteht eine Familie meist nur aus Mann, Frau und Kind oder Kindern, und wenn sich die Frau ihrem Kind entzieht oder wenn sie es falsch liebt, ist das Kind allein und gefährdet.

Von der Mutter oder von der Person, die Mutters Rolle übernommen hat, hängt das Kind vom ersten Tag seines Lebens an in jeder nur möglichen Beziehung ab; es ist ihr ausgeliefert. Das Baby erkennt die Zeichen und Signale, mit denen sich eine Mutter ihrem Kind verständlich macht, bereits in den ersten Lebenstagen.

- Schon in der Klinik weiß das Neugeborene, wann es zu Mutter geht, und rundet sein Mäulchen zum Saugen, wenn die Kinderschwester an sein Bettchen tritt, um es zu holen. Manche Schwestern berichten, dass selbst friedliche Babys wütend oder ängstlich zu schreien beginnen, wenn es auf dem Weg vom Säuglingszimmer zur Mutter zu einem unprogrammgemäßen Halt kommt.
- Wenn eine Mutter ihr Kind selbst pflegt oder stillt, wird sie immer wieder merken, dass es trotz seiner drei oder zwei Lebenswochen wie ein Seismograph auf ihre Stimmung reagiert. Ist sie ungeduldig, so wird das Baby nervös. Spricht sie nicht wie immer mit sanfter, sondern einmal mit harter Stimme, so erschrickt es. Hat sie es allzu eilig, so reagiert das Baby mit Geschrei oder mit Erbrechen. Streiten Eltern ständig, und sei es noch so diszipliniert, so verfällt das Kind körperlich wie nach einer schweren Krankheit.
- Umgekehrt reagiert auch die Mutter auf ihr Kind: Sie haben schon gelesen, wie das Stillen auf die Rückbildung des Uterus wirkt. Ein anderes Beispiel: Manche Mütter merken, wie ihnen die Milch einschießt, wenn ihr Baby vor Hunger schreit.

Allen Entwicklungsstadien in den ersten Lebensmonaten ist gemeinsam, dass die Welt des Kindes auf dieser ständigen Wechselbeziehung zwischen Mutter und Kind wie auf dem biblischen Felsen ruht. Diese Wechselbeziehung nennen die Psychologen den Dialog zwischen Mutter und Kind. Jede Aktion und Reaktion, Mutters Temperament und ihr Verhalten ist ein Teil dieses immerwährenden Gesprächs. Seine Formen und seine Inhalte wandeln sich in dem Maße, in dem das Kind reift und sich wandelt.

Am Anfang braucht sie nicht mehr zu tun als das, was ihr sicher ohnehin Spass macht: mit dem Baby spielen und schmusen, es im Arm halten, Haut an Haut. Damit sagt sie deutlicher als mit Worten: Sorg dich nicht, entspann dich, Mami ist da.

Und wie beim Erwachsenen vergeht mit der Angst auch die Spannung. Das Baby ist auf dem Boden dieser Ursicherheit besser fähig, sich in der jeweiligen Entwicklungsstufe so frei zu entfalten, dass es die nächste Stufe mit der gleichen erfolgreichen Leichtigkeit erklimmen kann.

Die ersten Kontakte

Zuerst fühlt sich das Kind mit der Mutter und ihrer nahrungspendenden Brust eins. Die nächste Phase beginnt, wenn das Baby im zweiten Lebensmonat den Menschen, der sich nähert, von den übrigen Dingen der Umwelt zu unterscheiden beginnt. Es lächelt im dritten Monat das fremde Gesicht an, das sich ihm nähert. Hat das Kind geschrien, so beruhigt es sich jetzt oder macht Saugbewegungen. Man macht sich selten klar, wie oft und ausschließlich ein Säugling das Gesicht seiner Mutter über sich schweben sieht. Jedesmal, wenn er auf dem Wickeltisch liegt, wenn er gestillt oder gefüttert wird, wenn die Mutter in seine Wiege schaut, nimmt er das vertraute Oval wahr.

Daraus erklären sich Psychologen, dass ein Baby nur auf das ihm zugewandte Gesicht reagiert, nicht auf ein Antlitz im Profil. Wichtig ist auch dies: Das Gesicht der Mutter, erwartungsvoll angestarrt, präsentiert sich dem Kind mit einem bestimmten Gesichtsausdruck. Die Mutter lächelt, wenn sie ihr Baby ansieht, runzelt die Stirn, wenn das Baby nicht gut trinkt. Sie verbindet auf diese Weise einen Vorgang mit einem bestimmten Wert und kann auch so ihr Kind fürs ganze Leben prägen.

Ein berühmtes Beispiel: Wäscht die Mutter mit Lächeln dem Gesicht Babys Arme, Bauch und Hals, erlischt ihr Lächeln aber, zieht sie vielleicht sogar ein strenges Gesicht, wenn sie seine Genitalien wäscht, so prägt sich das Kind tatsächlich das Vorurteil ein, Geschlecht und Geschlechtsteile seien kein Lächeln, sondern ein strenges Stirnrunzeln wert, seien »schlecht«.

Nicht nur die Beziehung zur Mutter, auch die zum Vater wird entscheidend für das spätere Leben sein.

Noch etwas ist wichtig: Das Kind von drei Monaten nimmt mit dem Gesicht noch nicht die Mutter selbst wahr, es lächelt aus Erwartung. Das Gesicht ist ihm nicht Teil einer Person, sondern ein Zeichen, ein Signal dafür, dass jetzt vieles wieder in Ordnung kommt. Hunger, Nässe, Bauchweh und Einsamkeit vergehen, sowie ein Gesicht auftaucht, denn noch lächelt das Baby jedes Gesicht an.

In der zweiten Hälfte des ersten Lebensjahres ändert sich das extrem. Das Kind lächelt keinem Fremden mehr zu. Sein Lächeln ist jetzt ein Geschenk der Liebe an die Mutter und an die ersten Freunde seines Lebens, vom Vater bis zur Putzfrau.

In dieser Zeit tritt die so genannte Acht-Monats-Angst auf, das »Fremdeln«. Der Säugling begreift etwa mit einem halben Jahr, dass die Welt nicht mehr allein aus ihm besteht. Er hat gemerkt, dass seine Mutter nicht ein Teil von ihm ist, sondern unbegreiflichen Gesetzen gehorchend auftaucht und wieder verschwindet. Deshalb sein Entsetzen, wenn sich die Mutter völlig unbekümmert den Mantel anzieht und den Hut aufsetzt. Sie verändert sich damit vor Babys Augen, und das ruft beim Kind Panik hervor. Seine Angst ist Angst vor dem Verlust der Liebe.

Die Acht-Monats-Angst wird von Psychologen folgendermaßen erklärt: In diesem Stadium steht die Vertrautheit mit der Mutter und anderen bekannten Menschen so sehr im Mittelpunkt des kindlichen Erlebens, dass jeder Fremde als Unvertrauter Ablehnung bis Angst hervorruft. Andere Psychologen sagen: Der Säugling wird in der Erwartung getäuscht, seine Mutter zu sehen und wiederzuhaben. Er löst seine Enttäuschung in Tränen und Geschrei. Vertreter dieser Auffassung sehen in der Reaktion des Kindes den eigentlichen Geburtsmoment seiner Liebe zur Mutter.

Die Mutter ist jetzt nicht mehr eine optisch auswechselbare Person, nicht mehr nur Geruch, Geschmack und Stimme. Das Baby hat gelernt, wie seine Mutter aussieht; jetzt weiß es auch, wer sie ist. Sie ist ein Einzelmensch und ein Orientierungspunkt, von dem aus der Weg in die Welt führt. Damit hat das Baby allmählich die dritte Phase erreicht:

Schule des Gefühls

Die Beziehung zur Mutter festigt sich in den letzten Wochen und Monaten des ersten Lebensjahres immer mehr. Die Lust- und Unlustäußerungen nehmen im gleichen Maße zu. Spannungen können jetzt eher auftreten.

In den ersten zwölf Monaten seines Lebens wird das Kind durch das geformt, was die Psychologen den Affektaustausch (Gefühlsaustausch) nennen. Alle beide – Mutter und Kind – treten sich im Laufe der Entwicklung immer mehr mit ausdrücklichen Erwartungen gegenüber. Das Baby lächelt zum ersten Mal seine Mutter an. Die Mutter ist selig und lächelt zurück. Tritt sie das nächste Mal ans Körbchen, so erwartet sie schon Babys Begrüßungslächeln, ebenso wie das Baby Essen oder Wärme erwartet, wenn es Mutters Gesicht er blickt. Die Mutter weiß schon, was sie erwarten wird: Nach dem ersten Lächeln das brave Essen, das erste Sitzen, der erste Schritt. Immer reagiert sie gefühlsmäßig und regiert ihr Kind durch den Ausdruck dieser Gefühle.

Jedes Kind ist ein Erfolgstyp. Es will Beifall, es will Anerkennung. Anerkennt oder lobt die Mutter etwas, so wiederholt es seine Leistung voll Wonne und Vergnügen immer wieder. Wehrt sie ab, rügt sie gar, so gibt das Kind diese bestimmte Tätigkeit sofort wieder auf.

Durch Anerkennung und Tadel, durch Billigung und Missbilligung, später durch Belohnung und Strafe, lenkt die Mutter (oder der Vater) vom ersten Vierteljahr ab das ganze Leben ihres Kindes. Ihre allgemeine Haltung wirkt dabei viel nachdrücklicher als ihr Wort.

Die Psychologen halten es dabei für besonders wichtig, dass das Kind beides von der Mutter erfährt: Lob und Tadel. Kommen beide von einer einzigen geliebten Person, so hat und behält das Baby das Gefühl, auch im Augenblick des Tadels und der Verweigerung nicht als ganzer kleiner Mensch verworfen zu werden und bezieht das Nein der Eltern also nur auf eine einzige Handlung und kann dieses Nein besser annehmen, verstehen und verarbeiten – als Korrektur des gegenseitigen Verhältnisses.

Das Nein gehört zur Erziehung. Durch Ablehnung und Verweigerung stecken Eltern Mutter die Grenzen für ihr Kind ab, in denen es sich frei und ungefährdet entwickeln kann. Hemmungsloses Gewähren macht aus dem armen Kind nicht nur einen unleidlichen Egoisten, es bringt das Kind auch immer in Lebensgefahr. Verbote wie »Greif nicht ins Feuer«, »Lauf nicht über die Straße«, »Klettere nicht aufs Dach« müssen einfach ausgesprochen und befolgt werden.

Anderseits aber sollte sich ein Kind so frei entfalten können wie nur möglich. Es braucht jetzt immer mehr Möglichkeiten, seine motorische Spannung zu entladen. Es will hopsen, sich am Ställchen schaukeln, spielen und Lärm machen. Elterliche Überangst in der Kleinkinderperiode und ihre Ahnungslosigkeit in bezug auf Babys Bedürfnisse hemmt manche Entwicklung. Aber auch ihr Egoismus kann das bewirken. Um die Liebe der Eltern nicht zu verlieren, wird das Kind gehorsam manches unterlassen, was es eigentlich hätte tun sollen. Jahre später wundern sich Eltern, dass ihr braves Kind keine Initiative entwickelt, in der Schule nicht mitkommt, keine Freunde hat. Sie macht sich selten klar, dass sie diese Fehlleistungen im ersten Lebensjahr des Kindes begründet hat.

Es gibt bestimmte Verhaltensweisen der Mutter, die Gefahren fürs Kind bergen: Wenn eine Mutter ganz und gar von ihrem Kind getrennt wird, wenn das Kind keine Ersatzmutter bekommt, wenn eine Mutter sich von ihrem Kind abwendet, tagsüber arbeiten geht und das am Bettchen angebundene Kind zwölf Stunden lang allein lässt, dann wundert sich keiner, wenn dieses Kind verfällt, Depressionen bekommt und weit in der Entwicklung zurückbleibt. Doch nicht nur der vollstän dige Mangel an Liebe ist gefährlich, auch die falsch gelenkte Liebe kann verheerend auf ein Kind wirken. Das klassische Beispiel für diese Erscheinung dafür ist die so genannte

Drei-Monats-Kolik

Diese krampfartigen Schmerzanfälle der Babys, die mit dem dritten Lebensmonat schlagartig aufhören, sind Folge der Verdauungsum- und -einstellung. Aber durch überängstliche Fürsorge werden sie noch verstärkt. Mit zwei Monaten macht der Säugling einen Entwicklungssprung und ist deshalb oft von aufgestauter Unlust erfüllt, die er nur durch Saugen abreagieren kann. Reicht das Saugen bei den Mahlzeiten nicht aus, so beginnt das Baby – meist nachmittags – zu greinen und zu schreien. Ist die Mutter überängstlich, so eilt sie jetzt mit der Flasche herbei. Das Baby trinkt und bekommt durch das Zuviel an Nahrung Bauchschmerzen. So beginnt der circulus vitiosus: Das Baby schreit nun wegen der Bauchschmerzen, bekommt trotzdem noch mehr Milch.

Der Grund, wanum sie ohnehin aufhören, wenn das Baby drei Monate alt wird: Zu diesem Zeitpunkt hat es bereits die Mundwelt verlassen. Es kann Spannungen anders als nur durch Saugen lösen. Der erweiterte Horizont, die größere Bewegungsfähigkeit sorgen jetzt dafür, dass es anders und besser mit sich fertig wird.

Längst hat das Baby entdeckt, dass die Mutter seine Hauptbezugsperson ist. Das Baby sollte Sicherheit und Geborgenheit in ihr finden. Denn auch wenn es größer wird: In den ersten beiden Lebensjahren sind die Liebe und die Nähe der Mutter wichtig.

Wenn die Mutter berufstätig ist

Selbstverständlich ist es am schönsten, wenn sich eine Mutter selbst um ihr Kind kümmern kann. Manche Mütter machen sich vorher nicht klar, wie wichtig sie für das Kind sind. Das Baby ist doch noch so klein und schläft den ganzen Tag – warum soll ich da nicht wie der ins Büro oder in die Fabrik gehen? Aus allem, was Sie bisher in diesem Buch gelesen haben, geht hervor, dass diese landläufige Meinung ein verhängnisvoller Irrtum ist.

Wenn eine Mutter ihrem Kind nicht nur das nackte Leben, sondern auch eine in jeder Hinsicht glückliche Zukunft schenken will, muss sie die Konsequenzen ziehen und muss dem Kind das Leben gut einrichten. Heute ist es jeder Mutter möglich, ausreichend lange mit der Berufsarbeit auszusetzen. Sie sollte versuchen, eine Arbeit zu finden, die sie da heim erledigen kann. Sie sollte zumindest versuchen, ihre Arbeit in eine Halbtagsarbeit umzuwandeln. Sie sollte sehen, ob sie nicht im gleichen Beruf den Arbeitsplatz wechseln und in einen Betrieb gehen kann, der einen eigenen Kindergarten oder Kinderhort hat.

Klappt keine dieser Möglichkeiten und muss eine Mutter unter allen Umständen wieder aus dem Haus, so sollte sie zumindest dafür sorgen, dass ihr Kind eine Er satzmutter findet, der man das Kind gem und mit gutem Gewissen anvertrauen kann.

Neueste Forschungsergebnisse haben auch die Ansichten über die so genannte mütterliche Schuld an kindlichen Fehlentwicklungen bis hin zur späteren Kriminalität verändert. Gerade sie hat man durch eine zu frühe Trennung von der

Mutter oder durch die Scheidung der Eltern zu erklären versucht. Heute glaubt man, genug Beweise dafür zu haben, dass neben vielen anderen Ursachen eher ein Mangel an häuslicher Harmonie eine Rolle spielt, als die Trennung von der zum Beispiel berufstätigen Mutter. Im gleichen Maße hat sich die alte Vorstellung von der mütterlichen Anregung als eine zu grobe und gefährliche Vereinfachung herausgestellt.

Ein Kind braucht natürlich Anregungen. Dabei ist jedoch nicht deren Menge ausschlaggebend, sondern die Art und Weise der Vermittlung. Zudem sind es nicht die intellektuellen und kognitiven Fähigkeiten, auf die es vor allem ankommt, sondern die sozialen Interaktionen, also die gefühlsmäßige Zuwendung, die liebevolle Aufmerksamkeit, die Bereitschaft, dem Säugling, später dem Kind geduldig Partner zu sein, mit ihm zu spielen, zu sprechen, zu lachen, zu albern und zu singen.

Es hat sich herausgestellt, dass diese sozialen Interaktionen nicht unbedingt im Schoße der Familie ausgetauscht werden müssen. Heim, Ersatzmutter, Fremde: Alle können aus dem Baby einen glücklichen und ausgeglichenen Erwachsenen machen, wenn sie ebenso wie die Mutter das »Wie« über das »Was« stellen, die gefühlsmäßige Zuwendung also über Hygiene und Drill. Jede Mutter sollte außerdem wissen, dass man die Trennung vom Kind während des Tages bis zu einem gewissen Punkt ausgleichen kann.

Eine Frau, die den ganzen Tag daheim sein kann, ist nicht allein schon deshalb immer für das Kind da. Ein großer Haushalt kann ihre Zeit ebenso in Anspruch nehmen wie ein Beruf, oder das Übermaß an freier Zeit kann sie zur unorganisierten, endlosen Hausarbeit verleiten.

Qualität geht bei Mutterliebe jedoch über Quantität. Gegenwärtigkeit der Mutter ist wichtiger als bloße Anwesenheit. Wenn sich die berufstätige Mutter ihre Spätnachmittage und die Wochenenden für das Kind reserviert, in diesen Stunden ganz und unabgelenkt mit Vater und ihm lebt, so haben Mutter und Kind nicht allzu viel verloren.

Wenn eine Großmutter bereit ist, das Kind zu sich zu nehmen, so ist das besser als ein Kinderhort, denn bei Omi kann es sich wie bei der Mutter auf einen einzigen Menschen einstellen. Im Hort bekommt es meist nur ein Achtel oder ein Sechstel von einer Pflegerin ab, wobei diese auch noch je nach der Personalordnung wechselt.

Wenn Kinder im Haushalt der Großeltern leben, kann man versuchen, finanzielle Hilfe zu bekommen; erkundigen Sie sich beim Arbeitsamt oder bei der Rentenversicherung nach der besten Möglichkeit für Ihren Fall.

Alleinstehende, die mindestens ein Kind haben, erhalten zudem einen Haushaltsfreibetrag, dessen Höhe sich allerdings auch bei jedem Regierungswechsel än dert, sodass man sich immer wieder neu erkundigen muss.

Das Gleiche gilt für die Aufwendungen zur Beaufsichtigung oder Betreuung eines Kindes. Man sollte immer prüfen, ob man nicht eine Steuerermäßigung pro Kind und Jahr bekommen kann.

Wenn die Eltern ausgehen wollen

Viele Eltern finden nichts dabei, auszugehen, wann es ihnen passt. Unsere Kinder, so lautet ihr Argument, schlafen immer fest wie die Murmeltiere. Und selbst wenn sie mal aufwachen: Was kann denn schon passieren?

Gewiss – in den meisten Fällen geht es gut, und es passiert tatsächlich nichts. Aber anderseits ist es eine ebenso unumstößliche wie traurige Tatsache, dass Tag für Tag allein in der Bundesrepublik ein bis zwei Babys in ihren Kissen oder an ausgebrochener Milch ersticken. Und noch manch andere Tatsache sollte allzu un besorgten Eltern zu denken geben. Schon das Neugeborene lebt aus dem unbegrenzten Vertrauen zur Mutter. Sein Hunger- oder Unlustsignal wird gehört, jemand kommt und tröstet. Erscheint ihr trostreiches Gesicht jedoch nicht über dem Körbchen, kann dieses frühe kreatürliche Vertrauen empfindlich gestört werden.

Wenn das Baby älter wird, nehmen die Gefahren zu. Es kann Nasenbluten bekommen, plötzlich krank werden, kann sich die Beine brechen, wenn es aus seinem Bettchen zu steigen versucht: Diese Liste ließe sich seitenlang fortsetzen.

Dazu kommen unsichtbare seelische Schäden, die noch viel gefährlicher sein können. Das Kind macht im ersten und zweiten Jahr eine Reihe von Entwicklungs krisen durch. Eine Wachstumsphase löst die andere ab, und in der Übergangszeit ist das Kind besonders leicht aus der Fassung zu bringen. Es merkt, wie das Leben es unerbittlich nach vorne stößt, möchte schon mindestens so viel können, wie es dann können wird, hat aber gleichzeitig Angst, das gesicherte Gewohnte aufzugeben. In diesen Übergangsphasen haben Kinder der schwere Träume, schreien vor Angst im Schlaf, träumen von Drachen, Schlangen und Hexen. Hat jemand zufällig in dieser Zeit von Einbrechern und Dieben erzählt, weigert sich das Kind aus Angst vor allen Bedrohungen, überhaupt einzuschlafen. Eltern können nie wissen, ob nicht über Nacht eine dieser Krisen aufbricht. Vielleicht hat sie keine Ahnung, wie viel Entsetzen eine solche einsame Nacht mit den Gespenstern des Unbewussten in die Kinderseele gesenkt hat. Sie merkt es nicht, denn am nächsten Morgen hat das Kind »vergessen«, was war. Doch bei der nächsten Krise taucht die Angst verdoppelt wieder auf, verstärkt durch die Erkenntnis, dass die Mutter nicht da ist. Die Kinderpsychiater, die später in der Schulzeit ihre kleinen Patienten von den Folgen dieser frühesten Angstschocks heilen sollen, sind sich mit den Kinderärzten und den meisten Eltern einig:

Man soll Säuglinge und kleine Kinder nachts nicht allein lassen. Es gibt viele Methoden, diese gefährliche Einsamkeit des Kindes, die im schlimmsten Fall einen lebenslangen Schock zur Folge haben kann, zu vermeiden:

- Nachbarn, Verwandte und Freunde können Babysitter spielen und auf diese Weise den Eltern einen freien Abend schenken.
- Babys kann man zur Not in Tragetaschen mitnehmen. Das Geschunkel und die relative Unruhe sind noch Gold gegen das unwägbare Risiko des Alleinlassens.
- Nachbarn kann man den Hausschlüssel in die Hand drücken und sie bitten, alle Stunden nach dem Baby zu sehen. Oder man schaltet ein Babyfon ein. Das empfiehlt sich auch, wenn die Eltern eine lange Nacht machen wollen.
- Babysitter kann man mieten.

So kommt man zu einem Babysitter

Wer Glück hat, kennt schon von Besuchen bei Freunden ein junges Mädchen oder einen Studenten, das oder der ihm gefällt. Ist man neu auf dem Markt, so sucht man im Telefonbuch. In manchen Städten gibt es regelrechte Babysitter-Büros. Oder man setzt eine Anzeige in die Tageszeitung. Oder man holt sich die Genehmigung und hängt einen Zettel ans »Schwarze Brett« von Oberschule, Universität, Kinderpflegerinnenseminar und ähnlichen Schulen – und wartet.

Auch wenn sich nur eine einzige Person melden sollte, darf man sie nicht sofort engagieren. Zuerst sind folgende Fragen zu klären:

Ist sie gesund? Versteht sie ein bisschen von Säuglingspflege? Ist sie vertrauenswürdig?

Sagt man ja, so macht man gleich aus, was bezahlt und was ansonsten geboten wird: Radio, Fernsehen, eine Flasche Bier oder Saft.

Der Babysitter muss telefonieren können, mit dem Telefon der Eltern oder einem immer erreichbaren Telefon einer Nachbarin. Für Notfälle sind gut lesbar aufgeschrieben: Telefonnummer der Freunde oder des Kinos, das die Eltern besuchen. Telefonnummer des Hausarztes, vielleicht auch noch von der Großmutter oder anderen Verwandten.

Ebenso gut lesbar sind die wichtigen Anleitungen zu notieren: dann und dann Medizin; das, wenn Baby schreit; dort, falls neue Windeln nötig sind.

Schließlich: Wenn das Baby älter als drei Monate ist, sollte es seinen Sitter kennen. Erwacht es und sieht es ein fremdes Gesicht, spürt fremde Hände an sich, so kann das Ganze in einem nächtlichen Schockgebrüll enden.

Ist das Baby etwa ein Jahr alt, sollte der Babysitter vor dem ersten Dienst an einem Nachmittag kommen und sich in Mutters Gegenwart mit dem Kind vertraut machen. Das geht am besten, wenn beide miteinander spielen.

Haben Eltern einen guten Sitter gefunden, so sollten sie ihn nach Möglichkeit auch bei späteren Gelegenheiten heranziehen. Es ist für das Baby schlecht, wenn immer neue fremde Gesichter in seinem Blickfeld auftauchen.

Im nachfolgenden Kapitel über Säuglingspflege wird auch genau beschrieben, wie man das Baby wickelt. Die Bilder dazu finden Sie auf den Seiten 186, 187, 190, 191 und 196: Sie zeigen das Wickeln Schritt für Schritt.

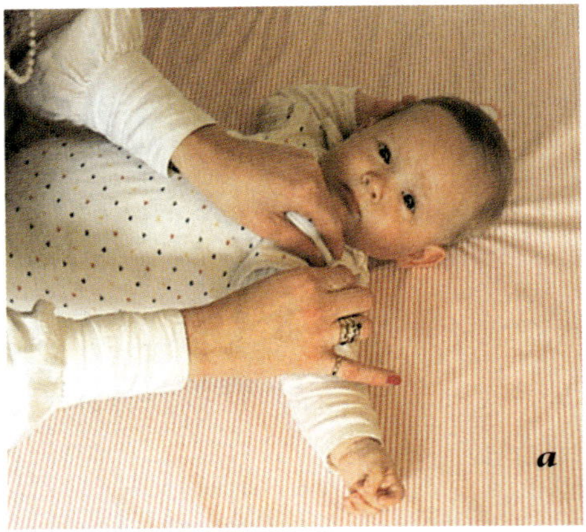

a

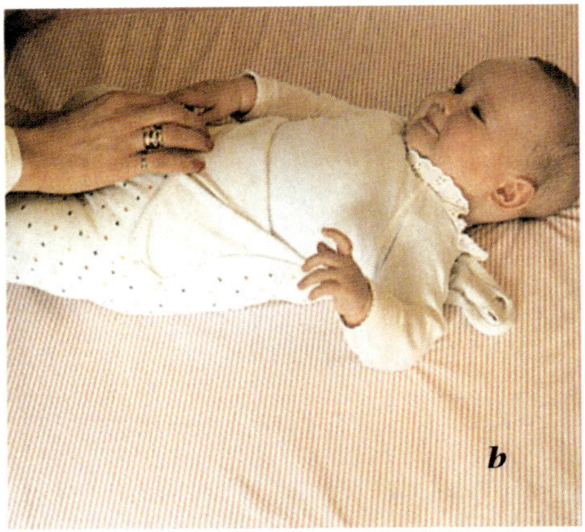

b

a–i *Das Wickeln beginnt damit, dass das Baby ausgezogen wird* ***(a–e)****. Die Hände der Mutter sollten dabei nicht eiskalt sein. Bereits vor dem Wickeln legt man sich alle notwendigen Utensilien, wie frische Windeln, Creme, Feuchtigkeits- oder Öltücher etc. in greifbarer Nähe zurecht. Nach dem Entfernen der schmutzigen Windel wird das Baby mit einem Öl- oder Feuchtigkeitstuch von Harn- und Schmutzresten gründlich gesäubert* ***(f–g)****. In besonders hartnäckigen Fällen muss das Baby mit Zellstoff oder mit Wasser und einem Waschlappen gereinigt werden. Anschließend sollte das Baby ordentlich abgetrocknet und sorgfältig eingepudert oder eingecremt werden* ***(h–i)****.*

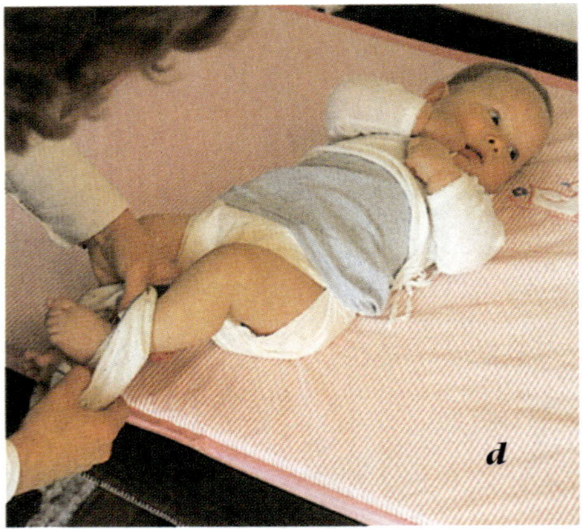

d

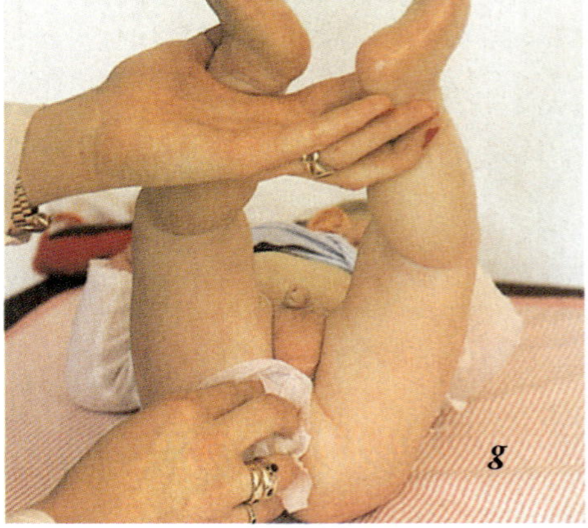

g

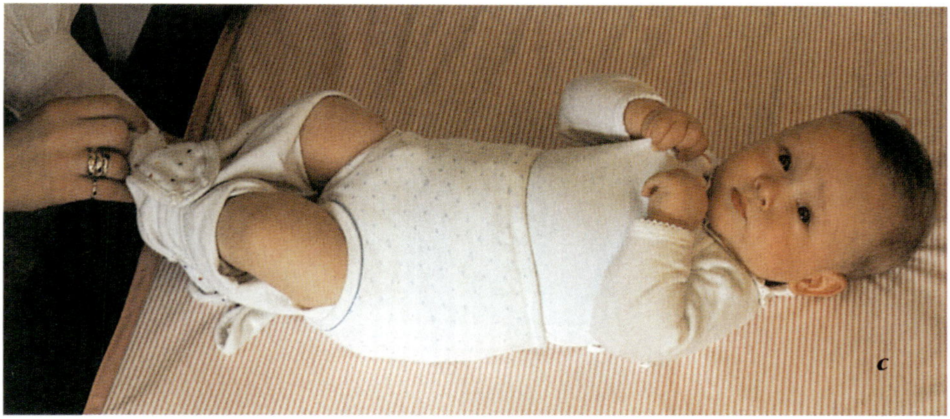
c

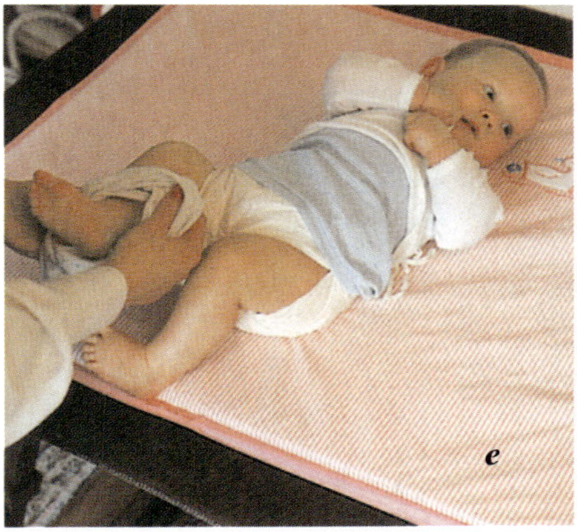
e

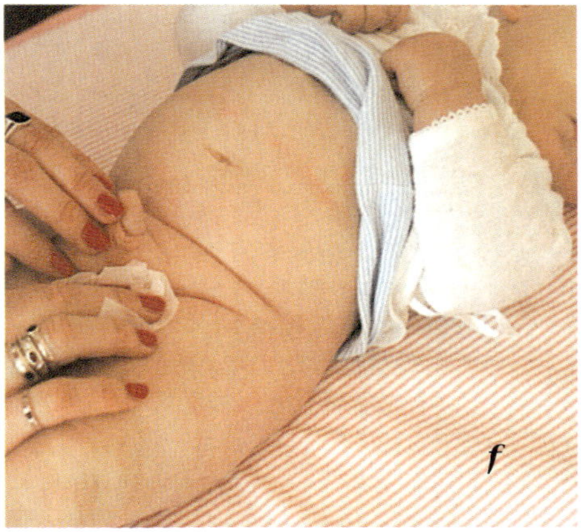
f

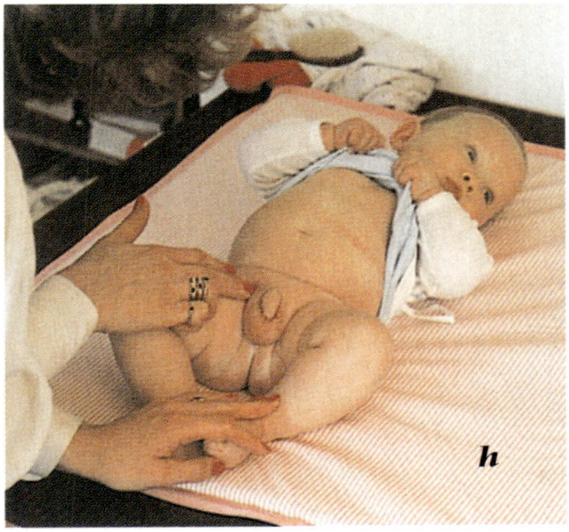
h

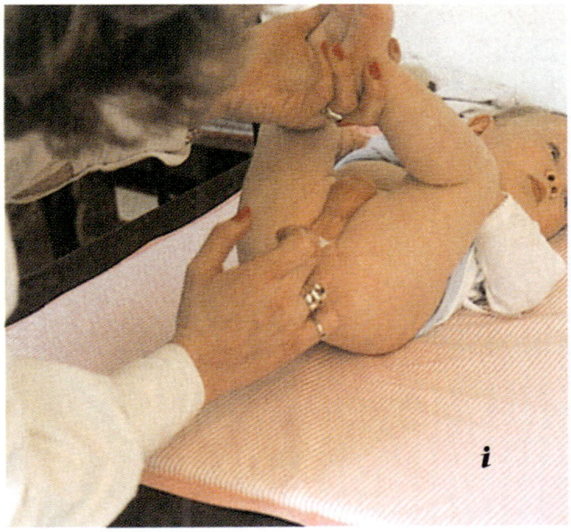
i

13

KAPITEL

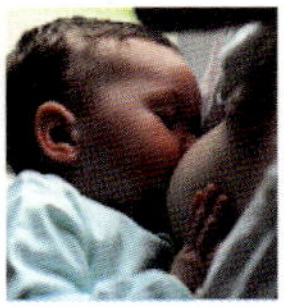

Säuglingspflege

Im Babyzimmer oder in der Säuglingsecke im Elternschlafzimmer ist alles für das neue Familienmitglied vorbereitet. Die wohl ausgerüstete Wickelkommode und das bezogene Bettchen warten auf den neuen Bewohner. Welche Wäschevorräte und was für Möbelstücke man dazu braucht, haben Sie in Kapitel 4 gelesen. Jetzt geht es nur um die Pflege des Säuglings.

Die allgemeine Vorbedingung: ebenso große Sauberkeit wie beim Stillen. In Babys Zimmer, in der Küche und im Bad soll es so strahlend sauber sein wie irgend möglich.

- Im Säuglingszimmer am besten mit feuchtem Lederlappen Staub wischen.
- Niemanden in Babys Nähe lassen, der erkältet ist oder andere Krankheitskeime um sich streut. Hat die Mutter Schnupfen, schützt sie das Kind, indem sie zur Sicherheit einen Mundschutz verwendet.

Erkältungen sind für das Baby deshalb so kritisch, weil es noch nicht die Nase schnauben und mit einer verstopften Nase nur sehr schlecht trinken kann. Erkältung bedeutet fürs Kind also oft Gewichtsverlust.

- Zumindest in den ersten Wochen darf man ein Baby nur auf Bauch und Backe, Ärmchen und Schulter küssen, aber nicht auf den Mund und nicht aufs Händchen, das sich das Baby in den Mund steckt.

Dass beim Füttern Sauberkeit ganz groß geschrieben wird, ist sicher klar: Die Mutter probiert Babys Milch nicht durch den Sauger und Babys Brei nicht mit dem gleichen Löffel, mit dem sie das Kind später füttert.

So wird gewickelt

Ehe Sie das Baby aus dem Körbchen heben, um die Windeln zu wechseln, haben Sie alles, was Sie brauchen, zurechtgelegt. Das Baby darf nicht allein auf dem Wickeltisch liegen gelassen werden, während man noch etwas Vergessenes holt! Verlassen Sie sich nicht darauf: »Es kann sich ja noch nicht rühren!« Natürlich kann es im zarten Alter von 14 Tagen noch nicht sehr heftig zappeln. Aber es könnte sich rollen. Oder es kann von einem Tag zum anderen das Sichrühren gelernt haben. Verlassen Sie sich auch nicht darauf, dass eine Wochenstubenweisheit besagt: »Babys haben weiche Knochen!«

Zwar haben sie weiche Knochen, aber sie brechen sie sich trotzdem, vor allem die Schlüsselbeine. Und dem Köpfchen tut es auch nicht unbedingt gut, wenn ein Kind öfter vom hohen Wickeltisch herunter auf den Fußboden plumpst. Wie gewickelt wird, zeigen Ihnen unsere Fotos auf den Seiten 186 bis 196.

Von der Wickelmethode hängt viel für das Baby ab. Das Hüftgelenk, das für das Gehen und die spätere Haltung sehr wichtig ist, beginnt sich ziemlich bald nach der Geburt zu formen und zu festigen. Dabei kommt es vor allem darauf an, dass sich der Kopf des Oberschenkels gut in die Hüftgelenkpfanne hineindrückt und einpasst.

Es ist also gut und richtig, das Baby breit zu wickeln, sodass es wie ein Fröschchen mit hochgezogenen Knien liegen kann. Stramm gewickelte Babys können sich außerdem niemals auf den Bauch rollen. Das ist aber für die Entwicklung der Rückenmuskulatur von sehr großer Bedeutung. Schließlich soll sich das Kind so früh wie möglich bewegen, es soll strampeln können. Das fördert alle Muskeln und Nerven und weckt seine Intelligenz.

Die Windelauswahl

Moderne Wegwerfwindeln haben sich zu einer großen Hilfe für die Mütter entwickelt. Sie halten die Babys besonders trocken, weil sie viel Flüssigkeit aufsaugen, sodass nicht so viel Nässe an die Haut des Kindes kommt, wie es selbst produziert. Diese Windeln sind außerdem so weich und fusselfest, dass sie sich gut anschmiegen und nicht krümeln.

Man muss jedoch beim Einkauf unbedingt darauf achten, dass man Wegwerfwindeln und Windelhöschen kauft, die die Hautatmung nicht behindern, damit nicht im Windelpaket eine feuchtwarme Kammer entsteht, die unangenehme Hautreizungen hervorruft. Mütter sind auch daran interessiert, dass man mit den modernen Windelpackungen besonders leicht umgehen kann.

Höschenwindeln und Wickelfolien

sind sicher am praktischsten und werden am häufigsten verwendet. Sie bestehen aus einem fix und fertigen Windelpaket, Windel und Höschen also in einem: In einer Außenfolie liegt eine Vlieswindel, und diese auf einem sehr saugfähigem Kissen, das auch quellfähige Substanzen enthält. Diese Windeln werden, wenn voll, einfach mit der Außenseite nach außen zusammengerollt und in den Windeleimer geworfen. Kein Geruch, keine schmutzigen Hände, keine Mühe. Man schließt die Höschenwindel mit Folienschleifchen oder Klebeverschluss, der mehrmals verwendet werden kann. So haben Eltern die Möglichkeit, eine trocken gebliebene Windel wieder zu schließen. Über die Höschenwindel zieht man das Frotteehöschen (im Sommer) oder den Strampelanzug (im Winter). Fertig. Die Vorteile: sehr leicht zu handhaben, auch bei Strampelkindern; praktisch für Besuchsfahrten, Reisen und so weiter.

Aber: Die modernen Höschenwindeln sind in der Herstellung sehr aufwändig, und es widerstrebt vielen Eltern heute ohnehin mehr und mehr, Wegwerf- oder Einwegprodukte zu benutzen, deren industrielle Produktion gerade wie das Papiervlies so stark zur Umwelt- und Wasserbelastung beiträgt. Außerdem verlocken die Windelpakete Eltern dazu, ihre Kinder zu lange in Windeln herumlaufen zu lassen.

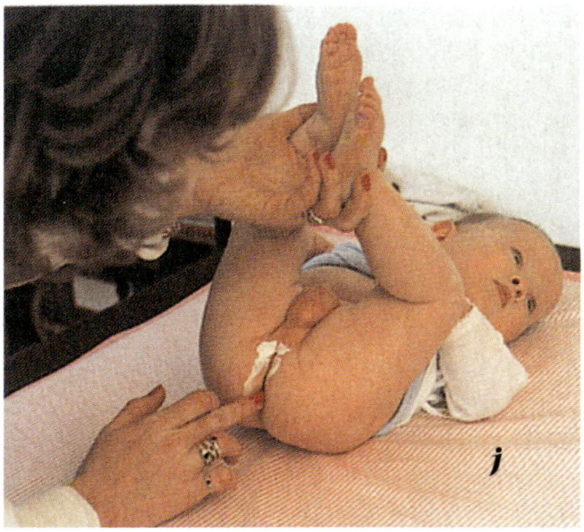
j

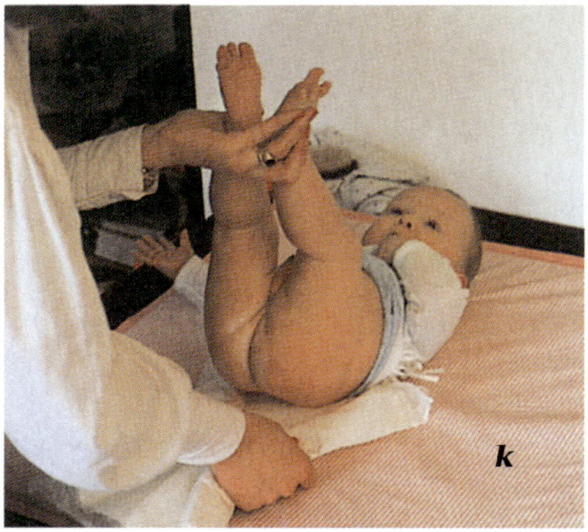
k

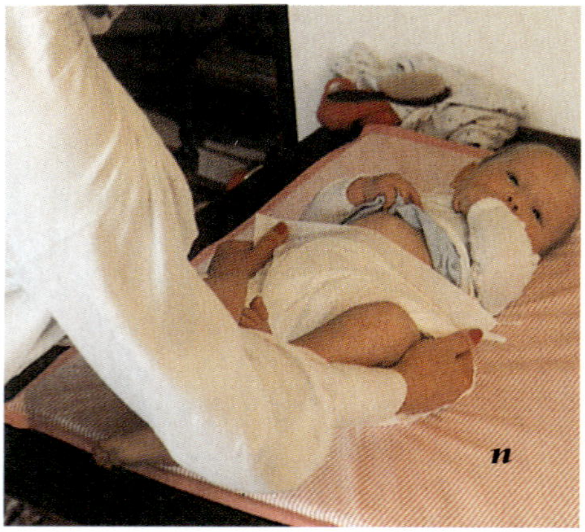
n

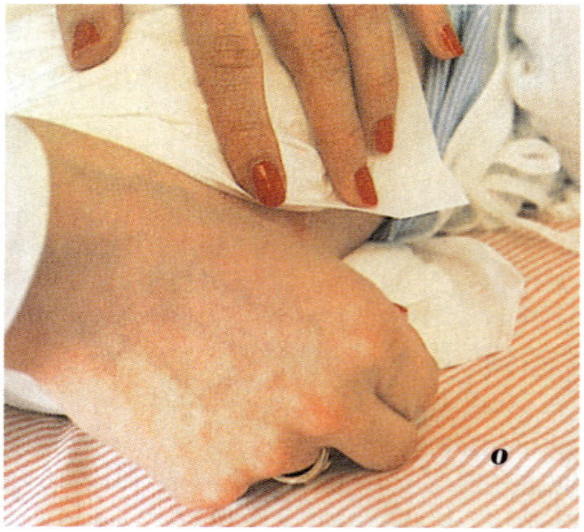
o

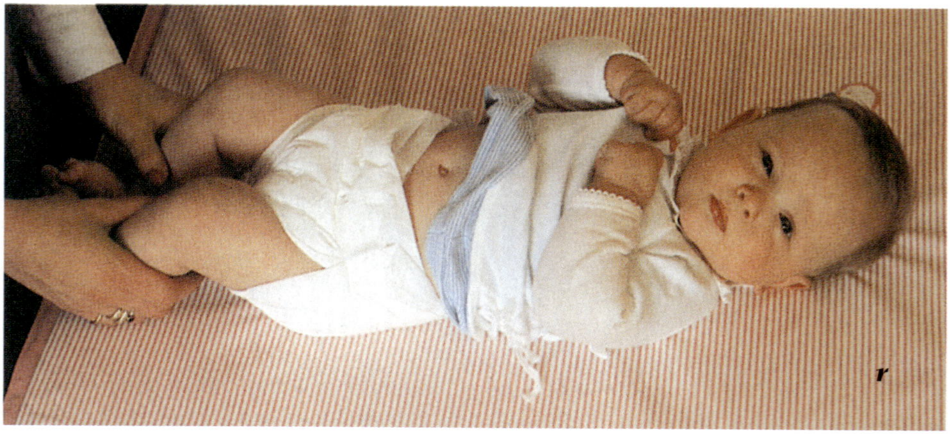
r

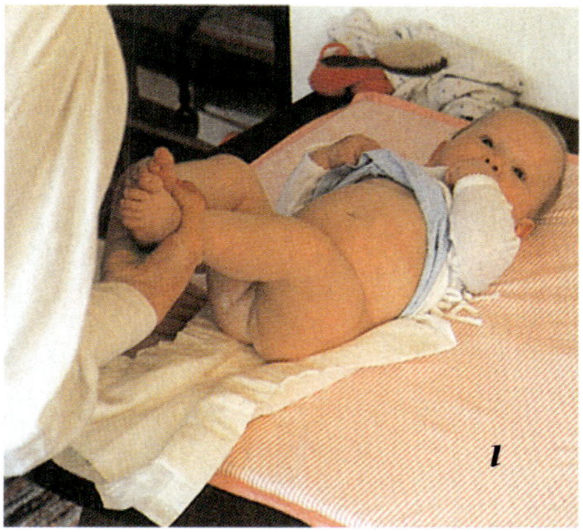
l

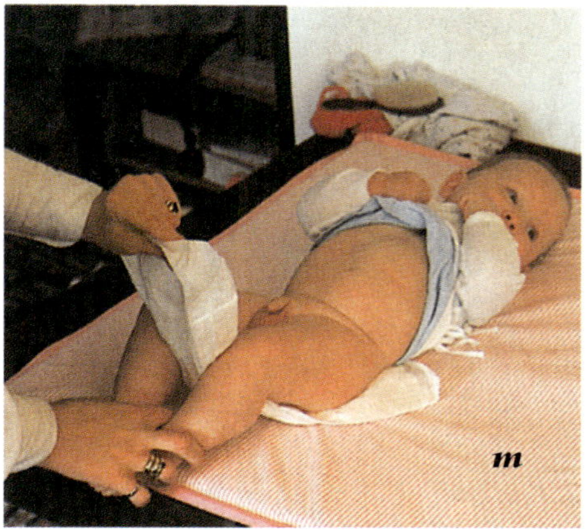
m

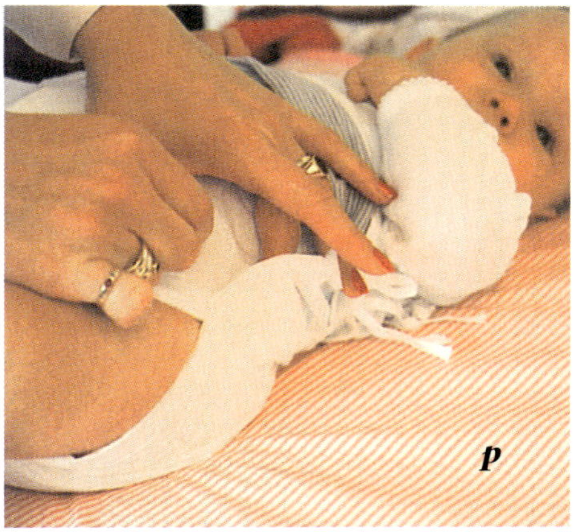
p

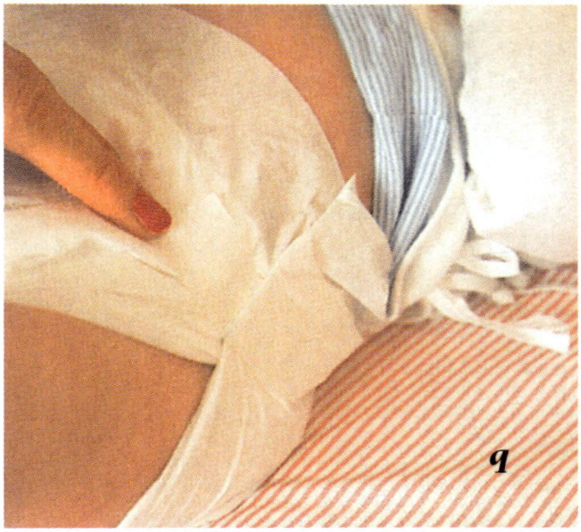
q

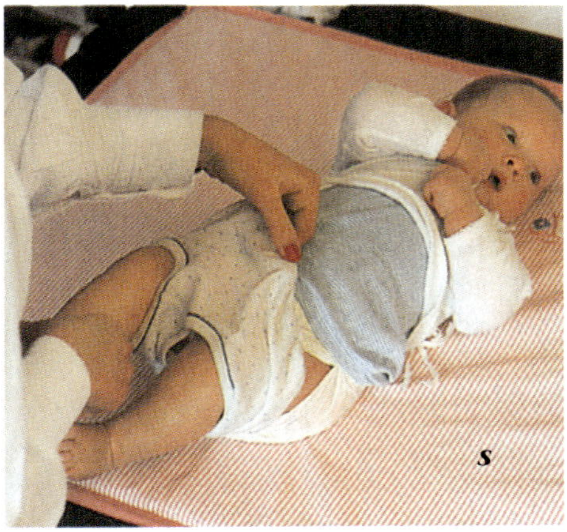
s

***j–s** Bevor dem Baby nun die frische Windel untergelegt wird, cremt man es nur ganz leicht ein **(j–k)**, verhindert somit das Wundsein und beugt Hautreizungen vor. Höschenwindeln sind nicht nur praktisch, die Einlagen saugen auch die Nässe sehr gut auf **(l–m)**. Wenn möglich, sollte das Baby breit gewickelt werden **(n)**, da es auf diese Weise viel Bewegungsfreiheit hat. Die modernen Höschenwindeln haben wieder verschließbare Klebebänder **(o–q)**. So kann man mal schnell nachsehen, ob Baby noch trocken ist. Die neue Windel sitzt nun glatt und fest **(r)** und das Baby kann wieder angezogen werden.*

Windeleinlagen

sind ebenfalls sehr praktisch. In ein Höschen aus Weichplastik oder Baumwolle mit Druckknöpfen oder anderen Verschlüssen, das mehrfach verwendet und gekocht werden kann, legt man eine Einlage aus Vliesstoff. Die Windelpackung sieht ähnlich wie bei der Höschenwindel aus. Für die Nacht oder die Reise kann man eine doppelte Windeleinlage benutzen und – was wichtiger ist – eine oder zwei Mullwindeln schmal falten (siehe Foto Seite 190f.) und statt der Zellstoff Windeleinlage in das Höschen legen. Das ist umweltfreundlicher.

Mullwindeln

kommen wieder in Mode, weil sie eben keine Wegwerfgegenstände sind und mit einer Waschmaschine und umweltfreundlichen Waschpulvern doch weniger Arbeit machen, als immer behauptet wird.

Außerdem kann man die Mullwindel hervorragend mit modernen Windel(folien)höschen kombinieren; man wickelt das Baby nach alter Art, wie Sie es auf den Fotos sehen, knöpft es dann ins Plastikhöschen und zieht Frotteehöschen und/oder Strampelhöschen darüber. Fertig. Oder man faltet nur eine Windel lang und schmal und legt sie wie eine Windeleinlage in das Folienhöschen. Dies Windelpaket sitzt ebenso gut wie das Folienhöschen mit Windeleinlage.

Wenn ein Kind Mullwindeln oder bestimmte Wegwerfwindeln nicht verträgt, wechselt man Typ oder Marke. Bleibt die Empfindlichkeit, fragt man den Arzt um Rat. Wie auch immer das Windelpaket vorbereitet wurde, es wird vor dem Windelwechsel längs zusammengefaltet und an die Seite des Wickeltisches gelegt. Darüber ordnet man alles andere an, was gebraucht wird. Schließlich schaut man, ob das Fenster geschlossen ist und ob der Windeleimer parat steht.

Letzte Vorbereitung: Hat die Mutter kalte Hände, so wärmt sie sie rasch an der Heizung. Das Baby er schrickt sonst jedesmal, wenn es ausgewickelt wird, weil es dann instinktiv Angst vor der Kälte hat.

Dann erst nimmt man das Baby aus dem Körbchen, zieht das Höschen aus, wickelt ihm rasch die Windeln ab, klappt Jäckchen und Hemdchen, wenn es diese trägt, nach oben, legt die schmutzige Windel beiseite, ebenso das Frotteehöschen auf einen Schmutzwäschestapel, und beginnt, Babys Po zu putzen. Danach hebt man das Baby an den Beinchen hoch, faltet das neue Windelpaket auseinander und zieht es so unter, dass es richtig liegt. Dabei ist darauf zu achten, dass die obere Kante der Windel nicht zu hoch liegt, denn die Windel saugt die Flüssigkeit auf und könnte die Kleidung durchnässen.

Diese wird normalerweise einmal am Tag, nach dem Bad, frisch angezogen. Sind sie jedoch feucht geworden oder ist das Baby ein Speikind, so werden sie nach Bedarf gewechselt. Die frische Wäsche muss für solche Fälle also immer griffbereit sein.

So wird das Baby gesäubert und gepflegt

Waschlappen, täglich gewechselt und ausgekocht, sind besser. Man muss gut abtrocknen, besonders in den Hautfalten. Wenn das Baby nicht ordentlich trocken wird, neigt es zu Rötungen und Entzündungen. Die meisten Mütter putzen den Po deshalb lieber mit Öl oder mit Reinigungsmilch (Fotos 186 und 187).

Ölmethode: Man tränkt ein Papiertuch mit Babyöl und putzt sanft, aber gründlich vor allem in allen Ritzen und Hautfalten Schmutz, Puder oder Salbenreste gründlich ab. Das gebrauchte Papier kommt ins Abfallschälchen.

Reinigungsmilchmethode: Man kann den kleinen Po auch mit einem Wattebausch und Babyreinigungsmilch säubern. Das ist einfacher und gründlicher. Öl löst nur Fette. Reinigungsmilch löst fetthaltige Verschmutzung (Creme und Stuhl) und wasserlösliche Rückstände (Schweiß und Urin) gründlich und rasch. Gleichzeitig wird die Haut mit Fett versorgt, also gepflegt.

Nach Babys großem Geschäft wischt man den Schmutz mit einem Zellstofftuch (weiches Klopapier) oder mit einem sauberen Zipfel der Stuhlwindel ab. Wird der Po danach mit Babyöl gereinigt, muss man gründlich arbeiten und zwei Wattebäusche verwenden.

Kleinen Mädchen streicht man vorsichtig von oben nach unten (vom Baby aus betrachtet also von vom nach hinten) durch die Schamlippen. Diese Richtung ist wichtig, denn so vermeidet man, dass vom After Keime nach vorn in die Scheide gelangen. Dem kleinen Mädchen soll diese Putzrichtung so selbstverständlich werden, dass es sich später auch selbst immer auf diese Weise reinigt. Gründlicher darf man bei Mädchen nicht putzen. Weder beim Waschen noch beim Reinigen darf die Scheide innen etwa mit Stäbchen oder mit Wattepfropfen gesäubert werden. Das dient keineswegs der Hygiene, sondern es kann schädlich sein.

Kleinen Jungen wird das Glied im ersten Lebensjahr ganz normal von Harnresten gesäubert. So lange schützt die Natur die empfindlichen Teile des Glieds vor der ätzenden Harnsäure. Die so genannte Vorhaut ist noch verengt. Man soll diese Hauthülle so lassen, wie sie ist, und nicht meinen, man müsse auch darunter putzen. Schiebt man das Häutchen nämlich zurück, so hat Baby jedesmal beim Wasserlassen Schmerzen. Es brennt, denn die Harnsäure reizt die besonders schmerzempfindliche zarte Haut. Es kann dazu kommen, dass ein Säugling aus Angst vor diesem Schmerz sein Geschäft zurückhält und die Blase künstlich entleert werden muss. Wenn der Junge größer wird, löst sich die Vorhaut von selbst. Bei einem gelegentlichen Arztbesuch kann man kontrollieren lassen, ob er sich normal entwickelt oder ob eine Verengung der Vorhaut vorliegt. Das ist eine relativ häufige Erscheinung bei männlichen Babys, und sie kann ohne großen Aufwand korrigiert werden.

Nach der Reinigung kann der Po leicht eingepudert werden. Achtung, dass sich nicht zu viel Puder in den Hautfalten festsetzt, sonst bilden sich durch Babys Strampelbewegungen kleine Klümpchen, die drücken oder zu Entzündungen reizen. Manche Kinder kommen völlig ohne Puder aus.

Warum werden Babys wund?

Trotz einer sorgfältigen Pflege können Eltern plötzlich durch einen roten Po oder einzelne rote Wundstellen überrascht werden. Das hat die verschiedensten Ursachen.

Bestimmte Nahrungsmittel – auch in der Ernährung der stillenden Mutter (siehe Seite 132) – rufen bei hautempfindlichen Kindern Reizungen hervor. Apfelsinen und Spinat sind bekannt für diese unerwünschte Wirkung. Die betreffenden Nahrungsmittel werden erst einmal abgesetzt, und das Baby bekommt an Brei oder Gemüse etwas Jogurt. Das fördert die Heilung.

Der Säugling hat vielleicht zu lange in beschmutzten Windeln liegen müssen. Achten Sie darauf, ob er direkt nach den Mahlzeiten Darm oder Blase entleert. Dann vergeht nämlich eine recht lange Zeit, in der die Bakterien auf die Haut einwirken können. Ausweg: Kurz nach der Mahlzeit noch einmal frisch wickeln oder überhaupt erst nach dem Essen Windeln wechseln. Das ist allerdings bei Speikindern etwas problematisch. Man sollte bei ihnen bis zum Windelwechseln mindestens eine halbe Stunde vergehen lassen.

Minderwertige Windelhöschen können die Haut reizen. Deshalb nimmt man von vornherein Höschen aus besonders für Babys entwickeltem hautfreundlichen Plastikmaterial. Zu Rötungen kann es auch kommen wenn Textilwindeln nicht gründlich genug von allen Seifenresten freigespült wurden. Babys Po muss während der Entzündung besonders gründlich gesäubert werden. Danach werden die wunden Stellen mit einer Heilpaste bedeckt.

So wird das Baby gewogen

In der Regel wiegt man das Baby während der Stillzeit einmal am Tag oder in der Woche, in etwa der gleichen Kleidung, um zu verfolgen wie es wächst und gedeiht.

Nach der Stillzeit wird das Baby zuerst zweimal, dann einmal im Monat gewogen. Es sollten immer die gleichen Bedingungen herrschen: gleiche Waage, gleicher Wochentag, gleiche Tagesstunde, gleiche Kleidung. Meist wiegt man den Säugling praktischerweise vor dem Bad und im Hemdchen. Die Tragfläche der Waage wird mit einem Tuch bedeckt, damit das Kind nicht vom kalten Metall erschreckt wird. Die Wiegeergebnisse werden notiert.

Nach acht bis zwölf Monaten genügt es, wenn man das Kind einmal im Vierteljahr, später gelegentlich bei Arzt- und Apothekenbesuchen wiegt (Babys Gewichtstabelle finden Sie auf Seite 272).

So wird das Baby gebadet

Wenn Babys Nabel vollkommen abgeheilt ist, darf es täglich oder alle zwei Tage oder nur einmal in der Woche gebadet werden, wie es ihm und Ihnen am besten passt. Schmutzig ist das Baby sowieso nicht, aber die meisten Babys genießen ihr Bad und planschen von Anfang an mit großem Vergnügen im lauen Wasser herum. Der Grund, den die Psychologen dafür angeben: Das Bad erinnert den Säugling an die Zeit in der Fruchtblase. Es kann sich hier genauso schwerelos bewegen wie vor der Geburt.

Voraussetzung für ein genussreiches Bad ist die richtige Vorbereitung.

- Die richtige Zeit: immer vor einer Mahlzeit. Das Bad auf vollen Magen belastet auch ein Kind.
- Die meisten Babys sind am glücklichsten, wenn man sie vor der Zehn-Uhr-Mahlzeit badet. Sie sind am Vormittag besonders munter, wenn sie gut geschlafen haben. Da ein Bad hungrig und müde macht, verzehrt der Säugling sein frühes Mittagsmahl mit be-

sonderem Appetit. Danach schläft er gut und fest.

- Ist das Kind ein unruhiger Schläfer und holt es einen Teil des Nachtschlafes am Vormittag nach, so verschiebt man die Badestunde auf den Nachmittag, badet das Baby also vor der 18-Uhr-Mahlzeit. Meist fördert das auch Babys Nachtruhe.
- Ist das Kind größer geworden und krabbelt im Ställchen herum, so wird es immer abends gebadet, damit es sauber und erfrischt ins Bett gesteckt werden kann.
- Wächst das Baby in einem besonders heißen Sommer auf, so mag es sicher gern vor der 14-Uhr-Mahlzeit in einem etwas kühleren Bad erfrischt werden.

Die richtige Temperatur beträgt 36 bis 37 °C. Man legt ein Badethermometer in die Badewanne, damit die richtige Wassertemperatur gewährleistet ist.

Vor dem Bad bereitet man wie vor dem Windelwechsel alles vor. Auf dem Wickeltisch wird eine neue Windelpackung zurechtgefaltet und griffbereit an die Seite gelegt. Ein frisches Hemdchen und ein Jäckchen kommen dazu, alle Pflegemittel stehen bereit. Das Badetuch wird im Winter auf der Heizung angewärmt, im Badezimmer und in der Säuglingsecke werden, wenn die Räume nicht zentralgeheizt sind, Strahler angeschaltet.

Babys Badelaken wird immer nach einem bestimmten Schema zusammengelegt. Erstens so, dass die Seite, auf oder in die das Baby gewickelt wird, innen liegt und vor Bakterien und Staub geschützt ist. Zweitens so, dass Babys Kopf immer mit einer Ecke oder einer Seite des Lakens und Babys Po immer mit der entgegengesetzten Ecke oder Seite abgetrocknet wird. Manche Mütter sticken Babys Initialen ins Laken: Das ist die Kopfseite.

Manche Säuglingsschwestern empfehlen, das Badetuch schräg hinzulegen, sodass Babys Kopf auf einen Zipfel kommt und damit zugedeckt werden kann. Das empfiehlt sich, wenn der Weg vom Kinderzimmer zum Bad über einen kühlen Flur führt. Gut geschützt ist das Baby in großen Badetüchern oder in Kapuzenlaken. Sparsamkeit ist beim Kauf von Babybadetüchern fehl am Platz. Sie werden oft gewaschen, müssen warm sein und gut saugen, damit das Baby rasch trocken ist. Das können weiße Laken besser als bunte, denn bei den bunten Frotteestoffen ist die Baumwollfaser schon zum Teil mit Farbe angefüllt, kann also nicht mehr so viel Flüssigkeit aufsaugen. Das Badetuch wird einmal längs zusammengefaltet an die Seite des Wickeltisches gelegt, damit man es mit einem Griff auseinanderfalten und das Baby zum Transport ins Badezimmer darin einwickeln kann. Jetzt ist alles fertig, und man holt die Hauptperson aus dem Körbchen. Windel weg, Po mit einem Windelzipfel abgeputzt, wenn er sehr schmutzig ist, Frotteehöschen zur Schmutzwäsche, ebenso Jacke und Hemdchen oder Body.

Wenn das Baby schon etwas älter und das Zimmer wirklich warm ist, darf es ein bisschen strampeln und seine Nacktheit genießen. Können Eltern noch die kleinen Gedichte von den Zehen und dem Däumchen und vom Füßchen Übermut und Füßchen Tunichtgut?

Genug gespielt – ins Laken gewickelt und ab ins Bad. Auf den Bildern auf Seite 201 sehen Sie, wie man das Kind trägt und hält.

Bei kleinen und zarten Babys und beim allerersten Bad tut ein Frotteehand-

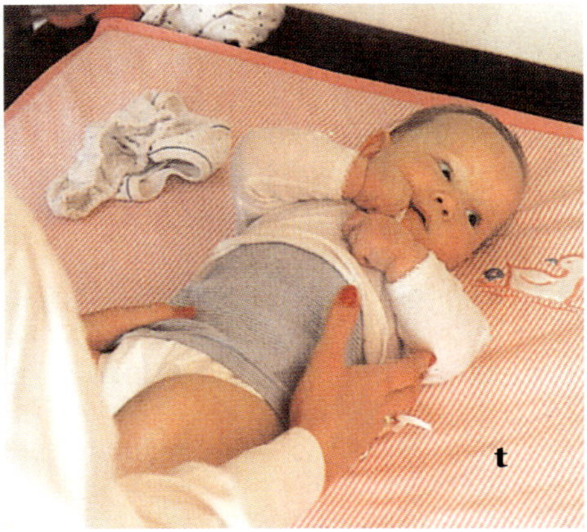

t

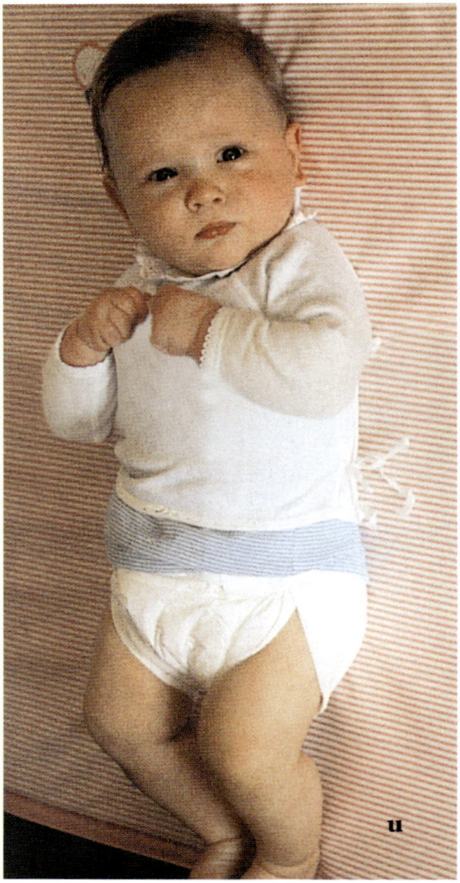

u

v

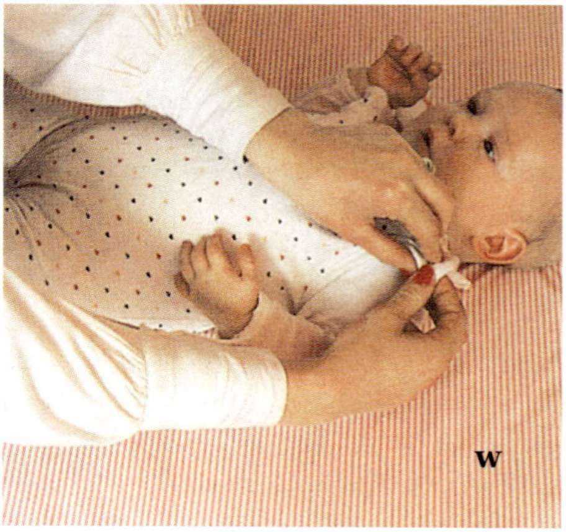

w

***t–w** Über die Höschenwindel zieht man dem Baby ein Frotteehöschen **(t)**. Das Unterhemdchen wird glatt darüber gezogen **(u)**. Achten Sie darauf, dass sich das Hemdchen nicht zu sehr nach oben schiebt, wenn Sie dem Kind anschließend den Strampelanzug anziehen **(v–w)**. Das Strampelhöschen sollte so gut und ohne Falten sitzen, dass sich das Baby möglichst ungehindert bewegen kann, beim Strampeln nicht rutscht, und es sollte möglichst aus Naturfasern sein (schwitzen).*

tuch gute Dienste, das man vom Wannenrand aus ins Wasser hängen lässt. Das Baby liegt sicherer darauf und rutscht nicht so leicht. Achtung beim ersten Bad: Zuerst die Füßchen ins Wasser tauchen, dann nach und nach das ganze Körperchen. Es ist wichtig, dass das Baby das erste Bad schön findet, sonst gibt's nachher jedesmal Theater.

Für jedes Bad nimmt man übrigens einen frischen Waschlappen. Bevor Babys Körper gereinigt wird, wäscht man das Köpfchen. Das macht man so: Entweder hält man das Baby auf dem Schoß, taucht den Waschlappen ins Wasser und reinigt das Köpfchen. Dann erst steckt man das Kind in die Wanne. Oder: Neben der Badewanne steht eine Schüssel mit warmem Wasser. Während das Baby schon im Badewasser plantscht, wäscht ihm die Mutter aus diesem Extraschüsselchen den Kopf. Ist das Baby größer, wird ihm einmal in der Woche der Kopf mit Babyshampoo gewaschen, das nicht in den Augen brennt.

Der Kopf wird in klarem Wasser gewaschen, der Körper kann noch auf altmodische Weise mit Wasser und Seife abgewaschen werden.

In den ersten Monaten wird das Baby jedoch noch nicht im eigentlichen Sinn schmutzig. Seine Haut soll im Bad nur von Abfallprodukten, von Schweiß und Harn gesäubert und insgesamt erfrischt werden. Babybadezusätze, pflegende Cremebäder oder einige Tropfen Mandel- oder Olivenöl (mit Milch verquirlt) haben sich bewährt. Sie lösen diese Abfallprodukte, während das Baby im Wasser strampelt. Die Mutter braucht nicht mit Seife und Lappen zu jonglieren, sondern schöpft mit der freien Hand etwas Wasser über Babys Schultern, spült das Baby mit dem Waschlappen, rollt es dann auf ihren Unterarm zu sich herum, sodass es jetzt mit seiner Brust auf ihrem Unterarm liegt. Dann fährt sie mit dem Waschlappen über Rücken und Po. Babybäder und Babycremebad genau nach Vorschrift benutzen, nie eine größere Menge als angegeben ins Badewasser tun! Der Vorteil dieser Badezusätze: Der empfindlichen Babyhaut bekommt es besser, wenn sie beim Waschen nicht gerieben wird. Besonders die ungeübte Mutter hat nicht mit dem Problem zu kämpfen, mit nur zwei Händen Baby, Lappen und Seife zu bewältigen. Babys Haut hat es besser, weil der schützende Säuremantel nicht verändert, die Haut stattdessen gleichzeitig gepflegt und gereinigt wird.

Das Spiel im Bad ist erlaubt. Das Baby kann von der Zeit an, in der es ein buntes Spielzeug erkennen kann, mit einer Ente oder einem Goldfisch spielen. Auch wegen dieser Spieltiere sind Baby- und Cremebad zu empfehlen. Wird mit Seife gewaschen, verbindet sich diese mit den Kalksalzen des Wassers und bildet die wasserunlösliche Kalkseife. Sie setzt sich ab und umwuchert die Plastiktiere. Das sieht nach einer gewissen Zeit unappetitlich aus, aber es ist schon vorher unhygienisch: Wenn das Baby fröhlich an den Tieren herumspielt und knabbert, nagt es dabei an seinem eigenen Schmutz von gestern und vorgestern. Im Cremebad aber bleibt auch Babys Ente sauber.

Die Zeit im Bad soll auf fünf bis sieben Minuten begrenzt sein. Sonst kühlt das Wasser zu sehr ab, und Babys Haut wird allzu stark strapaziert. Herausheben (wieder mit einer Hand unterm Rücken hindurch Babys Ärmchen fassen und die andere Hand unter Babys Po) und ins Badelaken hüllen. Schnell auf den Wickeltisch und rasch, aber gründlich abtrocknen, besonders in den Falten am Hals, unter den Ärmchen, zwischen den Beinen, unterm Knie und zwischen Fingern und Zehchen. Das ist wieder eine Einladung für ein Versspielchen.

Wenn das Baby sitzen kann, badet es in der richtigen Badewanne. Man kann es am besten halten, wenn man sich vor die Wanne kniet. Der Erwachsene fühlt sich dabei sicherer, wenn eine Gummimatte oder ein Frotteetuch das Kind am Rutschen hindert.

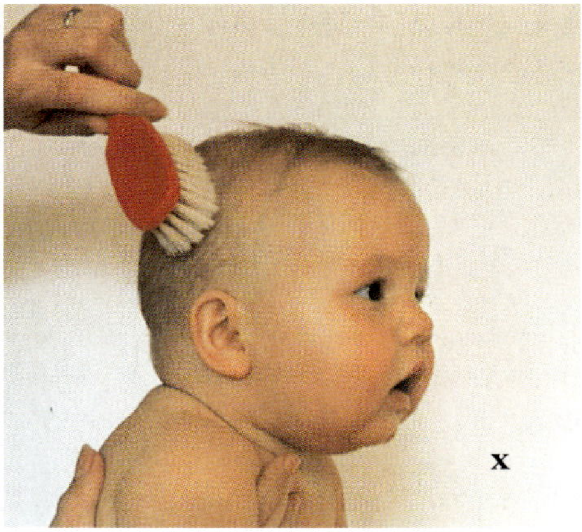

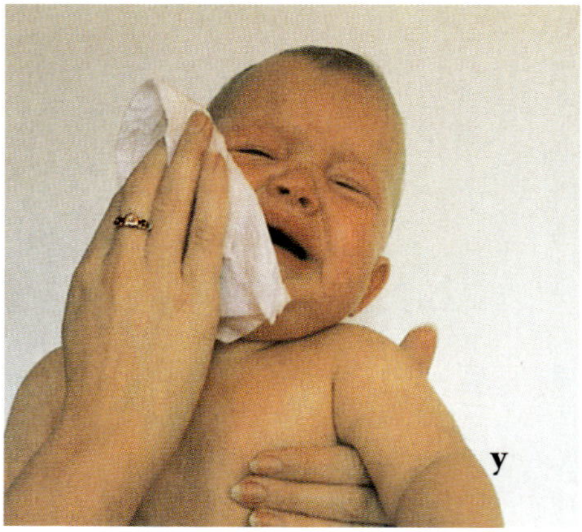

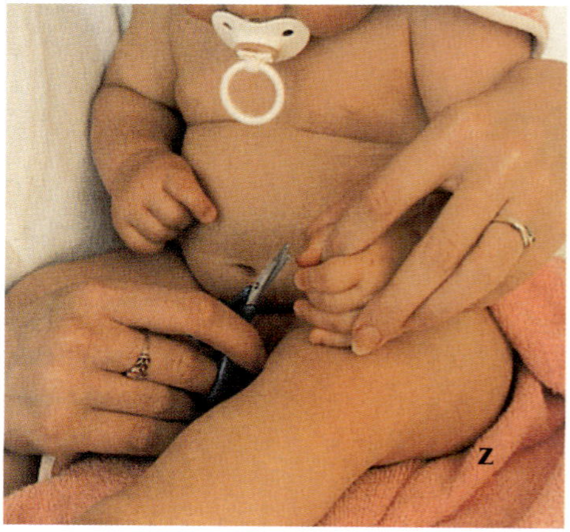

x Das Baby wird im Sitzen gebürstet, damit die weiche Bürste auch den Hinterkopf erreicht.

y Einmalwaschlappen sind praktisch und hygienisch, aber nicht so umweltfreundlich wie Frottee.

z Nach dem Bad sollte man dem Baby einmal in der Woche die Nägel mit einer abgerundeten Schere schneiden.

So wird das Baby gepflegt

Babys Haut ist nur ein Zehntel so dick wie die Haut eines Erwachsenen, man sieht die Äderchen hindurch schimmern, und gerade dieses zarte Organ vermittelt dem Kind die ersten und wichtigsten Sinneseindrücke: die Wärme und Nähe der Mutter, die Behaglichkeit der Sauberkeit, Kälte und Feuchtigkeit, Frösteln und Schwitzen, all das wird durch die Haut wahrgenommen und empfunden. Diese noch so empfindliche Haut wird leicht irritiert, denn die Talgdrüsen produzieren nur sehr wenig eigenes Hautfett. Erst im 10 bis 15. Lebensjahr funktionieren sie voll.

Die Babyhaut kann also besonders leicht gereizt wer den. Wenn das Baby strampelt, reibt sich die Haut am Tuch der Windel, dem Stoff des Hemdchens. Außerdem ist die Haut des Unterkörpers am Anfang noch ständig der Feuchtigkeit und den Harnsäuren ausgesetzt. Abgesehen davon, dass man weiche Stoffe für Babys Kleidung wählt, weichen Wattewindeln den Vorzug gibt, muss man Babys Haut vorsichtig behandeln.

Extra gepflegt muss nicht werden, denn:

- einmal täglich wird im Badewännchen gepflegt.
- fünfmal täglich beim Windelwechsel.

Hat das Baby eine gesunde Haut, so braucht nicht einmal in den Hautfalten eingepudert werden. Ist Babys Po jedoch entzündet, wird er zusätzlich mit einer Wundpaste eingerieben.

Hier gilt die Grundregel: Creme immer allein verwenden. Niemals auf Creme oder Paste pudern. Das ist überflüssig, gibt dicke Krümel, verschmiert und drückt.

Babybadewanne mit breitem sicheren Greifrand und Seifenablage. Fast alle Babys baden gern und sollten dabei ruhig ein bisschen plantschen dürfen.

Babys Nabel

Meistens ist der Nabel schon fast abgeheilt, wenn Sie das Neugeborene mit sich nach Hause nehmen. Nach 10 bis 14 Tagen ist die Narbe in der Regel ganz und gar verheilt. Ist dieser Prozess noch nicht beendet, so ist Folgendes zu beachten: Nach dem Bad die Nabelregion vorsichtig trockentupfen. Ist noch ein Nabelschnurrest vorhanden, so legen Sie einen frischen sterilen Tupfer drauf und wickeln eine frische Nabelbinde darum. Die Binde soll fest, aber nicht stramm sitzen, damit noch Platz für Babys nächste Mahlzeit bleibt. Ist die Nabelbinde von Urin nass geworden, werden Mulltupfer und Binde ebenso wie die Windel gewechselt. Beim täglichen Waschen ist darauf zu achten, dass die Nabelwunde nicht nass wird.

Sondert die Nabelwunde etwas Sekret ab, so wird der Arzt die Behandlung bestimmen.

Am Nabelrest nicht herumhantieren! Wenn er abgefallen ist, wird die kleine Narbe nur mit klarem Wasser gereinigt und mit einer sauberen Mullwindel trockengetupft.

Einen Nabelbruch kann nur der Arzt feststellen. Er sollte also auf jeden Fall die Nabelheilung verfolgen. Stellt er fest, dass sich die Bauchdecke nicht ordentlich zusammenschließt, so schiebt er sie von beiden Seiten zusammen und fixiert sie mit einem festen Nabelpflaster. Das muss ungefähr alle 14 Tage erneuert werden, stört das Kind aber nicht im Geringsten.

Die Augen

sind früher jeden Tag mit borwassergetränkten Wattebäuschchen gesäubert worden. Davon raten heute die Ärzte ab, denn man hat festgestellt, dass Borwasser von der Haut aufgenommen und resorbiert wird. Das kann zu Entzündungen bis Vergiftungen führen, wenn zuviel Borwasser verwendet wird. Deshalb säubert man Babys Augen von Rückständen, indem man einen Wattebausch oder ein reines Tuch mit Wasser befeuchtet und einmal vom Augenwinkel nach innen streicht. Das geschieht morgens, weil Babys Tränendrüsen noch nicht funktionieren, und die Augen morgens verklebt sind.

- Für jedes Auge einen frischen Wattebausch nehmen.
- Immer von außen nach innen reiben.

a–f *Baderegeln fürs Baby:*

So trägt die Mutter ihr Baby ins Bad: Sie hält es mit einer Hand am Oberschenkel fest. Die andere Hand hat sie frei zum Hantieren.

Zuerst liegt das Baby auf dem Rücken. Mutters Hand hält es am Oberarm, sein Kopf ruht auf ihrem Arm, sodass es nicht ins Wasser rutschen kann.

Mit der freien Hand rollt man das Baby herum, sodass es jetzt mit der Brust aufliegt. Die Mutter oder der Vater hält es wieder am Oberärmchen fest. Wenn man Babys Kopf wäscht – ob nur mit Wasser oder später mit Shampoo –, immer beugt man ihn so nach hinten, dass nichts ins Äuglein rinnt.

a
b
c
d
e
f

Finger- und Zehennägel können sofort geschnitten werden, wenn sie zu lang sind. Der alte Aberglaube, man dürfe Babys Nägel noch nicht schneiden, kann Narben verursachen, die das Kind sein Lebtag behält. Denn die kleinen Nägel sind sehr scharf, und Babys Oberhaut ist zehnmal so dünn wie die des Erwachsenen und noch von keiner schützenden Hornschicht überzogen. Wenn sich das Kind im Gesichtchen kratzt, so verletzt diese unbedeutende, kaum blutende Schramme gleich das Zellgewebe der Unterhaut.

Wenn man die Nägel schneidet, muss man dafür sorgen, dass das Baby nicht mit dem Ärmchen oder Beinchen strampeln kann, das gerade in Arbeit ist. Sonst kann die Nagelschere Verletzungen verursachen.

Die Mutter oder der Vater stützt sich am besten mit einem Unterarm auf den Wickeltisch und hält mit dieser fest verankerten Hand Beinchen oder Ärmchen fest. Oder sie nimmt das größer gewordene Kind auf den Schoß.

Vorsichtige Eltern warten, bis ihr Baby schläft. Dann kann man ihm die Nägel schneiden, ohne dass es etwas davon merkt.

Bei Säuglingen und Kleinkindern schneidet man gern die Nägel gerade und nicht gebogen, damit kein Nagel einwächst oder im Wachstum gestört wird.

Zum Schneiden umfasst man die geöffnete Hand des Kindes so, dass man die Fingerchen auf den eigenen vier Fingern hält und sie mit dem Daumen fest klemmt.

Wenn das Baby ein Jahr alt ist, muss die Mutter ihm regelmäßig und gründlich die Fingernägel putzen; unter den Nägeln sammeln sich Schmutz und Bazillen an.

g Der noch feuchte Kopf wird mit der Kapuze geschützt.

h Das Baby wird ganz in das angewärmte Badetuch gehüllt.

Ohren und Nase werden jeden Tag geputzt. Das Baby kann sich ja noch nicht die Nase schnauben, reinigt sich höchstens sein Riechorgan von Stäubchen, indem es den Störenfried kräftig ausniest. Wenn ein Säugling öfters im Körbchen wie ein Kätzchen niest, hat er keinen Schnupfen, sondern putzt sich. Für jedes Ohr und Nasenloch zwirbelt die Mutter ein Wattebäuschchen zurecht.

Der Kopf wird einmal am Tag mit klarem Wasser abgespült, denn das Baby schwitzt auch am Kopf recht gründlich. Mit den ersten kurzen Härchen braucht man nichts anzustellen, aber wenn der Geburtsflaum durch richtiges zartes Wuschelhaar ersetzt wird, kann man es bürsten. Man hebt dazu Babys Kopf mit der flachen Hand hoch, damit man auch am Hinterkopf bürsten kann. Diese Bürstenmassage regt die Durchblutung der Kopfhaut an. Hat das Baby Schorf am Kopf, fragt man auf jeden Fall den Arzt um Rat. Hat es ein bisschen Schuppen, kann man das Köpfchen vor dem Bürsten mit Öl einreiben. Man kann den Kopf ohne Sorge waschen: Die Fontanellen sind von einer festen Hautschicht bedeckt und können durch Waschen und Pflege nicht verletzt werden.

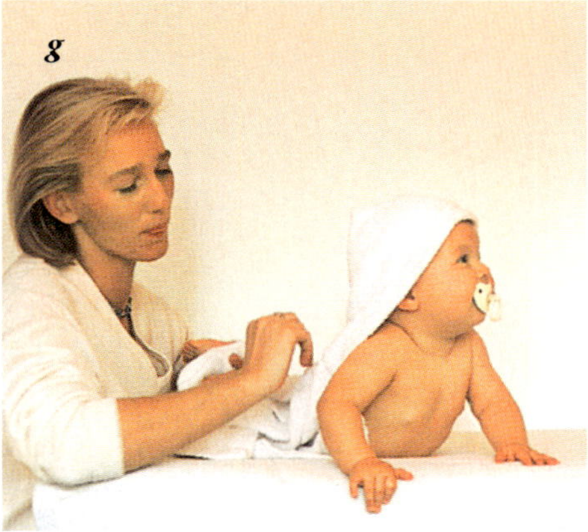

So wird Babys Wäsche gewaschen

Wenn man Textilwindeln und eine Waschmaschine benutzt, ist das Ganze kein Problem. Im Windelprogramm werden Babys Windeln so schonend gewaschen und so häufig gespült, wie es notwendig ist. Achtung: Trommel nicht zu stark füllen! Sonst wird die Wäsche nicht ausreichend gespült. Es empfiehlt sich, kein Weichspülmittel zu verwenden, weil das die Saugfähigkeit herabsetzen kann. Windeln brauchen nicht gebügelt zu werden, sie wer den durch das Bügeln aber weicher.

Windeln werden möglichst nicht mit farbiger Kochwäsche zusammen gekocht, da sie stark fusseln.

14

KAPITEL

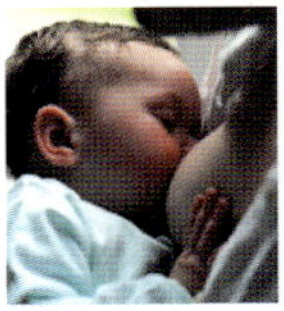

Babys Ernährung

Der Säugling soll zu einem gesunden und vergnügten Menschen heranwachsen. Sie wissen bereits, wie die Mutter durch ihre Ernährung und Lebensweise dazu beitragen kann, dass ihr Kind so gesund und kräftig wie möglich auf die Welt kommt.

Damit hat sie auch schon den ersten möglichen Ernährungsschwierigkeiten vorgebeugt. Denn ein Baby, dem bereits vor der Geburt alles zur Verfügung gestanden hat, was es für sein Wachstum brauchte, kann nach der Geburt seine ersten Mahlzeiten gut nutzen. Im Folgenden lernen Sie die sich im Lauf des Wachstums rasch wandelnden Ernährungspläne für das Baby und das Kleinkind bis zu zwei Jahren kennen. Drei Ernährungsfehler kommen in den Säuglingsjahren am häufigsten vor:

- Das Baby erhält zu spät Obst- und Gemüsesäfte. Dadurch entstehen Mangelerscheinungen, die vor allem die Abwehrkraft des Säuglings gegen Infektionskrankheiten vermindern.
- Das Baby wird nach dem Abstillen zu lange und zu ausschließlich mit Kuhmilch gefüttert. Das ruft ebenfalls Mangelerscheinungen hervor und macht die Kinder dick.
- Das Baby bekommt zu viel Kohlenhydrate (Milchbrei) angeboten. Das macht die Kinder ebenfalls zu dick, und durch das Übergewicht wird das noch weiche Knochengerüst zu stark belastet.
- Mütter halten Brei- oder Milchpräparate für zu dünn und deshalb nicht für ausreichend nahrhaft und dicken sie mit Schleimzusätzen an. Auch das macht Kinder nur dick.

Noch ein Grund, der zur Vorsicht mahnt: Der Verdauungsapparat des Säuglings ist, wie die Mediziner sagen, chemisch noch nicht reif. Das heißt: Leber und Galle funktionieren noch nicht wie beim Erwachsenen. Stoffwechsel- und Exkretionsorgane des Säuglings sind noch nicht geübt und aufeinander eingespielt. Der Körper kann sich in diesen ersten Wochen noch nicht so gut entgiften. Die Blase kann den Urin noch nicht konzentrieren und braucht Unmengen von Flüssigkeit, um die Abfallstoffe aus dem Körper zu schwemmen.

Babys Magen ist noch zart, wie Großmütter sagen. Vor allem: Er ist vollkommen wehrlos gegen Überfütterung, schwere Speisen und Nahrungswechsel. Eine Mutter darf also nie denken:

»Das Baby isst das ja, also muss es das auch vertragen!« Das alles klingt gefährlich, aber gerade in diesen ersten Wochen und Monaten kann eine Mutter, die nicht stillen kann, auf die meisten Ernährungshilfen zurückgreifen.

- Es gibt alle Arten von Fertignahrung, von der Milch bis zum Brei, jedem Appetit und jeder Alters- und Magensituation angepasst.
- Es gibt die Hilfe der Klinik, in der das Baby geboren wurde. Dort ist es bereits seinem Ernährungstyp entsprechend klassifiziert worden.
- Danach stehen ihr die Mütterberatungsstellen zur Verfügung. Diese Hilfe sollte die Mutter vor allem dann in Anspruch nehmen, wenn sich ein Kind allzu individualistisch gebärdet. Der Bedarf der Säuglinge kann nämlich überraschend schwanken. Es ist besser, man lässt sich beraten, als dass man sich selbst einen Nahrungsplan ausarbeitet und das Baby aus Unwissenheit überfüttert oder unterernährt.
- Übergewicht bedeutet für Eltern und Kind unnötige Arbeit. Diese Kinder werden leichter krank, und die ganze Entwicklung verzögert sich.
- Untergewicht ist keine verzögerte Entwicklung, sondern eine Gefahr. Magere Säuglinge, die nicht regelmäßig zunehmen, sind immer krank. Jede Erkältung, die ein Kind in diesem Zustand trifft, kann es ebenso ernsthaft gefährden wie ein Durchfall. Wenn ein Säugling sogar abnimmt (100 Gramm Gewichtsverlust sind schon schwerwiegend), muss sofort der Arzt um Rat gefragt werden.

Wie sollte nun Babys Ernährung beschaffen sein? Welche Nährstoffe sind für den Säugling besonders wichtig?

Jedes Lebewesen hat einen seiner Tätigkeit angemessenen Nahrungsbedarf. Babys Tätigkeit besteht hauptsächlich aus Wachsen. Es wächst in den ersten Monaten seines Lebens so sehr in die Länge und Breite, es festigt seine Körperdichte so sehr wie später nie wieder in seinem Leben.

Das ist eine ungeheure Leistung, und die Mutter kann ihm helfen, sein Ziel gut zu erreichen, indem sie dem Kind nicht nur genug zu essen gibt, sondern vor allem das Richtige zur rechten Zeit. Es ist normal und gesund, wenn das Baby sein Geburtsgewicht in 150 bis 180 Tagen verdoppelt. Mehr ist nicht nötig.

Das Baby wächst, das heißt: seine Muskeln und Organe vergrößern sich von Tag zu Tag. Es braucht also vor allem Eiweiß.

Eiweiß oder Protein ist der Hauptaufbaustoff des Körpers. Herz, Hirn, Muskeln und Leber – alles besteht größtenteils aus Wasser und Eiweiß. In den so genannten Entwicklungsländern hat man beobachtet, dass chronischer Eiweißmangel in den ersten Lebensmonaten zu einer nicht unerheblichen Verminderung der geistigen Leistungsfähigkeit im späteren Leben führt.

Im ersten Lebensjahr des Säuglings wird sein Proteinbedarf hauptsächlich durch Muttermilch, dann Kuhmilch (tierisches Eiweiß) und Getreideprodukte (pflanzliches Eiweiß) gedeckt. Dann kommen verschiedene Arten von Fleisch hinzu, Leber, Geflügel und Kalbfleisch, aber auch Eigelb. In jedem Fall soll das Kind mindestens 50 bis 65 Prozent seines Eiweißbedarfs aus tierischen Quellen decken können.

Tierisches Eiweiß enthalten: Milch, Milchprodukte wie Quark, Butter, Käse usw., Fleisch, Fisch, Eier.

Pflanzliches Eiweiß enthalten: alle Getreideprodukte wie Haferflocken, Grieß, Mehl, Speisestärke, Reis, Nudeln, Brot und Gebäck.

Wenn das Baby Muttermilch trinkt, wird es ungefähr mit der idealen Eiweißmenge versorgt, bekommt 1,8 bis 2,5 Gramm Protein pro Kilogramm seines Körpergewichts. Der Bedarf des Säuglings kann jedoch mit Kuhmilch – bis zum 6. Monat verdünnt – ebenso ausreichend gedeckt werden wie mit Muttermilch. In diesem Fall darf man nicht zu viel des Guten tun wollen eine überhöhte Eiweißernährung belastet den Stoffwechsel und die Niere nur unnötig.

Fett braucht der Säugling in den ersten Monaten nur in geringen Mengen. Anfangs deckt er seinen Bedarf vollkommen aus dem Fett der Milch. Wie beim Erwachsenen sorgt dieses Fett dafür, dass der Säugling gut gedeiht, eine glatte, gut durchblutete Haut und wohl gerundete Muskelpartien bekommt. Fett macht den Säugling gegen Infektionskrankheiten widerstandsfähiger.

Die Muttermilch hat der Kuhmilch gegenüber einen unbestreitbaren Vorteil: Sie ist besonders reich an Linolsäure, einer lebenswichtigen Fettsäure. Der Linolsäuregehalt der Kuhmilch hingegen liegt an der unteren Bedarfsgrenze, weshalb viele Kinderärzte dazu raten, die Kuhmilch mit linolsäurereichem Pflanzenöl anzureichern.

Beim älteren Säugling wird der Fettbedarf auch schon durch unsichtbares Fett gedeckt, denn Fett enthalten die Haferflocken in seinem Brei, das Eigelb, das Fleisch usw. Man braucht also nicht besorgt zu sein, dass das Baby zu wenig Fett bekommt. Das »schöne Stück Butter« am Brei oder Gemüse hat Zeit, bis das Baby einen stabileren Magen besitzt.

Kohlenhydrate bekommt der Säugling schon mit dem Zucker (Laktose) der Muttermilch. Dieser Zucker deckt fast die Hälfte seines Kalorienbedarfs. Säugling und Kleinkind brauchen die Kohlenhydrate als wichtige Energiequelle. Kohlenhydrate sorgen außerdem dafür, dass die Organe richtig arbeiten und dass seine Körpertemperatur konstant bleibt.

Vitamine sind lebensnotwendige Wirkstoffe, die vom Körper selbst nicht aufgebaut werden können und deshalb aufgenommen werden müssen.

Sie wirken mit bei Zellaufbau, Wachstum, Infektabwehr und Stoffwechsel. Gestillte Babys bekommen mit der Muttermilch alles an Vitaminen, was sie brauchen, außer Vitamin D und K. Mit Säuglingsnahrung gefütterte Babys werden mit allem außer Vitamin D versorgt.

Wie soll man ergänzen?

Täglich Vitamin D-Präparate verabreichen oder durch spezielle Säuglingsnahrung zuführen. Der Schlüssel der Ergänzung: auf einen Liter Trinknahrung ca. 500 IE Vitamin D. Mit Vitamin K werden Neugeborene meist direkt nach der Geburt in der Entbindungsklinik versorgt. Stets ist zu bedenken, dass die kostbaren Vitamine höchst flüchtiger Natur sind. Sie sehen auf der Vitamintabelle auf Seite 207, wie sorgfältig man kochen und mit den Nahrungsmitteln umgehen muss, damit das Baby auch wirklich bekommt, was ihm zugedacht worden ist.

Mineralstoffe spielen für Wachstum und Knochenbau eine ebenso große Rolle wie die Vitamine. Der Säugling braucht im ersten Jahr besonders viel Kalk und Phosphate. Milch – Muttermilch und Kuhmilch – ist an den beiden Wirkstoffen so reich, dass man darüber hinaus nichts zuzusetzen braucht.

Vitamintabelle

Vitamin A

Was bewirkt Vitamin A?
Es fördert das Wachstum, stärkt die Abwehrkräfte gegen Infektionskrankheiten, ist für die Sehkraft der Augen wichtig.
Worin ist Vitamin A enthalten?
Milch und Eigelb sind reich an Vitamin A, Mohrrüben und Mohrrübensaft sind reich an Karotin, einer Vorstufe des Vitamins A.
Wie geht man mit Vitamin A um?
Es ist empfindlich gegen den Sauerstoff der Luft und gegen Licht. Gemüse niemals zerkleinert im Licht stehen lassen. Gemüse nie offen kochen. Nicht umrühren. So kurz wie möglich und mit einem Minimum an Flüssigkeit und ein paar Tropfen hochwertigen nicht kaltgeschlagenen Speiseöls dünsten! Alle Vitamin-A-haltigen Speisen dunkel und gut zugedeckt aufbewahren.

Vitamin B

Was bewirkt Vitamin B?
Der Komplex der verschiedenen B-Vitamine fördert das Wachstum und die stetige Zunahme des Körpergewichtes, regelt eine Reihe von Auf- und Abbauvorgängen der Körpersubstanzen und den Stoffwechsel der Kohlenhydrate sowie des Wasserhaushalts; er ist auch für die Nerven wichtig.
Worin ist Vitamin B enthalten?
Vitamin B1 und B2 kommen in Getreideerzeugnissen, Reis, Schweinefleisch, Leber, Eigelb, Niere, Vollmilch, Rinderherz, grünen Erbsen und in den meisten Früchten vor.
Vitamin B6 findet man in Fleisch, Getreideerzeugnissen, Mohrrüben, Kartoffeln und Bananen.
Wie geht man mit Vitamin B um?
Die Vitamine der B-Gruppe sind gegen Sauerstoff der Luft und gegen Erhitzung empfindlich. Licht stört sie weniger. Es gelten alle Vorsichtsmaßnahmen fürs richtige Gemüsekochen.

Vitamin C

Was bewirkt Vitamin C?
Es stärkt die Abwehrkräfte gegen Infektionskrankheiten, ist wichtig für den Aufbau von Bindegewebe, Knochen und Sehnen. Besonders im Winter und im Frühjahr muss auf eine ausreichende Versorgung geachtet werden.
Worin ist Vitamin C enthalten?
In Orangen, Apfelsinen, Zitronen und anderen Südfrüchten besonders reichlich.
Blumenkohl, Kohlrabi, schwarze Johannisbeeren, Erdbeeren, junge Kartoffeln, Spinat und junger Wirsingkohl enthalten relativ viel Vitamin C.
Wie geht man mit Vitamin C um?
Es gehört zu den empfindlichsten Vitaminen, muss vor dem Luftsauerstoff und vor Erhitzung geschützt werden. Alle Vorsichtsmaßnahmen für den Umgang mit Gemüse und Obst beachten! Nichts lange stehen lassen, nicht zerkleinert stehen lassen. Koch- und Einweichwasser weiter verwenden (für Suppen und Soßen), niemals unnötig in Töpfen rühren. So kurz wie möglich kochen oder dünsten!

Vitamin D

Was bewirkt Vitamin D?
Das Baby braucht es für seine Knochenbildung. Fehlt Vitamin D, bekommt es Rachitis. Vitamin D muss verschrieben werden, denn in der normalen Nahrung kommt dieses Vitamin nicht ausreichend vor. Vitamin-D-Präparate genau nach Vorschrift des Arztes geben!
Die Vitamin-D-Präparate gibt es meist in Kombination mit Fluorid, das von Kinderärzten ebenfalls empfohlen wird, um Karies vorzubeugen.
Worin ist Vitamin D enthalten?
Aus der Aufzählung sehen Sie, dass die betreffenden Nahrungsmittel wenig nützen. Das Baby mag oder verträgt sie noch nicht: Hering, Lachs und Hefe! Aber auch in Milch, Butter, Eidotter und Getreidekeimen ist das Vitamin enthalten.
Wie geht man mit Vitamin D um?
Keine besonderen Vorsichtsmaßnahmen. Vitamin D ist sehr widerstandsfähig gegen Erhitzung und Lichteinwirkung.

Vitamin K

Was bewirkt Vitamin K?
Das Neugeborene kann diesen Wirkstoff, der innere Blutungen verhindert, noch nicht selbst herstellen, weil seine Darmflora noch nicht vollständig ist.
Worin ist Vitamin K enthalten?
Spinat, Tomaten, Eigelb – Nahrungsmittel, die erst spät im Säuglingsspeiseplan auftauchen. Deshalb ist es umso wichtiger:
Wie geht man Vitamin K um?
täglich Vitamin K in Tropfenform verabreichen.

Eisen ist für die Blutbildung verantwortlich. In den ersten Monaten ist das Baby Eisenselbstversorger. Es hat aus der Plazenta einen Eisenvorrat übernommen, von dem es während dieser Zeit zehren kann. Im dritten Monat nimmt der Eigenbestand allmählich ab.

Später wird der steigende Bedarf auch durch Fleischarten gedeckt, die besonders viel Eisen enthalten.

Wasser ist kein eigentlicher Nährstoff; Flüssigkeit ist jedoch die Voraussetzung dafür, dass Nährstoffe gelöst und durch den Körper transportiert werden.

Das Baby kommt aus dem Wasser und besteht nach der Geburt zu 78 Prozent aus Körperflüssigkeit. Am Ende des 4. Lebensmonats ist dieser Prozentsatz noch gestiegen und beträgt 90 Prozent (bei den Erwachsenen sind es 65 bis 70 Prozent). Erst gegen Ende des 1. Lebensjahres hat sich der Körper des Babys etwas mehr verdichtet und besteht nur noch zu 60 Prozent aus Wasser.

Dieses Mehr an Flüssigkeit verteilt sich beim Säugling im Gewebe, und es bedeutet ihm eine Art von Notvorrat für alle Gelegenheiten, mit denen er noch nicht so recht fertig wird. Viele Stoffwechselfunktionen beherrscht er noch nicht und kann nur mithilfe außergewöhnlicher Wassermengen einen Ausweg finden. Der Säugling schwitzt mehr als Kinder oder Erwachsene, um die Schwankungen der Außentemperatur auszugleichen. Er muss außerdem relativ viel Verdauungssäfte bilden, kann seinen Urin noch nicht konzentrieren, braucht also an allen Ecken und Enden die Flüssigkeit, die er sich zwischen den Zellen im Gewebe hamstert. Das bedeutet: Man soll und darf dem Kind zu trinken geben, wenn es Durst hat. Allerdings sollte man niemals versuchen, diesen Durst mit Milch zu löschen:

- Milch stillt den Durst nicht.
- Milch über die vorgeschriebene Trinkmenge hinaus macht das Baby dick.

Ungesüßter Fencheltee, Kamillentee, eventuell mit Traubenzucker schwach gesüßt, sind besser. Am besten und praktischsten ist abgekochtes Leitungswasser oder Mineralwasser mit natürlicher Kohlensäure, die auf dem Weg des Wassers aus den tiefsten Tiefen der Erde zur Quelle geholfen hat, die für unsere Ernährung so nützlichen Mineralstoffe zu lösen.

Säulinge vertragen und mögen das Prickeln jedoch nicht. Also quirlt man die Kohlensäure mit der Gabel aus dem Wasser.

Es gibt Extramineralwasser, die mit ›für Säuglingsnahrung geeignet‹ bezeichnet sind. Das heißt: Ihr Mineralstoffgehalt ist so berechnet und beschränkt, dass Säuglinge nicht zu viel Natrium und Fluorid, Nitrat und Nitrit bekommen. Genau prüfen!

Im Lauf des 1. Lebensjahres lernt das Kind, die meisten Stoffwechselfunktionen zu meistern.

Sein Wachstum in dieser Zeit bedeutet also nicht nur Längenwachstum und Gewichtszunahme, sondern es umfasst auch eine Verdichtung der ganzen Körpersubstanz. Die Knochen festigen sich, die Muskulatur wird kräftiger, fest und elastisch.

Babys Ernährung im 1. Monat

Der Ernährungsplan der Brustkinder

ist relativ einfach: Milch steht auf dem Stundenplan, und erst im fünften Monat gibt es ein wenig von dem, was in der Babyküche als Beikost bezeichnet wird. Analog zu diesem Speiseplan der Brustkinder kann man auch die Flaschenmilchernährung einrichten.

Im ersten Monat

erhält ein Brustkind etwa sechs Mahlzeiten pro Tag. Die Trinkmenge entspricht etwa einem Fünftel bis Sechstel seines Körpergewichts, ungefähr 550 Milliliter. Diese Menge gilt auch für die Fertig- oder Säuglingsnahrung. Säuglingsnahrung entspricht den Bedürfnissen des menschlichen Säuglings, enthält alle notwendigen Nähr- und Wirkstoffe, Kohlenhydrate in Form von Milchzucker und wird nach strengen Richtlinien und genau definierten Qualitätskriterien unter ebenso strengen Kontrollen hergestellt.

Ist ein Säugling allergiegefährdet, so gibt es spezielle Säuglingsnahrung, deren Proteine aufgespalten sind. Der Kinderarzt wird raten.

Säuglingsanfangsnahrung

heißt die erste Gruppe dieser Kost. Der Säugling kann sie von Geburt an trinken. Sie wird auf der Packung durch die Vorsilbe PRE gekennzeichnet. Die verschiedenen Sorten werden auf der Basis von Kuhmilch hergestellt. Es gibt auch solche, die mit Erlaubnis der EU aus Soja bestehen, was aber erstens gekennzeichnet sein muss und zweitens nur bei speziellen Ernährungssituationen erforderlich ist. Um Missverständnissen vorzubeugen, darf diese Nahrung nicht als ›Milch‹ bezeichnet werden. Sie ist dünnflüssig und sättigt wie die Muttermilch.

Die mit ›1‹ gekennzeichnete Nahrung kann neben dem Milchzucker Stärke enthalten. Dann wird die zubereitete Milch dickflüssiger und sättigt stärker. Achtung bei der Verwendung! Gewicht des Kindes kontrollieren! Wer zu früh zu üppig gefüttert wird, riskiert, später übergewichtig zu sein. Gewichtszunahme im ersten Halbjahr: 150 bis 200 Gramm pro Woche, im zweiten Halbjahr etwa 100 Gramm pro Woche.

Säuglingsfolgenahrung

oder schlicht: Folgemilch oder -nahrung heißt die zweite Gruppe der Säuglingsnahrung, die – wie der Name schon sagt – die Anfangsnahrung ablöst. Säuglingsfolgenahrung wird mit der Zahl ›2‹ gekennzeichnet. Sie besteht aus Kuhmilch oder Soja und hat einen noch höheren Energiewert als die ›1‹-Gruppe. Sie sättigt logischerweise stärker und wird deshalb am besten erst im fünften Monat auf den Speiseplan gesetzt. Man kann im Prinzip mit der Säuglingsnahrung auskommen und sollte erst zur Folgemilch greifen, wenn das Kind mit der Nahrung von Stufe 1 ganz offensichtlich nicht mehr satt wird. Da das Kind aber ab dem fünften Monat ohnehin die so genannte Beikost bekommt, ist Folgemilch nur ein Übergangsprodukt. Auf jeden Fall muss sich ein Kind nicht durch diese von den Herstellern entworfenen Stufen durchtrinken, die Mutter sollte ihm nach wöchentlicher Gewichtskontrolle viel mehr das geben, was es braucht. Kinderärzte neigen dazu, sehr streng zu sagen: Was es mindestens braucht!

Welche Sorte wählen? Nach Beratung mit Hebamme oder Kinderärztin diejenige, die das Kind am besten verträgt. Dann bei dieser Sorte bleiben.

Wie zubereiten? Nach Vorschrift auf der Packung, dabei so pingelig genau und säuberlich verfahren, wie es geht. Immer mit sauber gewaschenen Händen auf sauberem Tisch arbeiten.

Stets abgekochtes Leitungswasser oder Mineralwasser verwenden. Die Menge genau abmessen! Keinen gehäuften Messlöffel verwenden, sondern das Pulver mit dem Messer abstreifen, sodass die Nahrung nicht zu konzentriert wird. Pulver und Wasser nicht wie ein Barmixer schütteln, sonst blubbern die Bläschen in der Nahrung, und dem Säugling bläht sich der Bauch. Jede Flasche frisch zubereiten, keine Reste aufheben.

Selbst zubereiten? Davon wird von Ernährungsfachleuten abgeraten. Wenn nicht ideale Bedingungen herrschen, ist die Gefahr zu groß, dass der noch nicht ausgereifte Darm unwirsch reagiert, dass Infekte auftreten, dass das Kind unter Über- (in Bezug auf Kalorien) oder Unterernährung (in Bezug auf Mineralstoffe und Vitamine) leiden muss. Wie man mit Flaschen und Saugern umgeht, lesen Sie auf Seite 221.

Babys Ernährung im 2. bis 4. Monat

Die Ernährung durch Muttermilch oder Säuglingsnahrung PRE und ›1‹ bleibt unverändert.

Sechs Mahlzeiten sind Gewohnheit geworden. Das Baby sollte weiterhin ein Fünftel bis ein Sechstel seines Körpergewichts als Nahrung zu sich nehmen und wöchentlich etwa 150 bis 200 Gramm zunehmen. Jetzt bekommt der Säugling zum ersten Mal eine Ergänzung zur Milch.

Er ist beweglicher und aktiver, braucht deshalb mehr Brennstoff für die sich festigenden Muskeln und für deren Wachstum Proteine. Sein Eisenvorrat ist allmählich aufgebraucht und muss ergänzt werden. Dazu kommt der Bedarf an Jod, Kalzium und Vitaminen. Doch selbst wenn das Kind im 5. Monat lernt, vom Löffel zu essen, muss seine Nahrung noch sehr einfach und gewürzarm sein. Wer selbst kochen will, muss Salz, Zucker und Gewürze vollkommen beiseite lassen, dafür aber Gemüse und Früchte erster Qualität verwenden.

Beikost

das ist der erste Brei, der erste Saft. Die Beikost sollte ebenfalls nicht von heute auf morgen angeboten werden. Zuerst wird eine Milchmahlzeit durch Brei ersetzt, am besten durch reinen Mohrrübenbrei: ein paar Teelöffel vor der Milchmahlzeit füttern.

Hat sich das Kind an diese neue Köstlichkeit und an den Löffel gewöhnt, gibt man ein Löffel Kartoffeln dazu, später Fleisch vielleicht einen halben Dotter und im zweiten Halbjahr etwas Pflanzenöl, Maiskeimöl, abwechselnd mit Butter, die im zweiten Lebensjahr wieder verschwindet. Diese neue Kost kann den Stuhlgang des Säuglings verändern. Es wird Eltern geraten, ihn von dem Moment an zu beobachten, in dem man dem Säugling etwas Neues gibt, auch um möglichen Nahrungsmittelallergien rechtzeitig vorbeugen zu können. Sollte der Stuhl etwas zu weich sein, so wird er durch Banane oder geriebenen Apfel wieder fester. Neigt der Säugling zu sehr festem Stuhl, so kann dieser durch etwas Orangensaft oder zermusten Pfirsich weicher werden.

Selbstverständlich gilt die Grundregel: Hat das Kind tatsächlich Durchfall, so muss sofort der Arzt benachrichtigt werden. Bis er kommt, erhält der Säugling nichts anderes als dünnen schwarzen Tee mit etwas Traubenzucker und einer kleinen Prise Salz.

Gläschenkost

Anfangs finden es viele Eltern praktischer, auf die so genannte Gläschenkost zurückzugreifen. Ihre Vorteile: gleichmäßige Qualität, ob Winter, ob Sommer – die Nährstoffe, auf die es bei Babys Gedeihen ankommt, sind vorhanden. Wenn man selbst kocht, kann man trotz aller Liebe und Sorgfalt nicht vermeiden, dass Babys Mittagessen unregelmäßig mit Nährstoffen versehen ist. Spinat verliert zum Beispiel in sommerlicher Hitze in 24 Stunden 50 Prozent und in drei Tagen 75 Prozent von seinem Vitamin-C-Gehalt.

Reinheit: Kinderärzte verlangen immer wieder, dass Obst und Gemüse für Babys vollkommen frei von allen Rückständen von Pflanzenschutzmitteln sein sollen. Die Hersteller von Säuglingskost sind die Einzigen, die das garantieren müssen und können: Sie sind gesetzlich dazu verpflichtet. Mit diesem Vorteil ist ein anderer verbunden:

Keimfreiheit: Die industriell hergestellte Babykost ist steril, also frei von krankheitserregenden Keimen. Der Säugling neigt deshalb weniger zu Ernährungsstörungen.

Verdaulichkeit: Für Babys Fertigkost werden die Gemüse und Früchte feiner zerkleinert (homogenisiert), als man es zu Hause im besten Mixer machen könnte. Dadurch werden die Zellkerne so aufgeschlossen, dass die Nahrung fast doppelt so gut ausgenutzt werden kann wie sonst.

Sicherheit: Wenn eine andere Person das Baby versorgt, weil die Mutter berufstätig oder krank ist, weil sie verreisen muss, weil sie einen ganzen Tag lang in der Stadt zu tun hat, so braucht das Kochen kein Problem zu sein. Die Babyküche mit Fertignahrung ist narrensicher, und Babys Ernährung bleibt unverändert. Auch auf Reisen kann man dadurch einen Säugling vor Kostumstellungen bewahren.

Grundregel für den Umgang mit Fertigkost:

Babys in den ersten Lebensmonaten essen nur selten ein ganzes Glas bei einer Mahlzeit leer. Auch der Inhalt der Saftflaschen reicht für mehrere Mahlzeiten. In diesen Fällen sollte nie direkt aus dem Glas gefüttert werden. Diese Vorsicht hat zwei Gründe: Wiederholtes Erwärmen im Wasserbad zerstört die Vitamine und mindert die Qualität der Gemüse. Mit dem Löffel kann etwas Speichel von Baby in den restlichen Inhalt des Glases gelangen. Dann wird der Brei vorverdaut und flüssig.

Besser ist es also, wenn man so viel Brei aus dem Glas löffelt, wie man voraussichtlich braucht und diese Portionen in einem Schüsselchen im Wasserbad oder im Wärmeteller wärmt.

Die angebrochenen Gläser oder Flaschen werden gut verschlossen im Kühlschrank aufgehoben, sollten aber so schnell wie möglich, höchstens nach zwei Tagen, aufgebraucht werden. Das ist besonders bei Spinat wichtig. Vitamine und Eiweißstoffe leiden bei längerer Lagerung, und die Keimfreiheit kann dann nicht mehr garantiert werden. Im Übrigen besteht zwischen Mutters Küche und der Fertigkost kein Entweder-Oder-Verhältnis. Das eine kann und soll das andere ergänzen.

Streikt das Baby bei einem Gericht: Dann braucht man meistens nur das Fabrikat oder Gericht zu wechseln. Oder man geht dazu über, selbst mit Vollwertprodukten und im Mixer eine Babykost herzustellen, die portionsweise eingefroren wird.

Babys Ernährung im 5. Monat

Das Kind legt sich auf drei Hauptmahlzeiten fest. Es bekommt nur noch zwei oder drei Milchmahlzeiten oder Fläschchen zu je 200 Gramm am Tag, kann aber auch noch bei vier bis fünf Fläschchen – außer Gemüse und Obstbrei – bleiben.

Babys Mahlzeiten

So sieht also Babys Ernährungsplan aus: morgens: Muttermilch oder Anfangs- oder Folgenahrung (Kennziffer ›1‹ oder ›2‹), Trinkmenge ca. 220 bis 240 Milliliter; vormittags: wie morgens; mittags: ein paar Teelöffel Mohrrübenbrei, danach Milch; nachmittags: wie morgens, abends: wie morgens.

Babys Ernährung im 6. und 7. Monat

Eine weitere Milchmahlzeit wird durch einen Vollmilchgetreidebrei ersetzt: morgens: Muttermilch oder Säuglingsnahrung (Kennziffer ›2‹), Trinkmenge 240 Milliliter; vormittags: bei Bedarf ein halbes Gläschen Gemüse- oder Obstbrei; mittags: Gemüsebrei mit Fleisch, 100 Gramm Gemüse (Mohrrüben, Fenchel, Spinat, Blumenkohl), 50 Gramm Kartoffeln, 30 Gramm Fleisch oder ein Dotter, zehn Gramm Öl; nachmittags: wie morgens; abends: Milchbrei oder ein Gläschen Milch- und Früchtebrei (ca. 200 Gramm) mit 30 Gramm Orangensaft.

Gegen Ende des 6. oder 7. Monats haben viele Babys gern statt der Nachmittagsflasche einen Graubrot- oder Getreideflocken-/Obstbrei. Im 6. oder 7. Monat brechen die ersten Zähnchen durch. Das Baby hat dann gern etwas zum Nagen: Brotrinde, Zwieback, Beißkekse oder Beißwurzel. Dieses Knabbern erleichtert meistens das Zahnen.

Babys Ernährung im 8. und 9. Monat

Es bleiben nur noch zwei Milchmahlzeiten, sonst ändert sich nichts am Mahlzeitenplan. Die Zutaten können allmählich fester werden. Morgens: Säuglingsnahrung Kennziffer ›2‹; vormittags: zum halben Glas Früchtebrei nach Bedarf ein trockener Keks. Oder ein halbes Glas Vollkornfrüchtebrei; mittags: Gemüsebrei, abwechselnd mit Fleisch, Nudeln, Reis, Kartoffeln (Menge nach Bedarf; keine Gläschenkost mehr, Gemüse und Kartoffeln mit der Gabel zermusen); nachmittags: Obst und Getreidebrei aus 200 Gramm Vollmilch, 20 Gramm Vollkornflocken und 30 Gramm Orangensaft; abends: Milchbrei mit Obst aus 90 Gramm warmem Wasser, 20 Gramm Vollkornflocken, fünf Gramm Butter und 100 Gramm frischem Obst (Äpfel, Birnen, Bananen, Aprikosen, Pfirsiche).

Babys Ernährung im 10. Monat

Morgens: Säuglingsnahrung Kennziffer ›2‹ (ca. 240 Milliliter); vormittags: Obst-Getreidebrei; mittags: wie im 9. Monat; nachmittags: wie vormittags; abends: Milchbrei.

Babys Ernährung im 11. und 12. Monat

Im Prinzip ändert sich nichts am Mahlzeitenplan, die Zutaten können jedoch fester werden. Nachmittags kann das Baby einen Keks oder einen Apfelschnitz bekommen.

Babys Ernährung im zweiten Jahr

Solange das Baby ein Baby ist und seine Mutter zahnlos anstrahlt, ist alles in Ordnung.

Ganze Industrien wetteifern darin, Eltern das Beste für ihr Kind zu bieten. Aber wenn das Baby so viele Zähne im Mäulchen blitzen hat, dass man den Breis und den Kindsköchen ade sagen kann, steht die Mutter plötzlich allein.

Es ist bewiesen, dass diejenigen Krankheiten der Erwachsenen, die am schwersten und am wenigsten heilbar sind, ihre Ursache im Kindesalter haben. Es ist auch bewiesen, dass das Ernährungsmilieu der Familie das Kind schon frühzeitig prägt und – im schlimmsten Fall – schädigen kann. Mütter und Väter, die zum Beispiel selbst zu Übergewicht neigen, bieten auch dem kleinen Kind eine zu gewichtige und inhaltsreiche Kost, die aber oft arm an Vitaminen und Mineralsalzen ist.

Noch braucht das Kind die zweite Hand zum Trinken.

Eltern müssen sich ganz ernsthaft fragen: »Ernähre ich mich und meinen Partner richtig? Oder mäste ich uns?« Wenn sie die zweite Frage mit Ja beantworten muss, so muss sie allerspätestens jetzt, nach Babys erstem Jahr, etwas für sich und die Familie tun. Babyspeck verwächst sich nicht im Lauf der nächsten Jahre, sondern er bleibt. Die Fettpölsterchen des ersten Jahres sind im zweiten überflüssig. Das Kind braucht sie nicht mehr als Wärme- und Stoßschutz. Das normal entwickelte Kind hat diese Polster abgebaut und stattdessen die ersten kräftigen Muskeln angesetzt.

Dicke Kinder haben nicht im geringsten etwas zuzusetzen. Sie leiden an ihrem Zuviel auf der noch nicht aus gebildeten Muskulatur. Sie können sich vor lauter Speck nur dürftig entwickeln, neigen infolgedessen zu Haltungsschäden und werden nach den ersten Monaten kränkliche Blassschnäbel.

Dicke Kinder sind nicht widerstandsfähig. Sie bekommen eher Infektionskrankheiten, überstehen alle Krankheiten langsamer, neigen zu Rückfällen und Komplikationen.

Dicke Kinder sind von vornherein im Nachteil. Sie entwickeln auch ihre geistigen Fähigkeiten zögernder, lernen nicht so schnell und so mühelos sprechen, sind weniger aktiv und aufnahmefähig.

Eltern müssen stets daran denken, dass Babys Zähne noch kein Zeichen dafür sind, dass es nun zu den Großen gehört. Mit dem ersten Lebensjahr liegt zwar seine empfindlichste Zeit hinter ihm, aber es hat noch immer keinen Erwachsenenmagen. Es ist jedoch so weit, dass es leider nicht mehr so stürmisch und prompt auf bestimmte falsche Nahrungsmittel reagiert. Es schluckt ohne Widerstand das Falsche, und wenn es seine Mutter liebt, schluckt es umso gehorsamer und freudiger, um ihr eine Freude zu machen.

Die Verantwortung der Eltern ist also groß. Sie sollte diese Liebe vergelten und sollte ihrem Schatz nichts anbieten, was seinen Körper verbildet, auch wenn sie vorerst nichts davon merkt. Oft zeigt sich erst nach Monaten und Jahren bei einer Krankheit oder bei der Schularztuntersuchung, welche Ernährungsfehler in den beiden ersten Jahren begangen worden sind.

Praktisches Geschirr für die Babyküche:

a *Warmhaltebox. Für das Warmhalten von Nahrung in der Babyflasche; ideal geeignet für Kunststoff- und Glasflaschen; Trageband mit Klettverschluss für den sicheren Transport.*

b *Trinklernbecher aus Kunststoff. Bruchsicher!*

c *Esslernbesteck mit anatomisch geformten Griffen, die Babys noch schwache Fingermuskulatur unterstützen, und abgerundeten Spitzen.*

d *Trinklerntrasse. Die Griffe sind anatomisch geformt und speziell auf Babydimensionen ausgerichtet. Der Tassenboden ist so konstruiert, dass sich die Tasse bei schrägem Aufsetzen von selbst gerade aufrichtet.*

e *Warmhalteteller zum Warmhalten von Speisen. Die hohle Tellerwand kann mit warmem Wasser befüllt werden. Ein Gummiring am Tellerboden verhindert das Wegrutschen. Die senkrechte Tellerwand erleichtert Baby das Auslöffeln.*

a

b

c

d

e

Neue Ernährungssituation

Dies sind die Voraussetzungen, die Babys neue Emährungssituation bestimmen:

1. Das Baby hat der Flasche ade gesagt. Etwa mit einem Jahr sollte es nicht mehr saugen, sondern aus dem Becher trinken.

2. Es besitzt Zähne und kann allmählich vollkommen feste Mahlzeiten verarbeiten und vertragen.

- Morgens und abends kann es (noch manchmal) seinen Brei bekommen, aber mittags soll es Unzerkleinertes und morgens und abends oft Brot und Äpfel zu kauen bekommen.
- Mittags sind zu empfehlen: leicht zerkleinerte Pellkartoffeln, Mohrrüben, Kohlrabi-, Sellerie-, Schwarzwurzel-, Blumenkohlwürfel, Lauchringe, Apfelgemüse, Gurkenscheiben, Radieschen, Tomatenwürfel, Reis, Nudeln, Quarkknödel, Fingernudeln aus Kartoffelteig und ähnliches.

Das gute Kauen stärkt nicht nur die Zähne, hält sie rein und damit kariesfrei, es nützt auch dem Gedeihen. Denn durch gründliches Kauen wird die Nahrung so vorbereitet, dass die Verdauungsorgane sie besser verarbeiten können.

3. Das Baby wächst nicht mehr so rasch in die Länge wie im ersten Lebensjahr und vergrößert sein Gewicht nicht mehr im gleichen Maße. Es braucht nicht mehr so viel Milch, es stillt seinen Eiweißbedarf durch andere Proteinträger: Fleisch, Fisch, Quark, Käse. Die 25 bis 35 Gramm Eiweiß, die es täglich bekommen soll, können durch folgende Nahrungsmittel gedeckt werden: ein halber Liter Milch und 30 bis 50 Gramm Quark oder 20 Gramm Käse oder 30 Gramm Fisch.

4. Das Baby beginnt zu laufen und zu sprechen, hat einen unverminderten Kohlenhydratbedarf, der durch Brot, durch normal süß gekochte Morgen- und Abendmahlzeiten und durch Kompott, Bananen, Flammeris und Obstgerichte als Mittagsnachtisch oder Abendessen gedeckt werden soll.

Keks, Kuchen und Süßigkeiten sind zu kalorienreich und zu konzentriert, verderben Babys Appetit und machen es dick.

5. Das Baby hat im Vergleich zum ersten Lebensjahr einen geringeren Kalorienbedarf. Es nimmt im zweiten Jahr nur etwa 2000 Gramm zu. Es entwickelt ganz ausgesprochene Essvorlieben und -abneigungen, hat einen schwankenden Appetit, verlangt nach abwechslungsreicher Kost und verträgt sie. Das heißt für Mütter: Spätestens jetzt gibt's keine starren Essregeln und Portionsmaßstäbe mehr.

Zwischenmahlzeiten sollten nur gegeben werden, wenn das Kind offensichtlich Hunger hat. Sie sollten dann aus Obst, einer Möhre, einem Teller Kompott oder Quarkcreme bestehen, aber niemals aus Keks, Kuchen oder Schokolade, da dadurch die Esslust des Kindes ganz erheblich beeinträchtigt wird. Süßigkeiten enthalten viele Kalorien, aber kaum Vitamine und andere für die gesunde körperliche Entwicklung des Kleinkindes notwendige Stoffe; sie dürfen also, wenn überhaupt, nur in ganz kleinen Mengen den Kindern gegeben werden.

6. Das Baby hat immer noch einen zarten Magen. Bratkartoffeln und Schokolade, Sahne und Mayonnaise sind noch überflüssig. Wenn wirklich einmal die Tanten beim Geburtstagskaffeeklatsch eine ganze Sahneschnitte ins Baby hineingemogelt haben, braucht man sich nicht zu wundern, wenn das Kind am Abend die Torte im Bettchen erbricht.

Der tägliche Fettbedarf beträgt etwa 20 bis 30 Gramm. Fünfzehn Gramm davon enthält schon der tägliche halbe Liter Milch. Der Rest wird Baby mit den Haferflocken, dem Fleisch, dem Eidotter und dem Käse zu geführt, und wenn eine Mutter genau rechnet, wird sie merken, dass sie wirklich nur noch eine Messerspitze Margarine ans Gemüse geben und die Butter aufs Brot ganz dünn streichen darf.

7. Das Baby darf nichts Salziges und Scharfes bekommen. Trotzdem darf natürlich gewürzt werden. Alle grünen Kräuter wie Petersilie, Dill, Majoran, Schnittlauch, Thymian, Borretsch, Basilikum, Oregano usw. sind erlaubt, ebenfalls Zwiebeln, Muskat und Kümmel.

An süßen Gewürzen können verwendet werden: Zitronenschale, Orangenschale, Zimt, Vanille, Nelken.

Wenn Kinder gern Saures essen, sollte man ihnen manchmal eine Gurke, Sauerkraut (roh!), Zitronensaft, Rote-Bete-Salat oder Ähnliches geben. Auch ein Rollmops ist von Zeit zu Zeit gestattet. Insgesamt sollten diese Vorlieben klug genutzt werden. Man kann mit Babys Lieblingsaroma manche Speise verlockend machen, die das Kind freiwillig nicht anrühren würde.

8. Beim ein- bis zweijährigen Kind ist das Flüssigkeitsbedürfnis immer noch größer als beim älteren Kind. Der Tagesbedarf liegt bei etwa einem Dreiviertelliter, doch schon mit Brei und Obst schluckt das Baby den größten Teil dieser Flüssigkeitsmenge.

Im Sommer steigt der Flüssigkeitsbedarf etwas an, sodass das Kind unbedenklich zwischendurch trinken darf.

Wichtig ist wieder: Dieser Durst darf nicht mit Milch gestillt werden. Besser: dünner Pfefferminz-, Kamillen oder Fencheltee, leicht gesüßt und kühl, verdünnter Obstsaft, Mineralwasser, Zitronensaft. Nie direkt vor den Mahlzeiten zu trinken geben! Sonst werden die Magensäfte verdünnt, und das Essen kann nur schlecht verdaut werden.

Bohnenkaffee, Schwarztee und Alkohol sind keine Kindergetränke und unbedingt verboten.

Kakao gehört ebenso wie der Becher Milch samt Butterbrot zum Frühstück. Durstlöscher ist auch er nicht.

Dies sind die Haupternährungsfehler, die Mütter in Babys zweitem Lebensjahr machen:

- Sie überfüttern es aus Liebe.
- Sie halten die gute, traditionelle »kräftige« Kost für das Beste und geben dem Kind zuviel Fleisch, Eier und Fett. Das macht keine Prachtkinder, sondern Pummelchen und belastet den Stoffwechsel des Kindes.
- Sie füttern dem kleinen Schätzchen zu lange Milch und Brei und unterernähren es auf diese Weise in jeder Hinsicht.
- Sie ernähren das Kind zu einseitig und geben ihm zu wenig abwechslungsreiche Obst- und Gemüsemahlzeiten.

Und so sieht der Ernährungsplan im zweiten Lebensjahr aus, in dem sich Babys Milchgebiss vervollständigt und seine Kost sich allmählich der der Erwachsenen angleicht.

Babys Ess- und Trinkmengen

Sie wechseln und wandeln sich im zweiten Lebensjahr je nach Alter, Größe, Gewicht, Klima, Gesundheitszustand, Jahreszeit und Temperament in der Menge und in der Zusammensetzung so sehr, dass man kaum präzise und zuverlässige Mengenangabenvermitteln kann. Normalerweise verzehrt das Kind mittags 200 bis 250 Gramm, ist morgens mit einem Becher (ein Viertel Liter) Vollmilch zufrieden und abends mit Brei aus einem weiteren Viertelliter Milch. Pro Mahlzeit reicht eine Scheibe Brot. Die Fleischmenge ist sowieso durch die genau fixierte Eiweißmenge beschränkt und sollte 30 bis 50 Gramm zwei- bis dreimal in der Woche kaum übersteigen.

Babys Esszeiten

Die meisten Kinder bekommen drei bis fünf Mahlzeiten: Frühstück; Zwischenmahlzeit; Mittagessen; Zwischenmahlzeit; Abendessen.

7.30 – 8.30 Uhr: Frühstück. Abwechslung ist wichtig. Möglichkeiten: Haferbrei, Birchermüsli, Hafermüsli, andere Flockenmahlzeiten mit Obst, Vollmilch Jogurt oder Quark.

Viele Kinder essen gegen Ende des zweiten Lebensjahres zwischendurch gern eine Scheibe Brot oder ein Brötchen, trocken oder mit Butter, Honig, Quark oder Marmelade. Sie trinken dazu einen Becher Vollmilch oder Milchgetränke wie Schokolade, Kaba, Nesquik usw. Das sollte gestattet, jedoch nicht die Regel sein, denn von Vollkornbrei hat das Kind mehr. Besser als Milch oder Milchgetränke sind in diesem Fall entweder Obstsäfte oder auch frisch gepresste Gemüsesäfte oder Möhrensaft aus dem Glas.

10 Uhr: Zweites Frühstück. Etwas frisches Obst oder selbst gekochtes Kompott.

12 – 12.30 Uhr: Mittagessen. Das Kind kann alle leichten Mahlzeiten bekommen, die reich an Gemüsen sind, zum Beispiel Möhren mit Petersilienkartoffeln, Erbsen, Kohlrabi, Blumenkohl mit Kartoffelbrei, ungebundene Gemüsesuppe (mit Kalbsbrühe gekocht), Gemüsesuppe mit Naturreis oder Nudeln, Gemüseeintöpfe, gedünstete Tomaten und Nockerln, Spinat und Weißbrotstangen, Apfel- und Zwiebelgemüse.

Dazu bekommt es gewiegtes Fleisch, Huhn, gedünstete Pute, Fisch in der Form, in der es ihm schmeckt, oder Bratwurst. Es kann aber auch einmal Pellkartoffeln mit Quark und Kräutern bekommen, Pfannkuchen mit Apfelmus oder grünem Salat, Spaghetti mit Tomatensauce, Rührei und Kartoffelbrei, Apfelreis mit Honig.

Wichtig ist in jedem Fall, dass Gemüse und Kartoffeln nicht mehr fein püriert werden. Das Kind soll beißen und kauen. Es kann schon gut mit relativ trockenem Vollkornbrot, mit gebackenen Kartoffelfingern und Pellkartoffelscheiben, mit Quark- und Mehlnockerln fertig werden.

Nachtisch: Obst, Kompott, Flammeri, Obstpüree oder ähnliches.

15 – 16 Uhr: Zwischenmahlzeit. Ein trockener Keks oder eine Scheibe Brot, dazu ein Becher Obst oder Gemüsesaft oder Milch oder etwas Obst.

18 – 18.30 Uhr: Abendessen. Die meisten Kinder haben abends am liebsten einen Brei: Grießbrei, Vollkornbrei mit Milch gekocht und mit Kompott oder Fruchtmus angereichert.

Wenn das Kind mittags nicht genug Gemüse gehabt hat, gibt man abends Vitamin-C-reiches Obst an den Brei: Apfelsinensaft, Püree aus Kaki, Sanddorn und Hagebutten. Wenn es mittags kein Fleisch bekam, gibt man einen halben bis einen Eidotter an seinen Brei. Zwischendurch sollte es auch abends festere Kost bekommen: Butterbrot mit Käse, milder

Wurst (zum Beispiel aus Putenfleisch) oder mit Quark. Dazu: Tomatenachtel oder Milch oder frisch gepressten Obstsaft oder Mohrrübensaft, eine halbe Kiwi zum Auslöffeln.

Andere Möglichkeiten, je nach Babys Geschmackslage: Jogurt mit Obst, ein weich gekochtes Ei zum Butterbrot oder zu Butterkartoffeln, Vollkornbrot zu Radieschen, Gurke und Tomate, Obstsalat nach Butterbrot, ein Pfannkuchen mit Kompott, Karottensalat mit Zucker und Jogurt, frische Erdbeeren mit Milch und Zucker.

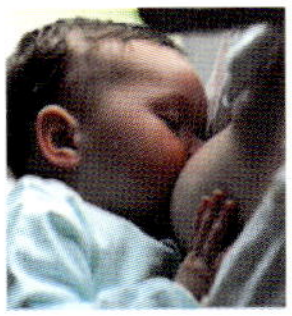

15

KAPITEL

Ein Kapitel Praxis

So wird für das Baby gekocht

Spätestens mit dem ersten Fläschchen braucht das Baby ein Stück Küche für seine Mahlzeiten allein. Gerade in den ersten Wochen und Monaten kommt es auf peinlichste Sauberkeit an, denn Babys Abwehrkraft ist noch so gering, dass schmutziges Kochgerät Ernährungsstörungen hervorrufen kann. Der Säugling bekommt also eigene Gefäße für seine Milch und seinen Brei, die möglichst staub- und spritzergeschützt in einem eigenen Schrankfach untergebracht oder zumindest mit einem Tuch abgedeckt werden müssen. Das braucht man:

- einen Stieltopf und einen Schneebesen zum Milchkochen,
- fünf bis sechs Milchflaschen,
- ein bis zwei Sauger in einer Schale,
- einen Trichter zum Milcheinfüllen,
- einen Löffel zum Abmessen und Mischen,
- eine Flaschenbürste für die Milchfläschchen, eine Spülbürste,
- später: Becher, Teller und Esslöffelchen (Plastik- oder Eierlöffel),
- Wenn das Baby ins Breialter kommt, wird das Küchengerät um eine Apfelreibe aus Glas bereichert. Gebrauchtes Geschirr wird gesondert im vorher gründlich gereinigten Spülbecken abgewaschen. Fläschchen und Sauger sollten immer keimfrei sein. Deshalb: nach den Mahlzeiten nicht stehen lassen, sofort reinigen. Die Flaschen zuerst mit kaltem Wasser ausspülen, dann mit Flaschenbürste, Spülmittel und warmem Wasser reinigen. Dann ein zweites Mal mit abgekochtem Wasser ausspülen.

Der Sauger wird ebenfalls nach jeder Mahlzeit innen und außen heiß gereinigt, dann mit Salz ausgerieben und gut nachgespült. Dabei muss das Wasser auch durch das Saugloch gepresst werden. Wenn man ganz gründlich sein will, kocht man Sauger und Flaschen einmal am Tag aus. Sollen sie keimfrei werden, muss das zehn Minuten dauern.

Danach sind Sauger und Fläschchen im besten Zustand. Flaschen werden mit der Öffnung nach unten zum Abtropfen auf ein frisches, sauberes Handtuch oder eine ausgekochte Mullwindel gestellt, dann deckt man sie mit einem zweiten ausgekochten Tuch zu.

Die Sauger werden entweder in einer Schale, zugedeckt, oder in einem verschlossenen Glas aufbewahrt.

Alle Nahrungsmittel für die Babyküche müssen eben so peinlich saubergehalten und verwendet werden:

- Kuhmilch nur in erstklassigem Zustand verwenden. Falls keine Kühlmöglichkeit besteht, die täglich gekaufte frische Milch sofort abkochen oder Babys Nahrung für den ganzen Tag kochen. Zugedeckt aufbewahren.
- Milchpulver und andere Milchkonserven werden immer gut verschlossen aufbewahrt. Beim Einkauf auf das Verfallsdatum achten, damit das Baby keine überalterten Pulver bekommt.
- Fertigkost in Gläsern kann geschlossen im Vorratsregal aufgehoben werden. Ist ein Glas geöffnet und nicht ganz geleert, so wird es verschlossen im Kühlschrank oder am kühlen Ort aufbewahrt und so rasch wie möglich verbraucht.
- Saftflaschen (Gemüse und Obst) werden ebenfalls gut verschlossen am kühlen, dunklen Ort aufbewahrt. Licht zerstört die Vitamine.

So wird das Baby gefüttert

Wie gestillt wird, lesen Sie auf Seite 136–150. Hier geht es um das Fläschchen. Wichtig: Die Stricheinteilung auf den Fläschchen muss möglichst exakt sein und häufiger Reinigung widerstehen. Bequem: Für größere Babys, die nicht mehr so hastig trinken, sind Flaschen mit einem Luftloch unter dem Hals angebracht. Sie erlauben dem Baby, ohne Pausen zu trinken, denn das Luftloch verhindert, dass sich im Fläschchen Unterdruck bildet.

Der Gummisauger auf der Flasche soll eine dem kindlichen Mund angemessene Form haben, sodass er die Kiefer nicht verformt. Er muss erneuert werden, wenn das Loch zu groß wird, wenn er sich verfärbt hat und der Gummi verquollen wirkt. Die meisten Sauger haben bereits ein eingestanztes Saugloch. Die Lochgröße richtet sich sowohl nach dem Alter des Kindes (Größe 1:0 bis sechs Monate, Größe 2:7 bis 18 Monate) als auch nach der Nahrungsart: Es gibt Tee-, Milch- und Breisauger. Wichtig ist es, das Baby nicht mit einem zu großen Saugerloch zu füttern, denn so wird seine Kiefermuskulatur nur unzureichend trainiert, was zu Spätschäden führen kann. Man sollte also mindestens drei verschiedene Sauger je nach Nahrungsart verwenden. So prüfen Sie, ob Sie dem Baby das Trinken weder zu leicht noch zu schwer machen: Drehen Sie das Fläschchen um. Wenn die Flüssigkeit langsam und in regel mäßigen Tropfen aus dem Loch dringt, hat es die richtige Größe. Vor dem Benutzen kocht man jeden Sauger zwei Minuten lang aus.

Die ersten Mahlzeiten aus der Flasche können noch etwas mühsam sein, denn das Baby muss sich erst an den Sauger gewöhnen. Halten Sie auf jeden Fall noch einen Sauger in Reserve, der ein größeres oder ein kleineres Loch hat.

- Manche Babys ermüdet das erste Flaschensaugen so sehr, dass sie den Sauger fahren lassen. In diesem Fall müssen Sie den vorhandenen Sauger gegen ein anderen mit einem etwas größeren Loch austauschen.
- Wiederum andere Babys trinken so hastig, dass sie sich verschlucken oder speien und zu bald nach der Mahlzeit wieder hungrig sind. In diesem Fall müssen Sie den Sauger gegen einen

anderen mit einem kleineren Loch austauschen.

- Die Flasche wird so gehalten, dass das Saugerloch oben liegt. Wenn die Flasche ein Luftloch hat, müssen natürlich beide Löcher untereinander und oben liegen.

Die erste Löffelmahlzeit: Das Baby wird wie zum Trinken im Arm gehalten. Am Anfang kann das Kind mehr liegen als sitzen. Das ist ihm angenehmer.

Mutter/Vater und Kind sind wieder mit Kittel und Lätzchen geschützt, und die Mutter hält Babys freien Arm fest. Sie sollte den Teller so hinstellen, dass das Kind nicht hineinschlagen kann. Wichtig: Die Mutter oder der Vater muss den Löffel tief in das offene Mündchen führen, das erleichtert dem Kind das Schlucken. Mutter/Vater und Kind müssen bei der Mahlzeit Ruhe haben. Man sollte dafür sorgen, dass alle Störungen während des Fütterns nach Möglichkeit ausgeschaltet sind.

Babys milchfreier Nachmittagsbrei besteht meist aus Zwieback oder Haferflocken und Bananen oder Äpfeln. Bananen sind das kalorienreichste Obst. Man gibt sie deshalb vor allem hungrigen, Esslustigen Kindern. Babys mit wenig Appetit oder etwas zu pummeligen Kindern reibt man dagegen lieber einen süßen Apfel, zuerst ohne, später mit Schale.

Bekommt das Baby den ersten Milchbrei, so sollte man ihn nicht zu steif kochen und nicht zu heiß auf den Teller füllen. Die eiweißschonendste Methode besteht darin, das Nährmittel in der Milch gar quellen und nicht gar kochen zu lassen. Danach wird der Brei vom Herd genommen, zugedeckt etwas stehen gelassen und vor dem Auffüllen mit dem Schneebesen durchgeschlagen. Wenn Babys feste Mahlzeiten überhand nehmen, müssen Eltern genau über seine Nahrungsquellen und die Hauptnahrungsmittel Bescheid wissen.

So wird für das Baby eingekauft

Das Baby ist mit seinen sechs oder acht Monaten noch ein recht bescheidener Genießer: Ein bisschen Milch, ein bisschen Brei, damit ist es zufrieden. Die Skala der Möglichkeiten ist für den Säugling noch nicht sehr umfangreich. Er kann viele Nahrungsmittel noch nicht vertragen oder ihre Nährstoffe gar nicht ausnutzen. Trotzdem ist eine Monotonie in der Babyküche gefährlich. Das Kind sollte schon im ersten Lebensjahr eine Vielzahl von Nahrungsmitteln angeboten bekommen, weil jedes von ihnen bestimmte Nährstoffe liefert, die das Baby braucht.

Je geringer Nahrungsmengen und Auswahl sind, desto sorgfältiger muss man darauf achten, dass sie schonend und nährstoffbewahrend zubereitet werden. Sonst gehen die genau berechneten Nährstoffmengen bereits im Kochtopf verloren. Diese Nahrungsmittel sollten in der Kinderküche besonders häufig verwendet werden:

Getreideerzeugnisse

Alle Vollkornerzeugnisse sind gut verträglich. Sie stellen einen natürlichen Komplex dar, in dem die Nähr- und Wirkstoffe ideal ausgeglichen sind. In den Rand schichten und im Keim der Vollkornprodukte finden sich die hochwertigen Eiweißstoffe, Fette, Vitamine und Mineralstoffe, die das Kind in dieser Entwicklungsphase bereits braucht und auch zu verdauen vermag. Vollkornerzeugnisse fördern das Wachstum, beeinflussen die Darmflora des Säuglings günstig und helfen dem Kind durch ihren reichlichen Vitamin-B-Gehalt, den jetzt stetig steigenden Anteil von Kohlenhydraten in der Nahrung gut zu verarbeiten.

Haferflocken enthalten zweimal soviel Eiweiß wie Reis und anderthalbmal soviel wie Weizengries, sind wesentlich reicher an knochenstärkendem Kalzium und an einem gut verdaulichen Fett. Für das Baby bereitet man ein Müsli aus Schmelzflocken oder normalen Flocken zu, wobei man die Haferflocken höchstens fünf bis zehn Minuten in der Milch ein weicht. Für größere Kinder kann man die gröberen knusprigen Flocken nehmen, die allerdings länger weichen müssen. Man rechnet zwei bis drei Esslöffel Flocken auf einen Achtel- bis Viertelliter Milch. Dazu kommen im letzten Moment: ein halber geraspelter Apfel oder eine klein geschnittene Apfelsine oder eine zerdrückte Banane oder Himbeeren, Erdbeeren oder Johannisbeeren. Man süßt eventuell mit einem halben bis ein Teelöffel Traubenzucker oder Honig. Die Milch kann man durch Jogurt ersetzen. Fettreicher und sättigender wird das Müsli (für Kinder im 2. Lebensjahr) durch ein bis zwei Esslöffel gemahlene Hasel- oder Walnüsse. Für ältere Kleinkinder kann man auch einen Esslöffel Rosinen (vorgequollen) oder fein gewiegte Trockenfrüchte hinzufügen. Tipp für den Backtag: Haferflockenkekse sind fürs Kind, für seine Zähnchen und den Magen besser als weiche Biskuitteige und Hefekuchen.

Roggenmehl ist besonders reich an Mineralstoffen. Manche Kinderärzte empfehlen deshalb, beim Backen einen Teil des Weizenmehls durch Roggenmehl zu ersetzen oder ganz mit Roggenmehl zu arbeiten, wenn es dem Kind schmeckt. Wenn man insgesamt nicht immer die gleiche Mehlsorte verwendet, sondern zwischen Weizen-, Roggen-, Dinkelmehl und Maizena oder Gustin abwechselt, hat man für die Gesundheit des Kindes das Beste getan.

Brot: Es gibt so viele verschiedene Sorten auf dem Markt, dass man immer anderes Brot auf den Tisch bringen und dadurch für eine ausgeglichene Ernährung sorgen kann. Brot ist als rasch wirkende Energiequelle, als gut verdauliche Speise, als konzentrierte (nicht magenfüllende) Nahrung und als hartes, zahnpolierendes Gebäck für Kinder ideal. Der Eiweißgehalt liegt bei allen Sorten zwischen sechs und zehn Prozent. Erwachsene geben gern dem Brot aus hoch ausgemahlenen Mehlen den Vorzug: Kommisbrot oder grobes Roggenbrot. Für kleine Kinder sind diese groben Mehle nicht unbedingt das Beste. Wenn das Mehl viel Schrot enthält, venmindert sich die Verdaulichkeit aller Nährstoffe, weil die Verdauungssäfte der Kinder die harten Hüllen der Körner nicht aufschließen und ausnutzen können. Schrot- und zu grobes Schwarzbrot können außerdem durch die zu hohe Zellulosezufuhr eine unerwünschte Gärung im Darm verursachen: Das Kind bekommt Bauchweh.

Kleinkinder können die Nährstoffe des Brotes am besten ausnutzen, wenn es aus einem zu 70 Prozent ausgemahlenen Mehl gebacken worden ist. Dieser Ausmahlungsgrad entspricht etwa der Mehltype 1050 und einem normalen Misch- oder Feinbrot. Auch wegen seines höheren Gehaltes an Mineralstoffen und Vitamin B1 und B2 ist Mischbrot empfehlenswert.

Nie allein Feinbrot für die Kinder auf den Tisch bringen! Zu frisches, feuchtes

Feinbrot klebt an den Zähnen fest und fördert die gefürchtete Karies. Frisches Feinbrot kann Bauchschmerzen verursachen. Gut abgelagertes Weißbrot oder Grahambrot ist entschieden vorzuziehen. Jede Einseitigkeit ist schlecht. Brot, das sollte heißen: Knäcke, Weißbrot, auch einmal Brötchen und eine Scheibe Vollkornbrot als Abwechslung und als Basis Mischbrot. Hier ein paar Brottipps:

Kleine Kinder mögen gern geröstetes Brot. Ein gut getoastetes Misch- oder Weißbrot ist außen kross und innen noch weich. Man schneidet die Scheiben dazu etwas dicker als sonst. Brot lehrt Kinder selbstständig zu essen. Schneiden Sie etwa eineinhalb bis zwei Zentimeter dicke Feinbrotscheiben in ebenso breite Streifen. Die kann das Kind bequem in die Faust nehmen und sein Eigelb, seinen Spinat, seine Fleischsauce aufstippen. Mit diesem Brotstück kann es wie mit einem Schieberchen Gemüse- und Fleischgerichte auf den Löffel schieben. Manche Kinder mögen Brot zu Gemüse, Fleisch und Fisch. Wenn das Kind auf diese Weise rascher und besser isst als sonst, sollte man es gewähren lassen. Viele Kinder essen gern trockenes Brot. Auch das sollten die Mütter gestatten. Das Kind entbehrt nichts, wenn es keinen Aufstrich bekommt.

Kartoffeln sind unser bequemster und billigster Vitamin-C-Lieferant. Sie sind im Vergleich zu anderen Kohlenhydraten nicht kalorienreich, machen also nicht dick. Sie haben jedoch den Vorteil, dass man mit ihnen immer wieder neue Gerichte kochen kann. Besonders Essunlustige Kinder reagieren meist positiv auf eine gewisse Abwechslung im Küchenzettel. Der Vitamingehalt der Kartoffeln hängt sehr von der richtigen Lagerung ab. Bei +3 °C bis +6 °C erhält sich ihr Nährwert am besten. Kocht man sie als Pellkartoffeln, so bewahrt man die Nährstoffe am vollständigsten.

Gemüse ist gesund, aber man muss daran erinnern, dass die Verdauung des Babys noch nicht so wie die unsere arbeitet. Für Kinder bis ins Schulalter hinein bedeutet die meiste Rohkost nichts als Hungerkost, weil die Verdauungssäfte des Kindes die Zellwände der meisten Gemüsesorten weder durchdringen noch auflösen können. Die kostbaren Vitamine wandern in der Naturverpackung nur durch Magen und Darm.

Nichts gegen eine frische Mohrrübe, gegen ein Stück rohen Kohlrabi, die das Kind aus der Hand knabbern kann. Beides ist als sommerliche Zwischenmahlzeit ausgezeichnet für Zähnchen und Verdauung. Außerdem gibt es zahlreiche Gemüsesorten, die dünnwandig und saftreich sind: Tomaten, Gurken, Radieschen, Kresse und Kopfsalat sind auch Rohkost, von der das Kind etwas hat. Wenn man das Gemüse kocht, muss man Folgendes berücksichtigen:

- Nur frisches und vollwertiges Gemüse kaufen. Sachgemäß lagern: im Gemüsefach des Kühlschranks, in der kühlen dunklen Speisekammer. Welkes Gemüse hat bereits Nährstoffe verloren und gehört nicht in Babys Kochtopf.
- Grünes Gemüse niemals lange lagern. Vitamine gehen durch Licht- und Lufteinwirkungen verloren.
- Gemüse richtig putzen; dadurch verringert man auch den Schwermetallgehalt; unzerkleinert rasch unter fließendem Wasser waschen. Wasser zieht Mineralstoffe und Nährstoffe aus.
- Gemüse erst zerkleinern, wenn das Wasser kocht, denn sonst fliehen die Vitamine.

- Gemüse so kurz wie möglich kochen. Zu langes Garen vermindert den Nährwert. Aber: Kochen setzt den Pestizidgehalt herab!
- Gemüse prinzipiell lieber dünsten als kochen. Das längere Kochen zieht Nähr- und Wirkstoffe aus.
- Gekochtes Gemüse wird mit etwas rohem Gemüse fein gewiegt, geraspelt oder im Mixer zerkleinert und mit frischen Kräutern aufgewertet.
- Gemüse nicht in Mehlsauce ersticken. Nur in etwas Butter oder Margarine schwenken, mit einer Prise Salz und/oder Zucker abschmecken.
- Keine Reste für das Kind verwenden. Beim Aufbewahren verlieren Gemüse rasch und viel Nährstoffe. Auch Warmhalten zerstört Vitamine.
- Tiefgekühltes Gemüse ist am nährstoffreichsten. Der Grund: Es wird sofort verarbeitet und erlebt die nächste Nacht nach der Ernte schon bei –40 °C. In der sonnen- und gemüsearmen Zeit zwischen Herbst und Frühjahr sollte man besonders oft Tiefkühlgemüse verwenden. Ein Tipp: Große Packungen sind am billigsten. Sägen Sie mit der Brotsäge so viel Gemüse ab, wie Sie brauchen, verschließen Sie die Packung sofort wieder mit Tesafilm und legen Sie sie ins Tiefkühlfach oder -gerät.

Mohrrüben sind reich an Karotin, das für das Körperwachstum und für die Sehschärfe verantwortlich ist. Dieses Provitamin kann vom Baby besonders gut ausgenutzt werden, wenn es gleichzeitig Fett bekommt. Milchfett genügt im Babyalter, später schwenkt man die gedünsteten Mohrrüben in Butter oder Margarine oder rührt in Vollmilch gekochten Kartoffelbrei dazu. Mohrrüben regulieren die Verdauung des Säuglings und des Kleinkindes.

Spinat ist reich an Vitamin C. Er deckt nur einen Teil von Babys Eisenbedarf, sollte für Kinder am besten nur tiefgekühlt gekauft und mit Milch gekocht werden, da die Milch die gefährliche Oxalsäure bindet und damit unwirksam macht. Tiefgekühlt ist wichtig, weil der Vitamin-C-Gehalt des Gartenspinats beträchtlich schwankt.

Obst ist nach Gemüse die reichste und beliebteste Vitaminquelle für die Kinder. Obst ist reich an Flüssigkeit und hat zarte Zellwände, kann also roh angeboten werden. Vorsichtsmaßnahme: Obst wird vor dem Essen gründlich und rasch unter fließendem Wasser gewaschen. Obst mit fester Schale (Äpfel, Melonen, Bimen) kann man sogar mit kochendem Wasser übergießen. Auch vorm Schälen oder Zerschneiden wäscht man Apfel oder Birnen. Für die Baby- und Kinderkost empfiehlt es sich, kein mit Chemikalien gespritztes Obst zu verwenden (Weintrauben, Zitrusfrüchte). Was angefault, zerdrückt, beschädigt oder unreif ist, darf nicht verwendet werden. Babys Entgiftungsfunktionen sind noch unentwickelt, und alles Unreife und Schlechte verursacht Verdauungsstörungen. Einige Früchte können bei Babys und Kindern Haut ausschläge (Nesselsucht) hervorrufen. Johannisbeeren und Erdbeeren sind als Ursache dieser Störungen am bekanntesten. Die Mutter muss also erst versuchen, ob ihr Kind Erdbeeren verträgt. Milch mindert die Überempfindlichkeit. Erdbeeren mit Milch oder zum Milchbrei sind zu empfehlen. Johannisbeeren und Himbeeren sind sehr kernreich. Das kann beim Beißen und beim Verdauen das Baby stören. Wenn man einen Garten voll Himbeerhecken hat, sollte man frischen Saft mit Milch- oder Zwiebackbrei verfüttern. Selbstverständlich gilt auch für Babys die Regel: kein Wasser oder keinen Saft nach dem Genuss von rohem Obst! Das Zellgewebe der meisten Sommerfrüchte neigt dazu, stark aufzuquellen. Wenn das Baby auf Obst Wasser oder Saft erhält, bekommt es Bauchdrücken und Durchfall. Manchen Kindern ist anfangs der Geschmack roher Früchte zu sauer oder zu kräftig. Sie bekommen dann Kompott. Für den Umgang und das Kochen mit Obst gelten die gleichen Vorsichtsmaßnahmen wie beim Gemüse.

Orangen sind die zuverlässigste und beliebteste Vitamin-C-Quelle für Babys und Kleinkinder. Empfindliche Kinder reagieren mit Hautreizungen auf die ätherischen Öle der Orangenschalen, die beim Pressen mit in den Saft geraten. Ausweg: Orangen vor dem Auspressen schälen.

Äpfel sind nicht nur das Lieblingsobst vieler Kinder, sondern auch das der Kinderärzte: Äpfel regulieren dank ihres hohen Pektingehaltes (Gleitstoffe) den Stuhlgang der Kinder, sind gut für die wachsenden Zähne und dienen als leichte, vitaminreiche Zwischenmahlzeit. Für Babys nur ausgesuchte Sorten kaufen und so früh, wie es geht, ungeschälte Äpfel geben.

Bananen und *Aprikosen* sind reich an Kalium, Bananen haben einen hohen Kalorien- (Kohlenhydrate) und deshalb einen beachtlichen Sättigungswert.

Hülsenfrüchte besitzen von allen pflanzlichen Produkten am meisten Eiweiß. Sein biologischer Wert (bezeichnet das Maß, in dem der Körper die im Nahrungsmittel enthaltenen Nährstoffe ausnutzen kann) ist jedoch wesentlich geringer als der Wert der tierischen Eiweißarten. Außerdem sind Hülsenfrüchte für ein Baby kaum verdaulich.

Zucker ist ein leicht resorbierbarer Energiespender. Das heißt: Ein Kind, das den ganzen Tag herumtapst, -hopst, -kriecht und -läuft, braucht ein Nahrungsmittel, das ihm die rasch verbrauchte Energie ebenso rasch wieder ersetzt. Zucker und Traubenzucker sind für diesen Zweck gerade richtig. Doch Achtung vor zuviel! Wenn Babys Brei oder Milch über sechs Prozent Zucker enthalten, kann die Nahrung im Magen und Darm gären und Bauchschmerzen verursachen. Am besten: Zucker möglichst vermeiden. Das ist auch gut im Hinblick auf später.

Eiweiß gehört zu den enorm lebenswichtigsten Nährstoffen in der Babyküche. Es muss sorgfältig behandelt werden, sonst verliert es einen Teil seines kostbaren Nährwerts. Eiweiß verliert bei +100 °C etwas, bei +130 °C erheblich von seiner biologischen Wertigkeit. Es wird also von einem ganz besonders verträglichen Nährstoff zu einem nutzlosen. Für die Küchenpraxis bedeutet das Folgendes: Milchgerichte, Kartoffeln, Kochfleisch vorsichtig und niemals auf zu großer Hitze zu lange kochen lassen. Milchbrei und Gemüse immer bei Temperaturen unter +100 °C garen.

Der Nährstoffverlust bei hohen Temperaturen erklärt auch, warum Babys und Kleinkinder noch nichts von gebratenem Fleisch haben: Nicht das Bratfett, sondern die Brathitze macht das Schnitzel oder die Frikadelle für Babys unverträglich.

Fleisch: Vom 6. Monat an braucht der Säugling für seine gesunde Entwicklung eine Reihe von Ergänzungsstoffen, die ihm durch Milch und Gemüse- und Haferbreichen nicht – oder nicht im ausreichenden Maße – zugeführt werden können. Kinder brauchen jetzt ein hochwertigeres Eiweiß. So tauchen im zweiten Lebenshalbjahr Fleisch von Kalb, Rind, Huhn und Fisch auf dem Menüplan auf, und man füttert Eidotter (Eiweiß ist für das Baby noch zu schwer verdaulich). Fleisch enthält nicht nur viel leicht verdauliches Eiweiß, sondern auch Vitamine und Spurenelemente.

- Geflügelfleisch von Huhn und Pute enthält Vitamin B und B2 und mehrere Spurenelemente.
- Schieres Fleisch ist, wie wir alle wissen, reich an Eisen.
- Eigelb liefert Vitamine aus dem B-Komplex und ebenfalls mehrere Spurenelemente, Vitamin A beziehungsweise Karotin.

Die Proteine der Fleischsorten besitzen außerdem einen hohen Sättigungswert und die wichtige Eigenschaft, den biologischen Wert anderer Eiweißarten (besonders pflanzlicher) zu erhöhen. Wenn das Baby also die ersten grob gemischten Mittagsmahlzeiten aus passiertem Kalb- oder Hühnerfleisch mit Kartoffeln, Reis oder Nudeln bekommt, wenn es sein erstes Butterbrot mit Wurst verspeist, so macht dieser Fleischzusatz die Beikost von Reis, Kartoffeln und Brot bekömmlicher und ergiebiger.

Fisch bietet ebenfalls hochwertiges und leicht verdauliches Eiweiß, hat jedoch im Vergleich zum Fleisch eine kürzere Verweildauer im Magen. Das kann man ausgleichen, indem man eine sättigende Beigabe reicht. In Babys Fall reicht schon ein mit einem Stück Butter oder Margarine verbesserter Kartoffelbrei. Fette Saucen sind für das Kleinkind noch zu schwer.

Es kommt oft vor, dass ein Baby in dem Alter, in dem es eigentlich sein zartes Kalbfleischgericht mit Genuss essen sollte, das Fleisch gleich wieder aus dem Mund fallen lässt oder dass es die Fleischbrocken nur auskaut.

Das ist kein Grund zum Schimpfen oder zur Verzweiflung. Man versucht erst einmal, ob das Kind eine Abneigung gegen eine bestimmte Art von Fleisch hat, und lässt die betreffende Sorte in den nächsten Wochen oder Monaten fort. Viele Babys mögen kein in noch so feine Würfelchen geschnittenes Fleisch, futtern es aber, wenn man nicht durch Zwang ihre Abneigung verstärkt hat, als Zweijährige in fast jeder Form mit großem Appetit.

Oder man versucht Fleisch und Fisch in anderer Form anzubieten. Man püriert die Pute, man verwendet Beefsteakhack, man zerkleinert den Fisch im Mixer zu Püree, kocht Fischklößchen oder kauft zarte Wiener Würstchen. Sehr oft beruht die Abneigung der Kleinkinder nur darauf, dass sie auch das zarteste Fleisch als faserig und zäh empfinden. Treffen sie die Faser nicht mehr auf dem Löffel an, so schlucken sie das Fleisch so gut wie das Gemüse.

Sollte die Aversion trotzdem bestehen bleiben, so verzichte man auf Fleisch und Fisch in hausgemachter Form und biete noch ein Weilchen länger die Juniorkost in Gläsern an. Oder man verzichtet ein paar Wochen ganz und gar auf das umstrittene Nahrungsmittel. Das Kind braucht in der Wartezeit deshalb keinen Mangel zu leiden. Auch Milch und Quark, Eigelb und andere Milchprodukte liefern hochwertiges Eiweiß.

Milch bedeutet für das Kind über sechs Monate Vollmilch mit einem Fettgehalt von 3,5 Prozent. Wenn das Kind am Tag einen halben Liter in Form von Getränken und Milchbreien erhält, ist es ausreichend mit Eiweiß, Vitaminen und Mineralstoffen versorgt. Eltern sollten auch jenseits der Säuglingsjahre bedenken, dass Milch kein Getränk, sondern ein Nahrungsmittel ist. Zu viel verringert Babys Appetit auf das, was es nach der Säuglingszeit vor allem braucht: feste, vitaminreiche Kost.

- Milch ist besonders bekömmlich, wenn sie durch einen Trinkhalm gesaugt wird. Sie kann dann im Magen fein gerinnen und bestmöglich ausgenutzt werden.
- Viele Kinder haben die Milch lieber kalt als warm. Diesen Wunsch kann man erfüllten, doch sollte man die Milch nicht direkt aus dem Kühlschrank in Babys Becher gießen, sonst kriegt es Leibschmerzen.
- Ebenso viele Kinder »mögen keine Milch«. Dann verkleidet man das Nahrungsmittel so, dass es nicht mehr nach Milch schmeckt: Mit einem Löffel Kaba oder Nesquik, Honig oder Traubenzucker, mit einer Banane oder einem Apfel macht man einen Milchmix. Oder man kocht eine Vanillesauce, die man kalt als Vanillemilch serviert. Auch im Pudding, Kartoffelmus, Pfannkuchenteig usw. bekommt das Baby Milch, die mitberechnet werden kann und soll.

Quark ist wesentlich eiweißreicher als sein »Rohstoff« , die Milch (17,2 Prozent zu 3,7 Prozent). Er verfügt über alle Vorzüge, die die Milch für die Kinderkost so wertvoll machen. Sein Eiweiß kann vom Körper restlos verdaut werden, es wertet die Proteine aller pflanzlichen eiweißreichen Produkte auf. Daher sind Kräuterquark auf Butterbrot, süßer Quark als Pfannkuchenfülle, Quark zu Nudeln und Kartoffeln so gesund. Auch wenn das Kind Sahne- oder Vollmilchquark erhält, wird es nicht belastet. Denn Quark enthält das am leichtesten verdauliche Nahrungsfett.

16

KAPITEL

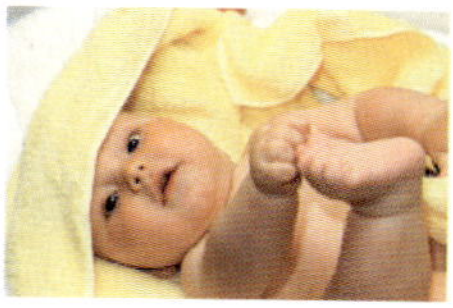

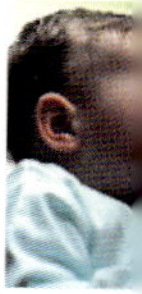

Das Baby und die Esserziehung

Am Anfang des Lebens stehen Schlafen und Essen. Das Baby wird nur vom Hunger gezwungen, das Schlafen zu lassen; allein das wohlige Gefühl, satt zu sein, schenkt ihm Zufriedenheit. Das Trinken wird die Quelle seiner Liebe zur Mutter.

Im Krankenhaus hat die Mutter oft nicht viel anderes zu tun, als dem Baby die Brust zu geben, wenn es in ihre Arme gelegt wird. Erst daheim zeigt sich, wie eng Ernährung und Erziehung zusammenhängen und wie viele Entscheidungen jede Mutter trotz aller Hilfen von außen selbst und ganz allein zu treffen hat.

Beginnen wir mit Ernährungsplänen. Manche Babys haben sich diesen mitteleuropäischen Durchschnittsrhythmus schon in der Klinik angeeignet, besser: Er entspricht der eigenen Lebensuhr. Sie erwarten die Mutter mit blinzelnden Augen zur angegebenen Zeit oder meckern im schlimmsten Fall um 5.45 Uhr ungeduldig vor sich hin. Diese braven Babys sind leider ziemlich selten. Die meisten haben ihren höchstpersönlichen Rhythmus und schreien entweder schon seit vier Uhr oder schlafen noch um sechs Uhr wie die Murmeltiere.

Jede Mutter muss vor allem wissen: Ess- und Schlafrhythmen hat das Baby geerbt und kann sie nicht ändern. Es gibt Morgenbabys und Babynachteulen, und es ist vollkommen müßig, versuchen zu wollen, diese Grundstruktur des Wesens zu ändern.

Das Baby kann die für die Erwachsenen einfachsten Dinge noch nicht. Es hat noch nicht einzuschlafen und aufzuwachen gelemt. Es kann seine Körpertemperatur noch nicht ausgleichen, und der Hunger tobt ihm als vermutlich quälender Schmerz durch die noch unvollkommen arbeitenden Gedärme.

In England und in den USA hat sich in Erkenntnis dieser Tatsachen eine Methode herausgebildet, die Self demand genannt wird und bedeutet, dass man Tageseinteilung und Trinkmengenbestimmung dem Kind überlässt. In der Praxis sieht das so aus, dass die Mutter in den ersten zwei bis drei Wochen fünf bis sieben Mahlzeiten in 24 Stunden gibt. Jede Brust wird drei bis fünf Minuten an geboten, und da das Kind vor und nach den Mahlzeiten gewogen wird und jede Mutter Tabellen über Trinkmenge, Trinkzeiten und Schlafzeiten führt, übersieht man nach dieser Zeit ganz gut, wie viel das Baby tatsächlich zu welcher Zeit zu sich genommen hat. Nach drei Wochen hat sich das Neugeborene festgelegt, hat seinen eigenen Trinkrhythmus entwickelt und ist meist bei vier bis fünf Mahlzeiten pro Tag gelandet. Diese Zahl deckt sich mit der konventionellen Mahlzeitenzahl, auch die Trinkmengen entsprechen sich: Der Säugling soll täglich ein Sechstel bis ein Fünftel seines Körpergewichts trinken. Nur die Zeiten sind individuell:

- Nachtschwärmer wollen um Mitternacht den letzten Schluck und schlafen dann bis sechs oder sieben Uhr durch.
- Morgenbabys verlangen den ersten Schluck um vier Uhr und lassen sich dafür gegen 21 Uhr zum Nachtschlaf zurechtmachen.

Im Lauf der nächsten 14 Tage regulieren sich diese Trink- und Esszeiten meist noch besser ein, sodass die Babys, die sich ihren Fütterungsplan selbst aufbauen können, genauso wie die anderen Babys acht Stunden ununterbrochenen Nachtschlaf haben.

Deutsche Kinderärzte haben das Prinzip getestet und festgestellt, dass Babys sich nach anfänglichen Schwankungen zu den Durchschnittswerten und der Ordnung durcharbeiten, die unseren bekannten Ernährungsplänen zugrunde liegen. Das bedeutet erstens, dass Babys so oder so richtig, das heißt ausreichend ernährt werden. Das bedeutet weiter, dass beide Methoden im Endeffekt gar nicht so unterschiedlich sind, wie es auf den ersten Blick zu sein scheint. Die Selbstbestimmungsmethode ist nicht im geringsten eine grenzenlose Verwöhnung. Im Übrigen liegt Verwöhnen nicht am Charakter von Fütterungsmethoden, sondern einzig und allein an dem Charakter der Eltern. Beide Methoden beginnen jedoch das Leben mit dem Baby anders. Die Planmethode kümmert sich nicht um die Eigenheiten eines Kindes.

Die Selbstbestimmungsmethode erlaubt es den Eltern, in ihrem Neugeborenen vom ersten Tag an das Individuum zu sehen, erlaubt ihnen, das Baby wichtiger zu nehmen als einen Zeitplan. Eltern, die von Anfang an die Bedürfnisse ihres Kindes achteen, machen es sich für alle Zukunft leichter: Rücksicht auf das Kind ist der entscheidende erste Schritt zu einer gesunden seelischen Entwicklung.

Denn dies steht fest: Im ersten Lebensjahr lernt jedes Baby durch die Eltern begreifen, was für ein Leben auf es wartet und wie man sich in diesem Leben zu verhalten hat. Beginnt das Leben mit Zwang und Ärger, so hat die Mutter sich und dem Kind von vornherein eine ungünstige Atmosphäre der Erziehung geschaffen. Kraftproben werden an der Tagesordnung bleiben, und Eltern haben die Zeit verpasst, in der sie ruhig die Wesenszüge ihres Kindes beobachten und die Konsequenzen daraus hätten ziehen können. Weiter steht fest: Das erste Lebensjahr ist noch durch eine vollständig hilflose Unreife des Kindes geprägt. Pädagogische Grundsätze, mit denen man Schulkinder erziehen kann, sind bei Babys sinnlos. Ordnung lernt das Baby nicht durch einen Drill, der es aus Prinzip hungern lässt. Ordnung bedeutet für ein Baby viel mehr: harmonischer Ablauf der Stationen Schlaf – Hunger – Milch – Schlaf. Außerdem ist die Methode der Selbstbestimmung für das Baby gesünder, und zwar aus folgenden Gründen:

- Wenn das Baby aus Hunger schreien muss, schluckt es Luft, und wenn es dann Essen gibt, ist der Magen voll. Sofern das Baby noch nicht ordentlich rülpsen kann, ist es nach der halben Milchration scheinbar satt, schreit dann natürlich lange vor der nächsten Mahlzeit, schluckt aus Hunger mehr Luft als sonst, sodass es allmählich in eine verzweifelte Situation hineingerät.

- Wenn ein Baby schläft, wächst es. Man nimmt an, dass auch das Kleinkind und das größere Kind ausschließlich nachts während des Schlafens wachsen. Deshalb ist es wichtig, dem Baby durch regelmäßiges und ausreichendes Füttern eine regelmäßige und gesunde Schlafzeit zu verschaffen.
- Wenn die Eltern Babys Bedürfnisse berücksichtigen, entwickelt es mehr körperliche Widerstandskraft, neigt weniger zu Magenverstimmungen, Erbrechen und anderen Unregelmäßigkeiten. Auch für die Eltern hat diese Methode Vorteile:
- Sie erspart ihr die Mühe und den Ärger, ein widerwilliges Kind zum Trinken zwingen zu müssen.
- Sie erspart ihr die Nervenbelastung, unter Umständen stundenlang berechtigtes Geschrei ihres Kindes anhören zu mussen.
- Sie erlaubt ihr, das eigene Kind eher und sehr viel besser kennenzulernen.

Diese Methode, die Zeichen und Signale des Kindes zu beachten, ist im Grunde so alt wie die Wiege. Sie ist in der Zeit der aufkommenden Industrialisierung, in der Zeit der nach Stechkarten, Fabriksirenen und Weckeruhren in Betrieb gesetzten Menschen zum alten Eisen geworfen worden.

Hygiene und Pünktlichkeit fürs Kind – das galt mit Recht sehr viel im Kampf gegen Säuglingssterblichkeit, Schmutz, unzureichende Nahrung und die besserungsbedürftige Situation der Arbeiterfamilien.

Diese Pünktlichkeit ist in vielen Fällen zu gedankenloser Starrheit geworden, und gegen diese Gedankenlosigkeit, nicht gegen die Pünktlichkeit, richtete sich die Reform der Säuglingspflege in den zwanziger und vierziger Jahren unseres Jahrhunderts. Sie wollte und will die Pläne, die Sie im vorigen Kapitel vorgestellt bekommen haben, nicht aufheben. Sie will vielmehr dar auf hinweisen, dass die Unregelmäßigkeiten des Säuglings sinngemäß gedeutet werden: Als Zeichen für neue, sich wandelnde oder stärker werdende Bedürfnisse, als Zeichen einer Entwicklung, in der der Säugling noch weitestgehend auf die Hilfe und das Verständnis der Mutter angewiesen ist. Verweigert sie ihm die Hilfe, stützt sie sich ängstlich auf einen Plan, der nach Durchschnittswerten ausgearbeitet wurde, so hat sie ihr Kind zum ersten Mal im Stich gelassen.

Das klingt dramatisch, und es muss in dem großen Zusammenhang unserer Haltung zu Kindern verstanden werden: Jedes Kind hat das Recht, sich in einem vernünftigen Rahmen ungestört entwickeln zu dürfen. Keine Mutter soll jedoch ins andere Extrem verfallen und sich zu sehr dem Kind unterordnen. Voraussetzung ist – bei beiden Methoden –, dass die Mutter die Signale des Kindes richtig zu deuten versteht. Sie wird verhältnismäßig rasch feststellen, dass ihr Kind selbst mit seinen beschränkten Ausdrucksmitteln genau sagen kann, was es will oder was es bedrückt. Es hat zwei Gruppen von Verständigungszeichen.

- Die eine bedeutet Abwehr, Ablehnung, Unbehagen oder Schmerz und äußert sich in Weinen, Geschrei, Gereiztheit, Unruhe, Weigerung bis Angst.
- Die andere bedeutet Zufriedenheit, Begehren und Gestilltheit. Sie werden

durch ruhigen Schlaf, Entspannung, später Lächeln, Krähen und friedlicher Beschäftigung mit sich selbst bewiesen.

Die Verständigung kann freilich nicht schon am ersten Tag daheim reibungslos funktionieren, denn das Neugeborene hat für die verschiedensten Wünsche nur sehr geringe Schreimöglichkeiten zur Auswahl. Mit der Zeit kommt Absicht in das Geschrei, und die Mutter kann die Unterschiede hören. Zuerst einmal muss sie einfach durchprobieren, was das Kind will oder bedrückt, denn das steht fest: Kein Säugling schreit ohne Absicht und Grund. Schreien aus Verdruss, aus Ungeduld taucht erst wesentlich später auf, dann nämlich, wenn das Bewusstsein des Kindes zu erwachen beginnt und seine Erinnerung, seine Fähigkeit, logisch und absichtsvoll zu handeln, erwacht sind.

In der ersten Woche daheim kann noch keine Rede davon sein, dass das Kind nur schreit, um die Eltern auf Trab zu bringen. Es weiß kaum, was »Mutter« ist. Wenn man es schreien lässt, damit es sich gleich angewöhnt, dass es sich nicht alles erlauben kann, so verkennt man das Kind und sein Wesen und handelt mit der besten Absicht grausam und unklug.

Wenn die Eltern gleich jetzt, beim ersten Schrei, geduldig nach der Ursache forschen und alles wieder in Ordnung bringen, haben sie den ersten Stein zu einem Vertrauen und einer Sicherheit gelegt, die ein Leben lang halten werden.

Die Suche nach dem Grund ist gar nicht so schwer, wenn man sich auf das konzentriert, was stören könnte (siehe auch Seite 158 bis 159):

Grund Nr. 1 für alles Babygeschrei ist der Hunger. Beim Neugeborenen ist der Einwand der Eltern: »Es hat ja eben getrunken!« nicht immer ein stichhaltiges Argument. Wir wissen, dass Babys Verdauungsfunktionen noch recht unvollkommen arbeiten, dass sein Magen voll von Luft ist und deshalb kaum Nahrung fassen kann. Hat ein Kind schon nach zwei, drei Stunden wieder Hunger, dann bekommt es eine nächste Mahlzeit. Schreit es nach kürzerer Frist, so bietet man ihm ein Schlückchen Fencheltee, um es nicht mit Milch zu überfüttern. Auf jeden Fall merken Eltern ganz genau, ob ihrem Baby die Normalspannen zwischen den Mahlzeiten zu lang sind und es deshalb schreit. Sie richtet sich dann danach und gibt dem Säugling in kürzeren Abständen die Brust. Im Laufe der Tage lernt das Baby größere Milchportionen trinken und verdauen, kann also bereits längere Trinkpausen durchhalten. So hat das Kind die richtige Entwicklungshilfe bekommen, sein noch schwacher Magen hat durch die häufigeren Portionen (meist nur in der ersten Woche daheim) sich kräftigen können, und etwaige Ernährungskrisen sind gar nicht erst aufgetaucht.

Mit dem gleichen Verständnis und den gleichen einfachen Mitteln erzieht die Mutter ihr Kind weiter. Es braucht nach der letzten Tagesmahlzeit normalerweise acht Stunden Schlaf, genau wie die Mutter.

Schreit es trotzdem eher, kann man erst einmal erkunden, ob es nicht nur durch eine gewisse Schlafunordnung aufgewacht ist. Legt man den Säugling auf die andere Seite, streicht man Jäckchen und Bettlaken dabei glatt, so schlafen viele Kinder oft noch das restliche Stündchen weiter. Ältere Säuglinge schlafen wieder ein, wenn man ihnen ihr weiches Schlaftier gibt, das ihnen in der Nacht aus dem Griff gerutscht ist.

In den ersten Nächten ist es nicht erstaunlich, wenn ein Neugeborenes nachts noch unruhig schläft. Schreit es nachdrücklich und länger, so bekommt es ein Trost-Schlückchen schwach gesüßten Fencheltee. Manchmal hilft übrigens auch eine frische angewärmte Windel.

Gerade nachts sollte man auf Kraftproben verzichten. Erstens ist der Schlaf für Eltern und Säugling viel zu wichtig, und zweitens macht nächtliches Kindergeschrei auch noch so gutwillige Eltern nervös und erschwert es ihnen, sich an ihre neue Rolle zu gewöhnen.

Geschieht das Gegenteil, wacht ein Baby also zur (für es selbst) gewohnten Fütterungsstunde nicht auf, so sollte man etwas warten oder ihm nach dem Wecken nur die halbe Trinkzeit zumuten, es dann ein kleines Nickerchen machen lassen und danach den Rest füttern.

Hetzen sollte man auch das phlegmatische Kind nicht. Wenn das Trinken es müde macht, braucht es eben mehr Ruhe. Oft kann der kleine Magen Normalmengen noch nicht fassen. Dann ist es besser, wenn sich dies kleine bisschen erst einmal setzen kann. Das Baby hat dann wieder Platz für den Rest. Der Magen fasst mehr, wenn es langsam trinkt.

Das muss man auch bei den Gegentypen der Schlafgenießer berücksichtigen: Die langen, eher dünnen Babys, die in den letzten Wochen vor der Geburt im Uterus nicht so viel wachsen konnten, wie sie gewollt hätten, neigen dazu, aus lauter Gefräßigkeit hastig zu trinken. Sie müssen gebremst werden, sonst verschlucken sie viel zu viel Luft.

Das Baby hat zwar noch kein Geschmacksempfinden; viele Säuglinge machen aber Schwierigkeiten beim Übergang zum Fläschchen weil die Temperatur nicht stimmt.

- Es gibt elektrische Flaschenwärmer. Manche Drogerien verleihen sie ebenso wie Waagen und Ställchen. Diese elektrischen Flaschenwämmer schalten sich automatisch bei der richtigen Temperatur aus.
- Wenn die zuvor kaltgestellte Milch im Wasserbad erwämmt wird, muss sie vor dem Füttern gut durchgeschüttelt werden, sonst ist sie außen heiß und innen kühl.
- Man gibt ein bis zwei Tropfen auf den Handrücken, um die richtige Temperatur zu prüfen. Niemals die Milch direkt aus dem Sauger probieren.

Nach dem Trinken müssen Babys ihr Bäuerchen machen, und es war früher üblich, dem Kind dazu hilfreich auf den Rücken zu klopfen. Nach heutigem Wissensstand nützt das nicht viel. Junge Säuglinge haben noch eine weite Speiseröhre, ein kaum ausgeprägtes Hälschen und im kurzen Brustkorb einen relativ großen, länglichen Magen. Diese Direktverbindung zwischen Schlund und Magen erleichtert dem Kind das Essen und Verdauen, und dieser Magen ist immer mit etwas Luft gefüllt: Bei jedem Schrei, mit jedem Schluck Milch schnappt der Säugling auch ein Schlückchen Luft. Diese Luft bedrückt das Kind kaum, und wenn die Mutter es ein Bäuerchen machen lässt, so vertreibt sie nicht die ganze Luft aus dem Magen, sondern sie schafft etwas Platz, sorgt dafür, dass sich Milch und Luft im Magen besser verteilen und dass die Milch nicht auf einer Luftblase lagert.

Diese Magenordnung erreicht man nicht durch kräftiges Klopfen. Wenn ein Baby daraufhin rülpst, hätte es sich auch ohnedies gerade erleichtert. Viel besser ist es, das Baby gegen die Schulter zu lehnen und ihm sanft und regelmäßig den Rücken zu reiben.

Speikinder

Besonders bei den so genannten Speikindern muss man vorsichtig sein. Sie sind etwas anderes als Babys, die sich nach dem Trinken erbrechen. Beim Erbrechen kommt die Milch immer in einem heftigen Schwall explosionsartig aus dem Mündchen und aus den Nasenlöchern. Sie riecht schon sauer, und man sollte im Wiederholungsfall – und wenn das Baby Fieber hat – den Arzt fragen.

Beim Speien hat das Baby weder Krämpfe, noch verliert es viel Milch. Es fühlt sich nicht im mindestens unbehaglich oder beeinträchtigt. Es lässt nach jeder Mahlzeit etwas von der Milch wieder aus dem Mund rinnen. Meist ist es ein Überschuss, ein Rest Milch, der den Magen noch nicht erreicht hatte, und dieser Verlust beeinträchtigt weder seine Entwicklung noch das Gefühl der Sattheit. Es handelt sich um nicht mehr als ein bis zwei Esslöffel, die freilich auf dem Lätzchen dreimal soviel zu sein scheinen. Das Ganze ist vor allem für die Mutter lästig, die dem Kind Speiwindeln unter den Kopf und ums Hälschen drapieren muss, damit nicht ständig Kleidung und Bettbezug zu wechseln sind. Ein paar Vorsichtsmaßnahmen:

- Den Säugling vor und nicht nach dem Essen frisch wickeln, da dann der kleine Magen voll bis zum Rand ist.
- Dem Säugling leicht angedickte Milch zu trinken geben. Dazu gibt man zu 100 Gramm Drittelmilch oder Pulvermilch einen Teelöffel Mondamin oder Schmelzflocken und vergisst nicht, einen Breisauger zu verwenden.
- Den Säugling nach dem Essen ein wenig länger im Arm hoch halten, sodass sein Magen nicht zusammengedrückt wird. Am besten fasst man das Kind mit beiden Händen unter den Achseln und zieht es so hoch, dass es fast auf dem Schoß kniet.
- Mehr als nur ein einziges Bäuerchen machen lassen, damit die Milch Zeit hat, sich im Magen zu setzen.
- Den Säugling nach dem Füttern nicht wieder gleich flach hinlegen, sondern etwa eine Stunde lang gegen ein Kissen lehnen oder einfach das Körbchen hinten hochstellen.
- Manchmal hilft es auch, wenn man die Mahlzeiten in zwei Etappen – mit Bäuerchen dazwischen – füttert.
- Dem Baby ganz allgemein Ruhe gönnen. Nicht unnötig im Wagen spazierenfahren, im Auto fahren, reisen oder es hin und her tragen.

Diese Speierei kann sich nach vier Monaten von allein geben. Das Baby ist insgesamt stabiler geworden. Echte Speikinder bleiben es etwa anderthalb Jahre lang, ohne weiteren Schaden zu nehmen. In dieser für Eltern lästigen Eigenheit zeigt sich nur eine Überempfindlichkeit der motorischen Nerven, die mehr mit der Persönlichkeit des Kindes als mit Pflege und Nahrung zu tun haben.

Speikinder sind zwar Gedeihkinder, wie der Volksmund sagt, aber sie neigen auch später dazu, jede seelische Belastung, jede gesundheitliche Gefährdung mit Erbrechen abzureagieren. Diese Veranlagung widersteht Erziehungsversuchen. Eltern sollten im Gegenteil besondere, aber sachliche Geduld üben, sonst benutzt das Kind seinerseits seine Speibegabung als Droh- und Erpressungsmittel. Das geschieht übrigens auch leicht bei übertriebener betulicher Vorsicht dem Kind gegenüber.

In den ersten Wochen trinkt das Baby, um satt zu werden, rettet sich jedesmal selbst vor dem Hungertod, um im Schlaf Kräfte für die nächste Mahlzeit zusammeln. Doch mit sechs, acht Wochen beginnt sich das Behagen der Sattheit mit persönlichen Gefühlen zu mischen. Das Lächeln des Kindes begegnet dem Blick der Mutter, und schon vorher fixiert es die Mutter beim Trinken mit großem Ernst.

Sein Blick lässt die Augen der Mutter oder des Vaters erst los, wenn es die Warze oder den Schnuller fahren lässt und satt ist. Es ist verständlich, dass diese innige Bezogenheit alle anderen Verhaltensweisen bestimmt.

Sprache, Gefühl, Anpassungsfähigkeit entfalten sich leichter und freier, wenn diese frühe Beziehung zwischen Mutter und Kind nicht durch falsche Strenge belastet ist.

Im ersten Vierteljahr ist der Appetit ziemlich heftig, es kann jedoch zu großen Appetitschwankungen kommen, da sich alle Störungsfaktoren (Klima, Gesundheitszustand, häusliche Unruhe, Lärm usw.) sofort auf den Appetit des Kindes auswirken.

Auch nach diesem ersten Vierteljahr kann das Kind seine Mahlzeiten noch immer nur saugend einnehmen. Muskel- und Nervensystem sind vorerst nur darauf eingestellt. Die vorgewölbte Zunge und die zusammengezogenen Lippen machen es dem Baby schwer, im dritten oder vierten Monat vom Löffel zu essen, so zu schlucken, wie man es bei dieser Essmethode zu tun hat. Dieser Übergang vom Trinken zum Breiessen macht vielen Müttern Schwierigkeiten.

- Die konventionelle Methode besteht darin, dem Baby das erste Breichen mit einem kleinen Horn- oder Plastiklöffel möglichst tief in den Mund zu schieben, sodass die Nahrung nicht vorn auf der Zunge liegt und als ungewohnter Fremdkörper gleich wieder herausgeschoben wird. Je weiter hinten der Brei landet, desto eher und unwillkürlicher wird er vom Baby geschluckt. Nach zwei, drei Löffeln (zu Beginn der Breiperiode) bekommt das Baby seine Flasche.
- Andere Kinderärzte empfehlen: keine Belohnungsflasche, sondern zu Beginn der Mahlzeit ein paar Schluck schwach gesüßten Fencheltee, etwa 50 Gramm, und dann den Gemüsebrei, und zwar gleich etwa 100 Gramm.
- Beim Abendbrei kann man einen Kompromiss schließen. Eine Flasche mit weitem Hals und einem Sauger mit großem Loch wird mit dünnem Gries- oder Mondaminbrei gefüllt, und das Kind kann seinen Brei vorerst noch saugen. Manche Ärzte warnen vor dieser Methode, weil sie den Löffel umgeht. Die beste Methode ist auch hier zweifelsohne diejenige, bei der das Kind am besten futtert. Zwei Tricks:
- Geben Sie dem Baby sein Lieblingsessen als erste Löffelmahlzeit.
- Versüßen Sie den ersten Gemüsebrei, wenn das Kind ein Leckermäulchen ist. Möhrenbrei mit einer Prise Zucker schmeckt übrigens auch den größeren Kindem noch sehr gut.

Ein Tipp für Eltern: Ziehen Sie sich bei dieser ersten Mahlzeit einen Kittel an und füttern Sie Ihr Baby nicht gerade im Wohnzimmer. Kinder müssen das neue Schluckprinzip erst lernen und spucken anfangs mehr wieder aus, als auf dem Teller gewesen zu sein schien. Spätestens mit fünf bis sechs Monaten hat sich das

Baby zum Vom-Löffel-Esser entwickelt. In dieser Zeit sinkt das Saugbedürfnis rasch, und der Verdauungsapparat und das Nervensystem haben den Reifegrad erreicht, der für die Aufnahme und Verarbeitung fester Speisen erforderlich ist.

Gute und schlechte Esser

Nach dem ersten Vierteljahr offenbart jedes Baby meistens eine Eigenschaft, die es charakterisieren wird. Es zeigt sich nämlich, ob da ein guter oder ein schlechter Esser heranwächst.

Die Ausdrücke »gut« und »schlecht« sind Bezeichnungen der Kindererzieher, die an die strengen Regeln glauben. Wer nach der Regel isst, isst »gut«, wer mit kleineren Portionen zufrieden ist, als sich die Regel errechnet hat, wird ein »schlechter« Esser genannt.

Man sollte sich nicht dazu verführen lassen, den so genannten schlechten Esser zu zwingen oder zu mästen. Das endet in Tragödien und Streit oder – bei braven Kindern, die ihre Eltern lieben – in ungesunder und gefährlicher Fettsucht.

Wenn der Kinderarzt keine Bedenken darüber äußert, dass das Kind wie ein Spatz isst und immer nur eben an der untersten Bedarfsgrenze bleibt, wenn sich das Kind sonst gut entwickelt, so sollten die Eltern einsehen, dass dieses Problem konstitutionell bedingt ist, und auf die Eigenart des Kindes Rücksicht nehmen. Schlechte Esser können oft besonders intelligent sein, schlafen ausgezeichnet, sind beweglich, geschickt und körperlich gut ausgebildet. Es gibt also keinen Einwand gegen die Vorliebe für Wenig.

Die ersten beiden Jahre werden jede Mutter immer wieder vor neue Situationen stellen. Die Fähigkeiten und Gewohnheiten ändern sich, kaum dass sie erkennbar geworden sind.

Mit sechs oder acht Monaten hat das Baby riechen gelernt und kann endlich richtig schmecken. Der Effekt kann sein, dass das Kind plötzlich Dinge ablehnt, deren Geschmack es jetzt erst kennenlernt.

Im Lauf der Entwicklung seiner Geschmacksnerven reagiert der Säugling besonders heftig und wesentlich stärker als Erwachsene auf extreme Aromen. Ihm kann schon ein Grad von Bitterkeit oder Schärfe zuwider sein, den die Eltern beim Abschmecken kaum wahrgenommen haben. In dieser Übergangszeit also besonders sparsam würzen!

Mit neun bis zehn Monaten wächst Babys Appetit meist gehörig. Es krabbelt und übt stehen, braucht also mehr Brennstoff für den rastlos arbeitenden Körper. Schon der Anblick des gewohnten Esstellers oder gar ein rotbackiger Apfel lässt es hochspringen, und es isst alle Teller und Schüsseln ratzekahl leer.

Um seinen 1. Geburtstag herum beginnt Babys erste Streckperiode. Großmütter sagen: »Es läuft sich seinen Babyspeck ab.« Das stimmt nicht ganz, denn bei diesem Zusammentreffen von Krabbellust und Körperstreckung verliert das Baby keinen Speck, sondern es verteilt nur das besser, was es sich im ersten Jahr angehamstert hat.

Sein zweites Lebensjahr ist durch starkes Längenwachstum charakterisiert, während das Gewicht nur wenig zunimmt. Bis zum 2. Geburtstag wird es nur um ein bis zwei Kilogramm zugenommen haben, aber wesentlich größere Hemdchen und Höschen brauchen.

In diesem 2. Lebensjahr lässt der Appetit nach. Die Nahrungsmengen bei den Mahlzeiten werden wieder kleiner. Jetzt wird die Nahrung nicht mehr in bezug aufs Körpergewicht berechnet.

So lernt das Baby essen

Im Lauf des ersten Lebensjahres wird das Baby auf seine Weise schon fähig, sich aktiv an den Mahlzeiten zu beteiligen.

Mit vier Monaten entwickelt Baby ein wachsendes Geselligkeitsbedürfnis, besonders bei und nach der Abendmahlzeit. Es hält Hof und lässt sich gern etwas erzählen und vorsingen.

Mit sieben Monaten greift es gierig oder spielerisch nach dem Teller mit seinem Brei. Es kann weder Entfernungen schätzen noch seine Handbewegungen kontrollieren. Deshalb schiebt man den Teller besser aus Babys Griffweite. Das Baby spitzt die Lippen, wenn der volle Löffel naht, saugt die Nahrung ab und verlangt oft schon nach dem Becher. Es lässt die Flüssigkeit aber oft wieder herausrinnen, weil es sie noch nicht im Mund behalten kann. Man kann dem Kind üben helfen, indem man ihm zuerst einen leeren leichten Plastikbecher gibt und es damit hantieren lässt, bis es gelernt hat, ihn richtig zu halten. Kann es das, so darf es die ersten Schlucke daraus trinken. Das geht wieder am besten, wenn man Babys Lieblingssaft einfüllt.

Mit sechs bis acht Monaten, mit den ersten Zähnchen, steigt Babys Beißlust. Man sollte ihm dann Brotkrusten, Beißkekse oder Apfelschnitze geben, es aber nicht den ganzen lieben langen Tag mit etwas Essbarem herumkrümeln lassen. Das beeinträchtigt den Appetit.

Mit acht, neun Monaten kann das Baby meist schon sein Fläschchen selbst halten. Wenn das Kind sicher sitzen kann, wird es allmählich an den Becher gewöhnt. Es wird ihn leichter nehmen, wenn er mit Saft statt mit Milch gefüllt ist.

Mit zehn Monaten isst das Baby feste Nahrung schon recht manierlich und kann ein paar Schluck (50 Gramm) aus dem Becher trinken. Es braucht trotz dieser Fähigkeiten noch Fläschchen und Sauger, sonst kann es aus Entbehrung zum Daumenlutscher werden. Manche Kinder werden beim Füttern auf dem Schoß gehalten, andere sitzen selbstständig im Kinderstühlchen. Diese Entscheidung sollte das Kind durch seine bereits vorhandene oder noch mangelnde Fähigkeit zum Sitzen selbst fällen.

Mit zwölf Monaten zeigt das Baby größere und differenziertere Geschicklichkeit. Es kann Daumen und Zeigefinger wie eine Zange benutzen, kann also Bröckchen vom Teller oder vom Tisch aufpicken. Es stellt diese Fähigkeit gern unter Beweis und sollte mit den Fingern essen dürfen. Um so sicherer wird es den Löffel benutzen lernen. Vorerst packt es ihn nur mit der Faust und fährt damit durch die Luft oder über den Tisch, lässt ihn aber ebenso gern los, weil es meist um diese Zeit seine Streckmuskeln übt, also das Loslassen und das Fallenlassen entdeckt und mit allem übt, was ihm zwischen die Finger gerät.

Sein Appetit ist nicht groß, und es spielt gern beim Essen. Es liegt bei der Mutter, ob sie das erlaubt und erlauben kann. Isst das Kind schneller und besser, wenn es dabei einen Plastikwürfel in den anderen steckt, so spricht nichts gegen Plastikwürfel.

Hampelt es aber mit seinem Spielzeug erst lange herum, versucht es, »Essen und Spielzeug« als Druckmittel zu verwenden, sollten Eltern entschieden darauf bestehen, dass das eine nichts mit dem anderen zu tun hat. Auf jeden Fall hat ein Gummitier mitten im Brei nichts zu suchen.

Manche Kinder essen ihren Nachtisch oder ihr Abendbrot lieber im Stehen, weil ihr Bedürfnis nach dem Stehen größer ist als das nach der Nahrung. Sie sollten es tun dürfen, sollten aber nichts in die Hand bekommen, mit dem sie das ganze Ställchen verschmieren können.

Unarten

Manche Kinder entwickeln beim Essen das, was die Großen als Unarten bezeichnen: Wenn es sich etwas in den Mund gesteckt hat, polkt es das langsam und gründlich wieder heraus und legt es auf den Teller. Oder ein anderes besteht beharrlich darauf, alles allein zu essen, wozu es noch nicht im mindesten imstande ist. Ein drittes wehrt sich entschlossen gegen eine bestimmte Art von Brei, oder es isst ihn lieber kalt als warm.

Das alles hat nichts mit *böse* oder *brav* zu tun. Es kann die Lust am Versuchen sein, eine stille Erleuchtung, deren Art Erwachsenen verschlossen bleibt, es kann einfach Spaß am Kaspern sein oder die Unfähigkeit, etwas Begonnenes in unserem Sinn vernünftig zu beenden. Schelten und auf die Finger schlagen wäre der Beginn einer meist sehr wirkungsvollen, aber unangebrachten Dressur.

Wenn man die verständnisvolle Haltung nicht schon am Breiteller zerschellen lassen will, sollte man diesen Marotten mit Fantasie dadurch begegnen, dass man das Kind davon ablenkt. Denn ein Kind würde nicht begreifen, dass man es straft, weil es sich und die Welt eben auch beim Mittagessen erkundet.

Das Trinken aus dem Becher geht besser. Das Kind kann die Tasse gut halten und neigt den Kopf, um den letzten Tropfen zu schlürfen. Natürlich füllt man den Becher nur wenig voll, sonst wird sein Gewicht für das Kind zu schwer. Verlangt es nach mehr, kann man nochmals 50 Gramm Saft nachgießen. Wer bisher noch aus dem Fläschchen getrunken hat, beginnt jetzt, die Flasche buchstäblich aus seinem Leben zu schieben.

Mit 14 bis 15 Monaten sitzt das Kind still, wenn es etwas zu essen gibt, und möchte sich selbst füttern. Seine Bewegungen sind sicherer und zielstrebiger. Es isst besonders gern mit den Fingern und weiß noch nicht, was es mit dem Löffel auf sich hat. Es kippt ihn auf dem Weg zum Mund um, trifft den Mund nicht immer genau, lässt den vollen Löffel vor Müdigkeit fallen, taucht ihn verkehrt herum in den Brei. Die Eltern müssen sehr taktvoll helfen. Meist ist das Baby froh, wenn es sich nach einer Weile ausruhen kann und nur noch schlucken muss. Die Eltern sollten auf jeden Fall Kind, Tisch und Fußboden schützen, sollte das Baby nicht ausgerechnet Spinat allein essen lassen und daran denken, dass seine Lust zur Selbstständigkeit mit jedem Tag wächst: Am liebsten wird es bei der Abendmahlzeit aktiv. Man kann vorsorgen und das Baby das Butterbrot oder die Bananenscheiben oder andere Obststücke allein essen lassen. Das geht manierlich und ohne Malheur, und Babys Selbstgefühl wird gestärkt. Der Becher wird ordentlicher gehalten, manchmal schon richtig mit den Fingern an den Griffen. Das Baby kann ein paar Schlückchen hintereinander trinken, kippt sich aber oft noch den Rest übers Gesicht. Das Baby kann als Ausnahme einmal sein Abendbrot im Familienkreise einnehmen. Es ist aber für Kind, Familie und Unterhaltung besser, wenn das Kind allein isst. Viele Kinder werden durch das gemeinsame Abendessen so aufgeregt, dass sie schlecht einschlafen. Das gilt bis ins 4. Lebensjahr.

Mit 16 bis 20 Monaten: Das Baby sitzt und läuft, weiß die Vorbereitung zum Essen zu deuten, kann seine Gelenke noch nicht richtig biegen und drehen, kann also den Löffel noch nicht vollkommen bewältigen und fasst ihn noch lange mit der Faust. Es kann seine Bewegungen jedoch besser einschätzen und beherrschen und weiß, wie sich die Körperteile zueinander verhalten. Es findet also mit dem Löffel zum Mund und vermag auch bereits während einer ganzen Mahlzeit stillzusitzen.

Üben und kleckern

Es muss üben und kleckern können, damit es sich bei der nächsten Entwicklungsetappe umso geschickter anstellen kann. Damit es nicht ganz so schlimm für die Mutter wird, lässt sie das Baby Trockenes allein essen: Cornflakes, Apfelschnitze, klein geschnittenes Obst.

Meist brauchen Kinder gegen Ende der Mahlzeit Hilfe, und sie sollten einspringen, wenn ihr Kind nicht mehr kann. Essen strengt das Kind an, und man sollte es nicht über Gebühr belasten, sonst kleckert und schmiert es mit dem Essen. Das kann zur Unsitte werden.

Der Appetit ist weiter gering. Lieblingsspeisen bilden sich gegen Ende dieser Zeit deutlicher heraus. Manche Kinder essen viel und gleich selbstständig, besonders wenn die Eltern nicht daneben sitzen, sondern sich im Zimmer oder in der benachbarten Küche beschäftigt. Es sollte sie nicht stören, dass das Kind immer noch gern mit den Fingern isst. Andere Kinder, die vorher schon selbst essen wollten, lassen sich wieder ganz und gar füttern.

In dieser Zeit gibt es die meisten Gegensätze in der Entwicklung, doch auf jeden Fall sollte auch das scheinbar so selbstständige Kind nicht überschätzt werden, und Eltern sollten auf Rückfälle gefasst sein. Immer noch gilt: keine Ablenkung bei Tisch durch andere Menschen und Geräusche. Das Essen am Familientisch würde ein eineinhalb oder eindreiviertel Jahre altes Kind übermäßig belasten. Es wird in diesem Alter sehr leicht abgelenkt, verwirrt und irritiert. Es entwickelt sich leichter und besser, wenn es Ruhe hat.

Es hat Sinn für bestimmte Regelmäßigkeiten, seien es Speisenanordnungen, sei es der gedeckte Tisch, und liebt es, wenn alles am rechten Fleck ist. Die meisten Kinder haben ohne größere Gemütsbewegung Abschied vom Fläschchen genommen, aber eine gar nicht so kleine Zahl von Kindern hängt mit hartnäckiger Beharrlichkeit daran, für sie ist das Fläschchen immer noch der viel geliebte Trost der ersten Lebenswochen und Monate. Sie verweigern den Löffel, verweigern den Becher.

Das ist kein Grund zur Beunruhigung, kein Zeichen für eine Fehlentwicklung. Eltern sollten ihr Kind nicht zwingen, denn der Wunsch nach dem Saugen und durchs Saugen gestillt werden ist stärker als alles andere. Sie sollte also von Zeit zu Zeit durch einen Fütterungsversuch mit dem Löffel erkunden, ob ihr Baby schon so weit ist, im Übrigen aber bei der Flasche bleiben. Gemüse und Milchbrei können aus der weithalsigen Flasche mit dem großen Loch im Sauger gefüttert werden. Festes kann man das Baby allein essen lassen. Mit den Fingern essen die großen Flaschenkinder meist gern und geschickt.

So gibt man morgens nach oder zu dem Fläschchen eine Scheibe in Streifen geschnittenes Butterbrot, als Zwischenmahlzeit einen Apfel, nach der

Mittagsgemüseflasche Obst als Nachtisch. Zum Tee bekommt das Kind Kekse und eine Banane, nach dem Breifläschchen am Abend ein Butterbrot. Im Übrigen: Nach ein paar Wochen weist das Baby seine Flasche ebenso energisch zurück, wie es vorher danach verlangte.

Mit zwei Jahren hat das Baby die meisten oder alle Milchzähne und wirkt kräftiger, als es ist. Das muss besonders beim Essen berücksichtigt werden. Das Zweijährige ist noch ein Baby. Es kann seine Handgelenke biegen, isst aber trotzdem lieber mit den Fingern als mit dem Löffel. Es will allein essen, ermüdet aber rasch. Es will seine Müdigkeit nicht eingestehen, ist aber für Hilfe dankbar. Es hilft bei den Essensvorbereitungen, kann aber noch nicht viel behalten. Es ist oft wählerisch, verlangt nach anderen Speisen, isst gern Unzerstückeltes. Es spielt nicht mehr mit Geschirr und Löffel, und es zeigt, was es sein Leben lang bleiben wird: entweder ein unmanierlicher oder ein manierlicher Esser.

Schlechte Esser?

Manche Kinder hinken in der Entwicklung nach. Sie sind entweder so genannte schlechte Esser, also nicht an Nahrung interessiert und deshalb gleichgültig gegen alles, was damit zusammenhängt. Oder es sind die Kinder, die nichts tun, ehe sie es nicht vollkommen richtig zustande bringen. Sie essen nicht mit den Fingern, machen wegen jedem Klecks ein Theater, essen dann aber plötzlich wie Wunderkinder. All das muss hingenommen werden. Esserziehung bei diesen Individualisten bedeutet: Geduld und Humor. Kinder merken mit unfehlbarer Genauigkeit, dass sie die Mutter und erst recht den Vater mit einer bestimmten Manie aus der Fassung bringen können, und lassen daher mit wahrer Wonne immer wieder das neu entdeckte Wunder geschehen: dass sie die Großen mit einer Nichtigkeit tanzen lassen können.

Mit Zwei beginnt die berühmte und berüchtigte Trotzperiode. Das Baby entdeckt sein eigenes Ich, entdeckt die Wirkung von zwei simplen Wörtern: Ich will! Wenn Eltern jetzt nicht aufpassen, erziehen sie sich ein Kind, das nicht nur beim Mittagessen schwierig ist. Spielt das Kind Theater, so sollten Eltern gelassen aus dem Zimmer gehen. Ohne Publikum wird das Trotzdrama witzlos.

Sagt das Kind: »Ich ess das nicht!«, so räumt man einfach seelenruhig den Tisch ab und lässt das Kind bis zur nächsten Mahlzeit fasten. Manche Kinder futtern dann brav drauflos, andere zögern. Aber auch dann sollte sich die Mutter aus dem Zimmer entfernen, denn selbst ein Kind kriecht nicht gern in aller Öffentlichkeit zu Kreuze.

Und noch eine Eigenschaft zeigt sich im 2. Lebensjahr: Kinder werden (und bleiben es bis zur Schulzeit) schlechte Frühstücks- und gute Mittag- und Abendbrotesser. Man sollte deshalb gut darauf achten, dass die kleine Frühstücksportion besonders gehaltvoll zusammengesetzt ist.

Zum Schluss noch dieses: Das Essen soll für das Kind von Anfang an eine angenehme Selbstverständlichkeit sein. Das bedeutet: Die Nahrung ist niemals Strafe oder Belohnung. Wenn eine Mutter sagt: »Iss schön dein Gemüse, dann bekommst du auch den Schokoladenpudding!«, pflanzt sie dem Kind das Vorurteil ins Unterbewusstsein, dass Gemüse eine bittere Pflicht und Schokoladenpudding das wahre Leben sei. Sie darf sich dann nicht wundern, wenn das Kind mit

6 oder 14 Jahren Gemüse und alles andere »Gesunde« ablehnt.

Kleine Wehwehs, Trotzanfälle und Dickköpfigkeit sollten ebenfalls nicht mit Keksen, Schokolade und Bonbons »behandelt« werden. Wer dem Kind bei jedem Schrei eine Süßigkeit in den Mund stopft, um Ruhe zu haben oder das kleine Herzchen zu trösten, der wird bald einen so verzogenen Fratz haben, dass er nicht mehr aus noch ein weiß, ganz abgesehen von dem gesundheitlichen Schaden, den eine einseitige Süßigkeitenmast anrichtet.

Meist sind es nicht die Eltern, sondern es ist die Umwelt, die wahllos und hemmungslos Bonbons und Schokolade um sich streut. Großmutter bringt »nur ein Tütchen« mit, der Kaufmann, der Drogist, der Apotheker reichen dem zukünftigen Kunden ein Bonbon in den Kinderwagen, und alle, alle sind beleidigt, wenn eine Mutter entschieden und fest »Nein, danke!« sagt. Meist begreift diese Umwelt nach einer gewissen Zeit, warum die Mutter fest bleibt. Das ist ein ganz entscheidender Erfolg, denn auf diese Weise hat sie sich unschätzbare Verbündete für alle folgenden Jahre geschaffen. Wenn Kaufleute wissen, dass die Mutter bestimmte Ernährungs- und Erziehungsprinzipien hat, machen sie sie auf vernünftige Neuigkeiten aufmerksam, achten selbst darauf, dass ihr Kind sein Taschengeld nicht in Süßigkeiten anlegt, werden also aus einer Gefahr zu Helfern. Großmütter und Tanten knistern meist am hartnäckigsten mit Bonbontüten durch den Familienfrieden. Aber erstens muss ein gesundes Kind auch von Zeit zu Zeit verwöhnt werden dürfen, und zweitens kann die Mutter einen Kompromiss schließen und bitten, dass die Süßigkeiten dem Kind nicht in die Hand gegeben werden, sondern in eine Dose kommen. Aus dieser Schatzkiste darf sich das Kind dann selbst zu bestimmten Zeiten eine Überraschung herausholen.

Die Großmütter und Tanten sind auch diejenigen, die vieles kritisieren. Doch seit Großmutters Zeiten haben wir so viel über Kinder und ihre Ernähnung hinzugelernt, dass die alten goldenen Regeln in unseren Tagen längst nicht mehr ausreichen.

»Man isst auf, was auf dem Teller ist!« gilt nicht mehr, denn schließlich ist es die Mutter, die den Teller voll gehäuft hat, und wenn sie Babys Appetit überschätzt hat, so ist das nicht Babys Fehler. Wenn sie das Kind jetzt dazu überredet, löffelchenweise mehr zu essen, als es mag (und tatsächlich braucht), erstickt sie in sehr kurzer Zeit den gesunden Essinstinkt und mästet sich einen schlecht essenden Fettmops.

Das Gleiche gilt für das Alleinessen. Großmütter mögen sagen »Lass das Kind nicht so herumkleckern! Wart', ich füttere es lieber!« Die Mutter selbst mag die Geduld bei Babys ungeschickten Versuchen verlieren und sich energisch den Löffel zurück erkämpfen. In beiden Fällen geht die Sache rascher und sauberer. Das Baby aber ist um eine für die Entwicklung notwendige Übung gebracht worden. Ihm ist ein Stückchen Privatinitiative geraubt worden.

Kleinigkeiten, gewiss, aber diese Kleinigkeiten summieren sich. Wer dem Baby alles abnimmt, verzögert seine Entwicklung, seine Selbstständigkeit, nimmt ihm die Lust, selbst zu planen und zu handeln, dämpft seine Fröhlichkeit und sein Selbstvertrauen. Geduld und verständnisvolle Hilfe auch beim Essen machen jedes Baby fröhlicher und gescheiter.

17

KAPITEL

Babys Bett und Schlaf

Am Anfang hat jede Mutter ihr Baby am liebsten in der Nähe. Ob sie das Körbchen nun mit ins Schlafzimmer stellt oder ob sie neben dem Elternschlafzimmer ein Kinderzimmer eingerichtet hat und in der ersten Zeit die Verbindungstür offen lässt, spielt keine so große Rolle.

Schläft das Baby neben der Mutter, so improvisiert sie mit einer spanischen Wand oder mit einer Trenngardine oder einer Zimmerjalousie ein Eckchen für das Kind. Es hat sich bewährt, im ersten halben Jahr, in dem das Baby noch zu sehr frühen und späten Nachtzeiten gefüttert und gewickelt wird, im Bade- oder Wohnzimmer einen Wickelplatz einzurichten. Bei einem eigenen Kinderzimmer erübrigt sich das natürlich.

Spätestens nach einem halben Jahr kann man das Baby aus dem Elternschlafzimmer ausquartieren. Jetzt ist es nicht mehr so ichbezogen und damit unempfindlich gegen Störungen von außen. Es lebt und tobt schon viel, und andererseits braucht es seine Ruhe. Seelisch empfindsame Babys sind außerdem jetzt schon so tief zu beeindrucken, dass sie durch nicht verarbeitete nächtliche Erlebnisse geschädigt oder geschockt werden können.

In den ersten zwei bis vier Wochen hat das Neugeborene es gern gleichmäßig warm. Es ist die konstante Wärme im Uterus gewöhnt gewesen: Eine Durchschnittstemperatur von 18 bis 20 °C erscheint ihm nicht so warm wie uns. Wenn sein Schlafzimmer diese Temperatur hat, braucht es nur leicht zugedeckt zu werden. Eine kleine Wolldecke ist vollkommen ausreichend. Das Babyplumeau (meist ein bezogenes Kopfkissen) wird ihm nur dann über die Füße gelegt, wenn es schon älter ist und wenn es nachts kühl ist.

Babys richtige Lage im Bettchen oder Körbchen ist nicht die Bauchlage: Dauerlage auf dem Bauch kann orthopädische Schäden, Hohlkreuz und Watschelgang verursachen. Außerdem steht sie in Verdacht, Atemunregelmäßigkeiten und den plötzlichen Kindstod zu begünstigen. Die beste Lage: In den ersten vier Wochen sollten Sie das Baby nicht auf den Bauch legen, sondern nach jeder Mahlzeit abwechselnd auf eine andere Seite oder auf den Rücken.

Frische Luft tut jedem Kind schon bald nach der Geburt gut. Viele Kinderärzte halten nur den Garten für Babys Spaziergang gut genug. Sicher ist der Platz unter dem blühenden Apfelbaum wie geschaffen für das Babykörbchen. Nur: Nicht jedermann hat Rasen, Gänseblümchen und Fliederbüsche, die ihre Zweige freundlich und anregend über Babys Nase schweben und sich wiegen lassen. Vielleicht können Eltern jedoch mit etwas Umsicht und Fantasie auch den Platz am Fenster oder auf dem Balkon für ihr Baby einrichten. Der Garten ist deshalb so beliebt, weil das Baby die ersten Sinneseindrücke aus der nächsten Umgebung empfangen und Himmel und Erde sehen können soll. Vom Balkon aus sieht das Baby oft nichts als nur Häuserwand und Himmel. Man kann vielleicht Feuerwicken oder rasch rankende Bohnen pflanzen, die dem Baby im Winde etwas vortanzen können, und außerdem dafür sorgen, dass das Kind nicht vom hellen leeren Himmel geblendet wird. Meist genügt eine Markise oder ein Sonnenschirm.

So wird das Baby an die frische Luft gewöhnt

Wenn das Neugeborene eine Woche alt ist, kann sein Körbchen bei gutem Wetter eine viertel oder halbe Stunde am offenen Fenster stehen. Nach 14 Tagen darf das Baby ins Freie, zuerst fünf Minuten lang, dann jeden Tag fünf Minuten länger. Im Sommer kann das Baby im Stubenwagen ins Freie gerollt werden. Ein flaches Kissen am Kopfteil sorgt dafür, dass es vor Zugluft geschützt ist. Es braucht nicht warm eingepackt zu werden: Strampelhose aus Baumwolle, nach ein paar Wochen eine Strampelhose mit kurzen Beinen und eine leichte Wolldecke sind völlig ausreichend.

Die üblichen Paradekissen haben weder daheim noch später beim Spazierenfahren einen Sinn. Sie rauben dem Baby nur die frische Luft.

Im Winter beginnt Babys Freiluftstunde im zweiten Lebensmonat. Das Kind wird in den Wagen gepackt. Dazu wird es warm eingehüllt, bekommt Wolljacke und Mütze angezogen und bei großer Kälte (unter +15 °C) eine Wärmeflasche unters Plumeau.

Am ersten Tag stellt man das Baby fünf Minuten lang in die frische Luft, steigert die Zeit jeden Tag um fünf bis zehn Minuten und kann es schließlich einen halben Nachmittag oder einen halben Vormittag draußen lassen. Unmittelbar nach dem Bad jedoch darf man es nicht ins Freie stellen.

Korb oder Wagen werden niemals in die pralle Sonne gestellt, auch nicht, wenn das Baby durchs Verdeck geschützt zu sein scheint. Das Wagenverdeck wird niemals mit einer Scheibe verschlossen. Sie hält die frische Luft ab, und es besteht die Gefahr, dass das Kind hinter der Scheibe erstickt. An heißen Sommertagen mit hoher Ozonbelastung der Luft verlegt man Babys Luftbad besser in die Morgen- oder Spätnachmittagsstunden. Die Ozonkonzentration ist zu diesen Tageszeiten geringer.

Sonnenbäder

dienen Babys Gesundheit, denn Sonnenlicht erzeugt durch die Einwirkung seiner ultravioletten Strahlen in der Haut das Vitamin D. Aber: Ein Zuviel an Sonnenlicht führt zu Sonnenbrand und erhöht das Hautkrebsrisiko.

Babys bis zu einem Jahr dürfen generell nicht in die direkte Sonne, weil die Haut noch zu wenig Eigenschutz entwickelt hat. Das Köpfchen muss immer

Schatten haben. Sitzt und krabbelt das Kind schon, so bekommt es einen Sonnenhut aufgesetzt. Ohne ihn sollte auch das Drei- bis Vierjährige nicht in der Sonne spielen.

Im Übrigen kann das Baby unbekleidet sein. Zuerst darf es die warme Luft für ein paar Minuten auf seiner Haut spüren, später tummelt es sich eine Viertelstunde nackt in der Sonne. Hat das Baby einen halbschattigen Platz auf dem Balkon oder im Garten, so legt man eine dicke weiche Spielmatte hin, auf der schon das zwei bis drei Monate alte Kind in der frischen Luft liegen, schauen und schlafen kann, wenn es ihm sichtlich behagt.

Insgesamt sollten Eltern ihr Kind nicht zu seinem Glück zwingen wollen. Mag es keine Sonne, reagiert die Haut selbst bei größter Vorsicht mit Hitzepickeln und Rötungen, so kommt es zurück in den kühlen Schatten. Zwischen 11 und 15 Uhr sollten Sonnenbäder vermieden werden. Wichtig: Sonnenschutzmittel für Kinder müssen einen sehr hohen Lichtschutzfaktor (Lichtschutzfaktor 15 bis 20) haben.

Soll das Baby abgehärtet werden?

Luft- und Sonnenbäder sind für Säuglinge und Kleinkinder die beste Abhärtung. Mit allen anderen Methoden sollte man warten, und ehe man sich zu der einen oder anderen von ihnen entschließt, spricht man sie mit dem Arzt durch.

Die kalte Dusche ist bei vielen Eltern als Symbol der Abhärtung besonders beliebt. Man kann versuchen, ob das Baby ein Kaltwassertyp ist, und ihm mit drei oder vier Monaten nach dem Bad einen Becher kaltes Wasser über den Rücken gießen. Schaudert es vergnügt, so kann ihm die Mutter nach dem normalen Bad regelmäßig mit einem in kaltes Wasser getauchten Waschlappen den Rücken abreiben. Danach gut und fest abfrottieren. Das kräftigt die Haut. Schimpft das Baby jedoch erschrocken und entsetzt über das kalte Wasser, so soll man die Abhärtungsidee wieder aufgeben.

Wer ein Baby nicht aus Charakter-, sondern aus Gesundheitsgründen abhärten will, um es vor Krankheiten zu bewahren, muss zuerst Folgendes wissen: Babys schwitzen leicht. Schon der leiseste kalte Luftzug über der feuchten Haut kann daher ausreichen, um eine Erkältung hervorzurufen. Eltern setzen ihr Kind also eher der Krankheitsgefahr aus, wenn sie es zu dick anziehen und ins Freie stellen. Muss ein Baby im Sommer in Wolle unter dem Paradekissen schwitzen, so nützt auch die längste Freiluftkur im Garten nichts. Es wird sich beim geringsten Wind mit größter Wahrscheinlichkeit eine Erkältung holen.

a *Stabiler geländegängiger Alltags- und Sportbuggy: Baby sitzt bequem und sicher, wenn Mama und Papa einmal joggen oder wandern möchten.*

b+c *Zwei Beispiele für Kombikinderwagen. Beide Wagen bieten perfekten Schutz gegen Wind und Wetter und sind damit auch für Babys ersten Ausflug ins Grüne optimal geeignet.*

d *Babyautositz für Babys sicheren und bequemen Transport im Auto – und für das fröhliche Schaukeln zu Hause.*

a

b

c

d

Der Kinderwagen

Wer einen Garten oder Balkon hat, braucht sein Baby in den ersten beiden Monaten nicht spazieren zu fahren. Später macht es dem Kind jedoch Vergnügen, beim Spazierenfahren neue Aspekte der Welt zu sehen: wandernde Zweige, Häuser, Schilder. Deshalb ist es besser, dem Baby die Sicht nicht ganz durchs Verdeck des Kinderwagens zu nehmen. Ein halb aufgestelltes Verdeck schützt ausreichend vor Zug.

Der Sportwagen

ist für ein Kind gedacht, das bereits gut und sicher sitzen kann. Er muss trotzdem mit einer Sicherheitsvorrichtung gegen das Herausfallen ausgestattet sein. Das Kind im Sportwagen sollte sich – wie im Kinderwagen – etwa 40 Zentimeter hoch über dem Erdboden befinden, damit es zumindest ein wenig von den Autoabgasen entfernt ist.

Der Sitz des Sportwagens sollte nach Möglichkeit umzustellen sein, sodass das Kind Blickkontakt mit dem Fahrer haben kann, der sich beim Spaziergang mit dem Kind unterhalten sollte. Kinder, die immer nur geradeaus sehen dürfen, können sich vor allem in der Großstadt ziemlich verloren vorkommen und Ängste entwickeln. Die Zuwendung also nur aufgeben, wenn man im Park oder in einer ruhigen Umgebung spazieren fährt, in der man Kontakt zum Kind halten kann.

Klappwagen (Buggy)

sind lediglich Zweitwagen, die nur für Kinder von über einem Jahr, für kurze Transportstrecken von höchstens einer halben Stunde oder auf Reisen verwendet werden dürfen. Die Sitze sind zu weich und ungesund und liegen zu tief, als dass man einen Klappwagen als ständiges Transportmittel benutzen dürfte. Außerdem erfüllen sie meist nicht folgende Sicherheitsvorschrift: Die Räder sollten Scheibenräder sein und unerreichbar für das Baby, damit es sich nicht die Hände verletzt. Im Übrigen gilt das Gleiche wie für den Sportwagen: Wenn das Kind nur in Fahrtrichtung schauen kann, hat es keinen Kontakt mit seiner Bezugsperson und ist dem Lärm der Autos und dem Umweltschmutz schutzlos ausgeliefert.

Das Bettchen

Man kann das Kind schon mit drei oder vier Monaten ins Gitterbett umquartieren. Die Gitterstäbe höchstens nachts mit einer Bespannung verschließen! Wenn das Baby tagsüber frei und früh die Welt entdecken kann, wird es intelligenter. Die Gitterstäbe dürfen höchstens 6 bis 7,5 Zentimeter Abstand haben (Kopfschutz). Das Bettchen ist für Krabbelkinder meist gleichzeitig Spielplatz. Morgens und auch am Tag vergnügen sich die Kinder gern mit Spielsachen und Spieltieren. Voraussetzung ist, dass die Liegefläche höhenverstellbar ist. Das Baby sollte, wenn es im Bettchen steht, beide Arme aufs Geländer legen können. Dann kann es nicht herausfallen. Wenn sich das Kind nachts freistrampelt, wird es die Mutter in einen warmen Schlafsack stecken.

Babys Bettzeug soll spartanisch bleiben. Flache, feste Matratze, kein Kopfkissen, und wenn, vom 6. Lebensmonat ab nur ein flaches Rosshaarkissen oder eine Schlummerrolle. Bis zu dieser Zeit ist Babys Kopf so breit wie die Schultern. Es hat noch kein Hälschen, und wenn es auf dem Rücken liegt, stört ein Kissen ganz erheblich. Weiche, dicke und große Kissen und Plumeaus haben in Babys Bettchen nichts zu suchen: Erstickungsgefahr!

Babys Bettkameraden

Wenn ein Baby das Bedürfnis nach dem Trost und der stummen Geselligkeit von Teddy, Frottiertier, Knotenwindel, Lieblingskissen oder Werfpuppe hat, so soll man ihm diesen Trost selbstverständlich gewähren. Gerade im zweiten Lebensjahr wird das Einschlafen für das Kind ein bewusster Vorgang, steht im Zusammenhang mit dem ganzen Komplex des Haltens und Hergebens. Auch beim Einschlafen muss sich das Baby entspannen, muss den Tag gleichsam loslassen. Das ist nicht leicht, selbst wenn das Kind müde ist und den Schlaf sucht. Dazu kommt: Manche Babys haben nachts schon die Vorahnung jener Ängste, die das Zweijährige peinigen werden. Schlafgesellen helfen, diese Nachtgespenster zu bewältigen, und nehmen vor allem die Angst vor dem Einschlafen. Sind die Eltern verständnisvoll, so haben sie auf jeden Fall weniger Grund, über

Einschlafprobleme

zu klagen. Diese Schwierigkeiten können schon beim Säugling auftreten. Am Anfang sind Schlafprobleme eine Folge von ahnungslos geübter Verwöhnung: In den ersten zwei, drei Monaten schreit ein Baby oft. Nur zu leicht neigen Eltern am Abend dazu, das Baby im Arm zu wiegen und herumzutragen. Das beruhigt das Kind zwar, aber es kann der Anfang einer Spirale sein: Das Baby schreit schließlich nicht aus einem wie immer auch gearteten ernsthaften Grund, sondern weil es ans abendliche Wiegen gewöhnt ist.

Gut ist es, wenn man es gar nicht so weit kommen lässt. Aber selbst erfahrene Leute geben zu, dass junge Eltern erst beim zweiten Kind so viel Routine und Sicherheit besitzen, um in dieser Situation auf Anhieb richtig und sinnvoll zu reagieren. Fast ebenso gut ist es, das Baby von dem Moment ab, in dem man es durchschaut hat, zu erziehen. Das ist mit ein paar Schreiabenden verbunden, denn die Eltern müssen energisch sein, muss das Kind ins Bett legen und ihm deutlich zu verstehen geben: »Schlafenszeit!« Sie muss dann das Zimmer verlassen und darf nicht zurückkommen. Das Baby hat ein so feines Gespür, dass es sofort merkt, wenn jemand auf Zehenspitzen durch den Flur schleicht, um im Dunkeln ins Kinderzimmer zu spähen. Dann weiß das Baby: »Erste Runde gewonnen!«, und die ganze Geschichte geht von vorne los. Für Babys Schlaf und damit für seine Gesundheit ist es notwendig, dass die Eltern konsequent bleiben. Bis ins dritte oder vierte Lebensjahr hinein kann das abendliche Tänze geben, wenn die Mutter nicht von Anfang an energisch ist und Regeln aufstellt.

Einschlafregeln

Die Schlafenszeit wird zu einer bestimmten Stunde festgesetzt und eingehalten. Das Bett wird als angenehmer Aufenthalt betrachtet. Auch ein Baby kann sich in seinem Bett inmitten seiner Tiere schon höchst bewusst zufrieden fühlen.

Das Kind geht umso lieber schlafen, je müder es ist. Man sorgt also dafür, dass das Kind die ihm notwendige und seiner Altersstufe entsprechende Bewegung hat. Das Baby geht umso friedlicher schlafen, je weniger es meint, versäumen zu müssen. Man sorgt also weiter dafür, dass der ganze Haushalt keine Reize mehr bietet. Der Vater darf nicht eine Viertelstunde vor dem Schlafengehen mit dem Baby zu toben beginnen. Das regt auf, und es fordert den Wunsch zu weiteren Spielen heraus. Kein Radio, kein Fernseher sollte laufen. Ältere Geschwister gehen ins Bad oder bekommen ebenfalls ihr Abendbrot, um je nach Alter früher oder später das Bett aufzusuchen, und dann herrscht friedliche Stille.

Man kann auch ein gewisses Zubettgehritual entwickeln: Ein kleines Fingerspiel vom Daumen, der in der Faust schlafen geht, eine kleine Geschichte von Babys Lieblingstier, das bei Baby schlafen will. Später kommt die Gutenachtgeschichte und noch später das kapitelweise vorgelesene Buch. Bei dieser Abendzeremonie sollten möglichst auch Vater, Großmutter oder der Babysitter von Zeit zu Zeit mitspielen. Das macht es später leichter, wenn die Mutter einmal verreist oder krank ist und jemand anders das Kind zu Bett bringen muss.

Nichts spricht im Übrigen gegen einen Schnuller, wenn er dem Baby das Einschlafen leichter macht. Er ist auf jeden Fall besser als ein Daumen und zerkaute Nägelchen. Und nichts spricht gegen eine abgedeckte Nachttischlampe oder ein Nachtlicht. Manche Kinder haben vor der absoluten Dunkelheit Angst, schlafen aber gut ein, wenn durch die angelehnte Tür ein wenig tröstliche Helligkeit hereinschimmert.

So viel Schlaf braucht das Baby

- Als Neugeborenes schläft es 20 bis 22 Stunden.
- Mit drei Monaten schläft es etwa 18 Stunden.
- Mit sechs Monaten schläft es 16 bis 18 Stunden.
- Mit neun Monaten schläft es 15 Stunden, davon 11 bis 13 nachts, die restlichen zwei bis vier verteilt auf Vormittag und Nachmittag.
- Mit einem Jahr schläft es 12 bis 14 Stunden, davon ungefähr zwei Stunden nach Tisch.
- Bis zum 3. oder 4. Lebensjahr sollte das Kind nach dem Mittagessen ein bis zwei Stunden schlafen oder wenigstens ausruhen.

Ins Bett der Eltern

kriecht jedes Kind einmal, wenn es erst laufen kann. Im Prinzip ist es hygienischer, wenn jeder in seinem eigenen Bett schlafen kann. Aber es wird immer Zeiten geben, in denen das Kind die Nähe der Eltern braucht. Hat es Kummer, ist es krank, braucht es Trost vor wilden Träumen, so müssten die Eltern ein Herz aus Stein haben, wenn sie es nicht zu sich unter die Decke schlüpfen ließen oder ihm (in Krankheitstagen) vorübergehend ein Lager im Elternschlafzimmer aufschlügen. Sie muss dem Kind nur beides begreiflich machen:

- Du kannst immer zu Mami kommen und
- jeder von uns hat sein eigenes Bett.

Im Zimmer der Geschwister

wohnt das Baby nur und erst dann, wenn es den allgemeinen Trubel vertragen kann, also zwischen einem Dreiviertel- bis einem Jahr. Bis dahin ist es bei den Eltern oder in einem eigenen Zimmer besser aufgehoben.

Babys Spielplatz ist schon an anderer Stelle beschrieben worden. Ergänzend ist noch zu sagen, dass jedes Baby starke Farben liebt. Rot und Gelb an Möbeln, Spielzeug und Bezügen sind ihm lieber als Pastellfarben, die beruhigen und dämpfen.

Ein Baby aber verlangt Reize und Anregungen, will Licht und Luft, also lieber lediglich eine stark farbige Gardine oder Jalousie vor dem Fenster, die dicht genug ist, um für das Nachmittagsschläfchen das Kinderzimmer zu verdunkeln. Rüschen und Mullgardinen, kombiniert mit Übergardinen, sperren nur das Licht aus, nehmen dem Kind den Blick durch das Fenster auf Himmel und Bäume und fangen obendrein eine Menge Staub.

Das Prinzip des Einfachen regiert auch die Einrichtung des Kinderzimmers. Mit ein oder zwei Jahren braucht das Baby noch keine Möbel. Ein Stühlchen in seiner Größe und eine Bank für die Puppen oder Tiere reichen, ansonsten findet das Leben ohnehin auf dem Fußboden statt. Er muss leicht sauber zu halten sein, darf keine Gefahren bieten (keine splitternden Dielen, keine zu glatte Versiegelung) und muss warm und nicht zu zugig sein. Fenster und Balkontüren sollten durch Patentverschlüsse oder Holzgitter gesichert sein, bevor das Baby krabbeln lernt. Sonst bekommen die Eltern den Schreck ihres Lebens, wenn sie das Erstgeborene plötzlich fröhlich im offenen Fenster stehen und mit den Vögeln draußen im Baum sich unterhalten sieht. Später ist ein Tisch willkommen, an dem man essen, malen, basteln kann.

18

KAPITEL

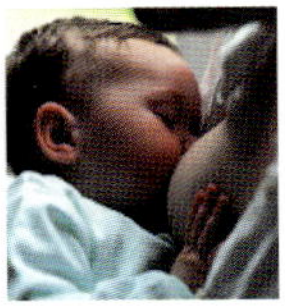

So entwickelt sich das Baby

Im ersten Vierteljahr lebt der Säugling in der Mundwelt. Er wird durch den Mund genährt, lernt durch den Mund die Dinge kennen, die ihm erreichbar sind, und macht sich vor allem durch den Mund bemerkbar.

Im zweiten Vierteljahr werden alle Fortschritte und Entwicklungen deutlicher sichtbar. Selbst in Vätern, die sich im ersten Vierteljahr kaum um das Kind gekümmert haben, erwacht jetzt der Ehrgeiz. Wann kann das Baby sitzen? Wann sagt es das erste Wort? Wann erkennt es den Vater?

Entwickelt sich ein Baby gut, problemlos und schnell, so sind die Eltern stolz. Bummelt ihr Kind jedoch ihrer Meinung nach, läuft es noch nicht wie ein Wiesel, obwohl »alle anderen Kinder« mit zwölf Monaten schon spazieren gehen, so sind sie beunruhigt. Sie fühlen am Ende Schuldgefühle keimen, machen sich gegenseitig Vorwürfe oder distanzieren sich gar von ihrem Kind.

Deshalb muss man wissen, dass die körperliche und geistige Entwicklung bei jedem Kind gerade in den ersten beiden Jahren sehr unterschiedlich verläuft. Jedes Kind ist ein Individuum, ein Mensch für sich. Über die Unterschiede im Temperament und in den Erbanlagen finden Sie im Kapitel »Erziehung beginnt am ersten Tag« das Wichtigste.

Folgendes sollte man über die Entwicklung im Säuglingsalter wissen:

- Langsames Entwicklungstempo hat nichts mit mangelnder Intelligenz zu tun.
- Die Unterschiede dieser ersten Entwicklung gleichen sich meist schon im Sandkastenalter wieder aus.
- Es gibt Durchschnittszahlen für Babys körperliche und geistige Entwicklung. Sie sind wichtig, denn sie sagen den Eltern, in welchen Schritten die Entwicklung ihres Kindes in etwa verläuft. Sie helfen ihnen dadurch, das Kind besser zu verstehen und seiner geistigen und körperlichen Situation entsprechend besser zu erziehen.
- Diese Durchschnittszahlen sind jedoch keine Norm, an der ein Baby wie mit der Elle gemessen werden darf. Für Psychologen ist ein Kinderverhalten dann durchschnittlich, wenn es 50 von 100 Kindern zeigen. Im ersten Lebensjahr werden Verzögerungen von bis zu einem Monat, im zweiten Lebensjahr bis zu zwei Monaten nicht als alarmierend betrachtet.

- Dieses Durchschnittsverhalten macht die Eltern niemals überflüssig. Ein Kind entwickelt sich nicht allein und automatisch so, wie es seiner Altersstufe angemessen ist. In allen Etappen ist es die Einstellung der Eltern, die das Kind fördert oder hemmt.

Ein augenfälliger Beweis dafür ist die Tatsache, dass sich das Entwicklungstempo unserer Säuglinge und Kleinkinder beträchtlich beschleunigt hat. Das liegt daran, dass Eltern in immer stärkerem Maße begriffen haben, wie gut schon dem Säugling Freiheit und Anregung tun. Er wird nicht mehr im so genannten dummen Vierteljahr künstlich dumm gehalten, indem man ihn fest ins Körbchen stopft und das Verdeck über sein Gesichtchen klappt. Er kann mehr strampeln denn je und ist deshalb in der Regel zwei bis drei Monate weiter, als Babys zu Mutters oder Großmutters Zeiten gewesen sind.

Das Baby lernt sitzen und greifen

Babys körperliche Entwicklung im zweiten Vierteljahr wird dadurch bestimmt, dass es sich aufzurichten lernt. Wenn es vier Monate alt ist, lernt es allmählich sitzen. Dabei muss es zuerst im Rücken gestützt werden (Achtung: Nicht länger als zwei bis fünf Minuten üben!). Wie schnell sich ein Baby zu dieser Tätigkeit entschließt, hängt von seinem Körpergewicht und seinem Temperament ab. Seelenruhige Pummelchen spielen lieber noch eine Weile mit Daumen, Kugelkette und großem Zeh, ehe sie das mühevollere Sitzen probieren.

Kleinen lebhaften Säuglingen fällt es erheblich leichter, ihr Fliegengewicht selbst in Schwung zu bringen. Schon deshalb sollte man kein Kind zum Möpschen heranfüttern, weil sonst seine körperliche Entwicklung gehemmt wird. Nach dem 4. Monat kann sich das Kind mit den Ellbogen aufstützen, wenn es auf dem Bauch liegt. Es kann nach dem Spielzeug greifen und hält es fest.

Nach dem 5. Monat stemmt es sich mit ausgestreckten Zehen und durchgedrückten Knien fest auf den Boden, wenn man es hinstellt und vermag ein bis zwei Sekunden allein so auszuhalten. Es greift nach dem, was es sieht, und reagiert auf das, was es hört. Falls es das nicht tut, dann sollten Sie den Arzt fragen oder diese Tatsache für die nächste Vorsorgeuntersuchung notieren.

Im 7. oder 8. Monat kann das Baby schon kurze Zeit allein sitzen. Das Sitzen hängt mit einer anderen Fähigkeit zusammen, mit dem Herumrollen. Beides stärkt die Rückenmuskulatur, ist eine Vorübung für das Krabbeln und wird mit großer Leidenschaft geübt. Es macht jedem Baby richtig Spass, sich bäuchlings mit Schwung herumkullern zu lassen.

Jetzt heißt es tüchtig aufpassen. Man darf das Baby keine Sekunde auf dem Wickeltisch allein lassen, denn ehe man sich versieht, hat es sich in Bewegung gesetzt. Der Windelwechsel macht nach so vielen Monaten keine Mühe mehr und ist schnell erledigt. Trotzdem fliegen den Eltern manchmal die Windeln um die Ohren, weil das Baby das frische Paket erwischt, ehe sie es ihm unter den Po geschoben hat. Also: Das Baby ablenken: Es darf mit Glöckchen läuten, an einer leeren Plastikdose nagen, mit einer frischen Windel spielen. Sträubt sich das Kind, im Liegen gewickelt zu werden, so setzt man es auf sein frisch gepacktes Windelhöschen und knöpft dieses im Sitzen zu.

Alles aus Babys Griffnähe räumen. Denn außer Sitzen und Rollen stehen jetzt die Greifbewegungen auf Babys Lernprogramm. Mit fünf bis sechs Monaten lernt es zupacken, den Arm ausstrecken, versucht Spielzeug aufzuheben. Am Anfang sieht das alles ruckartig und ungeschickt aus. Das Baby irrt sich oft und setzt die falschen Muskeln in Bewegung. Umso größer ist sein Vergnügen, wenn es tatsächlich endlich einen Gegenstand berühren, ihn dann auch mit der ganzen Fläche der Hand festhalten und schließlich umgreifen und hochheben kann.

So nimmt das Baby wahr

Im 2. Lebenshalbjahr wird das Baby allmählich fähig, Erfahrungen und Tätigkeiten miteinander in Verbindung zu bringen. Es sammelt also nicht nur Erfahrungen, es ordnet sie möglichst gleich einander zu. Diese Wahmehmungen sind so intensiv und gründlich wie später niemals wieder. Alles, was ein Baby mit einem seiner Sinne wahrnimmt, wird möglichst auch von allen anderen Sinnen geprüft. Was das Baby sieht, will es greifen. Was es ertastet, will es auch schmecken. Was es spürt, will es sehen und schmecken und riechen.

Manchem mag diese Methode unhygienisch und unappetitlich erscheinen, aber man sollte dem Baby trotzdem nicht auf die Finger klopfen und Baba! sagen. Man nimmt dem Kind sonst die Möglichkeit, seine Sinne richtig zu entfalten.

Man darf sich auch nicht daran stoßen, wie scheinbar flüchtig ein Baby mit den Dingen umgeht. Ob mit Liebe gekauftes Spielzeug oder Kartonfetzen oder ein Taschentuch: Für ein Baby hat alles den gleichen Informationswert. Es will wissen, wie die Dinge sind. Das Wozu kommt danach: Das Erste ist die Voraussetzung für das Zweite.

Es ist also vom Kind aus betrachtet sinnvoll, ausreichend und normal, wenn es mit sechs, sieben, acht Monaten ein Spielzeug schnell wieder leid ist. Ein Ring, eine Ente wird angefasst und betastet. Das Baby stellt fest: glatter, weicher Gummi. Es wird in den Mund gesteckt: schmeckt weich und riecht kaum. Es wird hin und her geschüttelt: Die Rappelkörner im Inneren klappern. Schließlich wird die Sache angestarrt: schimmert rot. Damit hat der Säugling alle Informationen gesammelt, die ihm dieses Spielzeug vermittelt. Er lässt das Ding fallen. Vielleicht noch auf die eigene Nase, dann ergänzt sich seine Tast- und Fühlinformation: weich! – Und er kann sich das Brüllen schenken. Es sei denn, er hat sich erschreckt, weil er noch nicht begreift, dass es sein eigener Ring ist, der auf seiner Nase gelandet ist. Solche Pannen sind gerade jetzt typisch. Da finden Babys tastende Hände etwas Weiches und zerren daran, um die Sache näherzuholen und durch die anderen Sinne zu erforschen. Ergebnis: Das Baby schreit wie am Spieß, weil es an seinen eigenen Haaren zieht und a) noch nicht weiß, dass es sich um die eigenen Haare handelt, und b) deshalb Griff und Schmerz nicht in Einklang bringen kann.

Babys Sehvermögen

hat sich besser eingespielt und ist durch Erfahrungen und Erinnerung differenziert. Der Säugling kann Entfernungen schätzen, erkennt gegen Ende des ersten halben Jahres seine Flasche und bestimmte Gesichter auch in größerer Entfernung, spielt mimisch nach, was man ihm vormacht. Manche Kinderärzte raten, die ganze Nacht über eine kleine Lampe im Kinderzimmer brennen zu lassen. Das Baby wacht oft nachts auf und kann sich im Finstern nicht zurechtfinden und seine Augen üben. Andere Ärzte neigen dazu, gerade im Wechsel von Hell und Dunkel eine Anregung zu sehen, die den Gesichtssinn fördert. Man kann also ruhig abends noch Licht im Kinderzimmer oder im eigenen Schlafzimmer brennen lassen, wenn das Kind deutlich danach verlangt.

Gegen Ende des 1. Lebensjahres nimmt das Baby auch weit entfernte Gegenstände wahr, begreift jedoch noch nicht den Unterschied zwischen fern und nah. Ein Ergebnis seiner gesamten Erfahrungen ist es auch, dass das Baby jetzt die Augen zumacht, wenn sich etwas auf es zubewegt. Dieser so genannte Blinzelreflex ist im ersten Vierteljahr noch nicht vorhanden.

Babys Gedächtnis erwacht

Allmählich verfügt das Baby über gewisse Erfahrungsvorräte. Es erkennt Situationen, Menschen und Gegenstände seiner täglichen Umwelt wieder. Das ist freilich auch die Voraussetzung für erste Krisen. Manche Babys schreien schon mit fünf, sechs Monaten verzweifelt, wenn sich Mutter oder Vater entfernt oder gar das Zimmer verlässt. Sie begreifen, dass die Mutter nicht Teil ihrer eigenen Person ist, dass sie verlorengehen kann (siehe Acht-Monats-Angst, Seite 180).

Der Vorteil des erwachenden Gedächtnisses: Das Baby hat mehr Grund zur Freude. Es kann sich ausrechnen: Nach dem Wickeln kommt die Flasche – hurra! Nach dem völligen Ausziehen kommt das Bad – hurra! Nach dem Füttern kommt das Spielen – hurra!

Deshalb müssen alle Eltern mit gleichmäßiger Freundlichkeit die Erwartungen ihres Kindes zu erfüllen suchen. Ist sie nervös oder abgelenkt, so verdirbt sie Babys Lebenslust und hemmt seine Gewöhnung. Diese sollte ruhig und reibungslos reifen. Jede neue Funktion, jede neue Erfahrung dieser an neuen Funktionen und Erfahrungen so reichen Wochen und Monate sind bei allen Babys von Spannungszuständen begleitet. Verbindet eine Mutter ahnungslos eine dieser Entwicklungsstationen mit Unlustgefühlen, so kann entweder diese neue Funktion nicht voll entfaltet werden, oder das Baby reagiert unsicher und weinerlich.

Hier zeigt sich, was die Psychologen mit »beständigen Signalen« meinen, die dem Kind das Wachsen erleichtern. Da es Gedächtnis besitzt, kann es sich an bestimmte Handlungen gewöhnen, die immer in der gleichen Abfolge wiederkehren: Die Mutter kommt ins Zimmer, hebt es aus dem Korb, legt es trocken, gibt ihm zu trinken. Oder: Die Mutter wäscht es, der Vater trägt es ins Bett und sagt Gutenacht. Die Mutter betet, deckt es zu, das Kind schläft ein. Diese Reihenfolgen erwartet das Baby immer wieder. Ändert sich etwas daran, fehlt etwas, sind andere Personen daran beteiligt, so ist es unzufrieden oder gar unglücklich. Dieses gute Gedächtnis der Handlungsabläufe sollte sich jeder Elternteil zunutze machen. Sie muss dafür selbst ein gutes Gedächtnis haben und geduldig dafür sorgen, dass bestimmte Tagesereignisse sich stets und ständig genau in der gleichen Art wiederholen. Dann prägen sie sich dem Baby fest ein. Beginnt einer der Handlungsab-

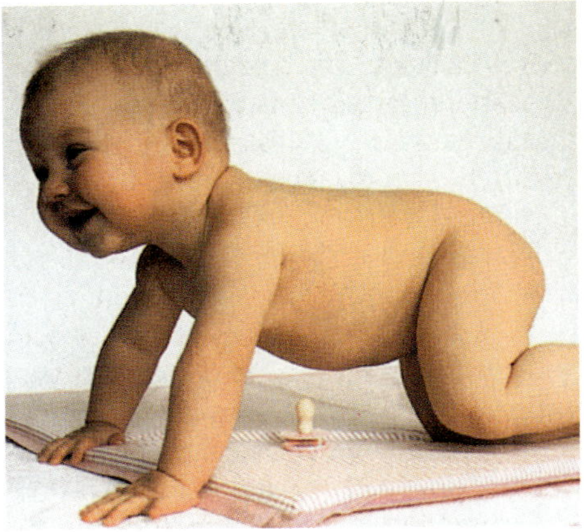

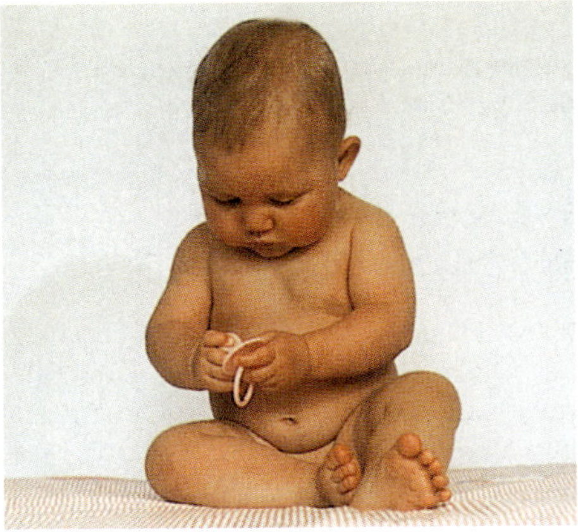

Entwicklet sich unser Kind gut? Ist es gesund und kann es alles, was es in seinem Alter können müsste? Dies kann man am ehesten mit Ja beantworten, wenn man dem Baby die Gelegenheit gibt, seine Glieder zu regen und seine Sinne in jeder Hinsicht zu üben. Krabbelfreiheit ist also besser als Geräte und Apparate, die zahlreich angeboten werden. Kindheit sollte die Zeit eigener Aktivität sein.

läufe wieder, so gliedert sich das Kind willig ein. So fügt es sich in die regelmäßige Ordnung des Tages und lernt nach und nach die Regeln der Familie. Diese Gewöhnung erleichtert dem Kind wie den Angehörigen das Dasein.

Kann ein Baby denken?

Wenn Sie Ihr Kind oft fotografieren, werden Sie manches Foto schießen, auf denen das Baby aussieht, als ob es gerade Einstein korrigieren wollte. Denkt es in seinen langen einsamen Stunden tatsächlich? Jede liebende Mutter ist nur zu gern bereit, hinter Babys sprechendem Blick Welten von Gefühl und instinktiven Wissen zu vermuten, für das es nur noch keine Worte hat.

Die Tatsachen widersprechen jedoch dieser Ansicht. Babys Gehirn ist noch nicht fertig. Die Hirnmasse muss sich vervierfachen, ehe sie den Erwachsenenstand erreicht hat.

Diese Entwicklung bedeutet jedoch nicht, dass ein Säugling vor dem neunten Lebensmonat zu »dumm« sei, als dass man sich um seine geistige Entwicklung zu kümmern bräuchte. Im Gegenteil, der Weg zur Vorstufe des logischen Denkens, zum Werkzeugdenken, besteht aus lauter kleinen Schritten. Die drei Voraussetzungen fürs Denken – Erfahrungen sammeln, frei damit umgehen, sie in einen logischen Zusammenhang bringen – reifen schon von Anfang an.

Je regelmäßiger es Eindrücke geboten bekommt, desto leichter kann es Erinnerung aufbauen, kann seinen Gehirnzellen und Nervenbahnen die Anregungen und Reize vermitteln, die ihr Wachstum und ihre Entwicklung nicht nur fördern, sondern die für diese Entwicklung notwendig sind.

Der Weg zum logischen Denken ist freilich noch länger. Erst gegen Ende des dritten Lebensjahres kann ein Kind seine Erfahrungen und Erinnerungen bewusst verwenden, kann Gedankenketten bilden und Schlüsse ziehen.

Ist das Baby intelligent?

Babys Verstand wächst mit dem Training der Glieder, mit dem Vorrat an Erfahrung. Amerikanische Wissenschaftler haben Vorschläge ausgearbeitet und getestet, die den Tagesablauf des Säuglings schon im dritten und vierten Monat völlig auf den Kopf stellen, um intelligentere Kinder heranwachsen zu lassen. Auch sie gehen von dem Grundsatz aus: Erfahrung macht klug. Sie zogen die Konsequenzen aus folgenden Beobachtungen: Zwischen dem Moment, in dem ein Baby sich aufrichtet und herumrollen kann, und den ersten Laufversuchen leiden Kinder oft an nicht ausgelebter Bewegungslust. Sie werden leicht unruhig und launisch, wippen endlos am Laufstallgitter, lutschen am Daumen, weil sie nicht das tun können, wo zu sie imstande wären, wenn man sie gewähren ließe: krabbeln und rollen. Normalerweise kommen Kinder ins Laufgitter, wenn sie ihm eigentlich schon entwachsen sind, und stoßen sich dann geistig und körperlich an den engen Grenzen. Mit neun Monaten sollte man kein Baby mehr ins Ställchen sperren, sondern dem Kind den ganzen Zimmerboden überlassen.

- Mit drei bis sieben Monaten darf es sich auf einer sauberen weichen Unterlage tummeln, so viel es mag. Hat es ein eigenes Kinderzimmer, so werden alle Gefahren beseitigt (siehe Seite 293), und es darf auf dieser großen Fläche liegen, sich herumrollen und kriechen. Zuerst wird eine große Wolldecke ausreichen, später ist weiche Auslegeware am besten. Das Zimmer sollte wohl geheizt sein, schon damit das Baby barfuß bleiben kann. Dadurch entwickeln sich die Füßchen besser. Im Übrigen soll es jetzt nur in Ruhe krabbeln und kriechen. Auch wenn man mit dieser Freiheit erreichen will, dass sich Babys Geist und Verstand schneller entfalten, so darf man doch nicht mehr als durch dieses Angebot an freiem Raum in seine Entwicklung eingreifen. Das Kind soll krabbeln und dabei seine Rückenmuskulatur kräftigen und seine Sinne schärfen. Laufgeräte und Ähnliches sind überflüssig.

Im Sommer kann man mit einer Wolldecke in den nächsten Park wandern und das Baby dort zwischen Gänseblümchen und schattenspendenden Büschen rollen und krabbeln lassen.

Jede Mutter muss wissen, dass die Natur im ganzen zweiten Lebensjahr des Kindes seine Intelligenz dadurch weiterentwickelt, dass sie es seine Umwelt ganz und gar und bis in die kleinste Einzelheit wahrnehmen lässt.

Diese Wahmehmung vollzieht sich in einem bestimmten Rhythmus, der einen Erwachsenen leicht ungeduldig machen kann. So kommt es, dass Erwachsene Babys unsichtbare Arbeit dadurch behindern und hemmen, dass sie dem Kind Dinge und Erlebnisse bieten, die ihm gar nichts nützen.

Ein ein- oder zweijähriges Kind will aber nicht nach Erwachsenenart unterhalten werden. Es will in aller Ruhe und Ausgiebigkeit den Kiesel und das Gras, die Wollfasern des Teppichs und das tanzende Licht auf dem Rasen erforschen. Wer ein Kind immer wieder aus seinen versunkenen Tätigkeiten reißt, wer jäh in seine dem Großen unverständlichen Spiele eingreift, stört die innere Arbeit und die Intelligenzentwicklung seines Kindes.

Kann man die Intelligenz des Kindes fördern?

Diese Frage hat in den 60er- und 70er-Jahren die Wissenschaftler besonders in den USA und in England immer wieder beschäftigt. Man fragte sich: Kann man Babys durch ein bestimmtes körperliches und geistiges Training klüger machen? Oder stimmt es, dass sich viele Erzieher eingestehen mussten: Die Förderung durch die Eltern, die sich zur Überforderung ausgewachsen hat, hat solche Lernhemmungen bei den Kindern verursacht, wie man sie früher gar nicht gekannt hat?

In den USA wurde jedenfalls festgestellt, dass die Zahl, die die ganze Förderungswelle ausgelöst hatte, nicht stimmte. Die Annahme, dass die Entwicklung der kindlichen Intelligenz im Alter von fünf Jahren zur Hälfte abgeschlossen sei, beruhte auf einer falschen Interpretation von Statistiken. Diese Zahl stammte aus einer Analyse der Korrelationen zwischen Intelligenzquotienten, die in verschiedenen Altersstufen gemessen worden waren. Und das Ergebnis lautete, dass höchstens 50 Prozent der späteren Streuungen dieser Intelligenzquotienten auf Testergebnisse bei Fünfjährigen zurückgeführt werden können. Das heißt: Was später aus einem Kind wird und wie sich seine Intelligenz entwickelt, kann man höchstens zur Hälfte schon bei einem Fünfjährigen im Ansatz vorfinden. Und das ist in der Tat etwas vollkommen anderes. Dazu kommt die Warnung amerikanischer und englischer Wissenschaftler, den Umwelteinfluss auf die Entwicklung des Kindes – besonders in der frühen Kindheit – zu überschätzen. Der enttäuschende Mangel an langfristigen Wirkungen von Förderungsprogrammen für unterprivilegierte Kinder bestätige das Argument, dass ein niedriger Intelligenzgrad genetisch bedingt, also angeboren sei. Dabei stießen die Wissenschaftler auf die Vermutung, dass zu früh und falsch einsetzende Förderung die Kreativität und Eigeninitiative des Kindes lähmt, und diese Vermutung ist vor allem durch zahlreiche Untersuchungen auf dem Gebiet von Spiel und Sprache bestätigt worden. Ebenso die Erkenntnis, dass Intelligenz und Spiel viel mehr miteinander zu tun haben als Intelligenz und Lernen in einem abstrakten, erwachsenen Sinn. Damit schließt sich der Kreis. Das, was dem Kind schon in der Wiege am meisten Spaß macht und was es mit all seinen Mitteln aus den Erwachsenen herauszulocken versucht – Spiel und Zärtlichkeit –, genau das dient ihm und seiner gesunden Entwicklung tatsächlich am allerbesten.

So ist nach wie vor die beste Förderung für das Kind die Einheit von Gefühl und Verstand, von Spiel und Sprache, die es eigentlich von jeder Mutter oder jedem Betreuer geboten bekommt, die das Leben mit dem Kind, mit dem Säugling, dem Krabbelkind, dem Fragekind in jedem Moment ernst nehmen. Die sich dem Kind voller Liebe und Geduld und unvoreingenommen zuwenden. Die es beobachten und diese Beobachtungen als Schlüssel für ihr Verhalten (auch für die Annahme oder das Verwerfen fremder Erfahrungen!) nehmen.

Diese Selbstsicherheit und diese Sicherheit in bezug auf das Kind scheinen daher fast das Wichtigste in dieser Zeit zu sein. Seit Generationen haben sich Frauen im wahrsten Sinn des Wortes fremdbestimmen lassen auch beim Erziehen, sind beim Begriff Nur-Hausfrau oder Nur-Mutter zusammengezuckt. Warum? Gewiss, wir wollen nicht die Zuchtkühe der Nation sein, aber keine Mutter sollte sich ausreden lassen, dass es eine immer wieder anrührende und wirklich befriedigende, beglückende Aufgabe ist, ein Kind auf seinem Weg ins Erwachsenwerden zu begleiten. Man kann nicht alles auf einmal haben, aber die Verzichte, die wir der Kinder wegen zu leisten haben, sollten uns nicht dazu bringen, gerade das zu tun, was uns manche Männer (und Frauen) einreden wollen: das Wort »nur« zu gebrauchen, wenn wir über Kinder sprechen oder an unsere Kinder denken. Das, und nichts anderes, ist die größte Gefahr für ihre seelische und für ihre intellektuelle Entwicklung.

Essen und Spielen

sind ausführlich in den Kapiteln 14 und 26 beschrieben.

So entwickelt sich das Baby im zweiten Lebenshalbjahr

In dieser Zeit lernt das Baby zuerst Rumpf und Hände beherrschen. Es lernt das freie selbstständige Sitzen und betrachtet in dieser neuen Haltung die Welt von einem ganz neuen Gesichtspunkt aus. Es sieht, dass Tische und Menschen Beine haben, und erkennt, wie sich unten und oben zueinander verhalten. Es gewinnt auch einen freien Überblick über die Dinge, und da es gleichzeitig imstande ist, zu fassen und zu greifen, greift es ein, nimmt auf, schiebt hin und her, betrachtet alles mit neuem Interesse.

Gegen Ende dieser Zeit lernt es, mit Daumen und Zeigefinger nach Dingen zu greifen, Beine und Füße zu beherrschen, kann die Beine gleichzeitig in verschiedene Richtungen bewegen, kann also kriechen und bringt es in dieser Kunst oft zu großer Meisterschaft. Es kriecht schließlich eine Treppe hinauf und übt das Nächste, das Stehen. Dazu hopst es sich erst einmal die Beine auf Mutters oder Vaters Schoß warm und beginnt dann, sich an allen Gegenständen, die es findet, hinaufzuangeln: Stuhlbeine, Tischbeine, Ställchengeländer.

Das Baby übt ununterbrochen, und es macht dabei ungezählte Fehler. Gerade jetzt müssen seine Eltern zurückhaltend sein. Sie darf ihm Auslauf und Gelegenheit geben, all das zu tun, was es mag. Aber sie darf nicht zugreifen, darf es nicht hinstellen, wenn sie sieht, dass es aufstehen will. Das dämpft Babys Aktivität. Warum denn erst etwas tun, wenn es einem doch nur abgenommen oder verdorben wird?

Die Eltern sollen das Kind aber auch nicht treiben, wenn es mit elf oder zwölf Monaten noch nicht frei sitzen kann und wenn es mit zwölf Monaten noch keine Krabbel- und Stehversuche macht. Gerade jetzt wirken sich die persönlichen Unterschiede besonders stark aus.

Es gibt auch Kinder, die aus irgendeinem Grund nichts vom Krabbeln halten und die Eltern damit überraschen, dass sie gleich stehen und laufen. Der wichtigste Grund, warum man nicht eingreifen soll: Das Baby muss erst die Muskulatur seiner Beine und Hüften so gelenkig, stark und im Griff haben, dass es tatsächlich das Abenteuer des selbstständigen Stehens und später die Fähigkeit des Laufens entwickeln kann. Wird es schon vorher gezwungen, zu stehen oder zu laufen, so geben die Beine nach, und das Kind kann O-Beine bekommen oder ein schwacher Läufer werden.

Babys Krisenzeiten

Die Acht-Monats-Angst ist auf Seite 180 beschrieben. Sie kennzeichnet besonders deutlich, dass auch für einen Säugling alles schon seinen Preis besitzt. Er hat viel gewonnen, aber das Erlebnis, dass die Mutter sozusagen ein fremder Mensch ist, erschüttert das Kind bis in die Tiefen. Jetzt muss Liebe den Ausgleich schaffen, nicht jedoch im Verwöhnen, nicht im Vertuschen einer vorhandenen Trennung, sondern in Form eines gemeinsamen Schrittes vorwärts. Die Mutter kann mit ersten Spielen ablenken, sie kann ihrem Kind im wahrsten Sinn des Wortes die Welt zeigen und viel mit ihm spazieren gehen. So schenkt sie ihm als eine Art von Ausgleich wieder etwas Neues. Im späten 1. und im 2. Lebensjahr macht jedes Kind eine Reihe von Empfänglichkeitsperioden durch, Zeiten höchster Aufnahmebereitschaft und -fähigkeit, in denen es bestimmte Kenntnisse erwirbt und komplexe Handlungen lernt.

Das strengt das Kind an, weil es in diesen Zeitabschnitten zwar viel gewinnt, aber auch viel leisten muss. Stößt es in diesen Perioden auf ein Hindernis, wird es gestört, falsch verstanden, abgelenkt, gehemmt, so erlebt es »eine Art von geistigem Zusammenbruch«, wie Maria Montessori, die bekannte italienische Ärztin und Pädagogin, es nennt. Die Großen nennen das Kind dann launisch oder trotzig und beißen sich an diesen so genannten Unarten pädagogisch fest. Das verstört das Kind jedoch noch mehr, denn es ist bisher gewohnt gewesen, von seiner Mutter in Krisenzeiten Hilfe zu bekommen.

Das Baby weiß nicht, dass die Eltern jetzt nicht mehr so ohne weiteres erkennen können, wann es Hilfe braucht und wann es nur spielt und Widerstand übt. Die Eltern sollten es sich deshalb zur Regel machen, besonders im zweiten Lebensjahr des Kindes immer erst einmal abzuwarten. Die Launen, die mit den Empfänglichkeitsperioden des Kindes zusammenhängen, gehen ebenso rasch vorüber wie diese Perioden selbst und sind vom Kind sofort vergessen. Seine Erinnerung an sinnlose Strenge aber würde bleiben und noch auf lange Zeit hinaus das Verhältnis zwischen Eltern und Kind trüben.

Spannungen entstehen auch, wenn das Baby das Hergeben und Behalten begreift, jenen Austausch, auf dem unser gesellschaftliches Zusammenleben beruht und der vom Baby oft manuell noch nicht ganz bewältigt oder aber von einem Erwachsenen ahnungslos unterbrochen wird. Er weiß nicht, dass Babys stummes Anbieten nicht heißt: »Schenk ich dir!«, sondern: »Geb ich dir, damit du es mir wiedergibst!«

In dieser Zeit können Sauberkeitskonflikte von Müttern verursacht werden, die nicht wissen, dass auch auf diesem Gebiet für jedes Baby das Nehmen und Geben mitspielt (Seite 172). Bei der Erziehung zur Sauberkeit geht es letztlich nicht nur um das Töpfchen, sondern mit den physiologischen Umstellungen sind auch psychische Veränderungen eng verknüpft.

Babys Beine

Noch ist das Baby ein Vierfüßler, aber seine Beine werden allmählich zu den Säulen, die es später allein tragen. Manche

Eltern werden dadurch beunruhigt, dass ihr Baby O-Beine und Plattfüße hat. Beides vergeht, und die Beine strecken sich kerzengerade, wenn das Baby laufen lernt. Die leichte O-Beinigkeit wird nicht selten durch den Ehrgeiz der Eltern verursacht: Wer sein Kind zu früh stehen und laufen lehren will, verbiegt ihm die noch nicht festen Knochen. Die Plattfüße bleiben ein bisschen länger. Bis zum zweiten Lebensjahr kann das Baby die Füße noch längs zusammenfalten (übrigens eine gute Fußübung auch für Mutter), ist am ganzen Fuß gepolstert und hat noch keinen gewölbten Mittelfußknochen. Die normale Fußwölbung bildet sich ebenfalls beim Laufenlernen.

- Dicke Kinder haben längere Zeit O-Beine als leichte.
- Manchmal können O-Beine auch die Folge einer Veranlagung sein.
- Auf jeden Fall sollte man alle Unregelmäßigkeiten der Beinhaltung und der Fußform beachten und bei der nächsten Vorsorgeuntersuchung den Arzt fragen.
- Alles über Schuhe lesen Sie in Kapitel 21, über Laufhilfen auf Seite 263.

Babys Zähne

kommen häufig außerhalb aller Regel. Plötzlich klappert etwas gegen den Löffel, wenn das Kind gefüttert wird: Der erste Zahn ist da, und das Baby hat nichts von den oft beschriebenen Qualen des Zahnens gespürt.

Hinsichtlich des Zahnens sind sich die Zahn- und Kinderärzte ohnehin nicht ganz einig. Eine Gruppe ist der Ansicht, dass Zahnen niemals Fieber, Schmerzen und Weinerlichkeit hervonrufen kann. Wenn Fieber beim Zahnen auftritt, so hat das Kind eine echte Infektion oder einen Schnupfen. Man soll solche Symptome nicht unbedenklich aufs Zahnen zurückführen, sonst kann man eine Krankheit verschleppen.

Andere Ärzte weisen auf kleine Bläschen und gerötete Stellen hin, unter denen sich die Zähnchen durcharbeiten, geben allerdings zu, dass sich die Sache nur selten zur Entzündung und damit zu Fieber zuspitzen kann.

Wie auch immer, manche Kinder sind in dieser Zeit sehr unruhig, und die ganze Familie kann wochenlang nicht schlafen. Bei anderen Kindern erscheint der Zahn plötzlich ohne jede Vorankündigung.

Es hilft auf jeden Fall, wenn man den Kiefer mit Dentinox oder einem entsprechenden Medikament einreibt. Das lindert quälende Schmerzen.

Es hilft auch, wenn man das Baby jetzt kräftig auf Brot, Äpfeln, Beißwurzeln oder auf Beigringen aus Hartgummi nagen lässt. Das beschleunigt den Durchbruch. Aber Achtung: Nichts zum Beißen geben, das scharf kantig ist (Löffel, Deckel usw.) oder was splittern könnte (Bauklötze, Hartplastik-Spielzeug). Das kann zu Verletzungen und Infektionen des Zahnfleisches führen und das Zahnen tatsächlich zu einer höchst schmerzhaften Prozedur machen. Oft leidet das Baby nicht unter Zahnschmerzen, sondern einfach unter der entwicklungsbedingten Veränderung seiner Situation, auf die es die Zähnchen vage hinweisen.

Es kann auch sein, dass eine Erkältung oder eine Kinderkrankheit das Zahnen beeinflusst und unangenehmer macht, als es von Natur aus ist.

Babys Zahnschema

Normalerweise taucht der erste Zahn auf, wenn das Baby sechs, sieben oder acht Monate alt ist. Dieser erste Zahn kann sich schon Wochen vorher durch Sabbern und eine gelegentliche Unruhe ankündigen. Das Zahnen dauert fast zwei Jahre. Mit zweieinhalb bis drei Jahren hat das Baby die ersten 20 Zähne.

- Zuerst erscheinen die beiden unteren Schneidezähne, dann bohren sich die vier oberen ans Licht. Danach ist ein paar Monate lang Ruhe.
- Mit anderthalb Jahren hat das Baby meistens oben und unten je vier Schneidezähne und oben und unten je zwei Backenzähne. Dann tritt wieder eine Pause ein.
- Nach abermals ein paar Monaten wachsen die vier Eckzähnchen in den Lücken zwischen Schneide- und Backenzähnen. Danach erscheinen die nächsten vier Backenzähne, zwei oben und zwei unten.

Der Durchbruch der Backenzähne im Alter von ein bis anderthalb Jahren tut am meisten weh. In dieser Phase hat das Baby allen Grund zum Wimmern und Weinen. Oft hilft ein kühler Schluck Tee oder ein Betupfen des Zahnfleisches mit Dentinox. Man sollte sich ruhig dazu hinreißen lassen, das Baby in dieser Zeit auf den Arm zu nehmen und mit ihm tröstend durch die Wohnung zu wandem. Das kann tatsächlich helfen.

Karies

ist in den westlichen Industrienationen stark zurückgegangen, die sich – wie zum Beispiel die Schweiz – dafür entschieden haben, dem Trinkwasser Fluor zuzusetzen, den Mineralstoff also, der den Zahnschmelz zu härten vermag. Bei uns scheiterten bislang alle ähnlich gearteten Versuche. Daher sind wir also auf die Eigeninitiative zum Schutz der Kinderzähne angewiesen.

Heute werden bereits Frauen während der Schwangerschaft und in der Entbindungsklinik auf die doppelte Prophylaxe gegen Rachitis und Karies hingewiesen. Was kann man nun außer der regelmäßigen Einnahme solcher Vitamintabletten mit Fluor tun? Jüngste Langzeituntersuchungen haben gezeigt, dass auch Zahnpasten mit Fluorid deutlich für eine Verbesserung gesorgt haben.

Zuckerteekaries

ist eine der neuesten Spielarten dieser Zerstörung der Zähne, ehe sie sich überhaupt richtig gebildet haben. Inzwischen hat sich gezeigt, dass diese ausgedehnte Form der Karies an Oberkieferschneidezähnen und anderen Gebissregionen auch bei voll gestillten Kindern auftreten kann. Zahnärzte, unterstützt von Ernährungsfachleuten, empfehlen daher: Keinen süßen Tee als »Dauerlutscher« und zur bequemen Beruhigung geben. Süßer Tee verführt zum Trinken ohne Durst. Der Zucker kann ein guter Nährboden für die Bakterien der Zahnfäule werden und außerdem als so genannter Vitaminräuber dienen. Hat ein Kind tatsächlich viel Durst, so füllt man statt süßer Getränke Mineralwasser in die Fläschchen. Dann trinkt es nur, wenn es wirklich Durst hat. Außerdem sollte man, wenn ein Kind aus der Tasse oder dem Becher trinken kann, die Flasche beiseite räumen. Empfehlung für stillende Mütter: Brustkinder nach deren Zahndurchbruch abstillen oder auf jeden Fall die nächtliche Fütterung an der Brust aufgeben. Tagsüber vermeiden, dass das Kind zu lange nur an der Brust nuckelt.

Braucht das Baby den Zahnarzt?

Beim gesunden Neugeborenen steht zunächst – wie der Fachmann sagt – der

Unterkiefer gegenüber dem Oberkiefer in einer deutlich erkennbaren Rücklage. Die natürliche Nahrung, die Muttermilch, aber auch das Fläschchen können nun einen recht unterschiedlichen Einfluss auf die Zahn- und Kieferentwicklung haben. Bei Brustnahrung und Flaschennahrung mit geeigneten Saugern wird der Unterkiefer zu einer intensiven Arbeitsleistung gezwungen, was wiederum bewirkt, dass bis zum Durchbruch der Milchschneidezähne die Lage der beiden Kiefer zueinander ausgeglichen ist. Bei unsachgemäßer Ernährung bleibt jedoch der Unterkiefer in seiner Rücklage und muss dann später durch eine kieferorthopädische Behandlung erst in die richtige Lage gebracht werden.

In diesem Fall liegt es also bei den Eltern, dafür zu sorgen, dass das Baby den Zahnarzt nicht braucht.

Erkrankungen können jedoch die Gebissentwicklung der ersten Lebensmonate erheblich beeinflussen. An erster Stelle scheint hier die Rachitis zu stehen, bei der die sich neu bildenden Knochen weich und verbiegbar sowie im Wachstum zurückbleiben, weil bestimmte Kalksalze fehlen. Kommen dann Daumen- oder Fingerlutschen hinzu, eine falsche Lage und vor allem eine falsche Form des Saugers, so kann sich der Kiefer stark verformen.

Durch eine sorgsam beobachtende Mutter und in der Regel auch durch den behandelnden Arzt, der die Vorsorgeuntersuchungen durchführt, können solche Fehlentwicklungen rechtzeitig gestoppt werden.

Wenn jedoch die Milchzähne durchgebrochen sind und sich dann irgendwelche Fehlstellungen oder negative Prozesse zeigen, hilft nur noch der Weg zum Zahnarzt.

Zähneputzen

hat noch etwas Zeit. Man sollte jetzt nur darauf achten, dass sich nichts zwischen Babys Zähnchen festsetzt. Erst mit zwei Jahren sollte man das Kind anhalten, sich selbst seine Zähne zu putzen. Wichtig: Jedes Kind sollte von Anfang an lernen, dass man von oben nach unten bürsten muss. Hin-und-her-Bürsten beseitigt nicht das, was zwischen den Zähnchen steckt.

Zahnpflege beginnt jedoch nicht erst beim Putzen. Das Baby spült sich ab anderthalb bis zwei Jahren nach den Mahlzeiten oder auch nur abends den Mund aus. Richtige Ernährung ist wichtig: Ausreichend Vitamin D, A und C, genug Kalk und Phosphor, keine Bonbons und Süßigkeiten, dafür trockene Brotstückchen, Apfelschnitze, Mohrrüben oder Kohlrabistücke, die Daumenlutschen verhindern (siehe Seite 276)!

Essen und Spielen

siehe Kapitel 14 und Kapitel 26.

Spätentwickler

sind im ersten Lebensjahr nicht selten. Hinken sie auffällig hinter der Entwicklung nach, sollte man den Arzt um Rat fragen. Laienhafte Meinung kann in diesem Fall nur Verwirrung stiften.

Wenn ein Baby ein Jahr alt ist, muss es noch nicht laufen, sicher sitzen und sprechen können. Die meisten Kinder können jedoch laufen, wenn sie an der Hand gehalten werden. Die Hälfte aller Kinder schafft es schon allein.

Sie können mit gebeugtem Zeigefinger nach Gegenständen greifen und mit einem kleinen Schwung wieder wegwerfen. Manche Kinder können »Mama« oder »Opa« sagen und meinen damit auch tatsächlich Mutter und Großvater.

Es muss noch nicht sauber sein oder sich melden, wenn es die Windeln voll hat. Es braucht noch nicht mit dem Löffel zum Mund zu finden, muss noch nicht wissen, was Gehorsam oder Artigsein ist. Es schläft ebenso lange, wie es wach ist, und wacht meistens zwischen sechs und acht Uhr auf. Es versteht eine Reihe von Wörtern, kann meist auf die Glieder zeigen, die man ihm nennt, ist ein geselliges Kerlchen und trotz aller scheinbaren Unabhängigkeit immer noch zutiefst auf seine Mutter angewiesen.

Wenn aus dem Baby ein Krabbler geworden ist, müssen der Fußboden und alle vom Kind mitbewohnten Zimmer umgeräumt und ungefährlich gemacht werden. Babys krabbeln rascher, als es sich die Mutter träumen lässt. Vor ihrem Zugriff ist nichts mehr sicher!

Laufenlernen fördern?

Es gibt eine Reihe von Apparaten, die den Eltern für diese Übergangszeit des Kindes angeboten werden, in der es noch nicht richtig laufen kann, aber von einem starken Bewegungsdrang erfüllt ist.

Ob es nun Wippe, aufgehängter Hopser, Tragetuch, Laufsäckchen auf Rädern oder etwas anderes ist, das gerade erst erfunden wurde: Sie alle dienen nur den Eltern, die das Kind in diese Hosen, Tüten oder Gestelle hängen, setzen oder schnallen können und dann ihre Ruhe haben.

Jedes Gerät hemmt das Kind in seiner für die Entwicklung notwendigen Harmonie aller Bewegungen – und wenn es eine Bewegungsart fördern sollte, dann nur auf Kosten aller anderen. Das heißt, Hilfsgeräte sind notwendig einseitig und schaden den anderen Muskelgruppen, die nicht bewegt werden. Diese Apparate helfen dem Kind also nicht, denn es soll sich gerade in diesen Monaten frei bewegen können, nur dann lernt es das, was ihm später starke, gesunde Glieder schafft, nur dann kann es sich den gesamten Körper herausfordern lassen. Manche dieser Geräte können sogar schaden: Gesunden Kindern ebenso wie solchen, deren Entwicklungsstand leicht verzögert ist und die dadurch unter Umständen erst in Schwierigkeiten geraten können.

So entwickelt sich das Baby im zweiten Lebensjahr

Das zweite Lebensjahr beginnt mit eitel Freude und Amüsement. Das Baby kann ein paar Kasperstückchen, die es sofort in sein Repertoire aufgenommen hat, nachdem es einmal zufällig gemerkt hatte, wie erfolgreich sie bei den Großen sind.

Es setzt Vaters Zeitung als Hut auf den Kopf, räuspert sich genau wie Opa, bringt Omi mit freundlichem »Da da« eine leere Zigarettenschachtel und lässt sich vor das Bücherregal plumpsen, um mit großem Ernst Vaters Kriminalromane herauszuräumen. Doch Erfolg ist eine Gefahr, und jedes Baby überspielt seinen Babycharme ziemlich rasch. Wenn die Erwachsenen nicht mehr auf seine Stückchen eingehen, kann das Kind unleidig werden.

Im zweiten Lebensjahr lernt das Kind seinen Körper immer besser beherrschen. Es kann frei stehen, es lernt laufen, eine Treppe hinaufgehen, es lernt komplizierte Handbewegungen und ahmt die Tätigkeiten der Eltern nach. Es weiß mit anderthalb, was »jetzt« bedeutet, und mit zwei weiß es ungefähr, was »bald« heißt. Es begrüßt die Eltern morgens jubelnd und tropfnass, es lernt sich allein auszuziehen. Sein Eigenbewusstsein und sein Selbstgefühl wachsen. Es gibt jetzt gern ein Spielzeug oder ein anderes Ding her, tritt ein in die Welt der Sozialbezüge, wenn es auch oft rasch wieder einen Rückzieher macht. Am Ende des zweiten Jahres kann es kritzeln und einen Turm aus vier Klötzen bauen. Es kann auf den Körperteil deuten, den ihm die Eltern zeigen. Die große Auseinandersetzung von Mein und Dein steht noch aus.

Das Kind kann im zweiten Lebensjahr zwar zwei Gegenstände halten, also in jeder Hand einen, aber es kann sich noch nicht mit zwei Sachen gleichzeitig beschäftigen. Wenn es ins Rennalter kommt, hält die sprachliche Entwicklung meist vorübergehend inne. Viele Eltern von kleinen Buben können beobachten dass die jungen Herren beharrlich schweigen, bis sie perfekt laufen können. Dann holen sie das Reden nach.

Das Baby wandert in die Welt

Vor und für Baby gibt es jetzt kaum Schranken. Wer das Kind noch eine Zeit lang im Kinderzimmer halten kann (die Tür mit dem ausgedienten, zusammengebundenen Laufstall oder mit einer Spezialgittertür verschließen, sodass das Baby nicht eingesperrt, sondern nur eingedämmt ist), soll die Zeit nutzen, um die Wohnung einschließlich der Küche radikal umzuräumen. Alles, was das Baby herunterzerren könnte, wird fortgeräumt: Tischdecken, Vasen, Feuerzeuge, Aschenbecher. Wertvolle Bücher kommen in die oberen Bücherregale. Schranktüren werden abgeschlossen, die Schlüssel abgezogen. Babys lieben es, Schlüssel verschwinden zu lassen. Alle offenen Steckdosen werden verschlossen. Mehr über die wichtigsten Maßnahmen zur Unfallverhütung lesen Sie im Kapitel 20 ab Seite 293.

Die Küche wird ebenfalls umgeräumt. Jedes Baby ahmt gern nach. Also kommen in die unteren Fächer und Schubladen unzerbrechliche Sachen: Plastikschüsseln und -geschirr, Holzbretter, Holzlöffel und Ähnliches. So kann das Kind gefahrlos ausräumen und der Mutter »helfen«.

Verbote und Trotz

Wichtig ist, dass sich das Kind jetzt an vielem orientieren kann. Es muss untersuchen, mit Mund und Hand Materialien und Geschmäcker kennenlernen. »Lass das!« und »Rühr das nicht an!« dürfen niemals zu hundertmal wiederholten Alltagsbefehlen werden.

Anderseits müssen dem Kind bestimmte Verbote verständlich gemacht werden, da man zum Beispiel nicht alle elektrischen Geräteschnüre in der ganzen Wohnung beseitigen kann. Geht das Baby an das verbotene Objekt, sagen die Eltern fest und klar »Nein!«, geht zum Kind hin und trägt oder führt es fort. Sie soll nicht quer durch die Wohnung ein »Lass das!« rufen. Das Baby weiß nicht, was gemeint ist. Es muss gezeigt bekommen, um was es geht. Immer wieder, ein Dutzend Mal und ohne Klaps auf die Hand. Wenn das Baby dabei ruhig und vergnügt bleibt und die Mutter ihn danach ablenkt und mit ihm spielt, kommt keine Spannung auf, und es wird ohne Theater gehorchen lernen. Temperamentsgebundene Einlagen sind natürlich immer möglich. Das Baby lässt sich in dieser Zeit leicht ablenken. Das ist für die Mutter eine große Hilfe. Sein »Nein«, sein Trotz, sein »Ess ich nicht!« werden ihm langweilig, so wie die Mutter mit etwas Neuem lockt oder einfach Babys Neugier reizt.

Babys Trotz kann manche Mutter ratlos machen, weil sie ihn Missversteht. Mit diesem Trotz will sich das Kind nicht gegen die Eltern stellen, will sich nicht »schlecht benehmen«. Es wird von den sich entfaltenden Kräften seiner Person gezwungen, sein Ich zu beweisen.

Dieser frühe Trotz ist weder Unart noch schlechte Anlage. Er muss also nicht »gebrochen« werden. Trotz ist der erste eigene Wille des Kindes. Er ist genauso ungelenk und unreif wie Babys Bewegungen und erste Worte. Das Kind wird vermutlich ebenso oft über sich erschrecken wie die Eltern, denn der Trotz und seine Folgen sind fürs Kind ja auch noch neu. Dass die Eltern Ziele dieses Trotzes sind, liegt daran, dass sie die einzigen beständigen Gegenüber, die am besten bekannten Partner sind.

Die Eltern müssen also ihre Rolle weiter richtig spielen. Wer schimpft, Babys Wüten gar persönlich nimmt und sich ärgert, der zeigt, dass er die Spielregeln nicht kennt.

Die Eltern müssen vielmehr der lenkende Partner bleiben, müssen dem Kind helfen, seinen Willensaufruhr zu bewältigen. Denn auch das sagt der Trotz: »Hilfe! Mich überwältigt etwas, mit dem ich nicht fertig werde.«

Wenn die Eltern ihr Kind bisher gut und gedankenvoll beobachtet haben, wird es ihnen nicht schwer fallen, den gesunden Willen des Kindes zu Selbstgefühl und Sicherheit reifen zu lassen.

- Wichtig: Die Eltern müssen sich über diese erste Krise pädagogisch einig sein. Wenn der Vater schilt, weil die Mutter nicht straft, oder wenn die Mutter straft, weil der Vater verwöhnt, so wird das Kind rasch zum eigensinnigen Teufel. Sein Trotz wird jetzt – und in den späteren Trotzperioden, vor allem jedoch in den so genannten Flegeljahren – krankhaft aggressiv und unerträglich.
- Wichtig: Verziehen hilft dem Kind nichts. Es muss jetzt nicht nur sein Ich, sondern auch dessen Grenzen erkennen. Es muss Gebote respektieren und vermag das leichter zu tun, wenn die Eltern ihm den Sinn von Gebot und Verbot klar machen und ihm zeigen, dass sie ihrerseits Gebote einhält. Der klassische Satz: »Tu nicht, was ich mache, sondern was ich sage!« ist ebenso töricht wie grundfalsch.
- Wichtig: Man muss die hauptsächlichsten Trotzgründe kennen. Psychologen haben sie gesammelt und festgestellt, dass Kinder vor allem auf folgende Situationen mit trotzigem Verhalten reagieren:

  1. Wenn sich die Eltern in eine körperliche Betätigung des Kindes einmischen (etwa damit es schneller geht)
  2. Wenn sie eine bisherige Ordnung umstellt (wenn sich zum Beispiel Essenszeiten, Spielregeln oder Tagesabläufe ändern)
  3. Wenn sie dem Kind etwas wegnimmt oder verweigert (dazu gehört die beliebte Vertröstung auf das fürs Kind unvorstellbare »Morgen«)
  4. Wenn sie einen Plan des Kindes durchkreuzt.

  Vermeidet oder entschärft man diese kritischen Situationen, so hat man dem Baby und sich selbst eine Menge Protest und Aufregung erspart.
- Wichtig: Das Kind kann seinen Trotz besser überwinden, wenn es erstens nicht beschämt oder verhöhnt wird und zweitens mehr als einen Ausweg aus einer Sackgasse geboten bekommt. So wird sein frischgebackener Wille nicht geknebelt, sondern zur Mitarbeit aufgefordert.

Die Eltern müssen geduldig sein, auch hier braucht ein Baby seine Zeit. Schmollt das Kind, weil die Eltern ihm verboten hat, mit einer Schere zu spielen, so sagt sie ruhig: »Ich weiß, warum du beleidigt bist. Ich gehe jetzt und kaufe ein. Wenn du mitgehen willst, so komm. Sonst kannst du bei Omi spielen.« Auf diese Weise bleiben dem Kind zwei sinnvolle Reaktionsmöglichkeiten offen, zwischen denen es frei entscheiden kann, ohne sich »etwas zu vergeben«.

Trotzdem wird es immer Situationen geben, wo die Mutter unter Zeitdruck steht. Bockt ein Baby, während die Straßenbahn kommt, so sitzt die Mutti in der Falle, und es bleibt ihr nichts anderes übrig, als den Schreihals unter den Arm zu klemmen. Trotzdem ist es ein Unterschied, ob man das Kind stumm und ruhig hoch hebt oder ob man sinnlos aufs Kind einschilt und es am Arm hinter sich herzerrt.

Babys Nachahmungstrieb

Das Baby lernt laufen und es lernt sprechen. Seinem Nachahmungsvermögen sind also alle Pforten geöffnet. Es fegt die Stube wie Mutter, es setzt sich den Hut wie Vater auf, es macht Tutut oder Wauwau, es kullert die Treppenstufen hinunter. Die Mutter kann diesen Trieb so wie früher die Gewöhnung sinnvoll nutzen. Sie kann geduldig und eindeutig vormachen, was sie nachgeahmt wissen will: Hände waschen, Nase putzen, Höschen anziehen, Schubladen ordentlich öffnen und schließen, Schuhe schön nebeneinander stellen, das Spielzeug übersichtlich aufräumen, den Teller schön leer essen.

Das kann ein Spiel sein und darf niemals zum Drill werden. Irrtümer und Vergesslichkeiten sind auf Babys Seite normal und verdienen keine Strafe. Auch wenn das Baby jetzt schon zeitweise zuverlässig zu sein scheint, sollten sich die Eltern keine Sekunde lang täuschen lassen. Babys Nachahmungskunst hat hier nur ein besonderes Meisterstück geliefert, was nicht besagt, dass es das nächste Mal ebenso klappen wird.

Man muss sich freilich hüten, zu viel vorzumachen. Die Erwachsenen sind sich oft nicht bewusst, wie sehr sie Vorbild sind, wie sehr sie dem Kind ahnungslos und unabsichtlich den eigenen Willen aufnötigen. Hat die Mutter irgendein Spiel so und nicht anders angespielt, so ist das für das Baby heiligstes Gesetz. Es schreit, wenn jemand anders spielt, schreit auch, wenn die Mutter vergessen hat, wie sie das gestern gemacht hat. Sie muss also immer noch »eindeutig« sein und ein glänzendes Gedächtnis haben.

Babys Zerstörungswut

Ein Stapel Seidenpapier wird geformt, zerknautscht, zerrissen. Ein Plüschbär, dem eine Naht geplatzt ist, wird mit kleinen spitzen Fingem »ausgeräumt«. Eine Plastikbahn wird in Einzelteile zerlegt. Das bedeutet noch lange nicht, dass das Kind eines Tages als Brandstifter oder Anarchist enden wird. Kindliche Zerstörungslust ist zum großen Teil nichts anderes als Neugier. »Was steckt dahinter?« Experimentierfreude ist die zweite Ursache: »Wie schön hört es sich an, wenn Papier reißt!« Psychologen raten, das Baby Sachen zerlegen, zerreißen, zerspielen zu lassen, damit sich die aufgestaute Abbaulust nicht später als böser Aggressionstrieb wiederholt.

Sie raten auch, die Zerstörungslust in schöpferische Kanäle zu lenken: Aus den Reißresten kann man von den Eltern lernen, wie man Muster legt. Man kann Fetzen ganz klein reißen und Schneegestöber spielen. Man kann aus einer Zeitung eine Maske reißen: Löcher für Augen und Nase. Man kann aus Papier Figuren formen: Hasen mit zwei langen Ohren.

Spielt das Baby mit Bauklötzen, so gehören Aufbau und Abbau ohnehin zusammen: Man macht Zielwerfen auf den Turm, oder man sieht, wie viel Steine man unten wegnehmen kann, ehe er zusammenstürzt.

Ist der Zerstörungstrieb des Kindes sehr stark ausgeprägt, so hat das Kind wahrscheinlich nicht genug Bewegungsfreiheit und Auslauf. Es muss seine aufgestaute Energie in der Zerstörung abreagieren. Hier sollte sofort für Veränderung gesorgt werden.

Das Kind und die Welt

Das Baby erschrickt im zweiten Lebensjahr leicht vor lauten Geräuschen, vor Hunden und wird durch nächtliche Träume geängstigt. Fremden steht es plötzlich scheu gegenüber, obwohl es gestern noch ausgesprochen »sozial« war. Es spielt bei der Mutter, verlässt sie und spielt allein in seinem Zimmer, und dann ist es plötzlich wieder da und schmiegt sich dicht an die Mutter an. Es lebt oft im Zwiespalt: Zwischen Triumph über das Können und Angst vor der Einsamkeit. »Nur ich, keine Mami.« An dieses Gefühl muss sich das Kind erst im Laufe der Zeit gewöhnen.

Das Baby braucht die Mutter natürlich noch, aber inzwischen ist es auch gern einmal für sich allein. Die Mutter muss in diesem Jahr daran denken, dass ihr das Kind ebenso wenig gehört, wie sie dem Kind zu eigen ist. Und das Kind muss wissen: Hier ist mein Hort und mein Schutz, aber die Mutter muss ihm Kräfte und Anstoß zum selbstständigen Leben geben, damit es sich später in der oft unsanften Wirklichkeit unserer Welt behaupten kann.

Das beginnt auf ganz einfache Weise. Die Mutter soll das Kind nicht im Wagen durch die Gegend schieben. Sie soll es laufen lassen, im Park, im Vorgarten. Sie hat es ohnehin im Auge, aber es kann auf diese Weise so etwas wie eigene Abenteuer erleben.

Auch dass es frei im sicheren Teil der Wohnung herumkrabbeln kann, dass die Mutter nicht immer sausen, es retten und zurückreißen muss, erleichtert dem Baby den Weg zum Ich. Es kann jetzt schon lernen, sich Viertelstunden, halbe Stunden, ja Stündchen allein zu unterhalten.

Das Baby mag Leute

Es schätzt seine Familie, es lernt gern Fremde kennen, aber es will sie auf seine Weise kennenlernen können. Es will sie zuerst betrachten, nicht gleich guten Tag sagen und Konversation machen müssen. Manchmal sind eben Menschen und Dinge gleichwertig. Manchmal behandelt es andere Kinder wie Holzpuppen ohne Schmerzgefühl. Manchmal lehnt es Menschen spontan ab oder flirtet mit einem anderen, dass es die Erwachsenen in Verlegenheit setzt. Noch übt das Kind soziale Kontakte. Noch sind Menschen – außer der Familie – austauschbar.

Der Umgang mit ihnen hat Sinn, wenn sich die Erwachsenen normal und eher gleichgültig verhalten. Großes Getue und gekünstelte zuckersüße Höflichkeit schüchtern das Baby ein und machen es menschenscheu. Zu viel Geselligkeit ist auch nicht gut, denn mehr als einen oder zwei Fremde kann das Baby nicht verkraften.

Das Baby bewegt sich gern

Mit anderthalb Jahren schiebt das Baby lieber seinen Wagen, als dass es darinnen sitzt: Es mag das halb gestützte Laufen. Es kann allein loslaufen und anhalten, aber Ecken nehmen kann es noch nicht. Es steht und läuft breitbeinig. Seine Wirbelsäule hat noch nicht den doppelten S-Schwung, sie ist gerade, und deshalb muss das Baby sein Gleichgewicht durch leichtes Vornüberbeugen und eingeknickte Knie ausgleichen. Es schleppt gerne Sachen, erstens, um dadurch sein Gleichgewicht zu üben, zweitens, weil ihm Kramen und Ordnen Spass machen.

Mit anderthalb Jahren ist das Kind längst dem Ställchen entwachsen und spielt im Hof, im Vorgarten und auf dem Balkon. Es muss schon seine Ecke für Ball und Klötze, Wagen und Lokomotive haben. Es soll noch keine langen Spaziergänge machen. Gründliches Erforschen eines kurzen Weges samt Garageneingängen, Mauern, Zäunen und Gullys ist beliebter.

Die Eltern sollten sich auf Babys Tempo einstellen. Sie soll deshalb nicht das Spazierengehen mit dem Einkaufen verbinden. Dann zerrt sie das Kind nur durch die Gegend und es stolpert lustlos und missmutig hinter ihr her. Spazierengehen heißt: Nach Babys eigenem Rhythmus durch die Straßen schlendern und bummeln; stehen bleiben: Karussell um einen Laternenmast; stehen bleiben: schlafende Katze im Kellerfenster betrachten. Hier und in vielen anderen Fällen merkt die Mutter: Viele Erwachsene werden nicht nur durch das scheinbar Unnütze der kindlichen Handlungsweise nervös und ungeduldig, sondern auch durch den ganz anderen Rhythmus, in dem die Bewegung des Kindes geschieht. Sie muss jedoch wissen, dass nichts von diesem »Getrödel« für das Kind unnütz ist. Es lernt auf diese Weise, sich das einzuprägen und anzueignen, was in diesem Moment der Entwicklung wichtig ist.

Das Baby wirft gern

Manche Psychologen nennen diese Zeit zwischen anderthalb und zwei oder zwischen eins und anderthalb das Werfalter. Loslassen, mit Schwung loslassen, ist für das Baby das Schönste. Durch diese Art des Hergebens übt es seine Hand- und Armmuskulatur, schärft außerdem Blick und Entfernungsgefühl. Die Krönung bekommt diese Übung natürlich durch das Zurückschenken der Erwachsenen.

Sitzt das Baby im Wagen oder Ställchen, so kann die Mutter zum Trick mit dem Spielsachenanbinden greifen. Besser und sicherer ist es jedoch, das Baby jetzt in eine Spielecke zu setzen, wo es seine Sachen von einer Ecke in die andere werfen und selbst wieder zurückholen kann. Dabei übt es gleich noch das Krabbeln.

- Wichtig: Dem Kind nur weiches Spielzeug geben. Schweres und Scharfes könnte das Kind verletzen.

Das Baby entdeckt Mein und Dein

Noch begreift das Kind nicht den ganzen Komplex und das ganze Ausmaß dieser Begriffe. Aber es versteht: Das ist Babys Ball – das ist Mamis Handtasche! Auch durch diese Entdeckung wird bei ihm der Wunsch nach einem eigenen Spielplatz, einer eigenen Spielzeugkiste, einem eigenen Regal betont. Es braucht diese bestimmte Sektion der Welt, um durch dieses Zeichen der Grenzen auch den Reichtum der eigenen Person zu begreifen. Durch Besitz fühlt sich das Kind bestätigt.

Manchmal beginnt es, Sachen zu horten. Das ist ebenso wenig schlimm wie seine Unlust, mit anderen Kindern zu spielen. Es muss auch Mein und Dein erst an Extremen üben und begreifen. Es wäre sinnlos, dem Kind jetzt schon beibringen zu wollen, dass man abgeben muss, dass man mitspielen muss, dass man Rücksicht auf andere Kinder nehmen muss. All das hat noch ungefähr ein bis anderthalb Jahre Zeit.

Das Baby schlägt und beißt

Am Anfang reagiert das Baby seine Unlust mit dem ganzen Körper ab und kann bei seinem wütenden Strampeln auch einmal der Mutter einen Schlag versetzen. Dass das Baby Mutter oder Vater in die Nase, ins Kinn oder in die Backe beißt, dass es an ihren Haaren zieht ist ebenfalls nicht außergewöhnlich. Jeder Mensch muss seinen Aggressionstrieb abreagieren, und wenn das Baby bestimmt und fest ermahnt wird, andere Leute nicht zu beißen, dann wird es lernen, sich zu beherrschen.

Ein Teil dieser Zieh- und Beißversuche ist freilich auch Neugier und Experiment. Alles wird mit Mund und Lippen, alles wird durch Griff und Hände untersucht Warum sollten Nase, Haare und Backe anderer Menschen ausgerechnet davon ausgenommen werden? Die Mutter muss also in diesen Fällen ruhig erklären, dass es bestimmte Grenzen gibt.

Trost und Strafe

Das Baby rennt und tobt im Lauf des zweiten Jahres immer wilder, fällt oft auf die Nase, stößt und verletzt sich leichter als in späteren Lebensabschnitten, weil es ohne Rücksicht auf mangelnde Fähigkeiten alles versucht und nicht imstande ist, Gefahr und Risiko zu erkennen oder einzuschätzen. Es lernt, den Ball mit einem Fuß abzustoßen, fällt dabei aber hundertmal auf den Po. Es lernt, aus dem Sitz vom Boden hochzukommen, verliert dabei aber hundertmal das Gleichgewicht. Es übt, auf einem Fuß zu stehen, knickt dabei aber immer wieder um, weil sein Kniegelenk erst mit zweieinhalb Jahren fest genug sein wird. Es kann den Unterarm frei bewegen und abbiegen, klemmt und stößt sich aber oft die Hand, wenn es eine Türklinke niederdrücken will. Es kann Entfernungen schätzen, kann daraus aber noch keinen Schluss auf seine Geschwindigkeit ziehen und rennt oft gegen Türen, Mauern und Wände. Es kann mit dem Unterkiefer mahlen, kann also kauen und besser sprechen, beißt sich aber noch oft genug auf die Lippe oder in die Backe. Und meistens kommt es dann heulend und jammernd angetappelt, und Mami soll trösten. Prinzipienmütter neigen dazu, besonders Buben schon jetzt einzuschärfen: »Männer heulen nicht, stell dich nicht so an, nimm dich zusammen!«

Ob die Ansicht richtig ist, dass Männer nicht weinen sollen, kann 20 Jahre später entschieden werden. Jetzt ist der Bub kein Mann, sondern ein kleiner Mensch, der sich verletzt hat, verletzt bei der Entdeckung der Welt. Er will alles wissen und können, aber die Welt tut ihm weh. Wie soll er das bewältigen, wenn er sich nicht zur Mutter, zum einzigen Gewissen auf dieser Welt, flüchten und von ihr trösten lassen kann? Wenn die Mutter plötzlich so abweisend wie die Umwelt ist, leidet das Baby doppelt. Also: trösten, aber kurz und ohne Überschwang.

Niemals sagen: »Der böse, böse Tisch!« Das Kind soll nicht jetzt schon lernen, wie man alles auf andere abwälzt. Lieber sagen: »Tische haben eine Kante. Sieh mal, wenn du dich so bückst, stößt du dich nicht wie der. Probier mal!« Schon ist das Baby abgelenkt. Niemals mit Zuckerwerk trösten (ab Seite 241).

Niemals sagen: »Das kannst du noch nicht!« Gerade das hat das Baby ja schmerzlich erfahren. Es ist auch ihm schon peinlich, wenn man ihm seine Niederlage noch unter die Nase reibt.

Hat das Baby bei seinen Lauf- und Kletterversuchen etwas zerbrochen, umgestoßen oder beschädigt, müsste die Mutter ein Engel sein, wenn sie nicht Bedauern oder Trauer zeigt oder wie ein Gewitter lospoltert. Tut sie es, so soll sie auch dazu stehen und sich nicht danach von Gewissensbissen zernagen lassen. War es die Lieblingsvase, so lernt das Baby durch dieses Donnerwetter, dass die

Eltern Gegenstände genauso lieben können, wie das Baby seinen Teddy lieb hat. Es lernt außerdem, dass die Eltern ebenfalls Temperament besitzen. Frisst die Mutter den Zorn über Babys Ungeschick in sich hinein, so kann sich ihre Haltung zum Kind ändern. Sie kann das Baby das auf anderen Gebieten entgelten lassen, was sie nicht gleich zu strafen wagte. Das ist für das Kind schlimmer als der Schreck über Mutters Explosion.

- Besser: nach der Explosion wieder rasche Versöhnung.

Eltern sollen jedoch niemals schlagen oder prügeln. Immer noch ist das Baby ein Wesen ohne Schuld. Es hat die Vase ja nicht absichtlich zerbrochen. Die Eltern haben sie schließlich so stehen gelassen, dass dieses Malheur möglich war. Reagiert das Kind »böse«, so haben die Eltern einen Erziehungsfehler gemacht. Weiß sie nicht, wo er liegt, so sollte sie sich von erfahrenen Pädagogen und Kinderpsychologen beraten lassen. Es gibt in jeder Stadt Mütter- und Erziehungsberatungsstellen, die gerne helfen. Man sollte sich niemals aus falscher Scham scheuen, diese neutrale und kenntnisreiche Hilfe anzunehmen. Das Baby kann in dieser Zeit sehr wohl die Grundlage künftiger Rücksichtnahme erwerben. Die Achtung vor Vatis Schreibtisch, vor Mutters Vase vor Omis Brille sind der noch spielerisch nachgeahmte Anfang.

Mit zwei Jahren

ist das Baby 80 bis 90 Zentimeter lang und 11 bis 14 Kilogramm schwer, geht sicher und frei, fällt aber häufig hin. Es kennt viele Gegenstände beim Namen, hat einen Sprachschatz von 100 bis 200 Wörtern, spricht aber unter Umständen noch wenig. Manche Kinder können jetzt schon Sätze aus zwei bis drei Wörtern bilden. Das Baby kann sich den Mund ausspülen und kann kauen, kann mit einem Bleistift eine Linie ziehen, wenn man es ihm vormacht. Senkrechte Linien kann es am ersten nachmalen. Manche Kinder zeichnen schon wackelige Kreise. Das Baby gewinnt Erinnerung, kann Spiele wie »Hoppe, hoppe Reiter« spielen, liebt die ständige Wiederholung, die es das Behalten lehrt, kann jemanden auch nach sechs Wochen wiedererkennen, kennt seine Mahlzeiten, weiß, dass sein Spiegelbild es selbst ist. Es sammelt alles, was ihm in den Weg kommt, und spielt damit, von Kastanien über Topfdeckel bis zu Knüllpapier. Es ist noch nicht sauber, und es braucht Zeit für alles, was es kann.

Gesund entwickelt?

Jede Mutter sollte sich an die von Kinderärzten vorgeschlagen Voruntersuchungen in den ersten Lebensjahren halten (siehe Seite 273). Sie dienen vor allem der ständigen Kontrolle von Babys reifenden geistigen und körperlichen Funktionen.

In folgenden Fällen ist unter allen Umständen der Arzt um Rat zu fragen:

- Wenn das Kind noch nach dem sechsten Monat den Klammerreflex zeigt, und wenn sich noch nicht die Landau-Reaktion herausgebildet hat: Das

Mit großen Augen schaut Baby während der ersten Lebensmonate in die Welt. Die vielen neuen Eindrücke und Farben wollen erst einmal verarbeitet werden.

Baby mit beiden Händen am Rumpf fassen, sodass Arme, Beine und Kopf frei schweben.

Es muss jetzt wie ein Schwimmer den Kopf heben und die Beine strecken. Drückt man den Kopf sacht nach unten, muss das Kind automatisch den ganzen Körper beugen.

- Wenn sich das Kind nach dem neunten Monat noch nicht von allein vom Rücken auf den Bauch rollen kann.
- Wenn es mit zwei Jahren noch nicht den Unterschied zwischen einem Verbot und freundlichem Zureden begreifen kann.
- Wenn das Kind am Ende des zweiten Lebensjahres nicht mehr als 20 Wörter spricht und kennt.
- Wenn es noch nicht allein aufstehen und sich hinsetzen kann.
- Wenn es noch nicht kauen und sein Essen nicht im Mund behalten kann.
- Wenn es wenig ansprechbar ist.
- Wenn es bei Fingerspielen und Bewegungsspielen wie »Hoppe, hoppe Reiter« nicht reagiert und mitspielt.
- Wenn es einen Gegenstand nicht mit den Augen verfolgt, den man ihm seitlich vom Köpfchen vorbeiführt, und wenn es auch nicht danach greift.

19

KAPITEL

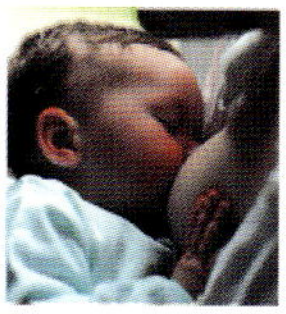

Babys Gesundheit

Babys körperliches Gedeihen liegt ganz und gar in der Hand der Mutter. Hat sie die Entbindungsklinik verlassen, so ist es an ihr, sich auch in Zukunft um ärztlichen Rat und Schutz zu kümmern. Sie sollte auf jeden Fall die Früherkennungsuntersuchungen nutzen, die für all unsere Neugeborenen eingerichtet sind. Zur Durchführung der Früherkennungsuntersuchungen erhält jede Mutter in der Geburtsklinik oder von der Hebamme ein so genanntes Untersuchungsheft. Dieses Untersuchungsheft ist nur für die Mutter und ihren Arzt bestimmt, sie braucht es keinem anderen zu zeigen, auch später nicht, wenn vor der Einschulung Fragebogen ausgefüllt werden müssen, die sich auf den Gesundheitszustand des Kindes beziehen.

Wenn Sie zu den Vorsorgeuntersuchungen gehen, sollten Sie folgende Unterlagen einstecken, damit Sie auf die Fragen des Arztes eine präzise Antwort geben können: den Impfpass des Kindes und Ihren Mutterpass, außerdem – wenn Sie eines angelegt haben – das Heft, in dem Sie die Entwicklungsdaten Ihres Kindes notiert haben.

Das Untersuchungsheft erhalten Sie nach jedem Arztbesuch zurück. Bitte sorgfältig aufbewahren und bei jeder folgenden Untersuchung wieder mitbringen, damit die neuen Befunde eingetragen werden können. Diese Vorsorgeuntersuchungen verlaufen einfach. Der Arzt benötigt dazu keine Apparate, sondern kann den Entwicklungszustand des Nervensysterns mit ein paar Handgriffen, aufgrund seines ärztlichen Wissens und der Erfahrung, Reflexe richtig zu beurteilen, erkennen. Die Auskünfte, die ihm die Mutter auf seine Fragen gibt, runden dieses Bild ab. Wichtig ist, dass die Mutter bei dieser Untersuchung nicht ängstlich ist, denn der Arzt, der die Muskelkraft und das Zusammenspiel der Muskulatur prüfen will, muss das Kind anders anfassen, als es die Mutter gewöhnlich tut. Doch nichts tut weh, alles beugt Schaden vor und dauert auch nur einen Augenblick. Jedes Kind hat bei uns ein gesetzlich verbrieftes Recht auf Vorsorgeuntersuchungen von der Geburt bis zum vierten Lebensjahr.

Vor ein, zwei Generationen war es noch unmöglich, bestimmte Krankheiten, die die körperliche und seelische Entwicklung des Kindes beeinträchtigten, so frühzeitig zu erkennen, dass man noch sinnvoll eingreifen konnte. Diese

Chancen für unsere Kinder haben sich erheblich verbessert. Die Vorsorgeuntersuchungen dienen also dazu, Krankheiten, die eine normale körperliche oder geistige Entwicklung beeinträchtigen könnten, so früh wie möglich zu erkennen. Unmittelbar nach der Geburt beginnt diese Vorsorge und umfasst nach dem vom Bundesausschuss der Ärzte und den Krankenkassen neu aufgestellten Katalog all jene Krankheiten, die »eine normale körperliche oder geistige Entwicklung des Kindes in besonderem Maße gefährden«.

Dazu gehören: Augenfehler, Gehirnschädigungen, angeborene Zuckerkrankheit, angeborene Fehlbildungen, sowohl an den Gliedmaßen (besonders an den Hüftgelenken) als auch an anderen Organen (zum Beispiel Lippen- und Gaumenspalten), Harnwegsinfektionen und Harnwegsmissbildungen, Stoffwechselstörungen. Außerdem achtet der Arzt auf Sprachstörungen und Störungen in der Entwicklung der Muskulatur und der Bewegungsorgane. Nachfolgend die Liste der Früherkennungsuntersuchungen, die in dem Untersuchungsheft mit U bezeichnet und fortlaufend numeriert werden:

U 1: Die Erstuntersuchung des Neugeborenen kontrolliert die Atmung, die Muskeltätigkeit, die Reflexe und die Herzschläge des Kindes. Der Arzt stellt dabei fest, ob eine Gefährdung vorliegt oder befürchtet werden muss. Er prüft, ob das Kind mit einer Gelbsucht oder mit Schwellungen zur Welt gekommen ist und ob es die volle Reife erreicht hat.

U 2: Ist die Basisuntersuchung, die grundlegende Untersuchung des Neugeborenen. Auch sie erfolgt meist noch in der Klinik, und zwar in der Zeit vom dritten bis zum zehnten Lebenstag des Kindes. Der Arzt prüft jetzt, ob Geburtsschäden vorliegen oder ob zunächst übersehene Fehlbildungen vorhanden sind, und er richtet dabei seine Aufmerksamkeit besonders auf die Verdauungswege, Herz und Lunge, Arme und Beine, Geschlechtsorgane und Nervensystem. Er entnimmt Blutproben für den Guthrie-Test und die TSH-Bestimmung, Untersuchungen zum Ausschluss von Stoffwechsel- und Schilddrüsenstörungen.

U 3: findet in der 3. bis 4. Lebenswoche statt. Der Arzt kontrolliert noch einmal die Herzfunktion. Er überprüft die Beweglichkeit der Hüftgelenke. Da Mutter und Kind inzwischen zu Hause sind, erkundigt sich der Arzt danach, wie das Kind isst, was gefüttert wird, ob es an Anfällen leidet und in der Bauchlage schon den Kopf heben kann.

U 4: findet im 3. bis 4. Monat statt. Abermals werden Herz und Hüftgelenke überprüft. Der Arzt achtet auf Anzeichen von Rachitis und prüft wichtige Reflexe, die auf eine normale Entwicklung des Gehirns schließen lassen. Er stellt folgende Fragen: Kann das Kind in der Bauchlage den Kopf heben? Kann es das auch in der Rückenlage? Bewegt es beide Arme und Beine gleich? Fängt es an, nach einem Spielzeug zu greifen?

U 5: findet im 5. bis 7. Monat statt. Bei dieser Untersuchung geht es darum, ob das Kind schielt oder andere Augenfehler hat. Abermals wird die Gehirnfunktion überprüft und diesmal auch das Gehör. Die Fragen, die der Arzt stellen wird: Kann das Kind sitzen, knien oder stehen? Reagiert es auf Fremde anders als auf Bekannte?

U 6: findet im 10. bis 12. Monat statt. Der Arzt prüft, ob die Entwicklung der Sinnesorgane und des Nervensystems gestört sind. Die Fragen des Arztes beziehen sich auf die Sprachentwicklung des Kindes und auf andere Auffälligkeiten in seinem Verhalten.

U 7: findet im 21. bis 24. Monat statt. Die normale Entwicklung der Sinnesorgane wird überprüft. Diese Untersuchung ist besonders wichtig, weil wir wissen, wie sehr ein gestörtes Hör- und Sehvermögen die weitere Entwicklung des Kindes, seine ganze Erfahrung der Umwelt beeinträchtigen und dadurch seine körperliche und geistige Entwicklung erheblich hemmen kann. Gerade diese Mängel sind durch eine frühzeitige Behandlung jedoch weit gehend zu korrigieren. Die Fragen des Arztes lauten: Seit wann kann das Kind sitzen, stehen, frei laufen und sprechen?

U 8: findet im Alter von dreieinhalb bis vier Jahren statt. Zwischen dieser und der letzten Vorsorgeuntersuchung hat eine relativ lange Zeit gelegen, und bis zur ersten Untersuchung des Schularztes vergeht nochmals eine lange Zeit. Da gerade in diesen Kindergartenjahren auch Ernährungsfehler begründet werden können, ist es wieder sehr wichtig, diese Untersuchung nicht zu versäumen. Der Arzt wird sämtliche Organe und Organsysteme sehr genau untersuchen. Er überprüft, ob in der Zwischenzeit Krankheiten aufgetreten sind, die die Entwicklung gefährden könnten. Er wird den Urin des Kindes untersuchen, um nach Krankheiten zu fahnden, die weder Sie noch das Kind bemerken können, weil sie keine Schmerzen verursachen. Das Sprachverständnis wird kontrolliert. Der Arzt fragt die Mutter oder die Erziehungsperson: Schläft das Kind gut? Kann es gut sprechen, oder stottert es? Was hat es bisher für Krankheiten durchgemacht? Gerade diese letzte Untersuchung hilft dem Arzt, mögliche Gesundheitsstörungen rechtzeitig zu beseitigen, sodass der Gesundheitszustand des Kindes bestens ist, wenn es in die Schule kommt und dort neue Erfahrungen machen und neue Belastungen aushalten muss. Gerade deshalb ist es wichtig, sämtliche Vorsorgeuntersuchungen mitzumachen, denn alle körperlichen Entwicklungen in diesen ersten Lebensmonaten des Kindes – das Greifen, das Sitzen, das Krabbeln, das Laufen – lassen auch Rückschlüsse auf seine geistige Entwicklung zu, weil jede Bewegung vom Gehirn gesteuert wird.

Bei einer Behinderung des Kindes wird der Arzt Behandlungen oder Turnvorschläge machen, oder er wird den Eltern raten, sich sofort bei Gesundheitsamt, Krankenkasse oder Sozialamt nach Behandlungsmethoden zu erkundigen. Diese Untersuchungen und Tests werden immer wieder kritisiert, weil die Diagnosen oft davon abhängen, wie erfahren der Arzt ist, ob er von den Kindern nicht zu viel erwartet oder jede geringe Abweichung von der so genannten Norm schon als den Anfang einer Behinderung sieht und wertet. Trotzdem: Die Chance, einem Kind rechtzeitig zu einem Leben in Gesundheit zu helfen, wiegt schwerer. Sie darf man nicht verwerfen.

Das Baby und sein Kinderarzt

Alle Eltern sollen sich möglichst schon während der Schwangerschaft einen Kinderarzt ausgesucht haben, dem das Kind vorgestellt wird, sowie es nach Hause kommt. Sie kann schon für ein gutes Klima zwischen Arzt und Kind sorgen, noch ehe das Baby die Worte des Arztes verstehen kann.

Die Eltern drohen nie mit dem Arzt. Sie sagt, wenn das Baby es versteht, die

Wahrheit. Sie sagt also nie: »Es tut ja nicht weh!«, sondern: »Es piekt. Aber es macht, dass du gesund bleibst.« Sie schilt den Arzt auch nie: »Der böse, böse Onkel Doktor!«, sondern sie sagt: »Wie gut, dass wir ihn haben. Ohne seine Hilfe ginge es uns hundertmal schlimmer.« Sie hilft dem Arzt, indem sie ihn mit dem Baby nicht erst im allerletzten Moment, aber auch nicht wegen jeder Kleinigkeit aufsucht. Das Kind lernt seinen Arzt kennen, ehe er ihm wehtun muss. Und der Arzt lernt das Kind, seine Familie, seine Konstitution, sein Entwicklungstempo kennen. Dadurch ist er imstande, den Eltern über die Medikamentbehandlung hinaus wertvolle Ratschläge für Ernährung und Lebenshaltung zu geben.

Die Eltern achten auf Babys Gesundheit. Sie legt ein Gesundheitsbuch an, in dem alles gesammelt und notiert wird, was wichtig ist: Körpermaße bei der Geburt. Wie lange gestillt wurde. Welche Fertigmilchpräparate das Baby bekommen hat. Wie das Baby auf diese Milcharten reagiert hat. Gewichtszuwachs. Impfdaten und -arten. Rachitisschutz. Wann das Baby zum ersten Mal den Kopf allein gehoben hat. Wann es zum ersten Mal frei gesessen, frei gestanden, den ersten Schritt gemacht hat. Wann es mit dem Sprechen begonnen hat. Wie es auf die verschiedenen Geräusche reagiert.

Außerdem werden notiert: die Kinderkrankheiten, die das Baby durchgemacht hat, die Behandlungsart und die Medikamente. Welche Medikamente vertragen werden und welche Medikamente nicht vertragen werden. Dieses Buch brauchen Sie nicht zu Ihrem gewohnten Kinderarzt mitzunehmen, aber wenn Sie zu einem anderen Arzt, zu einem Spezialarzt, zu Reihenuntersuchungen, auf Reisen oder zum Schularzt gehen, sollte es Sie begleiten. Die Eltern lassen sich vom Kinderarzt jeweils zeigen, wie sie etwas zu machen hat. Er schlägt vor, wie die Hausapotheke für das Baby zu ergänzen ist. Er gibt Diätratschläge. Er kann auch zu Fragen Stellung nehmen, die zwischen Medizin und Erziehung stehen, zum Beispiel:

Was tut man gegen Daumenlutschen?

Das Thema Daumenlutschen ist umstritten und wird es bleiben. Manche Kinderärzte sehen im Daumenlutscher ein Kind mit kranker oder einsamer Seele und fordern als Heilung Mutterliebe und Zärtlichkeit statt Schnuller. Altersgemäße Beschäftigungen für ein Baby kann ebenfalls die Ersatzbefriedigung überflüssig machen. Andere Ärzte betrachten das Daumenlutschen als eine ganz normale Sache. Manche Erwachsene, sagen sie, zupfen sich Ständig an der Nase oder rauchen Zigaretten oder malen Männchen. Manche Kinder lutschen eben am Daumen und finden darin ihren Trost. Wie dem auch sei: Zahnärzte haben festgestellt, dass sich Daumenlutscher mit der Zeit das Kiefer deformieren, Schnullerlutscher jedoch weniger. Deshalb sollte man dem Daumenluscher einen Schnuller geben, der sich dem Kindergaumen so anpasst, dass kein Schaden entstehen kann. Ganz hygienische Mütter haben zwei Schnuller, die abwechselnd ausgekocht weden.

Wichtig ist dies: Wenn das Baby die so genannte Mundwelt verlässt, wenn es krabbelt, sitzt und steht, muss ihm der Sauger allmählich abgewöhnt werden. Das gelingt der Mutter, wenn sie sich in dieser Zeit sehr um ihr Baby kümmert, ihm genug Bewegung und neue Eindrücke verschafft und es Liebe spüren lässt. Die nächste Frage:

Was tut man gegen Nägelknabbern?

Auch diese Unart wird von vielen Kinderärzten als Ersatzbefriedigung betrachtet, doch meist verbergen sich dahinter viel stärkere Spannungen, oft Aggressionen oder Besitzgier, die aus Angst vor Strafe, aus Angst vor dem mütterlichen Liebesentzug nicht abreagiert werden. Hier können nur viel Liebe und Verständnis helfen.

Was gehört in die Hausapotheke?

Die Hausapotheke soll alle Medikamente und Verbandmaterialien enthalten, die notwendig sind, um Erste Hilfe zu leisten, kann aber natürlich keineswegs die Behandlung des Arztes ersetzen. Eine gut ausgestattete Hausapotheke hat folgenden Inhalt:

Verbandmittel: Mullbinden, Verbandpäckchen, Heftpflaster und Wundschnellverbände, eine Rolle Verbandwatte, eine Schachtel Sicherheitsnadeln, zwei Verbandklammern, eine Splitterpinzette, eine Verbandschere, ein Dreiecktuch und unter Umständen auch eine Schiene.

Arzneimittel: Schmerztabletten, Halstabletten, Kohletabletten, Tabletten gegen Verstopfung, Mittel gegen Insektenstiche, antiseptischer Wundpuder, Brandgel, Tropfen für Ohren, Nase und Augen, Kamillenextrakt, Einreibemittel gegen Gliederschmerzen, Vaseline, Fettcreme, entzündungshemmende Salbe, Salbe gegen Sonnenbrand und Insektenstiche.

Individuelle Arzneimittel: Damit sind alle Arzneimittel gemeint, die vom Arzt zur Behandlung von Krankheiten bestimmt worden sind; sie sind stets zusammen mit der jeweiligen Gebrauchsanweisung aufzubewahren.

Krankenpflegemittel: Fieberthermometer, Salbenspatel, Mundspatel, Lederfingerling, Desinfektionsmittel. Verbandmittel und Medikamente sollten am besten in einem richtigen Apothekenwandschrank aus Holz, Blech oder Plastik aufbewahrt werden, der verschließbar ist. Er hängt im Schlafzimmer wesentlich günstiger als im Badezimmer oder in der Küche, weil Wärme und Feuchtigkeit Arzneimitteln schaden. In der Tür dieses Apothekenschrankes sollten alle wichtigen Telefonnummern notiert sein, zum Beispiel die Telefonnummern von Hausarzt, Kinderarzt, Zahnarzt, Rettungswagen, Giftzentrale, Apotheke, Kinderklinik. Griffbereit und immer an derselben Stelle sollte der Apothekenkalender stecken.

Wichtig: Man muss diese Apotheke von Zeit zu Zeit aufräumen und den Arzt oder die Apotheke fragen, welche Medikamentreste aufgehoben werden sollen und welche weggeworfen werden können. Manche Medikamente verlieren ihre Wirkung oder können gar schaden, wenn sie zu alt sind oder wenn sie falsch gelagert wurden.

So kann die Mutter ihr Baby testen

Die meisten Kinder werden gesund und munter geboren und wachsen mit geradem Rücken und strammen Beinchen auf. Trotzdem ist es gut, wenn die Mutter wachsam ist und beim nächsten Arztbesuch Beobachtungen mitteilen kann, die ihr Sorge gemacht haben. Die meisten der früher als »angeborene Gebrechen«

bezeichneten Schäden und Körperfehler kann man heute heilen, wenn man rechtzeitig damit beginnt. Die Mutter sollte keine Angst vor falschem Alarm haben.

Kann das Baby richtig hören?

Bei vielen Kindern merkt man erst spät, dass sie unter Gehörschäden leiden. Wer vermutet schon, dass das brave stille Anderthalbjährige nicht spricht, weil es nicht hören kann? Wer aber nicht zu hören vermag, kann auch nicht – oder nur selten – sprechen lernen. Das, was man mit Taubstummheit bezeichnet, ist nichts anderes als ein nicht entdeckter Hörfehler, der zu Taubheit führte und das Sprechenlernen verhinderte. Die meisten hörgeschädigten Kinder haben jedoch noch Gehörreste, die mit Hilfe von Apparaten verstärkt oder durch Operationen vergrößert werden können.

Mit fünf bis sieben Monaten reagiert ein gesundes Baby präzise auf plötzliche Geräusche. Möchte die Mutter testen, ob ihr Kind gut hört, so läutet sie, wenn das Baby drei bis vier Monate alt ist, eine Glocke neben Babys Ohr, oder sie bläst in eine Pfeife. Dreht das Baby neugierig den Kopf oder schrickt es zusammen, so ist alles in Ordnung. Wirft es nur einen flüchtigen Blick in die Geräuschrichtung, so kann es schwerhörig sein. Bleibt es jedoch völlig unbeeindruckt, so kann es schwerer hörgeschädigt sein. In diesen beiden letzten Fällen meldet man das Kind nach Rücksprache mit dem Hausarzt oder dem Kinderarzt in der Ohrenklinik an.

Sieht das Baby gut?

Der häufigste Sehfehler der Kinder ist das Schielen. Ist das Baby ein oder zwei Jahre alt, sieht Schielen nicht nur unschön aus, sondern hemmt auch die Sehentwicklung. Schielende Kinder gewöhnen sich an, die Welt nur mit einem Auge zu betrachten. Das andere Auge verkümmert wie jedes nicht benutzte Organ. Ist es am Anfang vielleicht nur sehschwach gewesen, so kann es zum Schluss ganz erblinden. Wer also erst im vierten oder sechsten Lebensjahr mit dem Kind zum Arzt geht, um es vor dem Eintritt in die Schule oder in den Kindergarten aus kosmetischen Gründen operieren zu lassen, hat oft schon den Zeitpunkt versäumt, zu dem ein zunächst nur gefährdetes Auge hätte gerettet werden können.

Vom 6. Monat an kann das Baby die je sechs Muskeln, die die Augen bewegen, regieren. Schielt das Baby im 6. oder 7. Monat nicht nur gelegentlich aus Müdigkeit, sondern ständig, so sollten die Eltern mit ihm in die Augenklinik gehen. Dort wird die Sehstärke geprüft, und meist verläuft die Behandlung so, dass der Arzt zuerst das schwache Auge stärkt und dann durch eine Korrektur der Augenmuskeln beide Augen parallel stellt.

Hat das Baby gerade Beine?

Schon auf Seite 119 haben Sie gelesen, dass der Geburtshelfer bei der großen Neugeborenen-Untersuchung Babys Hüftgelenk prüft. Er sucht dabei nach einem Fehler des Gelenkes, der das Kind später hinken lassen würde. Mädchen haben diesen Skelettfehler öfter als Buben, und insgesamt tritt er am häufigsten von allen Skelettfehlern auf. Er ist deshalb so tückisch, weil er bis zum zweiten Lebensjahr keine Schmerzen verursacht und auch erst relativ spät erkannt wird. Bemerkt man beim Baden und Windeln, dass ihr Kind unsymmetrische Hautfalten an den Oberschenkeln hat, dass es sich ungern bewegt, dass ein Beinchen kürzer als das andere zu sein scheint – sofort zum Arzt! Je jünger das Kind ist, desto eher kann durch ein Spreizbett geholfen werden.

Hat das Baby gerade Füße?

Die zweithäufigste Knochenmissbildung ist der Klumpfuß. Ärzte können diese nach innen gewinkelten Füßchen buchstäblich wieder geradebiegen. In diesem Fall braucht die Mutter sich nicht zu sorgen: Dieser Fehler wird stets schon in der Klinik erkannt, und die noch weichen, knorpeligen Füßchen können gleich in einem Zinkleim- oder Gipsverband gerichtet werden.

Ein Kind sollte erst auf ein Töpfchen gesetzt werden, wenn es auch wirklich gerade und allein sitzen kann.

Ist Babys Rücken gerade?

Auch wenn ein Baby sein Leben mit kerzengeradem Rücken begonnen hat, kann es nach einem Jahr einen Rippenbuckel haben. Das hat nichts mit Anlage zu tun, sondern nur mit einer falschen Lage des Babys im Bettchen.

Die Eltern legen das Baby zwar nach jeder Mahlzeit einmal auf die rechte, das andere Mal auf die linke Seite, um dadurch einer Rückgratverkrümmung entgegenzuwirken. Trotzdem gibt es Babys, die sich flugs auf ihre Lieblingsseite rollen, sodass die Rippen der immer unten liegenden Körperseite regelrecht platt gelegen und die Wirbelsäule darüber krumm gebogen wird. Dieser sich seitlich wölbende Rippenbuckel kann Herz- und Atembeschwerden verursachen. Man sollte rechtzeitig vorbeugen:

- Man sorgt zuverlässig dafür, dass das Baby nach jeder Mahlzeit auf einer anderen Körperseite liegt. Bis zum Ende des zweiten Lebensmonats kann sich das Baby jedoch sowieso nicht allein umdrehen.
- Entdeckt man, dass das Baby danach eine bestimmte Seitenlage bevorzugt, legt man es umgekehrt ins Bett, ändert die Bettstellung, damit das Baby abgelenkt wird und sich nicht sofort wieder auf die Seite rollen lässt, die seine Lieblingsseite geworden ist.
- Meint man trotzdem eine Verkrümmung zu sehen, fragt man sofort den Arzt um Rat. Heute müssen Babys nicht mehr ins Gipsbett, eine Lagerung zwischen Sandsäcken genügt, um die Verbiegung zu korrigieren.

Ist das Baby zuckerkrank?

Diabetes ist eine heimtückische Krankheit, weil man sie nicht merken muss. Bei der Hälfte aller Kinder fehlen die auffälligen Symptome: brennender Durst, Müdigkeit, Heißhunger, Launen. Es lohnt sich, wenn die Eltern mit ihrem Kind in die Apotheke geht und eine Testuntersuchung machen lässt. Die Zuckerkrankheit kann unter Kontrolle gebracht werden, wenn der Arzt sie früh erkennt. Andere geistige und Entwicklungsstörungen kann nur der Arzt durch entsprechende Untersuchungen feststellen. Beim nächsten Komplex, den Impfungen, kommt es in aller Regel vor allem wieder auf die Mutter an, denn auch dieser wirksamste Schutz vor den am häufigsten auftretenden Kinderkrankheiten muss in der Zeit begonnen werden, in der sich keine Institution um die Gesundheit der Kleinkinder kümmert.

Das Baby wird geimpft

Eine der wirksamsten Vorbeugemaßnahmen für Säugling und Kleinkind sind die Impfungen. Beim Impfen werden abgetötete oder abgeschwächte Krankheitserreger oder deren Giftstoffe in den Körper gebracht. Sie veranlassen, dass der Körper Abwehrstoffe bildet, und machen ihn auf diese Weise immun. Schon der Säugling kann über eine ganze Anzahl von Immunstoffen verfügen. Regelmäßige Auffrischungsimpfungen verstärken und verlängern diesen Schutz.

Es gibt eine Reihe von Impfplänen, die die verschiedenen für unser Gesundheitswesen zuständigen Behörden der Bundesländer ausgearbeitet haben. Die Unterschiede beziehen sich meist nur auf die Zeiten und auf die Art der Kombination der Mehrfachimpfungen. Im Großen und Ganzen kann man sich nach dem anschließenden Plan richten. Dazu ist vor allem wichtig, zu wissen: Alle Schutzimpfungen sind freiwillig. Eltern werden also nicht mehr daran erinnert, dass ihr Kind dann und dann zu einer Schutzimpfung geführt werden muss.

Da die Schutzimpfung aber heute nach wie vor eines der wichtigsten Mittel zur Abwehr von Infektionskrankheiten sind, sollten es sich die Eltern zur Pflicht machen, sich ausreichend zu informieren, um den Impfschutz ihrer Kinder besorgt zu sein und sich vielleicht vorne in ihren Kalender oder ins Krankenbuch des Kindes einen persönlichen Impfterminplan legen.

Wo werden Schutzimpfungen durchgeführt?

Selbstverständlich bei jedem Kinderarzt und bei Ihrem Hausarzt (Arzt für Allgemeinmedizin). Außerdem führen die Gesundheitsämter innerhalb öffentlicher Impftermine die Schutzimpfungen aus. Danach muss man sich erkundigen. Wichtig: Ob Sie Ihr Kind beim Hausarzt oder im Gesundheitsamt impfen lassen, denken Sie daran, dass die Termine der notwendigen Wiederholungsimpfungen unbedingt eingehalten werden!

Der folgende Impfplan ist nach den Arbeitsergebnissen der Ständigen Impfkommission des Bundesgesundheitsamtes zusammengestellt.

1. Lebenswoche: Bei Neugeborenen wird im Falle erhöhter Ansteckungsgefahr die Schutzimpfung gegen Tuberkulose durchgeführt, und zwar in der Entbindungsklinik oder vom Hausarzt.

Vom dritten Lebensmonat an werden folgende Impfungen durchgeführt:

- Diphtherie- und Wundstarrkrampfschutzimpfung (DT). Sie erfolgt zweimal im Abstand von vier bis acht Wochen.
- Keuchhustenschutzimpfung (DPT). Sie wird dreimal im Abstand von vier bis acht Wochen durchgeführt und kann auch zusammen mit der DT-Impfung erfolgen (DTP-Impfung).
- Kinderlähmungsschluckimpfung. Sie wird zweimal im Abstand von sechs bis acht Wochen durchgeführt, wobei es möglich ist, sie mit der ersten und zweiten DPT-Impfung zu kombinie-

ren. Alle drei Schutzimpfungen werden vom Hausarzt oder beim Gesundheitsamt gegeben.

4. Monat: Wiederholung von Diphtherie- und Wundstarrkrampfschutzimpfung, Wiederholung der Keuchhustenschutzimpfung.
5. Monat: Wiederholung der Keuchhustenschutzimpfung, Wiederholung der Kinderlähmungschluckimpfung.
2. Lebensjahr: Masernlebendimpfung.

- Mumpsimpfung, die meist ab dem 15. Lebensmonat mit dem so genannten Dreierimpfstoff (MMR) empfohlen wird. Die Abkürzung steht für Mumps, Masern und Röteln. Gegen Mumps und Masern genügt ein einmaliges Impfen, die Rötelimpfung muss bei Mädchen zwischen dem 10. und 14. Lebensjahr wiederholt werden. Dritte Kinderlähmungsschluckimpfung. Abschluss der jeweils begonnenen Grundimmunisie rung gegen Diphtherie/Tetanus (DT) oder Diphtherie/Keuchhusten/Tetanus (DPT).

Für alle Impfungen stehen wieder der Hausarzt oder das Gesundheitsamt zur Verfügung.
6. Lebensjahr: Nachimpfungen nach Überprüfung des Impfstatus.

- Diphtherieauffrischungsimpfung.
- Tuberkulinprobe, Tuberkulose-schutzimpfung von Tuberkulinnegativen bei erhöhter Tuberkuloseansteckungsgefahr. Auch dafür sind der Hausarzt oder das Gesundheitsamt zuständig.

10. Lebensjahr: Kinderlähmungsschutzimpfung zur Auffrischung. Tetanusimpfung zur Auffrischung. Durchführung beim Hausarzt oder bei öffentlichen Schluckimpfungsaktionen.

11. bis 14. Lebensjahr Rötelschutzimpfung für Mädchen. Sie wird beim Hausarzt oder beim Gesundheitsamt durchgeführt.

Alle zehn Jahre: In diesen Abständen sollten folgende Impfungen wiederholt werden: die Kinderlähmungsschluckimpfung, die Schutzimpfung gegen Tetanus (Wundstarrkrampf), die auch nach Verletzungen aufgefrischt werden sollte, und schließlich Tuberkuloseschutzimpfungen nach Beratung mit dem Hausarzt oder Kinderarzt.

Ob man sich nach diesen Impfplänen richtet oder nicht, hängt von der Entscheidung des Kinderarztes ab. Er wird sicher prinzipiell zum Impfen raten. Es kann zwar vorübergehende Reaktionen auslösen, aber es besitzt den unbestreitbaren Vorteil, Hunderttausenden von Kindern das Leben gerettet zu haben.

Man sollte alle Impfausweise sammeln und zu Babys anderen Gesundheitspapieren tun. Man kann auch einen Impfpass benutzen, in den jede weitere Impfung vom Arzt eingetragen wird.

Geimpft wird ein Kind nur, wenn es gesund ist und vier Wochen vorher keine Infektionskrankheit gehabt hat. Trotz aller Impfungen, trotz gesunder Ernährung, trotz Abhärtung, die auch darin beruht, dass die Eltern ihr Kind sich ausreichend bewegen und toben lässt und dass sie es nicht vor allen Belastungen überängstlich schützt, stellt sich sicherlich eines Tages die Frage:

Ist das Kind krank?

Beim Baby und Kleinkind ist die Sache nicht so klar wie beim Erwachsenen. Dieser kann sagen, wo es zwickt. Bei ihm ist Fieber ein weit gehend verlässlicher Maßstab für gesund oder nicht gesund.

Beim Baby überschneidet sich noch manches. Es kann bei 39 °C Fieber quietschfidel im Bettchen herumhopsen. Es kann mit 36,7 °C gebrochen in der Ecke liegen. Nur aus dem ganzen Verhalten des Kindes lässt sich erkennen, dass etwas nicht stimmt. Das Baby hat nicht irgendeine Laune, es ist krank. Sein ganzer Körper ist an diesem Kranksein ebenso beteiligt wie Seele und Gefühl. Das Baby ist müde, schlecht gelaunt, es isst nicht. Säuglinge verlieren vielleicht sogar Gewicht. Das Baby schreit anders, wimmert oft nur. Es schläft am hellichten Tag, an dem es sonst gespielt hat. Man muss auf jeden Fall Fieber messen und alles notieren: Höhe der Temperatur, Zeitpunkt des ersten Hustens, Durchfalls oder Erbrechens, Heftigkeit der Symptome, bestimmte schmerzempfindliche Punkte und Ähnliches.

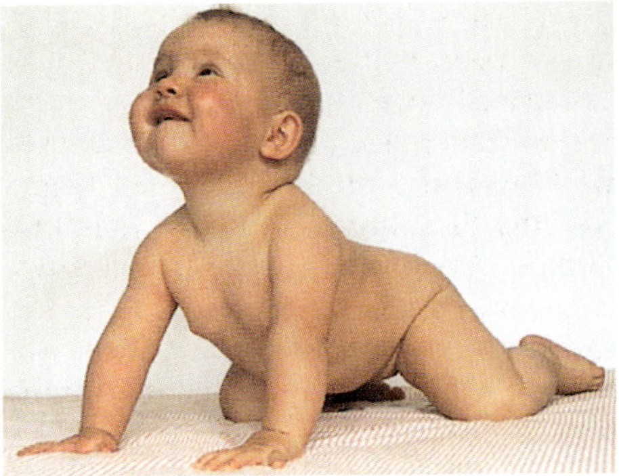

Da sitz er und hat zur Freude seiner Eltern das erreicht, was man mit einem knappen Jahr erreichen kann: kräftige, feste Glieder, dazu die Fähigkeit, allein zu sitzen, sich hochzustemmen, zu krabbeln und voller Neugier alles mit allen Sinnen zu untersuchen, was sich Mund und Augen bietet. Ein Kind, das so heranwächst, wird auch mit Krankheiten besser fertig.

Hat das Baby erbrochen, ehe der Arzt da war, bekommt es am besten weder etwas zu essen noch zu trinken. Hat es sehr hohes Fieber, kann man Wadenwickel machen: Unter die Beinchen ein Gummi- oder Plastiktuch ziehen, Waden mit feuchten Tüchern umwickeln. Bei Säuglingen nimmt man Taschentücher, bei Kleinkindern Servietten. Das Wasser soll kühler als die Körpertemperatur des Kindes sein. Umschläge oft wechseln, möglichst allmählich kälter werden lassen. Beinchen nicht zudecken.

Goldene Krankheitsregel

Das Baby bekommt kein Medikament, das nicht der Arzt verschrieben oder gebilligt hat. Keine Nachbarin, keine Tante weiß es bes ser als Ihr Kinderarzt. Nach jeder Krankheit ist der Arzt zu fragen, ob die nicht aufgebrauchten Medikamente aufgehoben oder vernichtet werden sollen. Alle Medikamente werden so aufbewahrt, dass weder das Baby noch ein anderes Kind sie erreichen kann. Man hebt alle Indikationszettel auf, damit man im Zweifelsfall nachschauen kann, wie viel Tropfen oder Tabletten das Baby zu welcher Zeit bekommen soll.

Erfahrene Kinderschwestern probieren ein Tröpfchen von allen Säften, eine Prise von allen Pulvern. Dann wissen sie, ob es bitter oder normal, eine Zumutung oder eine Selbstverständlichkeit für das Baby sein wird.

Schluckt das Baby ungern Medikamente, so mogelt man. Tropfen kann man mit einem Teelöffel Honig geben, kleine Pillen in eine Rosine, ein Apfelbröckchen oder in ein anderes Stückchen Obst stopfen. Gibt es die Medizin entweder als Zäpfchen oder in Tabletten form, sollten Sie den Arzt bitten, dass er Zäpfchen ver schreibt.

So wird Babys Temperatur gemessen

Das Thermometer wird in etwas Fettcreme oder Vaseline gesteckt, damit es besser in den After gleiten kann. Vorher ist es bis auf 36 °C heruntergeschlagen worden. Nach zwei bis drei Minuten steigt die Quecksilbersäule nicht mehr und man kann die Temperatur ablesen. Weint das Baby bei dieser Prozedur empört, so wird es getröstet. Weint es schon vor dem Messen, so wartet man eine viertel oder halbe Stunde, ansonsten hat das Baby durch das Schreien eine höhere Temperatur.

Fieber hat ein Baby nach Ansicht der Ärzte erst dann, wenn seine Temperatur 37,6 °C überstiegen hat. Bis zu 37,6 °C sprechen Ärzte von einer erhöhten Temperatur.

Das kranke Kind wird regelmäßig gemessen. Meist misst man das erste Mal gegen sieben Uhr, mittags um zwölf und am Spätnachmittag um 17 Uhr. Man kann auch andere Zeiten wählen, doch sollte man stets zu den gleichen Tagesstunden messen und die Ergebnisse auf schreiben. Nach dem Messen wird das Thermometer gereinigt, entweder in destilliertem Wasser oder in einer Desinfektionslösung. Nicht unter heißem Wasser abspülen!

So wird das Baby gesundgepflegt

Ein krankes Kind braucht in erster Linie Ruhe und das Gefühl von Geborgenheit. Außerdem braucht es möglichst einen Raum für sich allein. Es soll frische Luft haben, aber natürlich nicht im Zug liegen. 16 °C sind eine gute Krankenzimmertemperatur.

Wenn ein Baby stark fiebert, soll es nur mit einer Wolldecke zugedeckt sein. Kein krankes Kind soll unter Federbetten liegen. Ist das Baby sehr unruhig und strampelt sich frei, so zieht man ihm besser ein dünnes Wolljäckchen an.

Körbchen oder Bettchen rückt man so, dass es nicht im grellen Licht steht. Geschwister und Besucher haben nichts im Krankenzimmer zu suchen.

Ganz gewissenhafte Eltern ziehen sich bei der Pflege eine Kittelschürze an, die sie im Krankenzimmer lassen, und waschen sich vor dem Verlassen des Krankenzimmers die Hände.

Dass das Baby keine oder nur wenig Verdauung hat, ist kein Grund zu akuter Sorge. Kranke Kinder essen wenig und haben infolgedessen nur wenig Schlacken. Daher ganz wichtig: Bitte kein Abführmittel geben!

Das essen kranke Kinder gern

Solange sie wirklich krank sind, essen sie am liebsten gar nichts. Später erwacht großer Durst. Die Kinder haben durch Fieberschwitzen viel Flüssigkeit verloren und dürfen also ganz nach Wunsch viel trinken. Obstsäfte sind besonders zu empfehlen, weil sie gleichzeitig Zucker und Vitamine liefern.

Bei bestimmten Erkrankungen kommt es auf strenge Diät an. Genau die Anweisungen des Arztes befolgen und nicht aus falscher Liebe mogeln!

Ist das Baby noch ein Säugling, wird der Arzt ebenfalls gefragt, was und ob das Kind trinken darf.

Kein krankes Kind soll Fettes, Schweres, Fülliges essen müssen. Zwieback, Kartoffelmus, Reis, Kompott, Flammeris, Apfelmus, Mohrrüben – das ist in diesem Fall das Richtige.

Liebevolles Kochen und Servieren hilft dem Kind sehr, alle Verluste wieder einzuholen.

Gehören kranke Kinder ins Bett?

Wenn ein Kind sehr krank ist und hohes Fieber hat, fühlt es sich meist in seinem Bettchen am wohlsten. Es ist in diesem Fall so schwach, dass es am liebsten nur schläft. Wenn die Krankheit abklingt, der strenge Rat des Arztes aber lautet: »Zwei Tage fieberfrei im Bett!«, verliert die Mutter oft die Nerven.

Untersuchungen haben ergeben, dass Kleinkinder, die fest im Bett liegen müssen, viel unruhiger sind und viel mehr herumhampeln als andere kleine Patienten, die sich im gleichmäßig geheizten Raum frei bewegen dürfen oder denen es erlaubt ist, im Gitterbettchen zu kramen und zu spielen. Man sollte den Kinderarzt fragen, ob er auf Bettruhe besteht oder ob es ihm um eine für das Kind, die Eltern und die Geschwister möglichst ruhige Genesungszeit geht.

Muss das Kind noch fest liegen, so sollten die Eltern alle anderen Arbeiten aufschieben und mit dem Kind spielen: Legespiele, Handpuppenspiele, Vorlesen, das lenkt ab und gibt dem Kind die genesungsfördernde Sicherheit: »Hier habe ich es gut!«

Das kranke Kind zu Hause

Wenn beide Eltern berufstätig sind und das Baby krank ist, kann jeweils ein Elternteil höchstens zehn Tage im Jahr und pro Kind (Alleinerziehende 20 Tage) von der Arbeit freigestellt werden. Dem Arbeitgeber ist ein Attest des Kinderarztes vorzulegen.

Das Kind im Krankenhaus

Muss ein Säugling ins Krankenhaus, so ist das für die Eltern eine große Sorge. In vielen Krankenhäusern besteht heute die Möglichkeit, dass ein Elternteil und das

Kind gemeinsam aufgenommen werden. So wird der Kontakt zum Kind nicht unterbrochen, was sich auch meist günstig auf den Krankheitsverlauf auswirkt. Das gilt, wie man unterdessen herausgefunden hat, auch für Frühgeburten.

Wenn ein Erwachsener das Kind begleitet, kann er die Körperpflege übernehmen, kann es füttern und beschäftigen. Sie sollte sich jedoch dem Krankenhausbetrieb und den meist überlasteten Schwestern anzupassen versuchen und daran denken, dass ihr Kind ein Patient unter anderen ist. Oft vergessen zum Beispiel Eltern, die sich intensiv um ihr schon etwas älteres Kind kümmern, wie traurig das die Kinder machen kann, die keinen Besuch, keine Geschenke und kein Erzählstündchen bekommen. Vielleicht können die Eltern trotz ihrer begreiflichen Sorge Gemeinsinn entwickeln.

Sofern das Kind allein ins Krankenhaus gebracht wird, sollte ihm ein Elternteil helfen, diese Zeit gut zu überstehen. Dazu gehört auch die eigene Haltung: Angst und dauerndes Gerede von Krankheiten machen auch einen Säugling nervös. Heldentum muss kein Kranker, erst recht nicht ein Kind entwickeln. Der Arzt ist kein Halbgott in Weiß, aber auch keine Schreckfigur, er – oder die Ärztin – ist vielmehr jemand, der auf einem bestimmten Gebiet mehr weiß als andere Erwachsene. Das Kind sollte also spüren, dass die Eltern für diese Hilfe dankbar sind. Wenn das Kind groß genug ist, um das zu verstehen, so kann ihm die Mutter oder der Vater auch erklären, dass es Schmerzen haben wird, dass ihm diese aber niemals aus böser Absicht zugefügt werden, sondern dass dieser Schmerz nützen und helfen kann.

Sehr wichtig ist es, dass das Kind, ob Säugling oder Kleinkind, ganz deutlich spürt, dass sie es auch im Krankenhaus niemals im Stich lassen werden.

Ebenso darf es nie das Gefühl bekommen, dass es zur Strafe ins Krankenhaus gekommen ist oder dass es an seiner Krankheit selbst schuld ist.

Wichtig für die Eltern ist: Lassen Sie sich ausführlich über die Krankheit Ihres Kindes infommieren. Sie sollten wissen, welche Untersuchungen und warum diese vorgenommen werden, wie schmerzhaft sie sein können und welche Nachwirkungen sie auf Ihr Kind aus üben. Lassen Sie sich auch erklären, warum es in eine Spezialabteilung verlegt wird, wenn dies der Fall sein sollte. Und wenn der behandelnde Arzt oder die Schwester Fachausdrücke oder Fremdwörter benutzen, die Sie nicht verstehen, so lassen Sie sich diese bitte erklären, denn es gibt für jeden Fachausdruck eine verständliche deutsche Bezeichnung. Sicher wird man Ihnen sagen, welche Medikamente das Kind bekommt; sie sollten sich aber auch sagen lassen, ob bei der geplanten Behandlung Risiken vorhanden sind: welche Risiken das sind, wie lange Ihr Kind voraussichtlich im Krankenhaus bleiben muss, wie lange Ihr Kind zu Hause noch Pflege braucht oder ob und wie es weiterbehandelt werden muss. Schließlich sollten Sie fragen, ob Sie bei den Untersuchungen und Behandlungen dabeisein dürfen, immer vorausgesetzt, dass Sie selbst so etwas aushalten können, denn es dient Ihrem Kind nicht, wenn Sie nervös sind. Diese Angst überträgt sich auf das Kind.

Wenn Ihr Kind schon etwas älter ist, so sollten Sie es auch über den – vom Alltag zu Hause abweichenden – anderen Alltag in einem Krankenhaus aufklären, wo man ja in anders eingerichteten Räumen lebt, sicher zu anderen Zeiten auf-

Babygymnastik

Übung 1a–1b – zur Anregung der Atmung und Kräftigung der Schulter- und Armmuskulatur. Achten Sie auf den richtigen Handgriff (1)! Die Arme des Babys werden weit zur Seite gestreckt (1a); dann kreuzen Sie beide Arme über der Brust (1b). Diese Übung wird im Wechsel (strecken – beugen) dreimal rhythmisch – auf keinen Fall ruckartig! – durchgeführt.

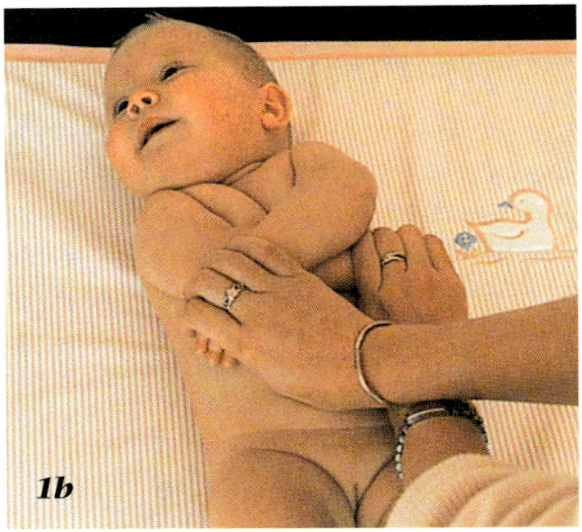

1b

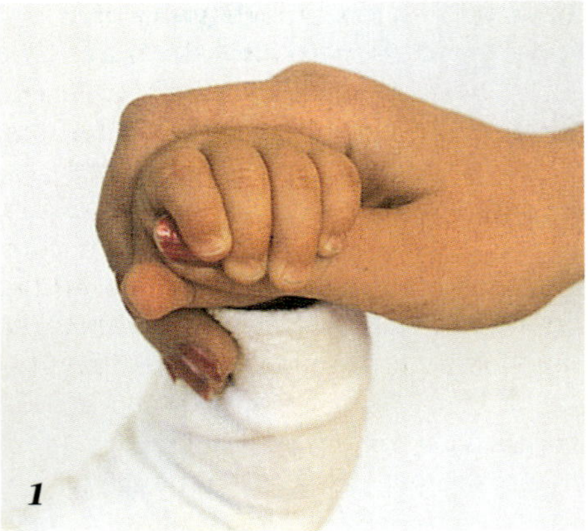

1

Übung 2 – zur Kräftigung der Beinmuskulatur. Baby liegt flach und gerade auf dem Rücken. Mit leichtem Druck wird das eine Bein gegen den Bauch gebeugt, während das andere Bein ausgestreckt bleibt. Das Beugen darf nicht mit Gewalt erzwungen werden; Sie müssen warten, bis das Kind von selbst nachgibt. Diese Übung wird rhythmisch (Beine abwechselnd beugen und strecken) einige Male wiederholt. Achten Sie auf den Handgriff am Bein: Nicht zu fest halten, sonst stemmt sich das Baby dagegen! Der Daumen darf das Schienbein nicht drücken!

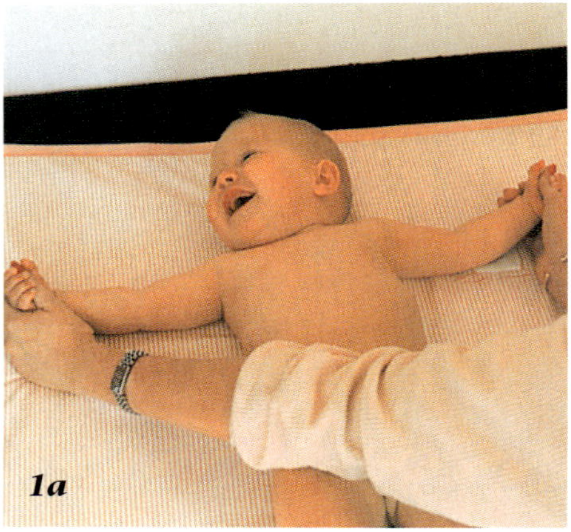

1a

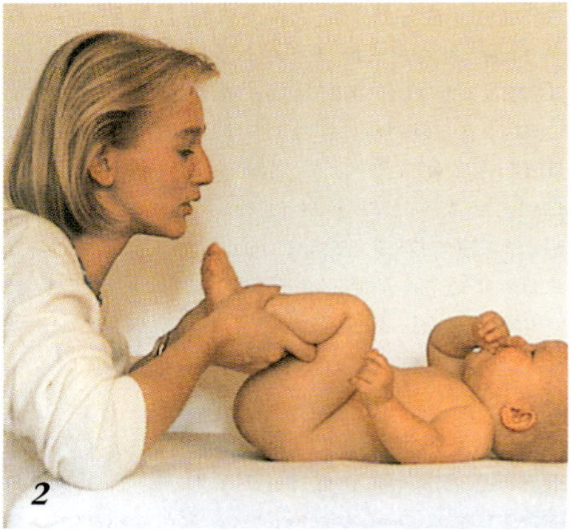

2

Übung 3 – zur Kräftigung von Hals- und Bauchmuskulatur. Das Kind liegt flach auf dem Rücken, die Arme am Körper ausgestreckt. Ein Elternteil umfasst beide Oberarme. Bei leicht heruntergezogenen und festgehaltenen Schultern soll das Kind seinen Kopf selbst aus der Rückenlage heben. Zu Beginn dieser Übung sollten Sie durch liebevolle Ansprache oder mithilfe einer zweiten Person das Baby anregen, das Köpfchen zu heben (Spielzeug!).

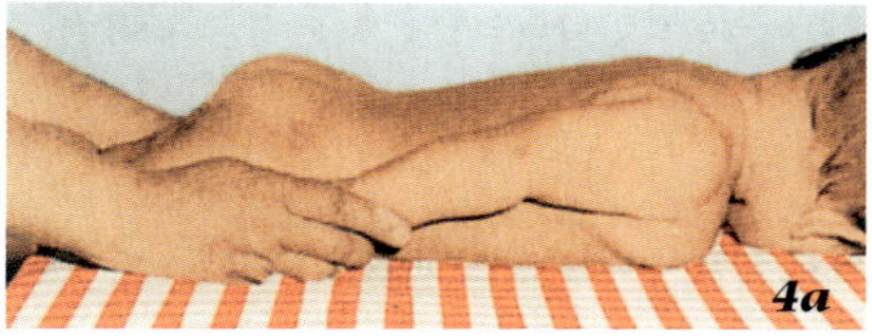
4a

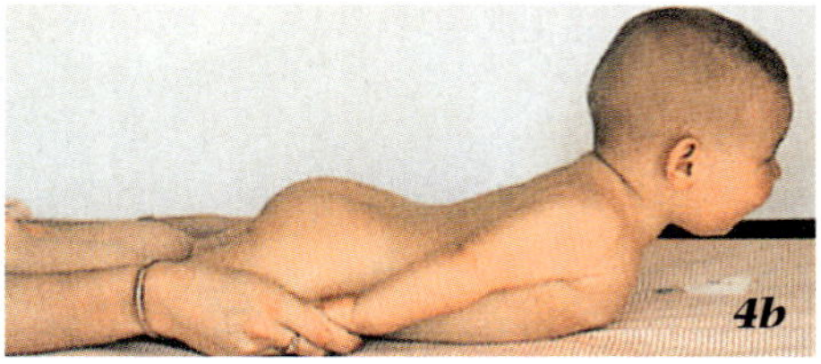
4b

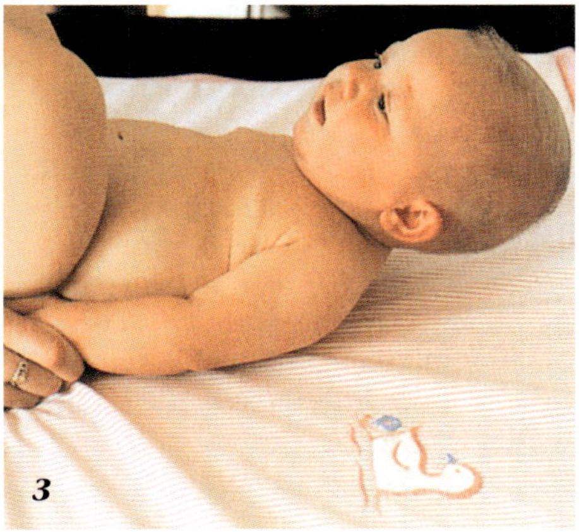
3

Übung 5 – zur Kräftigung der Arm- und Schultermuskulatur. Das Baby liegt gerade und flach auf dem Rücken. Die oder der Vater Mutter fasst beide Hände (Handgriff beachten!) zugleich an. Dann werden die Arme abwechselnd mit leichtem Zug nach oben gestreckt und wieder neben den Körper des Kindes auf die Unterlage gebeugt; einige Male rhythmisch wiederholen.

Fortsetzung auf Seite 290

Übung 4a–4b – zur Kräftigung der gesamten Rückenmuskulatur. Das Kind liegt auf dem Bauch, die Arme werden am Körper nach unten gehalten, die Beine liegen frei auf dem Tisch (Nicht gegen die Mutter stemmen!). Dies ist die Ausgangsstellung (4a) und so soll das Kind seinen Kopf von selbst aus der Bauchlage heben (4b). Wenn Sie bei dieser Übung eine zweite Person dabei haben, bitten Sie diese, das Kind durch Spielzeug anzuregen, den Kopf ganz weit nach links und rechts zu drehen, ohne ihn zwischendurch auf die Unterlage zurückzulegen.

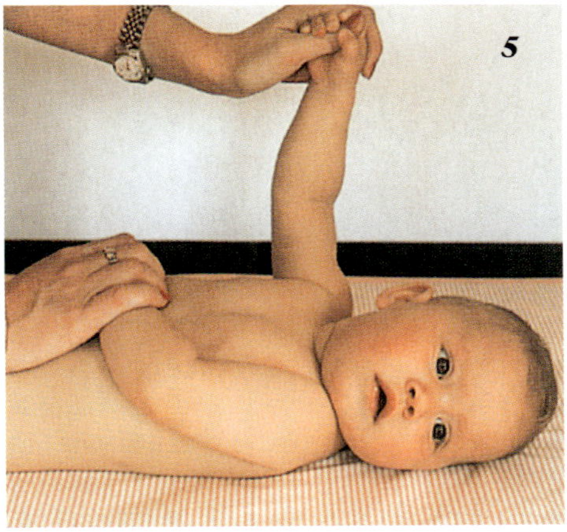
5

steht, als Ihr Kind es gewohnt ist, andere Dinge zu anderen Zeiten zu essen bekommt und ein ganz anderes Leben lebt. Sicher werden Sie das Krankenhaus erst misstrauisch betrachten. Versuchen Sie jedoch, Ihre Kritik zurückzuhalten. Das Essen ist anders als bei Ihnen zu Hause, aber in jeder Krankenhausküche gibt es eine Diätassistentin, die genau weiß, was Ihrem Kind fehlt und in den meisten Fällen die Ernährung darauf einstellt. Sagen Sie also nie: »Das isst mein Kind aber nicht!«, denn die Erfahrung lehrt, dass Kinder ganz im Gegenteil in fremder Umgebung, also auch im Krankenhaus, gerade das essen, was sie zu Hause abgelehnt haben. Erstens sind Kinder neugierig und zweitens schmecken auch ganz normale Sachen wie Grießbrei oder Kartoffeln anders, wenn sie von jemand anderem zubereitet werden.

Es ist gut, wenn Sie Ihrem Kind beim Essen Gesellschaft leisten, es vielleicht sogar füttern. Abends können Sie dann mit ihm Zähne putzen und das Kind ins Bett bringen, wodurch Sie eine vertraute heimische Umgebung schaffen. Achten Sie aber bitte darauf, dass Ihr Kind nichts Falsches und nichts zur falschen Zeit zu essen bekommt. Das gilt von Anfang an: Kein Kind bekommt etwas zu essen, bevor es ins Krankenhaus kommt. Ärzte müssen oft mit lebenswichtigen Operationen einen Tag lang warten, weil das Kind noch zu Hause so vollgefüttert worden ist, als ob es im Krankenhaus nichts mehr zu essen gäbe.

Wenn Sie oder andere Verwandte zu Besuch kommen: Nichts zu essen mitbringen, was Sie nicht vorher der Schwester oder dem Arzt gezeigt haben und was erlaubt worden ist. Das Gleiche gilt für Getränke. Süßigkeiten sollten ohnehin nicht mitgebracht werden, denn wenn ein Kind auch nur ein Bein gebrochen hat, liegt es den ganzen Tag, es hat zu wenig Bewegung, da sind die leeren Kohlenhydrate höchst unwillkommene Zutaten, die entweder nur ein Bäuchlein machen oder – so wie Schokolade – eine Verstopfung verursachen können. Spielsachen, ein Pappbilderbuch, für ältere Kinder Beschäftigungsspiele sind wesentlich bessere Mitbringsel.

Fernsehen im Krankenzimmer

In vielen Kinderkrankenzimmern stehen Fernsehapparate, weil die Eltern ihren Kindern einen tragbaren oder geliehenen Fernsehapparat ins Krankenzimmer stellen. Die meisten Krankenhäuser haben nichts dagegen. Auf diese Art und Weise läuft das Gerät den ganzen Nachmittag und Abend. Kinder aller Altersstufen sehen alles, vom Kinderfunk bis zu den Krimis, wobei sie nicht nur die von Psychologen und Ärzten für Kinder erlaubten Fernsehzeiten überschreiten, sondern dabei auch Filme sehen können, die ihnen genau die Angst einjagen, vor der Sie das Kind schützen wollen. Außerdem hält der ständige Lärm ein Kind vom Schlaf ab, der in dieser Situation wesentlich heilsamer ist als Fernsehen.

Sie sollten deshalb auf jeden Fall mit dem behandelnden Arzt, mit der Stationsschwester und mit den anderen Eltern über dieses Problem sprechen. Das Beste wäre, wenn gar kein Femsehapparat im Krankenzimmer stünde, oder wenn er nur am Nachmittag eine Stunde während des Kinderfunks angestellt wird und im Übrigen sich die Mütter und Väter so absprechen, dass immer jemand zum Vorlesen, Trösten und Spielen im Krankenhaus ist, falls es dort keine Sozialpädagogen oder Psychologen gibt, die sich um die Kinder kümmern.

Der tägliche Besuch im Krankenhaus ist gut und wichtig, aber er sollte auch vernünftig geregelt sein. Am besten ist für Ihr Baby oder Ihr Kind der tägliche Besuch, auf den sich das Kind hundertprozentig verlassen kann, und den Sie einhalten, auch wenn es Ihnen schwer fällt. Die Freude und das Vertrauen Ihres Kindes können nämlich erheblich zu seiner rascheren Genesung beitragen.

Kommen Sie lieber jeden Tag zuverlässig eine oder zwei Stunden am Nachmittag, statt ein- oder zweimal in der Woche mit der ganzen Familie, denn zu viel Besuch verursacht Lärm und Unruhe, strengt Ihr eigenes und die anderen Kinder im Krankenzimmer an, außerdem sind die meisten Krankenzimmer nicht für viele Besuche eingerichtet, es wird also eng und ungemütlich, und Ihr Kind hat nicht viel von dieser Besucherflut. Wenn Sie sich auch den anderen, vielleicht schon etwas älteren Kindern im Krankenzimmer widmen können und wollen, so sollten Sie sich mit den jeweiligen Eltern absprechen, damit diese zu anderen Zeiten kommen können.

Das kranke Kind wieder zu Hause Ein Krankenhausaufenthalt ist für ein Kind ein entscheidendes Erlebnis und oft auch eines, das eine Veränderung mit sich bringt. Manche Kinder sind nach dieser Zeit unerwartet schwierig, besonders wenn sie wenig Besuch von Eltern oder anderen Verwandten hatten. Das Kind, auch der Säugling, muss sich erst wieder umgewöhnen, es braucht also Ihre Geduld und Ihr Verständnis. Sie sollten sich in dieser Zeit nach dem Krankenhaus besonders viel mit dem Kind beschäftigen, sollten mit ihm spielen und vorlesen, das ganze Thema Krankheit als etwas vollkommen Selbstverständliches behandeln und vor allem Ihrem Kind zeigen, wie sehr Sie sich freuen, dass es wieder zu Hause ist und dass es gesund geworden ist.

Wenn das Baby wieder gesund ist sorgt die Mutter dafür, dass es sich gut erholt und frische Widerstandskräfte sammelt. Sie härtet das Baby ab, indem sie ihm so viel frische Luft und Sonne gibt, wie es verträgt. Natürlich gilt auch hier wie überall: Niemals übertreiben! Beachten Sie also bitte gewissenhaft, was zum Thema Abhärtung bereits auf Seite 243 gesagt wurde. Zwar war dort hauptsächlich vom Säugling die Rede, aber auch im zweiten Lebensjahr sind »Gewaltkuren« und allzu abrupte Übergänge sehr gefährlich und müssen deshalb unter allen Umständen vermieden werden. Sie turnt mit ihm die auf unseren Bildtafeln (siehe Fotos Seite 286f.) dargestellten Übungen, die es schon ausführen kann. Sie überfüttert es nicht aus Überängstlichkeit, denn dicke Kinder sind besonders krankheitsanfällig. Sie bewahrt das Kind vor Ansteckungsgefahr. Wenn es größer ist, kann es ein Fehler sein, wenn man es vor jedem Bazillus und vor jedem Infekt abzuschirmen versucht. Kinder bis zum dritten Lebensjahr brauchen jedoch den bewussten Schutz vor Ansteckung, da ihre Widerstandskraft gegen Krankheiten noch nicht so groß ist; sie sind für alle möglichen Krankheiten noch ziemlich anfällig.

Ein Baby gehört deshalb nach Krankheiten nicht in die Straßenbahn, nicht in Warenhäuser, nicht auf Kinderspielplätze. Denn jede neue Krankheit bedeutet neue Schwächung des gerade wieder her-

Übung 6 – zur Anregung des Tastsinns in den Zehen! Eine wichtige Vorübung für das spätere Stehen und Laufen! Das Baby liegt flach auf dem Rücken. Ein Erwachsener nimmt ein Bein in die Hand und zieht ganz vorsichtig mit der anderen Hand jeden Zeh einzeln lang (Aber bitte nur ganz zart »lang ziehen«!).

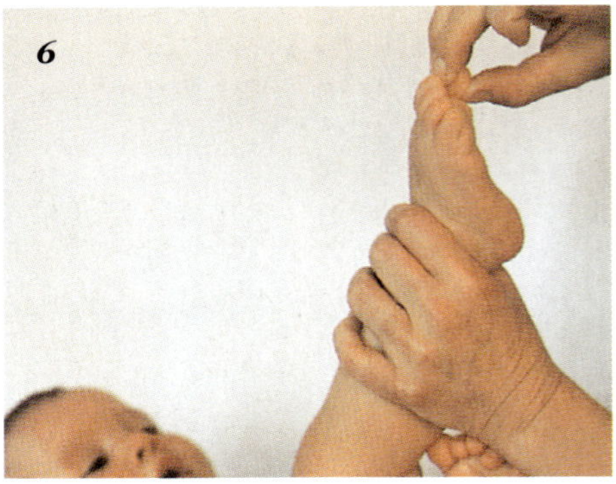

Der Spreizgriff für Übung 7a und 8b. Dieses Bild zeigt Ihnen den richtigen Handgriff für die abgebildeten Übungen: Mit weit gespreizten Händen umfasst ein Elternteil das Kind; die Daumen liegen am unteren Rippenbogen, Zeigefinger zeigen zur Achselhöhle und auf dem Rücken (Übung 7a) bzw. auf dem Bauch (Übung 8b) treffen sich so Ihre gespreizten Finger.

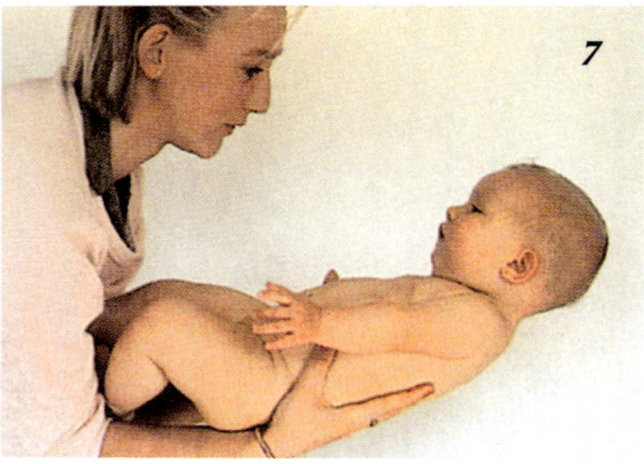

Übung 7a-7b – zur Kräftigung der Bauchmuskulatur. Mit dem Spreizgriff wird das Kind vorsichtig angehoben. Achten Sie besonders darauf, dass Ihr Baby den Kopf in der abgebildeten Weise mithebt (7a). Das Köpfchen darf nicht nach hinten hängen! Wenn das Kind größer und schwerer wird, können Sie bei dieser Übung die Beine des Kindes seitlich an Ihrem Oberkörper vorbeiführen. So ist es leichter, das Gewicht des Kindes zu tragen.

Übung 8a–8b – zur Kräftigung der Rückenmuskulatur. Die gleiche Übung mit dem Spreizgriff, jedoch wird das Kind diesmal aus der Bauchlage hochgehoben. Auch jetzt müssen Sie darauf achten, daß das Baby seinen Kopf hochhält.

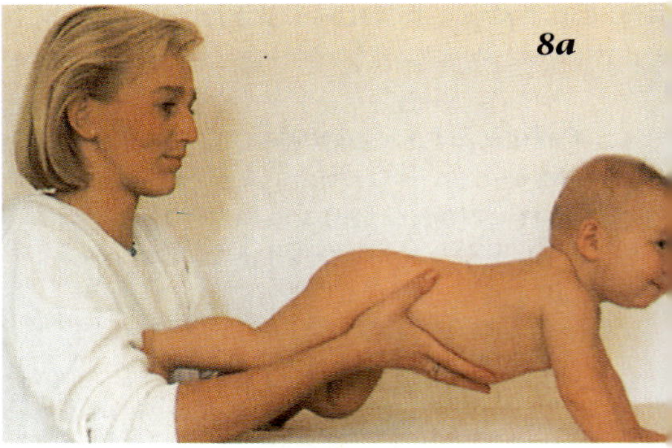

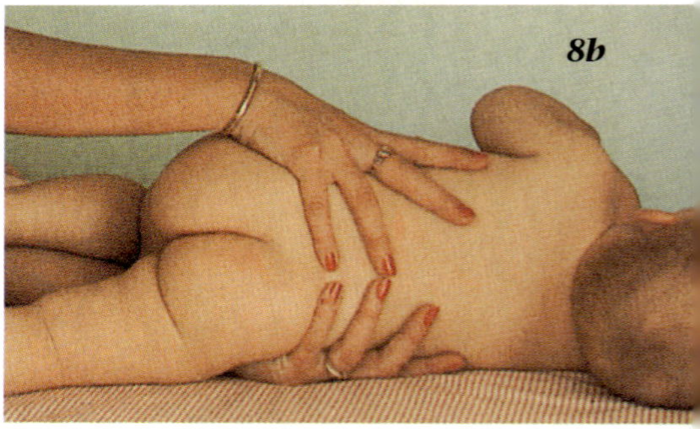

Übung 9a–9b – zur Kräftigung von Armen, Schultern und Rücken. So ist es richtig (9a)! Aus der Bauchlage nimmt die Mutter oder der Vater beide Hände des Kindes und macht Schwimmbewegungen mit beiden Armen gleichzeitig. Diese Bewegungen werden mit einem leichten Zug der Arme nach vorne ausgeführt.

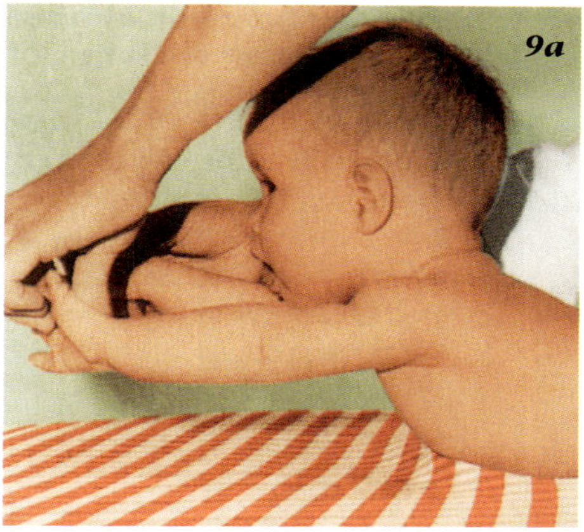
9a

Falsch ist dies Ausführung (9b)! Die Arme dürfen bei dieser Übung nicht nach oben gezogen werden, wie dieses Foto zeigt. Bitte, achten Sie gewissenhaft darauf!

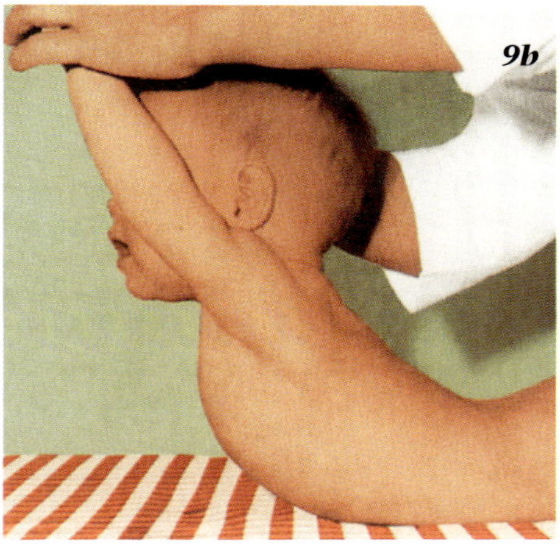
9b

Übung 10 – zur Schulung der Oberschenkel- und Beckenmuskulatur. Das Kind liegt flach auf dem Rücken. Ein Elternteil umfasst die noch flach ausgestreckten Beine mit seinen Händen (bitte, beachten Sie diesen Handgriff, halten Sie die Beinchen locker, umfassen Sie möglichst die Knie!). Nun werden beide Beine zusammen hochgehoben, bis sie senkrecht nach oben zeigen, jedoch Überdehnung der Knie vermeiden! Der Rücken und das Gesäß müssen auf der Unterlage liegen bleiben.

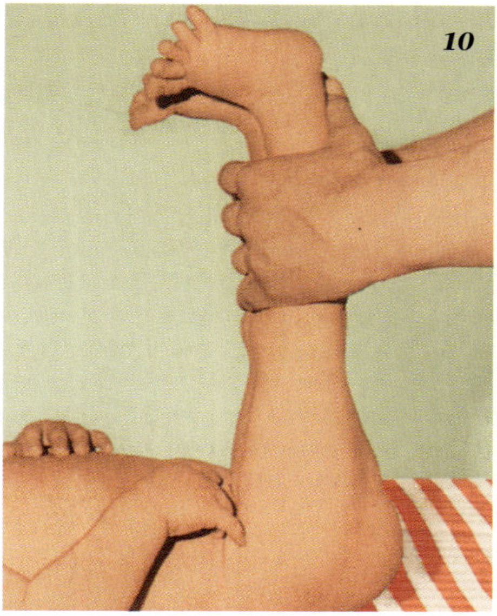
10

Fortsetzung auf Seite 296

gestellen Kindes, wodurch unter Umständen seine Entwicklung gehemmt werden kann.

Babys Gymnastik

(siehe Fotos Seite 286ff., 296ff.)

In Babys erstem Lebensjahr legt die Mutter den Grundstein für die körperliche und geistige Gesundheit ihres Kindes. Es ist deshalb jeder Mutter zu empfehlen, nach Rücksprache mit dem Arzt täglich Säuglingsgymnastik durchzuführen, um Haltungsschäden und Körperschwächen vorzubeugen.

Man kann mit der Gymnastik schon nach Vollendung von Babys viertem Lebensmonat beginnen.

Täglich zehn Minuten in den frühen Vormittagsstunden oder Nachmittagsstunden vor dem 16-Uhr-Fläschchen sind meistens am besten. Jede Übung kann dreimal durchgeführt werden. Wenn das Baby nicht mehr mag, gibt es seinen Unwillen deutlich zu erkennen. Dann sofort aufhören! Ist das Kind älter, kann seine Gymnastik täglich bis zu 15 Minuten dauern. Niemals übertreiben!

Die Reihenfolge der auf den Fotos angegebenen Übungen ist genau einzuhalten, da sie den Sinn haben, abwechselnd Arme, Beine, Bauch und Rücken zu kräftigen. Es ist noch kein Meister vom Himmel gefallen, und deshalb muss die Mutter geduldig sein, wenn ihr Kind die Gymnastik nicht gleich so perfekt auszuführen vermag, wie es die Abbildungen zeigen.

Geturnt wird ohne Kleidung, auf einem normal hohen Esstisch, der am besten gegen die Wand gestellt wird, auf einer etwa vier Zentimeter dicken Schaumstoffunterlage. Das Zimmer soll gut temperiert sein. Im Sommer ist auch das Turnen am geöffneten Fenster erlaubt. Aber Vorsicht vor Zugluft! Ist das Kind erkältet oder hat es Fieber, muss die tägliche Turnstunde entfallen. Denken Sie immer daran, dass das Kind Freude am Turnen gewinnen soll. Wenn es sich deshalb gegen die eine oder andere Übung stemmt, versuchen Sie es durch Ablenkung liebevoll und geduldig umzustimmen. Spielerisch gelingt Kindern alles besser und leichter. Das kostet mitunter Mühe und Geduld, aber der Erfolg und die gemeinsame Freude lohnen es.

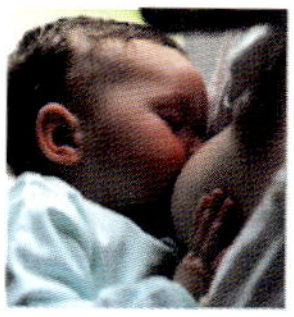

20

KAPITEL

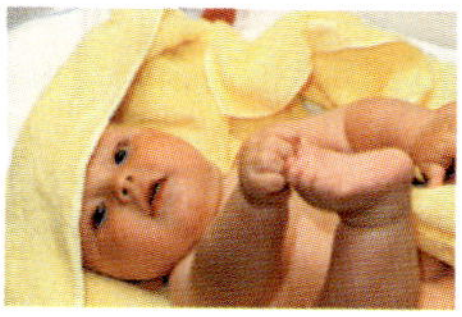

Babys Sicherheit

Wenn ein Baby kriechen oder laufen lernt, lebt es gefährlich. Die Zahl der Kinder, die an den Folgen von Unfällen sterben, wächst von Jahr zu Jahr. Die meisten dieser Unfälle ereignen sich dort, wo ein Baby am meisten beschützt und behütet sein sollte – in der eigenen Wohnung.

Die gefährlichsten Räume: Spielplatz, Wohnzimmer und Küche.

Die gefährlichsten Tagesstunden liegen zwischen zehn und zwölf Uhr, also die Zeit, in der die Mutter sauber macht, 16 bis 18 Uhr, wenn der Vater heimkommt.

Die gefährlichsten Jahre: Kinder um zwei Jahre; relativ gefährliche Spanne: zwischen einem Jahr und fünf Jahren. Mädchen sind etwas unfallsicherer als Buben, die oft mehr toben und waghalsiger sind. Ein Viertel aller Jungen zwischen zwei und drei erleidet mindestens einen Unfall, der so schwer ist, dass die Mutter mit ihm zum Arzt oder Zahnarzt eilen muss.

Die häufigsten Verletzungen bei Kleinkindern: Verbrennungen und Verbrühungen. Kinder sind in diesem Fall besonders gefährdet, weil sie schon sterben, wenn nur 15 Prozent ihrer Haut zerstört sind (Erwachsene: 40 Prozent). Das liegt nicht nur am Verlust der Haut, sondern vor allem daran, dass die Niere die giftigen Eiweißzerfallprodukte nicht rasch genug auszuscheiden vermag, die im Körper eines Verbrannten entstehen.

90 Prozent dieser Heimunfälle könnten vermieden werden. Das ist eine Mahnung, die alle Eltern beherzigen sollten, ehe sie sagen: Bei uns könnte so etwas nie geschehen. Eltern unterschätzen die Entwicklungssprünge der Kinder. Das Baby kann sich morgen zu dem Regal hochangeln, das gestern noch außerhalb seiner Reichweite war. Ein Baby, das heute nur krabbeln kann, ist morgen imstande, auf zwei Beinen zu laufen.

Eltern müssen berücksichtigen, wie gern Kinder nachahmen. Sie machen Dinge nach, die man ihnen noch gar nicht zutraut. So reißt ein Baby Streichhölzer an, steckt wie die Mutter etwas in die Steckdose. Ist dieses Etwas aus Metall, kann der Versuch Babys Leben kosten.

Eltern fordern viele Unfälle heraus. Sie machen den Kindern Dinge vor, die für das Kind eine Gefahr sind, weil das Kind sie noch gar nicht kann und deshalb scheitert und sich gefährdet. Es ist zwar lustig, wenn man ein Baby das Feuerzeug bedienen lässt, aber man schickt es mit einem halben Jahr ja auch noch nicht allein über die Straße, weil man es komisch findet, dass es fast überfahren wird.

Wenn Eltern folgende Regeln beherzigen, lebt ihr Kind sicherer: Einem Baby oder Kleinkind kann man noch keine Gefahr erklären, weil es weder logisch schließen noch zeitlich denken oder planen kann. Man muss es also behüten.

Ist das Baby anderthalb Jahre alt, so kann man zwar mit Geboten beginnen, darf sich jedoch niemals darauf verlassen, dass das Kind ein Gebot begriffen hat. Es hat den Befehl sicher noch nicht in unserem Sinn verstanden. Wenn es ihm folgt, so tut es das der Mutter zuliebe, übt das Sicheinfügen in die menschliche Gesellschaft.

Mit drei bis fünf Jahren begreifen Kinder allmählich den tieferen Sinn einer Anordnung. Man kann ihnen erklären, warum dieses und jenes Verbot ausgesprochen wird. Doch auch jetzt muss man damit rechnen, dass ein Kind noch bis in die Schulzeit hinein außerstande ist, zu abstrahieren. Es kann vom allgemeinen Gebot noch nicht auf den eigenen speziellen Fall schließen. Viele Babyunfälle geschehen, weil die Kinder alleingelassen werden.

Vorsorge im Säuglingsalter

Vor dicken Federkissen ist in diesem Buch bereits an anderer Stelle gewarnt worden. Braucht das Baby im Winter sein Federkissen, so sollte man dieses mit Klammern sichern. Immer nach den Mahlzeiten das Baby auf die Seite legen. So kann es nicht am eigenen Erbrochenen ersticken. Spielzeug und Klappern nicht an langen Bändern befestigen. Erdrosselungsgefahr! Bettlaken überall ordentlich unter die Matratzen stopfen, damit sich das Baby nicht darin verwickeln kann.

Kinderwagenschutzfenster höchstens bei plötzlichen Gewitterwolkenbrüchen benutzen, sonst bekommt das Baby zu wenig Sauerstoff und kann ersticken. Das Baby beim Wickeln nicht allein auf dem Wickeltisch liegen lassen. Das Baby nicht mehr im Stubenwagen schlafen lassen, wenn es sich aufrichten kann: Kippgefahr! Alles Spielzeug sichern! Immer die Badewassertemperatur prüfen, das Baby niemals allein in der Wanne lassen. Gefahr von Verbrühungen oder Ertrinken! Das Baby nicht allein angeschnallt im Wagen oder Bettchen sitzen oder spielen lassen. Strangulierungsgefahr!

Vorsorge für Krabbler

bezieht sich auf die ganze Wohnung. Man muss alles wegräumen, wegschließen, was ein Baby gefährden kann. Man ahnt gar nicht, was ein Baby alles erreichen kann. Das Werkzeugdenken entfaltet sich gleichzeitig mit der Krabbelkunst. Das Kind klettert von Hockern auf Stühle, auf Tische, auf Fensterbretter oder Schränke. Deshalb gilt diese Grundregel: *Ein Kind immer ausreichend behüten und beaufsichtigen.*

Alle Elektrogeräte und Steckdosen sichern, verschließen, wegräumen. Alle Medikamente (auch Kopfwehpillen aus der Nachttischschublade) und Kosmetika verschließen. Alle Putzmittel, Farben und andere Chemikalien oben in den Besenschrank räumen. Keine Putzmittelflaschen oder Pakete mit kleinen Resten, keine Chemikalien, keine Medikamente in den Abfalleimer oder in den Papierkorb werfen.

Unerreichbar sollten sein: Streichhölzer, Feuerzeuge, Vasen, Nähzeug, Scheren, Messer, Stecknadeln, Bügeleisen, Tauchsieder. Abdecken: Regentonnen, große Bottiche, Schwimmbecken. Selbst in einem Wassereimer kann ein Baby ertrinken. In der Küche müssen außer Babys Reichweite sein: Toaströster (Verbrennungen), Kaffeemaschine und Brotschneidemaschinen (Schnittwunden). Kochherde müssen zumindest Schaltersicherungen haben. Stiele von Kasserollen und Töpfen mit kochendem Inhalt werden nach innen oder nach hinten gedreht. Aus kleinen Küchen werden Babys und Kleinkinder ganz verbannt. Will sich ein Baby ahnungslos am Herd festhalten, kann es sich an noch heißen Kochplatten die Finger verbrennen. Kühlschränke müssen verschlossen sein, in Tiefkühlgeräten können die Fingerchen festfrieren. Plastiktüten gehören in unerreichbare Schubladen. Zieht sich ein Baby eine Tüte über den Kopf, kann es darunter ersticken. Türen zu steilen Kellertreppen müssen verschlossen werden. Treppen und Fenster sichert man durch Tischlergitter oder Sicherheitsscherengitter. Werkzeugkästen sind absolut tabu. Keine rutschenden Teppiche, keine offenen Kamine, keine glühenden Kanonenöfen. Nie Elektrogeräte im Bad stehen lassen. Das Baby kann im Badewasser einen Schlag bekommen, wenn es Vaters angeschlossenen Rasierapparat erwischt. Nie offenes Licht im Kinderzimmer erlauben, wenn kein Erwachsener dabei ist: keine Adventskerze, keinen Lampion, keine Wunderkerze. Kinder nie im Esszimmer bei gedecktem Tisch allein herumlaufen lassen: Heiße Teekannen, volle Suppenterrinen können tödlich werden.

Vorsicht auch mit Haustieren! Jahr für Jahr werden 11 000 Kinder bei uns von Hunden und Katzen verletzt. Zerbissene Gesichter, zerfleischte Waden beweisen, dass Kind und Tier sich eben nicht »von Natur aus« verstehen.

Unregelmäßige und falsche Ernährung machen Kinder zu Unfallkindern. Hat ein Baby Hunger, so wird es gereizt, weinerlich und unkonzentriert. In den beiden Tageszeiten, in denen beim Erwachsenen der Blutzuckerspiegel absinkt und ein Leistungstiefpunkt naht (später Vormittag und später Nachmittag), haben auch Krabbelkinder und schlecht ernährte Kinder die meisten Unfälle.

Alle Eltern können ihr Kind unfallsicher erziehen. Dazu darf sie selbst nicht überängstlich sein, auch nicht zu streng. Überbehütete und gedrillte Kinder neigen eher dazu, heimlich das Verbotene zu tun. Hat das Baby ein Kinderzimmer, so braucht man es nicht ununterbrochen zu gängeln, nicht jede Minute des Tages zu beaufsichtigen. Verlässt das Baby aber diesen sicheren Grund, geht es auf Entdeckungsreisen, so muss man aufpassen.

Regeln für den Notfall

Verbrennungen

Hat sich das Kind an der Hand oder am Finger verbrannt, die Stelle sofort unter fließendes kaltes Wasser halten. Die Kälte lindert den Schmerz, lässt die Wunde schneller heilen, hält die sich bildenden Blasen klein. Wunde dann frei lassen und nicht zuwickeln. Heilt an der Luft am besten. Nur durch Pflaster vor Schmutz schützen, wenn das Kind im Garten oder auf der Straße spielt. Ist das Baby an größeren Körperpartien verbrüht, keine Sekunde verlieren. Nicht erst ausziehen, sondern so, wie es ist, unter die kalte Dusche oder in kaltes Wasser stecken. Die

Übung 11a–11b – zur Kräftigung der Rücken- und Beinmuskulatur. Eine Rückenübung für Kinder, die sich noch nicht im Vierfüßlerstand halten können. Das Kind liegt auf dem Bauch, mit den Zeigefingern der rechten und linken Hand fasst die Mutter oder der Vater leicht in die Hüftbeuge des Kindes und hebt so die Hüfte an. Meist genügt ein leichtes Anheben und das Baby hebt die Hüfte von selbst als Reflexbewegung. Nacheinander schiebt nun die Mutter vorsichtig zuerst das eine, dann das andere Knie unter den Bauch des Kindes **(11a)** und wartet, bis sich das Kind von selbst von ihrer Hand mit den Beinen wegstemmt **(11b)**. Wenn Sie mit dieser Übung beginnen, müssen Sie anfangs vielleicht mit der anderen Hand unter den Bauch des Kindes fassen und ihm beim Wegstemmen helfen.

Übung 12a–12b – zur Kräftigung der gesamten Rückenmuskulatur. Eine Übung für Kinder ab ungefähr dem 9. Monat. Aus der Bauchlage (Füße leicht gegen Vater oder Mutter gestemmt) wird das Kind in diese »Päckchenstellung« gebracht. Beide Arme des Kindes werden von einem Elternteil seitlich nach hinten zurückgehalten **(12a)**. Aus dieser Stellung soll das Kind den Kopf selbst heben. Der Rücken wird dabei gestreckt **(12b)**. Wenn Sie mit dieser Übung beginnen, müsste eine zweite Person eventuell das Kind zum Kopfanheben anregen.
Im Anschluss an diese Rückenübung sollte zur Kräftigung der Bauchmuskulatur Übung 7a wiederholt werden. Die Mutter hebt das Kind aus der Rückenlage vorsichtig im Spreizgriff hoch.

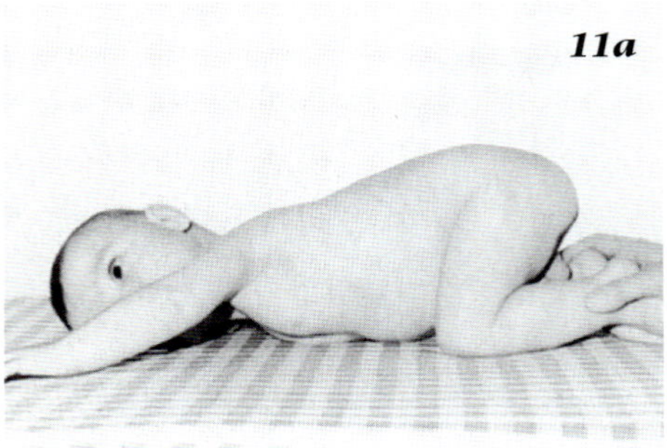
11a

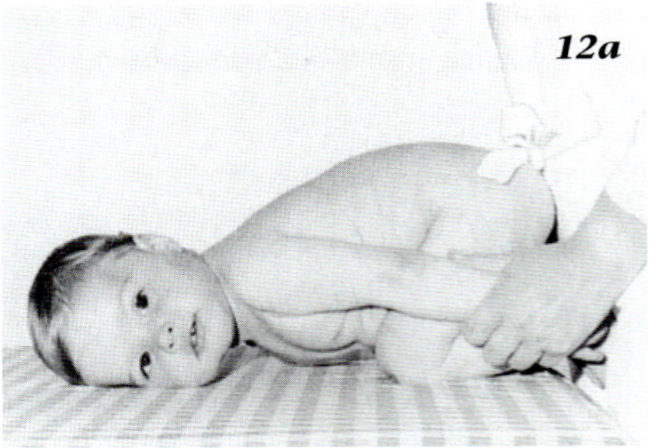
12a

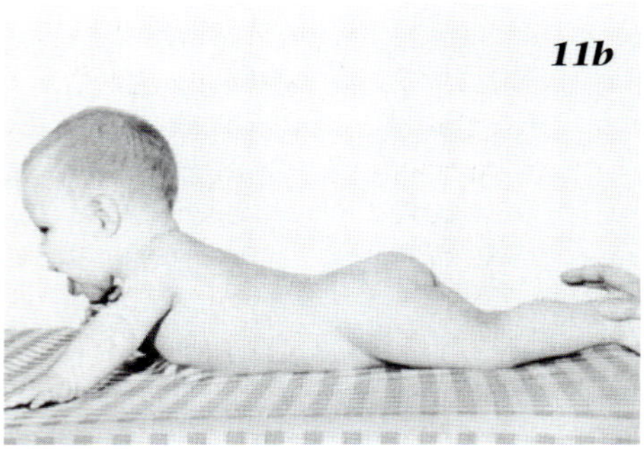
11b

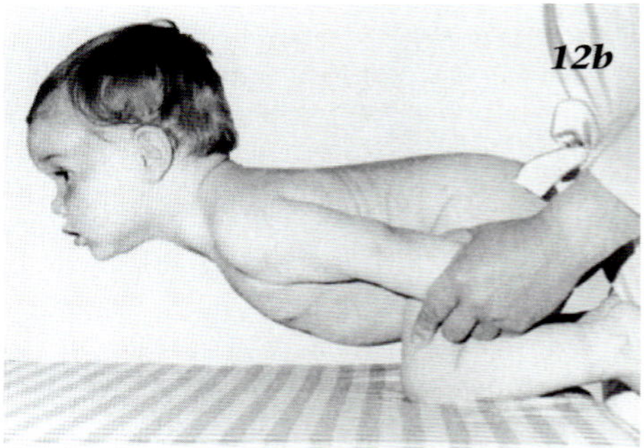
12b

Übung 13 – zur Schulung der Stützreaktion beider Arme. Eine wichtige Vorübung für den Vierfüßlerstand (zugleich auf Knie und Arme gestützt), der eine gesunde Übergangsphase vom Sitzen zum Stehen und Laufen darstellt.

Das Baby liegt flach auf dem Rücken. Durch einen leichten Druck gegen die Hände des Kindes wird es zum gegenstemmen angeregt. Babys im 4./5. Monat machen das Gegenstützen reflexartig, ältere müssen dazu von der Mutter oder dam Vater angeregt werden.

Übung 14 – zur Schulung der Stützreaktion in den Armen, gleichzeitig zur Kräftigung der Rückenmuskulatur. Das Baby wird vorsichtig aus der Bauchlage gehoben, indem Vater oder Mutter mit der linken gespreizten Hand unter den Bauch greift (vorsichtig, nicht zu tief oder zu hoch greifen, der Zeigefinger muss das Brustbein stützen!). Beide Füße des Kindes nimmt die Mutter oder der Vater zwischen die gespreizten Finger der rechten Hand.

Das Kind soll jetzt lernen, sich mit den Armen aufzustützen und sich dabei leicht gegen die Unterlage zu stemmen. Achten Sie darauf: Das Kind darf auf keinen Fall dabei sein ganzes Gewicht tragen! Das muss die Mutter tun! Hebt man nun das Kind in dieser Haltung hoch, erzielt man eine außerordentlich gute Rückenkräftigung.

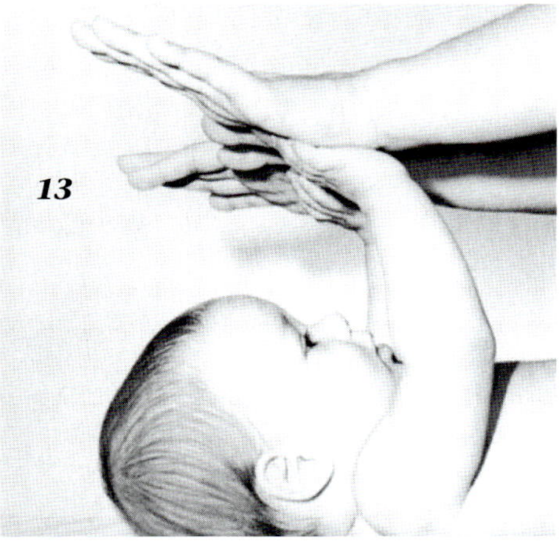

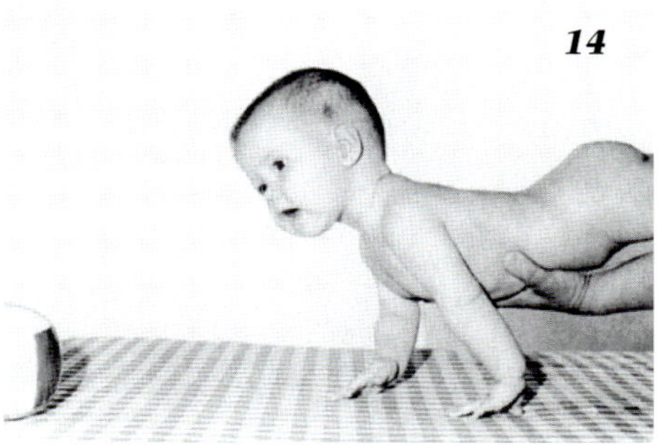

Übung 15 – Kräftigung der Fußsohlenmuskulatur. Das Füßchen wird angehoben und zum Zehenkrallen angeregt, indem die Mutter den Zeigefinger unter die Zehen des Kindes drückt.

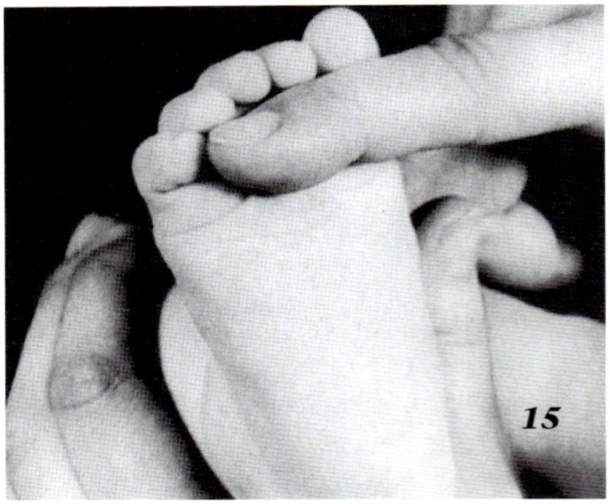

Übung 16 – Schulung des Fußgelenks als wichtige Vorübung für das spätere Laufen. Zuerst wird das eine Bein angehoben, mit dem Füßchen werden kreisende Bewegungen nach links und rechts gemacht. Dann kommt der zweite Fuß an die Reihe. Wenn das Kind bei dieser Übung seinen Fuß anspannt, warten Sie bitte, bis es sich entspannt und lockert oder schütteln Sie zart das Beinchen.

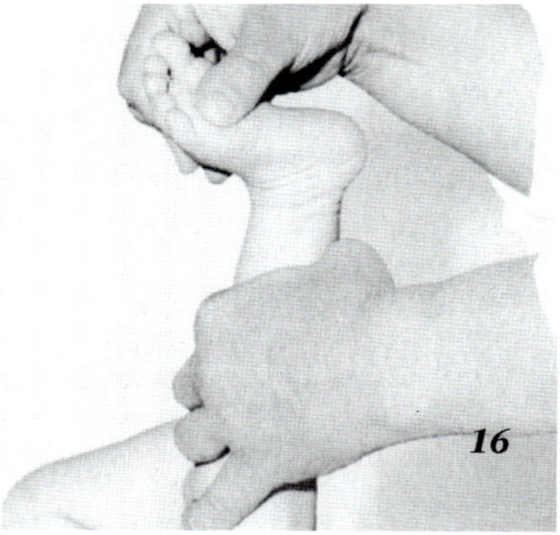

heißen Kleidungsstücke verschlimmern die Verletzungen.

In diesen und in allen gefährlichen Fällen sofort den Arzt anrufen. Bei Kindern können schon Verbrennungen ersten Grades (Rötung der Haut) gefährlich sein. Bis der Arzt kommt, Wunden mit Brandbinde bedecken. Die Wunden weder berühren, noch zu reinigen versuchen. Nicht daran herumwischen. Hat man keine Brandbinde, nimmt man eine sterile Wundbinde.

Vergiftungen

Kinder vergiften sich am häufigsten an diesen Dingen: Medikamente, Schädlingsbekämpfungsmittel, Farben und Anstreichmittel, Kosmetika, Alkohol, Wasch- und Reinigungsmittel, Benzin, giftige Pflanzen.

Sie ringen dann nach Luft, werden blau im Gesicht, verlieren das Bewusstsein, erbrechen oder fallen in Krämpfe.

Sofort den Arzt anrufen! Sagen Sie ihm, was das Kind geschluckt hat, wie viel es davon erwischt hat, wann es das getan hat und welche Symptome es jetzt zeigt. Das Alter des Kindes ist für den Arzt, der Ihr Kind noch nicht kennt, ebenfalls wichtig. Erbrochenes für den Arzt aufheben. Auf Rat des Arztes sofort in die Klinik fahren. Dort wird dem Kind der Magen ausgepumpt. So sehr Eile geboten ist, wenn das Kind bewusstlos ist, sollte doch möglichst eine erfahrene Person den Transport durchführen oder leiten, die weiß, wie das Kind zu liegen hat und was man bei Erstickungsanfällen tut.

Hat sich das Kind noch nicht übergeben und ist es nicht bewusstlos, so lassen Sie es sich erbrechen. Dazu keine Milch oder Rizinusöl geben, weil sich bestimmte fettlösliche Substanzen gerade in der Milch besser auflösen und die Gifte sich dann verheerend rasch im Körper verteilen können.

Zum Erbrechen führt lauwarmes Salzwasser: ein Glas Wasser mit einem halben bis einem Esslöffel Kochsalz trinken lassen. Finger tief in den Mund stecken, Kleinkind dabei bäuchlings auf Ihr Knie legen.

Das stoppt die Verteilung des Giftes im Kreislauf: 50 Kohlekompretten (medizinische Kohle) in einem Glas Wasser auflösen und dem Kind zu trinken geben.

Erreichen Sie Ihren Arzt nicht oder besteht wegen der Beschaffenheit des Giftes Zweifel, es gibt:

Offizielle Informationszentren für Vergiftungsfälle

In der Bundesrepublik Deutschland gibt es eine Reihe von Krankenhäusern die Informationsstellen über Gegenmaßnahmen bei Vergiftungsfällen aller Art unterhalten.

Die Telefonnummern der Giftinformationszentrale finden Sie in manchen »Gelben Seiten« der örtlichen Telefonbücher. Falls nicht, so sind sie auf jeden Fall der Polizei, der Feuerwehr, dem ärztlichen Notdienst und meist auch der Apotheke bekannt.

Da aber selbst der kühlste und vernünftigste Erwachsene manchmal bei einem Unfall des Kindes in Panik gerät, sollte man vorsorgen und sich diese Telefonnummer

- vorne ins Telefonbuch schreiben,
- auf ein Schild schreiben und an die Telefonschnur hängen (so kann sie jeder finden, der einhütet oder zu Besuch ist),
- auf den großen Zettel mit allen anderen Notfallnummern schreiben.

Es ist ratsam, diese Nummer von Zeit zu Zeit zu überprüfen, damit sie im Notfall auch noch stimmt.

Verletzungen

Kleine Schürf- und Schnittwunden kann die Mutter selbst versorgen, dabei aber weder Jod noch Salbe nehmen. Frische Luft heilt am besten. Verschmutzte Wunden nicht mit Wasser reinigen. Das spült nur den ersten Schutzfilm aus geronnenem Blut ab. Wunde einfach mit Heftpflaster oder Mullbinde versorgen. Bei stärkeren Blutungen Mulltupfer auf die Wunde pressen.

Bei Kleinkindern auch die verheilte Wunde mit Pflaster schützen. Der Schorf wird leicht abgescheuert und abgekratzt, und alles beginnt von vorn.

Schnittwunden bluten stärker als Schürfwunden. Blut schwemmt Keime aus der Wunde, es darf also ruhig ein paar Minuten bluten. Verletzten Finger oder Fuß dann hochhalten. Das macht die Venen schlaff und stoppt die Blutung. Die Gerinnung kann schneller beginnen. Dann mit Mullverband versorgen.

Stark blutende Wunde mit Kompresse zudrücken. Dazu Mullkompresse, Taschentuch, Handtuch nehmen. Schnelligkeit ist wichtig. Blutet es durch, nächsten Druckverband darüber anlegen. Adern nur abbinden, wenn man es kann. Laienhaftes Abbinden lässt das Glied absterben und brandig werden. So rasch wie möglich den Arzt beiziehen.

Bei Kopfverletzungen sofort den Arzt um Rat fragen.

Nasenbluten stillt man durch kalte Kompressen auf den Nacken. Nicht hinlegen, das verstärkt nur den Blutandrang im Kopf. Lieber die Nase an der blutenden Seite zudrücken und eine Weile zugeklemmt halten. Danach: Wattepfropf in blutstillende Salbe tauchen und für ein paar Minuten ins Nasenloch stecken. Hochziehen und Wattepfropf wieder herausnehmen.

Knochenbrüche, Stürze

Fällt das Baby vom Tisch oder aus einem Kinderwagen und schreit es danach ein paar Minuten, so kann die Mutter dankbar sein: Es ist ihm nichts Ernstes geschehen. Die Gefahr der Gehirnerschütterung kann aber immer noch bestehen. Das Kind in den nächsten beiden Tagen genau beobachten. Ist das Kind vom Sturz bewusstlos, nie auf den Rücken legen. Es könnte an Erbrochenem ersticken. Richtige Lage: die Entspannungslage der Schwangeren, siehe Seite 61. Der Kopf ruht dabei auf der angewinkelten Hand.

Nicht selbst ins Krankenhaus transportieren, auf den Arzt warten. Wenn das Kind aus der Bewusstlosigkeit aufwacht, ruhig halten. Blutet es aus den Kopföffnungen, nicht mit Watte oder Mull die Blutung zu stoppen versuchen.

Klagt es über starke Kopfschmerzen, darf ihm die Mutter ein kaltes feuchtes Tuch auf die Stirn legen.

Liegt ein Bein, ein Fuß oder ein Arm unnatürlich verdreht und kann das Kind dieses Glied weder ohne starke Schmerzen belasten noch bewegen, konzentriert sich dieser Schmerz auf eine genau zu bestimmende Stelle und schwillt diese an, ist das Glied höchstwahrscheinlich gebrochen.

Sofort röntgen lassen. Zum Transport das gebrochene Glied schienen, sodass die beiden benachbarten Gelenke ebenfalls mit stillgelegt sind. Als Schiene kann ein umwickeltes Brett, ein Besenstiel, eine festgerollte Decke oder Ähnliches dienen.

Gebrochene Arme und Hände werden ins Dreiecktuch gehängt. Ist es die Hand, so kann sie außerdem zur Not mit Kochlöffeln geschient werden.

Kind gleich schienen, dann erst in den Arm nehmen, sonst verschiebt sich unter Umständen der Knochen.

Offene Brüche nicht berühren und zu richten versuchen: Große Gefahr der Knochenmarksentzündung.

Verschobene Knochen sollen auf keinen Fall selbst gerichtet werden. Es tut dem Kind sehr weh, und Laien können dabei Adern und Nerven verletzen. Babys werden nicht erst geschient, sondern auf eine feste Unterlage gepackt (Tablett, großes Küchenholzbrett) und sofort zum Arzt gebracht.

Verstauchungen und Prellungen sollten bei starkem Schmerz ebenfalls dem Arzt gezeigt werden.

Stromunfälle

Gerät das Baby an eine defekte Leitung oder an eine Steckdose und kann es das Händchen nicht lösen, so kann es das Bewusstsein verlieren. Sofort Sicherung (Hauptsicherung) herausschrauben. Der Strom unterbricht den normalen Herzrhythmus und ruft das so genannte Herzflimmern hervor. Dauert es zu lang, tritt der Tod ein. Deshalb nach dem Abschalten der Sicherung sofort das Herz massieren und Wiederbelebungsversuche veranstalten.

- Herzmassage beim Baby und Kleinkind: Die Mutter legt die Mittelfingerspitzen auf die Brust, drückt sechzig- bis siebzigmal in der Minute das weiche und noch leicht federnde Brustbein kräftig nach unten.
- Wiederbelebung beim Baby und Kleinkind: Babys Kopf in den Nacken beugen, damit die Luftröhre weit of-

fen ist. Die Mutter legt die Lippen um Nase und Mund des Kindes und bläst ihm ungefähr alle zwei Sekunden vorsichtig Luft ein. Je kleiner das Kind ist, desto behutsamer blasen. Babys Lungenbläschen sind noch zart und könnten zerstört werden. Ängstliche Eltern sollen einen Rotkreuzkursus machen.

21

KAPITEL

Baby und der Kleiderschrank

Auf das Neugeborene wartet meist ein Kleiderstaat, den die ganze Familie mit Stolz betrachtet. Jede Großmutter hat alte Strickmuster hervorgekramt und versucht, die Gegengroßmutter zu übertreffen, und in den Fächern der Wickelkommode stapeln sich die Staatsjäckchen und Ausgehgarnituren.

Der Vorrat verführt dazu, all die Pracht emsig zu benutzen. Das Ergebnis: Die meisten Mütter verwöhnen vor lauter Liebe ihr Baby und ihre Krabbelkinder über Gebühr. Ein Kind, das in allzu vielen Kleiderhüllen heranwächst, verliert jedoch die Fähigkeit, sich auf verschiedene Temperaturen einzustellen. Es wird empfindlich und erkältet sich viel eher als ein unverzärteltes Kind.

Wenn ein Baby mit einem normalen Geburtsgewicht von zweieinhalb bis vier Kilogramm und gesund auf die Welt kommt, verfügt es mit seiner weichen Speckschicht bereits über einen wirksamen natürlichen Kälteschutz. In normal geheizten Zimmern und bei freundlichen Sommertemperaturen sind ihm ein Hemdchen und ein Baumwolljäckchen ausreichend warm.

Schläft es nachts im ungeheizten Zimmer, so kann man ihm im Winter bei großer Kälte eine Wärmflasche unter die Decke legen. Noch besser ist ein Wolljäckchen, denn dann bleiben Schultern und Arme warm, wenn ihm die Decke herunterrutscht.

Im Allgemeinen reicht im Winter ein wärmerer Schlafanzug vollkommen aus. In den ersten Wochen ist es wichtig, dass das Baby im Körbchen vor Zugluft geschützt wird.

Für den Ausgang: Das Baby nie zu warm verpacken. Wenn es in den ersten Wochen am offenen Fenster oder auf dem Balkon steht und später spazieren gefahren wird, bekommt es eine Wollmütze aufs Köpfchen und eine Wolljacke über sein Baumwolljäckchen gezogen. Mehr braucht es im Winter nicht. Die Wollmütze kann nach Ansicht vieler Kinderärzte fortbleiben, wenn Babys Haarschopf dichter wird und wenn sommerliche Wärme Wolle am Kopf überflüssig macht.

Beim Trinken und Füttern wird das Baby in den ersten Lebenswochen in ein Wolltuch (Winter) oder in ein Baumwolltuch (Sommer) eingehüllt. Im Übrigen wird es in Mutters Arm nie frieren. Der Hautkontakt der Mutter ist die beste Wärmequelle.

Im Winter zieht man dem Baby zum Krabbeln eine wollene Strampelhose an, im Sommer genügt es, wenn es nach dem Vormittagsbad eine kurze Hose anbekommt.

Wenn Sie prüfen wollen, ob es Ihr Baby kalt oder warm hat, sollten Sie übrigens nicht an Fuß oder Hand fassen, sondern ans Beinchen, an die Backe oder den Arm. Sind sie warm, so fühlt sich das Baby wohl. Im Zweifelsfall hat es ein Baby immer eher zu warm als zu kalt. Es ist noch sehr hitzeempfindlich. Nylon und alle anderen Kunstfasern halten die Hitze zurück und können Babys Haut irritieren. Die Kleidung soll das Baby nur gegen einen großen Temperaturwechsel schützen, ansonsten reicht immer eine leichte Kleidung vollkommen aus.

Seien Sie mit Kunstfasern vorsichtig und kaufen Sie nicht gleich ein Dutzend Stücke von einer Sorte. Probieren Sie erst ein Höschen oder Jäckchen aus. Bei der geringsten Hautreizung oder Unruhe des Kindes wird das betreffende Kleidungsstück sofort ausgezogen und es werden Sachen aus reiner Baumwolle und Wolle gekauft, die viele Mütter ohnehin vorziehen, weil ihnen die Naturfasern angenehmer sind. Babys Unterwäsche muss auf jeden Fall aus Baumwolle gefertigt und kochfest sein.

Kleine Mädchen entwickeln oft schon früh modisches Interesse. Diese Freude am Kleid soll man nicht dämpfen oder als Eitelkeit missverstehen. Vom Krabbelalter an muss man jedoch darauf achten, dass man Kinder kindgerecht anzieht: Ein schönes Kleid ist ein schlechtes Kleid, wenn das Kind nicht darin spielen darf. Also: praktische, strapazierfähige, pflegeleichte Stoffe, die trotzdem hübsch sein können, einfache, sinnvolle Schnitte.

In jedem Kleidungsstück muss sich das Kind bewegen können. Ein Junge von zwei Jahren sieht im Anzug zwar putzig aus, kann in Pulli und Trägerhosen jedoch besser klettern und spielen, fühlt sich also wohler.

Widerstehen Sie tapfer »guten Kleidern«. Sie bedeuten meist umständliches Bügeln, Reinigung statt normaler Wäsche, sind also eine Quelle ständiger Arbeit für die Mutter. Sie könnte diese Zeit wesentlich besser mit Geschichtenerzählen und Kneten oder Malen zubringen. Dann spart sie sich auch die ständige Ermahnung: »Achtung, mach dich nicht schmutzig!«

Einkaufsregeln für Babys Garderobe

Seien Sie mit allem, was Sie für Ihr Baby kaufen, geizig hinsichtlich der Stückzahl und verschwenderisch in bezug auf die Qualität. Das Baby wächst schon in den ersten beiden Monaten um zehn Zentimeter, und die Anschaffung von zwei Dutzend Erstlingshemdchen lohnt sich nur dann, wenn dieses Baby das erste von einem halben Dutzend Hemdchenbenutzer sein soll.

Gut ist Babykleidung, die die Hautatmung nicht hindert, die nicht kratzt, keine Hitze staut und die Bewegungslust und damit auch die körperliche Entwicklung des Kindes nicht hemmt.

Einkaufsregeln für die Kleinkindgarderobe

Wenn ein Baby krabbelt und herumkriecht hat es sich rasch die Knie seiner Baumwollhöschen und seiner weichen Wollstrampelhosen durchgewetzt.

Die Kleidung muss jetzt diesem starken Bewegungsdrang angemessen sein.

Sie soll außerdem Babys Körper vor Kälte, Hitze und Nässe schützen.

Nässe und Feuchtigkeit bedeuten Erkältungsgefahr: Steckt das Baby in einem durchnässten Mäntelchen, so gibt sein Körper fünfundzwanzigmal so viel Wärme ab wie normal, um diese Nässe wieder verdunsten zu lassen. Deshalb darf das Baby nicht zu warm angezogen sein. Von Schweiß durchnässte Kleider sind ebenso gesundheitsgefährdend wie regennasse. Für Regenwetter also undurchlässige Anoraks oder Ölzeug, bei Hitze feuchtigkeitsschluckende Baumwolle.

Warm sind Kleider mit dicker Lufthülle: Luft ist ein schlechter Wärmeleiter. Wird Luft im Gewand gefangen, so wärmt es. Deshalb sind ein Wollpullover und eine Wolljacke wärmer als ein einzelner besonders dicker Pullover. Deshalb sind plustriger Teddyflausch und locker gewirkte oder gestrickte Wolle besonders warm.

Babys Kleidung muss mitturnen und -krabbeln können. Sie darf nicht kneifen, muss vor allem vorn über der Brust weit sein und nicht gleich verschleißen oder reißen. Krabbler sind in Pulloverchen aus Baumwolle oder Wolle und mit Trägerhosen am besten angezogen.

Beim Spaziergang bekommt das Kind eine Jacke oder einen Anorak übergezogen.

Mützen und Handschuhe braucht das Baby nur im Winter, Sonnenhüte aus Leinen dagegen auch dann noch, wenn es schon zwei oder drei Jahre alt ist und ein dickes Haarschöpfchen hat.

Spielhöschen über der Windelpackung samt Sonnenhut sind im Sommer ausreichend, wenn es wirklich schön warm ist.

Kleine Mädchen werden gern bald in Kleidchen gesteckt. Einfach geschnittene Hänger oder Trägerröckchen über Pullis sind das Bequemste. Aber Achtung, dass sich die kleine Modepuppe nicht erkältet! Die Mutter sollte ihr immer *Wollhosen* über das baumwollene Unterhöschen anziehen, wenn es nicht wirklich warm ist. In Übergangszeiten sind Strumpfhosen aus Stretch oder Wolle anzuraten. Wird der Unterleib zu kühl gehalten, so kann das kleine Mädchen Unterleibs-, Blasen- und Nierenentzündungen bekommen.

Strümpfe werden oft, am besten täglich gewechselt. Immer nachsehen (selbst anfassen), ob das Baby nach dem Regenspaziergang trockene Füße hat.

Im Sommer reichen gar keine oder Baumwollsöckchen, im Winter sollen die Socken oder Kniestrümpfe aus Wolle sein. Achtung bei elastischen Kunstfasersocken! Sie werden meist zu klein gekauft, weil Mütter erst lernen müssen, Größen richtig einzuschätzen. Meistens stimmt es nicht, und zu kleine Socken spannen und verzerren die Zehen zu krummen Krallenzehchen.

Strümpfchen oder Wollschuhe sind für den Säugling überflüssig, denn seine Füße sind noch ebenso warm wie Babys Hände. Viele Ärzte behaupten, dass wir uns die kalten Füße nur durch Strümpfe und Schuhwerk künstlich anerzogen haben. *Babyschuhe* sind süß, aber im Sommer unnütz. Ob gestrickt, ob aus im Allgemeinen sehr gepriesenem weichem Leder: Das Baby läuft am besten barfuß. Wer zuschaut, wie sein Kind barfuß spielt und krabbelt und läuft, der kann erkennen, wie sinnvoll es mit seinen Füßen umgeht.

Der Babyfuß ist weder schwach, noch braucht er Halt. Das Baby bekommt erst schwache Füße, wenn es nicht all seine Fußmuskeln selbst üben kann. Ärzte raten zu Laufställchen mit Bastmatten oder Weidengeflecht als Fußboden, damit sich der Fuß gut entwickeln kann. Das Baby soll nicht immer auf glatten Flächen laufen.

Fußspiele sind für Krabbler ausgezeichnet: Greifen, Spreizen, Zehen wedeln kann die Mutter schon mit ihnen üben, wenn sie erst anderthalb Jahre alt sind.

Übrigens: Das Baby nie ermahnen, die Füßchen schön nach außen zu setzen. Geht das Baby mit nach innen gerichteten Spitzen, so stärkt es seine Gelenke und schützt sich selbst vor Knick- oder Plattfüßen.

Das Laufenlernen ist noch nicht beendet, wenn das Baby – etwa mit 15/16 Monaten – allein laufen kann. Bis in die Schulzeit hinein formt das Kind seine Gangart, geht am Anfang mit dem ganzen Fuß, patscht wie ein Frosch mit breit gespreizten Zehen und breiter Auftrittsfläche von einem Fuß auf den anderen.

Erst im Lauf der kommenden Jahre lernt es, den Fuß abrollen zu lassen, auf dem Ballen zu stehen und federnd zu laufen. Damit der Fuß diese Elastizität erlernt und behält, darf er nicht gleich in die ersten Schuhe wie in Schraubstöcke eingeschnallt werden, in denen er babyhaft platt und ungelenk bleibt. Dann kann das Kind von sechs nicht ordentlich laufen und springen und versagt bei vielen Turnübungen.

Kleinkinderschuhe sollen folgendermaßen beschaffen sein: weicher Schaft; gute Fußbettung, sodass der Fuß in einer Mulde liegt; elastische Sohle, sodass der Fuß abrollen und sich die Ferse beim Gehen so nach innen drehen kann, dass der Schuh nicht schlappt.

Schuhe werden nicht im Sitzen, sondern im Stehen anprobiert.

Knallig bunt sind Babys Unterwäsche und Alltagsgewand. Bei Farben und Designs für Babykleidung gibt es keine Grenzen. Achten Sie jedoch stets darauf: Alle Strampelanzüge, Höschen und Hemdchen sollten kochfest und aus Baumwolle sein.

Schuhgrößen werden im exakt arbeitenden Messgerät für Kinderschuhe festgestellt. Dabei kommt es vor allem darauf an, dass der Schuh auch in der Breite passt. Nicht den Schuh eine Nummer kleiner kaufen, wenn er zu lang ist, sondern eine Nummer breiter. Gute Hersteller machen Schuhe in einer Grundgröße mit drei bis vier verschiedenen Breiten.

Der Schuh muss immer etwas länger als der Fuß sein, damit der Fuß auch beim Schub nach vorn (der bei jedem Schritt stattfindet) gut abgerollt werden kann.

Zwei Jahre alte Füße brauchen mindestens neun Millimeter Leerraum zwischen dem längsten Zeh und dem Schuhleder.

Jedes Kind braucht mindestens zwei Paar Schuhe zum Wechseln. Praktischerweise kauft man ein Paar wetterfeste Halbschuhe und ein Paar Sandalen oder leichte Schuhe. Daheim sollte das Baby viel barfuß laufen. Bei Regenwetter steckt man es in *Gummistiefel.* Sie werden immer mit Socken getragen, denn auch wenn das Baby nur eine halbe Stunde durch den Regen stapft, sitzt der Körperdunst im Gummi gefangen, wird von hereingespritztem Pfützenwasser und vom Regen noch vermehrt. Das Baby bekommt kalte, weil nasse Füße. Rosshaar- oder Bouclésocken saugen dagegen die Feuchtigkeit auf und halten Babys Füße warm. Nicht vergessen: Babys Gehwerkzeuge stecken noch mitten in der Entwicklung. Deshalb: keine zu langen Spaziergänge. Kinderfüße sind rasch müde, und wenn Baby bettelt: »Tragen!«, so ist das keine Laune, sondern heißt: »Rette meine Füße vor dem Verderben!«

Stiefel waren früher das Symbol für gesunde Kinderschuhe. Heute hat man herausgefunden, dass ein gut sitzender (das ist allerdings wichtig!) Halbschuh ebenso »gesund« ist und vom Kind als bequemer empfunden wird.

Übrigens: Zwischen einem und anderthalb Jahren beginnt das Baby, beim An- und Ausziehen zu helfen. Lassen Sie es probieren und arbeiten, helfen Sie ein wenig nach, loben Sie den wenn auch kärglichen Erfolg, aber stoßen Sie es nie mit dem Satz vor den Kopf: »Lass nur, das kannst du ja doch nicht!« Mit einem Jahr zieht sich das Baby selbst die Höschen aus, steckt selbst die Arme in die Jackenärmel und die Beine in Richtung der Hosenbeine. Dabei kommt es ihm nicht darauf an, ob die Jacke richtig herum gehalten wird oder die Beine in die falschen Hosenröhren hineingeraten. Manche Babys sind allen Raumbegriffen noch so fem, dass sie beide Beine beharrlich in ein einziges Hosenbein zu stecken versuchen.

Mit anderthalb Jahren versucht das Baby verstärkt mitzuarbeiten, will seine Schuhe selbst anziehen, kann das Ausziehen jedoch besser als das Anziehen und wird mit kleinen Sachen besser fertig als mit großen. Es zieht sich Handschuhe an, zieht Reißverschlüsse auf, fängt abends auf eigene und noch recht planlose Art an, sich zu entblättern.

Mit zwei Jahren kann sich das Kind immer noch besser aus- als anziehen, und wenn es sich anzieht, irrt es sich und macht mit Wonne Unsinn. Die Mutter soll seine Lust an der Selbstständigkeit unterstützen, darf jedoch jetzt noch nicht fordern: »Zieh dich aus, leg die Sachen ordentlich hin!« Auch auf diesem Gebiet hat das Baby keinen Sinn für gezielte Tätigkeiten oder Pflichten. Das kommt alles später.

22

KAPITEL

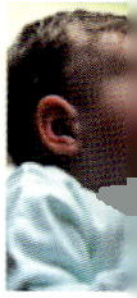

Babys Tageslauf

In dem Maße, in dem sich das Baby der Welt zuwendet und sich bewegen und mitteilen lernt, ändern sich seine Ansprüche, seine Esszeiten, sein Tageslauf sieht ganz anders aus.

Die Eltern müssen auf diesen Wandel eingehen. Es hemmt das Kind, wenn es länger als notwendig nach seinem Säuglingsschema leben muss. Die Eltern sollten sich auch in der Organisation ihres Haushaltes nach dem Kind richten. Ein Kind kann man nicht »nebenbei« versorgen. Ein Baby zu haben, ist ein 24-Stunden-Job. Jedes Elternteil muss gewiss ein paar Gewohnheiten aufgeben. Er muss vor allem lernen, auch einmal fünf gerade sein zu lassen. Unsere Zeittabellen wollen dabei helfen, das Zeitproblem so zu lösen, dass das Kind ebenso wie die ganze Familie zu ihrem Recht kommen.

Babys 1. bis 5. Monat

6.00 Uhr Das Baby bekommt die erste Milchmahlzeit schläft danach weiter. In den ersten beiden Monaten sollte sich auch der erziehende Elternteil noch einen kleinen Morgenschlaf gönnen. Wenn ein Elternteil früh aus dem Haus geht, bereitet der andere nach Babys Mahlzeit alles fürs Frühstück vor und legt sich dann nochmals bis acht Uhr ins Bett. Geht der verdienende Elternteil später zur Arbeit, schläft der Partner nach Möglichkeit vor dem Frühstück noch eine halbe bis eine Stunde.

8.00 Uhr Hausarbeiten; Betten machen, aufräumen, besonders sorgfältig im Babyzimmer.

9.15 Uhr Babys Bad wird vorbereitet, das Baby wird gefüttert. Danach schläft es weiter, verschläft bis zum dritten oder vierten Monat noch den ganzen Vormittag. Mit vier bis fünf Monaten spielt das Baby während dieser Zeit bereits im Bettchen oder auch auf einer Matte (bzw. im Laufställchen).

10.30 Uhr Der zuhause bleibende Elternteil kann mit der Hausarbeit fortfahren. Wenn es das Wetter zulässt, dann, steht das Babybett oder der Wagen in der frischen Luft.

13.00 Uhr Die Mutter/der Vater isst zu Mittag, nicht hastig und im Stehen, sondern in aller Gemütlichkeit und so leicht und vitaminreich, wie es geht.

14.00 Uhr Babys Mahlzeit.

14.30 Uhr In den ersten beiden Monaten sollten Mutter oder Vater und Baby eine halbe bis eine Stunde schlafen. Wecker stellen! Danach: Bei schlechtem Wetter eine wichtige Hausarbeit erledigen, zum Beispiel nähen oder bügeln. Bei gutem Wetter ab Babys erstem, im Winter ab Babys zweitem Monat: Das Kind ins Freie stellen.

Muss Mutter oder Vater eine wichtige Besorgung erledigen und hat sie oder er keine Nachbarn, die auf ihr Baby aufpassen können, so ist jetzt die beste Zeit für eine Ausfahrt.

Gibt es weder Garten noch Balkon, so fährt man mit Baby bei gutem Wetter in die nächste schöne Anlage ohne Autoabgase. Ist das Baby schon drei oder vier Monate alt, hat es jetzt Spielzeit: Es ist wach und kann sich gut für einige Zeit bereits ganz allein unterhalten.

17.45 bis 18.00 Uhr Babys Abendessen. Danach wird das Abendessen für die Eltern vorbereitet und Babys Milch für den nächsten Tag gekocht, falls man keine Flaschennahrung nimmt.

19.00 Uhr Familienabendessen.

22.00 Uhr Babys Nachtmahlzeit. Auch die Mutter/der Vater sollte danach bald ins Bett gehen.

Babys 6. bis 12. Monat

7.00 bis 8.00 Uhr Babys Tag beginnt etwas später. Es schläft nach dem Fläschchen meist noch ziemlich fest. Wenn es aufwacht, spielt es friedlich und unterhält sich selbst. Der Wagen oder das Bettchen kann im Freien stehen. Mutter oder Vater hat Zeit für den Haushalt. Hat es am frühen Vormittag gespielt, so schläft es zwischen zehn und elf Uhr. Mutter oder Vater kann in dieser Zeit Einkäufe machen, falls jemand auf das Baby aufpasst.

11.15 Uhr Babys Gymnastik und Bad.

12.00 Uhr Babys Mittagessen, danach fester Schlaf. Zeit für das Mittagessen der Eltern, für eine Schlafpause und für Besorgungen.

Ab 14.00 Uhr wacht das Baby auf und bleibt wach. Kann ins Freie, ins Laufställchen, in den Garten oder im Wagen mit Mutter oder Vater in den Park.

15.00 bis 16.00 Uhr Babys Mahlzeit. Schläft danach manchmal ein und spielt noch ein Stündchen vor dem Abendessen im Ställchen oder in seinem Zimmer. Mutter oder Vater kann in dieser Zeit weitere Hausarbeiten machen oder Briefe schreiben, ist in Babys Nähe und kann sich mit ihm unterhalten.

18.00 bis 19.00 Uhr Babys Abendmahlzeit und Ende des Babytages. In dieser Zeit beginnen schon die Variationen: Wenn es Mutter oder Vater und Baby besser passt, kann das Baby abends gebadet werden.

Wenn der Geld verdienende Elternteil sich an der Pflege des Kindes beteiligen will, kann er morgens ein bisschen mitspielen, kann sich mit dem Nachwuchs unterhalten, während er auf sein Fläschchen wartet, kann ihn anziehen und ins Ställchen tragen, kann ihn abends ausziehen und in die Badewanne bringen. Und kann ihm vor dem Einschlafen eine Geschichte erzählen.

Babys zweites Lebensjahr

6.00–8.00 Uhr Das Baby wacht auf und spielt, wenn es daran gewöhnt wird, friedlich im Bett, bis es zwischen sieben und acht Uhr sein Frühstück bekommt. Es spielt danach im Ställchen oder in seinem Kinderzimmer. Bei gutem Wetter buddelt es auf dem Balkon oder im Garten im Sand oder betrachtet die Straße und die Leute. Es wird einmal am Vormittag frisch gewindelt oder auf den Topf gesetzt. Der zuhause gebliebene Elternteil kann in aller Ruhe die Hausarbeit erledigen. Will er Besorgungen machen, nimmt er das Baby im Sportwagen mit oder gibt es bei einer Nachbarin ab.

12.00 Uhr Mittagessen (gemeinsam mit Mama oder Papa). Danach frische Windel oder Topf und zum Mittagschlaf ins Bett. Es schläft so fest, dass auch der betreuende Elternteil diese Ruhepause ausnutzen kann.

Gegen 15.00 Uhr wacht das Kind auf. Zwischenmahlzeit, wenn es mag. Danach Spaziergang, Spiel im Garten oder Spielen zu Hause.

17.30 Uhr Bad, schon in der großen Badewanne.

18.00 Uhr Abendessen, anschließend Abendzeremonie (vorlesen, mit dem berufstätigen Elternteil spielen), schlafen gehen.

23

KAPITEL

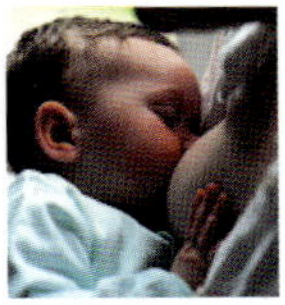

Das Baby und seine Umwelt

Wenn einer Mutter ihr Neugeborenes zum ersten Mal gezeigt wird, wird sie meist schon prüfend überlegen: Wem sieht es ähnlich? Und wenn sie es zum ersten Mal zum Stillen in den Arm gelegt bekommt, wird sie vielleicht verblüfft feststellen, dass diese erste, so deutlich gesehene Ähnlichkeit mit Großvater bereits wieder vergangen ist. Vergehen die Jahre und kramt die Mutter wieder einmal in den Fotos aus Babys ersten drei Lebensjahren, so wird sie entdecken, dass das Baby immer wieder Ähnlichkeiten austauscht, so wie ein Verwandlungskünstler mit seinen Masken spielt.

Skala der Familienähnlichkeiten

- Im Moment der Geburt ähneln die meisten Babys den Großeltern. Sie sind recht kahl, schrumpelig, haben kein Fettpolster unter Bäckchen und Stirn – das trifft auch auf alte Männer wie auf alte Frauen zu. Bei den ganz Alten und den ganz Jungen beherrscht die Schädelform jeden anderen Ausdruck.
- Mit einem halben Jahr wird das Baby der Mutter oder einer noch jugendlichen Omi ähnlich. Wie eine junge Frau und wie die Matrone hat es sanft gerundete bis fette kleine Backen und eine rosige Stirn.
- Im zweiten Lebensjahr wächst das Baby. Es strecken sich der Körper und die Glieder, und das Gesicht wird schmaler. Jetzt sagt die Mutter vielleicht zum ersten Mal: Ganz der Vater!

Das Baby ist ein Produkt seiner Umwelt und seiner Anlagen (siehe Kapitel 10). In bezug auf diese Anlagen ist es ein Kind der ganzen Familie. Über die Eltern ist es mit allen Großeltem verbunden, und manche Zeichen mögen Generationen lang durch die Familie spuken.

Babys Erbteil

In Kapitel 1 haben Sie über die Befruchtung des menschlichen Eies und über das Verschmelzen der Chromosomen gelesen. Diese tragen die Gene, die Erbfaktoren, die im Moment der Vereinigung von Samen und Eizelle eine Art Erbauseinandersetzung nach uns noch unbekannten Regeln durchführen. Wir sehen nur das Ergebnis:

- Die starken Gene haben die schwachen des Partners überdeckt. Dunkles Haar siegt über helles, Rot deckt

Blond, Schwarz besiegt Rot und Brünett. Auch blaue Augen sind so selten, weil sie im Wettkampf der Gene unterliegen. Grüne oder hellgraue Augen setzen sich gegen Blau durch, können höchstens durch Haselnussbraun überwältigt werden. Andere Gene mischen sich friedlich und einigen sich. Eine lange und eine Stupsnase werden zu einer mittellangen geraden Nase. Nur Adlernasen triumphieren – nicht immer zur Freude des Betroffenen – über gerade Nasen.
- Manche Gene überspringen eine Generation. Linkshändigkeit wird oft von den Großeltern auf die Enkel übertragen. Andere Eigenheiten, wie die Bluterkrankheit, werden von den Frauen vererbt, kommen aber nur bei den Männern einer Familie zum Ausbruch.

Diese Körpereigenschaften scheinen nach dem strengen Gesetz schicksalhafter Unabänderlichkeit geordnet und vererbt zu werden. Babys Erbteil erstreckt sich jedoch nicht nur auf Äußerlichkeiten, die sich – so wie Körperlänge oder Haarbeschaffenheit – mit einiger Wahrscheinlichkeit voraussagen lassen.

Ein einziges Chromosom kann bis zu 1250 Gene tragen, und das neue Individuum entsteht nicht nach der einfachen Rechenform der Addition: Die Gene aller Chromosomen werden vielmehr im Moment der Verschmelzung von mütterlicher und väterlicher Zelle neu kombiniert. Da ein Mensch insgesamt etwa 50 000 Gene besitzt, gehen die neuen Kombinationsmöglichkeiten bei diesem Bäumchen-wechsle-dich-Spiel in die Millionen. Auf diese Weise wird das Baby tatsächlich niemandem anderen ähnlich sein als sich selbst. Auf diese Weise werden Geschwister verschieden: Bei jedem Kind werden mütterliche und väterliche Gene nach einem neuen Schlüssel gemischt, und da sich auch schon bei der Zeugung von Vater und Mutter die Gene der Großeltern in anderen Kombinationen ergänzt haben, kann die Natur mit Leichtigkeit innerhalb einer einzigen Familie ihre überraschendsten Unterschiede und Gegensätze produzieren.

Auf diese Weise wiederholt sich die Natur fast nie. Denn zu der millionenfachen Kombinationsmöglichkeit von sichtbaren und unsichtbaren Eigenschaften kommt noch dies hinzu: Für viele dieser Eigenschaften gilt, dass ein Kind zwar die Anlage erbt. Was aber daraus wird, bestimmen die Umwelt und das Temperament des Kindes. Wird das Kind zum Beispiel mit einer ungewöhnlichen mathematischen Begabung geboren, lebt es aber als Ziegenhirt auf einer kargen armen Alm, so wird das Kind vermutlich eher jodeln als neue mathematische Lehrsätze ausarbeiten können. Anregung, Förderung, Grundlagenkenntnisse fehlen und haben ein Genie verkümmern lassen.

Hat ein Kind die Anlage zur Erkrankung der Atemwege geerbt, so wird es dieses Erbe von Vater oder Großmama verwünschen, wenn es im feuchten kalten Flensburg lebt. Im südlichen Italien würde es der heißen Trockenheit wegen kaum etwas davon merken.

Es ist für Eltern natürlich nicht ganz einfach, auf diesem Gebiet immer das Beste für ihr Kind zu tun. Bleiben wir bei der schwachen Lunge: Nicht jedermann kann von Flensburg nach Messina umziehen, damit das Baby weniger hustet. Aber man kann sehr wohl in vielen anderen Situationen aus Babys Erbteil das Beste machen.

Erkennt man Großmutters (bei ihr natürlich charmanten) Dickkopf, entdeckt man Vaters Zeichentalent, so kann man hier dämpfen und dort fördern.

Es erleichtert die Erziehung, wenn man die eigene Familie kennt. Man weiß bei dieser oder jener Eigenschaft: »Hier sind meiner Erziehung Grenzen gesetzt!« Oder man kann im vorhinein planen: »Hier beuge ich vor, damit mir das kleine Frauenzimmer nicht gleich so kapriziös und wankelmütig wie die Ahnfrau wird!«

In einem Punkt nur muss man von Anfang an zurückhaltend sein. Es gibt in jeder Familie »schwarze Schafe«, abenteuerlustige Brüder Leichtfuß, Trinklustige, Männer, die auf Kosten anderer leben, Frauen, deren Egoismus Ehen zerstört hat. Manche dieser schwarzen Schafe kennen die Eltern nur vom Hörensagen und haben die krausen, wilden Geschichten ganz amüsant gefunden, als sie erstmals davon hörten.

Jetzt aber erwacht die Sorge. »Was, wenn jener in meinem Kind wieder aufsteht?«

Unter anderen dieser Außenseiter haben die Eltern selbst gelitten, haben die Folgen von Veruntreuung, Leichtsinn und Jähzorn selbst erlebt. Sie betrachten das eigene Kind mit besonders scharfen Augen, sind bei der geringsten Bewegung bereit, es »dem Kind von Anfang an« auszutreiben. Sie spüren vielleicht ihre Ohnmacht, aber sie ziehen den falschen Schluss daraus. Ihr Kind hat das Lügen und Stehlen nicht wie ein Brandzeichen in die Seele geschlagen bekommen. Weder jenes berüchtigte schwarze Familienschaf noch dieses Kind in der Wiege ist ein geborener Lügner oder Betrüger. Jener Verwandte ist ebenso dazu gemacht worden, wie man aus dem eigenen Kind einen Aufsässigen, einen Heuchler machen kann, wenn man sich nicht folgendes einprägt: Kein Kind ist böse oder unmoralisch. Jedes Kind erzählt erfundene Geschichten, nimmt sich mal Sachen von anderen, wenn es zwei, vier oder acht Jahre alt ist. Es weiß mit anderthalb oder zwei Jahren weder, was eine Lüge noch was Eigentum ist. Es weiß aber sehr wohl schon mit zwei Jahren, was ein wütender Rachegott-Vater ist. Es wird seine Schläge nicht begreifen und wird ihn fürchten. Diese Furcht wird es zum Lügner machen, und diese Lügen werden sein Gewissen quälen. Diese Qual wird es störrisch und unglücklich machen, und es wird seinen Zorn über sein Unbehagen an Vater auslassen. Neue Strafe, neuer Trotz, andere Arten von Untaten.

Wiederholen die Eltern die Fehler der Vergangenheit, so müssen sie sich später eingestehen: »Meine Schuld!« Selbst wenn ihr Kind die angebliche Eigenschaft nicht entwickelt, sondern ein braver Bürger wird, so hat die unnütz harte Sündenaustreibung das Kind um entscheidende Freuden und Freiheiten seiner Kindheit gebracht. Besser ist es also, sich gar nicht erst vom Gespenst der Vergangenheit schrecken zu lassen, sondern das Kind gelassen und frei zu erziehen.

Die Familie

Die Familie wirkt jedoch nicht nur aus der Vergangenheit in Babys Leben hinein. Sie ist von Anfang an gegenwärtig und wirksam. Jedes Familienmitglied und das Kind haben seiner Stellung in der Familie und seinen Aufgaben entsprechend eine Rolle zugeteilt bekommen. Man muss diese Rolle kennen und annehmen, wenn man ein vergnügtes Familienleben führen und dem Kind helfen möchte, in die Gesellschaft hineinzuwachsen.

Die Mutter

ist im ersten Jahr (auch heute noch) des Kindes absolute Hauptperson und Star der Schau. Darüber haben Sie in Kapitel 12 ausführlich gelesen. Im ersten Lebensjahr ist für das Baby Mutter als einzige Gesellschaft, als einziger Mitmensch genug. Die Mutter soll diese Zeit genießen. Sie bleibt bis in Babys drittes, viertes Lebensjahr die beste Helferin, bleibt ihr Leben lang die Mutter, aber der Weg des Kindes führt vom ersten Tag seines Lebens an von ihr fort.

Das Kind

ist die Hauptperson des Familienkarussells, und schon im dritten, vierten Monat spielt es freudig mit. Es hat in diesem Alter Spass am Vater und an den anderen Geschwistern, kann sich besonders gut mit dem Vater vergnügen, weil er in den meisten Fällen nichts mit Fütterung und damit mit Regeln zu tun hat. Es mag, wenn ihm jemand Lieder vorsingt und seine rote Klapper gegen eine Kette aus gelben Kugeln austauscht, an sein Mobile stößt oder einfach leise und freundlich mit ihm spricht.

- Mit sieben, acht Monaten kann es sich allmählich auf mehrere Personen konzentrieren und unterscheidet sie – je nachdem, was sie für das Baby tun. Gesellschaft ist schön, darf aber nicht übertrieben werden. Die nächste Unsicherheitsphase kündigt sich an. Das Baby ist manchmal schon vor Fremden scheu und wird beim abendlichen Spiel mit dem Vater so aufgeregt, dass es schlecht schläft.
- Mit einem Jahr spielt das Baby Nehmen und Geben, läuft an Vaters Hand, krabbelt mit den Geschwistern um die Wette und lässt sich gern von ihnen jagen.

  Das Baby braucht die Geschwister, damit sie ihm aufheben, was es auf den Boden wirft, braucht die Großmama für »Ei, wo ist unser Kind?«-Spiele, ahmt die ganze Familie nach und macht so viel Unsinn, wie ihm einfällt.
- Mit anderthalb Jahren erwartet es fast von jedem Familienmitglied, dass es nur für das Baby da ist und mit ihm läuft, spielt oder singt. Es ist freilich noch ein unsoziales Wesen, stößt Gleichaltrige um, zerrt und kneift und stößt sie weg, als ob sie aus Holz wären. Es verteidigt geizig seine Spielsachen, weil es in diesem Sinne noch kein Gefühl für andere hat. Gut, wenn das Baby ältere Geschwister oder Vettern oder Nachbarskinder hat, die unbeirrt ihre Rechte verteidigen und ihm dadurch klarmachen, dass es für jeden Grenzen gibt.
- Mit zwei Jahren kann sich das Baby auch mit Worten verständlich machen, spielt zwar noch am liebsten allein, kann sich noch nicht einfügen, kann nicht abgeben oder teilen, braucht aber die anderen als Vorbild. Es schaut ihnen zu, ahmt ihre Fähigkeiten nach, häkelt wie Oma, liest wie Vater, schreibt wie die Schwester. Es genießt die abendliche Familienstunde vor dem Abendbrot.

Der Vater

ist heute oft die bessere Mutter: Wenn beide Eltern berufstätig oder in der Ausbildung sind, teilen sie sich die Aufgaben so, dass sich die alten Rollenmuster von allein auflösen.

Dabei zeigt sich jedoch, dass es tatsächlich Unterschiede zwischen väterlichem und mütterlichem Verhalten gibt, die dem Kind oft zugute kommen. Väter sind zum Beispiel einfallsreicher.

Sie sind eben nicht an gewisse Stereotype gebunden, sondern lassen ihre Fantasie spielen und entscheiden und handeln eher nach eigenem Urteil. Sie sind weniger ängstlich als Mütter, nicht so fürsorgend und behütend, dafür trauen sie dem Kind immer schon etwas zu, lassen es erst einmal allein machen und versuchen und greifen nur helfend ein, wenn es notwendig sein sollte. Das ist die beste Art der Förderung.

Väter spielen auch lieber mit dem Kind, als dass sie es putzen oder pflegen, regen es also auch in dieser Hinsicht an und wecken seine Weltneugier mit der eigenen Unternehmungslust. Väter, die sich mit der Mutter in die Erziehung teilen, tun ihrem Kind also nur gut, und an ihnen sollte sich der Vater orientieren, der den anderen, herkömmlichen Typ darstellt: morgens aus dem Haus, während das Kind noch schläft; abends erst wieder daheim, wenn es schon wieder schläft. Da dauert es leider länger, ehe Kontakte entstehen. Doch: Zwischen einem drei viertel und einem Jahr begreift das Baby in allen Konsequenzen seine Anwesenheit und wer es ist. In der Zeit davor überschneiden sich noch die Tagesläufe: Das Baby frühstückt, wenn der Vater noch schläft. Das Baby schläft, wenn der Vater heimkommt. Außerdem sind die meisten Väter im ersten Vierteljahr noch nicht allzusehr am Kind interessiert. Es hat ihnen noch nicht so viel zu bieten, wie sie sich in der Regel erwartet haben.

In diesem Vierteljahr sollte sich der Vater jedoch an die Anwesenheit eines Dritten und an den neuen Tageslauf gewöhnt haben. Er sollte teilzunehmen gelernt haben, wenn diese Teilnahme auch nur darin besteht, dass er zuschaut, wie das Baby trinkt, wie es mit seinen Fingern spielt und ihn freundlich blubbernd anlacht.

Im ersten Jahr ist der Vater für das Baby hauptsächlich eine Wochenendperson. Das ändert sich. Mit einem Jahr beginnt das Kind zu laufen, wird unabhängiger von der Mutter und wittert im Vater sofort den Spielkameraden Nr. 1. Der Vater sollte sich darauf einstellen. Das Baby braucht ihn jetzt. Es will auch seine Anerkennung, seine Liebe, sein Lob.

Er soll dem Kind jetzt immer eine viertel oder halbe Stunde am Abend schenken. Er darf nicht abgehetzt aus dem Büro kommen und »Ich will meine Ruhe!« sagen; er soll sich jetzt vielmehr ein bisschen Zeit für die Familie nehmen. Vermutlich wird er bald merken, dass er es ist, der dabei gewinnt.

Im zweiten Jahr ist das Kind abends wach, wenn der Vater kommt. Die Mutter ist dann mit Abendbrot, Geschwistern und Haushalt beschäftigt. Der Vater ist wohl gelaunt, ahnt noch nichts von den verschiedenen Malheuren und Katastrophen des Tages und findet im Baby einen friedlichen Gefährten. Zuerst ist einer der Lückenbüßer des anderen, dann wird der Vater immer unentbehrlicher. Er muss lernen, ein Idealpartner für Spiele, Abenteuer und Dummheiten zu sein und trotzdem Autorität zu wahren.

Die Eltern

müssen dem Kind beibringen, dass auch die Mutter ein Recht auf den Vater hat und umgekehrt und dass die Eltern nicht Sklaven der Kinder sind.

Die Geschwister

werden vom Baby mit anderthalb oder zwei Jahren insofern wahrgenommen, als es sie vermisst oder nach ihnen verlangt. Das Kind will jetzt Abenteuer, es strebt von der Mutter fort, ohne jedoch allein sein zu wollen oder zu können. In dieser Situation sind Geschwister gut. Sie bieten Erlebnisse und Sicherheit zugleich, erlauben dem Kind Freiheit und geben ihm trotzdem Schutz.

Von anderthalb bis zwei oder zwei bis zweieinhalb Jahren spricht das Kind die Babysprache, bildet Sätze aus einem Hauptwort und einem Tätigkeitswort. Schneller und richtiger lernt es sprechen, wenn es größere Geschwister hat. Größere Geschwister verstehen sich mit einem Babygeschwisterchen meist recht gut. Das hat mehrere Gründe: Den Eltern muss man gehorchen, mit Geschwistern kann man sich auseinandersetzen, kann handeln, kann Kraftproben unternehmen. Geschwister bestehen nicht wie die Großen hartnäckig auf etwas, wenn das Kind in seiner Entwicklungsphase nur mit Widerspruch antwortet. Sie gehen auch auf Faxen ein und machen dabei mit.

Die Geschwister und die Eifersucht

Bekommt ein kleines Kind ein Geschwisterchen, so kann es aus Angst vor dem Verlust von Mutters Liebe zu Komplikationen kommen. Sie beruhen jedoch wie so vieles in der Babywelt auf der Haltung der Erwachsenen.

Jede Mutter weiß, dass Kinder jähe Änderungen hassen und mit Verstörung darauf reagieren. Also sollte sie ihr Baby darauf vorbereiten, dass es Gesellschaft bekommt. Macht sie ihre Schwangerschaftsgymnastik, so turnt Kind Nr. 1 mit. Richtet sie den Stubenwagen ein, so hilft ihr Nr. 1 dabei.

Sie verspricht Nr. 1 nichts, was sie nicht halten kann: keinen Spielkameraden (denn das wird Nr. 2 erst in zwei bis drei Jahren sein), kein Schwesterchen denn wer weiß das schon?), kein »Spielzeug für dich« (denn das ist das Neugeborene ganz bestimmt nicht).

Sie bereitet Nr. 1 auf die Kliniktrennung vor, wie es seinem Alter, das heißt seinem Verständnis, entspricht.

Nach der Entbindung konzentriert sie weder ihre ganze Liebe auf Nr. 2, noch vernachlässigt sie das neue Baby aus Angst, in Nr. 1 Eifersucht zu erregen. Sie liebt beide Kinder gleichermaßen. Taucht trotzdem Eifersucht auf, so hat es keinen Sinn, zu schelten. Die Mutter muss sich bemühen, beiden Kindern gerecht zu werden.

Sie muss das Neugeborene vor dem älteren Kind schützen. Sie muss dem älteren Kind klarmachen, dass es sein Geschwisterchen nicht verletzen darf, und sie muss ihm erst recht klar machen, dass sie es lieb hat – auch jetzt, wo sie es mit einem Stock in der Hand über Babys Wiege gebeugt erwischt hat.

Manche Psychologen raten bei besonders aggressiven Eifersuchtszuständen, das Kind Nr. 2 einer Pflegerin anzuvertrauen und sich ganz auf das ältere Kind zu konzentrieren. Dadurch wird allerdings das Problem meist lediglich ein wenig aufgeschoben.

Besser erscheint mir der Rat, sich selbst zu fragen, ob man sich nicht zu sehr auf das Neugeborene konzentriert hat. Dann holt man Nr. 1 mit hinein in den Kreis der Liebe, lässt Nr. 1 mittun und mithelfen und versucht, das Gleichgewicht wiederherzustellen. Es ist sicher gut, wenn man dem Ältesten als Ausgleich neue Erlebnisbereiche öffnet. Vielleicht kann es in einem Kindergarten, in einer Spielgruppe angemeldet werden. Das gibt ihm das Gefühl, auch für sich etwas gewonnen zu haben.

Großeltern sind Eltern, die Zeit haben. Auf diese Tugend sollten sich vor allem die Großmütter spezialisieren und nie in Konkurrenz zur Mutter treten wollen. Außerdem: Die Welt ändert sich heute wirklich schnell. Nach Ansicht der Psychologen gibt es zwei Arten von Großmüttern, gute und weniger gute.

Typ 1: Die ideale Großmutter steht noch mitten im Leben, hat einen eigenen ausgefüllten Haushalt oder vielleicht sogar einen eigenen Beruf. In der Begegnung mit der jungen Familie wahrt sie klug Distanz. Solche zurückhaltenden Großmütter sind für Mütter ein Segen. Sie nehmen auch einmal Kritik hin und bewahren die Familie einfach dadurch vor manchen Krisen, dass sie sich konsequent nicht einmischen. Diese Art von Großmutter ist für ein Kind zwischen anderthalb und zwei Jahren ein Geschenk. Das Baby tritt jetzt in das »Es war einmal«-Alter ein, und niemand kann so schön und endlos erzählen wie eine Großmutter.

Diese ideale Großmutter ist hauptsächlich Zuschauer. Sie lobt, tadelt, verzeiht, hat Freude am Kind, erzählt von früher, bringt dem Kind Sachen bei, die die Mutter schon gar nicht mehr kann. Aber sie will und muss nicht mehr so konsequent handeln, wie es den Eltern geziemt. Das genießen das Kind und sie. Wenn Not am Mann ist, springt Großmutter ohne viel Umstände ein und beugt sich den Wünschen und den Erziehungsprinzipien der Eltern

Typ 2: Die Großmutter, die zu viel Zeit hat und in der Familie der Kinder »ganz aufgehen« will, kann eine große Gefahr für die Familie und für das Baby sein. Gefährlich wird es, wenn eine solche Großmutter dabei alle aufgestaute Energie samt dem verstaubten Rest völlig überholter Erziehungsgrundsätze auf das Baby niederdonnern lässt. Lebt diese Großmutter ganz in der Nähe, so hilft nur eins: rechtzeitige Spielregeln aufstellen, auf Distanz achten. Immer betonen: Das Baby verträgt nur eine einzige Autorität, und diese Autorität sind die Eltern.

Muss eine solche Großmutter die Mutter ersetzen, so ist sie trotz mancher Nachteile doch ein Segen. Holt eine Mutter die eigene Mutter ins Haus, so sollten sich beide Frauen gründlich und ohne falsche Rücksichtnahme aussprechen. Die Mutter bringt ihre Ansichten und Richtlinien vor. Die Großmutter korrigiert, wo sie meint, korrigieren zu müssen. Der Kompromiss wird gut sein, wenn die beiden sich verstehen. Oft wird es für die Ältere nicht leicht sein, den Sprung in die Gegenwart zu schaffen, aber anderseits sollte sie niemals gegen die eigene Natur arbeiten und erziehen. Großmütter sind Großmütter. Ihr unschätzbarer Wert liegt in ihrer größeren Geduld, ihrem Abstand von vielen Dingen, die eine Mutter noch in Atem halten: Glück, Geld, Sex, Erfolg. Die Großmutter hat das vielleicht noch nicht alles hinter sich, aber sie weiß jedenfalls, was sie davon zu halten hat. Ihre Ruhe teilt sich dem Enkel mit und macht manches »Altmodische« in ihrer Erziehungspraxis wett.

Jede Mutter mache es sich zur Regel, allabendlich mit der Großmutter über den Kindertag zu sprechen. So kann bei Bedarf immer verbessert, vorbereitet, modernisiert werden.

Die Großmutter darf jedoch niemals heimlich Mutters Autorität untergraben und aufweichen wollen, darf nicht hinter Mutters Rücken ihre Verbote aufheben. Das würde das Kind unsicher ma-

Kinder unter zwölf Jahren müssen aus Sicherheitsgründen hinten im Auto sitzen. Ein spezieller Kindersitz ist Pflicht.

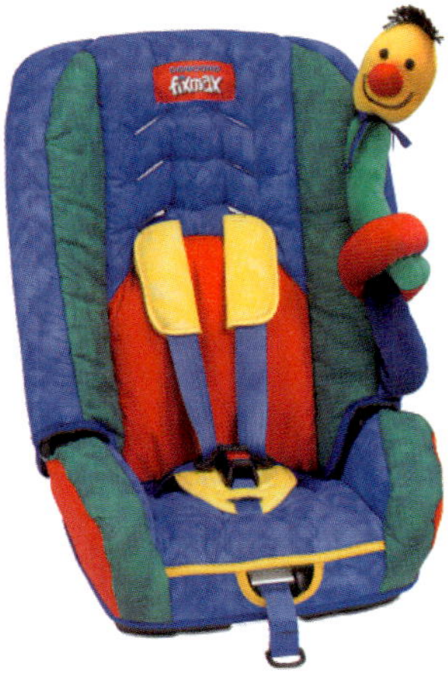

Der Kindersitz muss den Vorschriften entsprechen und vor allem an Rück- und Unterseite gut verankert sein.

chen, ihm schaden. Es kann nur eine einzige Ordnungsinstanz verkraften.

Fehlt eine echte Großmutter? In fast allen Großstädten gibt es unterdessen »Oma-Hilfsdienste«, »Leih-Omis« und ähnliche Organisationen von Senioren, die jungen Familien in ihren Nöten und im Alltag helfen und die fehlende Generation zu ersetzen versuchen.

Tanten und Onkel

verkörpern »die Leute«. Sie sind das Vorbild für zukünftiges Verhalten, sei es auf beruflichem oder gesellschaftlichem Gebiet. Ihre Rolle wird eigentlich erst später wichtig. Im Zusammenhang der Familie zeigen sie, wie sich Erwachsene untereinander verhalten. Fürs Kind sind sie vor allem »Besuch, der immer etwas mitbringt«.

Die Umwelt

Eine junge Mutter wird von allen Seiten viele gut gemeinte, wenngleich oft sonderbare Ratschläge zu hören bekommen. Was ist davon zu halten? Wichtig ist vor allem, dass man sich nicht von der Umwelt zu einer falschen Art der Erziehung übereden lässt. Spätestens auf dem Spielplatz wird jede Frau merken, wie gleichgültig sich viele Mütter den Rechten und Wünschen ihrer Kinder gegenüber verhalten. Sie tun nur, was ihnen bequem ist, und halten Mütter, die sich auf ihre Kinder wirklich einstellen, für überspannt und albern. Eine Mutter darf sich jedoch des Kindes wegen auch nicht in eine Außenseiterrolle hineindrängen lassen. Es ist für sie leicht zu sagen: »Das sind dumme Gänse, ich gehe da nicht wieder hin.« Diese »dummen Gänse« haben jedoch Kinder, mit denen ihr Baby zusammen aufwachsen muss und soll.

Vielmehr müssen sich Mutter und Kind mit ihrer Umwelt auseinandersetzen. Einem jedoch sollte sich jede Mutter mit aller Entschiedenheit widersetzen: jenen Einflüssen, die sie zu einer Erziehung durch Zwang oder Angst verleiten wollen. Beides sind die bequemsten und herzlosesten Drillmittel: »Geben Sie ihm doch eins auf den Po, wenn es nicht still ist!« und »Warte, wenn du nicht brav bist, kommt der schwarze Mann!« Eine solche Erziehung kann einem Kind unheilbare seelische Schäden zufügen.

Mit den seelischen und körperlichen Gefahren, die von Jahr zu Jahr vielfältiger und schwerer werden, hängt auch Folgendes zusammen: Schon ein Baby muss lernen, dass es den engen Kreis der Familie, den größeren Kreis von Bekannten und Verwandten und den ganz großen Kreis von fremden und unbekannten Leuten gibt.

Die Bezeichnungen Onkel und Tante dürfen nur den tatsächlich Verwandten und den Familienonkeln und -tanten zukommen. Die Frau an der Halte stelle, die »Ei, wo ist denn das kleine Lämmchen?« sagt, ist keine Tante, sondern nichts anderes als eine fremde, vielleicht nette Frau.

Der Kaufmann an der Ecke ist kein Onkel, sondern Herr Sowieso, von dem Milch und Salat stammen.

Das Kind hat unbegrenztes Vertrauen zu allen Menschen, aber es muss in dieser, unserer nicht gerade kindgemäßen, modernen Welt rechtzeitig lernen, dass es Grenzen dieses Vertrauens gibt.

Das kann nicht erklärt werden. Kein Kind würde ein Wort wie vertrauenswürdig überhaupt begreifen. Deshalb muss es daran gewöhnt werden, sein Vertrauen oder seine Freundschaft nicht jedermann anzutragen.

Babys erstes Fest

Das Baby wird ein Jahr alt, es erlebt sein erstes Weihnachtsfest – Grund genug, mit dem Baby zu feiern. Die Hauptperson weiß allerdings gar nicht, was all der Trubel bedeutet, und wenn für die Erwachsenen das Fest eben erst begonnen hat, beginnt das Festkind bereits zu quarren und zu weinen. Der Grund ist einfach der: Auch Feste zu feiern will gelernt sein – vom Baby und von den Eltern.

Bis zum Alter von einem oder anderthalb Jahren hat kein Kind in unserem Sinne etwas von einem Fest. Bei Babys eigenem Geburtstag spielt das keine Rolle, denn wenn der Jubilar müde ist, kann er ja schlafen.

An Weihnachten sieht die Sache schon anders aus, weil jetzt die ganze Familie ihr Fest begeht und nicht von einem schreienden Kind gestört werden will. Solche Familienfeste müssen deshalb sinnvoll geplant werden. Dabei ist Folgendes zu beachten:

Jedes Baby ist am friedlichsten, wenn sein Tageslauf nicht verändert und gestört wird.

Damit sich die Eltern nicht allzu sehr abhetzen müssen, teilen sie sich die Arbeit so ein, dass nicht alles auf einmal zu tun ist, am besten feiert man das Fest in Etappen, wobei das Baby nur verhältnismäßig kurze Zeit beteiligt ist.

So kann man störungslos Weihnachtenfeiern

Die Kerzen werden eine Stunde vor Babys Abendbrei angezündet, dann haben die Eltern und Großeltern eine friedliche Stunde mit Baby vor dem Weihnachtsbaum. Danach wartet das Kind in Omis Armen, bis die Eltern sein Abendessen fertig haben, wird in seinem Zimmer von

Mutter oder Vater gefüttert und wie jeden Tag schlafen gelegt. Danach feiern und essen die Großen weiter. Wenn noch Onkel und Tanten eingeladen werden, sollten sie erst nach Babys Abendessen kommen. Allzu viele Besucher machen das Kind unruhig und lassen es schwer einschlafen.

Im zweiten Lebensjahr hat das Baby schon mehr von Festen aller Art. Mit zwei genießt es seinen Geburtstag und hat es gern, wenn sich eine kleine Gesellschaft um den Kuchen mit den beiden brennenden Kerzen versammelt.

Babys zweites Weihnachtsfest sollte möglichst ähnlich wie sein erstes verlaufen. Der Weihnachtsmann macht noch keinen Besuch. Das Kind könnte sich erschrecken, und zudem hat es noch keine Ahnung, was der bärtige Mann eigentlich darstellen soll.

Wesentlich mehr Sinn hat ein Baby im zweiten Lebensjahr für den Osterhasen. Seine kleine flauschige Gestalt ist ihm vertraut, und die kleinen bunten Eier gefallen dem Kind.

Am meisten aber gefällt ihm bei allen Festen das Gefühl, zusammen mit der ganzen Familie etwas Außergewöhnliches zu erleben. Es genießt die Atmosphäre des Festlichen, bewundert Mutters hübsches Kleid, Omis Perlen, atmet Kerzen- und Parfümduft ein und fühlt sich als ein Teil, wenn nicht als Mittelpunkt von diesem allen. Auch das lässt Sicherheit wachsen, macht Kinder auf die beste Weise gesellschaftsfähig.

Babys erste Reise

Reisen mit Kleinkindern müssen generalstabsmäßig geplant werden. Kurze Reisen übers Wochenende stören das Kind nicht so wie eine lange Ferienreise, bei der es zum Beispiel im Sommer mit in die üblichen Staus auf den Autobahnen in den Süden gerät.

Ein Kind von ein oder zwei Jahren braucht noch keine Erholung oder Luftveränderung. Dem Säugling kann eine Veränderung eher schaden, denn im ersten Lebensjahr kann er durch einen Milieu- oder Klimawechsel erheblich in seiner Anpassungsarbeit gestört werden. Er kann mit Unruhe oder Ernährungsstörungen auf die übermäßige Anstrengung reagieren. Wenn es nicht unbedingt notwendig ist, sollte man also nicht mit dem Säugling reisen.

Im zweiten Lebensjahr ist das Kind schon etwas stabiler, es macht jedoch eine Reihe von Entwicklungskrisen und Empfindlichkeitsperioden durch, die durch eine Reise verschärft werden können.

Wollen die Eltern ihr Neugeborenes den in einer anderen Stadt lebenden Großeltern vorstellen, so sollten sie diese bitten, zu ihnen zu kommen.

Längere Reisezeiten sind möglichst zu vermeiden. Auch müssen die Eltern darauf achten, dass weder der Tagesablauf noch die Ernährung des Kindes wesentlich geändert werden. Das Baby braucht ebenso viel Schlaf wie daheim. Am Strand oder im rollenden Auto kann es nicht gut oder gar nicht schlafen. Lebensgefährlich ist es, das Baby allein den ganzen oder halben Tag im verschlossenen Auto liegen zu lassen: Erstickungs- und Überhitzungsgefahr!

Die Ernährungsfrage ist am besten mit Fertigkost zu lösen. Säuglingsnahrung und Babykost in Gläsern gibt es heute überall. Man vergewissere sich auf jeden Fall, wenn man in etwas fernere Gegenden fährt, und nehme zur Not einen Karton voll Gläschen und Flaschen mit.

Ebenfalls ins Reisegepäck gehören alle Medikamente, die das Baby einnehmen muss, und außerdem Fieberzäpfchen, Hustenzäpfchen oder Hustensaft, Kohle oder ein anderes Medikament gegen Verdauungsstörungen (Arzt vorher fragen), Heftplaster, Mullbinden, entzündungshemmende Salbe, Fettcreme, Fieberthermometer. Dazu kommen der Impfpass, eine Liste der Medikamente, die das Baby nicht verträgt, die Adresse der nächstgelegenen Kinderklinik oder des nächsten Kinderarztes.

Eltern sollten sich in den ersten acht bis zehn Jahren nach dem Kind richten und nach Möglichkeit immer den gleichen Urlaubsort aufsuchen. Kinder haben noch nichts von Rundreisen und Besichtigungsfahrten. Das bringt für ein Baby viel zu viel Unruhe, und auch größere Kinder werden dadurch überfordert. Kinder lieben bereits bekannte Plätze und sind in ihren Reiseansprüchen denkbar bescheiden. Eine Wiese mit Baumschatten in friedlicher Umgebung mit frischer Luft ist für ein Baby das Schönste. Später genießt das Kind das Wiedersehen und Wiedererkennen von Bach und Igel, Pferd und geheimnisvollem altem Holzschuppen.

Von der Reise soll das Baby so wenig wie möglich spüren. Für große Entfernungen ist eine Nachtfahrt mit dem Auto besser als eine Tagfahrt. Ein Flug (wenn der Arzt nichts dagegen hat) ist besser als die Bahn. Neugeborene sollten erst nach einer Woche fliegen, weil ihre Lungen noch unreif sein können. Zumindest in den ersten 48 Stunden nach der Geburt sollte das Baby nicht auf einen Flug mitgenommen werden. Aufgrund des häufig verminderten Kalibers der oberen Luftwege von Kindern ergeben sich Probleme beim Druckausgleich. Während des Sinkfluges sollte man Säuglinge die Flasche geben, größeren Kindern kann man durch eine Gabe von Kaugummi helfen.

Größere Kinder müssen sich während der Autoreise bewegen können. Die Türen müssen also gesichert werden. Stets ist unbedingt darauf zu achten, dass der Fahrer durch das Kind in keiner Weise behindert wird.

Öfter Pausen einlegen, Mahlzeiten in gewohnter Form und zur gewohnten Stunde geben. Für den Säugling reichlich Wegwerfwindeln und Unterhaltung einpacken: Tiere, Handpuppen, Bilderbücher und Klappern.

24

KAPITEL

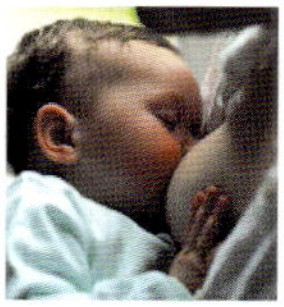

Das erste Kind, das zweite Kind

Das erste Kind hat es immer schwerer als nachfolgende Geschwister. Mutters Körper hat sich erst auf das Kinderkriegen einrichten müssen. Eine erste Geburt dauert in der Regel länger und ist oft komplizierter als spätere Entbindungen. Bei der Pflege und Erziehung des Erstgeborenen steht die junge Mutter noch am Anfang ihrer Erfahrungen. Dazu kommt die seelische Belastung. Viele junge Frauen haben Angst vor der Entbindung, sind angespannt, reagieren nervös, sind unsicher, ob sie alles bewältigen können, was auf sie zukommt. Diese Nervosität und Unsicherheit strahlt auch auf das Baby aus, und sei es auch noch so klein. Beim ersten Kind muss jede Mutter noch viele Erfahrungen sammeln, sind sich die Eltern noch am häufigsten uneinig.

Jeder hat seine bestimmte Vorstellung von Erziehung und von dem Kind, das aus ihrem Baby werden soll. Vielen Kindern macht das alles nichts aus. Unbeeinflusst von den Eltern wachsen sie vergnügt und fröhlich auf. Und doch lässt sich in jedem Fall bei Erstgeborenen feststellen, dass sie sich nicht so leicht in ihre Umwelt einfügen wie das zweite oder dritte Kind. Erste Kinder sind oft schwierig, gehemmt, schüchtern, schlechte Esser, Speikinder, schlechte Schläfer. Und meist müssen sich die Eltern später eingestehen, dass diese Schwierigkeiten als Reaktion auf das Verhalten der Eltern zurückzuführen sind, dass sie also letztlich selbst die Schuld an dieser Entwicklung tragen. Woran liegt das?

Eltern erwarten vom ersten Kind oft zu viel und vieles zu früh. Es ist nicht nur die elektrische Eisenbahn, die ein unbedachter Vater dem Kind schon zum ersten Geburtstag schenkt. Es ist der zu hoch geschraubte Alltagsanspruch. Einem Kind von vier Monaten tut es nicht gut, immer abends in der Tragetasche mitgeschleppt zu werden. Ein zweijähriges Kind hat noch nichts vom Fernsehen. Ein Kind von anderthalb weint vor Überanstrengung, wenn es um acht Uhr abends noch mit dem Vater spielen soll, und wird dafür mit Ablehnung bestraft: »Du willst wohl nichts von deinem Vater wissen!«

Eltern müssen also mit dem Erstgeborenen viel Geduld haben, müssen sich nach dem Kind richten und nicht nach ihren Vorstellungen von einem Kind. Die Gefahren: zu hoher Anspruch, zu viel Aufmerksamkeit, zu planloses Verziehen, zu große Strenge, zu viele Umstände.

Das zweite Kind

hat es leichter. Die Mutter hat jetzt bereits Erfahrung und ist durch den Umgang mit dem ersten Kind sicher geworden. Außerdem sind die Eltern nunmehr eher bereit, das Kind so zu nehmen, wie es ist. Also kann es sich freier und friedlicher entwickeln. Allerdings darf man sich nicht dazu verleiten lassen, diese bessere Entwicklung und leichtere Erziehbarkeit dem nachfolgenden Kind als persönliches Verdienst zuzuschreiben. Die Unterschiede in der Entwicklung von erstgeborenen und nachfolgenden Kindem beruhen nicht nur auf der veränderten Einstellung und der wachsenden Sicherheit der Eltern, sondern auf manchen anderen Faktoren, die hier kurz skizziert seien.

Einem ersten Kind gegenüber braucht man mehr Takt, mehr Fantasie. Man muss ihm die Möglichkeit für vieles geben, wozu ein nachfolgendes Kind nicht den geringsten Ansporn braucht. Nr .1 ist oft im Umgang mit anderen gehemmt. Es lebt zwischen Erwachsenen, und die Großen denken schneller, sprechen schneller, springen schneller von einem Thema zum anderen. Das kann ein Kind noch so verwirren, dass es selbst gar nicht erst den Mund aufmacht.

Nr. 2 plappert dagegen mit Nr. 1, und es wird durch diese Übung so selbstsicher, dass es gar keine Zeit zum Gehemmtsein hat.

Das zeigt freilich auch, dass man nicht blindlings das zweite wie das erste Kind erziehen kann. Nr. 2 hat durch seine andere soziale Stellung ein anderes Temperament, und aus diesem anderen Wesen ergeben sich andere Komplikationen.

Nr. 2 wird leicht an Nr. 1 gemessen. Merkt das Kind dies, so wird es unglücklich und richtet sich oft gegen die Mutter oder gegen seine älteren Geschwister.

Nr. 2 wird oft weniger konsequent erzogen, man lässt ihm so manches durchgehen, was wiederum das erste Kind ärgert: »Als ich so klein war, habe ich das nicht gedurft!«

Nr. 2 wird ewig »das Kleine« genannt und neigt dazu, sich entweder babyhaft zu verhalten, um weiter für süß und niedlich gehalten zu werden, oder in Wutausbrüche zu verfallen, um sich Anerkennung zu ertrotzen.

Nr. 2 kann eifersüchtig auf gewisse Vorrechte des älteren sein. Länger aufbleiben, mit Vater Auto waschen, schon Kirschen mit Stein in den Mund nehmen dürfen – das alles sind in den Augen des jüngeren Kindes besondere Privilegien. Man muss versuchen, solche Vorrechte gerecht zu verteilen, denn vor dem Alter von sechs oder sieben Jahren sind Kinder noch nicht imstande zu begreifen, warum Unterschiede dieser Art bestehen.

Das Einzelkind

ist ein Kind, dessen Verhalten nie von Geschwistern korrigiert und normalisiert wird. Es ist meist ein schwieriges Kind, das schwierig bleibt, wenn sich die Eltern nicht von vornherein darauf einstellen.

Sie haben schon gelesen, dass ein Kind gern nachahmt, dass es sich im Rhythmus von Anerkennung und Ablehnung entwickelt. Es legt auch ihm gemäße Verhaltensweisen ab, wenn sie von den Eltern deutlich abgelehnt werden.

Deshalb kann ein Einzelkind leicht zum scheinbar braven, stillen Kind werden, und die Eltern loben es, weil dieses Kind sie kaum in ihrer Bequemlichkeit stört. Um jedoch zu erkennen, wie wichtig auch für das Einzelkind die herzliche, normale und gesunde Unart, das Toben und der Lärm sind, wie wichtig es ist, dass auch seine und nicht nur die Lebensgesetze der Erwachsenen sein Dasein regieren, muss man die Endprodukte dieser Erziehung betrachten. Dann kann man die Anfänge besser richten und korrigieren.

Einzelkinder können dazu neigen, im schlimmsten Fall als Schulkinder so zu sein:

- Blass und empfindlich, nicht krank, aber zart und deshalb von den Eltern immer noch wie ein Baby gehegt, angezogen und gepflegt. Sie haben sich nie mit etwas auseinander setzen müssen, werden willensschwach und von den kleinen Kameraden als Feigling gehänselt.
- Sie werden wahre Haustyrannen, auf deren leiseste Regung hin Eltern und Verwandtschaft sich in Trab setzen. Sie versagen später, weil sie nie begreifen, dass nicht jedermann nach ihrer Pfeife tanzt. Sie versagen auch, weil jede ihrer noch so geringen Leistungen bisher mit überschwenglichem Lob gefeiert wurde. So sind sie später verblüfft, dass jemand nicht mit ihnen zufrieden ist, vermögen aber nicht in Wettbewerb zu treten und werden einsam und verstockt.
- Sie werden Angeber, die spüren, was ihnen fehlt, und dieses Manko auf ihre Weise auszugleichen versuchen. Sie gelten jedoch eher als Störenfried, weil sie ihren Wunsch nach Geselligkeit nicht durch ein entsprechendes soziales Verhalten zu verwirklichen vermögen.
- Sie werden zurückhaltende, kontaktarme Kinder, die sich unter Gleichaltrigen kaum zurechtfinden, entweder nur mit Erwachsenen umgehen, sexuell in den Reifejahren sehr gefährdet sind, oder die Lücke durch Stubenhockerhobbies zu füllen versuchen.

Allen Einzelkindern fehlt die Gesellschaft ungefähr Gleichaltriger. Das muss möglichst vor der Schulzeit ausgeglichen werden. Die scheinbar guten Manieren, das falsche Bravsein, mit dem sich ein Einzelkind so leicht die Anerkennung der Erwachsenen erschleicht, veranlassen die Klassenkameraden nur dazu, den Einzelgänger als Musterknaben oder Duckmäuser hinzustellen und zu behandeln. Solchen und ähnlichen Angriffen, mehr oder weniger gutmütigen Hänseleien, die jeden treffen, der »anders« ist, weiß der Einzelne nur schwer etwas entgegenzusetzen. Der Fall ist ihm neu, und er hat kein Reaktionsschema, nach dem er handeln könnte. Wenn die Erwachsenen nicht aufpassen, wird das Kind ein Außenseiter.

Ein gesundes Einzelkind empfindet dieses neue Erlebnis jedoch als Anreiz für seine Fantasie und wird immer versuchen zu improvisieren.

Denn das ist das Positive beim Einzelkind: Es ist gewohnt, Entscheidungen allein zu treffen. Wenn es nie teilen muss – weder Liebe noch Spielzeug –, so bleibt ihm auch nicht die Möglichkeit, Schmerz und Erfahrung zu teilen.

Das zwingt das einzelne Kind dazu, bewusst zu leben. Es muss Dinge selbst zu Ende denken. Es muss seine Einfallskraft mobilisieren, wenn die Erfahrung nicht ausreicht. Es muss ganz allein mit seinen Gefühlen und seinen Enttäuschungen fertig werden.

Das ist der gerechte Ausgleich der Natur. Fehlt dem Einzelkind auch der im Geschwisterkampf vorgeübte Existenzkampf, so genießt es doch dafür mehr

Ruhe, verfügt über mehr Möglichkeiten zur Konzentration, wird gezwungen, ein Universalgenie« zu werden, weil kein Bruder da ist, der besser im Turnen, keine Schwester, die geschickter im Rad flicken ist. Und meist entwickelt ein Einzelkind als Erwachsener eine größere Sicherheit im Umgang mit Menschen, wird also selbstbewusster, selbstsicherer, selbstständiger.

Gerade bei dieser Aufzählung von Charaktereigenschaften sieht man, wie dünn die Grenze zwischen einem Fehler und der ihm entsprechenden Tugend ist. Nur ein Schritt ist es von der verbindlichen, sicheren Haltung eines Kindes, das für sich und seine Taten allein einzustehen bereit ist, zur perfekten Dressur eines kleinen Affen, der nur aus wohl berechnetem Egoismus handelt. Beim Einzelkind sind Eigenbrötelei und Konzentration nahe verwandt.

Es liegt weit gehend an den Eltern, in welche Richtung sich ihr Kind entwickelt, ob ihr einziges Kind genau wie andere Kinder aufwächst oder ob es alle Untugenden seiner Situation entfaltet.

Das beginnt schon im Babyalter. Eine Mutter von drei oder vier Kindern hat gar nicht die Zeit, auf jede Unlustäußerung der Kinder zu reagieren, und sie kann ihren Kindem nicht den Streit mit den Geschwistern ersparen.

Die Eltern eines Einzelkindes müssen sich diese Zurückhaltung bewusst auferlegen, müssen das Kind Fehler machen und auf die Nase fallen lassen, ohne selbst aus der Fassung zu geraten.

Man soll die Einzelkinder lieben, aber man soll sie auch ihr eigenes Leben leben lassen. Sie sollen ihre eigenen Spiele spielen und sich die eigenen Schrammen reißen können, sollen selbst fragen und sich von allein mit Erwachsenen unterhalten können.

Die Gefahr des Einzelkindes liegt in dem ungeheuren Abstand zwischen der Kinder- und Erwachsenenwelt. Das Kind ist stets der Schwächere. Es kann sich sein Recht nicht holen, es lässt sich verbiegen und berauben. Einzelkinder brauchen frühzeitig Freunde, Spielkameraden, Genossen zu Freud und Streit. Psychologen raten dazu, ersten Kindern (die ja Einzelkinder bleiben können) schon mit einem halben Jahr zu zeigen, dass es andere Wesen ihrer Art gibt.

Nicht zuletzt ist es wichtig, davor zu warnen, aus Einzelkindern krasse Materialisten zu machen. Wer kennt nicht die Geburtstags- und Weihnachtstische solcher Kinder, auf denen sich die Geschenke türmen! Die meisten Tanten und Freunde reizt es, einem einsamen Kind eine Freude zu machen, indem man ihm für ein paar Groschen ein Spielzeug als Mitbringsel kauft. Und schon heißt die Gleichung: Liebe ist etwas, das man kaufen kann.

Im Übrigen: Je gelassener man sich gerade mit einem Einzelkind in die Abenteuer der Erziehung stürzt, desto besser. Wer Übertreibungen vermeidet, bringt es am ehesten dahin, dass sich das Kind ohne Schwierigkeiten zu einem vergnügten Menschen entwickelt.

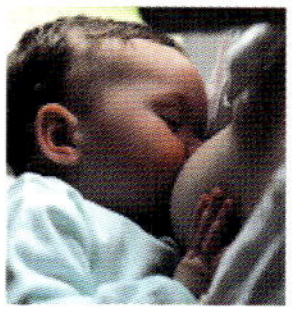

25

KAPITEL

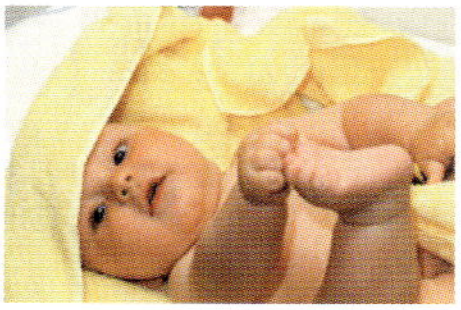

Sprache und Buch

Die Sprache verbindet die Menschen miteinander. Das merkt schon das Baby, denn viele von Mutters Tätigkeiten sind von Worten begleitet. Das Beispiel ihrer Stimme mag es anregen, sein zuerst eintöniges Geschrei zu differenzieren, und die meisten Babys spielen schon im zweiten Monat ihres Lebens mit Hauch und Lippen: Sie lallen.

Baby übt sprechen

Im Grunde genommen müsste man sagen: Sie *mammen,* denn ihr erster Laut, ihr erstes »Wort« kommt aus Zufall zustande. Das Baby führt aus- und einatmend Luft über seine Stimmbänder. Ein Geräusch entsteht. Zuerst weiß das Baby nicht, dass es dieses Geräusch selbst erzeugt hat. Im zweiten und dritten Monat merkt es, dass sich dieses Geräusch von allen anderen unterscheidet, dass es auf Wunsch erzeugt und wiederholt werden kann. Je mehr das Baby Mund, Lippen und Gaumen entdeckt, desto klarer wird ihm, dass man den Hauchlaut verändern kann, wenn man zum Beispiel die Lippen dabei schließt. Aus dem gegurgelten aaa wird ein mammama oder ein dadada.

Diese lallende Lautmalerei hört ebenso abrupt auf, wie sie angefangen hat. Das Baby ist jetzt noch nicht am Sprechen interessiert, sondern nur am Üben der Mundmuskulatur. Beherrscht es diese, so hält es erst einmal wieder den Mund. Mit einem dreiviertel Jahr beginnen Babys dann »richtig« zu reden.

Auch jetzt kommt es wieder auf die Bereitschaft zur Zusammenarbeit an. Bei Sprachforschungen machten amerikanische Wissenschaftler eine Entdeckung, die sie zunächst sehr verwirrte: Sie stellten nämlich fest, dass die meisten Erwachsenen ein chaotisches Ordnungsverhältnis zur eigenen Sprache besitzen und viel zu schlecht, zu nachlässig und zu bruchstückhaft sprechen, als dass ein Kind überhaupt von ihnen lernen könnte. Es hat sich jedoch gezeigt, dass Kinder in den ersten Lebenswochen nur den Klang der menschlichen Stimme brauchen, nicht schon ausgefeilte Grammatik. Sie nehmen in diesem frühen Stadium den Ton wahr, das Gefühl, das ihnen mit den Worten übermittelt wird.

Sie lernen allerdings mit dem ersten »Guckguck, wo bist du?«, mit Krabbel- und Reimspielen, mit Neck- und Fingerspielen Signale verstehen und Regeln kennen, die es ihnen später wiederum leichter machen, selbst kreativ zu spielen.

Der Streit um das Für und Wider der Babysprache, um die zärtliche Verstümmelung der Wörter unserer Umgangssprache ist mittlerweile auch ausgestanden. Es schadet dem Kind überhaupt nicht, wenn man ihm sagt: »Heia gehen!« oder »Adda adda machen!« oder wenn man die ersten bruchstückhaft gelungenen Worte des Babys in die eigene Familiensprache übernimmt. Das Kind lernt auch mit oder trotz dieser Privatsprache richtig sprechen. Wenn man allerdings einen Widerwillen gegen das Guckguck und die gewissen Albernheiten der Babysprache besitzt, so schadet es dem Kind ebenso wenig, wenn es gleich in der normalen Sprache aufwächst. Wichtig ist nur, dass es Wörter hört und begreifen lernt, dass Wörter etwas mit Gefühlen zu tun haben können und nicht nur der nackten Information dienen.

Auch auf diesem Gebiet des Spracherwerbs findet eine Wiederentdeckung der ganz einfachen Dinge der Kinderstube statt, wobei die neuesten Untersuchungen nur bestätigen, dass die älteste Methode besser ist als ein ausgefeiltes Förderprogramm in der Vorschulzeit. Denn mit der Hilfe von Video-Tonaufzeichnungen hat sich gezeigt, dass es – wie bei den ersten wortlosen Dialogen zwischen Kind und Mutter – auch beim endgültigen Sprechenlernen wieder das Kind ist, das die Stichworte für sein Trainingsprogramm gibt. Es braucht nur jemanden, der diese Stichworte aufgreift, wenn es eine Sache anschaut oder mit der Hand darauf zeigt oder danach greift. Das wird von Müttern als Aufforderung verstanden, den betreffenden Gegenstand zu benennen.

Später operiert das Kind mit diesen so erlernten Hauptwörtern und sagt zum Beispiel: »Milch« oder »Milli« oder »Katze«, und die meisten Eltern ergänzen das Wort dann zu einem Satz und sagen: »Ja, das ist deine Milch.« Oder: »Ja, die Muschi schlabbert jetzt deine Milch.

Die Eltern lernen mit

Das ist übrigens nicht nur ein Lehrsatz: Mit dieser versuchsweisen Sprachergänzung versuchen Eltern auch zu erraten, was das Kind überhaupt gemeint haben kann. Auf jeden Fall sind sich die Eltern instinktiv ihrer Beispielrolle bewusst. Sie verlassen das allgemeine Chaos der Umgangssprache, bilden kurze Sätze, sprechen langsamer, auch deutlicher und etwas lauter als gewöhnlich; und die meisten Kinder brauchen diese Sprechspiele bis zum dritten Lebensjahr und fordern die Mutter bis dahin ständig heraus. Dann suchen sie sich ihre eigenen Gesprächspartner, am liebsten andere Kinder.

Für die Eltern ergeben sich daraus gleich zweierlei Dinge: Auch wenn ihr Kind nicht mehr lallt, sollte sie doch vom ersten Monat an immer mit ihm sprechen. Das Baby lernt bei seinem stummen Zuhören begreifen, welches Wort zu welchem Ding gehört.

Eltern sollten dem Baby immer alles erzählen, was es zu erzählen gibt – von ihrer Meinung zur Wetterlage an bis zum Inhalt der neuesten Bestseller. Für das Kind ist zunächst lediglich das Anhören von Wörtern wichtig, die Sprachmelodie, die Fülle der sich abwechselnden Laute.

Wenn die Mutter oder der Vater sich also direkt mit dem Baby beschäftigt, soll sie jedes seiner Signale beantworten, die Dinge klar und verständlich bezeichnen, mit denen sie umgeht. Jetzt nehmen wir das Höschen, dann ziehen wir die Jacke an.« Das macht dem Kind klar, wie Wort und Ding zusammengehören. Es kann mit Ohr und Hand begreifen, was ihm gesagt wird.

Das Baby kann wesentlich früher hören und verstehen als selbst sprechen. Sagt die Mutter »Schau – Vati!« oder »Sieh – dein Fläschchen«, so wird es die Augen in die Richtung des genannten Gegenstandes oder der genannten Personen drehen.

Das Kind beginnt zu verstehen

Wann ein Baby was verstehen kann, ergibt sich aus dem Vorbild der Familie und aus dem wachsenden Verständnis für Raum und Zeit.

Erst mit zwei bis vier Jahren begreift ein Kind Raumvorstellungen und Ortsbestimmungen, kann *quer über* und *unten hindurch* verstehen. Darum sollten die Eltern bei ihren Anordnungen berücksichtigen, dass Begriffe dieser Art das Kind ratlos machen. Es weiß vielleicht noch nicht, was *hinter dem Stuhl* bedeutet, es räumt seine Bauklötze nicht auf, weil ihm *in der Ecke hinter dem Bett* gar nichts besagt.

Man muss das Wort also durch eine Geste begleiten: Man muss sagen: »Jetzt gehen wir quer durchs Zimmer. Da in der Ecke liegen die Klötze.«

Das Wort allein reicht auch nicht aus, um zeitliche Begriffe zu erklären. Wieder muss man das Wort mit einer Erfahrung verknüpfen, damit das Kind den Sinn begreift. Man sagt: »Jetzt gibt es Saft«, so hilft die Freude am Trinken den Zeitbegriff behalten.

Bald und *Warten* ist erst einem Kind nach dem zweiten Geburtstag verständlich. Ebenso die Tagesbezeichnungen und Jahresabschnitte. Noch ein Sechsjähriges weiß manchmal nicht, ob es Vor- oder Nachmittag ist.

Also wird man zunächst die Zeitbegriffe mit Bekanntem kombinieren. Statt *bald* sagt man »erst Mittagessen, dann in den Garten«. Zwei bekannte und oft erlebte Begriffe bauen dem Baby die Brücke, damit es eine unbekannte Vorstellung übernehmen kann. Zahlenbegriffe und Farben bleiben ebenfalls lange Zeit nur erratene Größen. *Eins* und *beide* merkt sich ein Baby noch am schnellsten, weil beide Hände eben zwei Dinge fassen und halten können.

Auch bei den Farben verlegt sich das Baby meist aufs Raten. Rot und Gelb sind zwar seine Lieblingsfarben, aber wenn jemand fragt: »Wo ist der rote Waschlappen?«, so wird Baby auf den richtigen Gegenstand zeigen, weil es weiß, was ein Waschlappen ist; was Rot bedeutet, weiß es noch nicht.

Irrtümer und Verwechslungen gibt es häufig, wenn ein Baby zu sprechen beginnt. Es sagt *Mama* zum Vater, was natürlich auch daran liegen kann, dass es meint, Mama sei das Wort für *Mensch, den ich lieb habe.*

Sagt ein Baby *Nase* für *Fuß* oder *ssön* statt *schön,* so soll man manchmal korrigieren, aber niemals lachen oder eine strenge Sprachübung anschließen. Das vertreibt dem Baby für Wochen den Spaß am Sprechen. Es soll seine Zunge, seinen Wortschatz üben, soll dabei ebenso auf die Nase purzeln dürfen wie beim Laufenlernen.

Man kann ihm natürlich helfen, nicht allzu viele Irrtümer zu begehen, indem man in dieser Zeit besonders eindeutig mit der Sprache umgeht. Das Kind spricht jetzt vermutlich auf kurze Sätze oder ein Wort eher an als auf Satzgebilde aus Haupt- und Nebensätzen.

Wenn man das Kind anredet, sollte man seinen Namen benutzen, sagt also

»Ludwig, komm essen!« und achtet besonders darauf, dass diese kurzen Mitteilungen durch erklärende Gesten oder helfendes Mittun verstärkt werden.

Langatmige Erklärungen sollte man sich in den beiden ersten Jahren ersparen. Sie kommen bei dem Kind nicht an, erzeugen höchstens Missverständnisse oder Gereiztheiten, falls die Mutter nicht einsieht, dass ihr zweijähriges Kind noch nicht den Verstand eines Sechsjährigen besitzt. Je geduldiger sie die Politik der kleinen Schritte betreibt, desto besser lernt ihr Kind. Sein Wortschatz wächst umso schneller, je friedlicher und erfreulicher seine Umwelt ist. Lebt es inmitten von Liebe und Wärme, kann es sein Dasein genießen, so verfügt ein Baby, wenn es zu den Sprechlustigen gehört, mit einem Jahr über ein halbes Dutzend Wörter, mit anderthalb Jahren über 40 bis 70 und mit zwei Jahren über etwa 200 Wörter. Ein Kind in der kargen Umgebung eines Heims oder Waisenhauses kann mit zwei Jahren in der Regel nur ungefähr zwei Dutzend Wörter verstehen und benutzen.

Erste Sprechversuche

Auch beim Sprechen zeigt das Baby natürlich Individualität. Viele Kinder lauschen länger, überraschen ihre Eltern dafür dann mit ganzen Sätzen, während die meisten Kinder zuerst ein Wort sagen, das alles andere mitbedeutet. *Hamham* ist *essen,* ist *mehr essen,* ist *gutes Essen,* ist *gleich gibt's Essen.*

Die so genannten Zwei-Wort-Sätze *Hamham haben,* die aus einem Hauptwort und einem Tätigkeitswort bestehen, werden von Babys meist zwischen anderthalb und zwei Jahren gebildet.

Früh oder spät sprechen hat nichts mit der Intelligenz des Kindes zu tun, sondern nur mit der Reife von Babys Sprachzentren.

Hat ein Baby offensichtlich Schwierigkeiten mit dem Sprechen, lässt man Augen und Ohren untersuchen, da organische Fehler das Sprechvermögen beeinträchtigen können.

Außerdem geht die Entwicklung sehr oft nicht gleichmäßig vonstatten, sondern ruckweise. Viele Eltern werden beobachten, dass ihr Kind mit dem Sprechen pausiert, wenn ihm andere Entwicklungsaufgaben alle verfügbaren Energien abfordern.

Buben und Mädchen kommunizieren unterschiedlich

Beim Sprechen spielen die Temperamentunterschiede eine große Rolle. Es gibt Kinder, die sofort jedes Wort nachplappern und die Erwachsenen zum Lachen bringen, weil die Zungenfertigkeit und die so offensichtliche Ahnungslosigkeit über die Bedeutung der Wörter einfach komisch wirkt.

Ein anderer Typ ist der Sprechfaule. Meist handelt es sich um Buben. Umgeben von einer liebenden Familie deuten sie mit ihrem kleinen spitzen Zeigefinger stumm und nachdrücklich auf das, was sie wollen, und da die Faulpelze nette ruhige Burschen sind, bekommen sie alles, was sie verlangen. Für die Mutter mag das ganz bequem sein, aber für das Baby gehören Wörter zum Entwicklungssoll. Infolgedessen muss die Mutter fest bleiben und fragen: »Was möchtest du?« und auf der richtigen Antwort bestehen.

Andere Kinder warten, bis sie vollkommen begriffen haben, was ein Wort bedeutet. Dann machen sie unversehens den Mund auf und benutzen auch das komplizierteste Wort auf Anhieb und immer richtig.

Der Unterschied der Geschlechter ist meist sehr ausgeprägt: Kleine Mädchen schnattern eher und hemmungsloser drauflos, kleine Jungen können bis zu fünf Monate nachbummeln. Das liegt daran, dass Buben schon im Krabbelalter mehr an Dingen und Sachen interessiert sind. Sie konzentrieren sich eher auf Bewegungen, auf Vollendung der sinnlichen Wahmehmungen und das aus beiden resultierende manuelle Geschick. Mädchen dagegen reagieren mehr auf Worte und Geschichten, lassen jetzt schon Sprache zu fantastischen, magischen Gebilden wuchern.

Beide können von einem Tag zum anderen wieder Wörter vergessen, Begriffe vertauschen. Eine große Sprechpause taucht etwa in der Mitte des zweiten Lebensjahres auf, nachdem das Kind richtig laufen gelernt hat und nun auf zwei Beinen den Geheimnissen der bisher nur erblickten Dinge auf die Spur kommen will.

Auch in dieser Situation ist es gut, wenn die Erwachsenen Rücksicht auf die Kinder nehmen: Stimmengewirr ist für das Baby ein allgemeiner Lärm. Deshalb sollen besonders jetzt nicht mehrere Leute gleichzeitig auf das Baby einreden.

Komplizierte Wörter muss ein Baby nicht unbedingt schon mit ein oder zwei Jahren können. Es ist zwar ulkig, wenn ein Baby über »Lokomotivführer« stolpert, aber es fördert nicht im Mindesten seine Sicherheit.

Kinder lehren Kinder

Die besten Sprachlehrer für das Baby sind andere Kinder, ältere Geschwister oder Nachbarkinder. Der Wortschatz auch der älteren Kinder ist noch nicht so groß und kompliziert wie der der Erwachsenen. Das Baby hört also immer wieder vertraute Wörter aus den kurzen Sätzen heraus. Kinder wiederholen geduldig die Wörter, die das Baby durch sein endloses »Ist das? Ist das?« genannt bekommen möchte. Sie sind nicht streng oder enttäuscht, wenn ein Baby Unsinn redet, und sie verfallen vor allem nicht auf die Idee, mit dem Baby in seiner eigenen Babysprache zu sprechen. Deshalb lernen die zweiten und die folgenden Kinder immer leichter und schneller sprechen als die erstgeborenen.

Das Fragealter im zweiten Lebensjahr zeigt schon, wie viel Geduld Eltern aufzuwenden haben. Es kann besonders einen Vater nervös machen, wenn ein »Was ist das?« das andere ablöst. Er sollte trotzdem nicht sagen: »Hör endlich mit der dummen Fragerei auf! Du siehst doch, was das ist!« Ja, das Baby sieht, aber gerade deshalb möchte es alles benennen können. Besser ist es dann, wenn man Fragen und Spielen in Harmonie bringt, sodass sich Ruhe und Fragen abwechseln können.

Mit gleicher Geduld müssen Mutter und Vater das Kind mit den Wörtern und Sätzen kämpfen lassen. Gerade die sprechfaulen Kinder neigen dazu, am Anfang nur sehr gehemmt zu reden. Werden sie jetzt noch mit »Red doch endlich!«, »Sag doch, was du willst!« vor den Kopf gestoßen, so dauert es viel länger, bis sie frei sprechen können. Deshalb: ohne Unterbrechung ausreden lassen.

Geduld gehört auch dazu, die Befehle für das Kind nicht in Worte zu kleiden, die es nicht versteht. Sagt die Mutter zu einem Anderthalbjährigen: »Wir gehen Einkäufe machen«, so wird das Kind vermutlich unbeteiligt bleiben. Sagt sie dagegen: »Komm, das neue Röckchen anziehen. Wir wollen Zucker für deinen Brei kaufen!«, so weiß das Kind, welche

Erlebnisse zu erwarten sind. Auf gleiche Weise kann man ein Baby eher zum Schlafengehen, zum Spielschluss, zum Abschied von Omi bringen.

Baby und das erste Buch

Ehe ein Baby ein einziges Wort vorgelesen bekommt, haben ihm Mutter oder Vater schon Dutzende von Geschichten erzählt: »Das ist der eine Fuß, das ist der andere Fuß« oder »Krabbelt ein Mäuschen zum Haus hinauf!« Sie hat ihm »Schlaf, Kindchen, schlaf« vorgesungen, hat ihm die dünnen Härchen gebürstet und gesagt: »Seht ihr wohl, da steht er, unser Struwwelpeter!«

Nichts als ein paar Wörter, ein Reim und eine ständige Wiederholung, aber für das Baby so spannend wie ein Krimi, so amüsant wie für uns kaum mehr ein Buch sein kann.

Die erste Verbindung zwischen Baby und seinen Geschichten beginnt mit Mutters Stimme. Das Baby mag diese Stimme, deshalb mag es jede Geschichte, jedes Verslein, das sie ihm erzählt. Diese Stimme ist die beruhigende Gewähr dafür, dass alles in Ordnung ist.

Sie wird später, wenn es zu »Hänsel und Gretel«, zur gefürchteten beunruhigenden Wirkung der Märchen kommt, dafür sorgen, dass das Kind keine Angst vor der Hexe hat. Denn diese Geschichten gehen gut aus, und selbst wenn nicht: In Mutters Armen lernt das Kind, dass eine Hexe ihren Schrecken verliert und dass man sich und seiner eigenen Welt sicher sein kann.

Gefährlich sind später die Märchen und die Western und die Krimis nur für solche Kinder, die niemals in Mutters Armen diese ursprüngliche Sicherheit haben lernen können.

Zuerst bestehen Babys Geschichten nicht aus Wörtern und Begriffen, aus Handlung und Stil, sondern nur aus Rhythmus und Reim.

Das magische Alter

Etwas später, mit ein dreiviertel bis zwei Jahren, bekommen Wörter Sinn, wandeln sie sich sofort in Bilder, Gefühle und Vorstellungen. Man nennt diese erste Leseperiode des Kindes »das magische Alter«. Welt und Ich sind noch ungeteilt. Sprache besitzt noch Zauberkraft, ein Wort ist gleichzeitig das Ding. Wenn die Mutter sagt: »Es war einmal ein kleines Mädchen, genau wie du«, dann ist das Baby in seiner Vorstellung zum Rotkäppchen geworden, und wenn selbst es das Märchen schon kennt, fährt es vielleicht ganz von sich aus fort: »Da ging ich in den Wald.«

Ein Kind glaubt noch, dass man mit Wörtern etwas bewirken kann. Sagt es »Mimmi weg« und hält sich die Hände vor die Augen, so meint es tatsächlich, verschwunden oder unsichtbar zu sein. Das Kind braucht Jahre der Entwicklung, um sich aus diesem magischen Bezug zu lösen und zu begreifen, was wir Wirklichkeit nennen. In diesen Jahren braucht es Nahrung für seine Fantasie, denn je lebendiger die Vorstellungskraft der Kinder überschäumen kann, desto leichter finden sie den Übergang ins sachliche Alter.

Früher hielt man ein Buch für eine Sache für Schulkinder. Heute gehört das Bilderbuch, gehören die Reimspiele und Fingerspiele als Vorstufen jeglicher Literatur- und Geschmacksbildung schon ins Kinderzimmer der Anderthalb- bis Zweijährigen.

Die freie Entfaltung schöpferischer Kräfte beginnt früh, und sie beginnt, wie alles beim Kind, bescheiden.

- Mit anderthalb bis zwei mag es das Abbild eines Gegenstandes betrachten und erkennt: »Apfel« oder »Haus«. Es hört Mutters Reimgedichte gern, mag auch kleine Späße und Sprechunsinn, darf jedoch noch nicht intellektuell überfüttert werden. Erst einmal soll es seinen Wortschatz erweitern, dann kann es mit seinem gesicherten Wortvorrat spielen. Es schaut sich gern ein Bilderbuch an und hält es dabei verkehrt herum: Ob der Apfel so oder so herum steht, spielt keine Rolle. Es erkennt ihn entweder von jeder Seite oder gar nicht.
- Mit zwei Jahren spricht das Kind bereits bekannte Reime mit, es fragt und sucht auch schon auf Bildern nach Dingen. »Ist das die Maus?« Es genießt, wenn ein Erwachsener auf dieses Spiel eingeht und geduldig beim Betrachten eines Bilderbuches fragt: »Wo ist die Maus? Wo ist die Katze?« und das Kind antworten lässt.

Gut ist es auch, wenn die Mutter nach dem Vorlesen auf das Bild eingeht, unbekannte Dinge erklärt, auf Ähnlichkeiten mit dem verweist, was das Kind kennt und selbst erfahren hat.

Das Bild selbst sollte klar und deutlich erkennbar das Naturvorbild wiedergeben. Ein Baby kann noch nicht abstrahieren. Deshalb sucht es unter dem Buch Bauch und Beine eines Mannes, von dem nur Kopf und Oberkörper abgebildet sind. Klar, aber ruhige Farben, malerische, plakative Darstellung und keine Schwarzweißzeichnung: Das sind die Voraussetzungen dafür, dass das Baby etwas von seinen ersten Bilderbüchern hat.

Das Baby »versteht« zwischen anderthalb und zwei Jahren nur Geschichten, die es nachvollziehen kann. Beim »Das ist der Daumen, der schüttelt die Pflaumen« versteht es den Reim und bekommt die Pointe mit, weil es selbst so »ein kleiner Schelm« wie der kleine Finger ist, empfindet Spannung, weil es weiß, dass die Geschichte von seinen eigenen Fingern handelt und dass die Reihenfolge der Aufzählung einen dramatischen Sinn hat. Verlässt die Geschichte den Reim, ist sie nicht nur an die Glieder von Babys Körper gebunden, so wie »Da hast du 'nen Taler« oder »Füßchen Übermut«, so muss sie sich im nächsten Erlebnisbereich des Kindes ansiedeln.

Ein Bär, der schlafen gehen will; eine Katze, die gern Milch trinkt; ein Hase, der die Hasenmutter lieb hat: Das entspricht den noch einfachen Erlebnissen und Gefühlen des Kindes. In der frühen Kindheit mögen Kinder, egal ob Buben oder Mädchen, erfahrungsgemäß am liebsten Tiere als Helden ihrer Geschichten. Das mag daran liegen, dass die meisten Kinder Tiere als Liebhabespielzeug besitzen, und dass das weiche Woll- und Plüschfell dieser Tiere als besonders liebenswert empfunden wird.

Eltern erfinden Bildergeschichten

Noch hat das Baby keinen Sinn für Zeitbegriffe, Katastrophen und Probleme. Seine Geschichten dürfen also nicht wie etwa später Irrweg und glückliche Heimkehr, Unart und Vergebung, Trauer und Trost schildern, sie dürfen nicht von heute auf übermorgen springen, sondern sie müssen mehr oder weniger den Moment schildern, einen einfachen eingleisigen, dem Kind bekannten Ablauf wie Essen, Schlafen, Spazieren gehen, Spielen. Alles wird in kurzen Sätzen ohne Nebensätze erzählt.

Die Mutter muss am Anfang manches Bilderbuch neu und selbst erzählen, weil es das Kind sonst nicht verstehen könnte. Sie muss immer erst eine Verbindung zwischen dem Kind und der Geschichte schaffen.

Auf jeder Entwicklungsstufe muss sich die Art des Erzählens nach Alter und Reife des Kindes richten. Die Eltern dürfen ihm nichts erzählen, was noch außerhalb seines Erfahrungsbereiches liegt. Viele Mütter machen es genauso wie der Struwwelpeter-Hoffmann: Sie malen und kleben die Bücher für ihr Kind selbst. Das macht besonders viel Spass, wenn das Baby auf seine Art mithilft. Einen Text braucht die Mutter kaum, denn die Helden der Geschichte sind immer das Baby und sie.

Jetzt schon sollten die Eltern die Bücherordnung für ihr Baby begründen. Das Baby lebt intensiv und mit dem ganzen Körper. Hat es sein Faltbilderbuch betrachtet, so baut es sich damit einen Zaun um sich selbst. Vielleicht beginnt es dann, an der Pappe zu nagen. Hat es schon Ölkreiden oder Buntstifte, so wird es die Bilder noch besser bemalen und verzieren, und zum Schluss endet das Ganze als Hut.

Damit muss man rechnen. Das Kind soll mit bestimmten Büchern machen können, was ihm einfällt. Versandhauskataloge sind meist die »Bücher«, in denen das Baby nach Herzenslust kritzeln und reißen und später mit seiner Kinderschere herumschnitzeln und kleben darf. Das Baby sollte aber auch Hefte mit kindgemäßeren, hübscheren Bildern zum Verarbeiten und Bekleben bekommen.

Hat es seine Spielbücher, so wird es umso mehr Sinn dafür entwickeln, dass es noch eine andere Sorte von Büchern gibt, die in einem Regal stehen, die man nicht mit Marmeladefingern anfassen und auch nicht zerreißen darf. Diese Bücher stecken voller schöner Geschichten. Wenn Mutter oder Vater sie abends herausholt und daraus vorliest oder sie mit dem Baby zusammen betrachtet, legt man damit die Basis für eine höchst gemütliche Familiensitte, die darüber hinaus die Erziehung erleichtert. Gemeinsame Lektüre erlaubt es den Eltern später, das Kind auf seiner Reise in die unbegrenzte Welt der Bücher und des Geistes zu begleiten und ihm in kritischen Situationen zu helfen.

Der erziehende Elternpart weiß eher, wie und was das Kind denkt. Erziehender Elternteil und Kind können sich über eigene Probleme unterhalten, weil ihnen das sachliche Gespräch über alle möglichen anderen Probleme geläufig ist. Oder weil es ihnen infolge dieser Erfahrung im frühen Kindesalter möglich ist, mit dem Problem einer erfundenen Person das eigene zu behandeln.

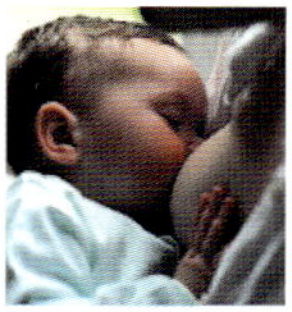

26

KAPITEL

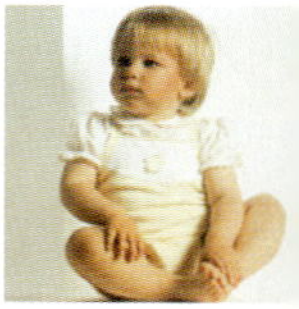

Spielzeug und Spiele

Kinder spielen Hinkekästchen, Mensch-ärgere-dich-nicht, Verstecken, Wurfball oder Fangen. Das Kind in der Wiege spielt noch gar nicht. Oder viel mehr: Es spielt, wenn es nicht trinkt, schreit oder schläft.

Für größere Kinder oder für uns Erwachsene haben Spiele feste Regeln, stehen im Gegensatz zu Arbeit oder nützlicher Beschäftigung und sollen die Zeit vertreiben.

Für den Säugling, für das Kind im Krabbelalter, das noch nicht sprechen kann, ist Spiel etwas ganz anderes, ist eine andere Art des Daseins. Spiel ist eine Vorübung noch reifender Fähigkeiten. Im Spiel probt das Baby Bewegungen und Handlungen, die es noch nicht beherrscht, und diese spielerische Übung macht es dem Kind leichter, Fehler und Misserfolge zu ertragen, weil all diese Tätigkeiten noch nicht in eine Leistung münden müssen.

Sie macht es dem Kind leichter, seine noch sehr engen Grenzen zu ertragen, weil es das Spielzeug schon tun lassen kann, was es selbst noch nicht vermag: Die Werfpuppe sitzt und springt mit großer Leichtigkeit, der Ball hüpft und bewegt sich schnell, sicher und geradewegs, ohne, wie das Kind, auf die Nase zu fallen und sich das Knie aufzuschlagen.

Die Spiele der Babys sind unendlich einfach, und den Erwachsenen erscheinen sie oft unerheblich und sinnlos, denn ihre Regeln werden von der Entwicklung und Reife der Muskeln und Nerven bestimmt. Das Kind übt in seinem allerersten Spiel Dinge, von denen wir längst vergessen haben, dass man sie proben und lernen muss: Aufwachen, das Fingerchen biegen, mit einem Finger etwas berühren, all das ist Lehrstoff für das Baby, und seine ersten Freuden sind, dass das Spiel mit dem Fingerbeugen wirklich klappt, seine ersten Nöte, dass es ein angefangenes Spiel nicht zu Ende spielen kann, weil da noch irgendetwas an Können fehlt.

Ein Baby weint manchmal verzweifelt, weil es sich den Beißring noch nicht aus dem Mund nehmen kann. Ein Kind im Krabbelalter jammert, weil es trotz aller Anstrengungen noch nicht imstande ist, einen Ball zu fangen.

In beiden Fällen verfügt das Kind noch nicht über diejenigen körperlichen Funktionen, die es besitzen müsste, um einen Ring zu ergreifen und wieder loszulassen oder um die Entfernung zwischen sich und dem fliegenden Ball zu schätzen und gleichzeitig schnell und gezielt zuzufassen.

Trotzdem muss das Baby weiter mit seinem Beißring kämpfen dürfen, trotzdem kreischt das Krabbelkind vor Entzücken, wenn die Mutter ihm den leichten Ball zuwirft. Es lernt in beiden Fällen, genießt im Nochnicht schon die Wonne der Leistungen von Morgen.

Diese ersten Spiele dürfen Eltern jedoch nicht dazu veranlassen, aus liebevollen Anregungen ein strammes, ehrgeiziges Lernprogramm zu machen. Denn das Baby lernt in den ersten Monaten nicht einmal aus Liebe zur Mutter etwas, das es von sich aus noch lernen muss.

Wie stark Babys Spielfunktionen an die Reife seiner Körperfunktionen gebunden sind, wie sehr sich das eine nur mit dem anderen entfalten kann und wie sehr beides an eine Reihenfolge gebunden ist, mag die Geschichte vom Baby und seinem roten Ball erläutern. Dabei sind die Altersangaben wieder Durchschnittswerte, die mehr als Schema den allgemeinen Ablauf der Entwicklung bezeichnen, also keineswegs für jeden Einzelfall, für jedes Kind gelten.

- Mit zwei bis drei Monaten nimmt der Säugling einen roten kleinen Ball oder einen roten Plastikwürfel wahr, er fixiert ihn und folgt ihm mit den Augen, wenn er bewegt wird.
- Einen Monat später schiebt er sich mit Schulter- und Kopfbewegungen auf das rote Ding zu.
- Mit vier Monaten streckt er die Hände nach dem roten Ball aus oder klatscht begehrlich bei seinem Anblick in die Hände.
- Mit fünf bis sechs Monaten kann er Blick und Bewegung sinnvoll koordinieren: Er hält den roten Gegenstand mit den Augen fest und tappt ungeschickt mit der Hand danach.
- Mit einem halben Jahr ist dieses Zusammenspiel schon flotter geworden: Der Griff wird rasch, und die ganze Hand wird zum Zupacken benützt.
- Mit sieben bis acht Monaten schlägt das Baby mit dem Ball durch die Luft, rüttelt daran und gibt ihn von einer Hand in die andere.
- Mit acht bis zehn Monaten erkundet es seinen Ball mit dem Mund und wetzt seine durchbrechenden Zähne daran. Wenn der Ball nicht stabil genug ist, wird er zernagt und zerbissen.
- Mit zehn bis zwölf Monaten ergreift es das Ding mit seinem neu erlernten Zangengriff: Daumen und Zeigefinger picken den begehrten Gegenstand mit ruckartiger Grazie auf. Zur gleichen Zeit ist das Kind imstande, den Ball oder Würfel auch wieder loszulassen, und es genießt es, endlos Greifen und Loslassen zu spielen.

Das ist nach Ansicht mancher Psychoanalytiker bereits ein vielschichtiges Spiel, vom Kind erfunden, um eine dramatische Situation zu schaffen und um sich gleichzeitig seinen Erfolg immer wieder zu bestätigen.

Einerseits wiederholt es für sich seine faszinierende Fähigkeit, etwas loszulassen. Das erlaubt ihm, immer wieder zuzugreifen und abermals loszulassen. Zwei Situationen oder Fähigkeiten, die einander bedingen und so etwas wie einen Spielablauf ergeben.

Anderseits symbolisiert der Ball oder der Würfel die Mutter, im ersten Jahr Babys meist einziger echter Lebenspartner. Es lässt mit dem Ball die Mutter los, lässt sie verloren gehen und kann sich selbst zum ersten Mal den Genuss verschaffen, die Mutter wieder zu sich zu holen.

Diese Erklärung mag überspitzt klingen, aber wenn man sich vorstellt, wie unbegreiflich dem Säugling das Kommen und Gehen der Mutter oder des Vaters erscheinen muss, wie abhängig er sich von dem nahrungspendenden Wesen fühlen muss, wie eng um Mutters oder Vaters Gestalt geschlossen seine Welt ist, dann erkennt man, wie viel Wahrheit in dieser Erklärung stecken mag.

Spätestens mit ein bis eineinviertel Jahren hat das Kind begriffen, dass zwei Würfel aufeinander gestellt und zwei Hohlwürfel ineinander gesteckt werden können. Auch diese Entdeckung wird in endloser Wiederholung ausgespielt, und die Eltern können abermals beobachten, wie sehr die unklare Vorstellung von Tüchtigkeit und Überlegenheit ihr Kind befeuert. Sein simples Spiel ist Triumph, Leichtigkeit. Das Kind genießt eine Vollkommenheit, die es sonst kaum erlebt. Im Spiel kann es etwas. Dieser Triumph macht das Kind auch tüchtiger. Er steigert seine Sicherheit und damit seine körperlichen Fähigkeiten. Diese wachsende Körperbeherrschung steigert wiederum Babys Selbstsicherheit: Ein Kreis oder besser eine Wachstumsspirale, die jede Mutter und jeder Vater zugunsten ihres Kindes fördern kann und soll.

Spiel ist für das Baby nicht nur Arbeit, sondern auch Vorbereitung für Anforderungen, die Monate oder Jahre später erscheinen werden. Man hat festgestellt, dass Kinder technische Probleme besser lösen können, wenn sie vorher die Möglichkeit hatten, mit dem dazu benötigten Material zu spielen. Dabei ist auch bestätigt worden, dass ein – wenn auch noch so gut gemeintes – Zuviel an Einmischung Erwachsener in kindliche Lernprozesse nur störend wirkt: Kinder lernen früher und gründlicher, wenn sie etwas praktisch und spielerisch ausprobieren dürfen.

Sie lernen nicht so gut, wenn diese Spielvorbereitung durch eine Erklärung von Erwachsenen ersetzt wird. Kinder, die sich ihre Lösung selbst erspielen dürfen, entwickeln außerdem eine erstaunliche Durchhaltekraft, zeigen nur selten Enttäuschung über fehlgeschlagene Versuche und geraten kaum in Versuchung, aufzugeben.

Die Auswirkungen der Spielfreiheit reichen noch weiter: Selbst spätere Bereitschaft zu sozialen Interaktionen, zu Neugier, Aktivität, Kreativität, Problemlösungsfähigkeit, methodische Fähigkeiten, Über- und Weitblick lassen sich mit dem früh und frei geübten spielerischen Geschick in Verbindung bringen.

Die Voraussetzung dazu besteht in ihrer Bereitschaft, das Baby nicht nur als Pflegeobjekt zu betrachten: wickeln, füttern, wieder ab ins Körbchen im stillen, stummen Kinderzimmer und Tür zu.

Das ist nicht falsch, aber es reicht nicht. Das Baby braucht schon mitten im sprichwörtlichen »dummen Vierteljahr« eine anregende Umgebung. Damit sind nicht im geringsten Rummel und Lärm gemeint, nur: keine allzu nüchterne und einfache Anstaltsumgebung.

Der geblümte Betthimmel unserer Großeltern gab dem Säugling die Unterhaltung, die er in den ersten wachen Viertelstündchen seines Lebens brauchte. Die wiegenden Zweige eines Baumes oder Strauches, der sich im Garten über Babys Körbchen wölbt, der Lampenschirm, die im leichten Luftzug sich bewegende Gardine, ein Mobile, das über Babys Körbchen schwebt, auch ein bunter, am Körbchenrand befestigter Luftballon: Das bereitet den ersten Spielgenuss. Da kann etwas beobachtet, kann das Zusammenspiel der beiden Augen, der Begriff der Entfernung geprobt werden.

Das allererste Spielzeug ist Babys eigener Körper. Er ist das Ding, das am nächsten und am meisten griffbereit ist. Das Baby erkundet Geschmack und Form mit dem Organ, das seine erste Verbindung mit der Außenwelt darstellt: mit dem Mund. Mund und Lippen erforschen die eigenen Finger, die Bettdecke, später den großen Zeh und alles andere Greifbare. Mit Mund und Fingern setzt es die Erkundung der Welt weiter fort.

Diese Beschäftigung wird uninteressant, sobald das Kind entdeckt, dass hinter seinen fünf Fingern, hinter seinen Zehen noch die ganze Welt liegt. Normalerweise hört ein Baby auf, mit den eigenen Füßchen oder Genitalien zu spielen, sobald es kriecht und steht und spricht. Mit diesen Kenntnissen hat sich ihm eine neue Vielfalt der Verständigung und Beschäftigung aufgetan.

Das Spielzeug für die ersten Monate und Jahre ist mehr als Zeitvertreib. An Klapperringen und Greiftieren übt das Baby nicht nur das Sehen und Erkennen, sondern auch das Greifen. Es lernt die Farben kennen, es nimmt die Geräuschunterschiede wahr, es spürt das Material. Darum sollte es Dinge aus Holz und Plastik, Stoff und Gummi in die Hand bekommen. Wichtig ist, dass alle Spielsachen sicher und hygienisch, das heißt, abwaschbar sind: Babys sind Krabbler und leben auf dem Fußboden und stecken alles in den Mund.

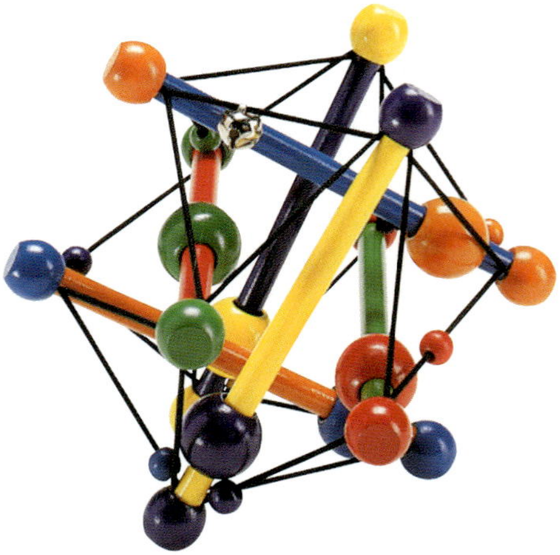

Spiel ist schon frühzeitig ein Schritt in die Gemeinschaft und ein Fordern nach Gemeinschaft. Ein Kind, das nicht spielen kann, weil ihm niemand die Möglichkeit zum Spielen gibt, kann sich nicht richtig entwickeln. Es wird sich später schwer in jede Art von Gemeinschaft fügen können, weil es zu früh zu einsam sein musste.

In vielen späteren Spielen, seien es Ballspiele, seien es die immer geliebten Reimspiele vom Daumen, vom Taler oder von der Maus, lernt das Kind, die Grenzen der eigenen Person zu übersteigen. Es lernt zum ersten Mal den Zusammenhang von Geben und Nehmen, begreift den Genuss, den ein Zusammenspiel mit anderen gewähren kann, und es begreift vor allen Dingen, wie sehr sich dieser Genuss steigern kann, wenn Harmonie und gegenseitige Rücksicht herrschen. So wichtig das Spiel für ein Kind ist, so schädlich ist es, seine Spielereien nach Erwachsenenvorstellungen zu ordnen und zu planen.

Spiel ist für ein Baby eine ernste Sache, aber sein Ernst ist eben wirklich Spiel. Es muss scheitern können, es muss sein Programm scheinbar sinnlos wiederholen, abbrechen oder variieren können. Es kennt noch nicht Zweck und Ziel, und es ist sinnlos, in Babys eigene Spielideen lenkend und überfordernd eingreifen zu wollen. Dem Kind soll auch im Spiel nicht alles leicht gemacht werden. Ihm muss der Würfel ein dutzendmal herunterfallen, sonst begreift es nicht, wie man eins auf das andere setzt.

So darf die Mutter das Kind später auch nicht immer beim Schwarzen Peter gewinnen lassen, sonst lernt das Kleinkind nie sich anzustrengen, und erst recht nicht, das Verlieren wie Regen und Donner hinzunehmen.

Die Spielalter, die Sie auf den nächsten Seiten beschrieben finden, sind nur ungefähre Maßstäbe, die als Durchschnittswerte gelten können.

- Es gibt Kinder, die bis ins Krabbelalter hinein alles mit dem Mund und den Lippen untersuchen.
- Es gibt Perfektionisten, die sich nicht einmal im Spiel eine Blöße geben mögen, sondern lange scheinbar inaktiv bleiben, bis sie eine Tätigkeit auf Anhieb ganz und gar können.

Das ist die wichtigste Spielregel, die Eltern beherzigen müssen:

- Von der Geburt bis ins sechste oder neunte Lebensjahr hinein braucht Ihr Kind eine möglichst überhaupt nicht beschränkte Spielfreiheit. Es muss sich entfalten und sich ausspielen können, wie es nur mag. Dazu braucht es weder viel, noch teures Spielzeug.

Spielzeug hat in Babys ersten Monaten noch nicht die gleiche Bedeutung und Wichtigkeit wie später. Das Baby weiß noch nicht, ob das eine Stoffpuppe oder eine geknotete Windel ist, ihm ist es gleichgültig, ob das ein von Mutter selbst genähter Frotteeball oder ein für viel Geld im besten Kindergeschäft am Platze erstandenes Spielding ist – für das Kind ist in dieser Hinsicht jedes Spielzeug gleichwertig.

Strenge Pädagogen sind ohnehin und prinzipiell dagegen im Babyalter schon Spielzeug zu kaufen. Sie halten Wäscheklammern, Knotenpuppen aus Windeln, Handtüchern oder Waschlappen und selbst auf Gummischnüre gefädelte Knopfketten für besser als alles Gekaufte.

Mütter haben jedoch meist gar keine Wahl, denn schon bei den Geschenken, die auf die Geburtsanzeige hin eintreffen, sind meistens ein paar Badeenten, Klappern, Glöckchen und Schlaftiere.

Mütter müssen also nur wissen, wann sie welche der geschenkten Spielsachen in Benutzung geben dürfen – und welche gar nicht erst in Babys Hände gelangen sollen.

Bis ins zweite Jahr hinein kaut und beißt das Baby an den meisten Spielzeugen herum, erbricht sich auf Würfel und Tiere, wirft Klappern und Gummifiguren beim Spazierengehen aus dem Kinderwagen. Das bedeutet für die Eltern:

- Kinderspielzeug muss so sicher sein, dass das Baby daran nagen kann, ohne sich zu verletzen. Blechspielzeug mit scharfen Kanten, nicht farbechtes Spielzeug und Ähnliches scheiden von vornherein aus.
- Kinderspielzeug muss regelmäßig gereinigt werden. Frotteetiere werden mit der Wäsche ausgekocht. Plastikspielzeug wird mindestens einmal in der Woche in Seifenlauge gewaschen und danach gut abgespült. Ausgehspielzeug sollte möglichst nur aus Plastik oder Gummi und damit leicht zu säubern sein. Es wird an einem Band befestigt, sodass es nicht immer im Straßenschmutz landet und schleift, und wird abgesehen davon nach jedem Spaziergang in Seifenwasser gesäubert. Das Band darf jedoch nicht so lang sein, dass sich das Baby strangulieren könnte oder das Spielzeug gegen die Kinderwagenräder schlägt. Ganz gewissenhafte Mütter nehmen in einem Plastiksäckchen frisches Reservespielzeug mit und können zur Not sauber gegen schmutzig austauschen. Dann aber nicht vergessen, dass der Beutel samt dem schmutzigen Spielzeug daheim wieder gereinigt werden muss.

Plastik- oder Gummispielzeug mit Quietschknopf muss immer sorgfältig überwacht werden. Beide Materialien werden durch den ständigen Gebrauch in Wasser, Sonne und Spucke brüchig, sodass sich die Hohlkörper allmählich mit nicht sehr appetitlichen Staub-, Seifen- und Schmutzresten füllen. Außerdem fallen die Quietschknöpfe heraus, und das Baby könnte sie verschlucken. Ganz wichtig: Das Baby braucht keinen Spielzeugberg, sondern nur ein paar richtige Spieldinge. Viel kann es weder als Menge noch als Möglichkeit bewältigen.

Ordnung ist ein Begriff, den das Baby noch nicht kennt. Gerade die Kriechkinder scheinen im Chaos erst aufzublühen. Sie verteilen alles, was sie besitzen, auf dem Fußboden und treiben ihre scheinbar unbegreiflichen Spiele damit. Man kann jedoch die Lust der Kinder, etwas in etwas anderes hineinzustecken, als Ansatzpunkt für spätere planmäßige Ordnung nutzen. Wenn das Baby räumen helfen darf, wird es das manchmal gern tun. Hat es jedoch Wichtigeres vor, so sollte die Mutter nicht darauf bestehen, dass es »wie immer« aufräumt. »Immer« ist für das Baby noch kein Begriff. Das Bild der sich einstellenden Ordnung aber wird dem Kind ein Begriff. Das Vorbild des ruhigen Aufräumens ist der beste Erlebnisvorrat, den Mütter für ihr Baby und sich selbst schaffen helfen können. Später wird für das Kind aus der Ordnung sogar ein Spiel.

Zwischen anderthalb und zwei Jahren haben Kinder es gern, wenn alle Dinge – Spielzeug und Essgerät – ihren bestimmten Platz haben, und sie sorgen dafür, dass diese Ordnung bestehen bleibt. Sie beweisen sich dadurch, dass sie sich schon an etwas erinnern können. Sie haben behalten, wie das Bild der Umwelt normalerweise aussieht, und im Aufräumen zeigen sie, dass sie wissen, wie man dieses vertraute Bild herstellt. In diesem Sinn ist dem Kind Ordnung tatsächlich Genuss und Triumph.

Manche Eltern stellen dagegen verwirrt fest: Unser Kind zerstört sein ganzes Spielzeug. Sie sehen den kleinen Schatz schon als Brandstifter oder Strauchdieb enden. Die Zerstörungswut der normalen und gesunden Kinder hat jedoch zwei vollkommen einleuchtende Ursachen.

- Kinder sind neugierig. Sie wollen wissen, was im Teddy brummt und besitzen noch nicht genügend Erfahrung und Weitsicht, um zu erkennen, dass sie diese Erkenntnis meist mit dem Teddy selbst bezahlen müssen. Mamapuppen, heulende Eisenbahnen, quäkende Badetiere und Ähnliches sind logischerweise bevorzugte und besonders gefährdete Objekte dieser Neugier. Schimpfen? Warum? Lieber Teddys Bauch wieder flicken.
- Andere Kinder zerstören ihr Spielzeug, weil sie es noch nicht begreifen, weil es sie überwältigt. Da ist der Furor ein Ausdruck von Verzweiflung, Niedergeschlagenheit und Minderwertigkeitsgefühl, den die Erwachsenen ahnungslos ausgelöst haben. Auch hier können Eltern leicht helfen, indem sie die Auswahl der Spielsachen energisch beschränken.

Bei gesunden Kindern hat das Spiel in den ersten beiden Jahren nur sehr selten den symbolischen Wert, der die Psychoanalytiker später interessiert. Bis ins zweite oder dritte Lebensjahr ist das Spiel praktisch und experimentell. Es soll die Wirklichkeit begreiflicher machen, soll Handfertigkeit üben und Geselligkeit entwickeln. Spielprobleme tauchen erst später auf. Was für ein Spielzeug ein Baby braucht und sich wünschen würde, wenn es schon Wünsche äußern könnte, hängt von seiner Entwicklung ab.

Im ersten Monat ist alles noch Vorbereitung. Nach den ersten 14 Lebenstagen hat das Neugeborene kurze wache Zeitspannen. Seine Sinne sind freilich erst schwach entwickelt, und da es noch kaum Erfahrungen hat sammeln können, kann es selbst die wenigen Eindrücke nur unzulänglich koordinieren und verstehen. Rot und Orange, nimmt man an, sind Babys Lieblingsfarben. Sie beruhigen, sie können von Kindern zuerst als Farben wahrgenommen werden, sie sind nicht blendend und nicht grell. Farbe ist also in diesen ersten Lebenswochen eine anregende Unterhaltung. Auf jeden Fall braucht das Baby in diesem Alter noch keine Rassel, kein Spielzeug. Es braucht nichts als Behaglichkeit und Mutter oder Vater.

Im zweiten Monat zeigen manche Kinder in ihrer wachen Zeit, besonders gegen Abend, ein Verlangen nach Licht und leuchtenden Farben. Jetzt gibt das Baby seine Passivität auf. Es spielt mit seinen Gliedmaßen, natürlich zuerst mit jenen, die ihm am nächsten liegen; es regt also die Finger, rudert mit den Armen und Händen. Wochen später erst beginnt es, die große Zehe in den Mund zu stecken und zufrieden daran zu nuckeln.

Im dritten Monat ist das Baby schon empfänglicher für alles, was ihm die Umwelt zu bieten hat. Es schaut lange auf alles, was sich über seiner Wiege bewegt: auf Zweige, Wolken, Vorhangrüschen, auf ein Mobile, auf eine schwingende Lampe. Jetzt kann man ihm einen bunten Luftballon ans Körbchen binden. Das Baby kann nicht nur die Finger sich bewegen lassen, es fasst mit dem Finger der einen Hand nach denen der anderen, berührt und wird zugleich berührt, lernt so auch unterscheiden, was das eigene Glied und was nicht der eigene Körper ist.

Der weitere Ziele suchende Blick und die beweglicher werdende Hand erlauben es dem Baby sein erstes wirkliches Spielzeug ins Körbchen zu legen. Es darf eine Rassel haben oder einen Beißring, es kann eine Kugelkette übers Körbchen gespannt oder Plastiktiere mit ins Badewasser gesetzt bekommen.

Das erste Spielzeug muss leicht, ohne Ecken und Kanten und gut zu säubem sein. Das Kind darf es nicht verschlucken und sich nicht daran verletzen können. Für jetzt und später gilt: Keine Farbe darf abblättern oder durch Lutschen abfärben. Jedes Baby steckt alles in den Mund, was die Hände ertastet haben, weil es erkunden will, was wie schmeckt und welchen Härtegrad es besitzt.

Bei Holzspielzeug muss man darauf achten, dass nichts splittert oder zerbrechen könnte, nichts mit Nägeln oder Schrauben verarbeitet ist.

Schließlich sollte das Baby nur ein Spielzeug auf einmal im Körbchen haben. Im Ställchen darf es mit drei oder vier Spielsachen spielen, die in Farbe, Gestalt und Größe verschieden sein sollen.

Manche Babys lieben kleine weiche Wesen, die sie sich an die Wange legen. Es gibt kochbare Frotteetiere, aber man kann das Baby ebenso gut eine saubere Windel zusammenknüllen lassen oder aus zwei Waschlappen ein Tierwesen knoten.

Jedes Baby liebt Geräusche, die es selbst hervorbringen kann: Rasseln, Glöckchenspiele oder Quietschpuppen sind bei manchen Kindem sehr beliebt. Auch diese Spielgeräte müssen täglich gereinigt werden.

Andere Babys legen mehr Wert auf das Spiel mit Menschen. Sie lieben es, in Mutters Armen im Tanz gewiegt zu werden, zausen oder ziehen Mutters Haare und kneifen sie in die Backe, wenn sie sich beim Windelwechseln vornüberbeugt.

Auch mit dem Vater spielen sie gern, doch sollte man am Abend darauf achten, dass das Kind durch diese Spiele nicht so aufgedreht und aufgeregt wird, dass es danach nicht einschlafen kann.

Mit vier Monaten ist für das Baby das Spiel schon ein fester Tagesbestandteil. Es wacht auf, um zu spielen, es schläft, spielt, isst, spielt, schläft. Es regt sich kräftig, es lächelt freundlich aus schierer Lebenslust und vollkommen ohne Anlass, wird gegen Abend munter, kreischt vor Wonne, wenn die Mutter die Lebensgrenzen weiterzieht und es abends auf ein Viertelstündchen ins Wohnzimmer mit aufs Sofa nimmt.

Das Baby benutzt als Spielzeug alles, womit es hantieren kann: Gummitiere, Würfel mit Glöckchen im Inneren, Rasseln, Frotteebälle. Es darf mit Seidenpapier knautschen und spielen: Vorstufen des Gestaltens. Viele Kinder lieben das Spiel mit Geräuschen und Stimmen. Sie hören gern zu, wenn die Mutter ihnen vorsingt oder leise spricht.

Mit sechs Monaten haben die meisten Kinder an den ersten Guckguckspielen Freude. Sie spielen Versteck hinter einer Windel, die sie sich vors Gesicht ziehen, sie krähen ihr Spiegelbild an: Ihre Lust an der größer werdenden Welt wächst in jeder Beziehung.

Vater oder Großmutter muss Hoppe-Hoppe-Reiter machen, jedes Spiel wird endlos oft wiederholt, dafür lässt das Baby ein Spielzeug nach einer Sekunde wieder aus der Hand fallen und ist nach 10 bis 15 Minuten Gemeinschaftsspiel ziemlich erschöpft. Überanstrengung ist schädlich. Überanstrengung bedeutet es auch, wenn sich Erwachsene zu viel mit einem Baby beschäftigen, ohne Rücksicht auf sein Ruhe- und Schlafbedürfnis zu nehmen.

- *Spielregeln für Eltern:* Jetzt und bis in die Schuljahre hinein müssen Eltern bedenken, dass ein Spiel beim Kind alle anderen Verpflichtungen auslöscht. Bricht man also ein Spiel von einem Moment zum anderen ab, so wird das Kind vor den Kopf gestoßen und wortwörtlich »aus dem Spiel gerissen«. Die Folge: Kleine Kinder plärren aus Ratlosigkeit, große Kinder bocken. Das vermeidet man, indem man Übergänge schafft, Spiele ausklingen lässt, sich ins Spiel einschaltet und aus Spielverlauf Tagesverlauf macht.

Mit sieben Monaten ist dem Baby eigentlich jeder Gegenstand Spielzeug. Es kann schon vieles, bringt diese Fähigkeit jedoch noch nicht auf einen Nenner. Es kann seine Finger bewegen, kann in jeder Hand einen anderen Gegenstand halten, ist aber nicht immer imstande, beide Gegenstände und beide Hände in Zusammenhang zu bringen. Es ist dafür höchst selbstgenügsam, knabbert alles an, was ihm in die Hände gerät, und kann Ringe aus Naturholz, Plastikketten usw. sehr gut gebrauchen. Es hantiert scheinbar sinnlos mit allem herum, tastet, greift, beißt, lutscht, lässt fallen, reicht hin und her und sammelt bei all dem die Erfahrungen, die es auf der nächsten Entwicklungsstufe braucht. Das Baby lernt jetzt nämlich die Natur, die Festigkeit und die Elastizität der Dinge kennen, die es zwei bis drei Monate später kombinieren und zusammen verwenden wird.

Das Baby schließt leicht und gern Freundschaft, beginnt allerdings im achten oder neunten Monat, scheu oder unausgeglichen zu werden. Zeigt sich diese Scheu vorher, sollte man wieder für Ruhe sorgen und die Geselligkeit pausieren lassen. Am Beginn dieser Periode aber ist das Baby selbst ein richtiges Bilderbuchspielzeug, lässt sich herumreichen, kann sich allein mit Bettzipfeln, Bändern und Holzlöffeln beschäftigen, hüpft mit großer Leidenschaft auf Vaters, Mutters oder Großmutters Schoß auf und ab und weint keinem nach.

Mit acht Monaten zeigt sich eine neue Unsicherheit. Manche Babys »fremdeln«, das Stehen- und Gehenlernen drängt vieles andere in den Hintergrund. Die Mutter muss ihr Baby oft aus den unmöglichsten Situationen befreien, muss Gurte lösen, das stehende Baby vom Laufstallgeländer abpflücken, weil es noch nicht weiß, wie man sich wieder selbst löst. Sie muss Arme, Beine oder den Kopf aus allen möglichen Zwicksituationen im Ställchen oder in der Wohnung befreien.

Mit neun bis zehn Monaten hat das Baby begriffen, dass man eins ins andere stecken kann. Es hat Zusammenhänge erfassen gelernt und genießt es jetzt, Würfel in größere Würfel zu stecken, Klammern nebeneinander aufzureihen, Holzklötze in Wägelchen oder Körbe zu packen, bunt lackierte Garnrollen in eine Reihe zu stellen.

Das Baby braucht also Klötze, Würfel, Becher, Schachteln, Körbe, Kästen, damit es aus- und einpacken kann. Es braucht Gummienten und Beißringe, damit es darauf herumkauen kann. Es kann seine Sachen genauer als früher untersuchen und kann sich Spielzeug selber holen, wonach es früher schreien musste.

Das Baby braucht auch einen kleinen Ball, der es zum Krabbeln anregen soll. Aber man darf nicht erwarten, dass das Baby schon damit spielen kann. Es ist noch nicht imstande, den Ball zurückzurollen. Es wird ihn festhalten, beknabbern und ihn hin und her drehen. Es kann noch nichts zurückgeben, aber es kann dem Ball nachkriechen. Das macht gelenkig und erleichtert dem Kind später das Laufenlernen. Auf jeden Fall braucht es jetzt ein größeres Spielfeld: ein Laufställchen oder schon ein Eckchen im Kinderzimmer.

Das Baby hört gern zu, auch wenn es kein Wort von der Unterhaltung der Großen versteht. Es versteht aber sehr wohl schon den Sinn seiner kleinen Spiele: Guckguck in allen Variationen, Fingerspiele wie: »Das ist der Daumen, der schüttelt die Pflaumen« und »Bitte, bitte!, Winke winke!« und andere Spiele dieser Art. Eltern müssen sich spätestens jetzt all die kleinen Reime und Lieder wieder einprägen, die zum festen Bestand der ersten Kinderzimmerliteratur gehören. Es gibt sie in vielen hübschen Sammlungen in jeder Buchhandlung zu kaufen.

Mit zehn bis elf Monaten spielt das Kind immer noch mit sich selbst. Es ruckelt am Ställchen, es steht auf, lässt sich fallen, wippt im Wagen. Manche Kinder beginnen jetzt mit Hohlwürfeln und Klötzen zu spielen und stecken mehr als einen Hohlwürfel oder mehr als einen Becher in andere. Wichtig ist dabei, dass jede Mutter ihr Kind nach eigenem Drang spielen lässt. Sie soll ihm nichts vorspielen, weil sie das Kind anspornen zu müssen meint. Das Baby muss selbst auf die Zusammenhänge kommen, denn Anleitung macht es entweder verwirrt oder faul.

Mit einem Jahr macht das Baby einen sichtbaren Sprung vorwärts. Das Laufenlernen scheint auch andere Energien freizusetzen. Denn das Baby hat das Geben gelernt. Es kann den Klotz, den Ring aus der Hand geben, wenn man es darum bittet. Daraus wird ein echtes Gesellschaftsspiel. Das Kind gibt einem Erwachsenen ein Spielzeug und wartet, dass er es ihm zurückgibt. Dann kräht das Kind und beginnt das Gebe-Nehme-Spiel von vorne. Oder es wirft immer wieder eine Klapper über den Ställchenrand und erwartet, dass man sie ihm wieder zurückgibt. Auch dieses Geben und Nehmen wird so lange fortgesetzt, wie der Erwachsene durchhält.

Das Baby kann einen Ball ein paar Wochen später sogar zurückrollen. Das ist ein großer Schritt vorwärts, und in dem Maß, in dem das Baby seine geistigen Grenzen verschiebt, verschiebt es auch seine räumlichen.

Zwischen 12 und 14 Monaten ist ihm der Laufstall zu eng geworden. Man räumt um, macht das Kinderzimmer so gefahrlos und gemütlich, dass das Baby darin kriechen und spielen kann, und versperrt die Tür mit einem laufstallhohen Holzscherengitter. Das Baby amüsiert sich, wenn es andere durch seine Faxen unterhält. Es liebt erste Verkleidungen, stülpt sich Vaters Mütze auf, schlingt sich Mutters Schal um. Es beginnt auch, den Wert einer ordentlichen Spielzeugaufbewahrung zu schätzen. Es will seine Sachen gern in der Nähe und griffbereit haben. Manche Kinder räumen sich jetzt oder ein paar Wochen später voll Ernst und Geduld alle Sachen aus, ordnen sie nach nur ihnen vertrauten Regeln und gruppieren sie immer wieder um, wobei sie manchmal voll Wonne auflachen.

Das Baby braucht jetzt also eine Spielkiste oder eine kleine offene Truhe oder ein tiefes Regal für sich ganz allein. Außerdem braucht es ein freies Stück Fußboden, möglichst keinen rohen Holzfußboden, auf dem es sich Splitter einziehen kann, sondern weichen Teppich oder ein mit einem Spannteppich bedecktes Stück Fußboden.

Mit eineinviertel Jahren ist das Baby im Werfalter. Es steht am Gitter und wirft alles heraus, was im Bettchen oder Ställchen liegt. Hat das Kind ein Zimmer für sich, so tappt, kriecht und läuft es hinter seinen Wurfobjekten selbst her. Das Werfenkönnen, das absichtliche schwungvolle Hergeben, ist das Ergebnis komplizierter Nerven- und Muskelleistungen, und es ist selbstverständlich, dass das Baby diese wichtige neue Tätigkeit unermüdlich üben muss.

Es braucht jetzt Werfpuppen und etwas größere weiche Bälle. Es kann freilich immer noch nicht in unserem Sinne ballspielen, denn auch wenn es den Ball mit bei den Händen mehr von sich stößt als wirft, ist es noch lange nicht imstande, einen Ball rasch und zielsicher zu werfen. Je mehr aber das Baby seine Art von Werfen übt, je bereitwilliger die Mutter mit ihm kullert und rollt, desto besser und auch schneller kann es Auge und Hand üben, gelenkig und reaktionsrasch zu werden.

Das Baby braucht Bauklötze, denn es kann allmählich Türmchen bauen, kann also einen Würfel auf einen anderen oder mehrere andere stellen. Auch das setzt ein differenzierteres Zusammenspiel von Auge, Hand und befehlendem Willen voraus, als es dem Erwachsenen erkennbar ist. Deshalb sind Babys erste Bauhandgriffe noch ruckartig, tapsig, es versucht wie ein Betrunkener mit dem Stein in der Hand auf den anderen, auf dem Fußboden liegenden zu zielen, verfehlt dieses Ziel und beginnt den Versuch mit ernster Beharrlichkeit von neuem.

In der ersten Bauklotzzeit reichen ein paar Steine. Kluge Mütter sorgen jedoch vor und geben dem Baby von Anfang an solche Klötze, die es seine ganzen Kinderjahre hindurch benutzen und ergänzt bekommen kann. Denn Bausteine brauchen die Kinder nicht nur zum Häuserbau. Sie können damit später Pferche für Tiere, Zimmer für die Puppen, Rennbahnen für die Autos und Häfen für die Schiffe konstruieren. In dieser Zeit hegt jedes Baby eine große Liebe zum Papierkorb. Es kippt ihn um, wann immer es ihn erwischt, ist aber noch nicht fähig, seinen Inhalt wieder einzuräumen. Wenn das Baby an den Korb herankommen kann, muss darauf geachtet werden, dass niemand Scherben, Rasierklingen und ähnlich Gefährliches hineinwirft. Manche Kinder sind in diesem Alter ständig unruhig und unzufrieden. Diese Kinder können sich mit ihren Grenzen nicht abfinden. Sie wollen laufen und springen, wollen Handgriffe ausführen und merken bei allem: Das kann ich nicht! Dann gibt es Tränen, das Baby stemmt sein Ställchen hoch, rüttelt an dem Gitter und findet mit dem Jammer erst dann ein Ende, wenn die Eltern eingreifen. Manchmal lenkt ein Lied ab, manchmal ein Fingerspiel, das das Baby schon »kann«, sodass es sein Selbstgefühl wieder stärkt. Manchmal hilft auch ein Kulissenwechsel; Hauptsache ist, dass überhaupt etwas geschieht.

Mit anderthalb Jahren macht das Baby abermals einen gewaltigen Schritt nach vorne. Es profitiert davon, dass es laufen kann, und erobert sich die ganze Wohnung als Spielzimmer. Es ist zwar recht

Der Laufstall wird allmählich zu eng! Mit anderthalb Jahren macht das Baby einen gewaltigen Schritt nach vorn: Es lernt laufen! Von nun an wird die Welt erobert – und das geht natürlich am besten mit Spielkameraden!

selbstgenügsam, kann bis zu zwei Stunden ohne Pause allein spielen, aber viele Kinder rebellieren mit Geschrei, wenn man sie im Kinderzimmer hinterm Türgitter lässt. Spiele und Spielsachen helfen der Mutter jetzt ganz unmittelbar in der Erziehung. Wenn das Baby etwas Aufregendes und Neues vorgesetzt bekommt, ist es ruhig und lässt sich ohne Schwierigkeiten von anderen Dingen oder Problemen ablenken. Dieses Interessante muss nicht unbedingt ein Spielzeug sein. Gefaltetes Papier, ein neues Lied, eine Tasche mit vielen Fächern, ein Katalog mit kunterbunten Bildern können Babys Neugier ebenso wecken wie ein neues Steckspiel, ein Kinderbesen, ein Klingelspiel, ein Kinderxylophon oder eine Mundharmonika.

Das Baby braucht jetzt mehr Spielzeug denn je. Zuerst einmal Dinge, die es hinter sich herziehen kann: Wackelenten, Klingeltiere, Wägelchen für Puppe und Klötze. Es füllt und leert weiterhin gern alles mögliche, kippt gern Körbe und seinen Wagen aus. Es schiebt Stühle und kippt am liebsten schon Sessel oder leichte Beistelltische. Die Mutter sollte aus dem Weg räumen, was wegzuräumen ist, um Scherben und sonstiges Ungemach zu vermeiden.

Vorsichtsmaßregel für Eltern: Im nächsten halben Jahr wird das Baby die Wohnung immer mehr in Besitz nehmen. Deshalb sollten die Eltern konsequent umräumen. Das erspart Pflaster und Narben.

An Spielzeug sollte das Baby jetzt bekommen: einen Teddy, andere Tiere, Stoffpuppen, Pyramidenwürfel, alles was rollt und kugelt.

Kinder in diesem Alter zerfetzen und knautschen gern Papier, betrachten aber mit dem gleichen Eifer Bilderbücher. Beides sollte gefördert werden: Mit Seidenpapier kann das Kind Verstecken und Figurenformen spielen oder einfach nur knittern. Das regt die Fantasie an und differenziert die Bewegungen. Aus Katalogen und Illustrierten kann sich das Kind Bilder herausreißen und zerfetzen, zerschneiden und bemalen. Zum Zerschneiden erhält das Kind natürlich nur eine ungefährliche Kinderschere!.

Aber Bilderbücher sollten schon in diesem Alter etwas Bewährtes und Beliebtes sein. Sie stehen bei der Mutter im Zimmer und werden nur zu einer bestimmten Tagesstunde, meist am Spätnachmittag vor dem Schlafengehen, herausgeholt. Auf diese Weise macht man bereits in diesem Alter aus Kindem echte »Leser«.

Mit eindreiviertel Jahren hat das Baby es mit sich selbst schwer. Es hat Mein und Dein zu unterscheiden gelernt, und die Eltern haben manchmal das Gefühl, dass ihr Kind ein Berserker geworden ist. Wehe, ein anderes Kind wagt es, im Sandkasten oder daheim etwas anzurühren, das ihm gehört! Das Problem wird dadurch noch verschärft, dass das Baby noch nicht sagen kann, was es ergrimmt. Also wird gebrüllt, gekniffen und mit der Schaufel das Besitzrecht verteidigt, und wenn es sich auch nur um ein zerbrochenes Sandförmchen handelt. Gütiges Zureden seitens der Mutter nützt kaum etwas, aber es ist immer noch besser, als wenn die Erwachsenen das Baby schimpfen: »So etwas tut man nicht!« oder: »Lass doch den kleinen Otto auch mal mit dem Auto spielen!«

Vorwürfe oder nicht ernst nehmen steigern Babys Jammer und Zorn nur noch. Das Beste: Man nimmt auf Babys momentane Entwicklungsphase Rücksicht und rettet ihm sein kostbares Besitzstück. Mit Moralreden hat es noch viele Monate Zeit.

Die positive Seite dieser Eigenschaft: Das Kind nimmt auch den Raum für seine eigenen und für die Besitztümer anderer bewusster wahr. Es begreift, was Vater und Mutter gehört, es erkennt die Ordnung in der Wohnung und in seinem Regal und hilft vergnügt beim Aufräumen.

- Sehr wichtige Regel für Mütter: Diese Ansätze dürfen nicht missverstanden werden. Ein fast Zweijähriges kann noch nicht richtig aufräumen. Es kann helfen, aber das ist für das Kind noch ein Spiel, ein Liebesbeweis, eine Art von Geselligkeit. Es zeigt den Eltern: »Sieh mal, ich weiß, wohin das gehört!« Man darf keine Pflicht, keine Aufgabe daraus machen, aber man soll zeigen, dass man sich über die Tüchtigkeit des Kindes freut. Dann hilft es das nächste Mal vielleicht ebenso bereitwillig. Tut es das aber nicht, weil es mit etwas anderem beschäftigt ist oder weil es das erste Mal vollkommen vergessen hat oder weil es müde ist, so sollte die Mutter nicht darauf bestehen, dass das Kind »wie neulich« selbst aufräumt.

Das Baby ahmt mit dem Aufräumen die Mutter nach. Das geschieht auch auf anderen Gebieten. Es bürstet den Geschwistern und den Spieltieren die Haare, füttert die Puppen und Spieltiere so, wie es selbst gefüttert wird, es liest Zeitung wie Vater, es setzt sich einen Spielring als Hut auf den Kopf und genießt es, wenn die Großen auf sein Spiel eingehen. Es spielt jetzt auch mit kleineren Sachen, mit Knöpfen, Steinen und Perlen, sollte das jedoch möglichst nicht allein tun. Es malt gern mit den Fingern, kann also Fingerfarben bekommen, und es spielt mit großer Selbstversunkenheit mit Sand. Dafür braucht das Baby Eimer, Schaufeln, Harke, Sieb und Sandförmchen, eventuell auch ein Schubkärrchen.

Mit zwei Jahren kann der Vater seinem Sprössling endlich eine Holzeisenbahn schenken. Denn das Kind liebt jetzt bewegliches Spielzeug, Autos, Bahnen, Wagen. Es rennt und tobt weiterhin geme, kann seine Bewegungen jedoch schon besser koordinieren. So wird es allmählich zum Ballspieler, kann schon den Ball mit dem Fuß abstoßen und versucht mit großem Jubel, aber wenig Erfolg, vorsichtig geworfene Bälle zu fangen. Es spielt gern mit anderen, kann sich aber auch lange mit sich selbst beschäftigen. Es belädt und entlädt immer noch gern, hat aber auch schon Verwendung für differenzierteres Handwerkszeug aus Holz, für Hammer, Schraubenzieher, für kleine Handwerkskästen, die man auseinander schrauben und wieder zusammensetzen kann. Solche Werkzeugkästen gibt es auch aus Plastikmaterial. (Natürlich darf man nie auf den Gedanken kommen, einem Zweijährigen einen »richtigen« Werkzeugkasten in die Hand zu geben. Das würde nicht nur zu angesägten, angebohrten oder sonst wie lädierten Möbeln führen, sondern auch zu vielen Schrammen oder gar gefährlichen Verletzungen. Noch immer gilt der alte Spruch: »Messer, Gabel, Schere, Licht sind für kleine Kinder nicht!«) Es baut mit den Klötzen Mauern und Häuser, braucht also mehr Bausteine (bis zu 150). Auch hier ist neben den konventionellen Holzklötzen das Angebot in Plastikmaterial reichlich; es gibt hier so viele »Systeme«, dass dem schöpferischen Werken des Kindes kaum Grenzen gesetzt sind.

Die wachsende Ausdauer lässt das Kind das bewegliche und drehbare Spielzeug genießen, das ihm noch vor ein paar Wochen langweilig war.

Es braucht Knetgummi, denn es macht vielen Kindern Spass mit Plastilin oder Wachs zu kneten, auch wenn sie noch keine naturalistischen Figuren produzieren können. Dieses Spiel übt die Finger und gibt dem Kind das Gefühl für eine neue Materie.

Sand, Erde und Steine sind das beste Spielzeug im Freien. In Sandkisten wird geschippt, geformt, mit Wasser gepanscht. Außerdem schieben die Zweijährigen gern übervoll beladene Schubkärrchen durch die Gegend, beladen auch große Spielautos mit Sand und Steinen, kippen alles wieder aus und fahren selbst mit den Autos.

Zweijährige sind immer noch ganz unplanmäßig beim Spielen. Sie fangen etwas an, unterbrechen, machen etwas ganz anderes und kehren irgendwann zum Anfangsspiel zurück. Das ist kein Wankelmut, sondern es ist entwicklungsbedingt. Zu einem in unserem Sinne systematischen Handeln sind Kinder in diesem Alter einfach noch nicht imstande.

Zweijährige können mit großer Lust malen. Sie brauchen dazu viel und großes Papier, können schon einen Pinsel nehmen, weil ihre Handgelenke beweglich geworden sind, malen auch gern mit beiden Händen und beschmieren voll Wonne das Papier. Dabei ist stets zu bedenken: Für das Kind ist das Malen wichtig und nicht das Gemälde. Das Kind entzückt seine Fähigkeit, Buntes zu zaubern und bunt auf bunt zu malen. Wenn die Mutter oder der Vater in ahnungsloser Hilfsbereitschaft etwas vormalt, nimmt sie dem Kind die Lust und die Spontaneität. Denn man setzt dadurch dem Kind ein Vorbild, das es noch nicht erreichen kann. Das spürt das Kind und fängt gar nicht erst mit dem Versuch an. Auch hier gilt also: Man soll die schöpferischen Kräfte nur wecken und fördern, nicht aber sie in starre Bahnen zu lenken versuchen. Dazu ist es noch viel zu früh, und abgesehen davon: Auch im späteren Alter sind zu hoch angesetzte Vorbilder und erst recht strenge Regeln für schöpferisches Wirken falsch.

Ansonsten fällt es dem Kind leicht, die Eltern spielend nachzuahmen: In der Küche, beim Aufräumen und Wäscheversorgen will das Kind »auch rühren« oder auch bügeln. Es hat dazu die kleinen Haushaltsgeräte gern, die leicht und beweglich genug für Kinderhände sind, oder es benutzt – was noch besser ist – die kleinsten und ungefährlichen Geräte.

27

KAPITEL

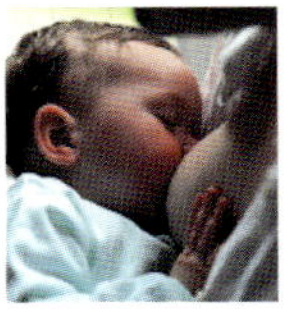

Das nächste Kind

Ein Baby sollte Geschwister haben. Das wünscht sich wahrscheinlich jede Mutter, weil sie spürt, dass eine Familie durch zwei oder mehr Kinder besser abgerundet ist als lediglich durch ein einziges Kind.

Dennoch sollte man sich mit dem nächsten Kind etwas Zeit lassen. Zwei Jahre Abstand sind für die Gesundheit der Mutter und damit für das Gedeihen des zweiten Kindes besser.

Zu rasch aufeinander folgende Schwangerschaften können eine Frau über Gebühr seelisch belasten. Die meisten Frauen brauchen zwischendurch wieder eine Zeit der Freiheit. Sie sollen die Umstandskleider in den hintersten Winkel des Kleiderschrankes hängen können, wollen wieder modisch und schick sein. Das hält sie jung und fröhlich. Eine heitere Mutter aber tut auch den Kindern gut, dem Kind in der Wiege und dem noch Ungeborenen. Das bedeutet also: Empfängnispause.

Nach der Entbindung ist eine Frau ohnehin seelisch labil. Man soll also möglichst alles vermeiden, was diesen Druck noch verstärkt, und sollte die wirksamsten Arten der Empfängnisverhütung praktizieren. In Kapitel 8 haben Sie gelesen, dass es schon in der Stillzeit wieder zu einer Schwangerschaft kommen kann. In den ersten sechs Wochen nach der Entbindung sollte jeder Geschlechtsverkehr unterbleiben, danach sollte man mit dem Arzt über die bereits wieder möglichen Methoden der Empfängnisverhütung sprechen.

Meistens ist es einer Frau in den ersten Monaten nach der Entbindung infolge der Veränderungen ihrer Geschlechtsorgane noch nicht wieder möglich, ein Pessar zu verwenden. Deshalb wird der Arzt dazu raten, dass der Ehemann Kondome benutzt oder dass bis zur ersten Menstruation Enthaltsamkeit geübt wird und die Frau nach der ersten Menstruation Antikonzeptionspillen einnimmt. Die Hormone einer niedrig dosierten Minipille haben so gut wie keinen Einfluss auf die Muttermilch.

Die Wahl zwischen den Methoden kann eine Frau im ersten Dreivierteljahr nach der Entbindung der sicheren Wirkung und ihrer Gesundheit wegen nicht allein treffen, selbst wenn sie vor der Schwangerschaft genau gewusst hat, welche Möglichkeit für sie die richtige gewesen ist. Die Geburt hat alles verändert.

Die besten Jahre, Mutter zu werden, liegen nach Ansicht der meisten Frauenärzte zwischen dem 20. und 30. Lebensjahr. Nun lässt sich gerade auf diesem Gebiet nichts mit absoluter Sicherheit berechnen, lenken und planen. Heute werden immer mehr Frauen erst mit 35 oder 40 Jahren zum ersten Mal Mutter. Hat eine Frau schon eine oder mehrere Schwangerschaften überstanden, so braucht sie sich auch über den Verlauf einer späteren Schwangerschaft keine großen Gedanken zu machen. Für Frauen, die mit mehr als 35 Jahren ein Kind erwarten, ist Folgendes wichtig:

- Sich während der ganzen Schwangerschaft regelmäßig überwachen lassen! Frauen im mittleren Lebensalter neigen eher zu Funktionsstörungen, sei es zu hoher Blutdruck, seien es Kreislauferkrankungen, Herzfehler oder die Folgen überstandener Krankheiten.
- Schwangerschaftsgymnastik treiben, um die Muskeln so elastisch wie möglich zu machen!
- In der Klinik und nicht zu Hause entbinden!

So ist es verständlich, dass auf sorgfältige Geburtsleitung großer Wert gelegt werden muss. Die moderne Medizin hat das Risiko einer späten Schwangerschaft und Entbindung ganz erheblich verringert, denn es gibt Untersuchungsverfahren während der Schwangerschaft und noch während der Geburt, die es gestatten, dass der Arzt Gefährdungen sofort erkennt und eingreifen kann. Auch diese Eingriffe sind risikofreier geworden.

Wichtig: Auch die Mutter um 40 braucht keine Angst zu haben. Viele Ärzte schreiben die Komplikationen, die früher die Entbindung Älterer riskant machten, vor allem der Angst vor diesen Komplikationen zu. Einige Regeln für späte Schwangerschaften:

- Normal und ohne Furcht leben.
- Sich gesund ernähren (siehe Seite 35), vor allem Übergewicht vermeiden.
- Zigaretten und Alkohol strenger als bei früheren Schwangerschaften meiden.
- Sich regelmäßig untersuchen lassen und in einer Klinik entbinden.

Wer seine Familie planen will, das heißt, wer die Zahl der Kinder und ihren Geburtstermin nicht dem Zufall überlassen mag, der sollte sich am besten noch in der Entbindungsklinik mit dem Arzt unterhalten. In großen Entbindungskliniken arbeiten jedoch fast ausnahmslos Gynäkologen, die mit diesen Fragen sehr wohl vertraut sind und die Mutter außerdem während der Entbindung und des Wochenbetts medizinisch so gut kennen gelernt haben, dass sie ohne weiteres sagen können, welche Methode der Empfängnisverhütung in den verschiedenen Fällen am besten angebracht ist.

Bei den mechanischen Verhütungsmitteln kommt es auf die anatomischen Gegebenheiten an. Bei bestimmten Veränderungen können die Gummikappen, die die Cervix verschließen, nicht richtig aufliegen. Veränderungen treten oft nach Entbindungen auf.

Bei hormonalen Verhütungsmitteln kommt es darauf an, welches Mittel der hormonellen Situation einer Frau am besten entspricht. Denn die so genannten Anti-Baby-Pillen unterscheiden sich nicht nur durch Namen und Hersteller, sondern auch durch ihre Zusammensetzung. Für jeden Frauentyp gibt es einen Pillentyp.

Bei der Methode der Zeitwahl kommt es auf den Menstruationsrhythmus an. Schwankt er nicht nur nach der Entbindung, sondern prinzipiell, so ist die

Knaus-Ogino-Methode zu ungenau und riskant.

Viele Frauenärzte raten zur Kombination von zwei Methoden, wenn aus medizinischen Gründen keine hormonellen Antikonzeptionsmittel verwendet werden können: Pessar und Salbe oder Spray, Kondom und Zeitwahl zum Beispiel. Auf diese Weise ergänzen sich zwei nicht hundertprozentig sichere Methoden zu einer wesentlich größeren Risikofreiheit. Wann immer das nächste Kind kommt oder geplant und erhofft wird: Keine Mutter darf sich in dem sicheren Glauben wiegen, sie wisse nun alles über Babys, weil sie selbst schon ein Kind bekommen hat.

Dieses erste Kind, das allen Regeln so abhold ist und so viele Regeln auf den Kopf gestellt hat, hat auch keine hundertprozentigen Regeln für das nächste Kind gesetzt. Es hat nur einen Anfang gemacht, den Anfang von einer Kette von Individualisten. Beim zweiten Kind kann alles ganz und gar anders als beim ersten sein.

Hat die Mutter beim ersten Kind während der Schwangerschaft überhaupt nichts gespürt, so kann es sein, dass sie sich beim zweiten schon dann vor Rückenschmerzen nicht mehr gerade halten mag, wenn sie noch gar nicht genau weiß, ob sie wirklich wieder ein Kind erwartet. Hat die Entbindung des ersten eine Nacht und einen Vormittag gedauert, so kann das zweite Kind in wenigen Stunden da sein. Hat das erste Kind Trinkschwierigkeiten gezeigt, so kann das zweite vom ersten Moment an saugen wie gelernt.

Eines haben Sie jedoch beim ersten Kind sicher erfahren: Wie sehr es in der Erziehung und Pflege darauf ankommt, dass jede Mutter weiß, wie ihr Kind an Seele und Körper beschaffen ist. Wenn sie es geduldig beobachtet hat und weiß, aus welchen Eigenschaften sich dies kleine Stückchen Mensch zusammensetzt, dass es schon mit keinem anderen Kind der Welt mehr verwechselt werden könnte; wenn sie weiß, was sie in welchen Entwicklungsphasen von ihm erwarten kann, dann fällt es ihr leicht, dieses Kind durch die kommenden Jahre richtig zu erziehen. Erziehung ist für sie dann kein Drill, mit dem sie das Kind ihren Vorstellungen vom »braven Kind« entsprechend hintrimmt. Erziehung bedeutet: Hilfe.

Wer sein Kind kennen gelernt hat, kann ihm leicht die richtige Hilfe geben und weiß, dass dem Kind nur die Hilfe nützt, die es fördert und fordert. Hilfe, »um dem kleinen Schatz dies und jenes abzunehmen«, ist ebenso hemmend wie eine Erziehung, die aus Verboten und Strafen besteht.

Wie wichtig die richtige freie Erziehung ist, beweist vor allem ein Blick in die Zukunft unserer Kinder. Man hat ausgerechnet, dass sich heute alle zehn Jahre die Summe des Wissens, aller Informationen und Tatsachen verdoppelt. Das heißt: Auf unsere Söhne und Töchter wartet eine solche Fülle von Anforderungen und Aufgaben in Beruf und Alltag, dass wir uns nicht auf Schule und Staat, Förderungsprogramme und Ähnliches verlassen können. Wir müssen selbst eingreifen und schon in den ersten Jahren des Kindes den Grundstein für zweierlei legen:

- für eine möglichst feste Lebenszuversicht,
- für eine frei entfaltete Intelligenz.

Wenn uns das auch nur ungefähr gelingt, wenn wir aus unseren Kindern wohlgemute, gerechte und verantwortungsbewusste junge Menschen machen können, die einen Fehlschlag ertragen, ohne das innere Gleichgewicht zu verlieren, die auf andere Rücksicht nehmen, ohne nach der Herkunft zu fragen, dann sind sie im Stande, ihren Weg mit Anstand allein weiterzugehen.

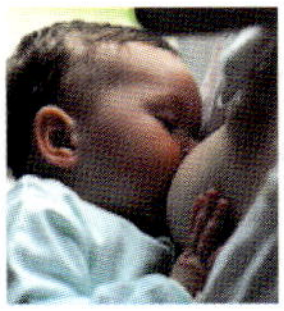

Register

Abendbrot 238
Abendessen 216, 218
Aberglauben 77
abergläubische Vorstellungen 77
Abführmittel 131
Abgang 53
Abhärtung 244
Abneigung 227
Abort 53
Abschied vom Fläschchen 239
Abstillen 131, 132, 141, 150, 151
Abstillen, plötzliches 151
Abwechslung 156
Abwehrkraft 204
Acht-Monats-Angst 180
Affektaustausch 180
Affenliebe 13
Aggression 269
Aggressionstrieb 266, 269
Akkordarbeit 31
Akne 47
Alkohol 41, 53, 56, 70, 86, 133, 140
Alleinerziehende 34
Alleinstehende 183
Allergie 209
allergiegefährdet 209
Alltag 41
Alpträume 86
Alter, magisches 330
ambulante Geburt 91
Amnioskopie 96
Amniozentese 28, 71
Anerkennung 180
angeborene Anlagen 166
angedickte Milch 234
Angst 184, 247, 267, 277
Anlagen, angeborene 166
Anregung 162, 249
Anregungsbedürfnis 156
ansteckende Krankheiten 52
Anti-D-Prophylaxe 27
Antikörper 27
Äpfel 225
Apgar-Schema 119
Apotheke 277
Apothekenkalender 277
Appetitlosigkeit 59
Aprikosen 226
Arbeit 42
Arbeitgeber 24
Arbeitsamt 30
arbeitslose Frauen 32
Arbeitslosigkeit 32
Arme 274
Armkeisen 68
Armknospen 57
Armübungen 42
Arzneimittel 277
Arzt 25
Atemtechnik 63, 111
Atemübungen 64, 67
Atmung 64, 274
Augen 56, 96, 157, 197
Augenbehandlung 119
Augenfehler 274
Ausdrucksmittel 231
Ausfluss 50, 52, 103

ausgehen 183
Ausländerin 30
Ausnahmen 148, 149
Ausscheidungen 84
Austausch-Transusion 27
Austreibung 110, 111
Austreibungsperiode 80, 106, 110
Autoabgase 246
Autofahrerin 98
Arztbesuch 28

Baby und seine Umwelt 310
Babybett 307
Babycremebad 197
Babyfon 184
Babygeschirr 214
Babygymnastik 286, 292
Babys Bettkameraden 247
Babys Erbteil 310
Babys erste Reise 319
Babys erstes Fest 318
Babys Gewicht 271
Babys Gymnastik 292
Babys Haut 197
Babys Kleiderschrank 302
Babys Länge 271
Babys Sicherheit 293
Babys Tageslauf 307
Babyschuhe 304
Babysitter 184
Babytragetasche 94
Babywaage 94, 145
Babyzimmer 73, 79
Backenzähne 260
Badeanstalt 45
Badeecke 74
Badelaken 195
Bademantel 93
baden des Babys 194
Baden im Meer 46
Baderegeln 200
Badethermometer 75, 195
Badetuch 195
Badewanne 195, 197
Badezimmer 195
Badezusatz 75
Bananen 226
Basisuntersuchung 274
Bauchatmung 102
Bauchdecke 60
Bauchlage 162, 242, 274
Bauchmuskulatur 127
Bauchschmerzen 85, 148, 160
Bauchweh 180, 223
Bäuerchen 233
Bauklötze 266
Beamtin 30
Beckenboden 125
Beckenbodenmuskeln 105
Beckenbodenmuskulatur 66, 116, 130
Beckenkippen 65, 68
Beckenmuskulatur 62
Beckenübungen 68
Bedürfnisse des Kindes 230
Beefsteakhack 227
Befruchtung 17
Behalten 258
Behinderung des Kindes 275
Beikost 149, 209, 210
Beinbeschwerden 86
Beine 257, 274
Beine, gerade 278
Beinkreisen 65
Beinmassage 86
beißen 268, 269
Beleuchtung 74
Berufsruhe 142
berufstätige Mutter 31, 174, 182
berufstätige Schwangere 72
Beschwerden 72
Besitzgier 277
beständige Signale 253
bester Zeitpunkt 9
Besuch im Krankenhaus 289
Bett der Eltern 248
Bett 242, 246
Bettchen 246
Bettjäckchen 93, 131
Bettkameraden 247
Bettruhe 125, 284
Bettzeug 246
Bewegung 267
Bewegungslust 255
Bewegungsspiele 271
Bezugsperson 246
BH 49, 72, 83
Bier 41, 133
Bildergeschichten 331
Bilirubinspiegel 92
Bindegewebsschwäche 49, 72
biologische Reifung 167

Biozide 139
Birnen 225
Blase 16, 41, 123, 132, 153
Blasenstörungen 52
Blickkontakt 246
Blinzelreflex 253
Blumenkohl 216
Blutgruppenausweis 104
Blutmenge 59
Blutung 44, 54, 99, 103
Blutungen 72
Blutuntersuchung des Kindes 107
Borwasser 200
breit wickeln 189
Brennen beim Wasserlassen 85
Brot 216
Brotrinde 212
Brust 46, 49
Brustdrüsen 136
Brüste 21
Brustentzündung 124, 146, 151
Brustentzündungen 146
Brustkinder 141, 142, 260
Brustkorb 57
Brustnahrung 261
Brustpflege 83
brustscheu 147
brustscheue Kinder 147
Brustwarzen 143, 146
Brutkasten 99, 120
Buch 248, 325
Buch, erstes 330
Buggy 244, 246
Bürgermeisteramt 30
Büromütter 42
Büstenhalter 49, 72, 83

Cardiotokograph 87, 105
Cardiotokographie 70
cerebrale Schädigungen 73
Cervix 107, 124
Chemiefasern 160
chemischer Schwangerschaftstest 22
Chlor 46
chlorierte Wasserstoffe 139
Chorion 55, 81
Chromosomen 17
CTG 70, 105

Dammschnitt 125
Dampfbäder 46
Darm 16, 56, 104, 153
Darmstörungen 51
Dauerwehe 106
Dauerwellen 48
Daumenlutschen 261, 276
Daumensaugen 154
DDT 139
denken 254
Depotfett 139
Depressionen 86, 130, 181
Desinfektionsmittel 45, 124
Deutsche Forschungsgesellschaft 140
Deutsche Gesellschaft für Ernährung 140
Deutscher Kinderschutzbund 166
dicke Kinder 214
Dioxin 139
Diphtherie 150
Diphtherieschutzimpfung 280
diskreter Hirnschaden 90
Drei-Monats-Kolik 181
Dressur 168
Drillinge 71
Drogen 53, 140
Drohung 171
dummes Vierteljahr 155
Durchblutung 119
Durchfall 51, 205, 210, 226
Durst 51, 133, 279
Dusche 46

Ehekrise 44
Ehemann 86, 123, 124
Ehrgeiz 170
Eidotter 217
Eierstöcke 17
Eifersucht 315
Eileiter 17
eineiige Zwillinge 71
Einkaufen für das Baby 222
einkaufen 222
Einkaufsregeln für Babys Garderobe 303
Einkaufsregeln für die Kleinkindgarderobe 303
Einleitung der Geburt 106
Einrichtung des Kinderzimmers 249
Einschießen der Milch 131
Einschlafprobleme 247
Einschlafregeln 247

Einzelkind 322
Einzelkinder 171
Eisen 141, 208
Eisenmangel 38
Eiweiß 35, 37, 205, 226
Eiweiß, pflanzliches 205
Eiweiß, tierisches 205
Eiweißbedarf 205, 216
eiweißreiche Kost 37
Eiweißstoffe 140
Eizellen 17
EKG 70, 106
elterliche Überangst 181
Eltern 314
Eltern, gute 167
Eltern, Mitlernen der 326
Elternzeit 33
Embolie 123
Embryo 19, 55, 56
Embryonalhaltung 82
Empfänglichkeitsperioden 258
Empfängnis 16
Empfinden des Ungeborenen 95
Entbindung 32, 87, 102
Entbindungsgeld 33
Entbindungsklinik 23, 121, 144
Entbindungsschema 104
Entfernung zwischen sich und dem fliegenden Ball 333
Enthaltsamkeit 44
Entspannung 116
Entspannungslage 62, 80
Entspannungstechnik 116
Entspannungsübungen 83, 86
Entwicklung der Schultern 110
Entwicklung der Sprache 156
Entwicklung des Babys 250
Entwicklung im ersten Vierteljahr 161
Entwicklung im zweiten Lebenshalbjahr 257
Entwicklung im zweiten Lebensjahr 263
Entwicklungsdaten 273
Entwicklungsstadien 178
Entwicklungszustand des Kindes 70
Entwicklungszustand des Nervensystems 273
Entzündungen 141
EPH-Gestose 72
Erbfaktoren 166
Erbrechen 50, 140, 231
Erbteil, Babys 310
Erektion 174
Erfahrung 332
Erinnerung 252, 270
Erkältung 244
Erkältungen 188
erlaubte Getränke 133
Ernährung der Wöchnerin 132
Ernährung im 1. Monat 208
Ernährung im 10. Monat 212
Ernährung im 11. und 12. Monat 212
Ernährung im 2. bis 4. Monat 210
Ernährung im 5. Monat 212
Ernährung im 6. und 7. Monat 212
Ernährung im 8. und 9. Monat 212
Ernährung im zweiten Jahr 213
Ernährung und Lebensweise 150
Ernährung 35, 51, 55, 60, 72, 85, 132, 150, 193, 204
Ernährungsfehler 204, 275
Ernährungsplan der Brustkinder 208
Ernährungssituation 216
Ernährungssituation, neue 216
Ernährungsstörungen 154, 220
Eröffnungsperiode 107
Errechnung des Zeitpunktes der Geburt 22
Ersatzbefriedigung 175
Ersatzmutter 181
erste Kontakte 178
erste Sprechversuche 328
erster Schrei 117
erstes Buch 330
erstes Drittel der Schwangerschaft 35
erstes Vierteljahr der Schwangerschaft 54
ersticken 184
Erstickungsgefahr 247
Erstuntersuchung 274
Erziehung zur Sauberkeit 172
Erziehung 164, 172
Erziehungsberatungsstellen 270
Erziehungsgeld 33
Erziehungsprinzipien 241
Erziehungsurlaub 33
Essen für kranke Kinder 284
Essen 35
Essenlernen 237
Esser, gute 236
Esser, manierlicher 240
Esser, schlechte 236
Esser, schwieriger 140
Esserziehung 229, 240
Essmenge 217
Essverhalten, normales 142
Esszeiten 218

F ähigkeiten, kognitive 183
falsch gelenkte Liebe 181
Familie 87, 267, 312
Familienähnlichkeiten 310
familienfreundliche Geburtshilfe 92
Federbett 160
Fehlbildungen 274
Fehlgeburt 27, 39, 41, 43, 52, 53, 79
Fehlleistung 170
Feinbrot 223, 224
Fencheltee 208, 232
Fernsehen im Krankenzimmer 288
Fertigkost 211, 221
Fertignahrung 205
Fest 318
Fett 36, 38
Fettbedarf 217
Fettdepot 141
Fettsäure 206
Fettsucht 142
Feuchtigkeitstuch 186
Fieber 52, 85, 234, 259, 281
Fiebertabelle 131
Fingerlutschen 261
Fingernägel 96, 202
Fingernudeln 216
Fingerspiel 248
Fisch 37, 39, 227
fixieren 157
Flachwarzen 146
Fläschchen 212
Flaschen 210
Flaschenkinder 144, 149, 158
Flaschenmilch 142
Flaschenmilchernährung 209
Flaschennahrung 261
Flaschenwärmer 233
Fleisch 37, 39, 212, 226
Fließbandarbeit 31
Flugreisen 43
Fluor 260
Flüssigkeitsbedürfnis 217
Follikel 17
Follikelsprung 18, 19
Fontanellen 119, 152
Förderung 165, 168
Fötus 38, 57, 80, 95
fremde Stimme 155
Fremdeln 180
fremdes Gesicht 155
Freud, Sigmund 166
frieren 159
frische Luft 243
Frischkornmilch 151
Frisur 48
Frösteln 131
Frotteehöschen 75, 189
Fruchtblase 19, 55, 100, 104, 105
Fruchtwasser 20, 36, 58, 70, 80, 96, 97, 100, 106
Fruchtwasserpunktion 28
Fruchtwasserspiegelung 96
Früherkennung 120
Früherkennungsuntersuchungen 273
Frühgeburt 24, 32, 54, 72, 73, 95, 98
Frühgeburt, Ankündigung einer 99
Frühstück 217, 218
Frühstück, zweites 218
Funkgerät 144
Fußbäder 72
Fußboden 249
Füße 50
Füße, gerade 279
füttern des Babys 221
füttern 188

G arderobe des Babys 75
Gebärmutter 16, 18, 36, 59, 81, 101, 102, 111, 113, 117, 124
Gebärmutter, Rückbildung der 124
Gebärmutterdruck 112
Gebärstuhl 107
Geburt im Liegen 107
Geburt im Sitzen 107
Geburt im Wasser 107
Geburt ohne Angst 61
Geburt 114
Geburt, Einleitung der 106
Geburt, überwachte 105
Geburtsablauf 116
Geburtserleichterung 106
Geburtsgewicht 149, 158, 205
Geburtshelfer 87
Geburtshilfe 92
Geburtshilfe, familienfreundliche 92
Geburtskanal 108, 117
Geburtslage 102
Geburtsmale 153
Geburtsschäden 274
Geburtsschmerzen 114
Geburtstermin 23, 70, 96, 98

Geburtsverletzungen 125
Geburtsweg 105, 125
Geburtszange 112
Gedächtnis 253
Gedankenketten 255
Geduld 143, 145, 170, 172, 234, 240
gefährliche Jahre 293
gefährliche Räume 293
Geflügel 227
Gefühl 180, 234, 254
Gefühlsaustausch 180
Gehirn 56, 90, 157, 254, 274
Gehirnerschütterung 171
Gehirnschädigung 274
Gehirnzellen 254
Gehör 95, 157, 171, 274
Gehörreste 278
Gehorsam 168
geistige Entwicklung 250
Gelbsucht 152, 274
Gelenke 42
Gelüste auf bestimmte Speisen 21
Gemüse 39, 151, 206, 210, 216
Gemüsesaft 218
Gemüsesäfte 204
Genesungszeit 284
Genitalien 174, 179
gerade Beine 278
gerade Füße 279
gerader Rücken 279
Geruch 155, 157
Geschäft, großes 172
Geschirr 214
Geschlechtskrankheit 52
Geschlechtsmerkmale 58
Geschlechtsorgane 16, 274
Geschlechtsverkehr 44, 54, 125
Geschmack 157
Geschmacksnerven 236
Geschrei 170
Geschwister 314, 315
Geselligkeit 267
Geselligkeitsbedürfnis 237
Gesetz zum Schutz der erwerbstätigen Mutter 32
Gesicht 57
Gesicht, fremdes 155
Gesichtsfeld 161
gespritztes Obst 225
Gestationsdiabetes 29
gesund 289
gesunde Entwicklung 270
Gesundheit 48, 243, 273
Gesundheitsamt 23, 63, 275
Gesundheitsbuch 276
Gesundheitsvorsorge 23
Getränke 40, 133
Getränke, erlaubte 133
Getreide-Eiweiß-Unverträglichkeit 151
Getreideerzeugnisse 222
Getreideflocken 212
Getreideprodukte 151
Gewerbeaufsichtsamt 30
Gewicht 119, 271
Gewicht, Babys 271
Gewichtskontrolle, wöchentliche 149
Gewichtsschwankungen 158
Gewichtstabelle 194
Gewichtsverlust 51
Gewichtszunahme 35, 59
Gift in der Muttermilch 139
Giftinformationszentrale 299
Giftzentrale 277
Gitterbett 246
Gläschenkost 211
Gleichgewicht 267
Gleichgewichtssinn 161
goldene Krankheitsregel 283
Grätschsitz 62
Graubrot 212
Greifbewegungen 252
greifen 163, 251
Grobgemüse 39
Großeltern 316
großes Geschäft 172
Großmutter 126, 163, 183, 241, 248
Großvater 261
Grundhaltung 62, 65
grünes Gemüse 224
Gummimatte 198
Gummistiefel 306
Gurkenscheiben 216
gute Eltern 167
gute Esser 236
Gutenachtgeschichte 248
Guthrie-Test 120, 274
Gymnastik 43, 123

Haare 47, 82, 132, 268
Haferflocken 222
Halbtagsarbeit 182
Haltung 127

Haltung, gute 60
Hämorrhoiden 72
Handschuhe 304
Harndrang 52, 85
Harnuntersuchungen 51
Harnwegsmissbildungen 274
Hasenscharte 119
häugiste Verletzungen bei Kleinkindern 293
Hausapotheke 276, 277
Hausarbeit 85
Hausgeburt 87
Haushalt 94
Haushaltsfreibetrag 183
Hausmütter 43
Hausschuhe 93
Haut 46, 197
Hautkonakt 96, 145, 166
Hautprobleme 47
Hautreizungen 226
Hautsoor der Säuglinge 84
Hautunreinheit 47
Hebamme 33, 63, 91, 102, 104, 108, 110, 116, 117, 143
Hecheln 110, 111
Hefepilze 84
Heimkinder 175
Heißhunger 279
Heißluftbäder 46
Heizstrahler 74
Hergeben 258
Herz 274
Herzfrequenz des Kindes 106
Herzklopfen 85
Herzliche Grüße 153
Herzschlag des Kindes 100
Herzschlag 107, 117, 154
Herzschläge des Kindes 274
Herztöne des Kindes 70, 107
Hexenmilch 118
Hirnanhangdrüse 102
Hirnschaden des Kindes 106
Hochsprung 43
Hohlkreuz 242
Hohlwarzen 84, 146
Hormonanalyse 71
Hormone 42, 51, 55, 83
Hormonhaushalt 141
Hormonumstellung 87, 123
Hörtest 278
Höschenwindeln 189, 195
Hüftgelenk 119, 274
Hüfthalter 49
Hülsenfrüchte 39, 226
Humor 240
Hunde 45
Hunger 158, 230
Hungerkuren 133
Hungerunruhe 158
Hygiene 134, 231
Hypophyse 102

Impfausweis 281
Impfpass 273
Impfung 280
indische Brücke 96
individuelle Arzneimittel 277
individuelle Reifezeit 100
Infektabwehr 140
Infektion 45
Infektionskrankheit 52, 204
Informationszentren für Vergiftungsunfälle 299
Infusion, liegende 106
Inkubator 100
Intelligenz 165, 250, 255
Intelligenzförderung 256
Intelligenzquotient 256
Interaktionen, soziale 183
Intimspray 84
Irrtum 170

Jeans-Dermatitis 84
Jod 210
Jungen 193

Kaffee 41, 51, 133
Kaiserschnitt 23, 98, 101
Kalk 37, 48
Kalkpräparate 132
Kalorien 35
Kalorienbedarf 216
Kalzium 36, 210
Kamillentee 208
Kapuzenlaken 195
Karies 216, 260
kariesfrei 216
Karies-Prophylaxe 73
Karotin 38, 225
Kartoffel 216
Kartoffelteig 216

Käse 38
Katze 45
kauen 216
Keimbläschen 17
Keimdrüsen 16
Keimfreiheit 211
Keimling 20, 54
Keuchhustenschutzimpfung 280
kieferorthopädische Behandlung 261
Kind im Krankenhaus 284
Kind 313
Kind, das nächste 348
Kinder lehren Kinder 329
Kinder, brustscheue 147
Kinder, dicke 214
Kinder, schwächliche 148
Kinder, ungezogene 168
Kinder, unruhige 148
Kinderarzt 24, 275, 277
Kinderhort 182
Kinderklinik 277
Kinderkrankheiten 276
Kinderkriegen 9
Kinderlähmungsschutzimpfung 280
Kinderwagen 76, 246
Kinderzimmer 162
Kinderzimmer, Licht im 253
Kindsbewegungen 59, 71
Kindspech 117
Klammerreflex 153, 157, 270
Klappwagen 246
Klebeverschlüsse 191
Kleider 50
Kleiderschrank 302
Kleidung 49
Kleinkinderschuhe 305
Kletterfuß 119
Klinik 103
Klinikgeburt 87, 93
Klumpfuß 279
Klumpfüßchen 119
Kniestrümpfe 93
Knochenbrüche 300
Kochen für das Baby 220
Kochsalzmangel 39
Koffer für die Klinik 93
kognitive Fähigkeiten 183
Kohlenhydrate 38, 204
Kohlrabi 216
Kommunikationsverhalten 328
Komplikationen im Wochenbett 92
Kompott 41
Kontakt zum Kind 246
Kontaktbedürfnis 156
Kontakte, erste 178
Kontaktwünsche 163
Kopf 202
Kopfkissen 75
Körbchen 75
Körperdichte 205
Körpergewicht 36, 236
Körperlänge 119, 159, 271, 311
körperliche Entwicklung 251
Körperpflege 84, 134
Körpertemperatur 131, 206
Kosmetikregal 74
Kostumstellung 211
Krabbelkind 256
Krabbelkinder 246, 295
Krabbeln 275
Krampfadern 42, 48, 72, 86
Krankenblatt 104, 119
Krankenhaus, Besuch im 289
Krankenkasse 32, 274
Krankenpflegemittel 277
Krankenzimmer 283
Krankenzimmertemperatur 283
Krankheit 281
Krankheiten 25, 72, 274
Krankheitsregel 283
Krankheitsregel, goldene 283
Kräuterbad 86
Kreislauf des Kindes 81
Kreislauf 81
Kreislaufschäden 127
Kreißsaal 107
Kreißsaalarzt 92, 116
Kreuzschmerzen 85
Krisenzeiten 258
Küchenpraxis 39
Kuhmilch 151, 204, 205, 206, 221
Kuhmilchunverträglichkeit 151
Kündigung 30
Kurzatmigkeit 84
küssen 188

Lächeln 156, 179
Landau-Reaktion 270
Länge, Babys 271
Längenwachstum 236
Langeweile 160

Lärm 157
Lauchringe 216
laufen 257, 275
Laufenlernen 259, 263
Laufstallgitter 255
Launen 279
Lebenshaltung 276
Lebensweise 150, 204
Leber 56, 140, 152, 153
Leibschmerzen 125
Leistungssport 43
Leitungswasser 208
Lernbesteck 214
Lerntasse 214
letztes Drittel der Schwangerschaft 83, 94
Licht im Kinderzimmer 253
Liebe 13, 160, 171
Liebe, falsch gelenkte 181
Liebe, Mangel an 181
Lieblingsspeisen 239
liegende Infusion 106
Linolsäure 206
Listerien 45
Lob 168, 181
Löffelmahlzeit 222, 235
Luft, frische 243
Luftkrankheit 43
lumbale Reflextherapie 116
Lunge 56, 274
Lungenentzündung 107

Mädchen 193
Magen 57
Magenstörungen 51
magisches Alter 330
Mahlzeit 147
Mahlzeiten aus der Flasche 221
Maiskeimöl 210
Menarche 16
Mandelkleie 47
Mangel an Liebe 181
Mangelerscheinungen 151, 204
manierlicher Esser 240
Masern 56
Masernlebendimpfung 281
Massage 46, 72
Maßstäbe 169
Mastdarm 16
Matratze 75
Medikamente während der Entbindung 114
Medikamente 51, 52, 70, 73, 81, 114, 133, 140, 276
medikamentöse Geburtshilfe 114
medizinische Seife 47
Mehrfachimpfungen 280
Mehrlinge 32, 71, 99
Mein und Dein 268
Melonen 225
Menopause 16
Menstruation 16, 18, 22, 135
Menstruation, Rückkehr der 135
Menuhin, Yehudi 79
Milch 48, 126
Milch, angedickte 234
Milchbildung 143
Milchbrei 204
Milchdrüsen 83, 136, 143, 149
Milchfluss 137
Milchgänge 143
Milchgebiss 217
Milchmahlzeit 210
Milchproduktion 132
Milchpulver 221
Milchpumpe 146, 147
Milchreflex 142
Milchreste 149
Milchschneidezähne 261
Milchstauungen 147
Milchzähne 240
Milieu 164
Mineralstoffe 38, 206
Mineralwasser 41, 208
minimal brain damage 90
Mischbrot 223, 224
Missbildungen 41
Mitlernen der Eltern 326
Mittagessen 211, 218
Mobiles 162
Möglichkeiten der Schmerzlinderung 116
Mohrrübe 224, 216
monatlicher Zyklus 17
Monatsbinden 93
Montessori, Maria 258
Moral 167
Morula 20
Mozart 79
Müdigkeit 279
Mullwindeln 192
Mumpsimpfung 281
Mundwelt 159, 182, 250
Muskelschwäche 49

Muskeltätigkeit 274
Müsli 223
Mutter 313
Mutter, berufstätige 174, 182
Mütterberatung 63, 158
Mütterberatungsstellen 205
Mutterinstinkt 13
Mutter-Kind-Kontakt 121
Mutterkuchen 55, 73, 107
Mütterliches Schutzverhalten 12
Mutterliebe 86, 135, 183
Muttermilch 133, 138, 139, 142, 150, 205, 206, 261
Muttermilch, Gift in der 139
Muttermilch, Schadstoffgehalt der 151
Muttermilchersatz 151
Muttermund 106
Mutterpass 24, 273
Mutterschaftsgeld 32
Mutterschutz 33
Mutterschutzfrist 33
Mutterschutzgesetz 30
Müttersterblichkeit 23, 126
Mützen 304

Nabel 119, 200
Nabelbinde 200
Nabelbruch 200
Nabelschnur 19, 82, 101, 111, 117
Nachahmungstrieb 266
Nachgeburt 36, 113
Nachmittagsbrei 222
Nachthemden 93
Nachwehe 113, 124
Nägel schneiden 202
Nägelknabbern 277
Nährstoffe 140, 211
Nahrungsbedarf 36
Nahrungsergänzung 206
Nahrungskette 139
Narkose 48, 114
Nase schnauben 202
Nase 202
nasse Windel 160
Nervenbahnen 254
Nervensystem 56, 274
Nesthocker 159
Neugeborene 117
Neugeborenen, Untersuchung des 119
Neugeborenes 111, 113
Neugeborenes, Sinne des 154
Neugeborenes, Stuhl des 153
nichteheliche Geburt 34
Nichtraucherabteil 44
Niere 52, 56, 153
Nierenkrankheit 150
Nierenstörungen 52
Nikotin 41, 56, 133, 140
Nikotinreste in der Zimmerluft 140
normales Essverhalten 142
Notfall 98
Notfall, Regeln für den 295
Nudeln 216

O-Beine 258, 259
Obst 39, 72, 225
Obst, gespritztes 225
Obst, rohes 132
Obstsaft 217
Obstsäfte 204
öffentliche Impftermine 280
Ohren 57, 202, 251
Ölmethode 193
Onkel 317
Orangen 226
Orangensaft 210
Ordnung 254
Organogenese 51
orthopädische Schäden 242
Ovarien 17
Oxalsäure 225
Ozonbelastung 243

Parasympathikus 90
Partnerrolle 156
parts per million 140
Patentverschlüsse 249
Pektingehalt 226
Pellkartoffeln 216
Periduralanästhesie 116
Periode 21, 54
Personalpapiere 93
Pestizide 139, 141
Pflanzenöl 206
Pflanzenschutzmittel 139
pflanzliches Eiweiß 205
Pflege des Babys 199
Pflege des Säuglings 116, 188
Pflegen des Babys 192, 199

Phasen der Geburt 61
Phosphor 36
Phototherapie 92
Phyiologische Tatsachen 124
physiologische Gelbsucht 92
Pilzinfektion 46
Plattfüße 259
Plazenta 55, 56, 81, 100, 102, 110, 111
Plazentainsuffizienz 70, 107
pränatale Diagnostik 28
Praxis 220
Pressatmen 111
Pressen 109
Pressperiode 112
Presswehe 111
Privat Versicherte 33
Privatpatient 33
Prophylaxe gegen Karies 260
Prophylaxe gegen Rachitis 260
Protein 205
prügeln 270
Pudendus-Blockade 116
Pünktlichkeit 231

Qualität 209
Quark 39, 227
Quarkknödel 216

Rachitis 73, 274
Radieschen 216
Ratschläge 134
Rauchen 53
Rauschgift 53
Rechte der werdenden Mutter 30
Reflexe 274
Reflextherapie, lumbale 116
Reform der Säuglingspflege 231
Regel 16, 44
Regelblutung 135
Regelunterhalt 34
Reifezeit, individuelle 100
Reifung, biologische 167
Reinheit 211
Reinigungsbad 47
Reinigungsmethode 193
Reis 216
Reise 246, 319
Reisen 43
Reiten 43
Rennfahren 43
Rettungswagen 277
Rhesusfaktor 25, 101
riechen 236
Rippenbuckel 279
risikoarme Geburt 91
Rockmusik 79
Roggenmehl 223
rohes Obst 132
Rohkost 224
Röntgenuntersuchungen 53
Rooming in 121
Rötelimpfung 281
Röteln 56
Rötungen 192
Rückbildung der Gebärmutter 124
Rücken, gerader 279
Rückenschmerzen 74, 116, 147
Rückgrat 16, 56
Rückgratverkrümmung 279
Ruhepausen 32

Saftflaschen 221
Salz 39
Samenfaden 18
Sauberkeit 146, 172, 188
Sauberkeitskonflikte 258
säubern des Babys 192
Sauerstoff 41, 61, 73, 81, 96, 100, 111
Sauerstoffdefizit 87
Sauerstoffmangel 90, 100, 117
Sauerstoffnot 23, 63
Sauerstoffnotgerät 106
Saugbedürfnis 236
Saugen 181, 239
Saugen, Daumen- 154
Sauger 210
Säuglinge 144
Säuglinge, trinkfaule 147
Säuglingsanfangsnahrung 209
Säuglingsfolgenahrung 209
Säuglingskost 211
Säuglingspflege 126, 185, 188
Säuglingspflege, Reform der 231
Säuglingszimmer 121
Saugpolster 143
Saugreflex 120, 142, 154
Säureschranke der Scheide 45
Schädelchen 118
Schädelnähte 152

Schäden, seelische 184
Schadstoffe 138
Schadstoffgehalt in der Muttermilch 139
Schadstoffgehalt 151
Scharlach 150
Schaukelbewegungen 175
Schaukelstuhl 79
Scheide 16, 46
Scheiden-Damm-Schnitt 116
Scheidensanierung 84
Scheidenspülung 84, 125
Schielen 278
Schilddrüsenstörungen 274
Schlaf 80, 242
Schlafbedarf des Babys 248
Schlafbedürfnis 163
Schlafenszeit 247
Schlafgesellen 247
Schlaflosigkeit 85
Schlafsack 246
Schlaftabletten 134
Schlafzeit 160
Schlafzimmertemperatur 242
schlagen 268, 270
Schlankheit 133
schlechte Esser 236
Schleimhautstörungen 151
Schließmuskel 131, 173
Schluckauf 81
Schlüsse ziehen 255
Schlüsselreize 167
schmecken 236
Schmerz 153, 259
Schmerzen in der Nierengegend 85
Schmerzlinderung, Möglichkeiten der 116
Schnaps 133
Schneidezähne 260
Schnuller 248, 276
Schnupfen 188, 202
Schockduschen 46
Schönheit 45
Schorf 202
Schreikinder 148
Schreimöglichkeiten 232
Schuhe 50, 72
Schularzt 275
Schuldgefühle 138
Schuldkomplexe 86
Schulterübungen 42
Schuppen 202
Schüttelfrost 85
Schutzbestimmungen 30
Schutzfenster 76
Schutzfrist 31
Schutzimpfung gegen Tetanus 281
Schutzimpfung 280
Schutzverhalten 12, 13
schwächliche Kinder 148
Schwangerschaft ohne Risiko 91
Schwangerschaft 16
Schwangerschaftsbeschwerden 38, 50, 84
Schwangerschaftsflecken 47
Schwangerschaftsgymnastik 61, 77, 83, 102, 104, 110, 116
Schwangerschaftsspeck 60
Schwangerschaftsstreifen 46, 47, 49
Schwangerschaftsvergiftung 25
Schwarzwurzel 216
Schweinemett 39
Schwellungen 85, 274
schwieriger Esser 140
schwimmen 43
Schwindel 85
schwitzen 45, 131, 159, 244
Screening 28
Seelenruhe 150, 159
seelische Schäden 184
Sehfehler 278
Sehtest 278
Sehvermögen 252
Seife 46, 84
Seife, medizinische 47
Sekt 111
Selbstbestimmungsmethode 230
Selbstständigkeit 168
Sellerie 216
Senkungen 125
Sensibilität 166
Sexualität im Säuglingsalter 174
Sexualität 166, 174
Sichere Anzeichen der Schwangerschaft 21
Sicherheit 293
Sicherheitsnorm DIN 66068
Sicherheitsnorm EN 1888 76
Sicherheitsscherengitter 295
Sicherheitsvorrichtung 246
sichtbare Fette 38
Signale des Kindes 231
Signale 156, 166
Sillpausen 32
Sinne des Neugeborenen 154
Sinnesorgane 274

Sitzbad 125
sitzen 250, 251, 257, 275
Skelettfehler 278
Skilaufen 43
Soja 151
Sonnenbäder 243
Sonnenhut 244
Sonnenschirm 243
Sonnenschutzmittel 244
Sonografie 29
Soorinfektion 45
soziale Interaktionen 183
soziale Kontakte 267
Spannen der Brüste 21
Spannungszustände 253
Spätentwickler 261
Spätgeburt 100
Spaziergang 40, 85, 304
Speikinder 234
Spermien 19
Spiel 252
Spiele 333
Spielplatz 246
Spielzeit 308
Spielzeug 160, 162, 252, 333
Spinat 224
Sport 43
Sportwagen 244, 246
Sprache 235, 325
Sprachentwicklung 274
Sprachschatz 270
Sprachstörungen 274
Sprechenlernen 156
Sprechenüben 325
Sprechstundenblatt für Schwangere 94
Sprechversuche, erste 328
Spreizgriff 290
spucken 235
Spurenelemente 227
S-Schwung 267
Steuerermäßigung 183
Stiefel 306
Stillbüstenhalter 93, 146
Stilleinlagen 146
Stillen 24, 83, 92, 141, 156, 178
Stillen, Vorteile des 141
stillende Frau 139
stillende Mütter 260
Stillfähigkeit 120
Stillgruppen 138
Stillhindernisse 150
Stillproblem 138, 141, 146
Stillräume 32
Stillregeln 148
Stillschmerzen 147
Stillspeck 133
Stillverbote 150
Stillzeit 16, 32, 136, 140, 143
Stimme, fremde 155
Stoffwechsel 131
Stoffwechselstörungen 274
Stoppuhr 66
Störungen in der Entwicklung der Muskulatur 274
Strafe 170, 269
strafen 171
Strampelhöschen 75, 167, 192, 195
strampeln 189
Streckperiode 236
Strenge 168
Stromunfälle 300
Strümpfchen 304
Strümpfe 304
Strümpfe 50
Strumpfhose 72, 84
Stubenwagen 243
Stuhl des Neugeborenen 153
Stühlchen 249
Stuhlgang 48, 85, 131, 210
Stürze 300
Stützstrümpfe 48
Süßigkeit 241
Sympathikus 90
Synapsen 58

Tadel 168, 181
Tageslauf 307
Tampons 93
Tanten 317
Tastsinn 157
Tbc 150
Tee 41
Temperament 166
Temperatur 282
Temperaturmessung 283
Tennis 43
Testen des Babys 277
Textilwindel 75, 194, 203
Thermogefäß 214
Thermoteller 214
Thrombose 42, 123

tiefgekühltes Gemüse 225
Tiere 45
tierisches Eiweiß 205
Toilettensachen 93
Tomatenwürfel 216
Totgeburt 39
Toxoplasmen 39, 45
Tragetaschen 184
Tränen 154
Traubenzucker 226
Träume 184
Treppensteigen 84
Trinkbedarf 145
trinken lernen 142
trinken 35, 208
trinkfaul 147
trinkfaule Säuglinge 147
Trinkhäufigkeit 145
Trinkhütchen 146
Trinkmenge 149, 208, 217
Trinkpausen 232
Trinkzeiten 229
Trockenfrottieren 72
Topftraining 173
Trost 247, 269
Trotz 171, 264
TSH-Bestimmung 274
Tuben 17
Tuberkulinprobe 281
Tuberkulose 120, 150, 280

Übelkeit 21, 50
Überangst, elterliche 181
Überernährung 149
Überforderung 170
Übergang zum Fläschchen 233
Übergewicht 48, 60, 72, 142, 204
übergewichtig 37, 72, 209
Übergewichtige 48
Überlebenschancen 98
Übelkeit 20
überwachte Geburt 105
Übung 170
Ultraschallbild 81
Ultraschalldiagnostik 70
Ultraschallgerät 69, 87, 95, 105
Ultraschallkontrolle 73
Ultraschalluntersuchung 23, 69
Umstandsgürtel 49
Umstandsmieder 50
Umstellung 150
Umwelt 317
Umweltbelastung 139
Umwelteinflüsse 166, 167, 173
Umweltgifte 81, 140
Unart 171, 238
Unfallverhütung 264
ungezogene Kinder 168
Unlustgefühle 253
unruhige Kinder 148
unsichere Anzeichen der Schwangerschaft 21
unsichtbare Fette 38
unsymmetrische Hautfalten 278
Untergewicht 205
untergewichtig 36
Unterhalt des Vaters für sein Kind 34
Unterhaltsanspruch 34
Unterhaltsgeld 33
Unterhaltung 156
Unterhosen 50
Untersuchung des Neugeborenen 119
Untersuchungsheft 274
Urintest 25
Urinunterscuhung 25
Ursicherheit 178
Uterus 16, 53, 81, 95, 113

Vagina 16
Vakuumextraktion 100, 112
Vater 9, 27, 34, 92, 109, 116, 118, 126, 134, 154, 157, 170, 179, 180, 248, 313
Venenentzündung 86
Verbandmaterialien 277
Verbandmittel 277
Verbote 170, 264
verbotene Tätigkeiten 31
Verbrennungen 293, 295
Verdaulichkeit 211
Verdauung 48
Verdauungsapparat des Säuglings 204
Verdauungsbeschwerden 131
Verdauungswege 274
Vergiftungen 298
Vergrößerung des Leibesumfanges 21
Verhaltensweisen der Mutter 181
Verletzungen 299
Verlust der Liebe 180
Verstehen des Säuglings 159
Verstopfung 51
Vertrauen 171

Verwechslung 119
Verwöhnung 171
Verziehen 265
Vierteljahr, dummes 155
Vitamin A 207
Vitamin B 207
Vitamin C 207
Vitamin D 207
Vitamin K 207
Vitamine 36, 38, 73, 206, 210
Vitaminpräparate 132
Vitamintabelle 207
Vitamintabletten 260
Vlieswindel 189
Vögel 45
Volkshochschule 126
Vollkornbrot 218, 224
Vollkornerzeugnisse 222
Vollmilch 41, 212, 225
Vollmilchgetreidebrei 212
Vorbereitung auf das Trinken 145, 146
Vorbereitung auf ein neues Leben 11
vorgeburtliche Erfahrungen 95
Vorsorge für Krabbler 294
Vorsorge im Säuglingsalter 294
Vorsorge 294
Vorsorgeuntersuchung 24, 92, 251, 259, 273, 274
Vorteile des Stillens 141
Vorwehen 102

Wachstum im ersten Vierteljahr 158
Wachstum 204
Wadenkrämpfe 85
Wadenwickel 283
Wahrnehmung des Babys 252
Wandelhalle 106
Wandern 43
Warzen, zerbissene 147
Warzenhof 143, 146
Waschen von Babys Wäsche 203
Waschlappen 46, 124, 192, 197
Wasser 205, 208
Watschelgang 242
Wegwerfwindel 74, 189, 192, 320
Wehen 64, 98, 102, 114
wehenfördernde Mittel 106
Wehenhormon 100, 102
Wehenkur 100
Wehenpausen 111
Wehenschreiber 87, 108
Weichspülmittel 203
Weihnachten 318
Wein 41, 133
Weitsprung 43
Werfalter 268
Wickelfolien 189
Wickelkommode 73
Wickelmethode 189
wickeln 188
wickeln, breit 189
Wickeltisch 73, 74, 178, 251
Wiederholungsimpfungen 280
Wiege 77, 80, 152
Wiegen des Babys 194
wiegen 156
Windelauswahl 189
Windeleimer 74, 192
Windeleinlagen 192
Windelhöschen 75, 189, 194
Windelpackungen 189
Windelprogramm 203
Windelwechsel 199, 251
Wochenbett 24, 123, 134
Wochenbettbesuche 134
Wochenbettfieber 125
Wochenbettgymnastik 127, 132
Wochenbetttränen 130
Wochenfluss 124, 133
Wochenpflege 125
wöchentliche Gewichtskontrolle 149
Wöchnerin 123, 132
Wolfsrachen 119
Wolldecke 75
Wollschuhe 304
Wundstarrkrampfimpfung 280
Wundwerden 142, 193
Wunschvorstellungen 172

Zahnarzt 260, 277
Zahndurchbruch 260
Zähne 48, 213, 259
Zahnen 212, 259
Zähneputzen 261
Zahnschema 259
Zahnschmelz 48, 260
Zärtlichkeit 138, 157, 166, 177, 256
Zärtlichkeitsbedürfnis 163
Zehennägel 96, 202
Zellteilung 20

zerbissene Warzen 147
Zerstörungslust 266
Zerstörungswut 266
Zigaretten 52, 70, 133
Zimmer der Geschwister 248
Zitrusfrüchte 39, 132
Zöliakie 151
Zucker 225, 226
zuckerkrank 279
Zuckerkrankheit 101, 274, 279
Zuckerteekaries 260
Zusatzmahlzeiten 148
zweieiige Zwillinge 71
zweites Drittel der Schwangerschaft 59
zweites Frühstück 218
zweites Kind 322
zweites Vierteljahr der Schwangerschaft 79
Zwillinge 32, 70, 71, 99
Zwischenmahlzeit 216, 218
Zyklus 16, 17

Bildquellenverzeichnis

Bildredaktion, Bildbeschaffung, Fotografie: Sylvia und Dr. Heinz von Lichem, München.

Alle Aufnahmen, sofern sie im nachstehende Bildnachweis nicht gesondert ausgewiesen werden, stammen von Dr. Heinz von Lichem, München.

Firma Baby-Walz, Bad Waldsee 78, 215 (e), 245, 305, 317, 336

Bavaria Bildagentur, München 69, 120

C. A. von Delbrück, München 109

Mauritius, Mittenwald 9, 16, 30, 35, 83, 98, 102, 112, 152, 164, 175, 177, 220, 229, 242, 293, 302, 307, 325, 333, 344

MEV, Augsburg 9, 16, 30, 59, 98, 102, 123, 136, 164, 177, 182, 188 204, 229, 242, 250, 273, 302, 307, 310, 321, 348

Firma NUK, Zeven 146, 215 (a–d)

PhotoDisc, Hamburg/Seattle 1, 9 (2), 16 (2), 26/27, 30 (3), 35 (3), 59 (3), 83 (4), 98 (2), 102 (3), 123 (3), 136 (2), 137, 152 (3), 164 (2), 177 (3), 179, 188 (3), 204 (2), 220 (3), 229 (2), 242 (2), 250 (3), 271, 273 (3), 293 (3), 302 (2), 307 (2), 310 (3), 321 (3), 325 (3), 333 (3), 348 (2)

Firma Franz Stummer (Creation Stummer), Linz 9, 14, 15, 16, 35, 59, 83, 98, 123, 136, 152, 164, 204, 220, 229, 242, 273, 293, 302, 307, 321, 325, 333, 348

ZEFA, Düsseldorf 88/89.